文魁文集
——政治经济学新思考

文魁 / 著

首都经济贸易大学出版社
Capital University of Economics and Business Press
·北京·

图书在版编目（CIP）数据

文魁文集：政治经济学新思考 / 文魁著. -- 北京：首都经济贸易大学出版社，2024. 9. -- ISBN 978-7-5638-3761-8

Ⅰ．F0-53

中国国家版本馆 CIP 数据核字第 2024PE1193 号

文魁文集——政治经济学新思考
WENKUI WENJI——ZHENGZHI JINGJIXUE XIN SIKAO
文魁　著

责任编辑	群　力
封面设计	
出版发行	首都经济贸易大学出版社
地　　址	北京市朝阳区红庙（邮编 100026）
电　　话	（010）65976483　65065761　65071505（传真）
网　　址	http：//www.sjmcb.com
E - mail	publish@ cueb.edu.cn
经　　销	全国新华书店
照　　排	北京砚祥志远激光照排技术有限公司
印　　刷	唐山玺诚印务有限公司
成品尺寸	170 毫米×240 毫米　1/16
字　　数	771 千字
印　　张	40.5
版　　次	2024 年 9 月第 1 版　2024 年 9 月第 1 次印刷
书　　号	ISBN 978-7-5638-3761-8
定　　价	228.00 元

图书印装若有质量问题，本社负责调换
版权所有　侵权必究

前 言

这部文集是我近半个世纪以来部分有关政治经济学的学术论文汇编。虽然我的论文涉及许多方面，但政治经济学始终是我学术研究的基础和灵魂。即使有些问题跨界，也离不开政治经济学的基本原理和思维方式。这部文集以"政治经济学新思考"冠名，主要是想提炼自己学术论文的特色。所谓新思考，一是指自己不同于他人的独立思考，有专属于个人的风格；二是指与时俱进，不停思考，针对新的现实，不断进行新的理论探索。在这部文集中，即使是对经典的重温，我也要咂摸出新滋味；一些对策建议，字数虽不多，也力求是本人在理论思考中的独到见解；就连论文题目也是反复思考后择定的。我想，新思考最能概括自己的学术追求和理论风格。

我一直认为，作为一名学者，其使命就是在本学科领域发现问题、提出问题、分析问题和解决问题，而完成使命、追求真理的灵魂就在于思考，学习永无止境，思考永不停歇。自己几十年来对政治经济学的学习、领会、感悟、探索和运用，就是在持续的新思考中进行的。

新思考，是学习政治经济学的基本方式。由《说文》可知，"学习"二字的本意是指小鸟反复试飞，"学"是模仿，"习"是反复练习、不断实践。学而时习之，这两个过程都离不了开动脑筋认真思考。回顾自己的政治经济学学习过程，就是在与老师对书本观点的理解、质疑和交流中，在同学之间激烈的讨论和论辩中进行的。学术争论的最大价值就在于相互启发和引起新思考。可以说，我的所有论文都是这种新思考的产品。

新思考，是直面现实、发现问题的基本出发点。发现问题，几乎是学者的本能。如果不能发现问题，那就还没有真正进入学术之门。记得自己上学时，老师在课堂上讲生产、分配、交换和消费四个环节，但教科书中却唯独不见了消费这个环节。带着这个问题，于是我选择了消费作为最初的研究领域。我本科毕业时的学士论文就以《家务劳动社会化初探》为题，后来在北京大学的《经济科学》

上公开发表。只有让新思考成为生活习惯，才能随着时代的变迁，不断发现新问题。

新思考，还是正确提出问题的关键。一个学者，不仅要发现问题，而且要提出问题。提出正确的问题，研究就成功了一半。学会提出一个真问题，是学者的头一项基本功。马克思就是在千百万人熟视无睹的商品交换中，提出为什么不同商品能够交换的问题，从而建立起劳动价值论的理论大厦。我在最初研究消费时，发现有人提出消费社会化的命题，而政治经济学讲的是劳动的社会化和生产的社会化，于是自己就提出"消费能社会化吗？"的疑问。很快，我的这篇质疑性的文章就在《经济学周报》上发表了。

新思考，是挖掘政治经济学经典著作宝藏的密钥。在系统研读的基础上，我曾无数次重读经典、反复咀嚼。带着现实问题不断再读《资本论》《反杜林论》等经典，边读边思考，总能挖掘出新的宝藏，体会到经典之为经典的无限魅力。例如，面对一些人对私有制的种种疑惑，当我再读《共产主义原理》时，就可以找到清晰的答案，认识也得到了新的提升。当我重读恩格斯的《国民经济大纲》时，发现了政治经济学关于"两个和解"的重要思想，即"人类与自然的和解以及人类本身的和解"。"两个和解"为我们指明了政治经济学的目标和方向。当我带着工资改革的问题重读《资本论》时，发现平均化是市场经济的运行方式，于是提出了按劳分配原则在社会主义市场经济中通过平均化运动实现等量劳动、获得等量报酬的新的实现方式。面对人工智能的时代挑战，我从原著中找到马克思的早年预见："我们的一切发明和进步，似乎结果是使物质力量成为有智慧的生命，而人的生命则化为愚钝的物质力量。"可以说，马克思当年对问题根源的精准揭示，至今还在彰显着历久弥新的时代价值。

新思考，离不开思考方法的传承、借鉴和创新。多年来，我坚持马克思主义方法论，自觉运用归纳和演绎、具体—抽象—具体的方法，把历史方法与逻辑方法结合起来思考问题。例如，在坚持探讨"应该是什么？"的规范方法的同时，我尝试描述"是什么？"的实证方法，并完成了"中国工资运行机制改革"等课题；同时借鉴运用DIM方法[①]，比较刻画了不同经济体制的主要特征。在吸收系统论、信息论、控制论等理论方法的基础上，我又积极探索把生态学作为一种新方法引入自己的研究和写作中，带着博士生开始研究从业生态问题，发表了《关注高校青年教师从业生态》等论文。

---

① DIM方法即决策分析方法。

新思考，是分析问题的"牛鼻子"。在提出一个真问题后，就要确立研究问题的入手方法和逻辑线索；要分析问题的成因，找到病灶所在。一篇学术论文的价值所在，主要在于其对问题的分析是否透彻。在对任何一个问题进行分析时，都不会有现成答案，全靠自己的独立思考。正是在这样的思考过程中，本人提出区域经济与行政区划的矛盾是经济一体化的主要障碍，这一观点得到了同行认可；本人以"活工资"为突破口改革中国工资运行机制的主张，也被认为是"填补了空白"。

新思考，还是提出对策、拿出解决问题方案的根本。发现问题、提出问题、分析问题的最终目的在于解决问题。虽然解决各类重大现实问题主要靠党和政府的实际工作，但提出解决问题的路径，也是学者们不容推辞的责任。对策研究不同于理论分析，要充分考虑实际可行性，这就需要学者们深入实际调查研究，进行复杂、周密的新思考。这些年，本人参与了一些高端智库的咨询工作，也写了一些专报，从而能够为实际工作贡献自己的理论智慧，也真切感受到了政治经济学的理论价值。当然，解决问题也包括解决理论难点，这就更需要有原创性的思考——新思考。

新思考，既可以抓住任何一个局部的小问题，追根探源，小中见大，透过现象揭示本质；也可以站在高点，系统集成，成就一篇大文章。就我自己的论文而言，很多是研究一些具体的小问题的，如《科学认知与行动自觉——生活垃圾管理的理论思考》等。小论文积累得多了，就可以分析一些大问题，如本人的《社会主义市场经济的经济治理》等，就是对此类问题的分析。

新思考，既可以是预见未来的思考，也可以是回顾过往、总结历史的思考。反思，是新思考的重要方面。没有对过往的求真务实的反思，就不可能有对未来的科学预见。特别是，政治经济学在与中国改革开放实践结合过程中的不断深化，更离不开理论层面的"复盘"和反思。我的几篇"论纲"，就是对中国改革开放几十年实践的理论反思。

这部文集主要分为"新编"和"夕拾"两篇。

新编篇：收集了党的十八大以来的34篇论文，排序基本上按时间由近及远，同时也兼顾了内容的相关性。这段时间，我在离开领导岗位后，有更多的时间进行学术研究，但毕竟精力大不如前，也没有了写大部头的勇气，所以，就以"论纲"的形式，积累了若干理论新思考。同时，对一些新概念、新理念和热点问题进行了理论上的解析和冷思考。主要有：

《新质生产力的新型生产关系——把握中国未来的政治经济学思考》，这是本人结合新质生产力理论最新进展而进行的新思考。直面人工智能突飞猛进的现实和挑战，政治经济学如何提出自己的学理分析，把握中国的未来？我对此进行了一些新的思考。

《民生社会主义论纲——中国特色社会主义实践的政治经济学思考》，随着中国改革开放的深入和中国特色社会主义理论的完善，我一直在思考一个问题：中国特色的这个特色，究竟指的是什么？对此如果不加以清晰的理论界定，就会导致认识上的混乱局面。我在经过长期的思考后提出，这个特色应该是民生社会主义。

《社会主义国民经济论纲——试论中国特色社会主义政治经济学的上位范畴》，我们说要坚持社会主义性质，那么这个社会主义性质究竟应该具体体现在哪儿？或者说主要体现在何处？我经过对政治经济学的长期思考，认为其性质应该体现在国民经济上，也就是说，中国的国民经济应该具备社会主义的性质。

《规制市场经济论纲——试论社会主义市场经济的特性》，社会主义市场经济是指社会主义条件下的市场经济，而不应该理解为社会主义性质的市场经济。那么如何界定中国的市场经济呢？我经过系统的思考后提出，中国的市场经济应该是规制市场经济。

《新时代共同富裕论纲——试论共同富裕经济思想的新升华》，这篇论文在梳理中国共产党共同富裕经济思想的基础上，结合学习领会习近平总书记关于共同富裕的重要论述，提炼出共同富裕的新时代要义，指出共同富裕经济思想应该成为中国特色社会主义政治经济学新的重要组成部分。

《关于底线思维的政治经济学思考》，新冠疫情的发生，使人们切身感受到了人类生存中的危机和挑战。政治经济学不应该只关注发展而忽视生存，生存是政治经济学的底线思维，生命、生活、生计和生物、生态构成了政治经济学的底线范畴。底线思维应该成为一切经济行为的边界和航标，是深刻理解中央"六稳""六保"系列政策措施的学理基础，也为政治经济学确立了新的功能。

《关于美好生活的政治经济学分析》，美好生活是习近平总书记围绕新时代提出的新概念，具有深刻的现实意义和理论价值。全面建成小康社会后，美好生活应成为中国特色社会主义政治经济学的基本范畴，居于核心地位。美好生活的深刻内涵对学科体系建设有着深刻的影响。美好生活是建设中国式现代化的根本动力源；美好生活是新发展理念的灵魂；美好生活与高质量发展具有高度的内在统一性；以美好生活的新范畴构建中国特色社会主义政治经济学的框架，就是按恩格斯"两个和解"的思想开创政治经济学的新境界，完成政治经济学的学科使命。

《新常态的冷思考》，这篇论文是针对"新常态"这一新时代的新概念进行的理论冷思考。这些年，从气候变化到政治生态，新常态这一概念已经越来越多地出现在各个领域。但新常态主要还是指国家经济发展态势。面对新常态，认识新常态，应对新常态，需要的不是对新常态词汇的"热使用"，而恰恰应该有一个"冷思考"。

夕拾篇：该部分收集了本人在党的十八大以前一些有代表性的论文，排序大致按时间由远而近，同时也兼顾了内容的相关性。这里，既有初出茅庐的处女之作，可以看出当年的自己初生牛犊不怕虎的勇气和学术上的稚嫩；也有在改革开放过程中，填补理论空白的大胆探索。主要包括《家务劳动社会化初探》《工资改革目标模式新探》《平均化：商品经济运行的基本机制——对价值规律的再认识》《从社会主义本质认识和把握公有制》《走出形而上学 实现辩证综合》《分配秩序的现状与整顿对策》等；还有在特殊背景下的专门理论思考，如当年在面对突如其来的非典疫情时，我带着几个青年教师从政治经济学的视角深入思考了疫情影响经济社会的若干理论问题，并发表了《SARS的经济学思考》等作品。由此，我自己也第一次对社会主义的本质有了切身感受，提出社会主义的本质就是共同利益，并发表了《共同利益与社会主义——由SARS引发的思考》，从而为后来研究所有制和基本经济制度奠定了认知基础。

附录里收集了几篇相关文稿，从另一个侧面反映了自己在政治经济学领域的学习和探索历程。

在此，我想强调的是，政治经济学的新思考必须始终坚持守正出新。只有新思考才能出新；但新思考绝不是胡思乱想、信口开河，更不是什么"脑筋急转弯"，而是坚持马克思主义的基本原理和基本方法，保持理论定力，本着实事求是的精神追求真理，只有守马克思主义之正，才能出政治经济学之新。

我们应该感谢马克思，在资本主义工业化时代，是他创立了辩证唯物主义和历史唯物主义，深入剖析了资本主义的实质，揭示了人类历史发展规律。在读《资本论》时，最使我震撼的是马克思对商品拜物教的深刻剖析，其穿透力在当今的数字时代依然如此之强。

于我本人而言，见证了从小农经济到集体经济、工农业生产社会化、工业化、城市化的历史巨变。上大学前，我在一家工厂干了10年。厂子不大，但五脏俱全，车、钳、铣、刨、磨一应俱全，从翻砂、冲压到电镀、喷漆，我亲历了制造业的全流程。这些实践，为我日后的政治经济学学习和研究积累了难得的经验。大学四年，我系统学习了政治经济学，更坚定了对马克思主义的信仰。经过数十年在改革开放进程中的持续学习和深入研究，我更加坚信，政治经济学是我们认识世界、改造世界的科学理论，是帮助我们拨开迷雾、预见未来的强大武器。

当前，随着科学技术的突飞猛进和经济社会的日新月异，各种新的拜物教也与日俱增，给人们蒙上了认知的迷雾。面对网上不断出现的各种奇谈怪论，我深感政治经济学的学科使命任重道远。

希望这部文集能够对热爱政治经济学的人们有所帮助。

目 录

新编篇

党的十九大报告是新时代的共产党宣言 ········· 3
 一、不忘初心、牢记使命 ········· 3
 二、践行党的根本宗旨 ········· 6
 三、坚持党对一切工作的领导 ········· 7

当代中国共产党人的政治宣言和行动纲领
 ——党的二十大报告学习心得 ········· 10

新质生产力的新型生产关系
 ——把握中国未来的政治经济学思考 ········· 11
 一、历史唯物主义是把握未来的唯一科学方法 ········· 11
 二、新质生产力：政治经济学生产力理论的新概括 ········· 12
 三、人工智能：新质生产力的重要引擎 ········· 13
 四、资本逻辑的历史价值与历史局限 ········· 14
 五、新型生产关系的构建 ········· 15

一场关系发展全局的深刻变革
 ——试析创新、协调、绿色、开放、共享的发展理念 ········· 18
 一、"十三五"目标要求呼唤新的发展理念 ········· 18
 二、对五大发展理念的解读 ········· 19
 三、为什么说这是一场深刻的变革？ ········· 21
 四、重大现实意义和深远历史意义 ········· 22
 五、五大发展理念，就是五把尺子 ········· 23

资源配平实现方式的新探索
 ——对供给侧结构性改革的政治经济学思考 ········· 24

一、过剩与短缺并存：中国经济的结构性问题 …………………… 24
　　二、按比例规律：结构性改革的理论依据 …………………………… 25
　　三、资源配平：马克思实现模型的启示 ……………………………… 26
　　四、取长补短：五大任务的理论思考 ………………………………… 28
　　五、机制创新：结构性改革的目标 …………………………………… 29

建设现代化经济体系的时代意义和理论价值
　　——纪念改革开放 40 年，踏上现代化新征程 ……………………… 32
　　一、建设现代化经济体系的时代意义 ………………………………… 32
　　二、建设现代化经济体系的理论价值 ………………………………… 34
　　三、建设现代化经济体系的实施方略 ………………………………… 38
　　四、建设现代化经济体系需要把握的主要关系 …………………… 40
　　五、新时代全面深化经济体制改革的顶层设计 …………………… 41

建设现代化经济体系是一篇大文章 …………………………………… 42
　　一、建设现代化经济体系的时代意义 ………………………………… 42
　　二、建设现代化经济体系的理论价值 ………………………………… 43
　　三、建设现代化经济体系的实践重点 ………………………………… 45

新常态的冷思考 …………………………………………………………… 47
　　一、新常态的语义与语境 ……………………………………………… 47
　　二、如何认识中国经济发展的新常态 ………………………………… 48
　　三、新常态下的新思维 ………………………………………………… 49
　　四、新常态下的新作为 ………………………………………………… 50

"十三五"：毕其功之役 ………………………………………………… 52
　　一、对规划的新认识、新理念、新把握 …………………………… 52
　　二、总体战略布局下的"十三五"：决胜阶段 …………………… 53
　　三、确保如期全面建成小康社会：刚性任务 ……………………… 53
　　四、开拓发展新理念：一场深刻变革 ……………………………… 54

中国特色社会主义：40 年锻就之利剑 ……………………………… 57

《资本论》对大数据时代的新启示 …………………………………… 59
　　导语：再读《资本论》的新思考 ……………………………………… 59
　　一、主要内容：人与自然的物质交换 ………………………………… 59
　　二、劳动价值论 ………………………………………………………… 60
　　三、价值规律与价格波动 ……………………………………………… 60

四、两个流通公式比较的启示 …… 61
　　五、$G—G'$资本总公式的逻辑 …… 61
　　六、劳动异化与人的全面发展 …… 62
　　七、机器发明的意义和使用边界 …… 62
　　八、人工智能的意义和新挑战 …… 62
　　九、劳动：从谋生手段到第一需要 …… 62
　　十、数据的属性及其价值和价格 …… 63
　　十一、共享经济的理论思考 …… 63

民生社会主义论纲
　　——中国特色社会主义实践的政治经济学思考 …… 64
　　一、民生社会主义的基本内涵和主要特征 …… 64
　　二、民生社会主义形成的实践基础 …… 65
　　三、民生社会主义是科学社会主义的初级形态 …… 66
　　四、民生主导：为社会主义实践开拓出最大的包容力 …… 67
　　五、民生社会主义的主要矛盾和派生矛盾 …… 68
　　六、民生社会主义的经济规律 …… 69
　　七、市场经济对社会主义的挑战和考验 …… 70
　　八、民生社会主义的基本经济制度 …… 71
　　九、民生社会主义的经济秩序 …… 72
　　十、民生社会主义的经济文化 …… 73

社会主义国民经济论纲
　　——试论中国特色社会主义政治经济学的上位范畴 …… 75
　　一、当前经济理论存在的若干理论困惑 …… 75
　　二、国民经济始终是一个客观存在 …… 75
　　三、国民经济概念在经济理论中的淡出 …… 76
　　四、社会主义国民经济是上位理论范畴 …… 77
　　五、社会主义国民经济的内涵和外延 …… 79
　　六、社会主义国民经济范畴的理论价值 …… 81

规制市场经济论纲
　　——试论社会主义市场经济的特性 …… 86
　　一、回归制度：社会主义市场经济的基本定型 …… 86
　　二、伟大创举：制度优越性与体制长处的有机结合 …… 88

三、私利公益：市场经济基础属性的再认识 …………………… 90
　　四、异化与分化：市场经济的短处 …………………………… 92
　　五、规制下的自由：现代市场经济的必然趋势 ………………… 94
　　六、规制市场经济的新内涵：规划导向与制度约束 …………… 96
　　七、规制市场经济的制度基础和运行机制 …………………… 98
　　八、治理效能：更加成熟更加定型的根本标志 ………………… 100

新时代共同富裕论纲
　　——试论共同富裕经济思想的新升华 …………………… 102
　　一、中国共产党人共同富裕经济思想的形成与发展 ………… 102
　　二、共同富裕理论的新升华：习近平总书记关于共同富裕论述的
　　　　基本要义 ……………………………………………… 104
　　三、新时代实现共同富裕需要处理好的几个重大问题 ……… 108
　　四、结语 ………………………………………………… 115

关于扎实推进共同富裕的理论解析 ……………………………… 116
　　一、共同富裕是社会主义的本质要求 ………………………… 116
　　二、共同富裕的实现条件 ……………………………………… 117
　　三、直面社会主义初级阶段的"亦此亦彼" ………………… 118
　　四、探索社会主义市场经济共同富裕的实现路径 …………… 119
　　五、扎实推进共同富裕的着眼点和着力点 …………………… 120

关于底线思维的政治经济学思考 ………………………………… 123
　　一、生存始终是发展的底线 …………………………………… 123
　　二、人类生存的底线范畴 ……………………………………… 124
　　三、底线思维是人类经济行为的边界航标 …………………… 125
　　四、"六稳""六保"中的底线范畴 ………………………… 126
　　五、底线连着天线：政治经济学的新功能 …………………… 127

关于美好生活的政治经济学分析 ………………………………… 128
　　一、新时代的新范畴和动力源 ………………………………… 128
　　二、中国特色社会主义政治经济学的核心范畴和学科使命 … 129
　　三、美好生活与新发展理念和高质量发展 …………………… 132

关于开展新时代美好生活大讨论的建议 ………………………… 133

京城培育新型消费 首善引领美好生活 ………………………… 134
　　一、新视角：消费的双重属性 ………………………………… 134

二、新型消费：京城促进消费的着力点 …… 135

三、首善之善：消费新风尚的引领作用 …… 136

四、公共消费：共同富裕的显性标志 …… 139

合理消费：生态文明的源头 141

一、生态恶化与生活方式 …… 141

二、消费方式与生态文明 …… 142

三、合理消费的内涵和外延 …… 142

四、清醒认识非理性消费 …… 143

五、非理性消费形成的机理 …… 145

六、消费自觉是合理消费的基础 …… 147

七、消费文化引领合理消费 …… 148

绿水青山的公共属性

——生态产品价值实现的理论思考 …… 150

一、价值的两种不同解读 …… 150

二、生态价值与生态产品价值 …… 151

三、生态产品价值的实现：市场逻辑的遵循与超越 …… 152

四、生态环境跨界协同治理的新路径 …… 153

绿色开发与开发绿色

——从人类开发方式演进规律看西部大开发 …… 155

一、人类开发方式的理论梳理 …… 155

二、绿色开发：中国西部开发的特色 …… 157

三、开发绿色：走新型开发之路 …… 159

科学认知与行动自觉

——生活垃圾管理的理论思考 …… 162

一、垃圾的学理概括 …… 162

二、垃圾减量的经济价值 …… 163

三、神奇一跳：从垃圾分类到分类垃圾 …… 163

四、当好产生者第三角色 …… 164

优化经济发展空间格局的理论思考 165

一、中国经济发展空间格局的演进和发展趋势 …… 165

二、优化经济发展空间格局的深刻内涵和巨大潜能 …… 166

三、优化经济发展空间格局的主要矛盾 …… 167

四、优化经济发展空间格局的实现路径 ………………………… 167
试论政府的更好作用
　　——京津冀协同发展体制改革路径初探 ……………………… 169
　　一、对政府更好作用的解读 ……………………………………… 169
　　二、必须深入研究的三个课题 …………………………………… 171
　　三、京津冀地区区域经济的体制现状 …………………………… 171
　　四、京津冀协同发展的体制改革与机制创新 …………………… 172
　　五、京津冀协同发展中政府如何发挥更好作用 ………………… 173
公共财政的公开监督 …………………………………………………… 175
　　一、民主监督也是一种协商 ……………………………………… 175
　　二、公共属性：财政监督的理论依据 …………………………… 175
　　三、绩效质询：财政监督的重中之重 …………………………… 176
　　四、关口前移：财政监督的改进完善 …………………………… 176
　　五、民主监督是公共财政的有机构成 …………………………… 177
　　六、民主监督与监督民主 ………………………………………… 177
城市法典
　　——祝贺《北京城市总体规划》公开出版 …………………… 179
　　一、充分认识城市总体规划的历史价值 ………………………… 179
　　二、深刻领会城市总体规划的突破创新 ………………………… 180
　　三、形成宣传贯彻城市总体规划的互动生态 …………………… 180
　　四、密切跟踪城市总体规划的落地进程 ………………………… 180
　　五、及时总结城市总体规划的实践经验 ………………………… 181
　　六、积极破解城市总体规划的实施难题 ………………………… 181
　　七、自觉维护城市总体规划的法规权威 ………………………… 181
　　八、大胆拓展城市总体规划的学科专业 ………………………… 182
　　九、努力造就城市总体规划的人才队伍 ………………………… 182
　　十、组织开展城市总体规划的实施督察 ………………………… 183
北京城市 70 年巨变的启示
　　——城市管理与城市文化的交互影响和共同作用 …………… 184
　　一、城市管理与城市文化 ………………………………………… 184
　　二、北京城市 1949 年的两个历史新起点 ……………………… 185
　　三、北京城市 70 年的变与不变 ………………………………… 186

四、城市秩序：管理与文化的合力 ……………………………………… 187
　　五、"大城市病"：城市扩张中的无序失管 …………………………… 188
　　六、新时代北京城市的管理创新与文化革新 …………………………… 189

首都发展新内涵 ………………………………………………………………… 192
　　一、首都发展的提出及基本内涵 ………………………………………… 192
　　二、首都发展新内涵 ……………………………………………………… 192
　　三、如何谋划首都新发展 ………………………………………………… 193

再论首都发展 …………………………………………………………………… 196
　　一、首都发展的提出及基本内涵 ………………………………………… 196
　　二、新时期首都发展的现实意义 ………………………………………… 196
　　三、如何谋划首都新发展 ………………………………………………… 197
　　四、首都发展的新内涵 …………………………………………………… 198
　　五、走出"两难"，放手发展北京经济 ………………………………… 200

北京新使命
　　——关于把北京建设成为世界级城市群核心的理论思考 ……………… 203
　　一、城市群形态形成及其演化规律 ……………………………………… 203
　　二、离世界级城市群战略构想还有多远 ………………………………… 203
　　三、北京在京津冀城市群中的角色 ……………………………………… 204
　　四、对非首都功能的再认识 ……………………………………………… 205
　　五、对北京疏解的再认识 ………………………………………………… 206
　　六、任重道远：北京如何成为城市群的核心 …………………………… 206
　　七、到小城镇去！到中小城市去！ ……………………………………… 207

劳动神圣　学科常青
　　——劳动经济学70年发展历程回顾与展望 ……………………………… 208
　　一、回顾劳动经济学走过的历程 ………………………………………… 208
　　二、展望新时代劳动经济学的未来 ……………………………………… 209

消费经济学学科建设的十条建言
　　——寄语消费经济学会成立大会 ………………………………………… 214
　　一、重振消费经济学的历史任务 ………………………………………… 214
　　二、重构消费经济学理论框架 …………………………………………… 215
　　三、考证消费演进历史，发现消费升级规律 …………………………… 216
　　四、梳理消费学说，积累学科基础 ……………………………………… 216

五、探索消费经济学研究方法 …………………………………… 217
六、直面消费异化，强化学术批判 ………………………………… 217
七、紧跟时代潮流，推动理论创新 ………………………………… 218
八、顺应发展需要，服务改革大局 ………………………………… 218
九、传承包容扬弃，倡导严谨学风 ………………………………… 219
十、形成学术流派，推出学术新人 ………………………………… 219

---------- 夕 拾 篇 ----------

结合"社会主义市场经济"和"社会主义初级阶段"两个"新的实际"深化对劳动价值论的认识 …………………………………… 223
  一、界定范畴 理清思路 ………………………………………… 223
  二、两个新实际 两大新难题 …………………………………… 225
  三、与时俱进 动态研究 ………………………………………… 227
"劳动力是商品"的认识误区 ……………………………………… 228
  一、劳动力商品讲的是生产关系的本质 ………………………… 228
  二、通过市场配置的要素不等于要素具有商品性质 …………… 228
  三、工资是劳动报酬不是劳动力价值 …………………………… 229
  四、市场配置劳动力与劳动力是不是商品无必然联系 ………… 229
家务劳动社会化初探 ……………………………………………… 231
平均化：商品经济运行的基本机制
  ——对价值规律的再认识 ……………………………………… 236
  一、价值规律实现的平均化机制 ………………………………… 236
  二、平均化的成因和作用机能 …………………………………… 237
  三、对按价值规律办事的反思 …………………………………… 239
试论货币在社会主义商品经济中新的特殊职能 ………………… 243
也议经济杠杆
  ——兼与王洪同志商榷 ………………………………………… 248
  一、经济杠杆是主观对客观经济范畴自觉运用的产物 ………… 248
  二、经济杠杆工作的主体、客体和支点 ………………………… 248
  三、分配对生产的反作用是经济杠杆发生作用的机制 ………… 249
  四、经济杠杆的组合与系统 ……………………………………… 249

基本经济制度的形成与演变
——重读马克思、恩格斯《德意志意识形态》 ·················· 252
  一、以生产方式解释基本经济制度 ·················· 252
  二、分工和私有制是相等的表达方式 ·················· 253
  三、私有制形成和发展的经济原因 ·················· 254
  四、私有制消亡的历史条件 ·················· 254
  五、个人利益与共同利益的形成和矛盾 ·················· 255
  六、人类以分工为基础共同活动的社会力量 ·················· 255
  七、消除"异化"的条件和前提 ·················· 256
  八、"绝对必须的实际前提"的预言 ·················· 256
  九、共同利益的虚幻共同体与真实共同体 ·················· 256

从所有制功能认识和把握基本经济制度 ·················· 258
  一、所有制功能与基本经济制度 ·················· 258
  二、公有制功能与巩固和发展公有制 ·················· 261
  三、私有制的历史存在权与非公经济 ·················· 263
  四、功能优化组合共同促进发展 ·················· 265

公有制经济的新形态 ·················· 269

论公有制的实现形式 ·················· 272
  一、以三个有利于为标准寻找公有制的实现形式 ·················· 272
  二、社会主义初级阶段是寻找公有制实现形式的根本出发点 ·················· 273
  三、按照市场经济的要求重塑公有制的实现形式 ·················· 274

从社会主义本质认识和把握公有制 ·················· 277
  一、所有制是社会基本经济制度的特征 ·················· 277
  二、邓小平社会主义本质论是对公有制内涵的精辟阐释 ·················· 278
  三、公有制是社会主义生产关系的整体特征 ·················· 279
  四、判断公有制实现的重要标志 ·················· 279
  五、实践公有制的指针 ·················· 280

走出形而上学 实现辩证综合 ·················· 282

建设社会主义市场经济的若干理论思考 ·················· 285
  一、资源配置方式的选择:经济体制的实质 ·················· 285
  二、市场经济体制与现代化战略目标 ·················· 286
  三、变革的根本性与转换的阶段性 ·················· 287

社会主义市场经济的经济治理
——党中央治国理政的政治经济学领悟 ······ 292
一、人民利益至上：经济治理的根本原则 ······ 293
二、掌握实情、直面问题：经济治理的初始点 ······ 293
三、不断革除体制机制弊端：经济治理的着力点 ······ 294
四、顶层设计和整体谋划：经济治理的根据指南 ······ 295
五、满足感与获得感：经济治理的异化矫正 ······ 296
六、联动集成、形成合力：经济治理的协同推进 ······ 296

商品经济条件下按劳分配的实现机制
——兼论社会主义等量劳动获得等量报酬规律 ······ 298

坚持按劳分配原则的指针
——学习《邓小平文选》有关论述的两点体会 ······ 302
一、坚持按劳分配，就要反对平均主义 ······ 302
二、承认个人物质利益，要为全体人民的物质利益奋斗 ······ 302

挂钩是为了脱钩
——浅议改革中的工资与物价 ······ 304
一、工资与物价的无关与相关 ······ 304
二、传统体制下工资与价格的双扭曲 ······ 306
三、挂钩是为了脱钩 ······ 307
四、挂钩方案比较 ······ 308

工资改革目标模式新探 ······ 309
一、确立工资改革目标模式的原则 ······ 309
二、模式的划分与选择 ······ 312
三、目标模式实施的步骤与途径 ······ 314

我国工资运行机制改革的设想 ······ 318
一、工资运行机制的改革目标模式及其转轨 ······ 318
二、工资运行市场的培育 ······ 321
三、工资运行的宏观调控 ······ 322

从运行机制的转换把握工资改革方向 ······ 325
一、传统工资运行方式考察 ······ 325
二、对我国工资改革的反思 ······ 326
三、工资改革与经济改革的关系 ······ 327

四、工资运行机制改革目标模式 …………………………………… 328
　　五、工资运行机制的转轨 …………………………………………… 328
我国企业工资改革的时序设计 …………………………………………… 331
　　一、制约和影响企业工资改革时序的因素 ………………………… 331
　　二、企业工资改革的三个阶段 ……………………………………… 332
　　三、现阶段企业工资改革的任务 …………………………………… 333
工资运行与社会主义平等的实现 ………………………………………… 335
　　一、社会主义平等的内涵 …………………………………………… 335
　　二、平等与社会主义商品经济 ……………………………………… 337
　　三、工资运行与社会主义平等的实现 ……………………………… 338
中国住房分配工资化改革的机理分析 …………………………………… 340
　　一、住房分配与工资分配 …………………………………………… 340
　　二、住房分配方式的变革机理 ……………………………………… 342
　　三、住房分配机制转换的基本原则与运行程序 …………………… 347
分配秩序的现状与整顿对策 ……………………………………………… 350
　　一、分配秩序混乱的现象和危害 …………………………………… 350
　　二、分配秩序混乱的成因 …………………………………………… 354
　　三、整顿分配秩序的对策建议 ……………………………………… 357
缓解社会分配不公的若干理论思考 ……………………………………… 361
　　一、两种公平观的矛盾与共存 ……………………………………… 361
　　二、对分配不公的不同认识和不同对策 …………………………… 363
　　三、两种分配不公的表现和形成两种危害的交织与扩大 ………… 365
　　四、分清两种收入，摆脱两难困境 ………………………………… 368
略论非劳动收入 …………………………………………………………… 370
　　一、社会主义初级阶段的非劳动收入 ……………………………… 370
　　二、非劳动收入的形式和分配机制 ………………………………… 371
　　三、对非劳动收入的调节 …………………………………………… 372
告别短缺 …………………………………………………………………… 374
消费能社会化吗？ ………………………………………………………… 376
收入的小台阶难以支持消费的大台阶 …………………………………… 378
消费的更高水平是科学消费 ……………………………………………… 380
什么是绿色消费 …………………………………………………………… 383

横向经济联合与利益系统变构 ………………………………………… 385
企业利益系统的建设与企业经营机制的完善 …………………………… 389
 一、企业利益系统是企业经营机制的基础 ……………………………… 389
 二、企业各方面利益的统一形成企业的动力机制 ……………………… 390
 三、企业利益系统的差异性形成企业的约束机制 ……………………… 391
 四、企业内不同利益的人格化是完善企业决策机制的关键 …………… 392
企业转机建制观念必须更新 ………………………………………………… 394
 一、实践探索的观念 ……………………………………………………… 394
 二、价值运动的观念 ……………………………………………………… 394
 三、法人财产的观念 ……………………………………………………… 395
 四、资本经营的观念 ……………………………………………………… 395
 五、资产重组的观念 ……………………………………………………… 395
 六、人力财富的观念 ……………………………………………………… 396
 七、创造市场的观念 ……………………………………………………… 396
 八、科学管理的观念 ……………………………………………………… 396
关于建立现代企业制度的若干认识 ………………………………………… 398
 一、实行现代企业制度是改革深化的逻辑必然 ………………………… 398
 二、理论突破：分离法人财产权 ………………………………………… 400
 三、国有资产价值形态的独立运动 ……………………………………… 401
 四、现代企业制度的生命力在于资产重组 ……………………………… 402
 五、创新：现代企业制度的实质 ………………………………………… 403
 六、研究两种条件，寻找现代企业制度的生长点 ……………………… 404
以发展带动国有企业改革 …………………………………………………… 407
 一、发展是国有企业改革的根本出发点和最终目标 …………………… 407
 二、发展的提出断然拒绝了否定国有经济的主张，坚持了改革的正确
   方向，坚定了国有企业改革与发展的信心 ………………………… 407
 三、发展的提出，转换了观察问题的视角，第一次描绘了国有企业
   改革与发展的中长期目标 …………………………………………… 408
 四、发展的提出，为国有企业改革提供了新视野、新参照、新思路
   和新办法 ……………………………………………………………… 408
 五、以发展带动改革，在深化国有企业改革上迈出新步伐，尽快形成
   国有企业的新优势 …………………………………………………… 409

共同利益与社会主义
　　——由 SARS 引发的思考 ……………………………………………………… 410
　　一、人类社会发展进程中的利益关系 ……………………………………… 410
　　二、市场经济的利益结构 …………………………………………………… 412
　　三、20 世纪社会主义实践的历史遗产 …………………………………… 415
　　四、社会主义经济制度的再造 ……………………………………………… 418

SARS 的经济学思考 ……………………………………………………………… 422
　　一、"非典"不会改变中国经济高速增长的总趋势 ……………………… 422
　　二、"非典"引起的短期需求冲击与财政政策调整 ……………………… 423
　　三、农村抗击"非典"的防范手段及其经济学解释 ……………………… 425
　　四、抗击"非典"：对市场的再认识 ……………………………………… 428
　　五、以防治 SARS 为契机，完善政府危机管理体系 …………………… 430
　　六、"非典"与公共物品的有效提供 ……………………………………… 433

稳定基础上的发展与改革并举
　　——邓小平经济思想初探 ……………………………………………………… 437
　　一、改革、发展、稳定与党的基本路线 …………………………………… 437
　　二、百年不动摇的硬道理 …………………………………………………… 437
　　三、改革是发展的必由之路 ………………………………………………… 438
　　四、稳定中的发展与发展中的稳定 ………………………………………… 439
　　五、改革与发展并举的战略 ………………………………………………… 441
　　六、继续实行并举战略的矛盾和对策 ……………………………………… 442

发展是当代中国的第一主题
　　——学习邓小平关于改革、发展、稳定三者关系的辩证思想 …………… 444

大智慧：制度与体制的剥离和新组合
　　——纪念邓小平诞辰 100 周年 ……………………………………………… 449

走自己的路
　　——学习邓小平经济思想的初步体会 ……………………………………… 452

邓小平社会主义观与中国改革开放 …………………………………………… 454
　　一、邓小平社会主义观 ……………………………………………………… 454
　　二、中国改革开放的性质和方向 …………………………………………… 457
　　三、正确认识改革开放中存在的矛盾和问题 ……………………………… 458
　　四、市场经济条件下社会主义道路的新探索 ……………………………… 460

从硬道理到第一要务
　　——"三个代表"重要思想的发展观 ················· 465
科学发展观之科学 ······························· 468
　　一、对"发展"的逆向思考 ······················· 468
　　二、对"发展"的深度探究 ······················· 470
对立统一与社会和谐
　　——从矛盾斗争的视角看和谐社会的构建 ············· 472
　　一、重新解读"斗争哲学" ······················· 472
　　二、资本主义的发展从未停止过斗争 ················· 474
　　三、社会主义实践背离对立统一规律的教训 ············· 475
　　四、把握对立统一规律，构建社会主义和谐社会 ·········· 476
理论创新与制度创新 ····························· 482
　　一、社会主义与市场经济不存在根本矛盾 ·············· 482
　　二、完善社会主义市场经济体制 ···················· 483
应把社会主义政治经济学的研究对象与历史任务相联系 ········ 485
中国社会主义政治经济学的新篇章 ······················ 487
市场经济理论对社会主义经济学的重大影响 ················ 494
　　一、重建社会主义经济学的出发点 ··················· 494
　　二、重新明确资源配置是社会主义经济学的基本问题 ······· 494
　　三、重新认识经济体制的实质 ······················ 494
　　四、重建社会主义经济学的开放系统，为吸收人类一切文明成果提供
　　　　更大空间 ······························ 494
　　五、为计划与市场结合方式的研究提供新的起点 ·········· 494
论解放思想 ································· 495
　　一、人的错误思想是从哪里来的？ ··················· 495
　　二、筋一换，大路朝天 ························· 498
改革深化：形成了改革的路线图和时间表 ·················· 501
　　一、摆问题：改革以解决问题而深化 ·················· 501
　　二、涉险滩：剑指利益固化藩篱 ···················· 502
　　三、聚共识：顶层设计和整体谋划 ··················· 502
　　四、牵引力：重要领域和关键环节 ··················· 503
　　五、设底线：社会主义制度的自我完善和发展 ············· 504

转变经济发展方式的理论思考 ... 505
  - 一、转变经济发展方式的概念思辨 ... 505
  - 二、两种经济发展方式及其转变的实质 ... 507
  - 三、转变经济发展方式的实质和创新 ... 508

民族复兴与社会主义是统一的 ... 509

奥运、入世带给我们的机遇与思考 ... 511
  - 一、奥运与入世给我们带来了什么？ ... 511
  - 二、从入世到奥运的历史坐标比较 ... 511
  - 三、以入世成就入市 ... 512
  - 四、规则接轨，扩大对外开放 ... 513
  - 五、首都经济的再定位 ... 513

经济文化与文化经济
  ——以文化引领区域经济科学发展的理论思考 ... 515
  - 一、经济与文化的辩证关系 ... 515
  - 二、经济文化的理论思考 ... 519
  - 三、文化经济的理论思考 ... 521
  - 四、以文化引领区域经济科学发展 ... 522

如何绘就一张能干到底的蓝图？
  ——规划编制要有理论思考和法治精神 ... 526
  - 一、规划不能就事论事，必须要有理论依据 ... 526
  - 二、规划编制要有法可依，规划实施要有法律权威 ... 527

消除羁绊，互利共赢
  ——关于华北地区产业结构协同升级的思考 ... 528
  - 一、华北地区大区域经济的新构想 ... 528
  - 二、华北地区产业结构协同升级的潜在利益 ... 529
  - 三、华北地区产业结构协同升级的创新基础 ... 532
  - 四、华北地区产业结构协同升级的羁绊 ... 535
  - 五、消除羁绊，推进协同合作的制度创新 ... 535

地缘经济与地缘文化
  ——京津冀协同发展理论启示 ... 537
  - 一、地缘经济与地缘文化的理论新概括 ... 537
  - 二、地缘经济的形成基础和潜能释放 ... 538

三、以先进地缘文化引领现代地缘经济 539

京津冀大棋局
——京津冀协同发展的战略思考 541
  一、"京津冀"与"京·津·冀" 541
  二、京津冀大棋局比喻的战略构思 543
  三、京津冀协同发展的实现路径 546

彰显京津冀协同发展的北京优势 549
  一、北京城市发展的新模式 549
  二、北京城市发展的新功能 552
  三、北京在协同发展中的新作为 553

关于研究首都经济的若干理论思考 556
  一、首都经济是一个完整的经济系统 556
  二、首都经济与北京经济 557
  三、首都经济与服务经济 557
  四、首都经济与知识经济 558
  五、发展首都经济必须从北京的现实出发 559

疏解：走活全盘的一步棋
——对疏解北京非首都功能战略安排的解读 561
  一、严控人口，探索治理"大城市病"之新路 561
  二、腾出空间，功能重组，优化提升首都功能 562
  三、优势外溢，扶助贫弱，带动区域平衡发展 562
  四、转换模式，促进产业升级优化，构建高精尖经济结构 563
  五、推动产业转移，理顺产业链条，对接国家战略 563

疏解讲究自觉　治病务求去根 565
  一、对疏解中碰到问题的理论思考 565
  二、疏解与城市失管、失序的治理 566
  三、疏解与经济生态环境 566
  四、城市磁力的再配置 567

首都功能疏解与区域协同发展 569
  一、首都核心功能与城市基础功能 569
  二、北京何以做大？ 569
  三、非首都核心功能的城市功能 570

四、功能疏解与压力缓解 ……………………………………………………… 571
　　五、区域协同发展是更高的着眼点 …………………………………………… 571
　　六、高端与低端的辩证关系 …………………………………………………… 572

一份珍贵的历史资料和学术文献
　　——读《刘国光文集》 …………………………………………………………… 573

守正出新的理论学人 ……………………………………………………………… 576

经济改革战略的勇敢探索
　　——《走向繁荣的战略选择》评介 …………………………………………… 579
　　一、改革的起点、终点和过渡模式 …………………………………………… 579
　　二、改革的动力和阻力 ………………………………………………………… 580
　　三、经济改革的主线 …………………………………………………………… 581
　　四、重造公有制商品经济的微观基础 ………………………………………… 582
　　五、工业化新路与三元经济结构 ……………………………………………… 582

皮书品牌·话语权·智库建设
　　——《京津冀蓝皮书》研创的几点体会 ……………………………………… 584
　　一、话语权与决策权 …………………………………………………………… 584
　　二、话语权与智库建设 ………………………………………………………… 585
　　三、把皮书打造成为真正的智库 ……………………………………………… 586
　　四、关于如何推动中国话语体系建设的思考 ………………………………… 588

孙冶方经济理论体系探讨 ………………………………………………………… 590
　　一、基本出发点——从社会主义现实出发 …………………………………… 590
　　二、受历史条件的限制和传统理论的影响——对社会主义商品经济的
　　　　否定 …………………………………………………………………………… 591
　　三、矛盾及矛盾的解决 ………………………………………………………… 592
　　四、劳动耗费一定要计算和比较的延伸 ……………………………………… 592
　　五、孙冶方经济理论的集中代表——最小最大论 …………………………… 593

弱化通货膨胀预期 ………………………………………………………………… 595

秩序：新一轮经济增长的助推器
　　——访著名学者文魁教授 ……………………………………………………… 597
　　一、20年的伟大成就主要是激活了个体，释放了能量 ……………………… 597
　　二、今后10年急需整合，以秩序形成新的动力，推动经济增长 …………… 598

布好京津冀协同发展大棋局
　　——访首都经济贸易大学原校长文魁 ······················· 601

──────────── 附　　录 ────────────

百人工程　百年使命 ······································· 607
师　恩 ··· 610
　　一、老师教我读书 ······································ 610
　　二、老师带我教书 ······································ 610
　　三、老师领我做学问 ···································· 611
　　四、老师推我进入学界 ·································· 611
　　五、老师引我服务社会 ·································· 612
　　六、老师留我效忠母校 ·································· 612

同龄人二三事 ·· 614
　　一、参与试制"农民买得起的缝纫机" ····················· 614
　　二、提出以"活工资"带动中国工资运行机制改革 ·········· 615
　　三、探索现代化经济体系的时代意义和理论价值 ············ 615

摇篮·沃土·战线·智库
　　——北京社会科学的聚宝盆 ···························· 617
　　一、学者摇篮 ·· 617
　　二、学术沃土 ·· 618
　　三、思想战线 ·· 618
　　四、高端智库 ·· 619

后　记 ··· 621

新编篇

党的十九大报告是新时代的共产党宣言

党的十九大报告是一部新时代的共产党宣言。与人类历史上第一部《共产党宣言》相比，这是一部共产党领导民族复兴、走向国家强盛，从站起来、富起来到强起来，不断把理想变为现实的宣言；这是一部在经济落后国家共产党领导人民翻身做主人、持续进行解放生产力、发展生产力的探索，在经济发展丰富经验基础上对社会主义建设规律取得不断深刻认识的宣言；这是一部在苏联解体、世界共产主义运动进入低潮时，共产党人始终坚持理想信念不动摇、通过改革开放走出困境，共产党人始终不渝坚持对人类发展规律进行成功探索的宣言；这是一部彰显科学社会主义在21世纪的中国焕发出强大生机活力，中国特色社会主义道路、理论、制度、文化不断发展，拓展发展中国家走向现代化的途径，给世界上那些既希望加快发展又希望保持自身独立性的国家和民族提供全新选择，为解决人类问题贡献中国智慧和中国方案的共产党宣言。

一、不忘初心、牢记使命

不忘初心，方得始终，这是共产党人的品格。中国共产党人的初心和使命，就是为中国人民谋幸福，为中华民族谋复兴。这个初心和使命是激励中国共产党人不断前进的根本动力。

1848年，马克思、恩格斯在《共产党宣言》中指出，共产党人没有自己的特殊利益；在理论方面，共产党人"胜过其余无产阶级群众的地方在于他们了解无产阶级运动的条件、进程和一般结果"[1]。

中国共产党具有的正是这样的特性。中国共产党人没有自己的特殊利益，早在1921年建党之初，党就把实现共产主义作为自己的最高理想和最终目标，义无反顾肩负起实现中华民族伟大复兴的历史使命，团结带领人民进行了艰苦卓绝的斗争，成为中国人民谋求民族独立、人民解放、国家富强、人民幸福斗争的主心骨。在中国革命的不同阶段，我们党总是能够冷静分析当时的历史条件，科学确定历史方位和阶段目标，提出历史任务和实现方略，先后取得了推翻中国人民头上的三座大山、夺取全国政权，建立社会主义制度和破除体制机制障碍、跟上

---

[1] 马克思、恩格斯：《马克思恩格斯文集》第二卷，人民出版社2009年版，第44页。

时代发展等重大胜利，谱写了气吞山河的壮丽史诗。

中国共产党的伟大、光荣、正确，正是共产党人这种特性的彰显。在为人民谋幸福、为民族谋复兴的伟大斗争中，我们党始终不忘初心、牢记使命，始终把握着运动的"条件、进程和一般结果"。正如党的十九大报告指出的，96年来，为了实现中华民族伟大复兴的历史使命，无论是弱小还是强大，无论是顺境还是逆境，我们党都初心不改、矢志不渝，团结带领人民历经千难万险，付出巨大牺牲，敢于面对曲折，勇于修正错误，攻克了一个又一个看似不可攻克的难关，创造了一个又一个彪炳史册的人间奇迹。

建设社会主义是党的一个重要理想和目标。当然，在建设社会主义的实践中，我们也遇到过种种迷茫，想要贯彻传统的社会主义原则，却未能实现使人民富裕的初衷。随着改革开放进程的展开，我们逐步认识到，传统的社会主义原则，是马克思、恩格斯根据资本主义在生产力高度发展基础上进入社会主义提出的，而我们是在生产力落后基础上进入社会主义的，因此目前还处于社会主义初级阶段。党的基本路线正是基于这个判断形成的。既然是初级阶段，必然有着与高级阶段不同的特征。因此，为了适应"发展是硬道理"的理念，我们党先后提出这样的政策主张：商品经济是不可逾越的历史阶段，实行有计划的商品经济；计划和市场只是资源配置的不同方式，实行社会主义市场经济；等等。

党的十八大以来，中国特色社会主义立足新起点，进入新阶段。为此，我们需要对运动的"条件、进程和一般结果"作出新的判断，提出新的主张。习近平总书记指出："经过长期努力，中国特色社会主义进入了新时代，这是我国发展新的历史方位。"中国共产党又一次站在历史的新起点，提出从全面建成小康社会到基本实现现代化，再到全面建成社会主义现代化强国的发展战略。这一新时代中国特色社会主义发展的战略安排，是共产党人特性在新时代新的彰显。

习近平总书记豪迈地指出，我们比历史上任何时期都更接近、更有信心和能力实现中华民族伟大复兴的目标。同时，他又十分清醒地告诫全党，行百里者半九十；中华民族伟大复兴，绝不是轻轻松松、敲锣打鼓就能实现的；全党必须准备付出更为艰巨、更为艰苦的努力。

对于共产党与民族复兴的关系，马克思、恩格斯在《共产党宣言》及其序言中都有过明确的论述。他们认为，工人革命应先使无产阶级上升为统治阶级，争得民主，并尽可能快地增加生产力的总量。恩格斯在《共产党宣言》1892年波兰文版序言中指出，"波兰工业的迅速发展，又是波兰人民拥有强大生命力的新的证明，是波兰人民即将达到民族复兴的新的保证"，而一个独立强盛的波兰的复兴，其意义已经超出波兰，是一件关系全局的大事情。在1893年意大利文版序言中，恩格斯再次强调，"不恢复每个民族的独立和统一，那就既不可能有无产阶级的国际联合，也不可能有各民族为达到共同目的而必须实行的和睦的与自觉的合作"。

习近平总书记在回顾中国共产党领导人民为民族复兴奋斗的历程时，谈到了党的深刻认识和经验：民族复兴必须实现民族独立、人民解放、国家统一、社会稳定；民族复兴，必须建立符合国情实际的先进社会制度，而社会主义基本制度是一切发展的根本政治前提和制度基础；民族复兴，必须合乎时代潮流，顺应人民意愿，勇于改革开放，始终充满奋勇前进的强大动力。这些认识和经验丰富了马克思主义民族复兴的理论，为世界各国人民解放、民族独立、民族复兴的事业提供了中国样板，弥足珍贵。

对于新时代共产党人的历史使命，习近平总书记以进行伟大斗争、建设伟大工程、推进伟大事业、实现伟大梦想这"四个伟大"来概括。

实现伟大梦想，必须进行伟大斗争。这里，把斗争作为第一个伟大放在共产党人新的历史使命的首位加以强调，是非常深刻的。很长一段时间以来，人们讲和谐，不大强调斗争，甚至回避"斗争"一词的使用。习近平总书记在党的十九大报告中鲜明地指出，"社会是在矛盾运动中前进的，有矛盾就会有斗争"，应立足马克思主义哲学，对糊涂认识加以纠正。习近平总书记清醒地看到，"我们党要团结带领人民有效应对重大挑战、抵御重大风险、克服重大阻力、解决重大矛盾，必须进行具有许多新的历史特点的伟大斗争，任何贪图享受、消极懈怠、回避矛盾的思想和行为都是错误的"。他立场坚定、态度鲜明地告诫全党："要更加自觉地坚持党的领导和我国社会主义制度，坚决反对一切削弱、歪曲、否定党的领导和我国社会主义制度的言行；更加自觉地维护人民利益，坚决反对一切损害人民利益、脱离群众的行为；更加自觉地投身改革创新时代潮流，坚决破除一切顽瘴痼疾；更加自觉地维护我国主权、安全、发展利益，坚决反对一切分裂祖国、破坏民族团结和社会和谐稳定的行为；更加自觉地防范各种风险，坚决战胜一切在政治、经济、文化、社会等领域和自然界出现的困难和挑战。"习近平总书记强调指出："全党要充分认识这场伟大斗争的长期性、复杂性、艰巨性，发扬斗争精神，提高斗争本领，不断夺取伟大斗争新胜利。"斗争精神和斗争本领，是新时代历史使命对共产党人的新要求。

实现伟大梦想，离不开我们党正在深入推进建设的新的伟大工程。在此过程中，我们党要始终成为时代先锋、民族脊梁，始终成为马克思主义执政党，则自身必须始终过硬。为此，全党要更加自觉地坚定党性原则，勇于直面问题，敢于刮骨疗毒，消除一切损害党的先进性和纯洁性的因素，清除一切侵蚀党的健康肌体的病毒，不断增强党的政治领导力、思想引领力、群众组织力、社会号召力，确保我们党永葆旺盛生命力和强大战斗力。

实现伟大梦想，必须全面推进中国特色社会主义伟大事业，这也是改革开放以来党的全部理论和实践的主题。为此，习近平总书记对中国特色社会主义道路、中国特色社会主义理论体系、中国特色社会主义制度、中国特色社会主义文化作出精准概括，要求全党更加自觉地增强道路自信、理论自信、制度自信、文化自信，既不走封闭僵化的老路，也不走改旗易帜的邪路，保持政治定力，坚持实干兴邦，始终坚持和发展中国特色社会主义。

四个伟大，紧密联系、相互贯通、相互作用。其中起决定性作用的是党正在领导建设的新的伟大工程。推进建设伟大工程，要结合伟大斗争、伟大事业、伟大梦想的实践来进行，确保党在世界形势深刻变化的历史进程中始终走在时代前列，在应对国内外各种风险和考验的历史进程中始终成为全国人民的主心骨，在坚持和发展中国特色社会主义的历史进程中始终成为坚强领导核心。

二、践行党的根本宗旨

全心全意为人民服务，是毛泽东同志为中国共产党确立的根本宗旨。习近平总书记强调，我们党来自人民、植根人民、服务人民，一旦脱离群众，就会失去生命力。加强作风建设，必须紧紧围绕保持党同人民群众的血肉联系，增强群众观念和群众感情，不断厚植党执政的群众基础。坚持以人民为中心。人民是历史的创造者，是决定党和国家前途命运的根本力量。必须坚持人民主体地位，坚持立党为公、执政为民，践行全心全意为人民服务的根本宗旨，把党的群众路线贯彻到治国理政全部活动之中，把人民对美好生活的向往作为奋斗目标，依靠人民创造历史伟业。

对于我们党来说，人民利益绝不是一句空口号，而是要实实在在地体现在人民生活中，让人民切实感受到。为此，党的十九大报告指出，保障和改善民生，增进民生福祉，多谋民生之利、多解民生之忧，补齐民生短板、促进社会公平正义，在幼有所育、学有所教、劳有所得、病有所医、老有所养、住有所居、弱有所扶上不断取得新进展，深入开展脱贫攻坚，保证全体人民在共建共享发展中有更多获得感，不断促进人的全面发展、全体人民共同富裕。

1848年《共产党宣言》指出，"工人革命的第一步就是使无产阶级上升为统治阶级，争得民主"[①]。共产党是人民利益的代表，因此，共产党执政的实质就

---

① 马克思、恩格斯：《马克思恩格斯文集》第二卷，人民出版社2009年版，第52页。

是人民当家作主。共产党执政与人民当家作主是完全一致的。这里，问题的关键在于：共产党要真正代表人民利益，不能变质；人民的意愿能够得到有效表达，参与国家治理。

党的十九大报告指出，我国是工人阶级领导的、以工农联盟为基础的人民民主专政的社会主义国家，国家一切权力属于人民。我国的社会主义民主是维护人民根本利益的最广泛、最真实、最管用的民主。发展社会主义民主政治就是要体现人民意志、保障人民权益、激发人民创造活力，用制度体系保证人民当家作主。

党的十九大报告对坚持中国特色社会主义政治发展道路，坚持和完善人民代表大会制度、中国共产党领导的多党合作和政治协商制度、民族区域自治制度、基层群众自治制度，巩固和发展最广泛的爱国统一战线，发展社会主义协商民主，健全民主制度，丰富民主形式，拓宽民主渠道，保证将人民当家作主落实到国家政治生活和社会生活之中等进行了系统论述。对如何落实这些制度，不断推进社会主义民主政治制度化、规范化、程序化，保证人民依法通过各种途径和形式参与管理国家事务、经济文化事业、社会事务，巩固和发展生动活泼、安定团结的政治局面等作出了安排。

正如习近平总书记指出的，中国特色社会主义政治制度是中国共产党和中国人民的伟大创造。我们完全有信心、有能力把我国社会主义民主政治的优势和特点充分发挥出来，为人类政治文明进步作出充满中国智慧的贡献。

三、坚持党对一切工作的领导

习近平总书记在党的十九大报告中提出，"中国特色社会主义最本质的特征是中国共产党领导，中国特色社会主义制度的最大优势是中国共产党领导"。这个重大命题的提出是全新的，也是深刻的，是对中国社会主义建设的深刻概括。对于中国共产党和民族复兴的关系，习近平总书记理直气壮地指出，历史已经并将继续证明，没有中国共产党的领导，民族复兴必然是空想。中国特色社会主义之所以成功，表现出特有的优势，也都有赖于中国共产党的领导。这是不容怀疑的历史事实。

我们曾经习惯于用所有制和分配方式为社会主义设定标准，从理论上看，这无疑是正确的；但从实践上看，决定社会制度性质的是适应生产力发展的生产关系。社会主义生产关系的本质归根结底是由人民利益主导的，而在社会主义初级阶段，为了发展生产力，我们必须发展市场经济，必须借助资本和利润对经济的推动，所有制和分配方式也不可能纯而又纯，而必然是多元组合的；计划多一点还是市场多一点，也要根据经济发展的不同阶段而有所调整。那么，人民利益如何得到保证，人民又如何主导经济发展呢？中国的实践证明，这就必须靠始终代表人民利益的中国共产党来领导和坚持。

在习近平新时代中国特色社会主义思想的十四个基本方略中，放在首位的就是坚持党对一切工作的领导。这是中国特色社会主义的本质特征和最大优势。从理论上看，社会主义不同于资本主义，前者不是由不同经济利益的代表通过多党轮流执政而进行的国家治理模式，也不是由不同政治主张的代表竞争上台的模式。马克思、恩格斯在《共产党宣言》中早就申明，共产党人不同于其他无产阶级政党有二：其一，共产党人强调和坚持整个无产阶级共同的不分民族的利益；其二，在各个发展阶段上，共产党人始终代表整个运动的利益。所以，即使是不同的无产阶级政党也不能与共产党人分权。共产党人一旦掌握国家政权，就不会允许分裂整体利益和长远利益情况的出现。从实践上看，中国特色社会主义之所以取得巨大成就，也在于党从整体利益和长远利益出发对国家的集中统一领导。

习近平总书记在十九大报告中指出："党政军民学，东西南北中，党是领导一切的。"这一原则在社会主义市场经济条件下，面临新的更大的挑战和考验，实现起来难度也更大；同时，其重要性和历史意义也更强、更具紧迫性。因此，习近平总书记要求全党必须增强政治意识、大局意识、核心意识、看齐意识，自觉维护党中央权威和集中统一领导，自觉在思想上政治上行动上同党中央保持高度一致，完善坚持党的领导的体制机制，坚持稳中求进工作总基调，提高党把方向、谋大局、定政策、促改革的能力和定力，确保党始终总揽全局、协调各方。

只有坚持党对一切工作的领导，才能使中国特色社会主义事业走向新的辉煌，才能在世界范围的比较中，更清晰地体现共产党人执政的特有优势。

党对一切工作的领导地位不容怀疑、不可动摇，那么搞好中国的事，关键就在党。一个政党，一个政权，其前途命运取决于人心向背。我们党能不能做到政治过硬、本领高强，得到人民真心的拥护和爱戴，这是中国特色社会主义成败得失的重中之重和关键中的关键。只有党把自身建设好，确保党始终同人民想在一起、干在一起，才能引领承载着中国人民伟大梦想的航船破浪前进。打铁还须自身硬，党要始终成为时代先锋、民族脊梁，始终成为马克思主义执政党，自身必须始终过硬。

党的十八以来，中央为从严治党进行了卓有成效的探索，反腐败斗争压倒性态势已经形成并得到巩固和发展。这些成就消除了党和国家内部存在的严重隐患，增强了党的创造力、凝聚力、战斗力，从而使团结统一更加巩固，党群关系明显改善，党在革命性锻造中更加坚强，焕发出新的强大生机活力，为党和国家事业发展提供了坚强政治保证；为执政的共产党如何保持党的性质不变，永葆共产党人旺盛生命力和强大战斗力积累了丰富的经验。

党的十九大报告进一步对全面从严治党，提高执政本领和工作水平作出周密部署并指出，要深刻认识党面临的执政考验、改革开放考验、市场经济考验、外部环境考验的长期性和复杂性，深刻认识党面临的精神懈怠危险、能力不足危险、脱离群众危险、消极腐败危险的尖锐性和严峻性。为此，要清醒地看到党内存在的思想不纯、组织不纯、作风不纯等突出问题尚未得到根本解决；要敢于刮骨疗毒，消除一切损害党的先进性和纯洁性的因素，清除一切侵蚀党的健康肌体的病毒，不断增强党的政治领导力、思想引领力、群众组织力、社会号召力。

党的十九大报告第一次从八个方面全面论述了党的建设，即从政治建设、思想建设、干部队伍、基层组织到正风肃纪、夺取反腐败斗争压倒性胜利，再到健全党和国家监督体系、全面增强执政本领，如此系统、具体、周密的部署和安排，勇于直面问题、抓住了要害和关键、标本兼治，反映出共产党人坚韧和执着的品格。我们相信，中国共产党一定能够为跳出历史周期律，提供新的中国方案。

（原载《前线》2017 年第 11 期）

当代中国共产党人的政治宣言和行动纲领

——党的二十大报告学习心得

党的二十大报告,是当代中国共产党人的政治宣言和行动纲领。我们必须以共产党人的情怀,领悟、把握党的第二个百年奋斗目标的前进方向和行动指南。

党的二十大报告是政治宣言,这主要表现在大会的主题上,向世人宣告举什么旗、走什么路、以什么样的精神面貌去实现怎样的奋斗目标。我们要高举中国特色社会主义伟大旗帜,深刻领悟"两个确立"的决定性意义,全面贯彻习近平新时代中国特色社会主义思想,弘扬伟大建党精神,自信自强、守正创新,踔厉奋发、勇毅前行,为全面建设社会主义现代化国家、全面推进中华民族伟大复兴而团结奋斗。

党的二十大报告是行动纲领,大会提出,从现在起,中国共产党的中心任务就是团结带领全国各族人民全面建成社会主义现代化强国、实现第二个百年奋斗目标,以中国式现代化全面推进中华民族伟大复兴。大会提出两步走的战略安排,展望30年、擘画15年,明确未来关键5年的主要目标任务。围绕从经济高质量发展、科技自立自强、建设现代化经济体系,到全过程人民民主制度化,再到人民精神文化生活、居民收入、公共服务、社会保障、美丽中国、平安中国等内政外交进行了全面系统的周密部署。特别是,对中国式现代化的中国特色和本质要求作出了全面系统论述。

党中央号召全党同志务必不忘初心、牢记使命,务必谦虚谨慎、艰苦奋斗,务必敢于斗争、善于斗争。这三个务必,每一个都有着重重的分量,字字千钧,需要我们逐一加以深刻理解。我们每一个共产党员都应该坚定历史自信,增强历史主动,在习近平新时代中国特色社会主义思想主题教育中,"学思想、强党性、重实践、建新功",牢记空谈误国、实干兴邦,在新时代新征程中努力作出新的贡献。

(为首都经济贸易大学2023年第一期《桑榆颂》撰写的卷首语)

新质生产力的新型生产关系
——把握中国未来的政治经济学思考

当前，我们正面临百年未有之大变局，一方面科技创新层出不穷，另一方面社会矛盾也日益显现。国际形势风云变幻，国内舆论众说纷纭。如何认识和把握中国的未来，是关系民族复兴和社会主义现代化建设的重大课题。党的二十大已经绘就了中国式现代化的蓝图，最近中央又提出加快新质生产力的发展。对此，政治经济学必须进一步从生产力与生产关系的视角予以深入的理论解析。

一、历史唯物主义是把握未来的唯一科学方法

认识和把握人类社会发展的大趋势，必须始终遵从历史唯物主义，这是预见未来唯一的科学方法。我们要不断体会马克思的这段经典教导："人们在自己生活的社会生产中发生一定的、必然的、不以他们的意志为转移的关系，即同他们的物质生产力的一定发展阶段相适合的生产关系。这些生产关系的总和构成社会的经济结构，即有法律的和政治的上层建筑树立其上并有一定的社会意识形式与之相适应的现实基础。物质生活的生产方式制约着整个社会生活、政治生活和精神生活的过程。不是人们的意识决定人们的存在，相反，是人们的社会存在决定人们的意识。社会的物质生产力发展到一定阶段，便同它们一直在其中运动的现存生产关系或财产关系（这只是生产关系的法律用语）发生矛盾。于是这些关系便由生产力的发展形式变成生产力的桎梏。那时社会革命的时代就到来了。随着经济基础的变更，全部庞大的上层建筑也或快或慢地发生变革。"他还特别强调："无论哪一个社会形态，在它所能容纳的全部生产力发挥出来以前，是决不会灭亡的；而新的更高的生产关系，在它的物质存在条件在旧社会的胎胞里成熟以前，是决不会出现的。"[①] 同样，当生产力发生新的变化，特别是巨大的变化时，生产关系也必然随之发生变化。

新中国75年的发展历史验证了这一伟大真理。中华人民共和国成立后，随着经济基础的转变，生产力和生产关系都发生了翻天覆地的变化，迅速形成了社会主义国家的工业化基础，创造出反映生产力和生产关系新形态的"鞍钢宪法"

---

① 马克思、恩格斯《马克思恩格斯文集》第二卷，人民出版社2009年版，第592页。

（我国鞍山钢铁公司于 20 世纪 60 年代初总结出来的一套企业管理基本经验）、铁人精神、大寨精神和红旗渠精神等。当然，平均主义、"大锅饭"等现象也严重制约着改革开放前我国生产力的进一步释放和提高。改革开放，说到底就是在大力发展生产力的同时不断调整生产关系，以适应和促进生产力的进一步发展。今天，当我们面对社会生产力新的巨大飞跃时，生产力与生产关系的矛盾运动也决不会停下来。因此，只有运用历史唯物主义的思想方法，才能准确把握未来。

二、新质生产力：政治经济学生产力理论的新概括

政治经济学的研究对象是生产关系，但生产力也是其研究中不可分割的有机组成部分和重要视角。马克思主义政治经济学的生产力理论有着极其丰富的内容，涵盖了生产力概念的内涵与外延、要素与构成、发展与变革，论证了生产力与分工、生产力与科学的深刻关系，揭示了人类生产力与生产关系矛盾运动的历史规律。从马克思"手推磨产生的是封建主的社会，蒸汽机产生的是工业资本家的社会"的著名论断，到对机器体系固定资本化的深入分析，形成了马克思主义的系统的生产力理论体系。改革开放初期，中国的政治经济学学者开创了具有强烈中国特色的生产力经济学，就生产力发展规律的探讨对改革开放和经济发展作出了理论贡献。今天，在向社会主义现代化冲刺的时刻，习近平总书记发出"高质量发展需要新的生产力理论来指导"的伟大号召。深入挖掘和传承马克思主义的生产力理论，探索和建立新的生产力理论是新时代政治经济学的重要使命。

新质生产力这一新概念，是对当代生产力发展实践的最新概括，引领了新生产力理论的深入发展。正如习近平总书记指出的，新质生产力已经在实践中形成并展示出对高质量发展的强劲推动力、支撑力，需要我们从理论上进行总结、概括，用以指导新的发展实践。

新质生产力思想主要有以下几个核心观点：一是新质生产力是创新起主导作用，摆脱了传统经济增长方式、生产力发展路径，具有高科技、高效能、高质量特征，符合新发展理念的先进生产力质态；二是它由技术革命性突破、生产要素创新性配置、产业深度转型升级而催生；三是它以劳动者、劳动资料、劳动对象及其优化组合的跃升为基本内涵；四是它以全要素生产率大幅提升为核心标志。总的来说，新质生产力的特点是创新，关键在质优，本质是先进生产力。

新质生产力的核心要素是科技创新，主要表现为科技创新能够催生新产业、新模式、新动能。为此，应加强科技创新特别是原创性、颠覆性科技创新，加快实现高水平科技自立自强，打好关键核心技术攻坚战，使原创性、颠覆性科技创新成果竞相涌现，培育发展新质生产力的新动能。

新质生产力的历史任务在于以新动能赋能于中国经济发展的各个方面。正如习近平总书记指出的："要及时将科技创新成果应用到具体产业和产业链上，改造提升传统产业，培育壮大新兴产业，布局建设未来产业，完善现代化产业体系。"①

新质生产力的先进性，体现于它在中国整个生产力系统中的高端地位和引领作用上。中国地域广大、环境复杂，城乡之间千差万别，各地发展快慢不一、水平各异、发展极不平衡，生产力质态多种多样。新质生产力将以新的质态带动中国生产力水平的整体跃迁。

特别需要指出的是，新质生产力绝不是单纯地就生产力谈生产力，而是蕴含着深刻的新发展理念，强调新质生产力本身就是绿色生产力，超越了一般生产力。可见，新质生产力不仅具有生产力的先进性，而且指明了生产力的方向性，并规定了其自身不可逾越的边界，具有强烈的中国特色和时代光芒。

新质生产力的提出，为政治经济学基础研究提供了新的深化基点。因此，我们对随之而来的新质劳动者、新质劳动资料、新质劳动对象及其新要素组合方式优化的新质跃升等都需要展开深入研究。

三、人工智能：新质生产力的重要引擎

劳动资料在生产力发展中，始终具有决定性意义。"劳动资料不仅是人类劳动能力发展的测量器，而且是劳动借以进行的社会关系的指示器。"② 人类生产力发展的劳动资料，经过了从生产工具到机器体系的两次跃升，现在即将迎来第三次跃升——人工智能。

在中国多元多层次的生产力系统中，新质生产力是位处高端的先进生产力。在新质生产力体系中，人工智能又处于最顶端地位，是新质生产力的重要引擎。

人工智能是模拟、延伸和拓展人的智能的技术。这种让机器学习人类的智慧，像自然人一样作出智能化的反应，是超越人的劳动能力的新生产力。据央视《焦点访谈》栏目报道，自2023年起，生成式人工智能大显身手，国产人工智能大模型持续迭代升级，其自然语言交互与多场景内容的生成能力已逼近人类，其重要的功能之一就是赋能工业生产智能化，加快形成新质生产力。

人工智能靠的是海量数据，在数据里学习并获得类人智能。因此，数据就成为人工智能生成的必要前提。数据、算力、算法，被认为是发展人工智能的重要技术底座。值得关注的是，数据具有明显的公共属性。海量的人口、大量的互联

---

① 习近平在中共中央政治局第十一次集体学习时的讲话，新华社北京2024年2月1日电。
② 马克思、恩格斯：《马克思恩格斯文集》第五卷，人民出版社2009年版，第210页。

网用户在消费中积累了广泛而多样化的数据资源，这些看似是个人资源，但数据的汇聚及对其的挖掘，却具有不容否定的社会属性。因此，我认为，仅从数据的私有化去寻找理论根据、试图为数据确权是没有出路的，只有发现数据的社会化属性，才能找到与之相适应的社会关系。新中国成立75年以来的社会主义经济基础尤其是改革开放以来形成的完备制造业体系，积累了大量的高价值数据，这是人工智能生成最雄厚的基础。社会化的数据生产力呼唤社会化的新型生产关系，这也是历史的必然趋势。

特别需要指出的是，政治经济学必须找到新质生产力形成的根源。人类的经济活动始终没有离开人与自然和人与人的关系，人工智能再发达，最终也没有离开其"人工"的属性。破除数据拜物教，解开数据魔力之谜，是政治经济学在当代重要的学科使命。

四、资本逻辑的历史价值与历史局限

根据历史唯物主义的原理，中国的经济体制已由计划经济转换到了社会主义市场经济，所有制结构和分配结构也都发生了重大调整。我们在坚持社会主义道路和方向的同时，又放开了资本逻辑，部分恢复了雇佣劳动或采取了雇佣劳动的形式，其目的就是要大力发展生产力。中国式现代化，要求我们必须对中国特色社会主义建设中实际存在的资本逻辑有正确的认知，清醒地看到资本逻辑的历史价值和历史局限。

所谓资本逻辑，就是缩小必要劳动、扩大剩余劳动，在不断提高生产力的过程中追求剩余价值的最大化。资本逻辑的历史价值正如马克思指出的，"资本的伟大的历史方面就是创造这种剩余劳动"[1]，他认为："资产阶级历史时期负有为新世界创造物质基础的使命：一方面要造成以全人类互相依赖为基础的普遍交往，以及进行这种交往的工具；另一方面要发展人的生产力，把物质生产变成对自然力的科学支配。"[2] 这也是中国经济体制改革和政策调整的基本依据。

同时，我们也必须看到资本逻辑的历史局限。什么是资本逻辑的历史局限？让我们重温一下马克思写于1856年的这段话吧："在我们这个时代，每一种事物好像都包含有自己的反面。我们看到，机器具有减少人类劳动和使劳动更有成效的神奇力量，然而却引起了饥饿和过度的疲劳。财富的新源泉，由于某种奇怪的、不可思议的魔力而变成贫困的源泉。技术的胜利，似乎是以道德的败坏为代价换来的。随着人类愈益控制自然，个人似乎愈益成为别人的奴隶或自身的卑劣

---

[1] 马克思、恩格斯：《马克思恩格斯文集》第八卷，人民出版社2009年版，第69页。
[2] 马克思、恩格斯：《马克思恩格斯文集》第二卷，人民出版社2009年版，第691页。

行为的奴隶。甚至科学的纯洁光辉仿佛也只能在愚昧无知的黑暗背景上闪耀。我们的一切发明和进步,似乎结果是使物质力量成为有智慧的生命,而人的生命则化为愚钝的物质力量。现代工业和科学为一方与现代贫困和衰颓为另一方的这种对抗,我们时代的生产力和社会关系之间的这种对抗,是显而易见的、不可避免的和毋庸争辩的事实。"[1] 马克思指出的这一切矛盾就是资本逻辑的历史局限。

资本逻辑矛盾的事实即使在社会主义市场经济中也无法完全避免,虽然社会主义基本经济制度已经使这些矛盾的程度、深度和广度得以根本减弱、降低和缩小,但其仍在不时显现的事实,也是毋庸置疑的。特别是,当我们面临越来越近的人工智能浪潮时,如何迎接"使物质力量成为有智慧的生命,而人的生命则化为愚钝的物质力量"的无情的现实挑战?我们能不能如马克思预言的"我们不会认错那个经常在这一切矛盾中出现的狡狯的精灵"[2]?马克思认为,社会的新生力量,只能由新生的人来掌握。中国共产党人正是这个新生的人,于党而言关键的关键在于对新兴生产力的掌控。

由谁来掌控新兴生产力,是能否发挥新生力量的重大原则问题。抓住那个"狡狯的精灵",是我们既能充分释放资本逻辑历史价值,又能有效抑制资本逻辑历史局限的关键。

五、新型生产关系的构建

与中国多元多层次的生产力系统相适应,中国的生产关系也必然呈现多样化的特征。要构建与新质生产力相适应的新型生产关系,就先要建立高标准市场体系,创新生产要素配置方式,充分释放新质生产力的活力,着力打通束缚新质生产力发展的堵点卡点,让各类先进优质生产要素向发展新质生产力的方向顺畅流动,催生新产业、新模式、新动能;同时赋能整个生产力系统,及时将科技创新成果应用到具体产业和产业链中,改造提升传统产业,推动高质量发展,带动国民经济质态的整体跃升。从政治经济学的视角出发,还必须在弄清新质生产力社会化性质的基础上,寻找与之相适应的社会化新型生产关系。对此,我认为必须把握好以下几个主要的大原则。

(一)明确对新质生产力的掌控权归属人民

就英国资产阶级将被迫在印度实行的一切"既不会使人民群众解放,也不会根本改善他们的社会状况",马克思曾尖锐指出:"因为这两者不仅仅决定于生

---

[1] 马克思、恩格斯:《马克思恩格斯文集》第二卷,人民出版社2009年版,第580页。
[2] 马克思、恩格斯:《马克思恩格斯文集》第二卷,人民出版社2009年版,第580页。

产力的发展,而且还决定于生产力是否归人民所有。"① 今天,如何确保新质生产力归人民所有,是构建新型生产关系的头等大事,也是突破资本逻辑历史局限的根本保证。诚然,在资本和雇佣劳动尚存的现阶段,还不能实现人民对生产力的全部所有;但人民当家作主的国家性质,要求必须实现人民对生产力的总体掌握和实际控制,特别是对新质生产力的有效掌控。

(二) 坚持党对经济工作的全面领导

在社会主义中国,中国共产党领导是中国特色社会主义最本质的特征,是中国特色社会主义制度的最大优势。中国共产党是先进生产力的代表,是人民根本利益的代表,也是新型生产关系的灵魂。党是生产力发展方向的舵手,承担着及时校正航向,造福于人民的历史责任。同时,共产党人是人民利益的人格化代表,各行各业的党组织有效保证了党的方针政策的落地。因此,党的领导是新型生产关系的第一要素。

(三) 坚持公有制主体地位的经济基础

生产资料所有制是生产关系的基础,所有制的属性决定生产关系的性质。公有制经济以人民利益为直接的经济动力,其着眼人民的长远利益和整体利益,是保持国家社会主义性质的经济基础。无数事实证明,特别是在各种灾难和危机面前,公有制经济是人民利益的最可靠保证,因此,它也是新型生产关系的命根子。特别是在关系国计民生和国家安全的重要领域、重大基础设施、支柱产业、尖端科技、财政金融和公共经济等方面,公有制经济的主体地位和主导作用,必须牢牢掌握在党和国家手中,丝毫不可动摇。

(四) 把民营经济"自己人"的定位落到实处

民营经济是国民经济的重要组成部分,对此中央始终坚持"两个毫不动摇""三个没有变"。2023年3月6日,习近平总书记再次强调,始终把民营企业和民营企业家当作自己人。总书记有关"自己人"的定位,既是整体判断,也是高标准要求和殷切期望。中国的民营企业不同于一般的私人资本主义企业。追求利润、讲究效率、独立自主的经营决策是我国民营企业的最大优势,但其绝不应该唯利是图、不择手段。中国的民营企业家也不同于一般的资本家,而是有着强烈家国情怀的企业经营者。所谓自己人,是指超越了资本逻辑的历史局限,与党

---

① 马克思、恩格斯:《马克思恩格斯文集》第二卷,人民出版社2009年版,第689页。

和政府同心同向，肝胆相照。何以成为"自己人"？对此很多民营企业以良好的业绩给了最好的诠释。"自己人"的落地需要各级政府和民营企业双向努力，以不断促进新型生产关系的构建。

（五）充分释放资本活力，严防野蛮生长

新型生产关系应该有利于资本活力的充分释放，实现资本逻辑的历史价值；同时，也要抑制资本逻辑的历史局限，有效防止资本的野蛮生长。

（六）保持新质生产力与科学技术结合的正确方向，有效防止偏离走样

新质生产力的特点是创新，因此新型生产关系应该确保生产力与科学技术的高效结合，特别是要推动原创性、颠覆性科技创新成果竞相涌现。同时，我们也必须承认，资本逻辑常常会把生产力与科学技术的结合引向歧途，偏离为人类造福的方向，甚至造成对人民的巨大损害。因此，新型生产关系必须有矫正生产力走样的强大功能。

（七）探索自觉劳动逻辑地位提升的路径

生产力永续发展的根本动力，来自劳动的不断创新。在人类劳动形态的演进中，从奴隶社会的直接强制劳动到资本主义社会的间接强制劳动都促进了生产力的发展，但在这之中也常常遮蔽了部分探索者的创新劳动。虽然资本提供了创新的物质条件，有力推动了创新，但创新的直接动力更多还是来自创新者的劳动自觉。因此，与资本逻辑并行的还有劳动逻辑，而劳动逻辑中又蕴涵着谋生的劳动逻辑和创新这种自觉的劳动逻辑。科学家的探索、艺术家的创作、自主劳动的激情，其动力都主要不是追求金钱，而是创新这种自觉的劳动逻辑。两种逻辑交织共存，在矛盾运动中此消彼长。随着人工智能的快速发展，越来越不适应新质生产力的资本逻辑必然逐渐淡出，而创新这种自觉的劳动逻辑定会逐步走向前台。新型生产关系只有为自觉的劳动逻辑留出足够空间，才能容纳新质生产力的更大发展，也才能使人工智能真正造福于人类。

（在第四届创新马克思主义学术论坛上的演讲，2024年4月13日）

一场关系发展全局的深刻变革
——试析创新、协调、绿色、开放、共享的发展理念

发展，是党的十九届五中全会的主题。

全会在深入分析"十三五"时期我国发展环境的基本特征、战略机遇、叠加矛盾、风险隐患和严峻挑战后，郑重宣告：我们要继续集中力量把自己的事情办好，不断开拓发展新境界。重申发展是党执政兴国的第一要务，要求各级党委必须深化对发展规律的认识。

新的发展理念，是五中全会赋予"十三五"的灵魂。

全会提出，必须牢固树立并切实贯彻创新、协调、绿色、开放、共享的发展理念，认为这是关系我国发展全局的一场深刻变革，并号召全党同志要充分认识这场变革的重大现实意义和深远历史意义。

本文仅就发展这一主题下的新发展理念，谈谈自己在学习中的初步体会。

一、"十三五"目标要求呼唤新的发展理念

理念是指导人们行为的内嵌指南针，共同的事业需要共同的理念。

所谓理念，我以为有两层内涵：其一，是理想+信念；其二，是建立在理性思考基础上、有理论依据和学理支持的正确观念。一般情况下，具有这两个层次内涵之一的理念可以各自独立使用，但发展理念必须是该两层内涵的有机统一。

发展理念，就是人们对发展的认识和把握。没有第二层次的内涵，第一层次的理想+信念往往只是停留在口头上或空洞的口号上，难以落地生根；离开第一层次的内涵，仅剩的第二层次观念又往往会滑向教人们如何发财的心机和技巧的偏路，从而背离了发展的本质性规定。

五中全会提出的发展理念，在上述两层内涵上都有明确的论述。例如，高举中国特色社会主义伟大旗帜，确保如期全面建成小康社会，为第二个百年奋斗目标奠定坚实基础，实现中华民族伟大复兴的中国梦，必须坚持发展为了人民、发展依靠人民、发展成果由人民共享等，以及很多有关具体目标的表述，这就是第一层"理想+信念"发展理念的内涵。正是从这个内涵出发，全会提出了第二层内涵更为丰富具体的发展理念：创新发展、协调发展、绿色发展、开放发展、共享发展。我们必须从这两层内涵的统一出发来认识和把握新的发展理念。

五中全会之所以提出新的发展理念，又特别强调这是一场深刻变革，我认为主要源于全面建成小康社会的目标要求与几十年来形成的发展惯性和路径依赖之间的巨大差距。"十三五"的目标要求，呼唤新的发展理念。不变革发展思路，而是继续原来的发展路径，则很难实现全面建成小康社会的目标要求；只有变革发展思路、转换发展路径，才能确保目标的实现。我们喊了多年的转变发展方式，虽然已经有了很大进展，但尚未根本扭转，其主要阻碍就在于固有发展方式背后的固有思维方式。应该说，对科学发展观的学习和实践活动，已经为经济发展方式的转变进行了充分的理论准备。但科学发展的真正实现必须有与之相适应的针对性更强、更为具体、更好把握的发展理念来指导。特别是，五年之内要树立并实践这样的发展理念，要求甚高，难度极大，十分紧迫。

二、对五大发展理念的解读

对新理念的牢固树立和切实贯彻，其前提是对五中全会提出的五大发展理念的真正理解。因此必须对五大理念逐条分析，对每一条都要明确其理念提出的针对性，在正向理解的同时，必须进行逆向思考，以发现我们原有发展中的偏误和短板，分析问题的成因，理解发展的新思路、新路径；同时，要从整体上认识和把握五大发展理念之间的内在关联和整体结构。

第一，创新发展。创新，意味着经济发展动力机制的转换。创新发展理念不限于我们平常讲的狭义上的科技创新。从《中共中央关于制定国民经济和社会发展第十四个五年规划和二〇三五年远景目标的建议》（以下简称《建议》）提出的创新发展理念上看，至少包括以下多个内涵：

一是一个整体和全局的宏观概念，内容极其丰富，竖到底、横到边、立体化、全覆盖。正如全会提出的，"必须把创新摆在国家发展全局的核心位置，不断推进理论创新、制度创新、科技创新、文化创新等各方面创新，让创新贯穿党和国家一切工作，让创新在全社会蔚然成风"。二是一个发展模式和发展类型的理论概括，这种模式，《建议》将其命名为"引领型发展"。这个新命名发人深省，显然针对的是原先"跟随"和"模仿"发展类型中存在的问题。立足引领型发展，创新必须成为其发展基点，在创新的体制架构下，更多依靠创新驱动，发挥先发优势引领经济发展。三是在微观层面上，要激发创新创业活力，推动大众创业、万众创新，释放新需求，创造新供给，推动新技术、新产业、新业态蓬勃发展。四是在中观层面上，拓展发展新空间，形成以沿海沿江沿线经济带为主的纵向横向经济轴带，培育壮大若干重点经济区。五是在产业布局上，涵盖一二三产业在内的各个产业创新战略布局。六是在战略重点上，紧跟科技发展新趋势，提出发挥科技创新在全面创新中的引领作用，实施一批国家重大科技项目，在重大创新领域组建一批国家实验室，积极提出并牵头组织国际大科学计划和大科学工程。七是在构建创新发展体制上，提出加快形成有利于创新发展的市场环境、产权制度、投融资体制、分配制度、人才培养引进使用机制。八是在政府作用上，强调深化行政管理体制改革，进一步转变政府职能，持续推进简政放权、放管结合、优化服务，提高政府效能，激发市场活力和社会创造力，完善各类国有资产管理体制，建立健全现代财政制度、税收制度，改革并完善适应现代金融市场发展的金融监管框架。九是在创新和完善宏观调控方式上，提出在区间调控基础上加大定向调控力度，减少政府对价格形成的干预，全面放开竞争性领域商品和服务价格。

这样看来，将创新发展放在五大发展理念之首，就有着以之统领发展全局的意义。创新发展，包括发展本身的创新、改革方式的创新、宏观调控的创新。创新发展，意味着动力机制的转换。与传统意义上资本对利润的追求不同，创新的动力不能用经济人动机来解释，熊彼特也对此做过专门的解释。

第二，协调发展。协调一般是指各主体之间行为的相互适应，避免相互掣肘。协调发展新理念，不仅包括部分之间的静态协调，而且包括部分与整体的协调整合，其强调的是全局下和整体中多方面、各层次、全方位的动态平衡和结构优化。同时，协调必须促进发展，部分之间的协调必须着眼整体实力的提升，包括在协调发展中拓宽发展空间，在加强薄弱领域中增强发展后劲。《建议》强调，必须着眼中国特色社会主义事业总体布局，正确处理发展中的重大关系，重点促进城乡区域协调发展，促进经济社会协调发展，促进新型工业化、信息化、城镇化、农业现代化同步发展，在增强国家硬实力的同时注重提升国家软实力，不断增强发展整体性。协调发展，涵盖了区域协调发展、城乡协调发展、物质文明和精神文明协调发展、经济建设和国防建设融合发展、军民融合发展等发展形态。在我们现实的经济发展中，各方面都还存在着大量的不协调问题，部门分割、地方封锁、行政藩篱等现象还随处可见，阻碍着经济发展。从人类发展的历史看，有分工与协作产生新的生产力这一原理；在现代市场经济中，这一原理会以新的表现形式发生作用；在经济发展进入新常态的背景下，协调发展一定会释放出新的生产力的巨大潜能。协调发展的本质是实现经济按比例发展客观规律的要求，在市场经济的条件下，实现无计划按比例发展，这是一次伟大的创新，也面临着极大的挑战。

第三，绿色发展。绿色发展的本质是处理好发展中人与自然的关系。生态环境是人类生存和发展的基本条件。过去的高速发展，在获得经济增长带来的巨大利益的同时，也极大地破坏了这个基本条件。不但经济发展越来越受到资源短缺、资源告罄的制约，难以持续，就连人的基本生活条件也受到严重威胁，人们已经身陷其中，深受其害，难以忍受。所以，以往一些与发展不直接相干甚至相悖的有关生态保护的做法，今天必须与发展统一起来，形成紧紧结合在一起的复合概念——绿色发展。生态保护、环境建设本身就是一种发展，是永续发展的必要条件和人民对美好生活追求的重要体现。正如《建议》指出的，必须坚持节约资源和保护环境的基本国策，坚持可持续发展，坚定走生产发展、生活富裕、生态良好的文明发展道路，加快建设资源节约型、环境友好型社会，形成人与自然和谐发展的现代化建设新格局。

第四，开放发展。经历改革开放的中国，已经感受到开放带来的巨大利益，历史已经给出明确结论：开放是国家繁荣发展的必由之路。但我们在开放上也还有许多需要改进、完善之处，还有许多短板需要补齐。特别是在经济发展新常态的背景下，更要把开放发展作为新的发展理念。开放发展，把开放和发展结合成一个概念，作为一种理念，意义深刻。正如《建议》指出的，必须顺应我国经济深度融入世界经济的趋势，奉行互利共赢的开放战略，坚持内外需协调、进出口平衡、引进来和走出去并重、引资和引技引智并举，发展更高层次的开放型经济，积极参与全球经济治理和公共产品供给，提高我国在全球经济治理中的制度性话语权，构建广泛的利益共同体。

第五，共享发展。共享是人类对理想社会的美好追求，是社会主义的真谛，也是中国特色社会主义的本质要求。邓小平同志在改革开放初期提出的允许一部分人依靠辛勤劳动先富起来的政策，就是要通过先富带动后富，最终实现共同富裕的目标。在我们即将全面建成小康社会的关键时刻，提出共享发展理念，不仅是在强调共同富裕发展目标的实现，而且赋予发展动力、发展过程、发展方式和发展性质以新的内涵。共享发展，不能仅仅理解为对发展成果的共享，而是把共享融入发展的全过程，形成共享式发展。正如《建议》指出的，必须坚持发展为了人民、发展依靠人民、发展成果由人民共享。在共享发展理念的指导下，要作出更有效的制度安排，使全体人民在共建共享发展中有更多获得感，增强发展动力，增进人民团结，朝着共同富裕方向稳步前进。

五大发展理念，是一个彼此之间有联系、成结构的体系，对其除分别认识理解外，还要整体把握。要看到，每个发展理念，都对其他发展理念有渗透、有体现，都不会孤立存在。

三、为什么说这是一场深刻的变革？

《建议》指出，坚持创新发展、协调发展、绿色发展、开放发展、共享发展,是关系我国发展全局的一场深刻变革。为什么说是一场深刻变革呢？对此我认为要从我们现存发展问题与发展理念的差距入手分析,看看未来五年将要发生什么样的变化。前面已经逐条分析了五大发展理念的内涵和所要实现的发展前景,我们再来看看发展现状中存在的问题。《建议》对此进行了这样的描述："发展不平衡、不协调、不可持续问题仍然突出,主要是发展方式粗放,创新能力不强,部分行业产能过剩严重,企业效益下滑,重大安全事故频发；城乡区域发展不平衡；资源约束趋紧,生态环境恶化趋势尚未得到根本扭转；基本公共服务供给不足,收入差距较大,人口老龄化加快,消除贫困任务艰巨；人们文明素质和社会文明程度有待提高；法治建设有待加强；领导干部思想作风和能力水平有待提高,党员、干部先锋模范作用有待强化。"深入思考这些问题的成因可知,其中最直接的是体制机制问题,所以中央强调要全面深化改革。在体制机制背后,更深层的是人们的理念,而理念的改变是比体制机制的改变更加困难的事情。特别是,现存发展问题根源来自很多市场主体往往只追求各自利益最大化,而不愿顾及他人利益、整体利益和公共利益；很多市场主体只顾眼前利益而看不到科技创新、协同发展能够带来的更好前景。对此,我们既要保持市场带来的活力,又要维护公共秩序,以获取全面建成小康社会之更大的整体利益；除去完善社会主义市场经济的体制外,就是要在所有市场主体中建立起分散决策下的共同价值观,即新的五大发展观,而五大发展观的基点是共同利益和整体利益,是实现个体与整体的共赢。这样一种发展理念,如果真正树立起来,那将是革命性的,是一场深刻的变革。增强忧患意识、责任意识,不能只是政府来干,而必须成为全社会的共识；只有在发展理念上完成这场变革,才能减少改革的阻力,才能真正在优化结构、增强动力、化解矛盾、补齐短板上取得突破性进展。

四、重大现实意义和深远历史意义

《建议》还要求,全党同志要充分认识这场变革的重大现实意义和深远历史意义,统一思想,协调行动,深化改革,开拓前进,推动我国发展迈上新台阶。

所谓重大现实意义,主要是指新发展理念是我们理解中央决策的锁钥,关系着对发展中现存问题的准确把脉和深刻认识以及有效破解发展难题；关系着经济发展方式的切实转变,全面建成小康社会目标要求的实现；特别是关系着未来五年中,全国人民思想的统一、行动的协调。

从深远的历史意义看,全面建成小康社会本身就是在为未来长远发展厚植优势。在这个过程中,已经牢固树立起来的五大发展理念,将成为我们无形的宝贵财富,指导我们向第二个百年目标迈进。历史将证明,五大发展理念丰富了中国共产党对发展规律的认识，极具理论价值；五大发展理念将形成中国特有的发展文化，长期影响国人的价值观和是非评判标准；五大发展理念将催生一个更加成熟、更加完善的社会主义市场经济体制。

五、五大发展理念，就是五把尺子

针对新的发展理念，中央特别强调要切实贯彻、落到实处。我认为，要切实贯彻、落到实处，首先，要深入学习领会，克服思维惯性，主动把握新发展理念的精神实质；其次，要以新理念反思过去、以新理念预判新未来；最后，也是最直接的，要按《建议》的要求，"各级各类规划要增加明确反映创新、协调、绿色、开放、共享发展理念的指标，增加政府履行职责的约束性指标，把全会确定的各项决策部署落到实处"。应该说，五大发展理念，就是五把尺子，全面建成小康社会，必须用它们来全面度量、评判和验收。实践告诉我们，企图用一把尺子检验我们的发展是不可行的。以 GDP（Gross Domestic Product，国内生产总值）这个唯一指标论英雄的时代已经过去了，指导和检验发展，五把尺子缺一不可。

（原载《北京日报》理论版，2015 年 11 月 30 日）

资源配平实现方式的新探索
——对供给侧结构性改革的政治经济学思考

2015年11月10日,习近平总书记提出推进经济结构性改革。在2016年1月26日召开的中央财经领导小组第十二次会议上,习近平总书记强调指出,供给侧结构性改革的根本目的是提高社会生产力水平,落实好以人民为中心的发展思想。要在适度扩大总需求的同时,去产能、去库存、去杠杆、降成本、补短板,从生产领域加强优质供给,减少无效供给,扩大有效供给,提高供给结构适应性和灵活性,提高全要素生产率,使供给体系更好地适应需求结构变化。如何认识结构性改革,特别是供给侧结构性改革这个新概念?结构性改革与结构调整或调结构有什么不同?我认为,供给侧结构性改革的提出不是暂时的应对之策,而是关乎我国社会主义市场经济长远发展的一项体制创新和机制创新。只有从马克思主义政治经济学的基本原理出发,特别是运用其经济危机理论、按比例发展规律和社会再生产理论去解读,才能真正认识这项改革的理论价值和历史意义。

一、过剩与短缺并存:中国经济的结构性问题

由于长期的GDP驱动,我国已进入生产过剩的经济周期。生产过剩,既可以表现为产品过剩,也可以表现为生产能力过剩,也称产能过剩。产能过剩的负面影响要远远大于产品过剩,且化解产能过剩的难度更大、代价也更大。据有关资料显示,目前我国有九大行业存在严重的生产过剩,既有高耗能的电解铝、钢铁制造业,也有新兴的光伏太阳能和风电产业,以及造船业和属于钢铁产业中的高端产品的硅钢产业。产能过剩已导致企业经营效益持续降低,且在经济下行的背景下,过剩产能仍在持续增加。据国家发展和改革委员会发布的报告,2015年1~10月,全国大中型钢铁企业累计亏损额达386.38亿元。风电设备行业产能利用率低于60%,水泥行业产能利用率进一步降低为62.9%,电解铝行业产能过剩率超过30%,太阳能电池行业产能过剩率高达95%,风电设备行业40%以上的产能处于闲置状态。此外,在产能过剩的背景下,部分资金存在找不到新投资方向的资金过剩问题。可见,产能过剩已成为我国经济发展的重大结构性矛盾,不仅影响实体经济的正常循环和周转,而且可能波及金融和其他领域,进而造成系统性风险。

与过剩并存的是短缺。改革开放30多年来，市场经济发展告别了计划经济时期物资匮乏的短缺经济，但同时也出现了新的短缺经济，且短缺的程度与过剩的程度呈现同步增长态势。我国的新短缺经济主要表现为：实体经济资金短缺，自然环境资源短缺甚至告罄，公共基础设施短缺，公共用品短缺，优质教育医疗服务短缺，高品质的货真价实商品服务短缺，安全可靠的商品服务短缺，能满足消费升级需要的商品服务短缺，适应职业与居住的平衡条件短缺，农民工进城居住条件短缺，养老社保短缺，良好生态环境短缺及无形的诚信、敬业精神短缺，等等。就连过去被认为是取之不尽用之不竭的水、空气资源也面临严重短缺。目前来看，不论是过剩还是短缺，其主要原因是经济运行的供给侧出现了问题，即供给结构与需求结构发生错配，表现为：一方面，已毫无市场的商品仍在不断地扩大生产；另一方面，市场急需的商品和服务却不能有效供给。近几年，我国消费者在境外大量购物的现象充分证明，只提升购买力是不够的，还必须进行供给侧结构性改革，提供有效供给。

可见，过剩与短缺并存的问题，严重影响了我国经济的可持续发展，制约了全面建成小康社会目标的实现。

二、按比例规律：结构性改革的理论依据

要认识和把握结构性改革背后所依据的规律，回顾马克思关于按比例发展规律的论述非常必要。1868年，马克思在致路德维希·库格曼的信中指出："任何一个民族，如果停止劳动，不用说一年，就是几个星期，也要灭亡，这是每个小孩子都知道的。小孩子同样知道，要想得到与各种不同的需要量相适应的产品量，就要付出各种不同的和一定量的社会总劳动量。这种按一定比例分配社会总劳动的必要性，绝不可能被社会生产的一定形式所取消，而可能改变的只是它的表现方式，这是不言而喻的。自然规律是根本不能取消的。在不同历史条件下能够发生变化的，只是这些规律借以实现的形式。"[1]

按比例发展是任何一种社会化生产的必然规律，但如何实现这个规律，人类进行了不同方式的探索。从理论上看，按比例规律的实现途径有两种：一是"在社会劳动的联系体现为个人劳动产品的私人交换的社会制度下，这种按比例分配劳动所借以实现的形式，这是这些产品的交换价值"[2]。二是在商品经济之前的"劳动的自然形式，劳动的特殊性是劳动的直接社会形式"[3]，或自由人联合体的

---

[1] 马克思、恩格斯：《马克思恩格斯文集》第十卷，人民出版社2009年版，第289，895页。
[2] 马克思、恩格斯：《马克思恩格斯文集》第十卷，人民出版社2009年版，第289，895页。
[3] 马克思、恩格斯：《马克思恩格斯文集》第五卷，人民出版社2009年版，第95，96，94，92页。

"劳动时间的社会的有计划的分配,调节着各种劳动职能同各种需要的适当的比例"①。这两种方式,在现代经济中,常常被人们不自觉地简化为市场(前者)和政府(后者)。从实践上看,资本主义早期自由竞争的市场经济,在个别生产有组织而全社会无政府状态下,通过周期性经济危机,在剧烈的破坏中强制为按比例规律开辟道路;现代资本主义市场经济,在充分发展的基础上,强化政府对经济的干预和宏观调控,在一定程度上烫平了过剩周期,延缓了经济危机的强度,使市场经济逐步走向成熟,但也始终未能避免一次比一次更为深刻而严重的经济危机。生产力尚未得以充分发展便走上社会主义道路的国家,尝试了计划经济"劳动直接社会性"的实践,预先决定比例,克服了经济的无政府状态,消除了生产过剩的经济危机,但却失去了经济活力,陷入短缺经济的困境。

有着计划经济和市场经济两种资源配置方式实践经验的中国,面对目前生产过剩的现实问题,有必要通过按比例发展规律来实现对新机制的探索。我们必须深入思考:经济发展为什么会出现结构失衡?已经认识到的问题,并且出台了一系列政策,为什么迟迟没有得到解决?如何才能避免出现更大的结构失衡?

三、资源配平:马克思实现模型的启示

什么是结构性改革?就具体任务看,结构性改革与结构调整似乎没有太大区别,但以改革替代调整的命名本身,就意味着其具有更深刻的内涵。经济结构可以通过不同标志来划分,也可以通过不同层次、不同范围、不同类别、不同角度来划分。但经济结构的源头是人的消费需求结构。人的吃、穿、住、用、行等基本需求结构,在收入预算的约束下,派生出个体、家庭、社区、地区、民族、国家的需求结构;进而,人类的经济活动由此又会形成与之对应的产品结构、行业结构、产业结构等,在市场经济中,则表现为宏观的供给结构和需求结构。中间产品既可表现为供给,也可表现为需求。经济结构是一个大系统,包含非常复杂的关系,有供给侧结构,也有需求侧结构。同时,供给与需求又可细分为不同层级和类别的结构。因此,结构性改革是一个复杂的系统性改革,既包括供给侧改革,也包括需求侧改革,还包括各方面的结构性改革。此次我国的结构性改革主要内容表现为供给侧改革。

不同于结构调整,结构性改革更深刻的理论内涵是:发现供给结构与需求结构错配的体制机制根源,探索供给结构如何与需求结构相匹配,形成供求关系一一对应的整体经济结构的新体制、新机制。市场的基本功能是进行资源配置,而

---

① 马克思、恩格斯:《马克思恩格斯文集》第五卷,人民出版社2009年版,第95,96,94,92页。

结构平衡是资源配置的理想状态。为更清晰表述该状态，本文借用化学的配平①概念，把这种理想的资源配置状态叫作资源配平，而结构性改革的实质就是实现资源配平。

熟悉马克思主义政治经济学的人，相信也都熟悉以下这个公式。在扩大再生产的条件下，社会总产品实现的模型是：

$$\text{I} \quad 4\,400\,c + \boxed{1\,100\,v + 500\,m} = 6\,000$$

$$\text{II} \quad \boxed{1\,600\,c} + 800\,v + 600\,m = 3\,000$$

马克思为了研究社会总产品的实现（即社会总产品的各个部分都能在价值和实物形态上找到互相补偿的另一部分产品），把社会总产品在价值上分为不变资本（c）、可变资本（v）和剩余价值（m）；在实物形态上分为生产资料和消费资料，进而形成社会生产的两大部类（I、II）。社会总产品各部分价值和实物的实现，除了在各自部类内部通过交换完成外，还通过两大部类之间的产品交换，使交换双方的产品在实物形态上恰好为对方所需要，价值量又恰好相等，从而完成了社会总产品的价值实现和实物替换。目前，我国的结构性问题，正是社会产品的实现问题。马克思的社会再生产理论对理解和指导结构性改革极具指导意义，特别是，关于两大部类平衡关系的论述为资源配平意义上的结构性改革提供了理论依据。另外，帕累托最优理论其实阐述的也是这样一个理想状态：消费最优是理想的需求结构，生产最优是理想的供给结构；两个结构的相互匹配，则是整体结构组合的最优。我国结构性改革追求的正是帕累托最优的理想状态。

可见，不论是马克思的实现论，还是帕累托最优理论，都是对结构平衡理想状态的描述，而其实现必须找到与之相应的途径和机制。在市场经济条件下，就是要通过表现为价格运动的价值规律作用来实现。马克思认为，鲁滨逊的故事包含了"价值的一切本质上的规定"②，这也正是结构平衡的规定，其实现则是"生产这些产品的社会必要劳动时间作为起调节作用的自然规律强制地为自己开辟道路"③。但现实中的市场，常常背离价值规律的要求，所以在市场起决定作用的同时，必须有"政府的更好作用"矫正偏离；同时又要防止因政府取代市场而造成结构失衡。

---

① 在化学反应的过程中，遵守质量守恒定律。为使方程式满足质量守恒定律，需要对方程式加以配平。
② 马克思、恩格斯：《马克思恩格斯文集》第五卷，人民出版社 2009 年版，第 95, 96, 94, 92 页。
③ 马克思、恩格斯：《马克思恩格斯文集》第五卷，人民出版社 2009 年版，第 95, 96, 94, 92 页。

四、取长补短：五大任务的理论思考

针对过剩与短缺并存的问题，2016年的中央经济工作会议提出，要抓好去产能、去库存、去杠杆、降成本、补短板五大任务。

马克思主义政治经济学认为，"生产归根到底是决定性的东西"①。上述五大任务，概括来说就是要在供给方面取长补短，进行供给结构的调整。五大任务，抓住了问题的要害和问题的本质，反映出供给侧改革就是要把过剩产能占有的资源释放出来，转移到供给不足的生产领域中，把投资引向新领域，补齐短板，实现供给结构的平衡。同时，降低企业成本和融资风险，促进生产发展，提供更多的有效供给。

五大任务提出的前提，是我国已出现产能过剩问题，并且已经不是第一次。长期以来，政治经济学一直认为产能过剩是资本主义经济的特有现象。改革开放后，我国将市场经济中性化，市场作为资源配置的方式，资本主义可以用，社会主义也可以用，从而提出了社会主义市场经济的崭新概念。面对我国经济已出现的产能过剩的实际，需要有一个进一步的理论判断：产能过剩究竟是资本主义经济的必然产物，还是市场经济的必然产物？对于资本主义市场经济，这样的问题没有什么实际意义，因为产能过剩和资本主义是天然一体的，但对于社会主义市场经济而言则是必须要厘清的问题。如果产能过剩是资本主义经济的必然产物，就要考虑对我国经济改革方向的把握，反思产能过剩的形成机制；如果产能过剩是市场经济的必然产物，则要考虑社会主义原则对市场经济的有效制约和主导。回答这个问题，必须深入分析我国产能过剩产生的原因。

不论我国产能过剩产生的原因如何，在应对产能过剩的对策上必须彰显出社会主义市场经济的社会主义原则，而不可能采取资本主义早期诸如烧棉田、倒牛奶、炸高炉那样在对生产力的严重破坏中恢复比例平衡的做法。对于这一点，五大任务中体现的社会主义原则非常明确。同时，五大任务的落实，是一场硬仗，如三个"去"字，哪一个都不是能够轻易实现的。

首先，去产能，意味着利益的再分配和重组，会改变利益格局；意味着一批企业会被淘汰、转产和破产，必须面对资产清算和职工再就业的压力。这确实是一个"绕不过去的历史关口"。然而，要顺利闯过这个关口，避免历史上"砸三铁"时出现的风险，就必须直面一系列挑战，考虑各种可能性，深入分析、周密安排、谨慎行事。例如，要进一步具体明确去哪些产业、资源往哪儿转、怎么

---

① 马克思、恩格斯：《马克思恩格斯文集》第十卷，人民出版社2009年版，第289，895页。

转、会遇到那些阻碍和挑战、补哪些短板、怎么补等一系列问题。这些问题，其主要部分中央经济工作会议已做出了导向性的政策安排；其他的则还要在贯彻落实过程中加以进一步探索和创新。另外，值得特别注意的是，中央提出，"要按照企业主体、政府推动、市场引导、依法处置的办法，研究制定全面配套的政策体系，因地制宜、分类有序处置，妥善处理保持社会稳定和推进结构性改革的关系"；要妥善安排不良资产处置、失业人员再就业和生活保障以及"去"成本的分担。为避免带来过大的风险，要深入理解和贯彻中央提出的"要尽可能多兼并重组、少破产清算，做好职工安置工作。要严格控制增量，防止新的产能过剩"。目前，中央已就帮助企业降低成本作出政策安排：要开展降低实体经济企业成本行动，打出"组合拳"，包括降低制度性交易成本、降低企业税费负担、清理各种不合理收费、降低制造业增值税税率、降低社会保险费、精简归并"五险一金"、降低企业财务成本等一系列新政策。同时，提出金融部门为实体经济让利、降低电力价格、降低物流成本等改革举措。

其次，去房地产库存，更要与住房需求结合起来。对此，应"按照加快提高户籍人口城镇化率和深化住房制度改革的要求，通过加快农民工市民化，扩大有效需求，打通供需通道，消化库存，稳定房地产市场"。特别是，提出以满足新市民住房需求为主要出发点，以建立购租并举的住房制度为主要方向，把公租房扩大到非户籍人口；并提出发展住房租赁市场、适当降低商品住房价格、促进房地产业兼并重组、提高产业集中度等政策。

最后，去杠杆化，主要是指防范化解金融风险。要有效化解地方政府债务风险，规范各类融资行为，开展金融风险专项整治，遏制非法集资蔓延势头，守住不发生系统性风险和区域性风险的底线。同时，一方面解决资金过剩的问题，另一方面解决资金短缺的矛盾，从而实现资金供求的平衡。

五、机制创新：结构性改革的目标

五大任务的提出和落实，针对的是我国现实中已出现的产能过剩和结构失衡等问题。结构性改革与结构调整的不同之处在于：结构调整只是恢复比例平衡，是亡羊补牢；而结构性改革的目标是通过改革创新出一种新的机制，能自动防止大规模产能过剩的生成，从而有效避免结构失衡的恶化，是防患于未然。因此，在深入分析结构问题生成原因的基础上，必须探索结构持续优化的机制构建，探索供给结构如何自动调整以适应需求结构的变化。

在确立市场对资源配置起决定作用的同时，还必须认识到，市场经济是市场主体分散决策的经济，分散独立的市场主体不对经济结构负责，其只从自身利益出发，只服从价格的指挥，只承认竞争的压力，经济结构的形成是价值规律自发作用的结果。但现实市场经济的运行常常违背价值规律，除存在市场失灵外，价格的任何形式的扭曲也都会误导资源配置的走向，特别是资本主义的唯利是图和无政府状态更难以使经济结构在微调中平和走向平衡。同时，局部和暂时的产能过剩与全局产能过剩也是不同的。马克思在分析固定资本的补偿时指出："这种过剩本身不是什么祸害，而是利益，但在资本主义生产下，它却是祸害。"[1]"这种生产过剩等于社会对它本身的再生产所必需的各种物质资料的控制。但是，在资本主义社会内部，这种生产过剩却是一个无政府状态的要素。"[2]

我们既然选择了市场经济，就要让市场发挥决定作用，但我国的市场经济绝不可以是无政府的。因此，必须明确，政府是经济结构的责任主体，其首要责任是保证市场的健康有序运行，让价格反映真实的供求关系，使供给结构灵活适应需求结构的变化，其实质是使价值规律在结构平衡中发挥决定作用。同时，社会主义市场经济同资本主义市场经济不同，政府对经济结构的责任，除保证市场秩序外，还必须确保国家现代化目标和小康社会目标的如期实现。可见，既要使市场发挥决定作用，也必须使政府发挥更好的协同作用。政府的作用主要表现在对市场事后作用的事前导向、过程控制、边界约束和修补矫正等方面。改革开放以来，我国先后提出的"有计划的商品经济"和"国家调节市场，市场引导企业"等做法，这些都是可贵的探索。特别是党的十八大以来，对规划的新认识、新把握，更强化了对目标实现的强烈意图。中央先后提出规划要"一张蓝图干到底"，划定大的空间格局，注重开发强度管控，"要坚持先规划后建设的原则，把握好城市定位，把每一寸土地都规划得清清楚楚后再开工建设"。可以说，社会主义市场经济的新机制是规划指导和约束的市场经济。规划对于经济结构具有指导性、约束性、控制性以及确保其实现的坚定意志。应该说，这种建立依法科学高效的规划管控体系的战略部署，是对社会主义市场经济资源配置方式的一种重要理论探索和伟大创新。正如中央城市工作会议指出的，"要坚持集约发展，框定总量、限定容量、盘活存量、做优增量、提高质量，立足国情，尊重自然、顺应自然、保护自然，改善城市生态环境，在统筹上下功夫，在重点上求突破，着力提高城市发展持续性、宜居性"。对城市工作的指导原则，同样适用于整个经济发展。可以说，社会主义市场经济是有政府的市场经济，规划管控体系是其特有的体制特征。

社会主义市场经济还是国家宏观调控下的市场经济。政府对国民经济的运行

---

[1] 马克思、恩格斯：《马克思恩格斯文集》第六卷，人民出版社2009年版，第525页。
[2] 马克思、恩格斯：《马克思恩格斯文集》第六卷，人民出版社2009年版，第525页。

状况应有一套科学的监控体系，随时了解运行情报，及时发布预警，果断采取必要控制措施，有效防止经济结构恶化。

党的十八届五中全会提出的五大发展理念，为政府发挥更好的作用提出了指导思想，为确立经济发展按比例规律的新机制提出了具体路径。因此，社会主义市场经济是以科学发展观和五大发展理念为指导的市场经济，科学发展理念是社会主义市场经济的又一个本质特征。

当然，结构性改革目标的实现还需要理论界的深入探索和政府与企业的大胆实践，应在加强优质供给、减少无效供给、扩大有效供给上，探索具体实现路径，形成新的机制；在规划管控体系的建立和完善中，实现资源配平的新方式和新机制。

（原载《经济纵横》2016 年第 7 期）

建设现代化经济体系的时代意义和理论价值

——纪念改革开放 40 年，踏上现代化新征程

贯彻新发展理念，建设现代化经济体系是党的十九大报告的重要组成部分，是新时代经济工作的统领。习近平总书记在随后主持中央政治局集体学习时强调，建设现代化经济体系是一篇大文章，既是一个重大理论命题，也是一个重大实践课题，需要从理论和实践的结合上进行深入探讨。本文就习近平总书记提出的这篇"大文章"，谈谈自己的学习体会和理论思考。

一、建设现代化经济体系的时代意义

党的十九大报告向世人宣告：经过长期努力，中国特色社会主义进入了新时代，这是我国发展新的历史方位。建设现代化经济体系的提出是在中国进入新时代的背景下提出的，既饱含着改革开放 40 年来取得的丰富实践经验和深刻理论认知，又充满着对未来 30 年现代化进程的战略谋划和理论思考。因此，我们只有从新时代的视角，通过回顾与展望，才能发现党中央作出这一重大决策部署的时代意义。

（一）提前谋划，布局迈向第二个百年目标的新征程

习近平总书记指出，建设现代化经济体系，是党中央从党和国家事业全局出发，着眼实现"两个一百年"奋斗目标，顺应中国特色社会主义进入新时代的新要求作出的重大决策部署。虽然社会主义现代化强国是在全面建成小康社会目标实现后的奋斗目标，但建设现代化经济体系的提出，标志着确保第二个百年目标如期实现的战略部署已经提前开始谋划。建设现代化经济体系的工作，承接40 年改革开放的成果，从现在开始将伴随未来 30 年的新发展阶段，是一项新时代的伟大工程。

（二）奠定经济基础，支撑社会主义现代化强国

经济基础决定上层建筑是马克思主义的基本原理。习近平总书记指出，国家

强，经济体系必须强。所以，现代化经济体系的建设是在为社会主义现代化强国奠定经济基础。改革开放以来，我们把发展作为党执政兴国的第一要务，加快形成先进生产力，构建雄厚的经济基础。但我们也必须清醒认识到，虽然我国有了世界第二的经济体量，但经济"大而不强"的特征仍然突出，与现代化的要求仍然存在较大差距。因此，做强经济，为社会主义现代化强国奠定坚实的经济基础，是建设现代化经济体系的历史使命。

同时，现代化经济体系也为其他领域的现代化提供了有力支撑。社会主义现代化强国是一个现代化系统，由若干个子系统构成。党的十九大报告指出，到本世纪中叶，中国将建成富强民主文明和谐美丽的社会主义现代化强国。到那时，现代化将表现为物质文明、政治文明、精神文明、社会文明、生态文明全面提升的现代化，表现为实现国家治理体系和治理能力现代化，而所有领域的现代化都是靠经济体系的现代化来提供支撑的。

（三）顺应现代化潮流，跨越历史关口

当前，世界正处于大发展大变革大调整时期。现代化发展是不可阻挡的历史潮流，顺之者就会跟得上、不掉队，乘势而上；否则将不进则退，错失历史机遇。改革开放以来，我国国际地位不断提升、话语权也不断增加，但仍然存在诸多短板，面临各种"陷阱"的严峻挑战。只有建设好现代化经济体系，才能以强大的国家整体实力在激烈的国际竞争中赢得主动。

中国的经济发展正处在转变发展方式、优化经济结构、转换增长动力的攻关期，能不能跨越这个历史关口？靠什么来实现转变、优化和转换的历史任务？随着改革开放进程的不断深化，我们对这几个关口的认识不可谓不深刻，口号也很响亮，并取得了部分成果，但始终没有发生根本性的跨越。所谓"迫切要求"，就是这个关口不跨越，不仅难以踏上向现代化进军的新征程，而且会掉入经济停滞的陷阱。事实证明，跨越这个关口，单兵突进不行，头痛医头脚痛医脚不行，各行其是更不行。党的十八大以来的若干成功实践告诉我们，只有加强顶层设计、总体谋划、整体推进、有机融合、协同发展，才能实现对关口的真正跨越。这些新的认知汇集到一点，就是建设一个现代化经济体系，以整体、以合力完成对历史关口的跨越。

（四）呼应主要矛盾变化，保证高质量发展

进入新时代，我国社会主要矛盾已经转化为人民日益增长的美好生活需要和不平衡不充分的发展之间的矛盾。建设现代化经济体系之于我国社会主要矛盾变化的时代意义,可以从需求与供给两个方面来分析:从需求侧来看,我国总体实现小康后,人民对物质文化生活提出了更高要求,同时在民主、法治、公平、正义、安全、环境等方面更为广泛的需求也在日益增长,消费升级已成为现代化经济体系建设的新动能;从供给侧来看,发展不平衡不充分的突出问题,已经成为满足人民日益增长的美好生活需要的主要制约因素,着力解决好这个问题,必须靠现代化经济体系来提升发展质量和效益,以更好满足人民的需要。换句话说,建设现代化经济体系就是要解决发展不平衡、不充分的问题。

党的十九大报告提出,我国经济已由高速增长阶段转向高质量发展阶段。多年来随高速增长而至的"大而不强",是我国进入新时代经济发展面临的突出问题。建设现代化经济体系,就是要把发展经济的着力点放在实体经济上,把提高供给体系质量作为主攻方向,显著增强我国经济质量优势。其实,对于经济发展中规模与效益、速度与质量的关系,我们在理论上早已认识清楚,在发展方针上也曾提出过由"又快又好"转变为"又好又快"的取向和主张,但实践中却一直难以取得明显成效。看来,高质量发展不是一个认识问题,而是缺少一个高质量发展的制度保障和生态环境。建设现代化经济体系的一个重要的时代意义,就是以一个完整、有效的经济体系为高质量发展提供体制和机制的保证。

习近平总书记强调指出,全党一定要深刻认识建设现代化经济体系的重要性和艰巨性,科学把握建设现代化经济体系的目标和重点,推动我国经济发展焕发新活力、迈上新台阶。我想,这是建设现代化经济体系最主要的时代意义,不仅着眼未来,而且惠及当下。现代化经济体系的一个重要组成部分是现代市场体系,而现代市场体系所要求的准入畅通、开放有序、竞争充分、秩序规范等,其目的就是要焕发出经济发展的新活力,靠企业自主经营公平竞争、消费者自由选择自主消费、商品和要素自由流动平等交换使我国经济发展迈上新台阶。市场机制有效、微观主体有活力、宏观调控有度是建设现代化经济体系所追求的实际效果。

二、建设现代化经济体系的理论价值

建设现代化经济体系这一重大理论命题,不仅具有鲜明的时代意义,而且有着深刻的理论价值。特别是,对构建中国特色社会主义政治经济学而言,更有其特殊的理论贡献。

(一)提出了中国特色社会主义政治经济学的新范畴

现代化经济体系是一个全新的范畴。马克思主义经济学和西方经济学中都没有经济体系这样一个理论范畴。虽然在实际经济工作中，曾经出现和使用过工业体系和国民经济体系的概念，但经济体系作为一个理论范畴从来没有进入基本经济理论的研究框架。这样一个新范畴的提出，有着改革开放40年的深刻实践基础和历史背景：没有中国特色社会主义在改革开放进程中已经取得的伟大业绩的实践基础，是不可能提出来的；没有党对实现伟大复兴中国梦的两个一百年的战略谋划和社会主要矛盾变化的科学分析以及对中国进入新时代的战略判断，也是不可能提出来的。对这个新范畴，我们必须进行深入研究。

对于这样一个新范畴，习近平总书记指出，现代化经济体系，是由社会经济活动各个环节、各个层面、各个领域的相互关系和内在联系构成的一个有机整体。这一定义涵盖了现代化经济体系的基本要素和核心内容，内涵丰富，需要我们深入领会。

长期以来，市场和政府的关系，占据了经济理论的制高点，学者们各执己见、莫衷一是，缺少具有统领性的上位范畴。现代化经济体系的提出，为中国特色社会主义政治经济学创建了上位范畴，它高于经济学的其他范畴，统领市场与政府、企业与行业、金融与财政、城市与乡村、价格与税收、竞争与垄断等各类经济学范畴，使我们能够更清晰、更准确地认识和把握各个范畴之间的关系，可以消弭学界的歧见。

（二）创建全新理论框架，丰富了中国特色社会主义政治经济学

习近平总书记界定了现代化经济体系这一范畴后，列举了六大体系，包括产业体系、现代市场体系、收入分配体系、城乡区域发展体系、绿色发展体系、全面开放体系等，并分别就每个体系提出了具体要求。他指出，以上几个体系是统一整体，要一体建设、一体推进。我们建设的现代化经济体系，要借鉴发达国家有益做法，更要符合中国国情、具有中国特色。同时，习近平总书记指出，现代化经济体系还包括一个体制，即充分发挥市场作用、更好发挥政府作用的经济体制。应该说，从基本概念到主要内容，从实施方略到认识方法，围绕现代化经济体系已经初步构建了一个完整的理论架构。这个理论框架，集改革开放以来理论探索之大成，并以其整合性、系统性彰显其理论的升华。

我们现行的经济理论，从已有的理论逻辑出发，具有中国改革开放以来的丰富实践和崭新认知。然而，这一理论虽然深刻却难以被纳入既有框架，非常可惜。现在，一些教科书只关注对微观企业和宏观总量的抽象分析，却对如火如荼的城市化进程、区域空间布局优化等许多现实问题置若罔闻。现代化经济体系的提出，使中国特色政治经济学得以扩容。现代化经济体系的理论价值是新发展理

念的理论价值。在新发展理念的指导下，现代化经济体系可以充分概括改革开放40年来的新实践，充分吸收理论层面的新认知。诸如实体经济、创新动能、精准扶贫、乡村振兴、空间布局、战略目标、顶层设计、协同发展这些超出原有经济学教科书的内容，都可以纳入现代化经济体系的理论框架，从而极大丰富中国特色社会主义政治经济学的内容。

现代化经济体系的提出，可以引发对改革发展40年来的经验总结和理论反思，可以引发对中国现实存在问题和挑战的深入思考，可以引发对未来发展趋势的科学研判，拓展中国特色社会主义政治经济学的新空间。

首先，亟待对和现代化经济体系范畴直接相关的概念加以理论层面的廓清，如对体系的基本概念、经济体系的内涵与外延、现代化理论等的认识和把握。

其次，深化与经济体系相关概念的延伸探讨。以经济体为例，这个概念已经得到普遍使用，却尚没有一个清晰的理论界定；又如，经济体的体系性和体系化程度的标准和测度、经济体的体系化进程及其演进规律等问题。

最后，如何认识和评价中国计划经济时期已经形成独立的、比较完整的工业体系和国民经济体系？如何理解计划型经济体系与市场型经济体系的比较与转换路径？如何判断目前中国经济体的体系化的程度和品质？如何理解中国经济体走向体系化面对的难题和挑战？这些问题扩展了中国特色社会主义政治经济学的新空间。

（三）以现代化作为经济体系定语的深刻意蕴

现代化经济体系以现代化作为经济体系的定语，有其深刻的意蕴。现代化是历史潮流，但其实现必须具备一定的条件和环境。计划经济时期，我们在宣布已经建成独立的、比较完整的工业体系和国民经济体系后，曾经提出过建设社会主义现代化的目标。改革开放后，我国从仍处在社会主义初级阶段的国情出发，调整了发展战略，制定了分三步走的目标并率先建设小康社会。如今，在即将实现全面建成小康社会的第一个百年目标、开启向第二个百年目标迈进的征程之时，重提现代化，使我们记起了"为了实现四个现代化"而忘我奋斗的激情燃烧的岁月，从而不忘初心，接续党提出的"四个现代化"目标理想；使我们牢记使命，对接建设社会主义现代化强国的第二个百年目标，实现中国梦。现在，"奔小康"的目标即将为"奔现代化"的目标所取代，所以，社会主义现代化强国及其与现代化经济体系的关系，必将成为超前性理论研究的重要课题。

现代化经济体系虽然没有以社会主义作为经济体系的定语，但不能因此否定其社会主义属性。党的十九大报告第五部分的题目是"贯彻新发展理念，建设现代化经济体系",这是一个完整的表述,有机统一,不能割裂。新发展理念是现代化经济体系的灵魂,现代化经济体系是新发展理念的载体。现代化经济体系的建设不能离开新发展理念的精神实质。现代化经济体系的社会主义属性虽然没有表现在冠名上,但却深刻渗透在这一体系的方方面面。

首先,现代化经济体系是服从和服务于社会主义现代化强国目标的,自然具备社会主义的属性。

其次,党的十九大报告提出的基本方略指出,必须坚定不移贯彻创新、协调、绿色、开放、共享的发展理念。这五大新发展理念,与现代化经济体系的七大组成部分有机融为一体。包括产业体系、现代市场体系、收入分配体系、城乡区域发展体系、绿色发展体系、全面开放体系和经济体制等在内的方针政策,处处彰显着社会主义的本质要求。现代化经济体系是这一基本方略的有效实现方式。

最后,现代化经济体系的社会主义属性体现在建设现代化经济体系的具体政策举措和行动纲领上。

当然,在建设现代化经济体系过程中,如何把握社会主义的属性和方向始终是我们必须把握好的一个问题,而这需要我们从理论与实践的结合上持续深入进行探索。

(四) 现代化经济体系的理论特性

探讨现代化经济体系的理论特性,是彰显其理论价值的重要任务,关系到如何把握这个体系的质量和建设方向。由于这是一个全新的范畴,需要我们持续深入地研究。我认为,其至少有如下一些基本理论特性。

一是整体性,也就是现代化经济体系定义的落脚点——"有机整体"。整体性就是指经济体的一体化,而不是各自独立、各行其是的松散组合。经济体的各个组成部分,目标同向、步调一致、动作协同。

二是结构性,就是现代化经济体系定义的"社会经济活动各个环节、各个层面、各个领域"形成的纵向和横向的相互关系,这些关系使具有整体性质的经济体结构化。

三是关联性,即形成结构各部分之间的有机关联,而不是简单装在一个容器中的分散个体。

四是有机性,即这种关联是内生的有机关联,而不是机械性的连接和固化。

五是开放性,即经济体系是现代化的、保持体系与外部环境交流的非封闭系统。

六是意志性，这是中国社会主义经济的特有性质，现代化经济体系从提出之日起，就反映出其充分的理论自觉和实现的坚定意志，现代化经济体系必然始终服从服务于党和国家的战略目标。

七是秩序性，当今发达国家的现代化市场经济，其自由市场经济的无政府状态也已有所减弱，社会主义市场经济的现代化经济体系更应该具备经济运行的规制性和秩序性。

八是安全性，即建设能够保持经济体独立自主和可持续发展的现代化经济体系。也就是说，要具备把关系到国家安全和国计民生的经济命脉以及大国重器牢牢把握在自己手中的制度设计和能力水平，绝不能走上依附经济和畸形经济的歧路。

（五）开辟理论与实践相互促进的新境界

改革开放40年，一条重要的经验就是理念率先突破、实践随之跟进，随着实践深入，理论逐步成熟，理论与实践互为促进。回顾我们走过的进程，每一次历史进步，都是先提出一个重大的理论命题，然后催生实践创新，在推动理论的深化和实践的前行中，取得对客观规律的认知和把握。改革开放之初，经济体制命题的提出使人们认识到，同样的经济制度可以有不同的经济体制，从而在坚持社会主义经济制度不动摇的前提下，拉开了经济体制改革的大幕；进而，逐步明确了经济体制的实质是资源配置方式的选择，把计划经济从经济制度的范畴转换为经济体制的范畴；在此基础上，又进一步提出有计划的商品经济和社会主义市场经济的新的理论范畴。这样一个理论与实践互为促进的过程，反映出社会主义经济理论形成发展的客观规律。与马克思是在资本主义充分发展后探索其客观规律不同，我们有关社会主义经济形态的理论与实践是同步行进的。

建设现代化经济体系的提出，使社会主义的理论探索与实践深化互为促进的过程进入了一个新境界。其境界之新，在于我们已经走过了"摸着石头过河"的局部探索阶段，在实践已经取得巨大成就的基础上，理论与实践都迫切需要对国民经济的整体性、系统性进行整合性的研究与探索。

现代化经济体系，是中国特色社会主义政治经济学新的里程碑。

三、建设现代化经济体系的实施方略

建设现代化经济体系的时代意义和理论价值最终要靠实践来实现和检验。习近平总书记指出，建设现代化经济体系，需要扎实管用的政策举措和行动，要突出抓好五个方面的工作。也就是说，建设现代化经济体系，"既是一个重大理论命题，更是一个重大实践课题"，不仅要重视目标导向，弄清着眼点，知道要干什么，往哪里去，而且要突出问题意识，找到着力点，知道怎么干，干什么。针对跨越历史关口面临的问题，结合习近平总书记指出要突出抓好的五个方面工作，我体会，这些主要实施方略的功能如下。

（一）筑牢现代化经济体系的坚实基础：实体经济

强调实体经济，主要是针对经济中开始显现脱实向虚倾向的问题。这种倾向如果任其蔓延，将有恶化国民经济的危险。虚拟经济存在的价值，在于更好地促进实体经济的发展；脱离实体经济的自娱自乐，只是表面价值符号的增长，既不能创造真正的价值，也不能创造物质财富和精神财富。正如习近平总书记指出的，实体经济是一国经济的立身之本，是财富创造的根本源泉，是国家强盛的重要支柱。所以，我们必须推动资源要素向实体经济集聚、政策措施向实体经济倾斜、工作力量向实体经济加强，营造脚踏实地、勤劳创业、实业致富的发展环境和社会氛围。大力发展实体经济，就是要筑牢现代化经济体系的坚实基础。

（二）强化现代化经济体系的战略支撑：创新驱动

要实现经济体的体系化、现代化，就必须有创新驱动的发展战略。这涉及经济发展的动能是否得到真正转换。针对我国创新能力不够强的现状，习近平总书记指出，加强国家创新体系建设，强化战略科技力量，推动科技创新和经济社会发展深度融合，创造更多依靠创新驱动、更多发挥先发优势的引领型发展。

（三）优化现代化经济体系的空间布局：城乡区域协调

自觉设计并不断优化空间布局是现代化经济体系的显著特征之一，也是社会主义市场经济的特有优势。中央推进的区域协调发展战略和乡村振兴战略正是在全国国土空间之中下的"一盘大棋"。

（四）提高现代化经济体系的国际竞争力：开放型经济

能不能利用好全球资源和市场，体现着一个国家的国际竞争力。只有不断发展开放型经济，才能真正提高现代化经济体系的国际竞争力。为此，习近平总书记强调要继续积极推进"一带一路"框架下的国际交流合作。

（五）完善现代化经济体系的制度保障：经济体制改革

现代化经济体系必须有制度保障，而现在仍然存在着多方面体制机制的障碍。只有不断深化经济体制改革，才能破除弊端，以现代化经济体系的新动能和制度保障，激发全社会的创新创业活力。

四、建设现代化经济体系需要把握的主要关系

习近平总书记在深入推动长江经济带发展座谈会上的讲话中，提出了需要正确把握的五个关系。这五个关系，体现了马克思主义的思想方法，对建设现代化经济体系同样具有深刻的指导意义，同样是建设现代化经济体系需要把握的主要关系。这五个关系，是对改革开放40年理论探索的升华，我们应该原原本本地学习、认认真真地领会，从中得到深刻的启示。

（一）正确把握整体推进和重点突破的关系

对此，要从经济体系的整体性着眼，坚持整体推进，增强各项措施的关联性和耦合性，防止畸重畸轻、单兵突进、顾此失彼。要坚持重点突破，在整体推进的基础上抓主要矛盾和矛盾的主要方面，努力做到全局和局部相配套、治本和治标相结合、渐进和突破相衔接，实现整体推进和重点突破相统一。

（二）正确把握生态环境保护和经济发展的关系

绿色发展也是现代化经济体系之要义，要处理好绿水青山和金山银山的关系。这不仅是实现可持续发展的内在要求，而且是推进现代化建设的重大原则。生态环境保护和经济发展不是矛盾对立的关系，而是辩证统一的关系。生态环境保护的成败归根到底取决于经济结构和经济发展方式。对此，要坚持在发展中保护、在保护中发展，不能把生态环境保护和经济发展割裂开来，更不能对立起来。

（三）正确把握总体谋划和久久为功的关系

推动现代化经济体系建设是一个系统工程，不可能毕其功于一役。要做好顶层设计，以钉钉子精神，脚踏实地抓成效。要为实现既定目标制定明确的时间表、路线图，稳扎稳打，分步推进。

（四）正确把握破除旧动能和培育新动能的关系

发展动力决定发展速度、效能、可持续性。要扎实推进供给侧结构性改革，推动发展动力转换，建设现代化经济体系。要以壮士断腕、刮骨疗伤的决心，积极稳妥腾退化解旧动能，破除无效供给，彻底屏弃以投资和要素投入为主导的老

路，为新动能发展创造条件、留出空间，实现腾笼换鸟、凤凰涅槃。

（五）正确把握自身发展和协同发展的关系

习近平总书记关于将长江经济带打造成为有机融合的高效经济体的指示，对其他区域协调发展战略具有重要的指导意义。要运用系统论的方法，正确把握自身发展和协同发展的关系。各个地区、每个城市在其各自发展过程中一定要从整体出发，树立"一盘棋"思想，实现错位发展、协调发展、有机融合，形成整体合力。

五、新时代全面深化经济体制改革的顶层设计

习近平总书记最近在广东的讲话，向世界宣示了我国高举新时代改革开放旗帜、把改革开放不断推向深入的坚定意志。这个讲话对于我们在更高起点、更高层次、更高目标上推进改革开放具有重大意义。特别是，习近平总书记在讲话中提出，要坚持顶层设计与基层实践相结合，更加注重改革的系统性、整体性、协同性。这对于我们认识和把握建设现代化经济体系的时代意义和理论价值有着深刻的启示，是我们建设现代化经济体系的行动指南。

党的十八大以来，以习近平同志为核心的党中央把改革开放提升到新的战略高度，从更加全面、更加系统、更加深入的视野中谋划改革开放。可以说，现代化经济体系的提出，就是新时代全面深化经济体制改革的顶层设计。

改革开放初期，我们靠摸着石头过河的勇气，杀出了一条摆脱贫困、发展自己的血路；现在，改革开放进入攻坚期、深水区，面临的都是发展起来以后的问题和难啃的"硬骨头"，牵一发而动全身。正如习近平总书记指出的，要充分认识新形势下改革开放的时代性、体系性、全局性问题，总结运用好改革开放的经验启示，这是我们克难关、解难题的关键。可见，从坚持顶层设计和基层实践相结合，到更加注重改革的系统性、整体性、协同性，正是现代化经济体系的灵魂和精要。从这个角度去看，我们就可以更深刻地体悟到现代化经济体系的时代意义和理论价值。

虽然新时代的改革开放与改革开放初期在具体内容方面有了很大的不同，但中国共产党人改革开放的勇气和担当精神是永远不变的。我们要以改革开放的眼光看待改革开放，继续全面深化改革开放，敢于创新，把中央各项战略决策落到实处，以建设现代化经济体系的新成就，踏上社会主义现代化的新征程。

（原载《伟大的变革（1978—2018）——庆祝改革开放40周年理论研讨会论文集》）

建设现代化经济体系是一篇大文章

国家强,经济体系必须强。习近平总书记强调,建设现代化经济体系是一篇大文章,既是一个重大理论命题,又是一个重大实践课题,需要从理论和实践的结合上进行深入探讨。建设现代化经济体系是我国发展的战略目标,也是转变经济发展方式、优化经济结构、转换经济增长动力的迫切要求。今年的《政府工作报告》在谈及2019年经济社会发展总体要求和政策取向时,强调"加快建设现代化经济体系"。做好建设现代化经济体系这篇大文章,需要深刻认识其时代意义和理论价值,以及建设现代化经济体系的实践重点。

一、建设现代化经济体系的时代意义

建设现代化经济体系的时代意义主要包括:

为建成社会主义现代化强国奠定坚实基础;

建设现代化经济体系是跨越关口的迫切要求;

顺应社会主要矛盾变化,为高质量发展提供保障。

中国特色社会主义进入了新时代,这是我国发展新的历史方位。建设现代化经济体系,是在进入新时代的背景下提出的,既饱含着改革开放几十年来我们取得的丰富实践经验和深刻理论认知,又充满着对未来现代化进程的战略谋划和理论思考。我们可以从新时代的视角,通过回顾与展望,领会党中央作出这一重大决策部署的时代意义。

(一)国家强,经济体系必须强

习近平总书记指出,建设现代化经济体系,这是中央从党和国家事业全局出发,着眼实现"两个一百年"奋斗目标、顺应中国特色社会主义进入新时代的新要求作出的重大决策部署。

经济基础决定上层建筑是马克思主义的基本原理。习近平总书记指出,国家强,经济体系必须强。可以说,建设现代化经济体系是在为建成社会主义现代化强国家奠定基础。改革开放以来,我们始终坚持以经济建设为中心,不断解放和发展社会生产力,构建了雄厚的经济基础。但我们也必须清醒认识到,虽然我国已是世界第二大经济体,但经济"大而不强"的特征仍然突出,与现代化的要求相比仍然存在较大差距。因此，为建成社会主义现代化强国奠定坚实的经济基础，是建设现代化经济体系的历史使命。同时，现代化经济体系也会为其他领域现代化提供有力支撑。

（二）顺应现代化潮流，跨越历史关口

当前，世界正处于大发展大变革大调整时期。人类社会的现代化，是不可阻挡的历史潮流。顺之者就会跟得上、不掉队，乘势而上；否则就会不进则退，错失历史机遇。改革开放以来，我国国际地位不断提升，话语权也不断增加，但仍然存在诸多短板，面临严峻挑战。只有深入推进建设现代化经济体系，才能在激烈的国际竞争中赢得主动。

我国的经济发展正处在转变发展方式、优化经济结构、转换增长动力的攻关期，建设现代化经济体系是跨越关口的迫切要求。事实证明，要跨越关口，单兵突进不行，头痛医头脚痛医脚不行，各行其是更不行。党的十八大以来的若干成功实践告诉我们，只有加强顶层设计、总体谋划、整体推进、有机融合、协同发展，才能实现对关口的真正跨越。这些新的认知汇集到一点，就是建设现代化经济体系，以整体、以合力完成历史关口的跨越。

（三）顺应社会主要矛盾变化，确保实现高质量发展

进入新时代，我国社会主要矛盾已经转化为人民日益增长的美好生活需要和不平衡不充分的发展之间的矛盾。建设现代化经济体系对顺应我国社会主要矛盾变化的时代意义，可以从供给与需求两方面来分析：从需求侧来看，我国总体上实现小康后，人民不仅对物质文化生活提出了更高要求，而且在民主、法治、公平、正义、安全、环境等方面更为广泛的要求也日益增长，消费升级已经成为现代化经济体系建设的新动能；从供给侧来看，发展不平衡不充分的突出问题，已经成为满足人民日益增长的美好生活需要的主要制约因素，着力解决好这个问题，就要靠建设现代化经济体系来提高发展质量和效益，以更好满足人民日益增长的美好生活需要。

我国经济已由高速增长阶段转向高质量发展阶段。建设现代化经济体系，要把发展经济的着力点放在实体经济上，把提高供给体系质量作为主攻方向，显著增强我国经济质量优势。建设现代化经济体系的一个重要意义，就是以一个完整、有效的经济体系为高质量发展提供保障。

二、建设现代化经济体系的理论价值

建设现代化经济体系的理论价值主要包括：

丰富了中国特色社会主义政治经济学；

体现了整体性、结构性、关联性等理论特性；

开辟了理论与实践相互促进的新境界。

可见，建设现代化经济体系这一重大理论命题，不仅具有鲜明的时代意义，而且有着深刻的理论价值。具体而言，可从以下几个方面来看。

（一）创建全新理论框架，丰富了中国特色社会主义政治经济学

现代化经济体系是一个全新的概念。这样一个新概念的提出，有着改革开放几十年深刻的实践基础和历史背景。可以说，这样一个新概念，没有中国特色社会主义在改革开放进程中已经取得的伟大业绩作为实践基础，是不可能提出来的；没有中国共产党对实现"两个一百年"奋斗目标的战略谋划、对中国特色社会主义进入新时代的战略判断和对社会主要矛盾变化的科学分析，也是不可能提出来的。对这个新概念，我们必须进行深入研究。

对于现代化经济体系的定义，习近平总书记指出，现代化经济体系，是由社会经济活动各个环节、各个层面、各个领域的相互关系和内在联系构成的一个有机整体。这个定义涵盖了现代化经济体系的基本要素和核心内容，内涵丰富，需要我们深入领会。

现代化经济体系主要包括几方面的内容：一是要建设创新引领、协同发展的产业体系；二是要建设统一开放、竞争有序的市场体系；三是要建设体现效率、促进公平的收入分配体系；四是要建设彰显优势、协调联动的城乡区域发展体系；五是要建设资源节约、环境友好的绿色发展体系；六是要建设多元平衡、安全高效的全面开放体系；七是要建设充分发挥市场作用、更好发挥政府作用的经济体制。习近平总书记指出，以上各方面内容是统一整体，要一体建设、一体推进。我们建设的现代化经济体系，要借鉴发达国家有益做法，更要符合中国国情、具有中国特色。应该说，我国的现代化经济体系从基本概念到主要内容，从认识方法到实施方略，已经初步构建起了一个相对完整的理论架构，并彰显出了其整合性和系统性。

现代化经济体系的提出，丰富了中国特色社会主义政治经济学的内容，并可引发对改革开放40年实践中的经验教训的理论思考，对中国现实存在问题和挑战的深入思考以及对未来发展趋势的科学研判，从而拓展中国特色社会主义政治经济学的新空间。

（二）体现出一系列理论特性

探讨现代化经济体系的理论特性，是彰显其理论价值的重要任务，关系着如

何把握这个体系的建设方向，需要持续深入地研究。简言之，其至少有如下一些基本特性。

首先，是整体性，即不是各自独立、各行其是的松散组合，而是各个组成部分目标同向、步调一致、动作协同；其次，是结构性，即社会经济活动各个环节、各个层面、各个领域形成纵向和横向的相互关系；再次，是关联性，即形成结构的各部分之间有关联，而不是分散的个体；最后，是有机性，即这种关联是内生的有机关联，而不是机械性的连接。

（三）开辟了理论与实践相互促进的新境界

理论与实践互为促进主要体现在：理念率先突破，实践随之跟进；随着实践深入，理论逐步成熟；等等。就这样，在推动理论的深化和实践的前行中，取得对客观规律的认知和把握。这样一个理论与实践互为促进的过程，反映出了社会主义经济理论形成、发展的客观规律。建设现代化经济体系的提出，使理论探索与实践深化互为促进的过程进入一个新境界。其境界之新在于，在实践已经取得巨大成就的基础上，理论与实践都迫切需要对经济的整体性、系统性进行整合性的研究与探索。从这个角度去思考，我们就可以更深刻地体悟到现代化经济体系的时代意义和理论价值。

三、建设现代化经济体系的实践重点

建设现代化经济体系的实践重点主要是：

筑牢坚实基础强化战略支撑；

优化空间布局提高国际竞争力；

完善制度保障。

建设现代化经济体系的时代意义和理论价值最终要靠实践来实现和检验。习近平总书记指出，建设现代化经济体系，需要扎实管用的政策举措和行动。也就是说，建设现代化经济体系，是一个重大理论命题，更是一个重大实践课题，不仅要重视目标导向，弄清着眼点，知道要干什么，而且要突出问题意识，找到着力点，知道怎么干。习近平总书记的一系列重要讲话精神，对于我们认识和把握建设现代化经济体系的实施方略有着深刻的启示，提供了重要遵循。更具体而言，针对跨越历史关口面临的问题，建设现代化经济体系的主要实践重点包括以下方面。

其一，筑牢现代化经济体系的坚实基础。实体经济是一国经济的立身之本、财富之源，经济发展任何时候都不能脱实向虚。所以，必须推动资源要素向实体经济集聚、政策措施向实体经济倾斜，营造脚踏实地、勤劳创业、实业致富的发展环境和社会氛围。大力发展实体经济，就是要筑牢现代化经济体系的坚实基础。

其二，强化现代化经济体系的战略支撑。党的十九大报告指出，"创新是引领发展的第一动力，是建设现代化经济体系的战略支撑"。针对我国创新能力不够强的现状，习近平总书记指出，要加强国家创新体系建设，强化战略科技力量，推动科技创新和经济社会发展深度融合，塑造更多依靠创新驱动、更多发挥先发优势的引领型发展。

其三，优化现代化经济体系的空间布局。自觉设计并不断优化空间布局是现代化经济体系的显著特征之一。习近平总书记强调，要下功夫解决城乡二元结构问题，力度更大一些，措施更精准一些，久久为功。实施乡村振兴战略和区域协调发展战略，对于优化现代化经济体系的空间布局具有重要意义。

其四，提高现代化经济体系的国际竞争力。能不能利用好全球资源和市场，体现了一个国家的国际竞争力。只有不断发展开放型经济，才能真正提高现代化经济体系的国际竞争力。习近平总书记强调，中国开放的大门不会关闭，只会越开越大。为此，我们要继续积极推进"一带一路"框架下的国际交流合作，加快培育国际经济合作和竞争新优势，推动形成全面开放新格局。

其五，完善现代化经济体系的制度保障。现代化经济体系必须有制度保障，而现在仍然存在着多方面体制机制的障碍。只有不断深化经济体制改革，才能破除弊端，激发全社会创新创业创造活力。

深刻认识建设现代化经济体系的重要性和艰巨性，科学把握建设现代化经济体系的目标和重点，将推动我国经济发展焕发新活力、迈上新台阶。

（原载《经济日报》2019年4月8日）

新常态的冷思考

新常态,是时下的一个热词,从气候变化到政治生态,已经越来越多地出现在各个领域。但新常态主要还是指国家经济发展态势。面对新常态、认识新常态、应对新常态,需要的不是对新常态词汇的热使用,而恰恰应该有一个冷思考。

一、新常态的语义与语境

新常态,顾名思义,是指事物发展态势由原来的正常状态转入一种新的正常状态。所谓正常状态,就不会是短暂的、突发的临时状态,而是稳定、持续的长期状态。因此,其语义适应面特别宽,很容易被延伸和扩展。但作为经济术语,有其特殊的语境。

新常态,不但具有现实的横向普适性,也适用于历史上纵向的不同转折时期,所以很难考证最早使用这一词汇的时代和人物,似乎也没有求证其发明权的必要。就其在和我们现实直接相关的最近使用而言,2008年国际金融危机爆发后,全球最大的债券基金——美国太平洋投资管理公司(PIMCO)首席投资官格罗斯(Gross)和联席执行长埃尔埃利安(El-Erian)使用了"新常态"一词,来说明2008年国际金融危机爆发后全球金融体系的结构改变,以及较低的经济成长时代的来临。这次金融危机过去后,持续了25年的、以不合理消费和不可持续的私人负债带动经济增长的"旧常态"成为过去,去杠杆化、去全球化、再监管强化成为低速经济成长时代即"新常态"的基调。以美国为代表的西方国家通过预支未来世代资产和消费能力所达成的高速发展和繁荣景象的"旧常态"的结束,给世界各国都造成了严重的影响,西方语境下的新常态,更多地意味着新风险、新挑战。

中国经济社会发展语境下的新常态,既有与国际新常态相同、相通的一面,也有不同、独特的一面。除一些学者的学理判断外,官方也开始正式使用新常态的概念,并迅速传播开来。2014年5月,习近平总书记在河南考察时指出,"我国发展仍处于重要战略机遇期,我们要增强信心,从当前我国经济发展的阶段性特征出发,适应新常态,保持战略上的平常心态。在战术上要高度重视和防范各种风险,早作谋划,未雨绸缪,及时采取应对措施,尽可能减少其负面影响。"

同年 7 月 29 日，习近平总书记再次指出："要正确认识我国经济发展的阶段性特征，进一步增强信心，适应新常态，共同推动经济持续健康发展。"

中国语境下的新常态与西方语境下的新常态相同和相通之处在于，其一，都表现为降低增长速度；其二，中国降速的因素部分受到国际降速的影响，或者说，国际降速是中国降速的大环境。不同之处在于，首先，两个旧常态所具有本质的不同。与西方预支未来的高速增长不同，中国的高速增长是一个发展中国家经济成长的必然阶段，以及中国对发展历史机遇的积极把握。其次，各国原有的经济体量不同，高速增长的标准也不同，因而两个新常态的性质也不同，西方是欠债还钱的降速，我们是弯道减速和换挡减速。

二、如何认识中国经济发展的新常态

近年来，中国经济增速已连续在 7.4% 至 7.8% 的区间窄幅波动。中国经济增速已经告别两位数的高速增长时代，这个不争的事实，成为人们对新常态形成共识的现实基础。

从中国经济成长的内在过程看，经过 30 多年持续的高速增长，中国的经济体量已经变得很大，位居世界第二。像人的成长一样，在儿童和少年期，成长就比较快，而进入青年和成年后，成长速度自然就要放慢。经济发展也是如此，任何一个国家和地区，在经历一段时间的高速增长后，都必然出现增速的"换挡"。例如，日本在 1972 年前的 20 余年，其 GDP 年均增速为 9.7%，而在 1973 年后不到 20 年里，快速回落至 4.26%，在 1991 年后的 20 年里更降至 0.86%。又如韩国，其在 1961 年后的 30 多年里，GDP 年均增速为 8.02%，1997 年后的 15 年里则仅为 4.07%。可见，随着经济规模的扩大，经济增长速度的随之下降有其客观必然性。

从中国经济发展的外部环境看，作为世界经济的重要组成部分，中国经济也不可避免地会随着国际的"新常态"而进入自己的新常态。2008 年国际金融危机后中国以外的"新常态"，表现为经济增长在低水平上波动、全球性流动性过剩、大宗产品价格和资产价格变动不居、贸易保护主义升温、地缘政治紧张等。受其影响，中国的外需不能再继续维持出口超常增长，而我们在国际金融危机时期所采取的大规模信贷和投资扩张政策也留下了至今难以消除的影响，国家不可能再出台那样强度的投资扩张政策。总之，原来高速增长所依赖的外部环境不再，内部政策调整，发展速度必然减缓。

中国还要不要继续保持原来两位数的高速度？还有没有可能回到曾经的高速度？对此很多经济学家都作了冷静的分析，有的学者概括为"做不到、受不了、没必要"是很有道理的。从经济成长规律看，我们已经到了换挡期；从外部环境看，西方早已是明日黄花；从资源环境看，难以持续承载；从经济成长的目标和动力看，高速度不一定人民就得实惠——每年能保持7.5%左右的速度，可能更有利于国民经济的健康、持续的发展，也同样能够完成我们"两个一百年"的目标。

但中国和其他发达国家、地区从8%以上的高速猛降至4%的中速不同，我们完全有可能先切换到7.5%左右的中高速挡。正如习近平总书记指出的，"我国发展仍处于重要战略机遇期"，只要冷静分析趋势、科学把握机遇、增强信心、防范风险、积极作为，完全可以以7.5%左右的中高速再运行一个时期。中国作为一个大国，地域辽阔、环境差异大、发展很不平衡，只要搞好国内区域间、城市间、城乡间的协同发展、优势互补，促进东西部地区的产业转移，发展的潜在能量是巨大的，而新型城镇化的进程可以使这样一个并不算低的速度继续保持一个时期。

三、新常态下的新思维

新常态需要新思维，所谓新思维就是习近平总书记讲的"平常心态"。平常心态，就是要走出经济发展上的狂热躁动和高速偏好，改变好大喜功、贪大求洋的政绩观，理性、务实对待经济增长速度，以人民得实惠为工作成败得失的最高标准。

新思维，必须辩证看待原有的高速度，既要看到高速增长极大增强了国力的一面，也要看到高速度下经济发展在质量和结构上存在问题的一面。转变经济发展方式，先要转变思维方式，扭转高速度下的失常心态。速度本来是衡量经济发展的指标，如果人们只顾经济增长速度，而忘却了经济持续健康发展，那么在一定程度上就迷失了原先的目标。因此，必须把异化了的所谓追求，复归为人们从事经济活动的根本动力。

新思维，必须冷静直面现实，始终保持问题意识，坚持问题导向。当前，要特别关注我国部分行业产能过剩凸显、生产要素成本上升加快、企业创新能力不足等问题的严重挑战，着重化解过去形成的一些经济、金融和社会风险因素；不能再对问题视而不见，不顾现实，一味加大投资，否则，财政金融风险就有可能进一步增大。

新思维，就是要科学认识形势，顺应经济规律，认真总结经验教训，切实改变过去那种寄希望于政策刺激、政府救市的思维模式；必须立足优化结构，推动转型升级，要把心放在肚里，把脚踩在地上，一切从实际出发，力戒浮夸，实事求是，务见实效。

新思维，要敢于担当、积极作为，落实习近平总书记的要求，"在战术上要高度重视和防范各种风险，早作谋划，未雨绸缪，及时采取应对措施，尽可能减少其负面影响"。看到问题和风险，不等于丧失自信。如果经济发展长期低于现阶段完全可以达到的水平，我们就会陷入非常被动局面。我们必须牢记，发展是硬道理，发展始终是解决中国一切现实问题的根本。

四、新常态下的新作为

在高速度增长的轨道上，我们喊了多年的转变经济增长方式始终未能如愿实现，在中高速的环境下，这种转变却可以大有作为。新常态是一个不以人的意志为转移的客观必然，并不是什么理想状态，但只要我们积极作为，就可以实现老百姓所期盼的理想状态。

新作为，就是要适应变化了的环境，改变高速增长环境下的行为方式。首要的是行为的动力机制转换。新常态下，人们的作为，包括政府的作为将由要素驱动、投资驱动转向创新驱动。在创新驱动方面，不论是企业还是政府，也不论是个人还是团队，只要新思维的气候形成，优化创新生态，则有志者必将有新作为。中国人民的中国梦、集体与个人积极性、创造性的充分释放是新作为的基本动力。

新作为，是真正把人的发展放在第一位的作为，是以解决民生问题为宗旨的作为。新常态下的新作为，可以表现为就业更加充分、收入更加均衡、社保更加完善、出行更加便捷、物价更加稳定、安全更有保证、消费更加放心。其中，消费成为经济发展新的引擎。

新作为，要在寻找新的投资方向和培育新的增长点上有所作为。新常态下，虽然昔日投资的热度有所降低，但投资仍然是经济增长的重要推动力。新常态下，一方面要克服盲目投资、过度投资的投资依赖症；另一方面则必须在投资上有新作为，在诸如为实现民生的投资、为长远利益的投资、为公共事业的投资等方面，都需要有新的作为。特别是，在虚拟经济有效服务实体经济上更可以有新的作为。

新作为，也可以表现为对外出口培育新的比较优势上。"旧常态"下出口需求的外部环境虽然已经改变，但出口贸易仍是国民经济发展的重要方面。国际贸易所依据的比较优势是动态的，而不是一成不变的。虽然我们过去的低劳动力成本、低资源价格不再是也不应该继续是我们的比较优势，但在在新常态下，我们完全可以培育出我们新的比较优势。随着国际经济发展形势的变化，只要我们积极培育新的比较优势，时机一旦成熟，我们必定会有新作为。

新作为，还表现为在质量切实得到提升方面的作为。"旧常态"下，萝卜快了不洗泥，质量低也能找到其生存之道；新常态下，消费主导经济发展，消费者必然会有更高的质量要求。优质者优价，质量将成为企业生存发展的关键。随着资源环境约束强化、经济转向创新驱动，经济增长的质量和效益将成为企业和社会追求的更高目标。

新作为的根本，则表现在涵养经济发展资源上。"旧常态"下，人们拼资源、拼设备、拼人力、拼投资，在巨大的现实利益诱惑下，即使已经意识到了这种做法的问题，也往往会身不由己地粗放发展；而我们如果面对降速时接受了中高速成长的现实，那么在失去高速的诱惑的同时也就减轻了各方面的压力，可以从容应对自然资源、生态环境、资金、人才等方方面面的挑战。新常态，意味着比较宽松的环境，而宽松的环境，更有利于人们从长计议、稳扎稳打，在涵养经济发展资源上有新的作为。

新常态为中国经济发展提供了一个新的发展环境。适应新常态，就要在新常态下落实党的十八大提出的各项目标。在中国的经济发展方式的转变，全面深化改革，推进新型城镇化的进程、生态文明的建设和国家治理能力的现代化等方面，新常态都大有可为。

（原载《前线》2014 年第 10 期）

"十三五"：毕其功之役

党的十八届五中全会是在特殊时间节点召开的关键性会议。全会深入分析了"十三五"时期我国发展环境的基本特征，提出了"十三五"时期我国发展的指导思想、遵循原则、目标要求和方针政策等大政方针。学习党的十八届五中全会精神、认识"十三五"规划的重要意义，必须先从"四个全面"总体战略布局出发，看到"十三五"是中国全面建成小康社会的决胜阶段，是伟大复兴中国梦第一个百年目标实现的重要节点。五年时间不算长，却是实现战略目标的决胜之役，有许多难题需要解决，许多堡垒需要攻克，时不我待。同时，还要特别关注和把握这样两个特点。其一，"十三五"规划是党中央新一届领导集体编制的第一个五年规划，反映了十八届中央的新风采。以习近平同志为核心的党中央在坚持和发展中国特色社会主义的道路上，勇于实践、善于创新，不断深化对三大规律的认识，形成一系列治国理政的新理念、新思想、新战略，这些为广大人民群众真心赞赏的新风采必然体现在"十三五"规划上。其二，面对引领新常态进行的系列工作部署，中央反复酝酿、周密安排，思路新、视野宽、虚话少、实招多，必将向世人展现一个不同于以往的十三五规划新风格。新风采和新风格主要体现在以下几方面。

一、对规划的新认识、新理念、新把握

规划是中国共产党实现战略目标的战略利器。社会主义市场经济不同于资本主义市场经济的一个重要特征，就是其对经济和社会发展的自觉性。市场经济是自发的，社会主义是自觉的。因此，社会主义市场经济不可能是单纯自发的市场经济，而应该是自觉的市场经济。社会主义市场经济，既要充分释放市场的活力，又要尽量避免和积极纠正市场经济自发性的负面作用，就要以自觉驯服自发，而规划就是驾驭市场经济的一个利器。这一规划利器应该是一个包括规划制定、规划实施和规划实现在内的完整体系。规划制定是规划系统形成的第一步，非常关键。习近平总书记对规划非常重视，他针对过往规划中存在的问题，以新的认识提出了很多新理念。他指出，"规划科学是最大的效益，规划失误是最大的浪费，规划折腾是最大的忌讳"；针对规划实施和实现，他旗帜鲜明地指出，在科学制定规划的基础上，要"一张蓝图干到底"，不能政府换届，规划也换

届；为确保规划的实现，他还提出，要推进规划体制改革，加快推进规划立法工作。这些都充分证明，中央不仅对规划高度重视，而且提出了一系列新认识、新理念和新把握。我们从中可以体悟到，当前正在制定的规划，既不是计划经济时期无所不包的指令性计划，也不同于有些人主张的只是单纯的预测规划。规划要科学制定，规划要有法律效力；规划要指导实践，规划要实现目标，所以规划必须体现出其应有的指导力、控制力和约束力。

中国国民经济和社会发展的规划，从计划经济体制的五年计划和年度的指令性计划到市场经济条件下的五年规划，是一次飞跃，完成了从指令性到指导性的根本转变；十三五规划则是对规划又一次新的升华，要进一步探索和完成在市场经济条件下，确保规划实现的体制、机制和路径。这是规划的新境界，也充满着新挑战。

二、总体战略布局下的"十三五"：决胜阶段

中国共产党始终坚持追求人民利益和民族复兴的伟大理想，不断提出不同阶段的奋斗目标，努力实现各个阶段性目标，永不停顿地向理想挺进。这是中国经济社会发展的最大优势。十八届党中央履职伊始就重申了中国梦的伟大理想，为实现这个理想，确立了"两个一百年"的奋斗目标。为了实现全面建成小康社会的目标，习近平总书记提出了"四个全面"的战略布局并指出，全面建成小康社会是我们的战略目标，全面深化改革、全面依法治国、全面从严治党是三大战略举措。这就为"十三五"规划的制定提出了根本的指导思想，同时也使我们看到了"十三五"规划非同一般的战略意义。可以说，"十三五"规划是实现第一个百年目标的战略部署和战略安排，是全面建成小康社会的毕其功之役。

因此，我们必须在大的战略布局下认识"十三五"，同时又要在编制"十三五"规划时不忘总体战略。编制工作启动伊始，李克强总理就强调，研究编制"十三五"规划，要远近结合，更加注重以解决长远问题的办法来应对当前挑战。既要以五年为主，衔接 2020 年全面建成小康社会各项目标，又要考虑更长时期的远景发展。

从"两个一百年"实现民族复兴的战略眼光看，"十三五"是关键的战略节点；而从全面建成小康社会第一个百年目标看，"十三五"是一次决胜战役，成败在此一举。

三、确保如期全面建成小康社会：刚性任务

市场经济是由独立的市场主体分散自主决策的经济，而要实现一个民族、一

个国家的整体利益和长远利益，在保证市场经济活力的同时，必须有出自整体利益和长远利益的规划，以统一全社会的共同目标和协同各个市场主体的行为。为了实现共同的目标，人们设计了考核目标实现程度的指标。但在实践中，规划的指标往往会在不知不觉中发生异化。以往的规划在编制规划时，虽然也都写上了目标，但人们更为关注的往往是指标；而在规划实施过程中，人们又常常误把指标当目标，以指标为出发点，进行指标分解、摊派任务，确保指标的实现；考核规划的实现，也主要看指标是不是完成了，而忽略了指标背后目标的实现。有时，虽然指标实现了，目标却发生了偏离。统计数字很漂亮，人们却没有得到同等程度的"获得感"。在目标与指标的关系上，我们之前始终没有处理得很好。

十八届五中全会一个重大的进步，就是强调了目标的实现，即指标要服从和服务于目标。全会指出，"十三五"时期是全面建成小康社会决胜阶段，"十三五"规划必须紧紧围绕实现这个奋斗目标来制定。全会对目标要求作了具体的描述，包括：经济保持中高速增长，在提高发展平衡性、包容性、可持续性的基础上，到2020年国内生产总值和城乡居民人均收入比2010年翻一番，产业迈向中高端水平，消费对经济增长贡献明显加大，户籍人口城镇化率加快提高；农业现代化取得明显进展，人民生活水平和质量普遍提高，我国现行标准下农村贫困人口实现脱贫，贫困县全部摘帽，解决区域性整体贫困；国民素质和社会文明程度显著提高；生态环境质量总体改善；各方面制度更加成熟更加定型，国家治理体系和治理能力现代化取得重大进展。上述目标要求，每句话都沉甸甸，很有分量；每个要求都实实在在，不容懈怠。

全会不仅对目标要求进行了具体描述，而且要求全党深入贯彻、落到实处，强调了规划是必须如期实现的刚性任务。例如，要求"作出更有效的制度安排，使全体人民在共建共享发展中有更多获得感"；对消灭贫困，也没有停留在一般化的文字表述和掩盖大多数的平均数，而是要求"精准扶贫""精准脱贫"，一个都不能少、一步都不能迟，"全体人民共同迈入全面小康社会"，一个家庭、一个民族、一个地区都不能落下。字字珠玑、落地有声，这就把规划引入一个新的境界。

四、开拓发展新理念：一场深刻变革

党的十八届五中全会公报中，出现最多的词是发展。在分析"十三五"时期我国发展环境的特征后，公报庄严地向世人宣示："集中力量把自己的事情办好，不断开拓发展新境界。"如果说，发展是五中全会的核心概念，那么，新的发展理念，则是"十三五"规划建议的灵魂。这个理念就是创新、协调、绿色、开放、共享的发展理念。全会强调，对这一发展理念，不但"必须牢固树立并切实贯彻"，还特别指出"这是关系我国发展全局的一场深刻变革"，要求"全党同志要充分认识这场变革的重大现实意义和深远历史意义"。

理念，对于把广大人民群众组织起来、凝心聚力、形成巨大的力量至关重要。改革开放之初，邓小平"发展是硬道理"的理念，排除了种种无谓干扰，统一了认识，助力完成了党的工作重心的转移；改革开放过程中，"发展是第一要务"的理念，进一步明确了发展在党全部工作中的首要地位，坚定了坚持发展的定力；科学发展观的理念则进一步丰富了中国共产党人对发展的认识，把发展理论化、系统化，对中国的经济社会发展产生了深刻的影响。当前，在我们奋力走向小康社会全面建成的关键时刻，面对新的发展环境，如何正确把握战略机遇期内涵的深刻变化，更加有效地应对各种风险和挑战，也亟盼新的发展理念来指导。所以，在这样一个关键的历史时刻，新的发展理念，对于实现"十三五"时期发展目标，破解发展难题，厚植发展优势，就有了重大的现实意义。

要认识新发展理念是"一场深刻变革"，就要从对影响我国经济发展方式转变阻力的分析入手。多年来，中国的高速增长，使人们已经习惯于依靠高投入、招商引资和拼资源等规模速度型粗放发展模式，虽然理论界已经认识到这个问题，有关方面也喊了多年，但经济发展方式始终难以得到真正扭转。这其中，人们的发展观念没有转变是深层原因。只有在发展观念上发生革命性的变化，才能真正完成经济发展方式的根本转变。也就是说，我们必须从思想深处想明白，发展的动力是什么？发展的目标是什么？如何对待发展中人和自然的关系？如何处理发展中人与人的关系？或者说，什么是发展？为什么发展？如何发展？发展的成果由谁来享有？过去，我们在这些问题上，多多少少有一些偏差和迷失，而这些偏差和迷误是和全面建成小康社会相悖的。因此，新发展理念的的确确是一场深刻的变革。

从这样一个认识出发，我们不难发现，创新发展、协调发展、绿色发展、开放发展、共享发展，在这每一条新理念新内涵的背后都有着鲜明的针对性，都蕴含着问题导向的精神以及破解发展难题的现实意义；同时，以发展理念再来认识把握规划具体的政策措施，就能更好地理解厚植发展优势的深远的历史意义。

以新的发展理念作为规划的统领，是一个伟大的创新。这样的规划不是就事论事，而是使规划的每个方面都是具有共同的灵魂。五中全会公报对五位一体的发展理念浓墨重笔地进行了论述，占了公报文字的绝大部分，意义非同寻常。公报对创新、协调、绿色、开放、共享的发展理念，逐条进行了详尽、具体、深入的论述，形成了"十三五"规划的整体框架。有关五个方面的发展理念，则回答了从发展动力、发展方式、发展路径到发展依靠力量、发展成果分享等方方面面，从而构成了一个完整、成体系的发展理念，这也是中国共产党人对发展认识的最新理论成果。

　　学习党的十八届五中全会精神，以新风采、新风格的视角来观察，我的体会是：发展是主题，"十三五"规划必须确保如期全面建成小康社会；创新、协调、绿色、开放、共享的发展理念是灵魂，是关系我国发展全局的一场深刻变革。

（原载《前线》2015 年第 11 期）

中国特色社会主义：40 年锻就之利剑

在学习贯彻党的十九大精神的第一年，我们又迎来了改革开放 40 周年。回顾 40 年来走过的路，展望未来 30 年的前景，我认为其中最为核心的概念就是中国特色社会主义。中国特色社会主义，从简明理念到周密理论，这是中国共产党人带领人民坚持不懈、不忘初心、持续探索，花费 40 年锻就的利剑。靠这把利剑，我们取得了举世瞩目的伟大成就；靠着这把利剑，我们将继续前行，披荆斩棘、攻坚克难，实现民族复兴的伟大梦想。

40 年前，中国揭开了改革开放的大幕。在探索中国改革方向和发展道路时，邓小平第一次提出有中国特色社会主义的崭新概念。他在《中国共产党第十二次全国代表大会开幕词》中提出："把马克思主义的普遍真理同中国的具体实际结合起来，走自己的道路，建设有中国特色的社会主义，这就是我们总结长期历史经验得出的基本结论。"这一概念主要有两层内涵，一是坚持社会主义道路不动摇，二是区别于苏联模式。所谓中国特色，是就大刀阔斧改革传统的计划经济模式而言的，即坚持解放思想、实事求是，立足中国社会主义初级阶段的国情，走自己的路，大胆探索社会主义实现的新路径、新模式。整个 20 世纪 80—90 年代，在有中国特色的社会主义理念的指引下，我们在实践上不断探索，在理论上不断深化，先后提出社会主义初级阶段理论和实行有计划的商品经济的主张。

进入 21 世纪，中国特色社会主义得以进一步概括。"有中国特色"升级为"中国特色"，一个"有"字的去除，标志着中国特色社会主义不仅在体制机制上不断完善，走向定型，而且进一步进行理论梳理和概括，提出社会主义市场经济的新理论，从而逐步形成了自己独特的理论体系，中国特色社会主义开始模式化。

党的十八大以来，以习近平同志为核心的党中央带领全党继续进行实践探索和理论深化，中国特色社会主义的内涵不断发展、不断丰富、不断完善，提出了一系列新认知、新主张、新概括。

党的十九大进一步作出了中国特色社会主义进入新时代、我国社会主要矛盾已经转化为人民日益增长的美好生活需要和不平衡不充分的发展之间的矛盾等重大政治论断，确立了习近平新时代中国特色社会主义思想的历史地位，提出了新时代坚持和发展中国特色社会主义的基本方略。党的十九大报告用"八个明确"

概括了新时代中国特色社会主义思想的主要创新观点;以十四条"基本方略"简化整合了此前提出的基本纲领、基本经验、基本要求,形成了党在新时代的行动纲领和行动指南。习近平新时代中国特色社会主义思想系统回答了新时代坚持和发展什么样的中国特色社会主义、怎样坚持和发展中国特色社会主义等重大时代课题,构成了系统完备、逻辑严密、内在统一的科学体系,昭示着中国未来的发展方向。

梳理 40 年来伴随改革实践不断深化的理论探索,我们看到,中国特色社会主义不仅是中国社会主义事业的宝贵财富,弥足珍贵,而且是人类社会发展规律的宝贵探索,充满中国智慧,极富启迪意义。可以预见,中国特色社会主义一定会在实现两个一百年奋斗目标、推动构建人类命运共同体的历史进程中不断彰显其理论价值。

(原载《北京日报》理论版 2018 年新春寄语)

《资本论》对大数据时代的新启示

导语：再读《资本论》的新思考

我们已经进入一个大数据的新的时代。我们在马克思主义的指导下，建立了新中国，进行了社会主义的实践；改革开放 40 年，又探索了社会主义市场经济的经济体制。《资本论》是一部研究人类历史进程的伟大著作。面对新的时代，再读《资本论》，有哪些新的启示呢？以下为本人的若干思考。

一、主要内容：人与自然的物质交换

（一）生产过程和消费过程（见图 1）

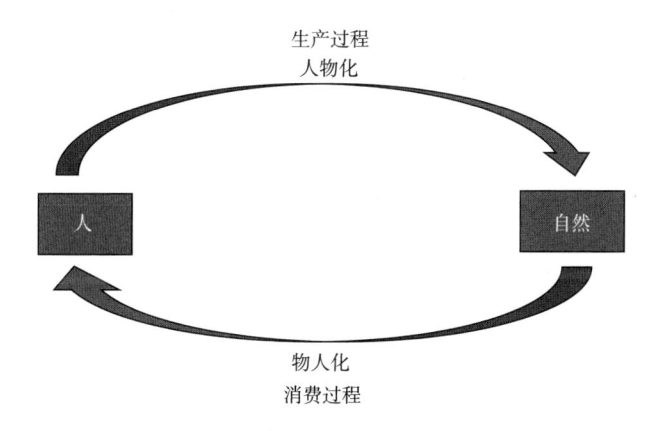

图 1　人与自然的物质交换

（二）图 1 释义

- 政治经济学主要关注生产过程；
- 马克思认为，生产决定整个过程的各个环节；
- 生产力和劳动工具的关键作用；
- 生产关系是政治经济学的研究对象；
- 生产关系必须适应生产力的规律；

- 科学技术是第一生产力；
- 科学技术已经全面作用于人与自然；
- 研究消费过程的现实意义日益凸显；
- 五大发展理念的理论价值。

二、劳动价值论

- 商品经济的三对矛盾：商品的二因素，劳动的二重性，劳动的双属性。
- 商品交换的实质是劳动交换，价值的实体是无差别的人类劳动；应重视劳动价值论的发展或重建。

图 2 为劳动价值论图示。

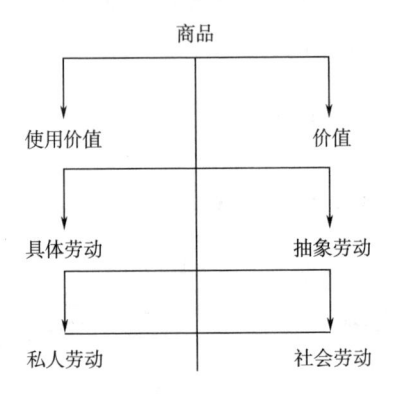

```
              商品
         ┌─────┴─────┐
         ↓           ↓
       使用价值       价值
         ↓           ↓
       具体劳动     抽象劳动
         ↓           ↓
       私人劳动     社会劳动
```

图 2　劳动价值论图示

三、价值规律与价格波动

- 价值规律是商品生产的经济规律。社会必要劳动时间决定商品价值，应关注第二种社会必要劳动时间。
- 价值规律的作用：自发调节社会生产，自发刺激社会生产力，促使社会两极分化。
- 价格是商品价值的货币表现，价格受供求关系变化而波动，价格波动始终围绕价值而进行（见图 3）。
- 价格虽然只是商品价值的货币表现，但本来不是商品的一切事物也可以有价格，从而可以作为商品来交换。
- 价值是马克思主义经济学的特有范畴，西方经济学只有价格，而不承认价值。

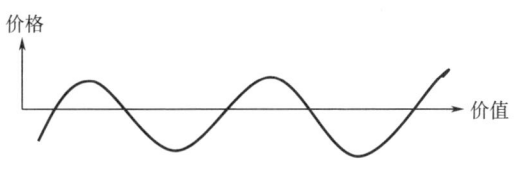

图 3　价格围绕价值的被动曲线

四、两个流通公式比较的启示

- 商品流通公式：

$$W—G—W$$

　　起点：W
　　终点：W
　　媒介：G

- 资本流通公式：

$$G—W—G'$$

　　起点：G
　　终点：G'
　　媒介：W

- 产业资本流通公式

$$G—W\cdots P\cdots W—G'$$

- 资本的本质：带来剩余价值的价值；劳动力成为 W，G 转换为资本。

五、$G—G'$ 资本总公式的逻辑

- 资本拉动社会生产力发展的历史作用；
- 资本去职能化的趋势；
- 社会主义市场经济中的资本；
- 资本的本质：追求利润的最大化；
- 金融资本脱实向虚的危害；
- 资本诱导唯利是图的危害；
- 资本家与企业家异同的思考；
- 如何掌控资本的作用？

六、劳动异化与人的全面发展

- 马克思关于劳动异化的论述；
- 中外其他学者笔下的劳动异化；
- 中国社会主义实践的异化与复归；
- 人的全面发展是马克思主义的最高理想；
- 以人为本的科学发展观；
- 社会主义现代化的追求；
- 劳动异化的复归。

七、机器发明的意义和使用边界

- 机器的发明，减轻了劳动强度，提高了劳动生产率，降低了人工成本，扩大了利润空间。
- 在资本主义生产关系中，是否使用机器，不是看其对劳动的解放，而是完全服从于资本对成本与利润的比较。
- 机器人的属性是机器，是仿人机器，再智能化也不是人。同时应考虑的是，机器与人之间有没有新边界。

八、人工智能的意义和新挑战

- 人工智能是人脑力劳动的解放和延伸。
- 人工智能全面提升了人类生产生活、创新创造和社会管理的水平。
- 人工智能为人的全面发展提供了科学技术的支持和积累。
- 人工智能可能导致人类就业岗位的消失、劳动技能的退化，威胁人们的收入来源。
- 人工智能还可能威胁人类自身的进化。

九、劳动：从谋生手段到第一需要

- 劳动是人类的类本质。
- 劳动乐趣是人类的天性。
- 社会分工在促进财富增加的同时，剥夺了劳动乐趣，使劳动者片面化、畸形化（职业病）。
- 人类的部分职业，超越了谋生手段，已经成为第一需要。
- 互联共享（合工）在促进财富增长和享受的同时，帮助更多的人有机会超越谋生手段、复归劳动。
- 乐趣积累了物质条件。
- 劳动可以解释一切人类创造的新生事物。

十、数据的属性及其价值和价格

- 数据属性：数据劳动、数据资本。
- 数据的本质是依附实体的信息，其不会独立存在。
- 大数据是人与自然物质变换过程的全信息。
- 应关注大数据时代资本主义社会的基本矛盾。
- 大数据时代的意义。
- 数据挖掘是高级的复杂劳动。
- 数据价格的合理性是怎样的？
- 数据资源的公共属性是怎样的？
- 应警惕数据的垄断和异化。

十一、共享经济的理论思考

- 共享：人与自然物质变换过程的初始形态。
- 偏离共享：剩余劳动和资源短缺导致的私有制。
- "看不见的手"：商品经济中隐藏的共享。
- 民间美德：共享始终存在。
- 公共物品：共享物品。
- 市场逻辑：闲置资源的发现与利用。
- 生态退化：人类对共享的警醒。
- 共享：人类社会的美好理想。
- 大数据：克服市场经济盲目性和自发性的曙光。
- 供求数据化：价格形成的新机制。
- 数据共享：破解社会主义与市场经济结合的难题。

（2018 年为北京国际城市发展研究院所作学术报告的提纲）

民生社会主义论纲
——中国特色社会主义实践的政治经济学思考

马克思主义的政治经济学是以对资本主义生产方式的深刻解剖为基础（狭义政治经济学），进而揭示人类社会发展规律的科学（广义政治经济学）。社会主义是在科学社会主义理论指导下的社会实践。所以，政治经济学（社会主义部分）必然不同于政治经济学（资本主义部分），它不是对已经成熟的社会形态进行理论概括，而是从一开始就对社会主义的实践进行理论探索。理论与实践相伴而行，不断充实、不断修正、相互影响、相互促进。政治经济学（社会主义部分）随着社会主义实践内容不断丰富、认识不断深化。

人类社会对社会主义的追求与实践已经超过百年，中国的社会主义实践自新中国成立以来也已有70多年的历史，特别是改革开放以来，我们已经成功地走出了一条中国特色社会主义道路。应该说，政治经济学（社会主义部分）不同于其创建之初，而是已经有了极为丰富的实践基础。通过对中国特色社会主义的实践进行政治经济学思考，我以为，中国已经初步创建出社会主义的一种新形态，可将其概括为民生社会主义。之所以以"民生"命名，是因为"民生"是中国特色社会主义实践的主线，这一点越来越清晰，已成为中国特色社会主义的灵魂。当然，这种新形态仍然面临着走向成熟和定型过程中的很多新的挑战和考验，但毕竟它已经具备了理论抽象的实践条件。本文试图对此进行初步解析，以就教于理论界同仁。

一、民生社会主义的基本内涵和主要特征

民生，是指人民的生计或人民的生活。民生既包括物质的生活，也包括精神的生活，更包括决定其收入来源的劳动和就业。民生有不同的层次，恩格斯曾经将其描述为三个层次：生存、发展和享受。随着经济发展和社会进步，民生水平也应该不断提升。民生在不同社会制度中有不同的地位。虽然资本主义以前以私有制为基础的社会制度也离不开民生，但那时民生只是从属，从来没有占据过主导地位。民生本来就是社会主义区别于其他社会制度的基本内涵，但社会主义初期的实践却曾偏离过民生的内在要求。我们这里讲的民生社会主义，是人民当家作主、以人民幸福为最高宗旨和根本导向的社会主义；是生产力尚未充分发展并

在特定历史条件下走上社会主义道路的国家,从本国实际出发、以发展生产力为第一要务,不断积累社会主义物质基础的社会主义新形态;是以马克思主义为指导,遵循历史发展规律,充分吸收人类已有文明成果,不断进行制度创新,走向现代化的科学社会主义的初级形态。

民生社会主义和人民生活息息相关,它不同于以往社会主义之处在于:民生社会主义的实践,不仅有科学理论的指导,而且必须从实际出发;它不是单纯的理想社会主义、原则社会主义,而是现实可行的社会主义;它不是笼统抽象的社会主义,而是群众身边的社会主义、实际生活中的社会主义,是人民看得见、摸得着、能切实感受到的社会主义。

民生社会主义有两个基本内涵:其一,它是社会主义属性的,即人民当家作主、共同富裕,而不是阶级剥削、贫富分化;其二,其来自民生的规定,即人民得实惠、就业收入有保障、生活水平不断提高。以往的社会主义实践,常常在两个内涵之间苦苦纠结:坚持第一个内涵,就要堵住第二个内涵,甚至出现"宁要……不要……"的谬论;要考虑第二个内涵,似乎就要放弃社会主义,两个内涵似乎水火不容。民生社会主义找到了把两个"对立的"内涵统一起来的实现路径。这个实现路径表现为:以民生为出发点,大力发展生产力,运用一切可以利用的发展方式,增加物质财富;坚持社会主义基本经济制度,为人民当家作主提供制度保证,通过制度创新,改善人民生活,消灭剥削、消除两极分化,走向共同富裕;最终由人民是否满意、是否得到实惠来检验其成败得失。

民生社会主义的主要特征为:其一,社会主义的社会性质,即坚持社会主义基本经济制度和社会主义原则;其二,社会主义市场经济,即在资源配置的方式上,由市场起决定作用,由政府发挥更好作用,两者辩证协调、有机融合。

因此,民生社会主义的经济学概念常常是复合概念。例如,有计划的商品经济,社会主义市场经济,以公有制为主体、多种所有制经济共同发展的基本经济制度,以按劳分配为主体、多种分配方式并存的分配制度,等等。

二、民生社会主义形成的实践基础

民生社会主义的形成经过了艰苦的探索过程。

最初的社会主义探索,是针对资本主义弊端的。苏联和新中国的社会主义都取得了巨大的成功,克服了生产的无政府状态、消灭了阶级剥削。但过早取消商品和货币的计划社会主义,出现了平均主义,导致个体积极性遭到压抑和企业创新力的丧失,生产力发展受到制约,短缺经济严重损害了民生。社会主义的感召力在于使人民过上幸福生活,共产党正是以"改善了人民生活"取得了执政地位。实践证明：以民生为宗旨，社会主义的实践就顺畅；离开民生的主导，社会主义实践就会遇到挫折。民生是社会主义实践之中须臾不可离开的灵魂。中国的改革开放，正是从民生角度发出的"贫穷不是社会主义"呼喊，才把社会主义的实践拉回到正确轨道。

中国特色社会主义的实践是从民生开始的。小康社会目标的确立标志着民生社会主义探索的开端；习近平总书记提出，人民对美好生活的向往，就是我们的奋斗目标；党的十八大把"发展为了人民、发展依靠人民、发展成果由人民共享"写入党纲，国家"十三五"规划发起了包括"精准扶贫"在内的全面建成小康社会的决胜之战，而全面建成小康社会标志着民生社会主义形态的形成。总之，民生社会主义对人类社会主义的事业具有重要的历史意义。

三、民生社会主义是科学社会主义的初级形态

这个命题包含两个含义。

第一，民生社会主义是科学社会主义的基本内涵。马克思主义在确立科学社会主义时，就是以民生为根本宗旨的。马克思、恩格斯在《共产党宣言》中明确指出："在资产阶级社会里，活的劳动只是增殖已经积累起来的劳动的一种手段。在共产主义社会里，已经积累起来的劳动只是扩大、丰富和提高工人的生活的一种手段。"[①] 所以，民生本身就是社会主义的题中之意。

第二，民生社会主义是科学社会主义的初级阶段。对民生的认识和把握，是在经济文化落后国家的社会主义实践中经过反复和曲折的过程逐步深化的。这与马克思主义提出的建立在生产力高度发展基础上的社会主义必然有所不同。其实，中国共产党在夺取全国政权之前，对此已经有过非常清醒的认识，毛泽东在《新民主主义论》中就指出过，新民主主义共和国的国营经济是社会主义的性质，是整个国民经济的领导力量，"但这个共和国并不没收其他资本主义的私有财产，并不禁止'不能操纵国民生计'的资本主义生产的发展，这是因为中国经济还十分落后的缘故"[②]。但在以后的实践中，我们对生产资料所有制的社会主义改造过早、过快地完成，影响了生产力的发展。

在明确了我国处于社会主义初级阶段的历史定位后，适应生产力的需要使我们开始对生产关系进行调整。随着民生社会主义走向现代化，随着生产力的进一步发展，生产关系也必然进行新的调整，必然进一步提升社会主义的水平。虽然市场经济是否会按马克思的设想在生产力高度发展后走向消亡还有待历史检验，

[①] 马克思、恩格斯：《马克思恩格斯文集》第二卷，人民出版社 2009 年版，第 46 页。
[②] 毛泽东：《毛泽东选集》第二卷，人民出版社 1991 年版，第 678 页。

但至少市场经济的天然弊端应该得到根本消除。当然，这一点我们现在还难以做到，再加上人的全面发展、劳动成为生活第一需要等实现条件尚有待更长历史时期的积累，因此民生社会主义只能是科学社会主义的初级阶段或过渡阶段。

四、民生主导：为社会主义实践开拓出最大的包容力

中国特色社会主义的实践证明，真正以民生为主导，就会从生产力和生产关系两个方面，派生出一系列理论的新认识，从而拓展民生社会主义的包容性。

经由贫穷不是社会主义的命题，必然得出大力发展生产力的结论。而这个结论，正是马克思所预见的，无产阶级在成为统治阶级后，要"尽可能快地增加生产力的总量"①。在生产力尚未充分发展的国度，更需要把发展作为"硬道理"和"第一要务"。

民生主导告诉我们，从经济文化落后的现实出发，要发展生产力，就要认识到商品经济是不可逾越的历史阶段。有计划的商品经济的提出，为解放生产力提供了理论根据。虽然这个崭新的命题后来有了新的表述，但我认为，这一命题具有深刻的创新性，对此后面会进一步展开分析。

面对资本主义是市场经济、社会主义是计划经济的理论束缚，邓小平指出，市场经济是资源配置的方式，资本主义可以用，社会主义也可以用，并由此提出社会主义市场经济。社会主义市场经济是民生社会主义的主要特征，后面我们还会专题论及。

尽管我们在理论上把市场经济限定在社会主义之下，但发展生产力的实践，还是要释放资本和利润带来的活力，发挥它们仍然可以起的历史作用。这一点正如马克思所讲："无论哪一个社会形态，在它所能容纳的全部生产力发挥出来以前，是决不会灭亡的；而新的更高的生产关系，在它的物质存在条件在旧社会的胎胞里成熟以前，是决不会出现的。"② 民生社会主义既不可能完全放弃资本和利润的作用，也不可能完全采取高级社会形态的体制机制，而只能根据实际情况来适度结合。

民生主导还为开放打开大门，为生产力的发展和人民生活水平的提高拓展新的空间，获取更多资源。

民生主导还以社会主义的原则，把握社会发展方向，限制有损人民利益的倾向，矫正市场经济的偏差。中国特色社会主义的实践在发展是第一要务的基础上形成的以人为本、全面协调可持续发展的科学发展观，党的十八大以来提出的创

---

① 马克思、恩格斯：《马克思恩格斯文集》第二卷，人民出版社 2009 年版，第 52 页。
② 马克思、恩格斯：《马克思恩格斯文集》第二卷，人民出版社 2009 年版，第 592 页。

新、协调、绿色、开放、共享的五大发展新理念，都深刻体现了民生主导下的社会主义原则。

民生主导之下，就业将成为发展的第一要务，从而扭转了资本主导下利润第一的逻辑；在收入分配上，则要特别处理好效率与公平的协调与平衡。

民生主导之下，更加关注公共基础设施的建设、公共物品和公共服务的供给、社会保障和社会福利的制度保障。

民生主导超越了市场和资本的逻辑，对环境污染和生态破坏更为敏感，更勇于直面问题，更自觉地接受绿色发展的理念，更有效地进行治理。

民生主导还可以取得与不同政治主张的共识，形成发展的合力。孙中山曾认为，他主张的三民主义中的民生，其实就是社会主义。他所提出的"节制资本"政策主张，至今仍有现实意义。

民生主导体现了执政的马克思主义政党"全心全意为人民服务"的根本宗旨，表现出从实际出发的包容力。

五、民生社会主义的主要矛盾和派生矛盾

民生社会主义是在经济文化落后国度进行的社会主义实践，在社会主义的初级阶段，主要矛盾是人民日益增长的物质文化需要同落后的社会生产之间的矛盾。也正是这个主要矛盾，决定了民生社会主义的基本内涵，决定了民生社会主义的根本任务是进一步解放生产力、发展生产力，逐步实现社会主义现代化。

实践证明，民生社会主义还必须直面为解决主要矛盾而出现的派生矛盾，这一派生矛盾主要表现为社会主义与市场经济的矛盾。为了发展生产力，民生社会主义选择了市场经济，但市场经济与社会主义始终是存在矛盾的。中国特色社会主义的实践充分证明了市场经济对释放生产力的巨大作用，但我们也不得不面对它对经济社会发展的负面作用。实践证明，即使是社会主义制度下的市场经济，也不能避免因其自发性而导致的市场失灵。面对现实中国经济存在的种种问题，有的人认为是市场经济不完善，有的人认为是政府管得太多，尽管这些都有其各自的道理（我们后面还会分析），但即使市场经济体制完善了，政府改革到位了，经济发展的周期性、产能过剩、产品积压、虚拟经济脱离实体经济等这些发达市场经济国家至今依然存在的弊端，也不可能完全得到消除。对此，我们只有通过不断改革和持续创新才能逐步缓解之，尽力避免过大损失。因此，民生社会主义必然要始终面对和不断解决这对派生矛盾。

更需要提高警惕的是，如果不能抑制市场经济带来的贫富差距和两极分化，还可能偏离社会主义的方向。正如《中国共产党章程》指出的："由于国内的因

素和国际的影响，阶级斗争还在一定范围内长期存在，在某种条件下还有可能激化。"① 派生矛盾虽然已不是主要矛盾，但它将贯穿民生社会主义的实践始终。

围绕这一派生矛盾，各种主张的争论从来就没有停止过，中国特色社会主义道路在与"老路"和与"邪路"的较量中前行。

六、民生社会主义的经济规律

在以政治经济学思考中国特色社会主义的实践过程中，重温马克思《资本论》第一版序言是非常必要的。政治经济学就是要揭示现代社会的经济运动规律，"一个社会即使探索到了本身运动的自然规律……它还是既不能跳过也不能用法令取消自然的发展阶段。但是它能缩短和减轻分娩的痛苦"②。我们今天也应该像马克思那样，把经济的社会形态的发展理解为一种自然史的过程。

中国特色社会主义在市场经济体制下得以飞速发展，证明了经济的自然发展阶段是不能取消的。同时也必须看到，我们既然选择了市场经济，则价值规律必然要起作用，中国的改革开放也正是从对价值规律的认识开始的；既然还要发挥资本和利润的作用，那我们就不应该否认剩余价值规律的存在和作用。剩余价值规律只要发生作用，就不会只是具有促进生产力的积极作用，其消极方面同样不可避免。这一点，在资本主义市场经济中已经得到证明，社会主义市场经济也不会例外。我们今天的现实，有些类似当年的英国以外的西欧大陆，"不仅苦于资本主义生产的发展，而且苦于资本主义生产的不发展"③，只不过表述的顺序应该倒过来。生产剩余价值或赚钱，是资本主义生产方式的绝对规律。民生社会主义虽然存在剩余价值规律，但不应该让它成为绝对规律。那么，民生社会主义是否也存在其自己的绝对规律或基本经济规律呢？如果存在，又是什么规律呢？

政治经济学（社会主义部分）初创时，斯大林曾提出以社会主义的生产目的和手段构成的社会主义经济的基本经济规律。这个规律的表述，反映了社会主义的本质，特别是其生产目的与我们讲的民生具有相同的内涵。在实现手段上，它虽然强调了科学技术，但否定了市场经济的体制和机制。更关键的是，这个表述不像是自然规律，因此它在改革开放后的政治经济学教科书中逐步淡出。今天，我们以中国特色社会主义实践为基本素材而进行的政治经济学思考，就要从中发现"以铁的必然性发生作用并且正在实现的趋势"④。纵观中国社会主义的

---

① 《中国共产党章程》，人民出版社 2012 年版，第 3 页。
② 马克思、恩格斯：《马克思恩格斯文集》第五卷，人民出版社 2009 年版，第 9—10 页。
③ 马克思、恩格斯：《马克思恩格斯文集》第五卷，人民出版社 2009 年版，第 9 页。
④ 马克思、恩格斯：《马克思恩格斯文集》第五卷，人民出版社 2009 年版，第 8 页。

实践，特别是改革开放以来的实践以及我们正在奋力实现的全面建成小康社会目标，这个铁的必然性只能是民生主导。有了民生主导，我们才完成了由计划经济向市场经济的经济体制转型；有了民生主导，我们才能为发展生产力充分发挥资本和利润的作用；有了民生主导，我们才能始终坚持四项基本原则，反对资产阶级自由化；有了民生主导，我们才能牢牢把握中国的社会主义方向，既不走闭关锁国的老路，也不走改旗易帜的邪路。所以，我认为，民生社会主义的基本规律是民生主导规律，这个规律主导、影响并制约着其他规律的作用。

此外，社会化生产的按比例发展规律、商品经济的价值规律、社会主义的按劳分配规律以及人与自然的环境友好规律、生态平衡规律等，都会在民生规律的主导下发挥各自的独特作用，并形成规律作用的合力。

七、市场经济对社会主义的挑战和考验

民生社会主义的最大特点，就是形成了社会主义市场经济的复合概念，这个概念既是伟大的创新，也是巨大的挑战。说它是伟大的创新，在于它指引着中国在没有改变社会主义制度的前提下，使生产力得以快速发展，经济总量跃居世界第二；说它是巨大的挑战，在于它的实践在使中国经济成功告别短缺后，却生出了大量与民生相悖甚至为逐利而丧尽天良的严重社会问题。这些问题严重损害着民生，侵蚀着社会主义的经济基础，威胁着国家的前途。

社会主义市场经济是合二为一的复合概念，有别于资本主义市场经济。市场经济的中性化，使其在不同的社会制度中都可以合理存在。但同时我们也必须看到，不同社会制度下的市场经济，必然带有不同的特点。市场经济与私人资本主义是天然适应的，却与社会主义存在着矛盾的一面。对这个矛盾的一面，政治经济学不能回避、不能视而不见，而是必须直面真实情况，并予以清醒、清晰和清新的理论回答。

社会主义市场经济这个复合概念，融合了社会经济制度和资源配置方式这两个不同层面的内涵，因而必然延伸出两个新的内涵。其一，是社会主义制度下的市场经济。这个市场经济必然体现出不同于资本主义制度下市场经济的特点。其二，是市场经济中的社会主义。这个社会主义必然体现出不同于计划经济中的社会主义实现方式。只有这两个延伸的内涵都得以实现，社会主义市场经济才能够成立。当然，在这两个延伸内涵中，市场经济和社会主义都必须保持其不变的真谛和基本属性。

首先，社会主义是自觉的，市场经济是自发的。因此，社会主义的市场经济必然不同于资本主义的市场经济，它不会是完全的自由市场经济，而是必然体现

出自觉+自发的特点。自发必须接受自觉的规范，自觉应该逐步驯服自发。具体讲，社会主义市场经济要服务于国家发展的总目标，接受国家规划和年度计划的指导，并在国家政策的指导下服务于民生。如前所述，有计划的商品经济，虽然是民生社会主义探索过程中的过渡概念，但其科学性在于它在资源配置的层面上体现了自觉+自发的特点。今天，我们是否可以采用"有规划的市场经济"或"规制市场经济"的二级概念呢？不论如何概括，这都是社会主义市场经济第一个延伸内涵的基本规定。

其次，社会主义的真谛在于共同利益，而市场经济的基础在于个体利益。计划经济单纯强调共同利益、忽略个体利益，并因此丧失了经济活力；改革开放激活了个体利益，使经济充满了活力，虽然整体上而言也带来了一定的共同利益，但却连续不断地出现为了私利而严重伤害共同利益的事件。实践证明，市场经济作为资源配置的方式，在社会主义实践中是可以存在的，有其不可替代的积极作用；但它与社会主义共同利益确实存在着矛盾的一面，个体利益往往会伤害共同利益。因此，第二个延伸内涵意义的社会主义市场经济，必须受到社会主义社会经济制度的规范和制约，以充分体现共同富裕的社会主义本质要求，在充分保证个体利益和活力的同时不伤害他人利益，实现共同利益。我们也可以简称其为市场社会主义。规制市场经济和市场社会主义是社会主义市场经济的两个基本内涵。

八、民生社会主义的基本经济制度

一个社会的基本经济制度，主要反映在其所有制关系构成上。在分析民生社会主义的基本经济制度时，重温《共产党宣言》中的有关论述是十分必要的，因为，我们毕竟是以这个原理来构造社会主义的所有制关系的。

马克思主义认为："一切所有制关系都经历了经常的历史更替、经常的历史变更。"[1] 中国社会主义制度的建立，是以所有制关系的"历史更替"为前提的。中国特色社会主义的实践证明，所有制关系也经历了"历史变更"，即使是在公有制一统天下的所有制关系中，公有制也采取了全民所有制和集体所有制这两种形式，并随着中国特色社会主义的实践，逐步稳定在以公有制为主体、多种所有制共同发展的所有制结构中。对于发展非公经济，我们从马克思以下两个观点中也可以得到一些启示：一是，"共产主义的特征并不是要废除一般的所有制，而是要废除资产阶级的所有制"；二是，"共产主义并不剥夺任何人占有社会产品

---

[1] 马克思、恩格斯：《马克思恩格斯文集》第二卷，人民出版社2009年版，第45页。

的权力，它只剥夺利用这种占有去奴役他人劳动的权力"①。

民生社会主义的社会主义属性决定了公有制的主体地位，以确保人民当家作主的经济基础；社会主义市场经济的体制，必须以不同市场主体的交换关系为前提，必然要求多种所有制的存在，提供产权保护。虽然在社会主义初级阶段还不可能实现"剥夺利用这种占有去奴役他人劳动的权力"，但应该能够实现限制这种权力。中央提出的坚持"两个毫不动摇"，正是体现了民生社会主义的基本要求。

公有制的主体地位，确保了社会主义的基本属性。《共产党宣言》一开始就指出，"剥夺地产，把地租用于国家支出"，"通过拥有国家资本和独享垄断权的国家银行，把信贷集中在国家手里"，"把全部运输业集中在国家手里"②。国共合作时期的国民党一大宣言也指出："凡本国人及外国人之企业，或有独占的性质，或规模过大为私人之力所不能办者，如银行、铁道、航路之属，由国家经营管理之，使私有资本制度不能操纵国民之生计，此则节制资本之要旨也。"③

九、民生社会主义的经济秩序

民生社会主义的历史进步性，在于它能够促进生产力的发展，能够促进人民幸福，顺应人类文明进步潮流，符合人类历史发展规律，而这个历史的进步性是以良好的经济秩序为前提的。

所谓秩序，我一直以为是指"一个系统中各个要素的空间排列及其在系统内部运动、退出和进入系统的时间次序"④。经济秩序，则是指一个经济体的制度均衡状态。一般来说，当一种制度创新出现时，原有的制度均衡就会被打破，旧秩序必然被破坏。当制度创新实现后，在没有新的创新可能出现时，新的均衡就会形成，新秩序就会建立。所以，任何事物的发展都有一个从均衡到破坏原有均衡再到实现新平衡的过程，总是要经历破坏旧秩序、建立新秩序的过程。

改革，就是破坏原有平衡，就是破坏旧有秩序。我们在改革中解放生产力、释放经济活力，获取了极大的收益，但是也出现旧秩序破坏了而新秩序尚未建立起来的问题。经济生活中的失序，导致种种乱象的出现、蔓延和恶化，严重威胁着民生社会主义的前景。按照事物发展和创新规律，在一个新的制度创新实现后，应该走向均衡，恢复经济秩序。所以，要建立民生社会主义新秩序，就应该

---

① 马克思、恩格斯：《马克思恩格斯文集》第二卷，人民出版社2009年版，第45、47页。
② 马克思、恩格斯：《马克思恩格斯文集》第二卷，人民出版社2009年版，第52、53页。
③ 毛泽东：《毛泽东选集》第二卷，人民出版社1991年版，第678页。
④ 文魁：《新格局与新秩序中的分配》，陕西人民出版社1991年版，第5页。

尽早将其提出来，哪怕改革还需要深化。如果不把新秩序提上议事日程，则种种经济乱象足以毁掉我们已经取得的成效，这绝不是耸人听闻。中国的改革深化，应该是以秩序为主题的，我们应该以新秩序能否建立作为衡量改革成败的标准。

新的经济秩序先是市场主体的行为规范。所有市场主体在得到产权法律保障、充分释放其创新力和活力的同时，必须严格遵守市场规则和国家法令，自觉按经济规律行事，自觉规避有损于社会和他人的行为。

新的经济秩序，必须清晰划定市场与政府的边界。市场的事，应充分放手给市场来办；政府的事，政府必须严格履职、不能缺位。对此，应加强经济生活中的巡视和问责。

新的经济秩序，必须尊重国家规划和国家计划的权威和法律地位，以确保民生目标的如期实现。

新的经济秩序，必须有效遏制暴利和唯利是图的经营取向，树立诚信、绿色、可持续的新理念。

新的经济秩序，必须优先发展民生迫切需要的公共基础设施，保证公共产品和服务的有效供给。

新的经济秩序，必须发挥好国有经济的导向作用。

总之，新的经济秩序的特征是活而不乱、民主集中。

十、民生社会主义的经济文化

文化可以说无处不在，渗透在人类生活的每一个角落。经济文化伴随着人们的每一个经济行为。政治经济学的思考不可能离开文化。政治经济学对文化的思考，着眼文化与政治和经济的关系。

毛泽东在《新民主主义论》中指出，新社会和新国家"不但有新政治、新经济，而且有新文化"。他强调，"一定的文化（当作观念形态的文化）是一定社会的政治和经济的反映，又给予伟大影响和作用于一定社会的政治和经济；而经济是基础，政治则是经济的集中的表现。这是我们对于文化和政治、经济的关系及政治和经济的关系的基本观点"[①]。

新中国成立后，随着政治经济的变化，我们消除了帝国主义文化和封建主义文化，初步形成了和计划经济相适应的社会主义文化。这个文化对后来的中国特色社会主义实践同样发挥着一定的作用。

改革开放后，随着政治、经济领域的变化，文化也发生了巨大的变化。那

---

① 毛泽东：《毛泽东选集》第二卷，人民出版社1991年版，第663，664页。

么，什么是民生社会主义的文化呢？从中国特色社会主义的实践看，这个文化表现出与政治经济相适应的多样性。首先，是居于主导地位的社会主义文化。从"为人民服务"和"雷锋精神"的传承，到"八荣八耻"的精神文明建设，再到社会主义核心价值观，从未间断。其次，是贯彻改革开放始终的改革文化。从实践是检验真理唯一标准的大讨论和否定"两个凡是"，到解放思想、敢于走自己的路，提出中国特色社会主义，再到改革没有完成时，改革文化已深入人心。最后，是通行于市场的市场文化、商业文化等。当然，多元文化还表现为对中国历史事件和未来走向的不同见解，这些不同见解，一方面表现出民主趋势，另一方面也说明了形成共识的难度。

民生社会主义的文化，和它所反映的政治经济一样，必须有共同的利益基础和包容性。党的十八大以来，党中央提出的伟大复兴中国梦、"四位一体"战略布局、"五大发展"新理念等，都是构成凝聚人心的新文化的重要内容。同时，民生社会主义的文化建立的过程必然充满着不同文化之间的较量，我们必须高度警惕若干影响和威胁社会主义事业的其他文化，不能忽视它们的破坏力。

（原载《管理学刊》2016 年第 6 期）

社会主义国民经济论纲

——试论中国特色社会主义政治经济学的上位范畴

2020年，中国共产党制定的全面建成小康社会的目标就要实现，这更增加了我们的道路自信。但与此同时，我们也不得不面对现实经济中出现的一些资本主义初始阶段的现象，这些现象有悖于初心，令人揪心。正确总结中国特色社会主义实践的成功经验和科学解释人们面对的种种现实困惑，是中国特色社会主义政治经济学必须回答的理论问题。其中，发现新范畴、梳理和整合经济学概念是首要的工作。本文试图对此做一点尝试性思考，以进一步强化我们的理论自信。

一、当前经济理论存在的若干理论困惑

中国经济取得举世瞩目的成就，但也遇到不少实践和理论的挑战。在我们致力于创建一个中国特色社会主义政治经济学的时候，必须直面我们在理论上存在的一些困惑。这些困惑主要有：

- 如何认识中国经济发展在改革开放前30年和后30年不能互为否定，发现其内在的一致性？
- 如何正确认识和把握政府与市场其内在的协调性？
- 如何完成社会主义与市场经济的理论对接？
- 不同所有制共同发展的共同基础和协同机制是什么？
- 社会主义劳动力是不是商品？如何认识现实中存在的劳动市场（或劳动力市场）？
- 对于有关社会主义与资本主义的"问与不问"，政治经济学应如何把握？

看似难以调和的认识分歧，只有找到其之所以能够存在的共同上位范畴，才能真正理顺它们之间的关系。这个范畴，我认为就是社会主义国民经济。

二、国民经济始终是一个客观存在

国民经济在中国经济史中始终是一个基本的客观存在。政权更迭、体制改革、方式转换、政策调整，说到底都是由国民经济状况引起的，它们又以国民经济的新发展赢得历史存在权。

旧中国之所以被新中国所取代，归根结底是前者国民经济的衰败。

新中国之所以能够立足，就在于它迅速完成了国民经济的恢复。

在过渡时期总路线的指引下，我们沿着社会主义工业化的方向，完成了社会主义改造，奠定了社会主义国民经济的基础。

社会主义国民经济在中国的实践先后采取了两种经济体制：社会主义计划经济和社会主义市场经济。尽管经济体制发生了巨大的变化，但不同经济体制承载的客体没有改变，发展社会主义国民经济的方向和道路始终如一。

指导中国经济发展、贯彻改革前后近70年始终不变的是国民经济计划或规划，尽管其间表述有过调整，计划（规划）的作用力度和控制方式也有根本不同，但社会主义国民经济的对象主体始终未变，也不可能改变。

周恩来在四届人大的《政府工作报告》中谈到两步走战略构想时提出：第一步（1980年以前）建成一个独立的比较完整的工业体系和国民经济体系；第二步（在20世纪内）全面实现农业、工业、国防和科学技术的现代化，使我国国民经济走在世界的前列。

当党的工作重心偏离经济建设时，1975年，邓小平提出"三项指示为纲"，特别强调"一定要把国民经济搞上去"；1978年，党的十一届三中全会作出把工作重点转移到社会主义现代化建设上来的战略决策，形成了以经济建设为中心的基本路线。

改革开放以来，从发展是硬道理到科学发展观，再到五大发展理念，其内在一致的逻辑和不变实质，都是对社会主义国民经济认识和把握的不断丰富和深化。

党的十八大以来，中央的一系列方针政策，从全面建成小康社会的既定目标到精准扶贫任务的落实，从新常态的判断到供给侧改革的决策，从京津冀协同发展国家战略的实施到"一带一路"的战略构想的推进，其核心和实质都可以纳入社会主义国民经济的理论范畴。

从国际上看，尽管很少见到国民经济的概念，但仍以"经济体"的概念清晰地表明各国国民经济之间的明确边界。经济体与国民经济这两个概念有着很大的同一性，除个别情况外，经济体就其主要的内涵和边界来看，也可以理解为国民经济体。

所以，国民经济始终是一个客观实在。

三、国民经济概念在经济理论中的淡出

虽然在社会主义实践中，从国民经济计划到国家统计体系始终离不开国民经济的概念，但国民经济却始终没有得到应有的理论阐释，以致国民经济的概念从

我们的经济理论中逐步淡出。

国民经济概念在经济理论中的淡出，是有其历史原因的。

首先，对最初英国和法国所称的政治经济学，德国称之为国民经济学。后者认为，政治经济学是一门系统地研究国家应该采取哪些措施和手段来管理、影响、限制和安排工业、商业和手工业，从而使人民获得最大福利的科学。因此，在马克思、恩格斯这里政治经济学也被等同于国家学。亚当·斯密认为，政治经济学是关于物质财富的生产、分配和消费的规律的科学。马克思主义政治经济学认为，其观点的进步性在于"普遍的人类的斗争"有必要使"地域的和国家的小算盘退居次要的地位"，"从而使问题涉及全人类的范围"。因此，亚当·斯密之后的资产阶级政治经济学是超越国家范围的经济学，国民经济也自然就淡出了经济学的视野。如今，我们在西方经济学中已很难觅见国民经济概念的踪影。

其次，指导我们经济实践的理论基础是马克思主义政治经济学，而马克思主义政治经济学是揭示资本主义经济规律和预见人类发展趋势的。恩格斯指出，自由主义经济学家"他不知道，他的全部利己的辩论只不过构成人类普遍进步的链条中的一环。他不知道，他瓦解一切私人利益只不过替我们这个世纪面临的大转变，即人类与自然的和解以及人类本身的和解开辟道路"。因此，在以揭示现代社会经济运动规律为己任的马克思主义政治经济学中，国民经济自然也是被抽象掉的。《资本论》中，除了对工资的国民差异有过简要的分析外，整个理论体系都是在超越国家的资本主义经济运动规律的抽象分析中搭建的，其不仅在对现实的经济关系分析中抽象掉了国民经济，而且在对未来社会发展趋势的预测中也抽象掉了国民经济。马克思认为，是几个发达的资本主义国家同时进入社会主义。

最后，也是最为直接的影响因素，是中国经济体制由计划经济转换为市场经济。在计划经济时期，国民经济的概念一直是主体概念。直到改革开放初期，国民经济的概念都一直得到强调和凸显。但在西方经济学的影响下，计划概念逐步消退，市场概念迅速上升，以致市场经济的概念取代了国民经济概念的地位。虽然，以国民经济计划学为基础转化过来的国民经济学在应用经济学一级学科目录下得以保留，但这只是在应用层面，在我们基础的理论经济学中则再也见不到对国民经济的理论论述。国民经济概念从经济理论的淡出，是我们政治经济学出现许多混淆迷乱的重要根源。

四、社会主义国民经济是上位理论范畴

正如马克思指出的，一个社会即使探索到了本身运动的自然规律，它还是既不能跳过也不能用法令取消自然的发展阶段。国民经济正是这样一个范畴。当

前,"美国优先"、英国脱欧、欧美保守主义抬头的倾向以及贸易保护主义的不断出现,一再提醒人们国民经济范畴的客观存在。特别是,社会主义国家的国民经济更不应该游离理论经济学的视野。否则,仅用高度抽象的经济学范畴和原理而不经过一个离现实更近的中间范畴去直接说明现实,就会遇到一开始我们讲的种种理论尴尬。理论无疑是抽象的,但其抽象的程度也会受到历史的制约,也会分为不同层次的抽象。例如,离开国民经济这个中间层次的理论抽象,就很难理解和把握现实生活中的政府与市场。其实,政府和市场的选择和组合,如计划多一点还是市场多一点,从来都是服从于国民经济的。

理论抽象不能脱离现实存在。国民经济是一个客观存在,特别是,社会主义的实践,还不可能有各国普遍的实践基础,而只能在一国或多国先行探索,因此,国民经济的范畴就更不应该被抽象掉。中国改革开放的实践充分证明了这一点。我们讲社会主义初级阶段,是根据中国国情作出的理论判断;我们强调中国特色,是着眼中国自己的事、走中国自己的路。一些学者提出中国经济学这一概念,我认为,其合理性也在于它反映了理论对中间层次抽象的客观要求。当然,我不太同意中国经济学这一提法,因为理论必然要超越具体,社会主义政治经济学不应该是一个国家的经济学,应该是一种经济形态(或生产方式)的经济学;我们在探索区别于资本主义经济的新经济形态时,抽象出超越国别的国民经济的中间层次的抽象是必要的,指出这种经济形态的性质更是必要的。这种理论抽象,离不开对一个具体的国民经济的"解剖"。

人类具体的实践,也离不开理论的抽象。在我们经济生活中,许多的具体是按照抽象的理论塑造而成的。社会主义的实践更离不开理论的抽象。科学的理论抽象会促进具体的科学发展,片面的或错误的理论抽象则会影响具体的实践进程。

党的十一届三中全会把党的工作重心转移到经济建设上后,国民经济实际上一直是客观存在的核心范畴。尽管如此,但政治经济学却没有把国民经济作为上位范畴。因此,当我们一方面要从理论上论证中国经济的社会主义性质,另一方面却不得不选择能促进国民经济发展的市场经济时(这方面也包括当时中国因为要加入世贸组织而面临的外在压力),就创造了社会主义市场经济的概念。社会主义市场经济的概念是可以存在的,但其内涵只能是指社会主义制度下的市场经济,并且应当是以公有经济的主体地位和国有企业的市场主体作为制度保证的,而不能简单理解为市场经济具有社会主义性质。把市场经济本身分为资本主义性质的和社会主义性质的,不但在理论上讲不通,与我们当初把市场经济中性化的理论处理相背,而且对现实也缺少解释力。中国经济的社会主义性质应该体现在国民经济中，社会主义的帽子必须戴在国民经济的头上。

当政治经济学理论的关注点聚焦于一国的经济而主要不是在探求跨国的普遍和一般经济规律时，国民经济的范畴无疑应该处于理论范畴体系的上位。即使经济理论着眼整个人类或某种形态时，国民经济依然是一个基本范畴，对此不能视而不见。

社会主义国民经济是社会主义政治经济学的上位理论范畴。它不仅规定了国民经济的性质、品质、规模、结构和发展方向等宏观总体特征，而且在很大程度上决定了国民经济的微观基础、地区和部门的中观系统、编制经纬的组织体系和宏观运行机制等，特别是经济运行和调控方式的选择和组合。不把社会主义国民经济的范畴说清楚，就很难以抽象散乱的经济学概念厘清纷繁芜杂的经济现象。

马克思主义生产关系一定要适应生产力的基本原理，这一点率先体现在国民经济层面上。社会主义所特有的关于社会主义生产目的的基本经济规律、有计划按比例规律、按劳分配规律也必须在国民经济的运行中得以实现。其实，价值规律也主要是在国民经济中实现的。社会主义国民经济是高于市场、政府、价格、税收、工资、利润、货币、金融、企业、成本、盈利等的上位范畴的。有了社会主义国民经济的概念，再去看人们争论不休的观点，就可能发现一个新的、大家可以共同讨论的理论出发点。

五、社会主义国民经济的内涵和外延

社会主义国民经济包括两个有机融为一体的基本内涵：一个是国民经济，另一个是社会主义。我们先要弄清的是国民经济的概念。

如前所述，在马克思主义政治经济学和西方经济学中都很难找到对国民经济的确切表述。我也只是在《中国大百科全书·经济学》（1988）中发现了对国民经济的解释，它把国民经济解释为"一个现代国家内各社会生产部门、流通部门和其他经济部门所构成的互相联系的总体"，并认为：工业、农业、建筑业、运输业、邮电业、商业、对外贸易、服务业、城市公用事业等，都是国民经济的组成部分。同时指出：随着生产社会化的发展，国民经济的各部分之间的联系越来越密切。科学技术事业、文化事业、教育事业、卫生保健事业等，虽然本身不是经济部门，但是它们的存在和发展同国民经济各部门的发展有着密切的联系，所以，社会主义国家往往也将它们包括在国民经济计划的范围之内。该书还就国民经济的形成和发展过程、不同性质的国民经济、国民经济体制、国民经济综合平衡等概念作了解释。尽管这些解释带有很大计划经济的色彩，但其主要内容至今仍有着重要的参考价值。因此，我们需要与时俱进的是，对这些概念予以市场经济条件下的新解释,而不是淘汰这些概念本身。由此,我也深深感到,国民经济范畴从经济理论中淡出,是一件多么令人尴尬的历史遗憾。

今天的市场经济与昔日的计划经济已有了很大的不同,但国民经济不仅依然存在,而且对市场经济下社会主义国民经济的理论阐释更为迫切,也更具挑战性。

国民经济可以有不同性质,如资本主义国民经济和社会主义国民经济。

计划经济时期,国民经济的社会主义性质主要表现为:最大限度地满足人民日益增长需要的生产资料公有制的经济基础;为避免生产无政府状态和周期性经济危机,国民经济实行计划经济;为防止阶级分化,国民经济实行按劳分配。但人类历史的发展进程和社会主义的实践都证明,一个国家统一的国民经济的形成,离不开社会化大生产的发展。中国在资本主义没有充分发展的前提下,走上了社会主义道路,虽然公有制和计划经济保证了国民经济的整体性,但各环节、各地区、各部门之间的经济联系并没有建立起来,国民经济内在统一的有机联系尚未真正形成。中国发展市场经济,其真正的意义,除大力发展生产力外,恐怕就在于要获得以内在有机联系为基础的国民经济整体性。但我们不应该只强调放开搞活而忽略规范有序,而是应有效防止生产的无政府状态和避免经济危机。

以市场经济为基础的社会主义国民经济和以计划经济为基础的社会主义国民经济必定有其实现机制的不同,但社会主义所追求的价值目标和奋斗初衷不应该改变。因此,国民经济的社会主义性质,就是要看国民经济在总体上是否有效克服了生产的无政府状态;是否有效防止了周期性经济危机;国民经济是否惠及广大人民群众,防止了阶级分化;国民经济的发展是否主要依靠科技进步和制度创新,从而有效遏制了唯利是图、假冒伪劣、投机倒把和破坏资源;等等。环境,这些是检验国民经济是否具备社会主义性质以及社会主义实现程度的试金石。

不同国家的不同时期的国民经济,会呈现出不同的特征:有独立完整的国民经济,也有残缺不全的国民经济、依附型国民经济;有军事化国民经济,也有资源型国民经济、金融帝国国民经济;等等。社会主义国民经济应该是独立的、完整的、安全的,结构优化、运行有序、充满活力、财富持续增长的国民经济;同时应该是以人民为中心的、民生主导的,是人民生活水平不断提高、贫困消除、公平正义、充分释放人的活力、每个人都有机会施展才能的国民经济。

我认为,计划经济时期的国民经济社会主义性质,主要表现为其出发点;而市场经济条件下国民经济的社会主义性质,主要表现为其实现结果。具体而言,主要看两条:其一,国民经济的品质;其二,社会主义的实现程度。

六、社会主义国民经济范畴的理论价值

习近平总书记指出，建设具有中国特色的哲学社会科学，必须立足中国的实践，以我国实际为研究起点，提出具有主体性、原创性的理论观点，以我们正在做的事情为中心，从改革发展的实践中挖掘新材料、发现新问题、提出新观点、构建新理论。社会主义的国民经济范畴正是按照这样的指导思想提出的。社会主义国民经济的范畴一旦建立，我们就可以发现它的理论价值。以这个范畴审视社会主义实践走过的路程，可以发现许多宝贵的经验和教训，科学揭示社会主义事业的规律；以这样一个范畴观察我们正在做的事情，可以避免一些无谓的争论，走出形而上学，以科学的认知形成共识；以这样一个范畴去领悟中央的一系列决策和理念，可以坚定我们的理论自信和道路自信；以这样一个范畴去探索民族复兴的圆梦之路，可以在政治经济学中拓展出我们特有的文化自信。对于中国特色社会主义政治经济学的建设来说，我们至少可以看到以下几方面意义。

（一）构建生动的中国特色社会主义政治经济学体系

与传统的社会主义政治经济学不同，以社会主义国民经济为上位范畴，可顺理成章地按照国民经济和社会主义国民经济的整体性、结构性、目标性、计划性、开放性、安全性及其决策结构、信息系统和动力机制等谋篇布局，展开对社会主义国民经济基本内涵、形成背景、演进规律的深入分析，从而直面现实，将马克思主义的政治经济学原理贯彻运用其中，使理论更加生动。

从中我们可以看到，与过去只是抽象使用经济的概念不同，国民经济更加强调以国家为边界的经济全局性、国民经济利益的整体性、国民经济活动的关联性、国民经济结构的系统性、各地域各部门经济的协调性等。当然，经济可以涵盖国民经济，但社会主义国民经济的范畴针对性更强，更有利于概括中国特色社会主义的经济实践过程，从而使中国特色社会主义政治经济学更加生动。

（二）将党的一系列方针政策学理化

社会主义国民经济范畴之首要的理论意义，就在于它揭示了中国共产党对国民经济的领导权和核心地位。党对国民经济的领导，首要之处体现在它为国民经济指出了发展方向、发展理念，制定了发展目标、发展战略。只要我们认真领会中国共产党提出的伟大复兴中国梦、两个一百年的目标、全面建成小康社会等任务及其坚定不移的推进过程，就不难发现，社会主义国民经济的首要特征，就是坚持中国共产党的领导。这个特征超出了政府与市场关系的特征。中国经济的改

革发展是由党的方针政策推动的。这些方针政策是根据中国国民经济的实际情况制定的，其正确与否要通过实践来检验。方针政策本身还不是理论。政治经济学的一大任务，就是要把经过实践检验的方针政策学理化，予以理论的归纳。社会主义国民经济范畴的确立，有利于将党在指导国民经济发展过程的新认知、新理念上升为新理论，丰富马克思主义政治经济学。

（三）充分吸收60多年来社会主义实践的宝贵经验，丰富理论宝库

理论发展不能割断历史。习近平总书记关于"不能用前30年否定后30年，也不能用后30年否定前30年"的论断是非常科学的。社会主义国民经济的范畴，涵盖了新中国对国民经济发展规律的探索，是一个有机的统一过程，各个阶段都有成功经验，也都有失败教训；成就坚定了信心，弯路则对下一步探索提出警醒；全过程都在不断总结中，修正错误，提高认知水平和把控能力。这个范畴的确立，有利于将60多年实践的宝贵经验上升为理论。当然，改革开放以来的30多年，我们党对国民经济的发展有了更深刻、更自觉的认识和把握，但前30年的实践，同样为我们留下了很多宝贵的经验和认知。例如，国民经济综合平衡、两参一改三结合的"鞍钢宪法"、责权利相结合的责任制等，都触摸到了现代经济管理的真谛，值得我们珍惜和传承。中国特色的社会主义政治经济学对整个实践过程都应该作为宝贵的理论资源。更为重要的是，社会主义国民经济的范畴还意味着对未来的指向，这样一个上位范畴，超越了计划与市场，不但覆盖了两个30年，还将覆盖两个一百年，贯穿民族复兴的圆梦过程之始终。

（四）把社会主义原则与其实现机制有机结合起来

计划经济时期，我们主要是按照社会主义原则来构造我们的经济体制、推动经济发展的；改革开放时期，我们主要是从中国实际出发，以解放生产力、发展生产力为宗旨，改革原有经济体制、推动经济发展的，其最终目标是更好地实现社会主义的要求。这里，始终离不开社会主义原则和社会主义实现机制的关系。社会主义国民经济范畴的提出，使我们可以更加明确地探索两者的关系。社会主义国民经济的基础功能，是满足民生并不断提升人民生活水平。但如果只是遵从原则，现实中却经济停滞、民不聊生，则再好的理想也难以为继。发展是硬道理，贫穷不是社会主义，社会主义国民经济必须使人民切实改善生活，有实实在在的获得感。同时，为了发展，应当解放思想、改革体制、调整政策、采取各种灵活变通的措施，以适应现实的生产力基础；但发展不能背离社会主义的初衷，走向邪路。因此，针对与社会主义原则相悖的种种现象，政治经济学必须予以科

学的理论解析并提出对策。在社会主义国民经济范畴下，探索社会主义原则在市场经济中的实现机制，是政治经济学的一个重大理论课题。

（五）提升对社会主义市场经济的自觉性

为了国民经济的发展，我们选择让市场在资源配置中起基础作用乃至决定作用，但必须对市场有一个清醒的认识，而不能将其神化。在社会主义国民经济的上位范畴下，市场只是一个派生的次级范畴，正如邓小平指出的，计划和市场都是手段，资本主义可以用，社会主义也可以用。之所以选择市场经济体制，我认为主要有以下两点。

其一，塑造市场主体。在竞争机制中释放一切市场主体的积极性、主动性、进取精神和冒险精神；激发各种市场要素的动力、迅速增加国民财富，使国民经济充满活力。

其二，编织经济联系。在公平的市场环境下，各种资源要素通过竞争，在企业之间、部门之间自由流动，完成平均化资源配置，形成自然的经济联系，从而通过价值规律把整个国民经济编织为一个有机的整体。

但我们必须清醒看到市场的功能缺陷，这些缺陷也在威胁着国民经济的健康发展。除众所周知的市场失灵外，以社会主义国民经济的眼光看，市场还存在以下缺陷。

其一，市场是自发的，不会自动形成自觉的理性目标。

其二，市场是由个体利益驱动的，任何一个市场主体都不会也不可能为国民经济的整体利益负责。

其三，市场约束是经济利益的约束，不会自动完成恩格斯所说的"人类与自然的和解以及人类本身的和解"。

其四，市场只服从竞争的权威，往往会抵消国民经济的目标。

因此，在社会主义国民经济的范畴下，就需要提升对市场经济的自觉性。必须明确的是：对市场经济，我们要的是什么，如何才能得到？我们不能要什么，如何才能有效防止、避免或减轻市场经济的弊端？这是政治经济学所必须回答的。

（六）确立社会主义市场经济的计划性

在社会主义国民经济中，社会主义的规定性决定了国民经济的目标性。而目标性是市场经济的短板，必须以国民经济的计划性为保证，以计划性引导和约束市场经济。经济理论家刘国光在这方面作了深刻论述，他认为，政治经济学教材重申社会主义市场经济也有"有计划"的性质，很有必要。

事实上，我国社会主义市场经济中的计划性从来也没有消失。特别是党的十八大以来，习近平总书记在指导中国经济发展、区域发展、城市发展中，反复强调了计划、规划的作用，从而进一步体现了对社会主义市场经济的有计划性的自觉把握。

（七）深刻认识和把握社会主义基本经济制度

为了解放生产力，推动改革开放，适应市场经济，我们对基本经济制度进行了调整，强调大力发展非公经济；为了确保社会主义性质，我们坚持公有制的主体地位，提出两个"毫不动摇"。在社会主义国民经济的范畴下，我们对这一基本经济制度将有更为深刻的认识和把握，并将更为具体地理解这种制度安排的根据。特别是，国有经济的主体地位和国有企业市场主体的地位与作用都是社会主义国民经济所要求的，而不是只有非公经济才适应市场经济。社会主义基本经济制度是社会主义国民经济的客观要求，市场经济是社会主义国民经济的必然选择。

（八）梳理整合经济学概念

中国的经济学界，从马克思主义经济学到西方经济学，分别使用着不同体系的范畴，当然也有相互交叉、彼此借用、跨界融合的现象。社会主义国民经济范畴的提出，有利于对各种概念梳理整合。

（九）建立不同学派的共同学术平台

我们在经济理论讨论中，存在着不同学派从不同角度出发各说各话的现象，存在不同立场和不同主张。社会主义国民经济范畴的提出，为不同的观点提供了一个共同的学术平台。如果大家都主张把中国的国民经济搞好，都同意中国的国民经济要实现社会主义的价值观，那么我们就有了一个能够对话的共同基础和学术平台。这个平台，将有利于政治经济学的学术繁荣，有利于理论与实践的良性互动。当然，如果对社会主义国民经济的范畴表示不同意，那就另当别论了。

（十）直面现实问题，防止经济学的形而上学和庸俗化

在我国经济学的研究中，有两种倾向值得注意：其一，是非此即彼的形而上学；其二，是脱离实际的政策辩护。社会主义国民经济范畴的提出，促使我们的理论研究必须直面现实，而把握国民经济运行中的实际情况、真实数据等是政治

经济学研究的出发点。

对现实中已经出现的种种问题，我们必须给予政治经济学的科学回答。例如，"三去一降一补"政策针对的产能过剩和脱实向虚问题，是如何形成的？这在社会主义国民经济中，是可以避免的还是不可避免的常态？如果可以避免，如何进行制度创新？如果不可避免，应该采取哪些措施以尽可能减少其对国民经济的影响力和破坏力？对这些问题的理论分析，政治经济学不可回避。

（十一）吸收中国的民族文化，拓展政治经济学的理论空间

马克思主义认为，经济基础决定上层建筑。中华民族的文化传承和振兴，必须有与之对应的经济基础，这个基础就是社会主义国民经济。社会主义国民经济范畴的确立，不仅为民族文化找到了经济基础，而且为政治经济学的发展拓展了中国文化的空间。

（十二）扩大开放，着眼构建人类命运共同体

政治经济学是一个开放体系，关注和揭示人类发展的规律。我们强调社会主义国民经济，就是从现实出发，先要坚持服务国家、立足民族、立足解决中国的问题；把中国的问题解释清楚了，中国特色社会主义政治经济学就有了强大的理论生命力。与此同时，我们应关注世界经济发展的新趋势、新问题，融入世界，使中国的社会主义国民经济成为世界经济的组成部分，在经济全球化的浪潮中构建人类命运共同体。

（原载《海派经济学》2017年第4期）

规制市场经济论纲
——试论社会主义市场经济的特性

中国经济发展获得巨大成功的一个关键因素，就是既发挥了市场经济的长处，又发挥了社会主义制度的优越性。党的十九届四中全会进一步把社会主义市场经济体制上升为基本经济制度。那么，社会主义制度与市场经济的体制长处为什么能够有机融合，其理论根据是什么？融合的实践方式和具体内容有哪些？其实现的路径和机制是什么？还存在哪些难题和挑战？对此，政治经济学必须予以学理上的回答。本文试图通过对我国改革开放在这方面探索过程的梳理，找出其演变的逻辑，并以"规制市场经济"的范畴，揭示社会主义市场经济的特性。

一、回归制度：社会主义市场经济的基本定型

中国的经济改革经过了一个在理论和实践中不断探索、交互影响、逐步深入的演进过程。

（一）改革的启动：经济体制从经济制度中的剥离

中国的经济改革是从一个概念的剥离开始的。新中国成立以后，顺利地进行了社会主义改造，完成了从新民主主义到社会主义的过渡，确立了社会主义基本制度，发展了社会主义的经济、政治和文化，在一穷二白的基础上建成了独立的工业体系和国民经济体系。随着社会主义建设的展开，我们党按照生产关系一定要适应生产力性质这一客观规律的要求，在发现已经建立起来的社会主义生产关系尚存在着不适应社会生产力发展的因素时，没有否定社会主义经济制度，而是从经济制度的概念中剥离出了一个经济体制的新概念。这就在理论上明确了经济体制是经济制度的实现模式，同一种制度可以采取多种不同模式，资本主义制度可以有不同的模式，社会主义制度也可以探索不同的模式。经济体制这一概念从经济制度中的剥离，破除了苏联社会主义单一模式的教条和迷信，我们也在经济领域继续走自己的路，开始了建设有中国特色的社会主义的大胆探索；同时解除了人们的疑虑，即我们会坚持社会主义经济制度不动摇，但也要改革不适应生产力发展的经济体制。虽然，我们最初对经济体制的实质的认识并不清晰，只是在计划经济体制下对国民经济管理制度和管理方式等进行改革，但毕竟由此拉开了

中国改革开放的大幕。

（二）认知的深化：经济体制是资源配置方式的择定

随着改革开放的深入，我们党认识到，商品经济是不可逾越的历史阶段，因而必须充分发挥价值规律的作用，企业是独立的商品生产者和经营者，企业改革是经济改革的中心环节，我们实行的是有计划的商品经济，从而提出国家调节市场、市场引导企业等调控方式。当然，这个时期，还只是市场取向的改革，把市场经济等同于资本主义的认识阻碍着改革开放的进一步深化。在中国加入世贸组织的谈判中，遇到了中国是不是市场经济国家的障碍。理论界也为此争论不休，其核心是市场经济是不是资本主义的特有属性。在这个历史关头，邓小平一锤定音，他指出："计划经济不等于社会主义，资本主义也有计划；市场经济不等于资本主义，社会主义也有市场。计划和市场都是经济手段，计划多一点还是市场多一点，不是社会主义与资本主义的本质区别。"邓小平的这个论断标志着我们党对经济体制实质认识的深化和完成，即经济体制是资源配置方式的择定。同时，也就把计划经济从经济制度的范畴转换为经济体制的范畴。之后，党的十四大报告明确提出，我国经济体制改革的目标是建立社会主义市场经济体制。由此，我们开始了由市场配置资源的经济体制与社会主义基本经济制度相结合的进一步探索。

（三）作为复合概念的社会主义市场经济

社会主义市场经济是一个复合概念，由社会主义和市场经济组成。那么，应如何解释这个复合概念，它是社会主义性质的市场经济，还是社会主义制度下的市场经济？根据邓小平的论断，显然不是前者，因为我们实际上对市场经济作了中性化的理论处理，即认为计划与市场都是手段，市场经济本身不具有社会性质的属性。社会主义市场经济的复合概念只能理解为后者，即经济制度+经济体制，也就是社会主义制度下的市场经济体制。从这样一个内涵去理解，社会主义市场经济具备两个优势：社会主义的制度优越性和市场经济的体制长处。中国改革开放40多年的实践证明，正是这个优势和长处的共同作用和优势互补的合力，才促进了中国经济的快速发展。

（四）经济体制回归经济制度的重要意义

党的十九届四中全会把社会主义市场经济体制上升为社会主义基本经济制度，是把改革初期从经济制度剥离出来的经济体制，又划归为经济制度。当然，经过40多年改革又回归到经济制度的经济体制,已经与原有的经济制度特征有了根本的不同。

经济体制作为经济制度的实现方式,本来就是成熟经济制度的重要组成部分。改革开放前的社会主义政治经济学,为了与资本主义经济特征形成鲜明对照,在理论上把社会主义经济性质概括为三大特征:公有制、按劳分配和计划经济。这也是马克思主义对未来社会的设想。由此,公有制与私有制、按劳分配与资本主导的分配、计划经济与市场经济形成了社会主义与资本主义一一对应的鲜明特征,市场经济是资本主义、计划经济是社会主义也就成为人们的一种信条。马克思主义认为,生产资料所有制与收入分配方式始终是"一枚硬币的两面",形影相随,有什么样的所有制,必然有与之相对应的分配制度。随着社会主义初级阶段理论的确立,我们把坚持社会主义的原则表述为公有制主体和按劳分配主体地位的不动摇,同时从中国的实际出发,增加了多种所有制和多种分配方式的并存。经济体制的改革摆脱了社会主义制度性质的束缚,开始了资源配置方式改革的大胆探索。

社会主义市场经济体制上升为基本经济制度,客观上把社会主义市场经济的复合概念转变为内在统一的专有概念。也就是说,社会主义与市场经济已经有机融为一体,在中国的国民经济中,市场经济有着社会主义的规定性,社会主义也找到了市场经济的实现方式。既然我们搞的市场经济已经具有社会主义的属性,那么它自然就可以将其纳入社会主义基本经济制度了。同时,这也意味着我们在资源配置方式的探索已经完成,作为经济制度实现方式的经济体制已经定型。所有制结构、分配结构与经济体制相互联系、内在统一,共同形成了中国特色社会主义的基本经济制度。

二、伟大创举:制度优越性与体制长处的有机结合

习近平总书记指出:"在社会主义条件下发展市场经济,是我们党的一个伟大创举。我国经济发展获得巨大成功的一个关键因素,就是我们既发挥了市场经济的长处,又发挥了社会主义制度的优越性。"[①] 我们从中得到最重要的启示,就是坚持社会主义市场经济改革方向,只有始终坚持发挥社会主义的制度优越性和市场经济的体制长处,并持续探索两个优势有机融合的体制机制,才能不断解放和发展社会生产力,推动经济持续健康发展。那么,这种有机融合是如何发生作用的,又产生了怎样的效能呢?

[①] 在十八届中央政治局第二十八次集体学习时的讲话(2015年11月23日),摘自《习近平关于社会主义经济建设论述摘编》,中央文献出版社2017年版,第64页。

（一）市场经济释放了社会主义的新活力

市场经济的基本特征是市场主体独立决策，公平竞争；供求影响价格形成，价格引导资源流动。这样一个经济体制的最大优越性就是激发活力和提高效率。高度集中的计划经济虽然在宏观上克服了资本主义经济的无政府状态，但同时也失去了包括劳动者和消费者在内的微观主体的进取心和创造力，这与马克思主义主张的个人全面自由发展是不一致的。改革开放40多年的实践证明，市场经济释放了社会主义的新活力。社会主义制度的建立，使人民之中蕴藏了极大的积极性，但这种积极性性一度被体制问题压抑住了。个体积极性的压抑，最终导致国家利益和集体利益受损。人们耳熟能详的"大河小河"之喻的辩证关系，生动阐释了市场经济的意义所在，说明了市场经济对社会主义的积极作用：小河有水大河满。企业和个人积极性的充分调动，使社会主义事业充满了生机和活力；只有藏富于民，才能民富国强。

（二）社会主义在市场经济条件下的新优势

我国的社会主义制度在建立初期彰显了巨大的制度优越性，计划经济的经济体制也发挥了不可取代的作用。改革开放后，经济体制的转换释放出经济活力，极大解放了生产力、发展了生产力。但如果我们只看到市场经济体制的积极作用，那是片面的。习近平总书记明确指出："我们是在中国共产党领导和社会主义制度的大前提下发展市场经济，什么时候都不能忘了'社会主义'这个定语。之所以说是社会主义市场经济，就是要坚持我们的制度优越性，有效防范资本主义市场经济的弊端。"[①] 计划经济时期，社会主义制度的优越性是与经济计划结合在一起的；改革开放后，市场经济体制优势越来越凸显，同时社会主义制度的优越性并没有消失，而是换了一种实现方式，形成了社会主义制度在市场经济条件下的新优势。

邓小平曾经指出，社会主义制度的优越性就是能够集中力量办大事。这个办大事的优越性，不仅在计划经济体制中可以彰显，而且在市场经济体制中也可以彰显。经济社会发展中的许多大事，市场经济办不到、也办不好，这是市场经济的短处，只有靠社会主义制度或与社会主义制度相结合，这些大事才能办成、办好。这就是社会主义市场经济优于资本主义市场经济之所在。

社会主义制度办大事的优越性，一是想大事，社会主义经济不同于资本主义

[①] 在十八届中央政治局第二十八次集体学习时的讲话（2015年11月23日），摘自《习近平关于社会主义经济建设论述摘编》，中央文献出版社2017年版，第64页。

经济，前者始终是从人民的整体利益和长远利益出发的，有奋斗目标、有战略部署。全面建成小康社会、建设社会主义现代化强国这两个百年目标，就是现阶段最大的事。经济体制的选择、调整和改革最终都是要服从这个大事的。二是谋大事，从分步走的时间战略安排到区域协调发展的空间布局优化，也都是全国一盘棋的大事。三是抓大事，强调顶层设计、制定发展规划，千年大计、国家大事，一张蓝图干到底，这些都是市场无能为力的大事。四是紧握大国重器，狠抓国计民生、科技进步和国家安全的大项目、大工程、基础设施、攻关课题，这些也是不能全都放给市场的大事。五是制定大政策，虽然在资源配置上市场起决定作用，但是国民经济发展的方针政策、着力点和主攻方向都是由各方面政策把控的。六是扛大事，一旦国家遇到地震、洪水和疫情等不可抗拒的灾难之时，依靠社会主义制度优势，就能动员人民，团结一心，共克时艰，变不可能为可能，创造出人间奇迹。社会主义办大事的能力，是由社会主义制度提供保证的，市场经济承担了大部分资源配置的基础性功能，社会主义制度则在市场经济条件下彰显出从未有过的新优势。

三、私利公益：市场经济基础属性的再认识

社会主义为什么能够和市场经济有机融合呢？其中一定有其能够共生的基础。为此，我们有必要回到亚当·斯密那里，更有必要再读马克思，以发现能够与社会主义融合的市场经济基础属性。

（一）对"看不见的手"的新解读

市场经济是私利经济，几乎是人们的共识，无论是何种学术主张。这个认识来自政治经济学鼻祖亚当·斯密。其著名的"看不见的手"的论断，强调市场上每个人都出于自己私利的打算，由此利己主义和自由主义就成为市场经济的信条。虽然亚当·斯密也指出这样的结果是使社会获得了更大的利益，但由于这是由一只看不见的手来完成的，一些经济学家对这只手也就视而不见了。我们仔细品味亚当·斯密的这个论断即可发现，市场主体从自己的私利出发不假，但要想把商品卖出去，就必须努力使自己的商品满足对方的需要，正如亚当·斯密所言，"我们不说自己有需要，而说对他们有利"。要证明"对他们有利"，一定得了解对方的需要，同时要广而告之自己出售的商品是按照人们的需要而提供的。亚当·斯密对于"交易的通义"的论述实际上已经揭示出利己的同时也必须利他这一点，否则难以完成交易。所以，说市场经济只是私利经济是片面的，私利公益经济才是市场经济的基本属性。这只看不见的手，一定是来自公共利益，来

自经济整体结构对价格的引导，而社会主义的本质恰恰是公共利益。我认为，马克思第二种社会必要劳动时间的原理，揭示了这只看不见的手的功能所在，而对看不见的手的新解读，正是探索社会主义如何与市场经济相融合的锁钥。

（二）马克思商品经济三对矛盾转化学说的新启示

马克思从商品具有使用价值和交换价值的二重属性入手，进一步确立了商品内在的具体劳动和抽象劳动的内在矛盾，其背后的基本矛盾是私人劳动和社会劳动。商品的交换一旦实现，则其使用价值就转化为价值，具体劳动就转化为抽象劳动，私人劳动也随之转化为社会劳动。马克思商品经济三对矛盾转化的学说，深刻揭示了商品交换在人类私人劳动与社会劳动内在矛盾转化中的深刻意义。这个学说，对于我们认识社会主义与市场经济的有机融合提供了重要理论新启示。社会主义追求的是社会总劳动直接的按比例分配和对时间的节约，以避免资本主义经济危机导致的巨大浪费和对社会生产力的破坏；市场经济可以提供社会劳动通过价值运动实现的可能性，但需要借助社会主义制度的优越性以防范异化、进行纠偏。中国的实践，以"世所罕见的经济快速发展奇迹和社会长期稳定奇迹"证明了社会主义与市场经济融合的可行性。这一可行性从马克思关于商品经济三对矛盾转化学说中得到了理论支持。

（三）等价交换与等量劳动交换的共通原则

按劳分配学说的基本条件是全社会占有一切生产资料，个人提供的只有劳动，得到的只是个人消费品。社会主义初级阶段尚不具备这样的完全条件，但公有制的主体地位决定了按劳分配的主体地位。市场经济条件下，按劳分配的原则可以也必须通过市场运行实现，笔者为此进行过理论探讨，认为按劳分配可以通过市场经济的运行实现。其主要的理论根据，是按劳分配中等量劳动获得等量报酬的内在要求，这与市场经济的等价交换有着共通的原则。

（四）市场经济的平均化运动与按比例分配社会劳动

按比例分配社会劳动是马克思的重要经济思想，影响着他对人类经济生活和历史演变规律的认识。马克思指出："要想得到和各种不同的需要量相适应的产品量，就要付出各种不同的和一定数量的社会总劳动。这种按一定比例分配社会总劳动的必要性，绝不可能被社会生产的一定形式所取消，而可能改变的只是它的表现形式。"① 那么，市场经济是什么样的表现形式呢？对此，笔者在研读大量马克思主义文献的基础上，引用了马克思主义文献的许多论述，概括出"平均化是市场经济运行内在的基本机制"这一结论。从马克思和恩格斯留给我们的思想遗产中挖掘出市场经济的平均化运行机制，对于建设社会主义市场经济体制具有重要的意义，正如恩格斯指出的："那么平均的过程事实上是怎样完成的呢？这是个特别有趣的问题……"针对这个"特别有趣的问题"，笔者进一步探讨了平均化的运作方式和成因。今天，当我们把社会主义市场经济上升为基本经济制度时，这一问题值得我们继续深入探讨。

（五）经济全球化与人类大同理想

天下大同是人类社会美好的愿景，无数文学家和学者为此留下了大量笔墨。人类大同也是共产主义者的最高理想，不同的是，马克思主义通过历史唯物主义把社会主义从空想变为科学。科学社会主义充分肯定了资产阶级的历史进步作用，即其为人类大同打下了物质基础，"资产阶级，由于开拓了世界市场，使一切国家的生产和消费都成为世界性的了"②，正是有了世界经济的基础，我们才能喊出"全世界无产者，联合起来！"战斗口号。所以，经济全球化是人类历史发展的必然趋势，社会主义只有顺应这个趋势，才能开辟新路。正如《共产党宣言》预言的，现代资产阶级社会"现在像一个魔法师一样不能再支配自己用法术呼唤出来的魔鬼了"③。如今，最先提出经济全球化的最发达的资本主义国家，其有着全球最先进的生产力和军事装备，却逆经济全球化而行，片面强调本国优先，破坏国际合作，难以担当引领人类进步的使命。恩格斯在《共产党宣言》波兰文版序言中指出，"欧洲各民族的真诚的国际合作，只有当每个民族自己完全当家作主的时候才能实现"④。现在，已经走上社会主义道路的中国，在站起来、富起来之后，又奔向强起来的民族复兴。在这样的历史时刻，顺应历史潮流，提出建设人类命运共同体，正是体现了市场经济和社会主义优越性可以有机融合的内在机理。

四、异化与分化：市场经济的短处

市场经济在人类社会发展中，一方面极大地促进了社会生产力的发展，另一

---

① 马克思、恩格斯：《马克思恩格斯选集》第四卷，人民出版社1972年版，第368页。
② 马克思、恩格斯：《马克思恩格斯文集》第二卷，人民出版社2009年版，第35页。
③ 马克思、恩格斯：《马克思恩格斯文集》第二卷，人民出版社2009年版，第37页。
④ 马克思、恩格斯：《马克思恩格斯文集》第二卷，人民出版社2009年版，第24页。

方面也有其自身的种种问题。特别是，资本主义市场经济更是暴露出不符合人类进步历史趋势的种种弊病，这已为马克思主义政治经济学所深刻揭示。市场经济的短处和滋生的弊端，在中国的改革开放实践中也多有出现，与社会主义的本质要求相悖。这些弊端是市场经济的天然短处，我们同样应该深刻认识。只有理论认识到位，才能开展有效治理。

（一）"货币没有臭味"

货币的出现，使商品的价值有了独立的表现，极大地促进了市场经济的发展。但同时也带来这样的后果，即从货币上看不出它究竟是怎样落到了货币占有者手中，究竟是由什么东西转化而来的，正如马克思所说，"货币没有臭味，无论从哪里来"。货币"没有臭味"的特性部分地改变了市场经济私利公益的基础属性，导致私利与公益的分离，唯利是图成了市场经济的唯一动机，公共利益则成为与市场经济相抵触和对立的概念。货币"没有臭味"的特性还导致一系列丑恶现象的滋生，从价格欺诈、缺斤短两、假冒伪劣到偷税漏税、洗钱抢劫、贪污腐败等，无不滋生于货币的这一特性之中。

（二）利润追求导致经济脱实向虚

货币作为价值的独立形态，可以只卖不买，从而破坏了卖与买的时空平衡，使得商品经济三对矛盾难以完成转换。虽然由此而生的金融活动极大地促进了市场经济快速扩张和国际化，但也造成了金融资本与产业资本的矛盾，导致经济的脱实向虚和产业空洞化。

（三）市场经济的事后调节伴随着对社会生产力的严重破坏

市场经济的平均化运行，具有经济最终归于总量平衡和结构平衡的功能。但其调节的自发性和事后性必然产生周期的经济危机，从而对社会生产力造成严重破坏。

（四）存在市场失灵区

市场经济存在失灵区，这是不争的事实。步入新时代，我国提出的创新、协调、绿色、开放、共享等五大新发展理念及其贯彻落实，很多都处于市场失灵区，离开社会主义规定性的作用，仅靠市场机制是很难实现的。

（五）垄断破坏竞争

竞争是市场经济得以运行、产生效率的基本机制。但放任市场的自由竞争必然造成集中，而集中必然导致垄断，垄断反过来又破坏竞争。这是市场经济自发运行中必然产生的自我否定。为了保证市场经济的竞争优势，现代市场经济国家大都制定了反垄断法，以法律的强制力维护市场经济的竞争优越性。

（六）异化和分化

异化是市场经济特别是资本主义市场经济的最大的弊端。马克思对此进行了深刻的剖析，他指出："国民经济学由于不考察工人（劳动）同产品的直接关系而掩盖劳动本质的异化。当然，劳动为富人生产了奇迹般的东西，但是为工人生产了赤贫。劳动生产了宫殿，但是给工人生产了棚舍。劳动生产了美，但是使工人变成畸形。劳动用机器代替了手工劳动，但是使一部分工人回到了野蛮劳动，并使另一部分工人变成机器。劳动生产了智慧，但是给工人生产了愚钝和痴呆。"[①] 刘易斯·芒福德甚至认为，"就资本主义对城市的关系来说，它从一开始就是反历史的"。

市场经济的异化似乎不可避免，人们对幸福的追求异化为对货币的追求、利润的追求；商品拜物教、货币拜物教、金融拜物教主导着社会价值取向，逐步偏离了人的最初目标。等价交换的原则会渗透到社会生活的方方面面，侵袭并污染了公共权力、公共事业以及教育、卫生、科学研究等非经济领域。

货币转化为资本后，市场经济更会带来收入差距的拉大和阶级分化。异化和分化甚至可能导致人类文明的蜕化，作为个人，可能会冲破做人的底线；作为国家，哪怕是文明程度最高的国家，其价值法则也可能倒退回丛林法则。

市场经济的弊端是一个客观存在，不会因我们的良好愿望而消失。既然我们选择了市场经济，就不能只看见其长处，而是也要认清其短处。社会主义的优越性不但能与市场经济的长处相融合，也能有效抑制其短处、防范其弊病。

五、规制下的自由：现代市场经济的必然趋势

市场经济弊端的客观存在，特别是唯利是图对公共利益的背离，必然要求对市场主体行为加以规范，切实保证市场运行的秩序，这是现代市场经济的必然要求。

（一）规制：市场经济正常运行必然要求规则和制式

所谓规制，是指人们行为必须遵循的规则和制式，是市场经济体制下国家对

[①] 马克思、恩格斯：《马克思恩格斯文集》第一卷，人民出版社2009年版，第158-159页。

经济行为管理或制约的制度安排。为了确保市场秩序，市场主体的自主决策必须遵循各种行为规则；为了使市场交易更加顺畅，各方面逐渐形成了各自的制式以及全社会通行的一致性标准。规制是人类社会在不断克服市场经济短处中的实践中逐步形成和完善的，现代市场经济必须有规制作为制度保证，各个市场经济国家无一例外。

（二）政府是规制制定和执行的责任主体

规则可以以市场主体共同认同的合约方式形成，但其责任主体主要是政府。要实现公共利益的制度创新，采用由每一个公民参与充分谈判并形成合约的方式是很困难的；由政府充当创新主体则成本更低，效率更高。这已为历史所证明。正如卢梭讲过的，"从严格的意义上讲，真正的民主制从未存在过，也永远不会存在"。市场的优势是能最大限度地调动每一个市场主体的积极性、主动性，使经济充满活力。但市场不是一个责任主体，其不会承担任何责任，不论在宏观或微观层面。人们常说"不要找市长、要找市场"，但一旦出现价格上涨、失业率提高等问题时市场，大家往往不找市场而是找市长。政府必须对市场经济出现的所有问题承担责任，因此，政府必须保证市场的秩序，要对市场负责。政府作用与市场作用的不同之处在于，市场主体的动力和动机是个体的利益，而政府是整体利益和公共利益的代表。从这一点上看，政府不但有作用，这个作用还不可替代。

（三）国际组织制定的各国都要遵循的规制

市场经济所需要的规则，不仅存在于一国之内，而且存在于各个国家之间。随着市场交易跨越国界，形成世界经济，越来越多的国际组织不断出现，越来越严格的国际公约和协议形成了各国必须共同遵循的国际规制。例如，WTO（World Trade Organization，世界贸易组织）制定了国际贸易规则和裁决贸易纠纷，国家国际劳工组织也制定了各国都应该遵循的国际劳动标准，等等。

（四）市场经济的文化规范

随着市场经济弊端的出现和暴露，除了形成以强制为特征的政府规制外，还形成了市场经济的文化软规制。市场经济通行的等价交换原则，其实就是一种市场经济文化。马克思在揭示剩余价值来源时，在理论上也排除了贱买贵卖的可能性，而是遵从等价交换原则的，因为一旦背离价值规律，则交换难以持续。所有市场主体对等价交换原则的认同，是市场经济得以存在和发展的基本前提，从而形成了市场经济的文化规范。

来自外部的强制性规制难以完全消除背离市场经济私利公益原始属性的唯利是图者。正如马克思所辛辣讽刺的，随着利润吸引力的提高，资本的活跃程度也随之提高，从铤而走险、敢于践踏一切人间法律直至敢犯任何罪行，甚至冒着被绞首的风险。因此，人们呼唤道德情操、呼唤公平正义、呼唤诚实守信。市场经济的文化规范始终与市场经济同行。当灾难来临时，某些商品的提价，按市场供求规律来看似乎无可非议，但涉及治病救人商品的涨价，却一定会遭到社会一致的强烈谴责，斥之为"发国难财"。可见，私利一定要符合公益，至少不能损害公益。众怒不可犯，市场经济的公共利益高于私人利益，而这必须由规制来保证。

（五）如何理解市场经济的自由

自由，确实是市场经济的最大优势之一。但市场经济的自由是社会人的自由，而不是自然人的自由。这里，让我们重温一下卢梭在《社会契约论》中的一段论述："从自然状态过渡到社会状态，人类本身也进行了一场瞩目的变化。在行为中正义代替了本能，道德由此产生。只有当责任的呼声代替了行为的冲动，权利代替了贪欲，此前仅仅考虑个人私利的人类就不得不开始按照另外的原则行事。在这种状态下，虽然他失去了自然赋予的诸多便利，但他也从这里重新得到了巨大的收获：他的能力得到了开发与锻炼，思想得到了拓展，他的感情变得更高尚，他的灵魂也得到了升华——只要不是滥用这种新处境致使他堕落得比原来的出发点更糟糕——人类会进入一种社会状态而永远脱离他的自然状态，从此他成为智慧的生物，而不再是愚昧、局限的动物。"卢梭认为，社会契约使人失去的是天然的自由，而人们对自己制定的法律的服从才是真正的自由。国家越大，自由就越小。市场经济的自由，正是这种自由：规则下的自由。

虽然规制是现代市场经济不可缺少的特性，但西方国家仍然愿意自称为自由市场经济。然而，这种自我标榜的自由是虚伪的，只是它们反对其他国家正当规制的借口和理由罢了。在贸易战中，所谓的自由市场经济国家的政府，不仅对自己国家的企业发号施令，而且跨越边界，实行长臂管理，对其他国家的企业直接进行制裁。他们的所谓自由，是强者的霸凌自由，是弱肉强食的丛林自由。

六、规制市场经济的新内涵：规划导向与制度约束

我们用规制市场经济来揭示社会主义市场经济的特性，以区别于资本主义的自由市场经济。规制市场经济不仅有着现代市场经济共同的规范化内在要求，而

且有着来自社会主义制度的特有要求。

（一）现代市场经济要求的共同规制

规制市场经济的规制，是和国际接轨的规制。中国的市场经济的规制只有和国际接轨，才能融入世界经济。为此，党的十九届四中全会公报在加快完善社会主义市场经济体制的部分指出，建设高标准市场体系，完善公平竞争制度，全面实施市场准入负面清单制度，改革生产许可制度，健全破产制度；强化竞争政策基础地位，落实公平竞争审查制度，加强和改进反垄断和反不正当竞争执法，等等。这些都是市场经济通行的规制。同时，我们也必须传承人类在市场经济实践中逐步形成的市场经济的规制文明。例如，"健全以公平为原则的产权保护制度，建立知识产权侵权惩罚性赔偿制度，加强企业商业秘密保护。推进要素市场制度建设，实现要素价格市场决定、流动自主有序、配置高效公平。强化消费者权益保护，探索建立集体诉讼制度。加强资本市场基础制度建设，健全具有高度适应性、竞争力、普惠性的现代金融体系，有效防范化解金融风险"[①]。在行政制度建设的条文中，又专门提出了优化政府职责体系：完善政府经济调节、市场监管、社会管理、公共服务、生态环境保护等职能，实行政府权责清单制度，厘清政府和市场、政府和社会关系；深入推进简政放权、放管结合、优化服务，深化行政审批制度改革，改善营商环境，激发各类市场主体活力；等等。只有完成这些制度建设，中国的市场经济才能在扩大开放中真正实现与国际经济的接轨。

（二）社会主义制度要求的特有规制

我们之所以用规制市场经济这一概念来揭示社会主义市场经济的特有属性，还因为它具有不同于西方自由市场经济的新内涵。这些新内涵，来自社会主义经济的内在属性，体现了社会主义制度的优越性。这些新内涵是规划导向、制度约束、新发展理念和国家发展战略。

第一，所谓规划导向，是社会主义经济为避免市场规律盲目发生作用而作出的特有制度安排，是对计划经济优点的合理继承。我们否定了计划经济体制，但不能放弃社会主义经济的计划性。社会主义市场经济是有计划商品经济内在逻辑的合理延伸，如我们的国民经济的五年规划就接续了之前五年计划的排序，从而以和市场经济相融的规制方式，调控着国民经济的走向。

[①] 《〈中共中央关于坚持和完善中国特色社会主义制度 推进国家治理体系和治理能力现代化若干重大问题的决定〉辅导读本》，人民出版社2019年版，第21页。

第二，所谓制度约束，是中国特色社会主义在长期实践探索中形成的科学制度体系和国家治理体系对经济运行的约束，包括党的领导和经济、政治、文化、社会、生态文明、军事、外交等各方面制度在内的根本制度、基本制度、重要制度等相衔接，从而形成社会主义市场经济运行的制度环境，成为市场行为不可逾越的红线。

第三，创新、协调、绿色、开放、共享的新发展理念，体现了社会主义制度的本质要求，形成了社会主义市场经济的文化规制。

第四，在国家发展战略面前，经济体制的选择和调整只是目标的实现手段。计划多一点还是市场多一点，完全服从于国家发展战略。因此，社会主义市场经济体制必然受其规制。

这些新内涵是西方自由市场经济所不具备的，体现了社会主义制度的优越性。特有规制与共同规则并不矛盾，因为市场经济的共同规制也是公益制约私利之要求的产物。社会主义特有的规制，有些已经与共同规制融合在了一起。

七、规制市场经济的制度基础和运行机制

规制市场经济作为社会主义市场经济的特性，既体现着市场经济的共同要求，又体现着社会主义市场经济的特有要求。那么这一特性生成的制度基础是什么呢？党的十九届四中全会指出："公有制为主体、多种所有制经济共同发展，按劳分配为主体、多种分配方式并存，社会主义市场经济体制等社会主义基本经济制度，既体现了社会主义制度优越性，又同我国社会主义初级阶段社会生产力发展水平相适应，是党和人民的伟大创造。"[①] 这三项基本经济制度就是规制市场经济特性得以产生的制度基础，其中，所有制结构是基础，分配结构是所有制结构的实现，经济体制是前两项基本制度的实现方式。三项制度辩证统一、内在相连。

（一）社会主义制度的优越性

社会主义制度的优越性，是在对资本主义弊病的理论批判和社会主义实践探索中逐步生成的。尽管其实现方式在改革开放实践中有所调整，其实现程度也有一个渐进发展的过程，但其方向不会变、实质不会丢。社会主义制度的优越性是全方位的，从经济基础和上层建筑的各个方面对国民经济的运行发生作用，并形成了规制市场经济的制度基础。党的十九届四中全会概括的我国国家制度和国家

[①] 《〈中共中央关于坚持和完善中国特色社会主义制度 推进国家治理体系和治理能力现代化若干重大问题的决定〉辅导读本》，人民出版社2019年版，第36页。

治理体系的13个显著优势,生动刻画了社会主义制度的优越性,主要有:党的集中统一领导,在科学理论的指导下,确保社会主义方向;人民当家作主,依靠人民推动国家发展;依法治国,保障社会公平正义和人民权利;经济发展着眼国家的整体利益、长远利益、公共利益,全国一盘棋,集中力量办大事;发展以人民为中心,增进人民福祉,走共同富裕道路;共同的理想信念、价值理念、道德观念和社会主义先进文化;改革创新、与时俱进,社会充满生机活力;等等。

(二) 社会主义制度优越性的经济基础

经济基础决定上层建筑,社会主义制度的一切优越性都是来自公共利益,而公共利益是由生产资料的公有制决定的。所以,虽然为了同社会主义初级阶段的社会生产力发展水平相适应,我们在所有制结构中增添了多种所有制经济共同发展,与公有制经济一起形成了"两个毫不动摇",但公有制的主体地位始终没有改变。公有制的主体地位不能丢,如果丢了,人民利益和人民当家作主的地位就没有了保证;党的执政地位也就失去了经济基础,社会主义制度的优越性亦将荡然无存。当然,公有制也必须适应市场经济体制,积极探索公有制的多种实现方式。党的十九届四中全会特别强调"增强国有经济竞争力、创新力、控制力、影响力、抗风险能力,做强做优做大国有资本",这充分体现了我们要具备坚持社会主义的定力。在前述三项社会主义基本经济制度中,第一项是最基本的经济制度,是基本中的基本。

(三) 社会主义制度优越性的市场经济实现方式

市场经济的一个弊端是事后调节,按比例分配社会总劳动的规律虽然最终会迫使经济回到平衡,但调节经济的这种自发性必然带来周期性的经济危机,造成资源的浪费和对社会生产力的破坏。社会主义经济理论就是要把事后调节变为事前决定比例,马克思甚至把这种经济调节的自觉性看作是人脱离动物界的最终标志。社会主义计划经济的实践,是人类第一次自觉进行经济调节的伟大尝试。但由于缺少"在以往发展的全部财富的范围内"的必要前提和生产力基础,"人的贬值"虽然得以终止,但"人的价值"却未能充分实现。我国经济体制由计划经济转换为市场经济后,社会主义经济之调节事前性和计划性的优越性必须寻找新的实现方式。社会主义是自觉的,市场经济是自发的,社会主义市场经济不可能是被动的、放任的自发调节,一定是"自觉+自发"的联合调节,是自觉把握客观规律的主动调节。

八、治理效能：更加成熟更加定型的根本标志

更加成熟更加定型的制度，是改革开放以来我们党一以贯之的追求，也是新时代的重大任务。那么，如何判定社会主义市场经济制度的更加成熟更加定型呢？我以为，就是要把社会主义市场经济的制度优势更好转换为治理效能。其关键是发挥社会主义市场经济的规制效能，具体现在以下三个方面。

（一）充分释放市场主体活力

能不能充分释放市场主体的活力，是更加成熟更加定型的第一标志。释放活力，是经济体制改革的初衷，也是中国经济发展奇迹的根本原因。但是，我们的现行体制中，仍然存在着一些阻碍活力释放的因素，一些好政策还没有制度化。要形成保持稳定、持续的经济活力，还需要在产权制度和营商环境上作进一步改进，走向定型。释放市场主体活力，不是释放个别人的活力，而是释放全体人民的活力，在"两不愁三保障""七有""五性"等民生建设中，人人都可以尽展人生精彩。

（二）切实维护市场运行秩序

一放就活、一活就乱、一乱就收、一收就死、一死再放的"活—乱"周期曾经是困扰我国经济多年的魔咒。市场经济体制的择定使我们终于走出了这个魔咒，但如何实现活而不乱，始终是社会主义市场经济面临的制度性挑战。切实维护好市场经济运行秩序是更加成熟更加定型的典型标志。

（三）有效抑制市场经济弊病

社会主义市场经济基本经济制度更加成熟更加完善的根本标志，是能够有效抑制市场经济的短处，特别是有效防范资本主义市场经济的弊病。改革开放的实践证明，即使是社会主义制度下的市场经济，也不可避免地会出现市场经济的短处，甚至连资本主义市场经济的一些弊病也会在社会主义市场经济中有所表现。对此，我们必须保持高度警惕。这方面，我们党在反腐败中提出的不敢腐、不能腐、不想腐的三个目标，对建设规制市场经济具有重要启示。对偏离社会主义市场经济规制要求的种种倾向加以制度规范，也要实现不敢、不能、不想的目标。所谓不敢，就是规制的威慑力；所谓不能，就是规制的约束力；所谓不想，就是规制的文化力。

党的领导是中国特色社会主义最本质的特征，是中国特色社会主义制度的最

大优势。马克思曾说，资本家是资本的人格化，那么，共产党人就是人民群众的人格化。随着不忘初心、牢记使命制度的建立，社会主义市场经济中，将处处展现共产党人的身影，形成有效防范资本主义市场经济弊病的制度保障。

（原载《政治经济学研究》2020年第1期）

新时代共同富裕论纲
——试论共同富裕经济思想的新升华

　　破解经济社会发展过程中贫富差距的难题，实现全社会共同发展与成果共享，是经济社会高质量发展的重要标志之一，也是中国共产党共同富裕经济思想的重要维度。当前，在全面建成小康社会的现实基础上，通过高质量发展做大、分好蛋糕，逐步缩小分配差距，有效防止两极分化，实现全体人民物质与精神层面的共同富裕，是新时代中国共产党人的天然使命和必然责任。在 2021 年 8 月召开的中央财经委员会第十次会议上，习近平总书记强调，共同富裕是社会主义的本质要求，是中国式现代化的重要特征，要坚持以人民为中心的发展思想，在高质量发展中促进共同富裕。习近平总书记的重要论述传承并创新了共同富裕在新时期的内涵，彰显了党的共同富裕经济思想在新时代的升华，需要我们进一步学习领会，同时也有一系列相应的理论与实践问题亟待我们深入探讨。

一、中国共产党人共同富裕经济思想的形成与发展

　　中国共产党关于共同富裕的经济思想是一个值得深入研究的重要课题。从毛泽东坚信"这种共同富裕，是有把握的，不是什么今天不晓得明天的事"[①]，到邓小平提出一部分人可以先富起来时就指出"共同致富，我们从改革一开始就讲，将来总有一天要成为中心课题"[②]，再到习近平总书记提出扎实推动共同富裕的一系列新论述，表明了中国共产党人对共同富裕的追求矢志不渝，在长期的探索过程中，中国共产党人形成并发展了共同富裕经济思想，这一思想也贯穿新中国社会主义实践的整个过程。

　　中华人民共和国成立后，为了使人民过上好日子，使刚刚建立的社会主义国家能够迅速摆脱贫穷落后的面貌，中央确定了实现社会主义工业化的总方针，在新中国工业化起步时期的经济政策方面则采取了低工资、高就业，先生产、后生活的艰苦奋斗、勤俭建国的方针，从而为国民经济的发展奠定了坚实基础。但持续追求高积累，也限制了当时的居民消费，阻碍了国民经济的良性循环。在这个历史背景下，学界曾先后展开过两次大讨论，一是以社会主义生产目的和按劳分

[①] 毛泽东：《毛泽东文集》第六卷，人民出版社 1999 年版，第 496 页。
[②] 邓小平：《邓小平文选》第三卷，人民出版社 1993 年版，第 364 页。

配为主题的大讨论，明确了社会主义的生产目的是满足人民日益增长的物质和文化需要，纠正了重积累、轻消费的倾向；二是进行了分配理论方面的拨乱反正，恢复了多劳多得的社会主义按劳分配原则，否定了大锅饭、铁饭碗等平均主义，在国民经济发展战略方面则进行了优先发展轻工业的战略调整。从"翻两番"到全面建设小康社会，我们党始终沿着让人民过上更好生活的不变目标奋力前行。

进入改革开放新时期，针对"四人帮"提出的"宁要社会主义的草，不要资本主义的苗"的谬论，邓小平针锋相对地提出，贫穷不是社会主义。鉴于社会上对社会主义长期存在的模糊认识和社会主义就是平均主义的理论误解，邓小平旗帜鲜明地提出了社会主义本质论。他说："社会主义的本质，是解放生产力，发展生产力，消灭剥削，消除两极分化，最终达到共同富裕。"[1] 基于这一认识以及发展生产力的"硬道理"，我们在国家层面提出了"一部分地区、一部分人可以先富起来，带动和帮助其他地区、其他的人，逐步达到共同富裕"的政策构想。从而使改革开放之火烧得更旺，中国经济也驶入了快速增长的轨道。

回顾中国共产党在中华人民共和国成立以来对社会主义的实践和探索，不论是改革开放前还是改革开放后，党为实现人民共同富裕的目标始终没有改变，但其实现路径发生了较大转换：从以变革生产关系为突破转向以提高生产力水平为突破。改革开放前的中国，主要试图通过变革生产关系求得共同富裕。中华人民共和国成立之初，我们通过改造生产资料所有制，建立起了社会主义经济制度，劳动人民翻身做主，消灭了剥削，实现了从未有过的平等，为实现共同富裕扫清了生产关系的障碍，同时，国民经济的发展也为共同富裕打下了坚实的基础。但是，人民富裕程度的提高却受到当时生产力发展水平的制约。特别是，为了防止资本主义复辟，一系列"割资本主义尾巴"的措施，阻碍了当时生产力的释放。有鉴于此，改革开放以来，我们开始从提高生产力角度探索实现共同富裕的道路。

在这个时期，共同富裕的实现方式从"堵不住资本主义的路，就迈不开社会主义的步"转换为"放开市场经济的步，蹚出社会主义的路"。"路"和"步"的转换，标志着共同富裕的实现方式发生了根本性变化。初心未改、使命不变，但实现方式却是全新的。以提高生产力水平为基本实现路径是改革开放以来党领导人民在追求共同富裕中的最大贡献。为了实现共同富裕，中国共产党提出了效率优先、兼顾公平的理念并取得了广泛的社会认同，极大地促进了生产力的发展。然而，在市场经济条件下发展社会主义、追求共同富裕，经典著作中没有提

---

[1] 邓小平：《邓小平文选》第三卷，人民出版社2001年版，第373页。

及，具体实践上更是前无古人，充满着挑战和未知。一方面，经济得以高速增长、物质财富有了极大积累，为共同富裕的最终实现创造了物质条件；另一方面，社会主义公平正义的初心和使命，也时常受到威胁和挑战。在"效率优先、兼顾公平"理念下，一部分人先富起来后，如何实现先富带动后富，最终走向共同富裕？成为一个亟待破解的历史性课题。

进入新时代，共同富裕经济思想在实践探索中不断得到丰富和发展。特别是，2021年8月召开的中央财经委员会第十次会议明确提出，共同富裕思想不是整齐划一的平均主义，不是没有差别的同步富裕、同等富裕。应该说，一部分人先富是共同富裕经济思想的有机组成部分，在不同时期、不同条件的情况下，针对"一部分"和"共同"可能会有不同的强调和重点，但两方面始终共存，即使全面消除了贫困，在"一部分"的不平衡运动中，实现总体平衡的运动方式也依然存在。中国共产党深刻认识到共同富裕不是步调一致的齐步富裕，也不是没有差别的均等富裕。从本质上讲，平均主义是唯心史观在分配领域的体现，在饥荒、灾难、战争的特殊困难时期，平均曾经是共渡难关、避免冲突的有效之策，但平均主义并不是社会主义生产关系优越性的体现；相反，它否定分工引起的劳动差异，压抑劳动者生产积极性、主动性以及创造性。新时代的共同富裕必然是在增加社会总财富和扩大中等收入群体框架内的共同富裕，在该思想指导下的共同富裕不会走向平均主义，共同富裕将成为中国迈向社会主义现代化的重要标志之一。

二、共同富裕理论的新升华：习近平总书记关于共同富裕论述的基本要义

在迈向社会主义现代化的新征程中，中国共产党人的共同富裕经济思想也在不断完善与深化。进入新时代，习近平总书记对共同富裕提出的一系列新表述、新论断、新思想，不仅丰富了党的共同富裕经济思想，而且使其在走向最终实现的实践中不断完善、得以升华。

（一）新时代扎实推动共同富裕新战略具有重大现实意义

在社会主义也可以搞市场经济的理论突破下，中国的改革开放得到了人民的广泛支持，市场经济的发展必须更好地实现社会主义，这既是理论和实践的历史性逻辑自洽，更是人民的真切期盼。一部分人先富起来后，现实中出现了两种可能的趋势：贫富差距持续拉大或贫富差距逐步缩小。这两种趋势的不同前景检验着社会主义市场经济的理论；人们对这两种趋势的切身感受，决定着人们对改革

开放成败的判断。所以，中国共产党不可能放任前一种趋势的发展，必须"让人民群众真真切切感受到共同富裕不仅仅是一个口号，而是看得见、摸得着、真实可感的事实"。如果人们在现实生活中，觉得共同富裕只是一个遥不可及的口号，看不见、摸不着、虚无缥缈，就不可能真正确立起"四个自信"，坚定向社会主义现代化迈进的决心。

当前，中国正日益走近世界舞台中央，与此同时中国人民收入水平的个体差异仍然客观存在。李克强总理在2020年5月28日十三届全国人大三次会议闭幕后对中国现实的收入差距亮了家底：中国是一个人口众多的发展中国家，我们人均年收入是3万元人民币，但是有6亿人每个月的收入也就1 000元，可见我国经济社会发展的不平衡、不充分客观存在。在全面了解精准把握新时代中国国情基础上，习近平总书记深刻地指出："实现共同富裕不仅是经济问题，而且是关系党的执政基础的重大政治问题。我们决不能允许贫富差距越来越大、穷者愈穷富者愈富，决不能在富的人和穷的人之间出现一道不可逾越的鸿沟。"[①] 由此，我们可以清晰地感受和理解中央提出扎实推动共同富裕新战略的重大现实意义。

（二）共同富裕是全体人民共同富裕

习近平总书记在共同富裕前面新加了"全体人民"这一定语，该表述与"一部分人""一部分地区"相呼应，同时与国内大循环相对接，从而形成了完整的理论逻辑。"一部分"是战术层面的突破口和方法论，"全体"是战略上的总目标。"一部分"与"全体"构成一个辩证的统一体系，没有"一部分"的战术，就难以实现"全体"的战略；偏离"全体"的战略，则"一部分"就会走向邪路。我们党在全面建成小康社会后，把实现共同富裕提上议事日程，正是及时把握战略走向，防止偏离航向的关键性和决定性举措。

习近平总书记对"全体人民"的着重与强调，体现了马克思主义的群众史观，因为只有尊重人民群众、关心人民群众，才能真正实现社会的发展进步。在中国共产党人看来，共同富裕不仅是社会主义的必然逻辑和理论诉求，而且是解决人民群众现实生活中"急难愁盼"问题的迫切要求。人民群众对共同富裕的期盼，是在党的领导下，在解决温饱进而取得全面建成小康社会伟大成就后，最现实、最迫切的呼唤。其实，这种期盼贯穿新中国成立以来社会主义建设的各个时期，甚至可以追溯到人类历史的各个时期。我们可以从大量的学术文献、文学作品、政论文章、寓言故事和传说诗歌中得到印证。不论是托马斯·莫尔的《乌

---

① 习近平：《把握新发展阶段，贯彻新发展理念，构建新发展格局》，《求是》2021年第9期。

托邦》、康帕内拉的《太阳城》,还是陶渊明的《桃花源记》、康有为的《大同书》;从"朱门酒肉臭、路有冻死骨"到"安得广厦千万间,大庇天下寒士俱欢颜",不论是深情的向往还是无情的鞭笞,这些志士仁人的文字,都真切反映了人民对于共同富裕的期盼。只要社会存在不公平、不平等,这种期盼就会始终存在。这些期盼成为一种人类文明进步的精神力量,代表着正义与平等。社会主义制度的建立,使共同富裕的期盼,从梦想一步步转变为现实;随着党领导我们在新时代向现代化的进军,共同富裕将最终照进现实。

正是在这个意义上,"全体人民"是共同富裕的灵魂。强调"全体人民",是中国共产党人融化在血液中的特有情怀。在不同的场合,习近平总书记总是强调"一个不能少""一个不能落下""不能用平均数掩盖大多数"。因此,"全体人民"意味着共同富裕就是要解决地区差距、城乡差距、工农差距、收入差距等各方面的问题。全体人民共同富裕,绝不是少数人之间的"共赢"和"大家一起发财",也不是部分地区、部分行业或职业垄断性的持续高收入。强调"全体人民"就是强调共同富裕是一个整体性概念,同时也意味着结构上的共同富裕和共同富裕的一体化。

(三) 共同富裕是社会主义的本质要求

习近平总书记指出:"我们推动经济社会发展,归根结底是要实现全体人民共同富裕。"这种认识穿透了一切表象,揭示了共产党领导经济社会发展的本质要义和终极目标,同时也揭示了社会主义与资本主义不同的本质所在。保持定力也好,灵活变通也好,韬光养晦也好,不忘初心也好,共同富裕的终极目标和历史使命,是理解和把握党的各种战略策略和方针政策的总钥匙。经济社会发展的终极目标,正如习近平总书记指出的,是人民群众物质生活和精神生活都富裕。

习近平总书记关于共同富裕的社会主义本质要求的论断,是从马克思主义科学社会主义理论出发的,同时也是对邓小平社会主义本质论的再深化。围绕社会主义一词,历史上曾经有过多种主张各异的内容表述,但共同之处有两点:其一,都是针对资本主义弊病的批判;其二,都主张人人平等、无有分殊的大同世界的理想。所以,资本主义是个人主义、社会主义是集体主义已成为广泛的社会共识。科学社会主义不同于其他社会主义,主要在于对于未来社会的设想,前者不是出于正义的空想,而是从资本主义发展的现实中,发现生产力社会化和生产资料私人占有的矛盾,揭示资本主义必然灭亡的规律,提出工人阶级的历史地位和历史使命。所以它不是空想,而是科学。经典作家提出的物质极大丰富、人人平等、各尽所能、各取所需的共产主义理想目标与社会主义是集体主义的认知是完全一致的，是社会主义的历史必然逻辑，共同富裕符合科学社会主义的基本内涵。换句话说，社会主义的本质是共同富裕，只有实现了共同富裕，才能真正实现社会主义。同时，只有社会主义才能实现共同富裕，共同富裕是社会主义的专有特征，而这也是对共同富裕属性的理论界定。

从中国的社会主义实践看，改革开放是从"贫穷不是社会主义"开始的，经过40多年的坚持发展是第一要务，中国告别了短缺，摆脱了贫困，成为世界第二大经济体，实现了富裕。那么，富裕就是社会主义吗？回答是否定的，因为世界上许多富裕国家不是社会主义的，而是资本主义的。社会主义的富裕一定是共同富裕；而存在两极分化的富裕国家，一定不是社会主义。全体人民共同富裕，是消灭了剥削，消除了两极分化的共同富裕，不同于资本主义富裕国家对工人阶级的让步政策和慈善事业；人民真正翻身成为国家主人的劳动者，享受着社会主义制度的生活保证，不需要仰人鼻息、祈求富人的怜悯和施舍。在我们向社会主义现代化开启新征程的历史关键时刻，明确共同富裕是社会主义本质要求，具有重要的历史意义。

(四) 全体人民共同富裕是一项"不能等"的长期任务

共同富裕是生产力和生产关系都高度发展和协调适应的结果，任何一方面的单独冒进都难以实现。因此，解放生产力、发展生产力是共同富裕对生产力的要求；消灭剥削、消除两极分化则是共同富裕对与高度发展生产力相适应的生产关系的必然要求。共同富裕所要求的生产力和与之相适应的生产关系，都不可能一蹴而就，都要经历一个发育、成长和成熟的历史过程。因此，习近平总书记提出全体人民共同富裕是一项长期任务。同时，实现共同富裕，要统筹考虑需要和可能，按照经济社会发展规律循序渐进。需要和可能，是共同富裕实现过程中必须始终把握好的基本条件，不能脱离实际地冒进。

正是因为共同富裕是一项长期任务，因此，共同富裕不能等，而是要更加积极有为推进。习近平总书记特别强调："这项工作也不能等，要自觉主动解决地区差距、城乡差距、收入差距等问题，推动社会全面进步和人的全面发展，促进社会公平正义，让发展成果更多更公平惠及全体人民，不断增强人民群众获得感、幸福感、安全感，让人民群众真真切切感受到共同富裕不仅仅是一个口号，而是看得见、摸得着、真实可感的事实。"如果我们以"长期任务"为理由，任贫富差距不断扩大而无所作为，人民群众看不到其明显缩小的趋势，反而担心其逐步恶化的可能，就会失去安全感、获得感，幸福感也会大打折扣，就会认为共同富裕只不过是一个空洞口号，遥不可及，就会动摇人民群众为社会主义现代化奋斗的意志和热情。虽然共同富裕的实现是一个长期任务，但我们必须以"等不起"的强烈意识，积极作为，扎实推进，让人们"看得见、摸得着、真实可感"，坚定信心，将共同富裕一步一步扎扎实实向前推进。

为此，习近平总书记对实现共同富裕提出了限期任务，他指出，共同富裕要在2035年取得更为明显的实质性进展。这里，虽然没有给出具体的指标，但比具体指标更严格、要求更高、难度更大。在给定的时限内，要求共同富裕的实现取得实质性进展，并且要更加明显。其有关人民群众对共同富裕的"获得感、幸福感、安全感"的"真真切切感受"和"看得见、摸得着、真实可感"的要求，每一条都很实、都很硬，并且评判者是广大的人民群众。

应该承认，当前中国贫富差别还是较为明显的。贫富差距是逐步缩小还是持续扩大，始终存在着两种前景。习近平总书记对"贫富差距越来越大、穷者愈穷富者愈富""富的人和穷的人之间出现一道不可逾越的鸿沟"的警告绝不是危言耸听。如果到2035年，还不能实现共同富裕明显的实质性进展，贫富差距仍在持续扩大，那就完全背离了共产党人的初心，我们的社会主义现代化建设也将面临严峻的挑战。正因为如此，习近平总书记鲜明地指出，这不仅是一个经济问题，而且是关系党的执政基础的重大政治问题。

习近平总书记关于共同富裕的重要论述揭示了全体人民共同富裕的道路，一头连着初心，一头连着目标，整个过程自然形成了共产党人的使命：改善人民生活品质，扎实推动共同富裕。虽然党把扎实推进共同富裕的实现提到了议事日程，但我们必须看到，共同富裕依然面临许多困难和问题，这些影响共同富裕实现的阻力不可能一下子全部消除，并且随着旧问题的逐步解决，又会不断产生新问题。因此，习近平总书记强调，对共同富裕的长期性、艰巨性、复杂性要有充分估计，只能坚持循序渐进。按照这个指导思想，推动共同富裕的工作，既要主动进取、积极作为，又不能急于求成、盲目冒进；各地必须从实际出发，因地制宜探索有效路径，总结经验，逐步推开。共同富裕永远在路上，不断向最终目标迈进。

三、新时代实现共同富裕需要处理好的几个重大问题

毋庸讳言，共同富裕的实现绝对不可能道路平坦、一帆风顺，一定会遇到种种沟沟坎坎、风风雨雨。习近平总书记关于共同富裕的一系列新表述、新论断、新思想为我们破解新时代共同富裕的理论与实践难题提供了基本理论遵循，我们只有不回避问题，直面各种矛盾和挑战，深入理论探究与实践探索，发现客观规律，明确着力点，才能在坚忍不拔的努力中克服重重阻力，破解实现共同富裕的

理论难题，将共同富裕逐步向前推进。

(一) 共同富裕与市场经济

正确认识共同富裕与市场经济的关系，是实现共同富裕绕不开的理论与实践难题。我们必须看到，两者之间既存在根本性的矛盾，也有其方向一致的地方。就两者矛盾方面看，应承认市场经济的出发点是私人利益，而共同富裕的出发点是公共利益；市场经济的功能是优胜劣汰，适者生存，而共同富裕是有福同享，不少一人。就两者一致性方面看，主要表现在"富裕"二字上，市场经济的主要优势在于促进财富的快速增长，而共同富裕的前提恰恰是物质极大丰富；同时，市场经济通过交换的触角伸向无所不在的角落，把整个社会连接为一个整体，为共同富裕的"共同"创造了互联互通的载体；并且，随着市场经济的平均化运动，资源在不停地流动中不断削高填低，从而有助于消除各种差别。从理论上看，市场经济又是可以与共同富裕一致的。亚当·斯密的"看不见的手"隐喻了这种一致性。但市场经济的现实价格运动，常常辜负经济学家们对"看不见的手"的美好信念，垄断和各种市场欺诈行为的存在，使所谓的"公共福利"在实现程度上大打折扣。同时，优胜劣汰的丛林法则又无情地造成了两极分化。冷静、客观地分析市场经济对共同富裕双重影响可知，对市场经济条件下共同富裕之路，应当采取以下的态度。

第一，要继续坚定不移发展市场经济，进一步释放市场经济的活力，在每个市场主体都追求富裕的过程中加快生产力的大发展，为共同富裕积累更加雄厚的物质财富，为全体人民的共同富裕创造互联互通的统一大市场。

第二，要为市场经济立规矩。要积极主动确立市场经济有序运行的规则和秩序。坚决消除垄断和不正当竞争，打击一切坑蒙拐骗获取不义之财的违法行为。公平有效的市场规则是市场经济正常运行的保障，也是探索市场经济条件下实现共同富裕的基础和前提。只要市场经济有规则、有秩序，那么一时的过高收入就不会固化，迟早会走向共同富裕。通过健全市场规则有效消除无序的收入差距，是实现共同富裕的当务之急。

第三，社会要对被市场淘汰的劳动者提供失业救助和再就业帮扶；同时，要在产业转型中，借助数字经济等新兴产业对劳动者进行素质培训，提高劳动者的新技能，为寻求创业就业者赋能，使新兴就业岗位的增长快于传统岗位的消失。确保人民群众能够实现及时就业和收入增长，是实现共同富裕最现实的制度供给。

第四，共同富裕不仅需要活力，而且需要合力。与市场经济相比，共同富裕属于社会主义国民经济的上位范畴①。因此，市场经济作为资源配置的方式必须纳入社会主义国民经济的框架体系，服从改善人民生活品质、扎实推动共同富裕的宗旨。社会主义国民经济必须以其计划性和特有的战略目标、战略规划、战略步骤对市场经济的运行加以指导，使市场经济的活力整合为共同富裕的合力。

第五，破除市场万能论的迷信。市场经济在共同富裕方面存在失灵区，为此必须对市场经济设定边界。教育、医疗、环境等公共事业是共同富裕的重要方面，但市场在这些领域的功能是相对失灵的，必须设定其不可逾越的边界，在公共利益的领域适当引入竞争机制是可行的，其目的是提高效率，但绝对不能由利润最大化来主导和驱动。因为资本驱动一旦进入公共领域，甚至形成主导，就会对共同富裕造成极大的威胁甚至伤害。

（二）共同富裕与新发展理念

创新发展、协调发展、绿色发展、开放发展、共享发展这五大新发展理念，贯穿整个"十三五""十四五"时期，是中国经济社会发展的各个方面、各个环节的总方针。同样，对于共同富裕的实现也有着极为重要的指导意义。完整、准确、全面贯彻新发展理念，必须更加重视共同富裕问题。

五大新发展理念，每一种理念与共同富裕都有着密切的关联。市场经济条件下的共同富裕迫切需要各方面的制度创新、机制创新、政策创新、路径创新；共同富裕是解决发展不平衡、不充分问题，实现协调发展的题中之义，共同富裕实现了，协调发展也就实现了；绿色发展更是共同富裕的特有要求，环境污染、生态破坏往往是市场主体和地方只追求个体利益、局部利益造成的恶果，只有从共同富裕出发才能实现绿色发展，也只有把绿色发展与共同富裕辩证统一起来，才能真正领悟"绿水青山才是金山银山"的真谛；开放发展绝不只是个人和局部的致富之道，只有从共同富裕出发，才能正确把握开放发展的方向；共享发展点出了共同富裕的精神要义，共同就是要共享，发展就是致富，共同富裕与共享发展具有同样内涵和同等意蕴，共享发展就是共同富裕的理念化表述。扎实推动实现共同富裕的过程，就是要把新发展理念落到实处。

当前要落实好新发展理念，就需要构建新发展格局，尤其要明晰国内大循环发展格局与共同富裕之间的关系。正如习近平总书记所指出的，在正常情况下，如果经济循环顺畅，物质产品会增加，社会财富会积聚，人民福祉会增进，国家实力会增强，从而形成一个螺旋式上升的发展过程。如果经济循环过程中出现堵

---

① 文魁：《社会主义国民经济论纲》，《海派经济学》2017年第4期，第1—11页。

点、断点，循环就会受阻，在宏观上就会表现为增长速度下降、失业增加、风险积累、国际收支失衡等情况，在微观上就会表现为产能过剩、企业效益下降、居民收入下降等问题。国内大循环新战略与共同富裕新战略具有高度的内在一致性。国内大循环的形成，是共同富裕实现的着力点和体制保障；共同富裕是国内大循环的出发点和落脚点。所以，共同富裕与国内大循环必须辩证统一、协同推进。

总之，要实现共同富裕就必须全面践行新发展理念。新发展理念追求的是高质量发展，这契合了共同富裕的深层次追求。因为共同富裕所指向的富裕，不仅是相对于拮据而言的宽松，而且蕴含生活品质的不断提升之意。在消灭了绝对贫困后，人们在解决吃穿不愁的基础上，还要吃得好、穿得好；不仅有学上，还要上好学；生活由简朴、将就逐渐变为精细、舒适；不仅衣食无忧，而且丰富多彩；共同富裕不仅表现为丰衣足食的物质富裕，而且表现为人生精彩的精神富裕，人民群众对多样化、多层次、多方面的精神文化需求也会越来越高，而这些全要靠高质量发展来保障。因此，共同富裕意味着具有一定品质的生活，这种生活是高质量发展的内在动力，高质量发展又是其可靠来源。事实上，高质量发展本身就蕴含着有品质的生活之意，而这种美好生活的状态只有在新发展理念指引下才能更好更快地得以实现，共同富裕的实现呼唤高质量发展，我们必须在新发展理念的指导下实现高质量发展，促进共同富裕。

(三) 共同富裕与收入分配及消费

共同富裕直接表现为收入分配的格局变化，人们往往通过收入分配的差距来观察和测量共同富裕的实现程度。因此，从调节收入分配入手，就成为推动实现共同富裕的重要抓手。首先，在初次分配时，应坚持效率优先。必须坚持按劳分配的主体原则，使处在创造物质财富第一线的普通劳动者及时获得与劳动贡献相匹配的合理劳动报酬，并保证其收入水平随着劳动生产率的提高而稳步提高；企业家根据效益依法依规获得经营收入和创新回报；投资者分享要素回报和产权收入；同时要确保公共财政的可靠来源。其次，在再分配领域，应强调公平。按照中央要求，要加强对高收入的规范和调节，依法保护合法收入，合理调节过高收入，鼓励高收入人群和企业更多回报社会。要保护产权和知识产权，保护合法致富，促进各类资本规范健康发展。公共财政的支出是再分配中实现共同富裕的主渠道，要加大税收、社保、转移支付等调节力度并提高精准性，扩大中等收入群体比重，增加低收入群体收入，合理调节高收入，取缔非法收入，形成中间大、两头小的橄榄型分配结构；要促进社会公平正义，促进人的全面发展，使全体人民朝着共同富裕目标扎实迈进。

共同富裕不仅仅是个表面上收入分配问题，贫穷和富裕最终是通过消费体现的，消费的实际状况体现了真实的收入差距和贫富差距。共同富裕有着多方面的实现方式，其中公共消费是最为显性的实现方式之一。市场经济中的公共消费与资本主义的内在属性相悖，公共消费不同于私人消费，前者排斥竞争，所有人不分阶级，不论地位，公共占有，人人享有，不具有排他性。在资本尚存、收入差距短期难以缩小的现代经济中，公共消费是最能体现社会主义要求的消费方式，现代资本主义如此，社会主义市场经济更是如此。公共消费是典型的共享经济，社会主义市场经济在所有制结构上相比资本主义市场经济有着根本的制度优势，不仅能确保收入分配整体上的社会主义性质，而且能为公共消费提供更为可靠的供给保证。在公共消费方面，我们要特别注重公共基础设施和公共服务体系的投入和建设，只有公共基础设施越强大、公共服务体系越健全，公共消费才越有条件发展，共同富裕实现的基础也就越牢靠。公共服务在均等化的过程中惠及全社会每个人，人们在日常生活中如果切身感受到生态良好、环境舒适、出行快捷、办事便利、宜居宜业，就达到了习近平总书记强调的共同富裕"看得见、摸得着、真实可感"的要求。公共消费特别是农村人居环境的改善，是实现共同富裕"取得更为明显的实质性进展"的重要方面。此外，与公共消费相对应的私人消费，虽然以个人利益为主导，但也是实现共同富裕的重要方面，其同样受到共同利益的约束，特别是对破坏和伤害公共利益的私人消费必须加以有效的规范、限制和引导。

（四）共同富裕的差异化与动态化

所谓富裕，是相对于贫穷（或贫困）而言的，没有贫穷，就没有富裕；没有富裕，也无所谓贫穷。所以，贫穷和富裕都存在程度不同的等级和类别差异。贫穷有绝对贫穷和相对贫穷之分，富裕也有富裕程度的差别。我们所说的消除贫困，是指绝对贫困，即在一定的时间、空间和社会发展阶段的条件下，维持人们的基本生存所必须消费的物品和服务的最低费用。联合国制定了每天可支配收入1.25美元的贫困线标准。中国也制定了人均脱贫的最低标准是年收入 4 000 元以上，也就是：不愁吃、不愁穿，基本医疗、义务教育和住房安全有保障。低于"两不愁，三保障"的就是绝对贫穷。在消除绝对贫穷后，还会存在相对贫穷，我们讲的缩小贫富差距，一般是指相对贫穷与相对富裕之间存在的差距。整体脱贫后的贫穷，只是相对于更高水平富裕的不富裕，而不是绝对贫穷。富裕程度的差异是永远存在的，不要说社会主义初级阶段由于多种分配方式并存而必然存在富裕程度的差异，就是进入社会主义的中级阶段、高级阶段后，只要劳动还是谋生手段，则整个社会主义阶段都会存在多劳多得、少劳少得的富裕程度差别，直到按需分配的共产主义。到那时，随着私有制的消亡，财富的概念已经消失，分配也"不需要著名的'价值'插手其间"（马克思语）了。社会主义只有承认和尊重富裕程度的差异，才能激励人民不断进取、不甘落后，追求更加美好的生活，社会才能不断进步。

但富裕程度差别也不可能无限扩大，也有底线。人类生存和发展的资源不可能是取之不尽、用之不竭的。一些人过度的富裕，势必挤占与他人共有的稀缺有限的资源，影响共同富裕程度的提高。资本存在的历史作用在于将富裕的"剩余"不断地投入再生产，从而扩大经济规模，使社会财富不断增长。如果资本无序扩张，只是为了个人发财致富，则不但不会促进社会财富的增长，反而会影响和伤害社会共同利益。这种贫富差别与共同富裕相悖，突破了底线，是社会主义市场经济所不能接受的。

贫富差异虽然不可能消除，但也决不能固化。所以，共同富裕还具有动态化的特征。所谓共同富裕的动态化，是指共同富裕是一个运动过程，在这个过程中，富裕差异，或者说贫富差别是在不断变化中的。贫者通过努力奋斗，会由贫转富，富裕程度可以不断提升；富者一旦消极怠工，也可能会降低富裕程度，甚至转贫。因此，社会制度不应该保护富者特权，每个人都应该有更加富裕的机会和通道。所以，中央要求提高人民受教育的程度，增强发展能力创造更加普惠公平的条件，畅通向上流动通道，给更多人创造致富机会，形成人人参与的发展环境。要增强区域发展的平衡性，强化行业发展的协调性，支持中小企业发展。要着力扩大中等收入群体规模，抓住重点、精准施策，推动更多低收入人群迈入中等收入行列。

由此，要做到"畅通向上流动通道，给更多人创造致富机会，形成人人参与的发展环境"，必须重视共同富裕的根本性制度保障。这个制度就是党的十九届四中全会对社会主义基本经济制度内涵的新表述："公有制为主体、多种所有制经济共同发展，按劳分配为主体、多种分配方式并存，社会主义市场经济体制等社会主义基本经济制度，既体现了社会主义制度优越性，又同我国社会主义初级阶段社会生产力发展水平相适应，是党和人民的伟大创造。"这一对基本经济制度内涵的新界定，不仅继续突出了其鲜明的社会主义属性，标定了全体人民共同富裕的根本经济基础，而且彰显了其独特的中国特色，立足社会主义初级阶段，坚持"两个毫不动摇"，坚持公有制为主体、多种所有制经济共同发展，允许一部分人先富起来，先富带后富、帮后富，以及通过市场经济的运行机制，鼓励建立辛勤劳动、合法经营、敢于创业、带头致富的共同富裕实现机制，切实将共同富裕的差异化与动态化维持在社会主义可容纳的范围之内。

(五) 共同富裕与社会舆论

中央有关扎实推进共同富裕的实现的精神，一经提出就引起了社会的广泛关注，很快成为舆论的热点，各方对此也有不同的解读。有的认为，中国即将发生重大的转折；有的则发出可能出现"杀富济贫"和"平均主义大锅饭"的警告。总之，欢呼者有之，担忧者有之，各方面带节奏者也有之。对于其中存在的对中央决策的各种误读和曲解，需要加以正确阐释和引导；我们也应从各种舆情中，了解共同富裕实现进程中的深层矛盾和阻力。对于共同富裕的阻碍还来自社会上不同的理念和认知。传统文化中"吃的苦中苦，方为人上人""劳心者治人，劳力者治于人"观念根深蒂固；现实生活中"见不得别人好"的不健康心理也普遍存在，"羡慕嫉妒恨"常常困扰人们的努力；对生活中的弱者表现出同情、怜悯并不少见，但当贫穷者真的转变富裕者时，是不是还能得到人们普遍由衷的赞美和欢呼呢？特别是，当共同富裕使部分人高人一等的优越感不再时，会不会令他们产生失落感和抵触心理？这些阻力的消除，看来还需要人们提升共同富裕的心理素质，要建立共同富裕的价值观和包容情怀，同时要加强促进共同富裕舆论引导，毕竟，共同富裕离不开良好的舆论环境。

对实现共同富裕过程中可能出现的不同理解或反响，暴露了贫富差距的现实，贫者大多拍手拥护，富者则未必完全支持。共同富裕的推进，涉及利益调整，必然会动一些人的奶酪。推进实现共同富裕必须重视各种社会舆论，分析舆论背后深层次原因，要对各种收入差距的现状和成因进行深入分析，揭示矛盾所在，研判趋势走向，这样才能为精准施策作好充分准备。各种收入差距的形成，既有不可逾越的发展阶段，也有亟待完善的制度缺陷、机制空白和失序失管，涉及经济社会运动的全过程，绝不仅仅是分配问题。马克思曾用"一枚硬币的两面"来形容生产条件的分配决定了生产成果的分配。就拿人民群众对少数明星畸高收入强烈不满来说，其高收入看似是市场决定的；而科学家巨大贡献却没获得应有回报，这看似也是市场决定的。有人抱怨"中国人有仇富心理"，其实，人们真正仇恨的不是表面的富裕，而是富裕背后的多种不合理因素，是脱离实际贡献的不劳而获或少劳多得，如一些收入一般的人却对社会发展作出了实实在在的贡献。我们必须把收入差距形成的根源弄清楚，只有对收入差距有一个清醒的理论与现实分析，才能把清理规范不合理收入、整顿收入分配秩序、坚决取缔非法收入等落到实处。

四、结语

改革开放以来，我们始终坚持发展是"硬道理"不动摇，取得了经济社会发展的巨大成就；今天我们高举共同富裕大旗，就是要建立起共同富裕的"大道理"，中国现代化事业，既要讲"硬道理"，也离不开"大道理"，其中"大道理"是管方向的。

共同富裕作为中国式现代化的航标，意味着我们绝不能以牺牲大多数人民的利益为代价去获得生产力的发展，也不能以两极分化去固化一部分人的富裕，更要有效防范化解各种重大风险，从而确保经济社会发展的平衡、稳定和安全、健康的发展。没有共同富裕这个航标，国家就有可能偏离航线，甚至误入歧途。如何在新时代使共同富裕取得实质性进展？以习近平同志为核心的党中央对共同富裕经济思想的进一步完善与发展，为妥善处理共同富裕发展进程中的若干重大关系问题指明了方向，擘画出一条共同富裕实现的新路径，展示出不同于其他国家现代化之路的中国式现代化。中国式现代化的各种特征都是围绕共同富裕展开和呈现的，共同富裕是社会主义现代化的根本标志，共同富裕成为中国式现代化的航标，它除了具有社会主义性质的规定性外，还特别呈现出现代化进程中的中国特色。

实现共同富裕，必须坚持党对一切工作的领导。党政军民学，东西南北中，党是领导一切的。要确保党始终同人民想在一起、干在一起，这样党就一定能够引领承载着中国人民伟大梦想的航船破浪前进，胜利驶向光辉的彼岸。坚持以人民为中心的发展思想，全面体现了党的理想信念、性质宗旨、初心使命。为人民谋幸福、为民族谋复兴，是我们党领导现代化建设的出发点和落脚点，是新发展理念的"根"和"魂"，也是确保全体人民共同富裕实现的指南针和方向盘。我们党所做的一切，归根结底都是为了让人民过上好日子。只有坚持发展为了人民、发展依靠人民、发展成果由人民共享，才会有正确的发展观、现代化观。党的百年奋斗历史证明，只有在党的领导下，才能推动社会全面进步和人的全面发展，促进社会公平正义，让发展成果更多更公平惠及全体人民，不断增强人民群众获得感、幸福感、安全感，让人民群众真真切切感受到共同富裕不仅仅是一个口号，而是看得见、摸得着、真实可感的事实。

(原载《扬州大学学报》(人文社会科学版) 2021 年第 6 期)

关于扎实推进共同富裕的理论解析

在党的十九届五中全会上，习近平总书记就共同富裕提出了一系列新命题、新思想和新理念，这些论述充满了新意。中央关于扎实推进共同富裕的战略部署，标志着在完成农村贫困人口全部脱贫的后小康时代，共同富裕的实现开始进入新的进程。中央第一次在党的全会文件中就改善人民生活品质提出的一些重要要求和重大举措，意义深远。如何认识共同富裕的属性和要求？怎样才能扎实推进，确保如期取得明显的实质性进展？我们不仅要明确共同富裕的方向和目标，也要看到其实现面对的困难和难题，进而确定其实现路径，加大正向的推动力，减少负面的掣肘力，以推动共同富裕不断向前迈进。为此，在学习领会的同时，有必要进行深入的理论探索，加以政治经济学的学理解析。

一、共同富裕是社会主义的本质要求

习近平总书记在十九届五中全会上明确指出，"共同富裕是社会主义的本质要求，是人民群众的共同期盼"[1]。

共同富裕是社会主义的本质要求。改革开放之初，在回答什么是社会主义、怎样建设社会主义这个问题时，邓小平曾明确指出，贫穷不是社会主义，社会主义初级阶段的最根本任务就是发展生产力。"社会主义的本质，是解放生产力，发展生产力，消灭剥削，消除两极分化，最终达到共同富裕。"[2] 基于这一认识，出于发展生产力的"硬道理"，推出了"一部分地区、一部分人可以先富起来，带动和帮助其他地区、其他的人，逐步达到共同富裕"的政策构想。

共同富裕既是共产党人的不变初心，也是共产党人的神圣使命。正如习近平总书记指出的："我们推动经济社会发展，归根结底是要实现全体人民共同富裕。"改革开放以来，我们党带领人民向着实现共同富裕的目标不懈努力，人民生活水平不断提高。党的十八大以来，把脱贫攻坚作为重中之重，于2020年实现了脱贫的伟大创举，为促进全体人民共同富裕打下了坚实的物质基础。

值得关注的是，习近平总书记在提到共同富裕时，特别在前面加上了"全体人民"的限定词，这具有深刻的内涵。习近平总书记反复强调"全体人民共同

---

[1] 《中国共产党十九届中央委员会第五次全体会议文件汇编》，人民出版社2020年版，第83页。
[2] 邓小平：《邓小平文选》第三卷，人民出版社2001年版，第373页。

富裕",说明我们党对共同富裕的不懈追求,在实现脱贫攻坚后,"共同富裕"战略重点从强调"一部分人"开始转变为"全体人民"。面对"我国发展不平衡不充分问题仍然突出,城乡区域发展和收入分配差距较大"的现实,全体人民共同富裕成为解决现实矛盾的主攻方向。我们必须看到,城乡之间、工农之间、区域之间、行业之间发展不平衡和收入分配之间差距较大的问题,虽然不可能一下子就解决,但这些问题的存在不符合社会主义的本质要求,因此必须逐步缓解,稳步解决,至少不能继续扩大。

强调全体人民的共同富裕,就是强调不能停留在一部分人的先富上,也绝不能满足于少数人之间的"共赢"和局部地区内的小范围共富。在共同富裕的道路上,一个地方也不能少,一个人也不能丢下,这样才符合社会主义本质要求,才是人民的共同期盼。

二、共同富裕的实现条件

马克思主义政治经济学原理告诉我们,人类社会的发展规律可以从生产力和生产关系两个方面的矛盾运动过程来展开分析。共同富裕的实现也离不开这个分析框架。

恩格斯在《共产主义原理》中指出:"大工业及其所引起的生产无限扩大的可能性,使人们能够建立这样一种社会制度,在这种社会制度下,一切生活必需品都将生产得很多,使每一个社会成员都能够完全自由地发展和发挥他的全部力量和才能。由此可见,在现今社会中造成一切贫困和商业危机的大工业的那种特性,在另一种社会组织中正是消灭这种贫困和这些灾难性的波动的因素。"[1]恩格斯的这段论述,不仅描述了未来理想社会共同富裕的状态,而且揭示了其实现的两个基本条件:大工业及其所引起的生产无限扩大的可能性和另一种社会组织。当原有社会组织难以驾驭强大的生产力时,"废除私有制不仅可能,甚至完全必要"[2]。同时,在谈到能不能一下子废除私有制时,恩格斯果断地回答:"不,不能,正像不能一下子就把现有的生产力扩大到为实行财产公有所必要的程度一样。因此,很可能就要来临的无产阶级革命,只能逐步改造现今社会,只有创造了所必需的大量生产资料之后,才能废除私有制。"[3]恩格斯的这些论述,对我们研究共同富裕的实现具有重要的指导意义。

中国在生产力社会化程度还不够高的国情下建立起了社会主义制度,虽然生

---

[1] 马克思、恩格斯:《马克思恩格斯文集》第一卷,人民出版社 2009 年版,第 683 页。
[2] 马克思、恩格斯:《马克思恩格斯文集》第一卷,人民出版社 2009 年版,第 684 页。
[3] 马克思、恩格斯:《马克思恩格斯文集》第一卷,人民出版社 2009 年版,第 685 页。

产关系发生了根本变化，但还不可能一下子就实现共同富裕。中国社会主义的实践证明，我们只能是一方面大力发展生产力，另一方面使我们的生产关系适应生产力的发展，为共同富裕的实现创造物质的和制度的条件。共同富裕是一个长期的任务，共同富裕的程度和水平随着生产力的发展而逐步提升，最终实现共同富裕的目标是一个不断递进的过程。正如习近平总书记所指出的，我们必须脚踏实地，久久为功，向着这个目标更加积极有为地进行努力。

研究共同富裕的实现条件，必须从社会主义初级阶段生产力和生产关系的现实状况及其相互关系适应程度出发，既要积极作为，也要实事求是，兼顾需要与可能。特别是，要以系统观来探索共同富裕与社会主义市场经济的有机关联。

马克思之所以提出社会主义阶段只能采用按劳分配，还不能实行按需分配，就是出于劳动尚未成为生活第一需要，而仍是谋生手段的考虑。因此，为了发展生产力，即使消灭了剥削，也必须实行多劳多得、不劳不得的原则。在社会主义初级阶段，更需要实行以按劳分配为主体、多种分配方式并存的原则。也正因为如此，共同富裕必然存在富裕程度的差别，而不是平均富裕。

习近平总书记提出，社会主义初级阶段不是一个静态、一成不变、停滞不前的阶段，也不是一个自发、被动、不用费多大气力自然而然就可以跨过的阶段，而是一个动态、积极有为、始终洋溢着蓬勃生机活力的过程，是一个阶梯式递进、不断发展进步、日益接近质的飞跃以及量的积累和发展变化的过程。因此，全体人民共同富裕的实现过程，也必然呈现"阶梯式递进、不断发展进步、日益接近质的飞跃的量的积累和发展变化"的特征。

三、直面社会主义初级阶段的"亦此亦彼"

马克思主义认为，社会主义是通向共产主义的过渡阶段，中国共产党提出的社会主义初级阶段是通向合格社会主义的过渡阶段。那么，我们应该以什么样的思维方法看待社会制度过渡期的中间阶段呢？

关于过渡阶段的特征，恩格斯在《自然辩证法》中指出，一切差异都在中间阶段融合，一切对立都经过中间环节而互相转移，对自然观的这样的发展阶段来说，旧的形而上学的思维方法不再够用了。辩证的思维方法同样不承认什么僵硬和固定的界线，不承认什么普遍绝对有效的"非此即彼"，它使固定的形而上学的差异互相转移，除了"非此即彼"，又在恰当的地方承认"亦此亦彼"，并使对立的各方相互联系起来。这样的辩证思维方法是唯一在最高程度上适合于自然观的这一发展阶段的思维方法①。

中国在社会主义实践的探索中,曾经以"非此即彼"的思维方法,提出"堵不住资本主义的路,就迈不开社会主义的步"的政策主张,这一超前于过渡阶段的政策主张,反而束缚了生产力的发展。改革开放后,我们党科学地界定中国仍处于社会主义初级阶段这一点,正是遵循实事求是的思想路线,辩证思维的结论。中国改革开放的实践验证了恩格斯这一思想的科学性、公有制为主体、多种所有制经济共同发展的基本经济制度,"使对立的各方相互联系起来",亦此亦彼的辩证思维引导中国特色社会主义不断向前,展现出"放开市场经济的步,蹚出社会主义的路"的新路径。

但我们也必须看到,"亦此亦彼"的中间阶段,毕竟并存着两类不同事物各自的特性,"彼"和"此"的相互转移始终存在着进化和退化的两种前途。

共同富裕不仅要求生产力发展带来的巨大物质财富,而且要求人与人之间建立平等的生产关系,这与市场经济和资本本性是矛盾的。

市场经济无疑是促进生产力的社会化发展的巨大力量,既可以催生巨大的物质财富,也为释放个人才能、自由发展提供了广阔的空间;同时,又存在日益把人类社会联系成一个整体的趋势。这些是与共同富裕的要求相一致的,共同富裕的理想也是建立在市场经济充分发展、生产力高度社会化的基础上的。

但我们必须正视的是,市场经济也异化了人类从事经济活动的目的和手段。人与自然的物质交换过程之始,生产的目的主要是满足人的需要,但随着商品交换的发展,特别是随着货币的出现,满足需要是目的、生产是手段的逻辑发生逆转,消费本来是满足需要的直接行为,但现在它与生产一起已成为价值追求的手段。资本的出现,导致了经济活动的进一步异化。所有的经济活动都要服从于利润的最大化,资本的统治必然使劳动者奴隶般地服从分工,畸形发展,阶级分化。金融资本的出现,甚至导致只要能获取利润,就连生产创造物质财富的过程也可以略去不管问题的出现。马克思概括的资本流通总公式 $G—G'$ 生动地揭示了资本腐朽一面。我国市场经济的实践,在取得生产力巨大发展成就的同时,也不可避免地出现了种种弊端和脱实向虚的现象。对这些与共同富裕背道而驰的现象,我们必须正视、必须高度警惕。

四、探索社会主义市场经济共同富裕的实现路径

面对社会主义初级阶段共同富裕目标与市场经济和资本逻辑的内在矛盾和现

---

① 马克思、恩格斯:《马克思恩格斯文集》第九卷,人民出版社 2009 年版,第 471 页。

实挑战，我们必须探索在社会主义市场经济条件下共同富裕的实现路径。这个路径，既要遵循马克思主义所揭示的经济规律，也必然会有与经典作家设想不同的特点，需要我们进行有关中国特色社会主义的探索和创新。

首先，我们要看到市场经济与共同富裕有着共同之处：生产力高度发展、物质极大丰富、社会化生产与社会化生活方式，等等。这些共同之处是两者能够融合的基础，因此我们必须充分尊重马克思所揭示的资本的历史存在权。

其次，我们也必须承认市场经济与共同富裕存在着相悖之处：市场经济强调的是适者生存、优胜劣汰，自由竞争必然导致两极分化。这个逻辑与共同富裕的逻辑完全相反，而这也是推进共同富裕实现绕不开的挑战和难题。

在这两个前提下，我认为关键在于要以社会主义原则把控好中国现代化进程。

"辩证思维方法是唯一在最高程度上适合于自然观的这一发展阶段的思维方法。"[①] 在社会主义初级阶段的思维方法上，不但要把社会主义制度的优越性与市场经济的长处结合起来，发挥两者的最大效能，还必须直面两者的矛盾，把握好社会演进的方向，确保发展新阶段不偏离正确方向，沿着社会主义进程不断发展进步，为质的飞跃进行量的积累。既要充分利用资本和雇佣劳动的形式促进生产力发展的推动作用，又要深入研究其在社会主义基本经济制度中的运行方式和本质特征，以有效消除和防范随其本性必然滋生的弊端；保持定力、把握好度；积极作为、顺势而为。

五、扎实推进共同富裕的着眼点和着力点

扎实推进共同富裕，必须明确其着眼点和着力点。着眼点是明确努力方向和实现目标，着力点是具体的行动纲领和政策措施。着眼点不明确，着力点的劲儿就用不准地方；着力点不准确，着眼点也难以成为现实。着眼点和着力点的辩证统一是扎实推进共同富裕的关键。

关于着眼点，习近平总书记指出：随着我国全面建成小康社会、开启全面建设社会主义现代化国家新征程，我们必须把促进全体人民共同富裕摆在更加重要的位置，脚踏实地，久久为功，向着这个目标更加积极有为地进行努力[②]。中央也明确提出，坚持把实现好、维护好、发展好最广大人民根本利益作为发展的出发点和落脚点[③]。这就是扎实推进共同富裕的着眼点：在更加重要的位置上更加

---

① 马克思、恩格斯：《马克思恩格斯文集》第九卷，人民出版社 2009 年版，第 471 页。
② 《中国共产党十九届中央委员会第五次全体会议文件汇编》，人民出版社 2020 年版，第 84 页。
③ 《中国共产党十九届中央委员会第五次全体会议文件汇编》，人民出版社 2020 年版，第 55 页。

积极有为，不断抵近全体人民共同富裕的目标，不断增强人民群众获得感、幸福感、安全感，促进人的全面发展和社会全面进步。

关于着力点，中央在2035年基本实现社会主义现代化远景目标中提出"全体人民共同富裕取得更为明显的实质性进展"，在改善人民生活品质部分突出强调了"扎实推动共同富裕"，提出了一些重要要求和重大举措。这些表述构成了扎实推进共同富裕的着力点。

以下，我想就结合这些表述进行政治经济学的学理解析，并提出相关的政策主张。

首先，就总体方针来说，必须保持四项基本原则的定力，四项基本原则不仅为改革开放的正确方向保驾护航，而且也是共同富裕的保护神。坚持社会主义道路、坚持人民民主专政、坚持中国共产党的领导、坚持马克思列宁主义毛泽东思想，这四项基本原则中的每一个原则都直接关系着全体人民共同富裕目标的实现，我们必须用其来指导共同富裕的实践，把四项基本原则体现、落实在推进共同富裕的过程中。

其次，要以系统观念认识和把握共同富裕所关联的方方面面，既包括经济基础、上层建筑、意识形态各个领域，也包括统筹整体与局部、未来与现实、需要与可能、战略与战术、原则与灵活等。

根据经济基础决定上层建筑的原理，必须坚持巩固公有制的主体地位，这是共同富裕的制度根基，也是党的领导的基础。没有强大的国有经济、大国重器、交通运输、水利设施，共同富裕就失去了最重要的基础。

市场经济所需要的国内大循环的畅通是全体人民共同富裕的基础条件。我们必须建立顺应共同富裕趋势的社会主义市场经济的规制，坚决遏制损害共同富裕的行为。应强调经济发展的就业导向，扩大就业容量，提升就业质量，促进充分就业，保障劳动者待遇和权益。

以按劳分配为主体是共同富裕的基本保障，必须始终坚持。在三次分配的格局中，初次分配要切实保证劳动报酬比重，提高低收入、扩大中等收入；再分配要运用税收等手段调节过高收入、取缔非法收入；第三次分配要通过慈善事业的补充手段，形成有利于共同富裕发展的分配格局。分配的原则也要适时将"效率优先、兼顾公平"转变为公平与效率的辩证统一。

公共事业是市场经济条件下最能直接体现共同富裕原则的有效形式，因此，必须积极发展公共经济和社会保障体系。要坚持基本医疗卫生事业的公益属性、坚持教育公益性原则。但公共事业是靠再分配来支撑的，只有国家国民收入的大蛋糕做大了，基本公共服务体系才能有可靠的财力保证，因此，我们要尽力而为、量力而行。

　　社会主义上层建筑和意识形态是社会主义市场经济共同富裕事业的重要组成部分，对经济基础有着独特、巨大的反作用。中国特色社会主义政治经济学的本质就是共同富裕的经济理论，而不是只对经济增长感兴趣的生意经，这对共同富裕有着不可替代的理论指导作用。例如，消费就不仅是扩大内需、促经济增长的手段，而且是直接满足人民群众生活需要的经济行为，是经济发展根本的动力源。人民的消费行为，既是手段，更是动力。对社会主义核心价值观和集体主义的弘扬，可以形成红色文化对共同富裕的强大助力作用；同时，劳动光荣、不劳而获可耻的社会主义荣辱观又会对与共同富裕相悖的现象进行舆论谴责。

（原载《政治经济学研究》2021年第2期）

关于底线思维的政治经济学思考

人类的生存和发展，本来应该是经济科学的永恒主题，但一些经济学家却偏重经济增长和财富分配，而对生存问题关注不够。2020年，突如其来的新冠疫情打乱了人类的正常生活秩序，经济运行停摆。非常时期，不但各国采取的抗疫措施和经济政策不同寻常，传统的经济学也难以提供有力的学理支持。面对肆虐的新冠疫情，政治经济学不得不承认：生存是发展的底线，人类离开生存，一切发展都将毫无意义。面对疫情，中央再次强调要有底线思维，并以底线思维作出"六稳""六保"的重大决策。我们只有对政治经济学的底线思维提出自己的学理分析，才能深刻认识"六稳""六保"的重大意义和历史价值。

一、生存始终是发展的底线

人类生存的底线是不以人的意志为转移的客观存在，生存斗争一直伴随着人类发展进程。但持不同的阶级立场者对此却有不同的理论主张。经济学是伴随资本主义的产生而产生的，因此，经济学从一开始关注的就是财富、价值和利润。正如恩格斯在谈到德国经济学的出现时指出的："政治经济学是现代资产阶级社会的理论分析，因此它以发达的资产阶级关系为前提。"[①] 虽然"一个成熟的允许欺诈的体系、一门完整的发财致富的科学代替了简单不科学的生意经"[②]，但资本的政治经济学一直以利润最大化为己任。资本逻辑的唯一底线就是不能亏损。

马克思主义政治经济学以新的世界观来审视人类生存和发展的客观历史，特别是对资本主义经济的历史性进行了深刻分析，在揭示生产关系与生产力关系的发展规律时始终没有离开对人类生存斗争的关注，并在对人类"生存斗争"的考察中，从社会关系和经济制度上揭示了人类历史发展规律。因此，只有马克思主义政治经济学才关注人类生存的底线思维，并以生存作为发展的出发点。

生存与发展在人类社会始终相伴而行。生存是发展的前提和动力，发展是生存的存续和保障。虽然两者在不同时期、不同地域有不同的侧重和表现，或凸显、或隐藏，但始终并行不悖。随着社会生产力的不断提高，特别是进入以和平和发展为主题的时代，生存似乎不再是问题了，人们只专注于发展。然而，就在

[①] 马克思、恩格斯：《马克思恩格斯文集》第二卷，人民出版社2009年版，第595页。
[②] 马克思、恩格斯：《马克思恩格斯文集》第一卷，人民出版社2009年版，第56页。

此时，2020年以新冠疫情为主要表现的生存危机，突然出现在世界各国面前。疫情不分国界，不分种族，不分贵贱，通过人与人的传染袭击整个人类。世界经济最发达、医疗条件最完备的国家，却成为疫情最为严重的"震中"，社会瘟疫与病毒瘟疫交叉重叠，更加重了人们对底线的感触。突如其来的新冠疫情以残酷的事实，告诉人们一个真理：在人类的经济活动中，生存是发展的前提，生存是一切发展的基础。

二、人类生存的底线范畴

底线思维离不开底线范畴，政治经济学必须先明确人类生存的底线范畴。

对于经济学的范畴来说，恩格斯指出："大体来说，经济范畴出现的顺序同它们在逻辑发展中的顺序也是一样的。"① 西方经济学是资产阶级的经济学，以资本和利润为基本范畴，并赋予其永恒性；马克思主义政治经济学，以商品为起始范畴，揭示了其中包含的人与人的经济关系的历史演变过程，指出了资本主义的历史性。

马克思主义广义政治经济学研究了人类历史发展规律，并建立了生产力、生产关系的基本经济范畴。新冠疫情使我们切身感受到了马克思主义在揭示人与自然物质变换过程中的底线范畴。在抗击疫情的关键时刻，中央提出要以底线思维指导工作。政治经济学的底线思维②就是生存的思维，发展固然重要，属于上位范畴，但必须建立在生存的基础之上。底线思维要有底线范畴，这是经济学必须重新建立的基础性认知。人类生存的底线范畴主要包括生命、生活、生计这三个原生范畴，再加上生物、生态这两个延伸范畴。这五个范畴之所以成为人类生存的底线范畴，是因为人类在任何时期、任何地域、任何情况下都须臾不可逾越之，可以在其基础上不断丰富、扩大、发展，但绝不可以丢失和偏离。

其一，是生命。生命在哲学、宗教学、医学等学科处于核心位置，充满着神奇的色彩。生命虽然不是经济学的范畴，但却是经济学研究对象的前提。马克思主义认为"全部人类历史的第一个前提无疑是有生命的个人的存在"③。经济学是研究人类经济活动的学科，离开人就失去了研究对象。尽管生命是人的基本属性，但经济学似乎对生命本身并没有过多的兴趣。新冠疫情告诉我们，生命是经济学首要的底线范畴。人的一切经济活动都是以生命为前提的。生命范畴派生出人类生理需要、安全需要等生存需要及其逐步升级的发展需要、享受需要。面对

---

① 马克思、恩格斯：《马克思恩格斯文集》第二卷，人民出版社2009年版，第603页。
② 政治经济学可以分为广义政治经济学和狭义政治经济学。恩格斯认为，广义政治经济学是一门研究人类各个时期的生产和交换规律的科学，而只是研究资本主义生产方式的是狭义政治经济学。
③ 马克思、恩格斯：《马克思恩格斯文集》第一卷，人民出版社2009年版，第519页。

疫情，习近平总书记强调："在这一次疫病流行的时候，我们毅然地，为了防控疫情，对经济社会发展按下了暂停键，不惜付出很高的代价，把人民的生命和健康放在第一位。人的生命只有一次，必须把它保住，我们办事情一切都从这个原则出发。"① 在生命面前，放弃经济利益是人应有的美德，也是判断当权者是为谁服务的金指标。在生命和金钱之间的选择上，不同的政权有着不同的选择。习近平总书记指出，在这次新冠患者救治工作中，我们坚持人民至上、生命至上，前所未有调集全国资源开展大规模救治，不遗漏一个感染者，不放弃每一位病患，从出生不久的婴儿到100多岁的老人都不放弃，确保患者不因费用问题影响就医。这种认识和决断，深刻揭示了共产党人对生命与经济关系的基本态度。同时，也使我们更加清醒地认识到，生命是人类生存的底线范畴，生命是经济发展的至上原则。正如习近平总书记指出的："人民至上、生命至上，保护人民生命安全和身体健康可以不惜一切代价。"②

其二，是生活。生活是人类生命的体现。政治经济学广义的生活包括人类的全部活动。但狭义的生活专指消费，与生产相对。正如马克思、恩格斯指出的，人类生存的第一个前提是，为了能够"创造历史"，必须能够生活③。消费意义上的生活，是人类维持生命对必需的物质条件的使用和消耗，如呼吸、食品、水等。生活需要有不同层次，按马斯洛的划分，维持生命的生理需要是最基本的生活需要，是人类生存的底线。人类对更加美好生活的追求一定是建立在基本生活需求满足和保障基础之上的。

其三，是生计。马克思、恩格斯指出："为了生活，首先就需要吃喝住穿以及其他一些东西。因此第一个历史活动就是生产满足这些需要的资料，即生产物质生活本身，而且，这是人们从几千年前直到今天单是为了维持生活就必须每日每时从事的历史活动，是一切历史的基本条件。"④ 在市场经济中，人们要生活，就必须有收入，而收入是由就业来保证的。

另外两个范畴，即生物和生态，是在人类发展过程中延伸生成的，虽然其出现和对其的认知较晚一些，但它们同样构成了人类生死存亡的因素。

三、底线思维是人类经济行为的边界航标

所谓底线，就是不可逾越之线，是确保安全的红线。越过底线，事物的性质

---

① 《习近平：把人民的生命和健康放在第一位》，光明网 2020 年 6 月 2 日。
② 《习近平在参加内蒙古代表团审议时强调 坚持人民至上 不断造福人民 把以人民为中心的发展思想落实到各项决策部署和实际工作之中》，《人民日报》2020 年 5 月 23 日，第 1 版。
③ 马克思、恩格斯：《马克思恩格斯文集》第一卷，人民出版社 2009 年版，第 531 页。
④ 马克思、恩格斯：《马克思恩格斯文集》第一卷，人民出版社 2009 年版，第 531 页。

就会发生根本改变，即有质变的危险。因此，底线是安全的临界线。人类的生存是任何时候都不能突破的底线，这个底线赋予人类生存以安全保障。

国家安全有多序列、多层次的特点，并形成了一个系统。以经济安全为例，其包括结构安全、产业安全、产业链安全以及粮食安全、能源安全、生产安全、消费安全等多方面序列，一旦逾越这些方面的安全底线，就会引起各种危机。不论从哪个视角看，最基本的是人的生存安全，这是各方面的安全底线，其他安全都是由此派生的。任何安全风险最终都会危及人的生计安全、生活安全和生命安全。因此，不论是不可预见的天灾，还是可以防范的人祸，一切威胁人类生命安全的因素都应该被纳入经济学的视野之中。

底线思维不仅是危机发生时才显露的底线和红线，而且应该成为日常一切经济行为的边界和航标，即具有长期的指导和指南的功能。从底线思维出发反思我们的经济理念，不难发现资本的政治经济学已经严重侵蚀了人们的经济理念，出现了经济生活中大量背离底线思维的异化，原本生活、生计的源动力，却沿着生财的异化轨迹，越滑越远。例如，我们常常盲目地追求经济增长的速度和规模，以 GDP 的排名论英雄，就在于我们缺乏底线思维；如果我们的每一项经济政策、每一个经济行为都能问一问：对人民的生命安全、生活安全、生计安全和生物安全、生态安全有什么意义？会不会带来不利的影响？那么，当我们尊重和遵从底线思维的原则时，我们的经济发展方式就会实现真正的转变。

四、"六稳""六保"中的底线范畴

底线思维是深刻理解中央"六稳""六保"政策的学理基础。

面对外部环境发生的明显变化，中央旗帜鲜明提出"要做好稳就业、稳金融、稳外贸、稳外资、稳投资、稳预期工作"，"六稳"发力，我国经济经受住了外部环境变化的冲击，保持了平稳健康发展；当突如其来的疫情严重冲击我国经济、造成前所未有的影响时，中央及时、果断提出保居民就业、保基本民生、保市场主体、保粮食能源安全、保产业链供应链稳定、保基层运转的方针。从"六稳"到"六保"，正是基于底线思维。"六稳"与"六保"强调兜住民生底线、守好经济基本盘。仔细分析"六稳"与"六保"的每一条，都和经济安全直接相关，最终都体现了生命、生活、生计等底线范畴的基本要求。

"六稳""六保"虽然是面对困境和危难时提出的方针和任务，但其凸显的底线范畴，绝不仅仅是面对生存危机的应急之策，而是深刻反映出社会主义国民经济的内在要求。即使危机解除，"六稳""六保"也是我们经济发展必须长期坚持的底线，只有守住这道底线，我国社会主义现代化的步伐才能行稳致远。

五、底线连着天线：政治经济学的新功能

现代经济学已经演化出一个高深的理论体系，但再高深的理论，也不能没有对人类经济活动的底线认知。没有底线思维的经济学家，正如恩格斯当年批评过的："经济学家离我们的时代越近，离诚实就越远。时代每前进一步，为把经济学保持在时代的水平上，诡辩术就必然提高一步。"[①] 经济学家必须知道在为什么服务，应该看到，人们所钟爱的西方经济学"只不过构成人类普遍进步的链条中的一环"，"只不过替我们这个世纪面临的大转变，即人类与自然的和解以及人类本身的和解开辟道路"[②]。"两个和解"的方向，正是马克思主义政治经济学从底线思维出发的伟大预言。

底线思维是朴实的，能够揭示每个普通人都能感觉到的常识，而我们今天的经济学家缺少的恰恰是常识。

底线连着天线，离开底线的幻想只能是空中楼阁，从底线出发确立的目标才是真正的理想。共产主义美好理想，无一不是从底线思维出发的最高追求。政治经济学的新功能就是要率先说明：人的生命价值何在？人类生存发展的基本条件是什么？人类为什么进行经济活动？什么是更加美好的生活？如何实现人的全面发展？从而在生命安全、生活安全、生计安全和生物安全、生态安全底线范畴的基础上，构建现代化经济体系。新冠疫情为人类历史发展规律提供了新的佐证，人类面对共同的敌人，必须走向大同，实现"两个和解"，建立人类命运共同体。

（原载《前线》2020年第11期）

---

① 马克思、恩格斯：《马克思恩格斯文集》第一卷，人民出版社2009年版，第59页。
② 马克思、恩格斯：《马克思恩格斯文集》第一卷，人民出版社2009年版，第63页。

关于美好生活的政治经济学分析

美好生活是习近平新时代中国特色社会主义思想的重要用语。从党的十九大对我国社会主要矛盾作出的新表述，到十九届五中全会制定谋划新时代远景目标，再到十九届六中全会总结百年奋斗经验、开启现代化新征程，美好生活不断被提及和反复强化，成为一个重要的概念。习近平总书记指出："人民对美好生活的向往，就是我们的奋斗目标。"美好生活不但指示着民族复兴的方向，引领着人民生活的方式，同时也矫正着社会演进的偏差。在迎接党的二十大的历史时刻，我们有必要对美好生活这个新概念进行深入的学理分析，以加深对习近平新时代中国特色社会主义思想的理解，提高对美好生活内涵的认识和把握。

一、新时代的新范畴和动力源

美好生活一直存在于人民对理想生活的各种期盼和追求中，它可以是个人的，也可以是家庭的、社区的、族群的。美好生活作为一个国家的奋斗方向和发展目标，第一次出现在我们党的重要文件中。习近平总书记指出："中国特色社会主义进入新时代，我国社会主要矛盾已经转化为人民日益增长的美好生活需要和不平衡不充分发展之间的矛盾。"习近平新时代中国特色社会主义思想认为，"这个新时代，是全国各民族人民团结奋斗、不断创造美好生活、逐步实现全体人民共同富裕的时代。带领人民创造美好生活、实现共同富裕，是我们党矢志不渝的奋斗目标"[①]。可见，美好生活是和新时代紧密相连的新范畴。

作为社会主要矛盾的新范畴，美好生活比原来的"物质文化生活"有着更为宽泛和深刻的内涵。新中国经过70多年的艰苦奋斗，稳定解决了十几亿人口的温饱问题，摆脱了绝对贫困。随着小康社会全面建成，人民不仅对物质文化生活提出了更高要求，而且在民主、法治、公平、正义、安全、环境等方面的要求也日益增长。在这样的历史节点上，进一步把美好生活作为走向强起来的重要标志提出来，具有深刻的历史价值。美好生活作为中国进入新时代的新范畴，其内容丰富、具体、广泛、深刻，涉及经济、政治、文化、社会、生态多学科、多领域，迫切需要社会科学与自然科学各个学科展开深入的研究。

---

① 中共中央宣传部：《习近平新时代中国特色社会主义思想学习纲要》，学习出版社、人民出版社2019年版，第16页。

美好生活是社会主义现代化的动力源。西方现代化是在资本对利润的无节制追求中实现的，其在生产力快速发展的同时，阶级矛盾不断激化。有产者过着穷奢极欲的生活，而创造财富的劳动人民却不断陷入贫穷、苦难之中。中国式现代化是社会主义现代化，是中国共产党领导下劳动人民当家作主的现代化。我们的社会制度不允许靠牺牲劳动人民的利益搞现代化。纵观历史，我们党干革命、搞建设、抓改革，都是为人民谋利益，让人民过上好日子。对幸福生活的追求是推动人类文明进步最持久的力量。美好生活是新时代中国社会主义现代化的根本动力源。中国现代化进程要充分发挥资本的积极作用，同时有效控制资本的消极作用，将资本置于国家现代化总战略的框架中，使之服从和服务于美好生活的总体动力源。

二、中国特色社会主义政治经济学的核心范畴和学科使命

关于美好生活，政治经济学多有涉及，但其作为人类社会发展的最终目标，却始终没有成为政治经济学理论体系中的一个基本范畴。因为政治经济学的历史任务是针对无产阶级受压迫、被剥削的社会现实，揭示资本主义产生、发展及灭亡的历史规律。共产党人也始终把民族独立、人民解放作为最紧迫的使命，把劳动人民翻身解放、脱贫致富作为首要的、迫切的任务，但之前其对未来社会的理想生活只能是针对资本主义的弊端提出一些大致设想和模糊预言，这些设想和预言还不能够成为具体实施的清晰对象。马克思主义政治经济学认为，剩余价值规律是资本主义的基本规律；苏联政治经济学提出社会主义的基本经济规律是"用在高度技术基础上使社会主义生产不断增长和不断完善的办法，来保证最大限度地满足整个社会经常增长的物质和文化的需要"。我们的社会主义事业已经取得巨大成就，人民生活实现了全面小康，国家迈向现代化新征程。今天，我们应如何表述新时代中国特色社会主义的基本经济规律呢？既然美好生活已经成为社会主要矛盾的重要方面，政治经济学就应该对美好生活范畴的内涵、外延及其基本特征、发展趋势和演变规律提出自己的学理判断，并以美好生活的范畴为核心，构建中国特色社会主义政治经济学的学科体系。

那么，应如何认识和把握美好生活的基本内涵呢？生活是政治经济学的出发点，包括表现为生产活动和消费活动的人类全部经济过程。恩格斯把人的需要分为生存需要、发展需要和享受需要。马斯洛提出了人的需求五层次说，从生理需求、安全需求、社交需求到尊重需求、自我实现需求逐级提升。他们都揭示了人类生活由低到高的层次性。美好生活应该属于人类在满足低层次需要后，超越谋生需要，进入满足更高级需要的高层次生活。美好生活关系着共产党人的奋斗目

标，与其追求共产主义的最高理想是一致的。马克思主义预言："在那里，每个人的自由发展是一切人的自由发展的条件。"① 人类未来社会必将是"一切生活必需品都将生产的很多，使每一个社会成员都能够完全自由地发展和发挥他的全部力量和才能"②。马克思主义对共产主义的预言，揭示了美好生活的真谛和最高境界，是政治经济学的天线思维。虽然我们现在仍处于社会主义初级阶段，还不具备人人都可以进行"自由的生命活动"的历史条件，但全体人民是美好生活的不变主体，一个不能少，不能是一部分人生活富足、大部分人生活拮据，更不能是一些人的美好生活建立在其他人的苦难之上。人的全面发展的方向不能改，随着社会主义现代化不断推进，人的片面性将越来越少，每个人都会得到越来越全面的发展。

美好生活范畴提出的现实基础是中国已经全面建成了小康社会。"忍饥挨饿、缺吃少穿、生活困顿这些几千年来困扰我国人民的问题总体上一去不复返了，中国人民迎来了从温饱不足到小康富裕的伟大飞跃"③，美好生活是全面建成小康社会后的新追求。"进入新时代，人民对美好生活的向往更加强烈，期盼有更好的教育、更稳定的工作、更满意的收入、更可靠的社会保障、更高水平的医疗卫生服务、更舒适的居住条件、更优美的环境、更丰富的精神文化生活，期盼孩子们能成长得更好、工作得更好、生活得更好。"④ 这里，不仅给出了时下美好生活的具体内容，而且指明了美好生活是满足生存的基本需要后提出来的更高追求。美好始终具有相对性，超越生存底线后总会不断提出新的、更高的目标，所以一般都会在美好之前加上"更加"的修饰词，不断提升、永无止境。

美好生活不能仅仅理解为消费，而是包括生产在内的人的全部生命活动。从经典作家对劳动的认识中可以窥见马克思主义的美好生活观。其区分社会主义与共产主义的一个重要标志就是：劳动从谋生手段进化为生活第一需要。其实，在人类社会发展的进程中，一部分社会成员已经在谋生过程中发现劳动的乐趣，把创造性劳动作为生活的第一需要了。他们已经把谋生的职业与生命价值融合在一起，在谋生劳动中展示人生精彩。在共产主义社会中，则是人人都把劳动作为生活第一需要。美好生活意味着生命价值的升华。

美好生活是中国特色社会主义政治经济学的核心范畴，对学科体系各方面都

---

① 马克思、恩格斯：《马克思恩格斯文集》第二卷，人民出版社 2009 年版，第 53 页。
② 马克思、恩格斯：《马克思恩格斯文集》第一卷，人民出版社 2009 年版，第 683 页。
③ 中共中央宣传部：《习近平新时代中国特色社会主义思想学习纲要》，学习出版社、人民出版社 2019 年版，第 45 页。
④ 中共中央宣传部：《习近平新时代中国特色社会主义思想学习纲要》，学习出版社、人民出版社 2019 年版，第 45 页。

有着深刻的影响。恩格斯曾尖锐地指出,自由主义的经济学家自己也不知道他在为什么服务,"他不知道,他的全部利己的论辩只不过构成人类普遍进步的一环。他不知道,他瓦解一切私人利益只不过替我们这个世纪面临的大转变,即人类与自然的和解以及人类本身的和解开辟道路"①。政治经济学的学科使命就是实现"两个和解",其余一切论辩都只是人类进步中的一环,而"两个和解"的实现正是人类美好生活的开篇。我们以美好生活的新范畴构建中国特色社会主义政治经济学的框架,就是在开创政治经济学的新境界,完成政治经济学的学科使命。

以马克思主义的美好生活观去观察人类进化过程,我们会发现人类在追求幸福生活中推动人类文明进步发展,同时也会看到偏离美好生活的异化现象和歧途。人生观、价值观和世界观不同,可能对美好有着完全不同的理解和判断。一些人眼中的美好,对另一些人来说则是丑陋。一部分人追求的所谓美好,可能正在伤害大部分人的美好。因此,必须明辨美好生活的是和非,这是政治经济学的历史责任。美好生活的正道是以全体人民的共同富裕和人的全面发展来展开的。马克思主义强调的"人人""每个人""一切社会成员",就是今天我们党强调的全体人民,而不是部分人、少数人、一些人。当然,在创造美好生活、实现共同富裕的道路上,会有先富和后富、美好生活程度的不同,但我们绝不允许贫富差距持续拉大、生活水平差异固化的现象永久存在。美好生活意味着每个人都能自由发展,可以释放潜能、彰显个性、尽展人生精彩,但也必须遵循社会的公序良俗和规则秩序。美好生活充分尊重个人的自主选择,保护人们生活方式的差异性和丰富多彩,但也不是各行其是的无政府主义;该放开的放开、该统一的统一,既有个人心情舒畅又有统一意志。美好生活必须建立在良好的公民素质和道德约束上。其重要原则是:个人在追求自己的美好时,绝不能伤害他人和集体的美好;人类在获取自然资源时,绝不能破坏生态环境;对稀缺的公共资源,绝不许私人过度占有和使用;任何人、任何时候都不应该浪费任何资源和财富,即使个人所有,也没有浪费的权利。美好生活的歧途出现在对美好生活的误读和误导上。作为消费者必须弄清美好生活是什么不是什么。一些人误以为,美好的东西只是满足于一时的感官刺激,其实这些并不利于人的身心健康;作为生产者和商家不能唯利是图,为了金钱不惜诱导消费者进行畸形消费;科技创新要防止被资本所绑架,作出有损于社会文明进步的事情来;政府不能只图表面的虚荣和政绩,而忽视给人民带来实实在在的利益。中国特色社会主义政治经济学应从"两个和解"视角,对美好生活给出自己的学理分析。

---

① 马克思、恩格斯:《马克思恩格斯选集》第一卷,人民出版社2009年版,第63页。

三、美好生活与新发展理念和高质量发展

新发展理念是强调以人为本的科学发展观的延续、深化和发展，以人为本是新发展理念的出发点。新发展理念离不开人民的利益，源于人们对美好生活的追求，所以，美好生活是新发展理念之灵魂。从创新发展来看，创新作为引领中国发展的第一动力，直接来源于人们对美好生活的追求。创新动力不仅来源于人民对美好生活需要的日益增长，也来自为满足美好生活的创新性供给。自由的创新活动本身就是美好生活，并且是最为美好的生命活动。资本主义运用先进科技的原则是资本的收益得失，常常因为利润和成本的算计而压制已有的发明创造；我国科学技术的创造和运用则完全服从于人民的利益，每一项创新都会被尽快运用到实践中，使广大人民受惠。我们的创新成果总是可以被尽快运用于人民生活的改善和提高。大众创业、万众创新成为推动经济社会发展的新动力。协调发展注重的是解决发展不平衡的问题，而新时代我国社会主要矛盾中的"不平衡不充分的发展"，针对的恰恰就是"人民日益增长的美好生活需要"。正确处理发展中的重大关系，不断增强发展的平衡性、协调性，归根到底还是美好生活的要求。绿色发展注重解决的是人与自然和谐共生问题，更是美好生活对生产生活良好生态环境的呼唤。开放发展是解决发展的内外联动问题，不仅在资源要素和生产能力上取长补短、优势互补，而且是人民享受世界文明成果、提高生活水平之需。共享发展是中国特色社会主义的内在要求，直接和美好生活相关，其关注和解决的是社会公平正义问题，推进共同富裕正是美好生活的题中之义。美好生活是新发展理念的灵魂。

美好生活与高质量发展具有高度的内在统一性。高质量发展是高水平供给与高水平需求的有机契合，高质量发展本身就蕴含着美好生活之意。正如恩格斯在探索未来社会时提到的："人人也都将同等地、愈益丰富地得到生活资料、享受资料、发展和表现一切体力和智力所需的资料。"这里，既包括极大丰富的物质资料、公平分配方式，也包括了美好生活的需求。所以，美好生活的实现不能仅靠供给侧发力，而一定是供给侧与需求侧合力的结果。解决温饱问题的小康社会建成后，高品质生活和消费升级已经成为现实的需求。因此，美好生活就为高质量发展提供了新路径。一方面，只有高质量发展才能为美好生活提供必要的条件，才能满足美好生活的需求；另一方面，也只有美好生活才能产生高质量发展的动力，激发高质量发展的热情。

（原载《前线》2022 年第 1 期）

关于开展新时代美好生活大讨论的建议

人民对美好生活的追求，是新时代经济发展的根本动力。但从普通老百姓到社会精英，从政府到企业，人们对美好生活的理解却不尽相同。中国新时代社会主义现代化的发展，亟待对美好生活的奋斗目标取得基本的认同。北京作为首善之区，应该率先对美好生活有一个科学、理性的认识和把握，以京城美好生活的示范引领全国对美好生活的追求。为此，建议北京开展一次美好生活的大讨论，充分交流不同观点，取得共识，矫正各种偏误，激发经济活力，保持健康方向。改革开放的一条重要经验，就是通过社会主义生产目的大讨论、按劳分配规律大讨论、价值规律大讨论、真理标准大讨论等为改革实践开辟道路。我觉得对以下若干问题的探讨，具有深刻的现实意义和理论价值。

1. 什么是美好生活？它有哪些必备的实现条件和环境？
2. 人民对美好生活有哪些基本的共同需求？
3. 不同阶层、不同行业、不同职业对美好生活有哪些不同需求？
4. 各个年龄段的群体对美好生活的理解和追求都是怎样的？
5. 哪些是对美好生活的误读和异化，需要进行纠偏和矫正？
6. 供给侧如何为美好生活提供高品质的商品和服务？
7. 科技创新如何引领美好生活？
8. 政府如何为美好生活提供公共产品和公共服务？
9. 如何形成倡导科学、理性美好生活的生态环境？
10. 如何形成有效抵制、遏制偏离美好生活的舆论环境？

专此建议，仅供参考。

(原载《首都高端智库专报》)

京城培育新型消费 首善引领美好生活

消费在新发展格局中占有重要地位，在新发展阶段中充满时代特点，彰显着新发展理念的耀眼光芒。首都北京作为全国的首善之区，在国家全面促进消费的战略部署中，应该率先行动，做出表率，探索新型消费，以新消费模式和新消费风尚引领全体人民对美好生活的新追求。

一、新视角：消费的双重属性

消费既是生产的终点，实现社会再生产的最终环节，又是满足人们需要的直接行为，形成社会再生产的源动力。人们为了满足需要而消费，为了获得消费资料而生产，消费在人类与自然物质变换的经济活动中起着重要的基础性作用。但消费这个基础作用在市场经济中不断异化，变得愈来愈模糊不清。人们从事经济活动的直接目的似乎不是为了消费，不是生产成果的使用价值，而是为了价值、利润和财富。经济学家往往从驱动经济增长的视角，将消费作为与投资、外贸并列的"三驾马车"之一，消费成为经济增长的手段。消费究竟是满足需要的手段，还是经济增长的手段？不同的主体有不同的利益，也有不同的视角，答案也不尽相同。对此，我们必须从理论上厘清消费"双手段"的功能，但在现实中展示出来的却是消费的双重属性：消费既是手段，又是目的。作为经济增长的手段是显性的；作为满足需要的手段，则以最终目的隐藏其后。我们在提倡促进消费时，必须清醒地认识到：在畅通国内大循环中，消费既是四个环节（生产、分配、流通、消费）的终点，又是再循环的起点；不能把消费仅仅作为手段，只有从消费作为目的的"初心"出发，才能不被表面现象所迷惑，实现国民经济的良性循环。"房子是用来住的，不是用来炒的"这句朴素的实话，揭示的却是消费异化的深刻道理。

促进消费，无疑是扩大内需的手段。但我们还应进一步追问，为什么要扩大内需？这样就会发现，如果我们仅仅是满足于销售量的扩大，在乎的是商品零售总额的提高，却对退出流通的商品是否真正进入消费是否真正满足了人们的切实需要不闻不问、漠不关心，那么内需的表面扩大，就会埋下经济恶性循环的祸根。促进消费，不仅仅是商家的事，更是关系着千家万户切身利益的政府责任。因为，消费归根结底是人民实现更加美好生活的基本途径。促进消费，不仅仅是为了扩大内需，更是为了提高人民生活。我们只有从消费这个双重属性的新视角出发，才能科学认识和辩证把握促进消费的战略意图和战略价值。

人民群众的幸福感、获得感、安全感是在消费中真真切切体会到的。

因此，促消费，绝不能只是"买！买！买！""买呗！"的鼓动，而是要实实在在地满足人民群众"急难愁盼"的切实需要。商家不能只盯着消费者的钱包，而是要走进消费者的心里，体会消费者的感受；要站在消费者立场、从消费者利益出发，为消费者需要着想，而不能单纯利用消费者购买冲动心理促销。全面促进消费，不能只看对经济增长的作用，更要看对改善人民生活品质的作用；不能只是商家利益拉动，更要靠消费者利益驱动。促销（售），不等于"促消"（即促进消费）；全面促进消费，最终必须体现在人民群众在消费中真真切切的感受上。

二、新型消费：京城促进消费的着力点

只有从以上新视角出发，才能真正理解全面促进消费的重要意义，才能把加快培育新型消费落到实处。

所谓新型消费，是相对于传统消费而言的，其表现在新消费对象、新消费手段及其与消费主体结合的新消费方式上，消费与生产、流通、分配的新衔接方式上，消费与科技、信息、文化和数字经济的新融合方式上，等等。

京城促进消费，必须着眼培育新型消费。首都北京，有着培育新型消费的独特优势。这个优势表现为对新型消费的潜在需求和供给潜能上。

从新型消费的潜在需求看，北京已经进入高收入阶段，经济结构高级化，购买力不断提升，具备消费升级的经济基础；随着生活水平的提高，北京人在多年形成的传统消费习惯的基础上，渴望更安全、更放心、更便捷、更个性、更多样、更高雅、更讲究、更享受；北京人消费生活求新、求变，对高端、时尚、品位的追求日益迫切，特别是在文化、教育、艺术、康养、旅游、娱乐、休闲等新型潜在消费需求上更为突出迫切，而这些潜在需求释放不足，存在很大开发空间。

从新型消费的供给潜能看，北京人才济济、信息畅通，总能够及时创新，吸收、融合、转化，为新型消费提供技术支持；北京有着快速孵化、全产业链支持和金融支持，其网络化、信息化、数字化、智能化等新基建走在全国前列。特别是，开放的北京经济可以为消费者提供全国乃至全球的消费供给。

京城促进新型消费的着力点在于：释放新型消费的潜在需求；挖掘新型消费供给潜能，把两者有效结合起来，为消费创新提供良好环境和政策支持。

如何把潜在的需求释放为现实的需求？首先，要畅通消费者需求信息渠道，

使需求信息能够及时、快速、准确传递给供给者或发布于公共平台。其次，要建立从消费者利益出发的消费需求研究机构（不是商家），超前发现消费者真实消费需要，探寻消费规律，形成聚焦消费者的消费学科，为指导消费行为、引导科学消费和理性消费提供学理支持；再次，要形成对消费问题持续关注的社会舆论，使消费者的"急难愁盼"成为社会关注的热点和焦点，消费问题的暴露和解决，往往是新型消费形成的动力。最后，要推动消费设计的发展，形成消费求新与供给出新的良性互动、不断推陈出新的良性循环。

如何才能形成新型消费的有效供给呢？首先，在日益兴起的"互联网+"的潮流中，要积极提倡各方面主动对接的"+消费"，使互联网、信息化、智能化、数字化等各种不断出现的科学技术主动与消费对接，促进新型消费的生成；其次，要提倡捕捉瞬息万变的机会，及时推出消费创新，如在新冠疫情期间对传统消费形成限制和阻碍的情况下，就催生出众多"线上消费""线上旅游""无接触售货"等新型消费方式；最后，应以创意产品和创意服务，满足人们特别是青年消费者的个性需求。

此外，"老字号"应利用新科技实现传承中的创新，"新京品"应不断推陈出新，打造新品牌。

供给带动新型消费，还要特别警惕一些商家单纯从追求盈利出发，把消费者引入歧途的所谓"新型消费"或陷入营销陷阱的"新套路"。

京城培育新型消费，要特别关注新型消费主体，也就是新一代的消费主体。新生消费主体不仅有着不同于老一代的消费创新需求，而且往往与创新消费的供给密切联系在一起。养老消费的主体虽然是老年人，其消费欲望虽然没有年轻人那么旺盛，但也呈现出新型养老消费的新特点；而风华正茂的青年，创新本身就是他们的需求。

总之，通过新型消费促进消费增长是北京的独特优势。

三、首善之善：消费新风尚的引领作用

北京作为国家首都，是首善之区。何为首善？首善者，就是最好的地方，模范之地。城市之善，内在于的城市的品质，公平、正义、和谐、美丽是其基本内涵，外化于城市运行的各个方面。城市消费之风尚，就是其品质的彰显。美好生活的模范，可以说是首善的第一标识。首善必然呈现一流的消费新风尚。

人民对美好生活的追求，是新时代经济发展的根本动力。北京作为首善之区，就要以消费新风尚引领全国对美好生活的追求。

美好生活是个相对概念，其标准会随着经济发展水平不断提升，同时也必然

存在由人文历史、地理环境条件所形成的制约。后小康时代的中国，在现代化进程中，在社会主义核心价值体系指导下的美好生活，必然与新发展理念高度契合。创新消费、协调消费、绿色消费、开放消费、共享消费，共同构成消费新风尚。要在北京促进消费，就要形成体现新发展理念的消费新风尚。

美好生活之美好，除了生活水平的富足外，还带有强烈的价值判断。北京作为社会主义国家的首都，其美好生活必须体现出社会主义核心价值观的要求。全体人民的共同富裕，是社会主义核心价值观的要求。因此，消费虽然会呈现消费水平的差异化，但绝对不允许有悖公序良俗、破坏生态资源、损害公共利益和败坏社会风气的消费滋生和蔓延。

作为现代化进程中的美好生活，必须展示出新发展理念的各项要求。消费是贯彻落实新发展理念的重要组成部分，消费新风尚必然体现出新发展理念的各项要求。创新消费不仅体现在消费新模式、新业态等新型消费上，而且直接体现在科技在消费的运用上，更体现在消费功能的升华上，即消费开始由被动消费向主动消费、自觉消费、新型消费等转化、升级；协调消费不仅体现在个人和家庭收入与支出、吃穿住用行等各方面消费的协调，而且体现在消费与国民经济各方面、各环节的协调上，更体现在消费与生态环境、自然资源的协调上；绿色消费，主要是强调消费必须促进人与自然之间的友好、平衡，而不是损伤和破坏；开放消费，既要使人民享受到来自国内外的产品和服务、品尝世间各种各类美味佳肴、观赏异国风光美景，又要欢迎国际加入国内的消费，同享中华文明，形成国际国内的双循环；共享消费，提倡经济发展的共同建设、共同享有，特别是公共消费的发展。

新发展理念在消费中的贯彻，为新时代的消费应该提倡什么、反对什么、禁止什么提供了根本的遵循，从而形成新时代的消费新风尚。消费新风尚是北京城市彰显首善的第一标识。北京应该以消费新风尚率先示范共同富裕的美好生活。

消费新风尚具有示范、引领作用，其主要体现为以下几个方面。

(一) 讲究消费品位

人的消费在满足维持生存的温饱需求后，必然产生更高的追求。我国后小康时代的高质量发展，必然包括高质量消费。确保消费品质、提升消费品位是高质量发展的根本目标。首先，是品质消费。人们的消费在货真价实、安全可靠的基础上，会进一步提出不但吃得饱、还要吃得好的要求，实现消费从"将就"到"讲究"的历史性跨越，过去追求优质优价、讲究名牌消费的少数人专利会成为多数人的风尚。其次，是品位消费。人们的消费在得体消费、体面消费基础上，会进一步讲究时尚消费、高雅消费、艺术消费、情趣消费。再次，是文化消费。既包括表现为消费对象的文化产品和服务，也包括传统消费中不断提升的文化意蕴和文化含量；既有民族文化特色、地域文化特色，又有包容各种文化特色的消费，如时下不断升温的新国潮消费、红色文化消费等。最后，是个性消费。相对于传统消费形成的消费惯性，消费个性化越来越成为超越温饱后消费升级的新趋势。超越工业化派生的整齐划一的标准化消费，会产生越来越多的规模定制等多彩性消费，早年间为人量体裁衣的裁缝可能会重新回归社会。个性消费不仅是个人的个性，而且包括群体的个性、民族的个性、地域的个性。此外，还表现为多元消费、包容性消费等。

(二) 在意消费环境

随着人们对消费品位越来越讲究，随之而来的必然是开始在意消费环境。在意消费环境会成为消费新风尚的又一个显著特征。在住有所居的基础上，人们还会进一步要求室内居住环境宽敞、整洁、人性、便利，室外环境优美、设施完备、交通便捷。对消费环境的在意，不仅内生于消费者个人，而且会形成消费者群体的整体在意，进而通过政府的主动作为，成为一种外在的社会压力（也是动力）。内在动力与外在压力的有机融合，必然生成在意消费环境的消费新风尚。消费环境是个与消费直接和间接相关的大系统，既包括自然生态环境，也包括社会人文环境。从整体的生态环境、公共服务、基础设施，到局部的社区管理、生活服务、安全卫生，再到遵纪守法、相互关爱的公序良俗，直至到个人家庭的垃圾分类。所以，对消费环境的在意，既表现为每个人的在意、家庭的在意，也表现为社会的普遍在意、整体在意，从而形成整个城市的消费新风尚。

(三) 抵制消费异化

市场经济是利益驱动的经济，不可避免地会出现经济对消费的异化。尽管商家不断打出"消费者是上帝"的旗号，学者也极力论证"消费者主权"，但现实生活让人们真实感觉到的却是"生产者主权"，买的不如卖的精，在市场经济中，似乎消费者始终是弱者。诚然，人们美好生活中，有相当一部分是由生产者率先创造并生产出来的，激发起人们新的兴趣，进而引起对新产品的需要，推动了人类的文明进步。但仍有一些商家，出于单纯的赚钱动机，把消费者的消费引入歧途。然而，我们的消费者往往并不清楚自己的真实需要，总是像玩偶一样被牵着鼻子走，使自己的消费偏离真实需要，逐步走向异化。所谓消费异化，是指在生产者主权的条件下，只对商家有利、对消费者无益、对社会有害的消费行为，但消费者对此却全然不知。例如，盲目消费、挥霍消费、浪费消费、低俗消费、虚荣消费、炫耀消费、奢靡消费等，虽然这在表面上使消费者的虚荣和某种情绪得到了一时满足，但冷静下来看却发现，其对消费者的身心健康却没有任何益处。更有甚者，有些颓废消费、刺激消费、野蛮消费在不良商家的推波助澜下，导致严重扭曲的消费异化。社会主义市场经济以全体人们利益为根本动力，为消费者主权的实现提供了制度可能。在消费异化的现实面前，社会主义市场经济必须形成自觉抵制消费异化的合力。首先，是消费者对消费异化保持的冷静认知、主动抵制；其次，是生产者能够坚守为消费者利益服务的本真，自觉克服唯利是图的冲动；再次，是社会形成对不良商家的谴责，保持及时揭露、勇于批评、媒体监督的强大舆论；最后，是建立保护消费者利益的严格法律制度。只有多管齐下，有效运作，才能形成真正抵制消费异化的消费新风尚。

（四）把握消费价值观

消费新风尚的形成，还在于整个社会要对消费价值观形成广泛共识。消费必须以人为本，促进人的全面发展，实现家庭幸福、社会和谐；必须有利于激发积极性，促进经济发展，实现社会全面进步；必须有利于资源节约，促进与自然和谐、环境友好，实现生态文明。具体有以下几个方面。

其一，科学消费。消费要基于三个基本认知：即基于对消费客体的科学认知，对消费主体自身需要的科学认知，对消费环境的科学认知。这样才能真正做到健康消费、安全消费和绿色消费。

其二，理性消费。这是指消费者基于对自身的心理缺陷和商家套路诱惑的清醒认知而保持的消费理性。做到理性消费并不是一件容易的事，人们的情绪和心情往往对消费行为有着决定性影响。理性消费就是既释放消费激情，又不做有损健康、有损财产、有损生态、有损社会的事，也就是能自觉克服盲目消费、愚昧消费。

其三，文明消费。要意识到个人消费绝不只是自己的事，必须兼顾他人、形成公序良俗；个人消费的同时必须尊重他人、必须尊重自然，在文明消费中形成社会主义的消费文化。

四、公共消费：共同富裕的显性标志

收入差距虽然是个分配问题，但分配的实现，最终是通过消费完成的，消费的状况体现着真实的收入差距。共同富裕是社会主义的本质要求，有着多方面的实现方式，其中公共消费是最为显性的实现方式之一。市场经济中的公共消费与资本主义的内在属性相悖，其不同于私人消费，排斥竞争，所有人不分阶级、不论地位，公共占有，人人享有，不具有排他性。在资本尚存、收入差距短期难以缩小的现代经济中，公共消费是最能体现社会主义要求的消费方式，现代资本主义如此，社会主义市场经济更是如此。公共消费是典型的共享经济。社会主义市场经济在所有制结构上与资本主义市场经济相比，有着根本的制度优势，前者不仅能确保收入分配整体上的社会主义性质，而且能为公共消费提供更为可靠的供给保证。

一个城市的消费风尚，集中体现在由私人消费和公共消费有机结合在一起的消费秩序上。公共消费与私人消费互为基础和前提，一座城市任何时候都不可能没有私人消费，同时须臾也离不开公共消费。没有公共消费，私人消费会遇到极大的限制和制约。公共消费为私人消费提供增长和发展的必要条件。现代化城市的消费现代化，往往是靠公共消费来带动的，这恐怕也是一个社会发展规律。

对社会主义中国的首都来说，公共消费的发展有着特别重要的意义，其可以有效推动贯彻新发展理念，为消费创新和消费新模式提供体制和机制的路径。围绕公共消费，可以有效带动培育和塑造消费新风尚。

公共消费由于其具有再分配的功能，所以还能够抑制脱离国情的奢华消费，有效缩小初次分配的收入差距，助力共同富裕的实现。对于过多占有公共资源的私人消费，如私人游泳池、私人机场等应该明令严禁；对于占有较多公共资源的私人消费应该课以重税。随着经济发展和财力的增加，首都北京应该逐步扩展面向大众的公共消费设施，提高京城公共消费水平。

京城的公共消费，应该打造成为全国最好的公共消费，从而以公共消费的创新带动新型消费，并进而推动消费全面发展，以消费新模式和消费新风尚引领全国人民对美好生活的不断追求。

（为首都高端智库撰文）

合理消费：生态文明的源头

党的十八大报告首次将"生态文明建设"列为独立部分论述，与经济建设、政治建设、文化建设、社会建设并列为建设中国特色社会主义"五位一体"的总布局，并强调要把生态文明建设放在突出地位，融入其他四个建设的各方面和全过程。报告中提出"形成节约资源和环境保护的空间格局、产业结构、生产方式、生活方式，从源头上扭转生态环境恶化趋势"。同时第一次提出"合理消费"的概念，对之寄予形成社会风尚和良好风气的厚望。对此，本文仅就生活方式、合理消费与生态文明建设的关系进行理论探讨。

一、生态恶化与生活方式

当前，中国在持续高速的经济发展中，面临着资源约束趋紧、环境污染严重、生态系统退化的严峻形势。人们面对生态恶化，一般只注意到生产方式对生态的破坏作用，而忽略了生活方式同样对生态起着破坏作用。消费是人类生活的重要方式；但消费不等于生活，更不是生活方式的全部。消费本来应该是服务和从属于人的需要的，但在市场经济中，其作为社会再生产的最后一个环节，却更多地表现为生产的实现，服务和从属于生产的价值追求和利润追求。从理论上来说，市场的供给只有当其满足市场需求时，商品的价值才能实现，但在实际生活中，对利润的追求却可以诱导消费、主导消费，使消费异化，使消费者迷失，改变人们的生活方式，让人们的生活和消费顺从生产。因此，我们必须清醒地认识到：来自生产对资源和生态的直接破坏，最终还是由消费实现的，消费不但实现商品的价值和利润，也实现对资源的耗费与生态的退化。扭曲的生活方式成就了生态恶化。正如巴里·康芒纳指出的，"工业社会消费驱动的生活方式比起人口规模来更是环境破坏的根源"[1]。未来学派欧文·拉施洛指出的"如果53亿人全部毫无顾忌地消耗自然财富，那么地区在一代人的时间里就会流尽最后一滴血"[2]。

由此，我们可以发现，面对生态恶化的现实，生活方式已成为生态文明建设的源头。如果我们能从源头抓起，以合理消费的理念从事消费活动，自觉抵制扭曲的生活方式，则生产方式对生态的破坏就会成为无源之水。合理消费的生活方式一旦

---

[1] ［美］丹尼尔·贝尔著，赵一凡等译：《资本主义的文化矛盾》，三联出版社1989年版。
[2] 转引自：徐谋昌：《创造美好的生态环境》，中国社会科学出版社1997年版。

建立，就会对生态文明建设发生根本作用，也将对经济发展方式的转变产生关键的作用。

二、消费方式与生态文明

通过以上分析，我们可以看到：人类的消费方式有两种：一种是由生产需要主导的消费方式；另一种是由生活需要主导的消费方式。前者只注重物质财富的消费，忽略生活质量和生活环境；后者则必须既注重生活富裕，又注重经济发展对生活质量和生活环境的影响。前一种消费方式是传统经济发展方式的必然产物，而新的发展方式呼唤后一种消费方式。转变经济发展方式意味着也必须转变消费方式。

我国人均资源不足，人均耕地、淡水、森林仅占世界平均水平的32%、27.4%和12.8%，石油、天然气、铁矿石等资源的人均拥有储量也明显低于世界平均水平同时，由于长期实行主要依赖增加投资和物质投入的粗放型经济增长方式，能源和其他资源的消耗增长很快，生态环境恶化的问题也日益突出。人类社会的发展实践证明，如果生态系统不能持续提供资源能源、清洁的空气和水等要素，则物质文明的持续发展就将失去载体和基础，进而整个人类文明都会受到威胁。

生态文明建设是"五位一体"建设目标的重要组成部分。"五位一体"建设目标共同支撑着中国社会的全面进步。生态文明建设融入经济建设、政治建设、文化建设和社会建设各方面，贯穿经济建设、政治建设、文化建设和社会建设全过程。生态文明不但要求文明生产，也要求文明消费，而文明消费直接表现在消费方式上。

传统消费方式以物质主义为原则，以高消费为特征，其认为更多地消费资源就是对经济发展的贡献；生态文明却致力于构造一个以环境资源承载力为基础、以自然规律为准则、以可持续社会经济文化政策为手段的环境友好型社会。实现经济、社会、环境的共赢，关键在于人的自觉性和主动性。生态文明的实现需要有一个与之相一致的新的消费方式，通过合理消费来实现可持续的经济发展。

三、合理消费的内涵和外延

所谓合理消费，我们认为其基本内涵是合乎人的需要、确保生活质量的理性消费。在市场经济中，在使用这个概念时，一般应该有三层含义：其一，消费要满足人的生存、发展和享受的需要，有利于人的身心健康，使生活水平稳步提高；其二，消费的支出控制在既定收入水平之下，收支平衡，既不是入不敷出，也不是过度节俭；其三，在一定消费水平基础上实现消费结构的优化，少花钱、多办事，以求消费效益最大。这些认识，以经济学的认知指导着人们消费支出的合理性，却忽略了确保生活质量的基本内涵。高消费，不一定就是高质量生活。消费只有确保生活质量，才是合乎理性的消费。消费总是在一定环境中的消费，总是在一定资源约束下的消费。如果资源告罄，则消费不可持续；如果环境污染，则消费什么都不放心；如果生态退化，则人的生存都面临危机，只是财富增加和商品丰富，只是消费支出能掐会算，又怎么能说是合理消费呢？人类发展至今，任何生产或者消费，已不得不面对人类生存的共同基础——生态环境。本文将合理消费定义为"合乎人的需要、确保生活质量不断提升的理性消费"，就在于要超越单纯的经济学原理，从人的需要出发，凸显确保生活质量所需的可靠资源供给和良好生态环境，即在环境不破坏、资源能承载的条件下，最大限度地使消费者得到实惠的理性消费。

合理消费的内在属性是理性消费，理由在于，其一，消费必须保证人类生活的资料来源和生存环境，其二，选择与个人收入相匹配的最大效用组合。改革开放以来，我国告别了短缺经济，利润驱动的市场推动了消费的极大繁荣，促进了经济持续高速增长。但由于不懂合理消费的大道理，对资源环境造成了巨大的破坏。在此仅举一例：被视为吉祥如意的发菜，虽然它满足了人们取其"发财"谐音、图吉利的消费需求，但发菜的过度食用，使草原植被大面积破坏。经调查计算，每生产 1.5~2.5 两发菜，即需要搂 10 亩草场，而 1.5~2.5 两发菜的收入为 40~50 元，也就是说，40~50 元的发菜收入破坏了 10 亩草场，导致草场 10 年没有效益。与之伴随的是严重的沙化、旱灾、沙尘暴的加剧，使我们的生存环境受到巨大的负面影响。

四、清醒认识非理性消费

提倡合理消费，就要弄清它的反面——非理性消费。所谓非理性消费，就是只知道消费的部分小理、不懂得消费的大理；或者就连大理、小理都不懂，而只是凭着感觉，或任由外部引诱和从众的消费行为。当前，非理性消费的现象非常普遍。随着对外开放的深化，消费主义作为一种消费观念已进入我国并正大行其道。这种物质消费至上的观念，轻视精神生活和人的全面发展，其消费大大超出或扭曲自身的实际需要，造成资源的过度消耗和环境的巨大破坏。其表现主要包括以下几个方面。

（一）超越资源约束和生态承载的破坏性消费

在中国这个人口众多、资源短缺的国度，消费中却存在着资源的极大浪费，甚至存在对资源掠夺式的消费，从而导致一些稀缺资源濒临告罄。如现今，过度包装（如月饼包装、保健品包装等）、一次性消费、公款吃喝等造成大量资源浪费，并严重侵害消费者权益，误导消费观念。据统计，中国包装废弃物的年排放量在重量上已占城市固体废弃物的1/3，而在体积上更达到1/2之多，且排放量以每年10%的惊人速度递增。此外，"一次性消费品"虽然很大程度上满足了当前社会中人们对"卫生、方便、快捷"服务的需求，但随之带来的是对资源的巨大浪费以及环境污染的加剧。单就一次性筷子的消耗来看，我国每年使用一次性木筷450亿双，需要砍伐掉约2 500万棵树，年耗林木资源达166万立方米。

另外，生物的多样性有益于人类，保护生物的多样性是生态环境保护的重要内容。以鱼翅消费为例，不少人视之为身份和品位的象征。但据联合国粮农组织估计，每年将近有1亿条鲨鱼被捕杀，一些种类鲨鱼的数量在过去50年内已经减少了80%[1]。100年前，体重可达150吨的蓝鲸在大西洋的数量为20万头，而今数量已不到1 000头[2]，难以延续该物种的生存，对生态的平衡造成很大的挑战。"越来越多的事实表明……不可持续的消费形态对有限的能源、资源已构成巨大压力，尤其是……不合理的生活消费极大破坏了生态环境，由此危及人类自身生存条件的改善和生活水平的提高。"[3]

消费的可持续性源于大自然所提供的物质和能量，即消费的资源禀赋约束，而人类消费活动的外部性使得资源性产品供给难以为继。

（二）盲目、冲动、炫耀的过度型消费

我们的国家并不富裕，但在一部分人和一部分地区尚未脱贫的情况下，却存在相当数量的过度消费。以奢侈品消费为例，根据2011年世界奢侈品协会发布的最新报告，中国内地2010年的奢侈品消费市场总额已达到107亿美元，占全球奢侈品消费份额的四分之一。该报告还预测，2012年中国的奢侈品消费额度将超过日本，成为全球第一大奢侈品消费国。对照贫困人口所占比重，中国科学院最新完成的《2012中国可持续发展战略报告》提出，中国发展中的人口压力依然巨大，按2010年标准贫困人口仍有2 688万，而按2011年提高后的贫困标准（农村居民家庭人均纯收入2 300元人民币/年），中国还有1.28亿的贫困人口，这显然不符合我国国情。另外，人们受广告影响，在降价、折价、代金券、

---

[1] 林威昉：《姚明、李宁、刘欢等携手"护鲨"，姚称一向拒食鱼翅》，人民网2006年8月2日。
[2] 来自百度百科词条《蓝鲸》。
[3] 国家环境保护局：《中国21世纪议程——中国21世纪人口、环境与发展白皮书》，中国环境科学出版社1994年版。

赠品积分等减价促销手段的诱惑下，经常冲动地购买一些无用的商品。

这种过度消费，一方面，超过人的正常需要，劳动产品的边际效用递减甚至为零，加重了生产的负担，浪费了资源，导致了快买、快扔的"抛弃型"浪费行为，以致多种时尚产品的设计使用寿命被人为缩短，并造成资源大量消耗。另一方面，扩大了收入分配不公的负面效应，人们对收入差距过大的不满，往往不是来自晒工资单的比较，而是对消费差距的直接感受。中国自古以来就有对"朱门酒肉臭、路有冻死骨"的强烈谴责，今天，我们仍应提高对过度消费的警醒。

（三）消费不足

消费不足即指消费者将相当部分收入用于储蓄，而消费水平仍然停留在较低层次的现象。消费不足虽然没有直接过多的占用或消耗资源，但使已经生产出来的产品价值不能实现、使用价值不能有效利用，间接造成资源的闲置和浪费；同时，也没有实现与收入相匹配的效用最大化选择，从而制约了生产发展和生活福祉的提高，成为另一种非理性消费。其表现主要有以下几种。

第一，旧的消费习惯。一些消费者保持着过去消费习惯的惯性，虽然收入大幅增加，但仍不愿改变既定消费结构与方式；第二，节俭消费观念。一些消费者受父辈"过紧日子"的教育和影响，把节俭看作是一种美德，只有当物品出现破损至无法再使用时，才会有购买新商品的需求；第三，过度悲观预期心理。部分消费者对自己未来收入增长持过度悲观态度，其增加储蓄收入就是为了维持未来消费水平稳定。

从社会再生产的角度看，消费具有"承前启后"的效应，为生产创造需求，为生产提供市场，消费不足对经济发展有"瓶颈"的制约作用。从这个角度看，合理消费并不是压抑消费，合理消费包括消费水平的提高、消费量的增长与消费结构的优化。早在改革开放初，中央文件中就指出，艰苦奋斗、勤俭节约的美德在新时期不应该表现在人们生活消费上，而应该更多地表现在生产上。

由此，我们面临一个挑战性的问题，即如何辩证处理好合理消费与扩大消费的关系，创造条件使消费者在合理消费的框架下乐于消费、敢于消费。回答这一问题的关键在于扩大什么样的消费。对此，我们将另文论述。

五、非理性消费形成的机理

（一）消费主义价值观的影响

消费主义是20世纪中叶以来在西方发达国家普遍存在的一种生活方式、文化态度和价值观。在西方，消费主义有三种含义：一是保护消费者权益的运动，即要求在包装和广告上诚实无欺，保证产品质量，保护消费者知情权的运动；二是逐步增长的商品消费有利于经济增长的理论；三是对物质主义的价值观或财富的迷恋，崇拜并热衷于奢华消费的生活方式①。中国经济融入全球化潮流后，消费主义思潮也扩散至国内，但第三种含义的传播远超过前两种含义。随着商品符号和消费欲望所推动的消费行为日趋增多，消费主义生活方式对环境和能源造成的负面影响日益突出，一方面，导致人们在消费模式和生活方式上竞相攀比、冲动与模仿，为大量消费的模式奠定心理基础；另一方面，消费主义导致对消费时尚和流行产品的追逐，人为提高了产品更新换代的频率，导致资源浪费和废弃物增加；此外，消费主义导致的符号象征意义的增加，造成巨大的资源浪费。

（二）生产者主导的市场机制

在自然经济中，消费者与生产者两个角色合为一体。市场经济，生产者与消费者分离，企业直接参与资源的开发利用，消费者理论上是企业利用开发资源的引导者。但在生产主导的市场中，消费者是用脚投票的，生产者处于生产—经营—广告—消费—需要的链条中，其追求的往往并不是消费者所需要的使用价值，而是交换价值，它最终表现为剩余价值和利润，很多消费者盲从于商家的引领，把追求时尚作为消费指南。这也造成了长期以来粗放式的资源开发模式，对资源环境造成了很大的浪费和破坏，有些甚至超越了资源环境的承载度。

（三）媒体的误导

在市场经济条件下，信息是经济活动的重要媒介，其沟通企业和消费者的联系，对企业开拓市场、扩大销路有重要作用，对消费者发现新的消费对象、提供消费水平有着积极效应，同时也在倡导和影响着人们的消费观念，当然既可以是积极的，也可能是消极的。媒体对中国的经济发展发挥了极大的正能量，但我们也不能不承认，一些媒体没有对当前社会中扭曲的消费行为和错误的消费观念进行及时的校正，反而在一定程度上起到了推波助澜的作用。一些媒体不是辩证地看待西方发达国家的商品丰富、高档消费和生活享乐，而是一味地将其消费方式当作现代人理想的生活方式加以宣传，不加分析地渲染外国的消费方式，使得媒体宣传和倡导的消费行为越来越脱离我国国情和绝大多数消费者所能承受的能力。在各种媒体和舆论宣传的误导之下，扭曲的消费欲望越发膨胀，种种错误的

---

① 莫少群：《20世纪西方消费社会理论研究》，社会科学文献出版社2006年版。

消费观念大行其道，从而加剧了非理性消费和对生态的破坏。

六、消费自觉是合理消费的基础

怎样才能实现合理消费呢？针对消费异化的现实，必须克服消费方式的迷失，培养消费者的消费自觉，即"我的消费我做主"。当今时代是一个彰显个性消费的时代，消费者的衣、食、住、行已经不仅仅是为了满足物质上的需要，而是无一不在彰显着消费者的个性。通过消费来表达、传递信息，包括自己的身份、地位。多元化的时代，合理消费更需要消费者的消费自觉。只有形成全社会的消费自觉，才能奠定合理消费的基础。

消费自觉，是消费者能清醒认知自己的生活目标和消费目的，既能积极接受新事物，提高自己的生活品位，又能自觉抵制背离自己生活目标的种种诱惑；它是消费者能自觉把握消费的"度"，既在自己收入水平允许范围内敢于消费，不断提升自己生活水平和生活质量，又不超出自己的支付能力，为消费而消费，迷失生活目标；它是消费者主动担当起来的社会责任，在社会道德标准约束下，消费不仅有利于自己，而且有利于社会；它是消费者积极维护人类生存环境，节约资源、保护生态，既要为自己健康绿色消费，又要为社会发展保护生态。概括地讲，消费自觉包括动机目标自觉、高低适度自觉、社会责任自觉、生态意识自觉。有了消费自觉就可以实现合理消费，否则，消费不足将无法满足消费者对消费的数量和质量的需要，达不到应有的水平，过度的消费则会使消费成为唯一目标，即活着就是为了赚钱与消费。如果消费者只是为自己消费，而不承担相应的社会、道德责任，不论纲常，不问伦理，则将对消费者的生理、心理产生负面影响，对消费者也会形成一种无形的创伤，从而全然丧失了消费的社会意义。

消费没有生态环境的约束，即使是满足自己消费需求的消费行为也是不合理的消费。例如，消费者对野味的需求导致了野生动物被大量的捕杀；对一次性产品的需求导致砍伐森林现象严重，一次性垃圾堆积如山；对现代大工业产品的需求导致二氧化碳的过量排放，以致全球变暖，两极冰山融化，海平面不断上涨；等等。这些只是生态环境被破坏的案例中的冰山一角，但已充分证明这种不自觉的非合理消费行为将严重危及子孙后代的利益。

消费自觉主要体现在消费意识的自觉和消费维权的自觉。消费意识的自觉是在观念认识上应自觉地屏弃非理性高消费的愿望和行为，以一种既能确保自己的生活质量不断提高又不会对生态环境构成危害的消费意识，来约束自己的消费行为。一方面，要加强公民的生态消费教育和生态文明教育和宣传；另一方面，应界定清楚公众参与生态环境保护中的生态消费义务。

七、消费文化引领合理消费

市场对于生态文明建设的作用是极其有限的，自然资源和生态环境具有典型的公共物品属性，难以引入市场机制。界定出安全主体的成本很高，从而给"搭便车"的机会主义行为提供了充足的机会；也为居民不可持续消费模式提供了市场默认和行政许可，从而直接加剧了资源浪费和环境污染的程度，"公地悲剧"由此而生。亚里士多德说过，"最多的人共用的东西得到的照料最少，每个人只想到自己的利益，几乎不考虑公共利益"①。因此，除了强制性的制度安排外，生态文明建设更多地要靠由全民认同而形成的文化。

文化对生态文明建设的作用不容忽视、不要低估、不可替代。党的十八大报告指出："加强生态文明宣传教育，增强全民节约意识、环保意识、生态意识，形成合理消费的社会风尚，营造爱护生态环境的良好风气。"社会风尚也好、良好风气也好，就是要发挥文化的引领作用，并对之寄予厚望。

文化的本质是认同，而消费文化是在现实经济条件下，人们在物质生产与精神生产、社会生活以及消费活动中所认同的消费理念、消费方式、消费行为和消费环境的总和。如图1所示，合理消费受消费观念的影响，消费观念实则是一种认同，这种认同的核心是消费文化。

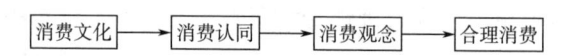

消费文化 → 消费认同 → 消费观念 → 合理消费

图1　合理消费与消费文化的关系

现代消费文化一方面促进了生产力的发展，但另一方面也有许多误区，存在负面效应，如出现了以损害环境为代价、以挥霍浪费为特征、违背科学、缺失理性、片面追求物质享受而忽视精神生活的种种消费异化现象。针对这种负面效应，我们应该积极贯彻党的十八大报告的精神，加强生态文明宣传教育，增强全民节约意识、环保意识、生态意识，形成合理消费的社会风尚，即通过生态消费观念的新文化培育引导一种健康、适度、科学、绿色的合理消费方式。

首先，通过宣传教育，增强全民对节约意识、环保意识、生态意识的认同，使这三个意识成为一种消费文化而融入老百姓的日常消费之中。其次，通过文化事业和文化产业的发展，提高消费文化的层次。例如，高档次的精神文化产品的消费能培养人们高尚的品德、高雅的情操，崇高的精神境界，正如马克思所说，能放射出"崇高的精神之光"，促进人的身心健康和全面发展。人的素质提高了

---

① ［古希腊］亚里士多德著，吴陶彭译：《政治学》，商务印书馆1965年版。

就能够移风易俗，形成合理消费的新风尚。最后，发挥媒体在消费文化传播中的正能量，通过正确的舆论导向，树立正确的消费价值观。同时，政府要勇于承担公共服务的责任，主动为受众提供高质量的媒介产品。

文化的力量是巨大的。消费文化不仅可以提升我国消费者素质，引导科学消费、绿色消费，而且会以新的消费意识，指导人们自觉消费，形成合理消费的社会风尚，从而促进生态文明建设，促成经济发展方式的根本转变。

（原载《北京社会科学》2013年第2期）

绿水青山的公共属性
——生态产品价值实现的理论思考

最近，《北京市建立健全生态产品价值实现机制的实施方案》（以下简称《实施方案》）发布，提出到 2035 年，北京完善的生态产品价值实现机制全面建立，在构建具有中国特色的生态文明建设新模式、基本实现美丽中国建设目标、推动共同富裕新征程上做出首都贡献。这一实施方案，对于践行习近平总书记"绿水青山就是金山银山"的理念，实现新时代生态文明建设而言迈出了关键一步。应如何认识这关键一步的重要意义，如何正确理解和切实贯彻这一实施方案？特别是，在跨区域协同发展中应如何处理好生态保护与利益关系上的种种难题？对此，需要进一步进行深入的理论分析和科学阐释，以提高贯彻执行的自觉性和主动性。

一、价值的两种不同解读

"绿水青山就是金山银山"显然是个价值判断。

但人们在使用价值这个概念时，却有着不同的内涵理解。哲学上的价值观与经济学的价值论对价值有着完全不同的概念理解和学理解释。全人类的共同价值显然有别于市场经济价值规律的价值。

如何正确理解金山银山？人们把金山银山作为形容词，常常比喻为巨大的财富；但同时也用来比喻高贵、神圣和理想之地，如"北京的金山上"。所以，金山银山既有经济学意义上的财富内涵，也有哲学意义上的价值判断。我们只有从这两个视角去理解"绿水青山就是金山银山"，才能全面把握习近平总书记的深刻用意。

绿水青山就是金山银山提出的背景是，人们在经济发展过程中，为了一时一地的经济利益，采取围湖造田、围海造田、滥采滥伐、滥捕滥捞的短期行为，在获得局部经济利益的同时却破坏了整体生态和自然环境。例如，过去人们投入极大人力物力改造开发的湿地，却没有意识到"地球之肾"的功能和作用才是其真正的价值所在。"就是"二字，强调的正是保持其原始自然状态，而这恰恰是"金山银山"，或者说，金山银山就是绿水青山原始自然状态的功能和作用。

但生活在绿水青山之中的人，要生存就要向大自然要粮食、要生活资料；要发展必然要发展经济。他们仅有的资源，就是绿水青山。在靠山吃山、靠水吃水的客观规律面前，既然不能破坏绿水青山的生态，就得把绿水青山变成真金白银，取得可以换取生活资料的资金。这就形成了对金山银山的第二种理解——经济学意义的金山银山。人们以"两山理论"概括绿水青山就是金山银山的理念，透露出对经济价值的潜在追求和关注重点，绿水青山与金山银山，人们更看重金山银山。在市场经济的大环境下，货币价值毕竟是一切经济行为的基本前提。在确保绿水青山生态的前提下，人们要向绿水青山要金要银，让绿水青山与真金白银挂起钩来。没有真金白银，也难以保住绿水青山。

原始自然生态的绿水青山，其"金山银山"的生态价值是无形的，既不能以价格衡量，也无法易主，难以进入市场交换。但从其对环境、气候、生态的直接作用以及对人类经济社会的间接影响看，绿水青山确实是金山银山。

经济学意义的金山银山，需要有人类劳动的凝结，表现为价格对价值的衡量，在市场经济条件下还必须有明确的产权归属边界。

绿水青山与金山银山之间在不同价值观念上，是存在一定矛盾的，只有承认它们之间的对立，才能发现其辩证统一之道。

二、生态价值与生态产品价值

绿水青山的生态价值，不同于任何一种私人商品，而在于绿水青山的公共属性。商品交换的前提，是商品有不同的归属，这是市场逻辑的基本前提。绿水青山的公共属性很难确定彼与此之间的归属边界。

在市场经济中，绿水青山存在着巨大的经济外在性。一部分地区和一部分人，从绿水青山中获得巨大的经济利益，而没有任何成本支出；一部分人以破坏绿水青山生态获利，却不承担任何损失代价；还有一些地区和人，为保护绿水青山生态而牺牲或放弃很多经济发展机会，付出巨大的机会成本。外在经济与外在不经济的存在对绿水青山生态价值形成严重的威胁。

生态价值经济外在性的问题是世界性难题，各国也对此进行了不少探索。2021年，中共中央办公厅、国务院办公厅印发了《关于建立健全生态产品价值实现机制的意见》，第一次提出了"生态产品价值实现"的新概念。这一概念的提出，为解决生态价值实现的难题打开了理论通道，有利于将生态经济的外在性内在化。

生态产品价值，已经不同于原始自然形态的生态价值，但仍然有着金山银山的两重内涵。作为产品，一定凝聚了人类劳动。今天的绿水青山经历了破坏后的修复和维护，已经不同于原生态的绿水青山，而是凝聚着大量的人类劳动，确实可以称为产品。作为生态产品，就有可能作为商品进行交换，生态产品的新概念为绿水青山价值的衡量、核算创造了理论前提。生态产品价值的提法，解决了通过市场机制实现其生态价值的可能，同时又保留了绿水青山的公共属性，即在第一种意义金山银山的指导下，探索第二种意义金山银山的实现。正如中央文件指出的："建立生态环境保护者受益、使用者付费、破坏者赔偿的利益导向机制，让各方面真正认识到绿水青山就是金山银山，倒逼、引导形成以绿色为底色的经济发展方式和经济结构，激励各地提升生态产品供给能力和水平，营造各方共同参与生态环境保护修复的良好氛围，提升保护修复生态环境的思想自觉和行动自觉。"

北京的《实施方案》正是在生态产品价值的概念下解决了两种价值的转换和辩证统一。

三、生态产品价值的实现：市场逻辑的遵循与超越

首先，生态产品价值的实现要遵循市场逻辑。

要想让绿水青山与真金白银挂起钩来，必须遵循市场逻辑，创造市场交易的条件。为此，《实施方案》提出，加快完成自然资源统一确权登记，培育生态产品经营及生态资源权益交易企业，培育生态产品区域公共品牌等任务。只有明确生态产品的权属，才能进入以价格为标签的市场交易，实现资源的货币化。同时，对作为市场交易对象的生态产品也给出了明确的定义：生态产品是生态系统为经济活动和其他人类活动提供且被使用的货物与服务贡献，包括物质供给、调节服务和文化服务等三类产品。这三类产品的属性各有不同，生态产品价值实现路径也有差异，有的商品性强一些，可以遵循市场供求规律，放手由市场调节；有的则必须在政府主导下发挥市场作用，如制度设计、经济补偿、绩效考核和营造社会氛围等。

其次，生态产品价值的实现还必须超越市场逻辑。

由于生态产品的公共属性，个别生态产品价格的形成，不同于一般商品的价格，不能由市场主体根据供求变化自发形成，可以一放了之，而必须在政府的主导下完成。GEP（生态产品总值）也与由下而上汇集的 GDP 不同，前者是由上而下，再历经上下反复的核算而成的。所谓 GEP 是一定行政区域内各类生态系统在核算期内提供的所有生态产品的货币价值之和。GEP 是起始性关键指标。北京市地方标准《生态产品总值核算技术规范》是以国家规范为指导，紧密结合北京市实际情况编制形成的。据北京市生态环境局相关工作负责人介绍，该标准的一大特点是充分本地化。标准制定时，充分考虑了北京作为超大城市的特点和

生态本底的情况，结合两年的试算应用情况，在指标设置、参数选取和价格体系等方面进行了本地化研究。指标设置上，涵盖北京所有的森林、灌丛、草地、湿地、农田、城市等 6 大类生态系统；参数选取上，考虑到华北地区气候条件、自然资源禀赋的差异，开展参数本地化工作，借助各部门工作基础和大量实地调研构建一套北京参数；价格体系上，考虑不同生态产品属性，探索反映区位和功能、保护成本等因素的价格体系。

生态产品价值超越市场逻辑的实现还表现在：《实施方案》提出到 2025 年，基于生态产品总值核算结果、按生态贡献分配的生态保护补偿制度和基于生态产品总值考核的跨区横向转移支付制度，探索生态产品"难度量、难抵押、难交易、难变现"等问题的有效解决，生态环境损害赔偿制度的深入落实，具有首都特点的生态文明建设新模式的初步形成，等等。通过建立健全以 GEP 核算结果为依据的市级生态保护补偿转移支付制度，将 GEP 核算结果作为补偿资金分配和绩效考核的重要依据，发挥 GEP 绿色指挥棒的作用，从而引导各级政府强化生态保护和绿色发展责任。

四、生态环境跨界协同治理的新路径

绿水青山生态价值实现的最大难点在于说清谁是绿水青山的主人，谁应该从中受益。绿水青山的生态价值是跨行政界域的，正所谓"山川异域，风月同天"。生态产品供给方与生态产品收益方的跨界平衡是生态文明建设的关键。影响全国生态效益的，应该由国家统筹，如建立必要数量的国家公园。对于跨行政界域的，则要通过横向生态保护补偿机制来完成。这方面的探索，为生态环境的跨界协同治理开辟了一条新路。

《实施方案》提出探索 GEP 和 GDP 跨区交换补偿机制，逐步拓展新增碳汇抵扣、生态产品总值考核目标等跨区横向补偿的标的物，包括完善京冀密云水库上游潮白河流域水源涵养区横向生态保护补偿机制，建立官厅水库上游永定河流域水源保护横向生态保护补偿机制，拓展流域生态保护补偿路径等任务。这样的跨界协同治理的机制，还会在京津冀协同发展的深化中得到更多、更有效地探索和应用。

例如，探索 GEP 和 GDP 跨区交换补偿，通过先在生态涵养区与结对平原区之间试点探索利用结对协作资金实施 GEP 和 GDP 交换补偿机制，进而探索在不同功能定位的区之间开展交换，促进区域优势互补；探索基于 GEP 考核的跨区横向生态保护补偿机制，通过允许跨区异地造林增汇降碳、异地购买抵扣一定比例 GEP 考核目标等方式，逐步拓展新增碳汇抵扣、GEP 考核目标等标的物，从而引导形成绿色生产生活方式。

生态产品价值实现机制是中国特色的生态文明建设新模式的新探索，其对中国式现代化进程具有重要的历史意义和深刻的理论价值，对此我们应该高度关注、密切跟踪、深入思考、及时跟进，作出理论工作者应有的贡献。

（原载《首都高端智库专报》）

绿色开发与开发绿色

——从人类开发方式演进规律看西部大开发

十年前,中央为实现邓小平提出的"两个大局"战略构想,明确提出国家要实施西部大开发战略,从此拉开了西部大开发的序幕。

十年来,中国西部经济平稳快速增长、经济结构不断优化、财政收入大幅增加、工业生产发展迅猛、市场规模明显扩张、居民生活持续改善、基础设施得到加强、节能减排初见成效,为"第二个大局"的实现奠定了坚实基础,也为探索中国特色的开发方式积累了宝贵经验。

笔者从人类开发方式演进的规律性认识入手,回顾我国西部大开发在开发方式上取得的进展,对进一步加强西部大开发的前景进行一些理论思考。

一、人类开发方式的理论梳理

开发是人类生存和发展的永恒主题。可以说,人类的历史就是一部开发史,人类的进化也是伴随着开发进行的。

开发就其原意来说,是指人类为自身的生存和发展,以荒地、矿藏、森林、水源、气候等自然资源为对象进行劳动,以达到利用目的的行为。此后,在该原意的基础上,进一步扩展为对科学技术、管理方法的探索,乃至对人自身潜能的发掘。

纵观人类的开发史,开发的发生一般都是由人与资源的矛盾引发的。其最早表现为人和土地的矛盾,不论是早期的拓殖,还是普遍存在的垦荒,都能找到这一根源。当然,除了土地以外,随着人类对自然认知能力的提高,其他自然资源也不断成为开发的对象。

伴随着开发的深化,人类的经济活动又不断衍生出商业、贸易、航运、交通等,从而促进了地理发现,形成了地域疆界、民族国家。人类社会的政治文化、军事战争都可以从开发找到其发生、发展的根源。

研究开发历史,认识开发规律,创新开发方式,可以分别从开发性质、开发主体、开发客体、开发动力、开发时序等不同视角展开。

开发方式,说到底是劳动力利用资源的方式。马克思深刻揭示了劳动力只有与生产资料结合在一起才能构成现实的生产力,所以,所谓开发方式,就是如何使劳动力与所需新资源结合在一起的方式。从这个意义上说，决定开发方式的基本因素主要有两方面，一方面是人的因素，如通过移民使人力与自然资源相结合，形成新的生产力；或通过发展教育，提高人力资源的素质，增加人力资本的供给。另一方面是物的因素，如通过投资和资本的运作，创造人与自然更好、更快结合的物质条件，包括基础设施、交通运输、生活环境等。开发方式的选择受历史条件、地理环境、经济制度和政治文化等多方面因素的制约和影响。

从开发性质看，开发方式可以分为外向开发和内向开发。所谓外向开发，是指跨民族、越疆界的开发。在没有确立疆界之前，外向开发表现为地理发现；但在确立疆界之后，外向开发则表现为殖民，并常常伴随武力行动，表现为征服和侵略。外向开发也可以是和平的，在尊重彼此主权的前提下，采取平等协商、协同合作的方式进行开发。所谓内向开发，是指本民族在自己疆界内的开发。开发的外向与内向，在不同国度、不同时期也存在着交错或交叉进行的复杂情况，如美国的西部开发、日本的北海道开发、俄国的西伯利亚开发等。中国的西部大开发是本民族的内向开发。

从开发向度看，开发方式还可以分为初开发和再开发、横向开发和纵向开发。初开发是指对"处女地"资源的第一次开发，再开发是指对已开发过的资源进行的再次开发。横向开发是指对资源的粗放开发，是规模、疆域、种类的简单扩张；纵向开发是指对资源的集约开发，是以先进的理念、运用科学技术和管理科学对资源的深度利用。初开发往往和横向开发相联系，而再开发常常伴随着纵向开发。当然，人们也会把在纵向开发中积累的知识运用到初开发中。开发向度还可以分为先开发和后开发，不同国家或一个国家不同地区开发有先有后，形成先开发国家或先开发地区、后开发国家或后开发地区。先开发与后开发有其产生的客观必然性，也有各自的优势与劣势。研究西部开发必须考虑国内外先开发与后开发的大背景。

从开发主体看，开发方式可以分为个体开发、群体开发、政府开发和联合开发等。个体开发是指以个人或家庭为主体的开发；群体开发是指以部落、氏族或其他有内在联系的人群为主体的开发，群体开发的规模有大有小；政府开发是指以国家或地方政府为主体的开发；联合开发表现在各个层次各个方面，如政府之间的联合开发、群体之间的联合开发、个体之间的联合开发等。也可以是各个层次之间的合作开发，如政府与个人或群体的合作、群体与个人的合作，合作开发还可以表现为部门之间的合作、产业之间的合作等。

开发主体的不同，开发方式又形成不同的开发规模。个体、群体的开发往往是单项开发或局部开发；国家和政府的开发，常常是全面开发、整体开发和系统开发。全面、整体、系统的开发必然包括有内在有机联系的局部开发或个体开发。西部大开发是国家的开发，所谓"大"就是指开发的全面、整体和系统。

从开发客体看，由于开发的对象不同，因而形成了不同的开发方式。人类最初主要是开发各种自然资源，人类对自然资源的开发，沿着两个方向发展，一方面，随着已知和已利用资源的短缺和告罄，人类对资源开始注意节约和再开发、再利用；另一方面，寻找和开发新资源。与此同时，人类开始注重对自身的开发，把人作为开发的对象，以缓解人与自然的矛盾。

谈到开发动力，正如马克思深刻揭示的，人类的一切经济活动都同人们的利益相关，一切开发的动力，也都源于利益的追求。因此，对开发的利益分析，是认识开发方式的性质和本质的基本方法。外向开发动力往往是利益的扩张；而内向开发在追求新增利益的同时，还常常出于利益的平衡和协调等目的。非均衡开发以及先开发和后开发的形成，都是利益博弈的结果。

人类开发的历史进程，创造了人类社会的原始文明、农业文明、工业文明和后工业文明，但同时，人类的开发活动也造成了人类生存环境的破坏。除人们直接感受到的日益严重的环境污染、食品安全、灾害疾病之外，更为严重的是，人们现在还没有直接感受到的全球气候变暖的严重威胁和挑战。正如政府间气候变化专门委员会（IPCC）报告指出的，"气候变化将影响到全球人类的基本生活元素——水的获得，粮食生产，健康和环境"。由此，人类的开发中不得不提出生态文明的新目标和开创新的开发方式。中国的西部大开发正是在这样一个大背景下展开的，因此，我们也必须从这一视角对西部开发进行回顾和展望。

沿着人类进化和自然演化之间的关系，我们可以把开发概括为五种开发模式：第一种，金色开发。在和自然的奋斗中，人类独立于自然，变荒地为良田，创造了农业文明，自然没有因人类的诞生和进化而退化。第二种，银色开发。随着科学技术的运用，人类进一步进化，创造了工业文明，自然对人类的养育得到深度挖掘。第三种，黑色开发。伴随开发规模的扩张和对资源利用的深化，人口激增、资源短缺、生态衰退、环境恶化，人类的发展面临不可持续的危机。第四种，绿色开发。在向自然索取的同时，人类更加注意对自然的维护和回报，修复生态、改善环境。第五种，开发绿色。人类与自然和谐发展，环境友好。这五种开发模式，既反映了人类开发史的大致进程，也概括了在不同国度、不同时期先后或同时存在过的开发模式，是人类未来可供选择或回避的开发模式。

二、绿色开发：中国西部开发的特色

通过对开发方式的理论梳理，加上回顾中国西部大开发的十年历程，可以说，中国形成了其特有的开发方式。我们把这一方式命名为绿色开发。西部大开发取得了巨大成就，积累了丰富经验，但真正为中国所特有的应该是绿色开发的方式。

绿色，是当今使用率非常高的一个词汇。绿色生产、绿色消费、绿色出行、绿色经济、绿色城市、绿色 GDP，越来越多的经济范畴冠之以绿色，并且赋予绿色更为深刻、更为宽泛的内涵，表明了一种大趋势。

绿色的盛行，直接针对的就是人类的经济活动。黑色开发指的是破坏了人类生存环境和可持续发展而出现的危机。因此，"绿色"象征着人类赖以生存的各种有益的事物，象征着回归自然和人类的可持续发展，象征着人类生产生活等活动的低能耗、低污染、无公害等。同时，绿色代表生命、健康和活力，是充满希望的颜色。依据"红色"象征禁止、"黄色"象征警告、"绿色"象征通行的惯例，以"绿色"象征合乎科学性、规范性、规律性，能保持永久通行无阻的概念。

所谓绿色开发，其狭义是指开发过程中，在利用自然资源、实现经济增长、提高生活水准的同时，不破坏人类的生存环境，保证资源的永续利用和良好的生态环境的开发方式。绿色开发是可持续发展的必然要求。广义的绿色开发还包括开发要以人为本、关注民生；开发要全面协调可持续，注重公平正义；开发要统筹兼顾，防止顾此失彼；等等。绿色开发是实践科学发展观的要求。

中国的西部在大开发之前就已经存在环境污染、生态恶化的问题，但在全国大局范围内，其属于后开发类型。从西部开发的总体特点来看，笔者认为其属于绿色开发。

从西部大开发的指导思想、方针目标及实施效果看，国家"十五"规划在一开始就明确了推行西部大开发的指导方针："力争用五到十年时间，使西部地区基础设施和生态环境建设有突破性进展，科技、教育有较大发展。"十年来，国家在西部地区先后实施了退耕还林、退牧还草、天然林保护、京津风沙源治理等生态修复工程，取得了显著成就：森林面积扩大、森林覆盖提高，水土流失得到遏制，生态环境明显改善。在国际上被誉为"中国绿色长城"的三北防护林工程，已治理了 20% 的沙漠化土地、缩小了 40% 的水土流失面积、保护了 65% 的农田。

笔者对西部大开发是绿色开发的判断，还来自《中国西部经济发展报告（2009）》提供的两组数据的比较。

其一，1998 年以来，西北地区 GDP 年均增长 11.42%，高于全国 9.64% 的年均值。增速唯一低于全国平均水平的云南也达到 9.47%。2008 年西部各省增值率均高于9%的全国平均水平。

其二，西部地区的节能减排，在难度较大、困难较多的形势下取得了积极的进展。废水、工业固体废物排放量大幅减少。2003—2007年，未达标废水排放量占全国排放总量的比例由41.41%下降为31.49%。从排放的效能上看，每亿元产值废水、工业固体废物排放量下降明显，其速度高于全国。每亿元产值未达标废水排放量由4.14万吨下降至1.35万吨，年均下降32.26%，比全国平均水平年均多下降10.35%。每亿元产值工业固体废物排放量由479.6吨下降到140.2吨，年均下降36%，比全国平均水平多下降2.14%。在总排放量下降的同时，"三废"综合利用率大幅提高，占GDP的比重呈逐年提高之势。

两组数据放在一起，我们可以清晰地看到，西部大开发十年，经济发展速度快于全国，节能减排效能好于全国，实属不易。这就是绿色开发。应该说，在发展绿色经济上，西部已经走在了全国前头。

西部的绿色开发，还表现在进行了与绿色开发相适应的经济结构调整，地区、城乡和产业的发展进一步趋向协调；基础设施进一步加强，为绿色开发奠定了坚实的基础；民生状况进一步改善，教育的发展为绿色开发提供了人力资源的支持。例如，在青海民和县的"硅铁走廊"中，18家铁合金、电石冶炼企业年上缴利税占全县工业的51%，但也成了污染严重的"黑色走廊"。为了绿色，他们果断关闭了29台铁合金热炉。可见，绿色开发来之不易，西部人民作出了巨大贡献。

把西部大开发十年的特色概括为绿色开发，当之无愧。

三、开发绿色：走新型开发之路

展望未来，根据西部基础设施依然滞后、生态系统既复杂又脆弱的基本国情，绿色开发方式必须毫不动摇地坚持下去。考虑到国际国内新形势和新挑战，在坚持绿色开发的同时，还应该积极探索更高层次的开发方式。笔者认为，这种新的开发方式可以称为开发绿色。

开发绿色与绿色开发的不同在于，绿色开发和传统的开发相比，目标没有根本的不同，只是强调开发的过程要注重自然环境的保护，防止对人类生存环境的破坏。开发绿色则是把绿色作为开发的目标，是积极地迎接挑战、主动建设我们的绿色家园。在绿色开发中，开发是目的、绿色是手段；而在开发绿色中，绿色是目的，开发是手段。北京继承奥运遗产，提出建设绿色北京，就是把绿色作为目标，建设绿色城市、享受绿色生活成为北京城市发展的新动力。

开发绿色是人类开发史上的一次革命。在人与自然之间物质变换的经济循环中，第一次把人对自然的索取转化为人对自然的维护。这意味着被异化了的开发目标开始走向复归，从单纯追求利润、追求财富向追求生态文明、追求人与自然和谐相处升华。

认识开发绿色的重要性和紧迫性，必须从全球气候变暖对人类生存的威胁开始。全球气候变暖已经成为不争的事实，气候变暖的危害也得到越来越广泛的认同。2006年英国的《斯特恩报告》认为，气候变化的经济代价堪比一场世界大战的经济损失。统计数据表明，全球气候变暖90%是由人类活动排放的大量温室气体引起的。面对气候变化日益严重的威胁，自英国2003年率先提出创建"低碳经济"的主张后，各国积极响应。现在，全球关注气候变化、推动低碳经济已成为不可逆转的大势。全球气候变暖是人类共同面对的挑战，中国作为地域辽阔、人口最多的大国尤为如此，中国的可持续发展面临的挑战前所未有。2007年公布的《中国应对气候变化国家方案》概括了七大挑战。这七大挑战，从发展模式、能源结构、能源技术、到森林资源、农业、水资源、海平面上升等方面看几乎都和开发方式直接相关。中国已经是世界第二大二氧化碳排放大国，要获得可持续发展，必须改变开发方式。

对于西部来说，在开发上虽属后发，但后发有后发的优势，可以避免先发的失误，不走先污染、后治理的弯路，还可以创新开发方式。推动低碳经济，提高能源利用效率、创建清洁能源结构，就是开发绿色，就是一条新型开发之路。例如，青海省属"风能较丰富区"，全省90%以上的地区年平均风速在3米/秒以上，全年可利用风能时间在3 000小时以上，年平均可用风能密度在65~100瓦/平方米以上。其中，70%以上的地区，年平均风速3.5~4米/秒以上，全年可利用风能时间在4 000小时以上，年平均风能密度在100~150瓦/平方米以上，年风能资源理论值折合7 854万吨标准煤，相当于电能1 745亿千瓦时。同时，太阳能资源也十分丰富，全年日照时数达2 500~3 650小时。柴达木盆地更为突出，其年日照时数可达3 600小时以上。年平均日照率60%~80%，年辐射总量达586-754×10^4千焦耳/平方米，年直接辐射值为419×10^4千焦耳/平方米，总辐射量中直接辐射量的比重约占62%。年接受的太阳能折合标煤1 623亿吨，合电量360万亿千瓦时。再加上已占青海能源85%的水电，可以说，青海发展新能源产业具有独特优势和巨大潜力。开发新能源，就是开发绿色，青海大有可为、西部大有可为。开发新能源产业基地应该上升为国家战略决策。

开发绿色的行动，在西部已经开始。在十年的开发中，始终把握生态目标，改善了生态状况，实现了生态效益。沿着这条路走下去，一定会实现开发绿色的伟大目标。例如，西部造林全部成林后，我国木材蓄积量将增加10亿多立方米，每年可吸收二氧化碳 18.3 亿吨（相当于北京市 300 万辆汽车 30 年的二氧化碳排放量），同时生产氧气 16.2 亿吨。西部将为中国乃至全球实现低碳经济作出更大贡献。

开发绿色，不仅是西部开发的新模式，而且是国家前途、民族命运之所在。在这一方面，青海举生态棋、打生态牌，拒绝破坏环境、发展循环经济，成为进一步开发的典范。正如省委书记强卫指出的，青海的生态不仅关系青海的发展，而且关系整个国家的可持续发展。"虽然我们在工业文明中落在了后面，但在生态文明建设上却与发达地区站在同一条起跑线上。并且，由于青海得天独厚的生态比较优势，加之这些年实施三江源生态保护等生态工程建设的经验，我们完全有条件、有可能避免走发达地区先污染、后治理的老路，在生态文明建设上取得突破。"作为国家重要的水源地和生态屏障，青海以生态立省，发挥后发优势，跨越发展，一定会在西部大开发的下一个十年率先创建生态文明。

（原载《管理学刊》2010 年第 1 期）

科学认知与行动自觉
——生活垃圾管理的理论思考

市人大公布的关于修改《北京市生活垃圾管理条例》（以下简称《条例》）的决定自 2020 年 5 月 1 日起就要施行了。这个决定的实施标志着北京生活垃圾的管理步入规范化、现代化的进程。《条例》的修订，吸收了大量的实践经验，建立在对垃圾管理科学认知的基础之上。但要把管理条例变为行动自觉，还必须使广大民众真正认识和掌握这些科学认知。可以说，修改后的条例就是一部垃圾管理的教科书。这里，我们先要弄清关于垃圾管理的一些最基本的科学认知。

一、垃圾的学理概括

垃圾，《条例》定义为固体废物。何为固体废物？我们必须从人类的经济活动过程来认识。马克思主义认为，人类的经济活动是人与自然不断进行的物质变换过程，人改变自然，通过劳动把自然资源改造成为能满足人的需要的劳动产品，叫作劳动过程；人再把劳动产品消灭掉，在消灭过程中，释放劳动产品的物理和化学的性能，满足人的需要，叫作消费过程。人与自然的物质变换的这两个过程，前一个是人物化过程，后一个是物人化过程。前一个过程，自然物质由于凝结了人类劳动，形成了含有价值的物质财富；后一个过程，在消灭物质的同时，也消灭了价值。经济学将其注意力全部集中在财富的创造与分配上，对价值的消灭则没有什么兴趣。从人类的经济活动全过程来看，垃圾应该是这样一个物质变换过程中的附带产物。

垃圾产生于人与自然物质变换过程之中，因此，这个固体废物作为劳动产品消费后的残余，一定曾经是物质财富。垃圾虽然保留了劳动产品的部分或全部物质形态，却全然丧失了价值，已经不是财富。同时，生活垃圾产生于消费过程。而物人化的消费过程，却有一部分物质未被人化，这部分未经人化的劳动产品的残余，正是垃圾的实体。

所以，作为固体废物的垃圾，其概念的实质可以表述为未经人化的非财富物质。其内涵是：垃圾是物质（保持固体形态），但不是财富（失去价值的废物）；垃圾是消费过程中，作为消费对象的劳动产品残余，未被人化。也就是说，垃圾是物质，但没有价值；曾经是劳动产品，但失去了能满足人的需要的使用价值。

二、垃圾减量的经济价值

垃圾实质的学理分析告诉我们,这一固体废物,既没有使用价值,也没有价值,但在人与自然物质变换中又不可能完全消失。因此,我们能够做的只能是尽量减少固体废物的比重,尽可能节约花费在固体废物上的自然资源和人类劳动。从这个道理上看,条例把垃圾减量作为垃圾管理之首是有重要意义的。完全消灭垃圾是不可能的,这些固体废物在物人化过程中有过不可替代的作用;但减量是必要的,有些固体废物的效能是多余的,甚至是负面的,有些则是在垃圾产生源头就可以处理,却一直延续到最终环节。

值得指出的是,在追逐利润的市场经济中,一些所谓的"附加价值"并没有给消费者带来真正的实惠和福利,不仅增添了消费者的经济负担,而且产生出大量的固体废物。这些固体废物是可以大规模减量的,不仅可以减少垃圾、节约资源、保护环境,而且可以使消费者减少不必要的经济负担,使人们生活得更健康、更幸福,如有效减少日益严重的过度包装、减少过度使用高档包装材料等。从经济学的意义上看,垃圾减量,就是降低成本、提高效能、增加收益。

提高产品质量、优化生活服务系统也是垃圾减量的治本之策。大量低档劣质产品和生活服务的缺失也是垃圾规模日益膨胀的重要根源,一些产品提前报废、快速周转;一些产品无处修理或找不到配件只能整体更新,虽然能带来更多利润,却同时带来了更多垃圾。因此,垃圾减量的理念应该纳入从产品设计、技术工艺、生产流程、流通配送到推销零售及售后服务等各个环节,将垃圾产生的潜在因素尽可能削减于未发生之前。

三、神奇一跳:从垃圾分类到分类垃圾

马克思将从商品到货币的过程称为"惊险一跳"。借这个比喻,我们可以把垃圾分类称为"神奇一跳"。因为这一跳,固体废物就可以神奇地变身为分类垃圾,并进而生成再生资源。垃圾分类是变废为宝的魔法。

作为固体废物的垃圾,虽然已经不是财富,但还是物质,仍然具有各种物质的物理、化学和生物的不同属性。处理不好,会对人类的生活环境造成各种危害;处理得当,则可以废物利用、化腐朽为神奇。

垃圾分类是人类经过废弃、堆积、填埋、焚烧的种种实践探索后,能够使垃圾尽可能回收利用、再资源化和无害化的科学选择。垃圾分类的科学价值,在于分类垃圾。

所谓分类,是指对混杂对象进行分门别类的条理化归类处理,使得原有混杂

对象由无序变为有序的科学方法。分类是人们认识和改造客观世界的科学方法。分类被运用到垃圾处理，就始于垃圾的混杂性。

过去，人们把各种垃圾作为废弃物混杂在一起，污染环境、危害健康。所谓垃圾分类，就是按垃圾的不同属性分门别类，使其成为不同属性的资源。《条例》要求将生活垃圾按照厨余垃圾、可回收物、有害垃圾、其他垃圾的分类，分别投入相应标识的收集容器，一是便于垃圾的投放、运输、处理；二是便于进一步细化分类，使其资源化。垃圾分类，其价值就像商品完成交换一样，也实现了"惊险的一跳"。这一跳，使混杂垃圾变成分类垃圾，分类垃圾一改混杂垃圾的形象和性质，真正使废物成为资源，为其变废为宝奠定了坚实的基础。

垃圾分类本身带有劳动的性质，需要体力和脑力的支出。虽然其不具备生产劳动的典型特征，但是为垃圾的资源化利用做好了前期准备，属于人类创造财富的总劳动。劳动光荣，也包括与垃圾分类有关的劳动的光荣。

四、当好产生者第三角色

《条例》提出了两个新概念：生活垃圾产生和生活垃圾产生者。这两个新概念，给政治经济学以新的启发。

传统的经济学理论认为，人与自然之间只有生产过程和消费过程，却抽象掉了垃圾产生过程。消费过程不但是产品消灭过程和人的再生产过程，同时还伴随着垃圾的产生过程。垃圾产生过程虽然只是人类经济生活的附带过程，却具有不可回避的必然性。随着人类经济生活的社会化和聚集化，过去可以忽略不计的垃圾的产生正越来越成为人们不得不面对的经济现象。因此，经济学就不能只研究产品的生产过程，还必须关注垃圾产生过程。

生活垃圾的产生使人在经济生活的舞台上出演了新的角色，其不仅是生产者、消费者，还是产生者。产生者是人的第三角色。生活垃圾管理是全民参与的事业，只有每个人都当好第三角色，尽到产生者的责任，不但争当先进生产者，也要争做模范产生者，生活垃圾管理的目标才能真正实现。

生活垃圾管理要靠法律的强制规范来保证，但更要靠每个社会成员的行为自觉，而内生的自觉，又来自每个参与者对生活垃圾的科学认知。离开对垃圾产生和产生者责任的科学认知，就不会有行动的自觉，不但很难实现条例的目标，还可能使《条例》的诸多政策措施流于形式。

(原载《北京日报》2020年5月15日)

优化经济发展空间格局的理论思考

中央经济工作会议提出了一个新理念：优化经济发展空间格局。并提出，2015年要重点实施"一带一路"、京津冀协同发展、长江经济带三大战略，争取明年有个良好开局。为深入学习和理解中央精神，本文从中国经济发展空间布局的演进过程和发展趋势出发，结合新的三大战略，对优化经济发展空间格局的理论根据、主要障碍和实现路径提出若干理论思考。

一、中国经济发展空间格局的演进和发展趋势

优化经济发展空间格局，虽然是新提出的理念，且空间问题尚未进入主流经济学的视野，但经济发展的空间格局始终是一个客观存在，也有其演进的规律性。计划经济时期，中国经济发展的空间格局是靠"条条"和"块块"均衡编制起来的全国一盘棋，曾经着眼备战备荒形成一、二、三线的空间格局；改革开放后，实施非均衡发展战略，东部地区率先发展，先后开放14个沿海城市和沿海开放区、经济技术开放区等，中国经济发展的空间格局发生了天翻地覆的变化。在经济总量持续快速提升的同时，区域之间，特别是东西部区域之间的差距日益拉大；20世纪90年代末，为实现邓小平"两个大局"的战略构想，国家开始实施西部大开发战略，拉开了西部大开发的序幕，取得了骄人的业绩。在由非均衡逐步转向均衡发展的过程中，国家又先后实施了东北振兴、中部崛起等战略。至此，中国已经完成由东部、中部、西部等三大块空间格局向西部开发、东北振兴、中部崛起、东部率先的区域发展总体战略和国家经济发展四大块空间格局的转换。这次中央经济工作会议，重申了要继续实施西部开发、东北振兴、中部崛起、东部率先的区域发展总体战略。

中国经济发展空间格局的演进过程，证明了一些经济学家揭示的客观规律：区域经济发展必然是由非均衡发展的"发展极"，进而"梯度推移"，通过"扩散效应"的带动而逐步走向均衡发展的过程。虽然中国经济发展已经形成四大块的空间格局，但这个总体空间格局的品质尚未优化，区域差距拉大，一方面是集聚的超载，出现了严重的城市病；另一方面是发展的滞后，落后地区不能接受增长极的辐射。因此，优化经济发展空间格局的历史任务就摆在了我们的面前。

二、优化经济发展空间格局的深刻内涵和巨大潜能

优化经济发展空间格局内涵深刻，需要我们深入理解。

首先，人类经济生活的空间概念，从微观的个人、家庭和企业到中观的地方、地区再到国家、民族乃至跨国的经济体和整个人类，都离不开在哪里生产，在哪里消费的区位问题。伴随人类经济生活的集聚和城市形态的演进、国际贸易的扩大和交通运输的发展，规模经济与运输成本等问题引起了经济学家的关注，空间经济学应运而生，并日益引起人们的兴趣。空间格局则更多的是指中观和宏观的空间结构。

其次，经济发展的空间格局不同于静态的经济地理或生产力布局，和经济发展相联系的空间格局最鲜明的特征是它的动态性。也就是说，空间格局是随着经济发展而不断变化的，充满了活力；同时，空间格局又能有效地促进经济发展。

最后，何为优化？优化就是现有空间格局在基本能适应经济发展的同时，还存在着很多缺陷和弊端，存在着极大的改进和提升的空间。对此必须清醒地认识到，我们过去形成的由东到西、由南而北的经济发展空间格局，是改革开放初期经济高速发展中依赖资源低价格、劳动力低成本优势、充分利用外资外贸而形成的。在中国经济发展已经进入中高速新常态的背景下，原有比较优势已是明日黄花，单靠外资外贸带动发展的格局如今已发生了极大的变化。同时，我们也必须直面在空间格局中阻碍经济健康发展的现实问题。这些问题主要表现为国民经济各方面的关联度不够。虽然空间集聚发挥了极大的规模效益，但高速增长造成大城市、特大城市急剧扩张、膨胀，虹吸周边大量的资源，却未产生相应的辐射、带动作用，导致区域差距扩大、区域利益矛盾加剧，城市病、区域病日益显现。所谓优化，就是解决这些阻碍经济发展的空间问题。

优化经济发展空间必须有战略重点，这次中央选定的三大战略，对于优化经济发展空间格局意义重大，不仅可以有效消除弊端、破解难题，而且可以释放出巨大的发展潜能。三大战略共同的着力点都是集中建立经济的关联。例如，长江经济带，通过国内最大的黄金水道，把发达的东部和发展中的中部、西部联系起来，成为内在有机关联的经济带；京津冀协同发展，是要破解中国典型的行政区划阻碍经济区域关联的难题，形成经济发展新的增长极；"一带一路"则在国内经济关联基础上进一步向外延伸，从而在更大的范围内和国外经济关联起来。我认为，抓住了"关联"二字，就抓住了优化的实质，通过关联，优化经济发展空间，就可以释放出中国经济发展的巨大潜能。

三、优化经济发展空间格局的主要矛盾

优化经济发展空间格局、建立多方面的经济关联，必须深刻把握中国行政区划和经济区域的主要矛盾。

中国的空间经济，是以行政区划为基础的。从国家层面来看，区域经济的总体战略布局是按经济内在联系安排的，但一开始的东部、中部、西部也好，后来的东部、中部、西部、东北部也好，其划定与调整都是以行政区划的省、市、区为基本单位的。三个经济带转为四个经济带，就是先后把原东部的广西、中部的内蒙古纳入西部范围，把原东部的辽宁与中部的黑龙江、吉林划出来。从经济区域的目标出发，却不得不从行政区划入手。从省市级层面看，也是这样，省市级行政区划经济的战略安排，往往是以地级市和县的行政区划为基本单位的，如河北的环北京绿色经济圈，就划定了四市十四县。可以说，中国的区域经济是行政区划下的区域经济。行政区划是区域经济一体化的制度背景，要跨行政区划消除分割，却又要在行政区划的限制下行事，这就是我们推进区域经济一体化的主要矛盾；由各个行政区划的主体推进跨行政区划的区域合作，是区域经济一体化的主要任务，也是优化经济发展空间格局的难题。

在优化经济发展空间结构上，要辩证认识和把握政府与市场的作用。中国经济持续的高速增长，既有市场经济释放的巨大活力，也离不开地方政府在"为官一任、造福一方"传统信条下的积极作为。这种积极作为，一方面有效推动了经济增长，另一方面也强化了利益藩篱，使地方之间形成了竞争关系，使地方政府行为公司化，从而阻碍了经济的关联。传统计划经济对"块块"的关联，是靠"条条"维系的；现在"条条"没有了，"块块"靠什么关联就成了新的难题。从理论上看，新的关联要靠市场，但依然离不开政府的作用。解决行政区划与经济区域的主要矛盾，关键是处理好政府和市场的关系，冲破地方的行政壁垒。

四、优化经济发展空间格局的实现路径

优化经济发展空间格局的实质是建立关联，而关联的形成，主要是两个方面。

第一方面，是要有整体的关联规划和顶层设计。

这方面中央已经有了决策，三大重点的战略规划即将出台。同时提出，"要加快规划体制改革，健全空间规划体系"。针对各地、多方面规划不统一、有矛盾的现象，中央还提出积极推进市县"多规合一"。要树立规划的严肃性、权威性，以"可持续的制度安排"确保规划的实施。

第二方面,是各方的统筹联动。

在行政区划不改变的前提下,靠各地政府主动作为,打破地区封锁和利益藩篱,出路只有一条,就是在整体规划指导下的统筹联动。这是一场真正的自我革命,各地政府必须改变"一亩三分地"的思维模式,从"全面提高资源配置效率"着眼,"找准主体功能区定位和自身优势,确定工作着力点",通过改革创新转变政府职能,善于发现和寻找各方的共同利益,以共同利益约束各自行为。其中,保护生态环境就是最大的共同利益,要成为各方经济发展的行为底线;对于与己有利、与他方不利的政策和行为要自制,主动沟通平衡,防止破坏统筹联动的恶性竞争;各地区要"协调发展、协同发展、共同发展"。

优化经济发展空间格局的过程也是新型城镇化的推进过程,一定要把这两个过程有机结合起来。城市规模要适度,要注重集聚力与离散力的平衡;按中央的要求"要有历史耐心,不要急于求成"。我们相信,只要"精心谋划用好我国经济的巨大韧性、潜力和回旋余地",就一定能在 2015 年为三大战略的实施开好局。

(原载《北京日报》2014 年 12 月 22 日)

试论政府的更好作用
——京津冀协同发展体制改革路径初探

这次论坛的主题非常好，京津冀协同发展的国家战略在中央政府强力推动下，正在全面推进，而体制的改革和创新是其中的关键。京津冀协同发展对中国经济体制的改革和创新具有典型的意义。中国的经济体制改革历经了37年，其相关概念不断演化，最终集中到了政府和市场两个概念的关系上。党的十八届三中全会就二者的关系，提出了一个新的重大理论观点：使市场在资源配置中起决定性作用和更好发挥政府作用。全会召开后，理论界对市场的决定作用进行了充分讨论，但对更好发挥政府作用则关注不够，也没有得到深入的理论解释。现在有一种倾向：似乎市场是神圣的、万能的，而政府永远是理亏的，要对所有问题承担责任。我们对此必须有科学、理性的认识。京津冀协同发展，处理好政府与市场的关系是关键。我认为，如果说政府与市场是协同发展的主要矛盾的话，则政府是矛盾的主要方面。因此，今天想就"政府的更好作用"这个侧面，作一专门的探索和思考。

一、对政府更好作用的解读

从文字的完整表述看，市场是资源配置的主体，起决定作用，毫无疑义；但市场不是资源配置的唯一主体，同时也要更好发挥政府作用，这一点也不应该有任何异议。由此，我们对政府的更好作用，可以解读出以下四个方面的内涵。

（一）政府有作用，并且不可替代

市场在资源配置中起决定性作用，并不是起全部作用。任何一个市场经济国家都不可能是市场起全部作用，这既是现实，也是现代市场经济的经济学常识。

政府在资源配置上的作用，是市场在资源配置中存在缺陷、失灵和无效所决定的。市场最大的优势是效率，这已为改革的实践所证明，也是中央把市场从基础作用提升为决定作用的主要根据。但在国民经济发展宏观总量平衡和结构调整、优化升级等方面，市场的作用却非常有限，并且往往是滞后的、伴随着巨大的损失。市场的优势是能最大限度调动每一个市场主体的积极性、主动性，使经济充满活力。但市场不是一个责任主体，不会承担任何责任，在宏观层面不会，在微观层面也不会。人们都说不要找市长、要找市场；但一旦出现价格上涨、失业率提高的问题时，谁也不骂市场，而是骂市长。政府必须对市场经济出现的所有问题承担责任，因此，政府必须保证市场的秩序，政府要对市场负责。

政府作用与市场作用的不同之处在于，市场主体的动力和动机是个体的利益，而政府是整体利益和公共利益的代表。从这点上看，政府不仅有作用，而且这个作用不可替代。

特别是，对中国来说，社会主义市场经济的体制必须保证社会主义原则的实现，而这更离不开人民政府的作用。包括全面建成小康社会在内的"四个全面"战略布局的实现，更不可能离开政府的作用。

（二）政府作用的基本方面是好的，中国经济增长之谜的探索

提出更好作用的逻辑前提是，改革开放37年来，政府的作用是好的。没有好，何来更好？这个问题，涉及对改革开放以来政府作用的评判和中国经济增长之谜的探索。谈到中国经济增长之谜，很多人把功劳归于市场，这无疑是正确的，没有市场经济，就不会有连续的高增长，但这个结论并不全面。中国经济从计划经济转换到市场经济，保持连续的高速增长，没有政府的作用怎么可能呢？事实上，政府除简政放权、培育了大量的市场经济主体外，各级政府与市场有机结合，进行了大量的制度创新、体制创新、机制创新，发挥了中国各级政府特有优势，也是重要原因之一。政府作为创新主体，有其不可替代的优势。这些方面的经验尚未得到很好的总结。

（三）政府作用存在问题，需要进一步深化改革

毋庸讳言，中国经过多年实践，社会主义市场经济体制已经初步建立，但仍存在不少问题。中央提出，这些问题主要是：市场秩序不规范，以不正当手段谋取经济利益的现象广泛存在；生产要素市场发展滞后，要素闲置和大量有效需求得不到满足并存；市场规则不统一，部门保护主义和地方保护主义大量存在；市场竞争不充分，阻碍优胜劣汰和结构调整；等等。这些问题不解决好，完善的社会主义市场经济体制是难以形成的。这些问题，有些是市场的问题，有些是政府的问题。正如我们前面分析过的，不论是来自哪方面的问题，政府都要承担责任，并且，也只有政府才能解决这些问题。市场秩序谁来规范？市场规则谁来统一？以不正当手段谋取经济利益的现象如何治理？如何克服部门保护主义和地方保护主义？这些恐怕都是政府不可推卸的责任，只有通过深化改革来解决。

（四）政府的更好作用，需要体制机制创新

发展社会主义市场经济，既要发挥市场作用，也要发挥政府作用，但市场作用和政府作用的职能是不同的。党的十八届三中全会对更好发挥政府作用提出了明确要求，强调科学的宏观调控，有效的政府治理，是发挥社会主义市场经济体制优势的内在要求；对健全宏观调控体系、全面正确履行政府职能、优化政府组织结构进行了部署，强调政府的职责和作用主要是保持宏观经济稳定，加强和优化公共服务，保障公平竞争，加强市场监管，维护市场秩序，推动可持续发展，促进共同富裕，弥补市场失灵。这些目标的实现，可使政府发挥更好的作用，为此需要进行体制机制的创新。

二、必须深入研究的三个课题

京津冀协同发展必须靠体制改革创新来保证，而对体制的改革创新，又必须弄清楚现存体制的问题所在。京津冀三地之间的体制障碍如何消除，显然是人们关注的焦点，但京津冀三地各自的体制机制问题是基础。我认为，京津冀三地，家家有本难念的经，只有把自己的经念好了，才能念好协同发展之经。因此，有三个大课题需要三地学者深入研究。这三个课题，也是三个案例，研究透了，才能找到病因和症结所在，才能真正认识到京津冀协同发展的意义所在，才能发现体制改革创新的路径。

第一，北京是如何患上"大城市病"的？应如何医治？

第二，河北产能过剩的形成机理及调整举措。

第三，对天津港"8·12"爆炸事故的体制反思。

今天，我不想就这三大课题展开具体分析，但课题既然提出来了，就值得我们预先思考一些理论问题。例如，三大问题显然都是发展中的问题，发展的业绩是主要的，在各自发展的成就中，政府和市场各自起了什么作用？有什么经验？除天津港爆炸事故外，北京的"大城市病"和河北的产能过剩，就其现象来说，显然是市场的必然结果，是市场经济的天然弊病，大多市场经济国家都难以避免；就其成因来看，可能政府和市场都发生了作用，其各自究竟是如何发生作用的？有什么教训？市场在治理中该发挥什么作用？通过三大课题，对政府与市场作用的边界能不能有所发现？对市场的决定作用与政府的更好作用能不能找到最佳的结合点并有所创新？

三、京津冀地区区域经济的体制现状

京津冀地区，并列存在三个平行的省级政府，三个省级政府，两个是直辖市，其中一个还是国家首都——中央政府所在地；三个省级政府各自管辖着不同数量的地区、市县、乡镇政府；法律赋予这些政府以不同的财权和事权，存在复杂的关系，形成了相关政府体系；京津冀地区的企业、消费者、劳动者、要素所有者作为独立的市场主体，彼此发生平等的交换关系，但这些市场关系又受制于各自相应政府的影响和约束，履行经济上的权利和义务；同时，政府虽然不是企业，但不可避免地会部分参与市场的采购和投资，也成为不是完全意义的市场主体；同时，地方政府又难以对自己地面上的上一级所属单位、机构和企业行使管理权。因此，这个地区在体制上，政府与市场，你中有我、我中有你，剪不断、理还乱，呈现出错综复杂的关系。因此，在政府与市场关系的改革创新上，绝不可以简单行事。

四、京津冀协同发展的体制改革与机制创新

京津冀协同发展的方向已经明确，必须有体制和机制的保证。体制改革与机制创新中必须先弄清几个问题。

（一）什么是政府

政府可以是狭义的，也可以是广义的。广义的政府，可以理解为非市场。当我们谈到经济体制上政府与市场的关系时，指的是广义政府，即非市场。非市场意义的政府，除包括狭义的政府外，还包括执政党、政法、货币当局等，其都会对资源配置起作用。

（二）政府对市场的基本作用

市场对资源配置的作用是全面的，由各个市场主体独立决策，在价格机制的作用下，资源通过在各个企业之间、部门之间不断地流进流出进行配置，从而完成供求的总量平衡和结构平衡。独立市场主体的行为不是必然有利于其他市场主体的，往往可能还会伤害其他的市场主体。因此，市场主体的行为必须有规范，什么事可以干，什么事不可以干，必须有规则。对市场必须严格监管，市场必须有序运行。政府的基本作用就是确保市场的秩序。秩序，是政府功能的基本体现，也是其与市场基本的结合点。

（三）政府可以不管经济吗

有人认为，在市场经济条件下，政府就不该抓经济，这是一个误解，在理论和实践上都是如此。任何一个国家，如果经济持续衰落、通货膨胀、物价上涨、

失业率上升，政府都会倒台。政府一定要对经济负责。特别是在社会主义国家里，人民政府更不可能不过问经济。当然，不同级别的政府，对国民经济负有不同的责任。中央政府对宏观经济形势、财政收支、货币流通必须负责；所谓省长抓米袋子、市长抓菜篮子，就是指不同级别的政府负有不同的经济责任。老百姓生活发生了困难，不会找市场，但一定会找政府，政府怎么能不抓经济呢？关键问题是政府如何抓经济。

（四）政府作用的根据

人类社会的发展离不开两种利益，一是私人利益，二是公共利益。市场经济是以私人利益为基础的，虽然市场这只"看不见的手"客观上会提供整个社会获得更大的利益，但市场不具有追求公共利益的主观动机。完全靠市场，不可能实现公共基础设施的发展和完备，不可能实现公共服务的持续改进和公共产品的丰富供给，不可能实现社会成员的公平公正。因此，政府作用的根据与市场不同，是公共利益。

（五）政府作用的目标

从公共利益出发，政府的作用，除保障公平竞争、加强市场监管、维护市场秩序外，还要保持国家宏观经济稳定；促进区域经济平衡；消除两极分化，促进共同富裕；加强公共基础设施建设，优化公共服务；促进生态文明，推动可持续发展；纠正市场偏误，弥补市场失灵；等等。

（六）体制创新：政府与市场的新组合

根据熊彼特的创新就是引入新组合的原理，体制的创新，我认为就是政府与市场的新组合。中国与外国不同，在政府与市场的关系上，我们完全可以发现政府与市场新的组合方式，创造新的体制。

五、京津冀协同发展中政府如何发挥更好作用

在京津冀这个大舞台上，政府可以大有作为，为协同发展发挥更好的作用。对此，应重视以下一些方面。

（1）对协同的解读（不同主体）；

（2）以大公共利益统领小公共利益；

（3）树立《京津冀协同发展规划纲要》的权威（规划协同）；

（4）建立行使决策权的协调机制；

（5）重视信息结构的公开和透明；

（6）搭建多种共享的公共平台；

（7）直面问题、及时沟通、有效解决。

（2015年9月25日在河北石家庄召开的京津冀协同发展正定论坛上的主旨发言）

公共财政的公开监督

北京市政协开展财政预算民主监督工作已逾 20 年。笔者作为北京市第十一届政协委员、经济委员会副主任及第十二届政协特邀委员参加财政预算监督组的工作，一转眼也 10 年了。回顾 10 年来的工作，笔者感慨良多。在参加监督的工作中，笔者亲身经历了财政预算民主监督的过程，亲眼见证了政府财政工作在民主监督下不断进步的历程，感受着财政民主监督取得的工作成效，也为自己在监督过程中能尽些微薄之力而感到欣慰。

一、民主监督也是一种协商

作为政协委员，笔者肩负着参政议政的使命和责任。参加财政预算民主监督组的工作，是笔者履职的重要组成部分。10 年监督工作，笔者深深感到，作为政协委员参与治国理政之中，肩上担负着一种不可推卸的社会责任。政协和政府也为我们履职提供了必要的条件，使我们深受感动。每年两次的财政预算民主监督会，我们都要系统地听取市发改委、财政局、审计局、国税局、地税局、国资委、经信委、金融局、人力社保局等政府部门的国民经济计划和财政预算、基金预算的执行情况的报告，政府部门的领导要接受财政监督组的质询，听取委员们的意见和建议。正如市政协副主席闫仲秋指出的，监督也是一种协商，财政预算民主监督本身就是一种专题协商。这种特殊意义上的协商，不但主题鲜明、议题集中，而且集思广益、分析深入，为政府建言献策。民主监督组发挥政协委员的特殊优势，其成员既有经验丰富的经济部门的老领导，又有工作在第一线的企业家，还有对财政税收有专门研究的专家学者。这些成员，有着强烈的社会责任感和议政能力，敢于直言，说真话、说实话；善于分析，抓关键、抓要害；利益超脱，看得宽、看得远。参政议政有热情、有韧劲，就算有些意见未被采纳，也本着"对历史负责"的精神，坚持反复不断地一再重申。如地铁票价问题、"明补暗补"问题、"营改增"问题、地方债问题、中小企业问题等，有些建议很快就被政府采纳了；有些最终还是被采纳了；有些已经引起政府关注，成为政府决策的参考。

二、公共属性：财政监督的理论依据

笔者多年来参与财政民主监督工作，最大的感受就是公共财政属性和相应原则的逐步明确。

所谓公共财政（public finance），是指政府将集中的财力用于为社会提供公共物品和公共服务，满足社会公共需要的分配活动或经济行为。公共财政是与市场经济紧密联系在一起的概念，区别于计划经济的财政，主要着眼于社会公共需要，弥补"市场失灵"。我们在财政监督过程中发现，虽然我国的公共财政管理已具雏形，但受计划型财政管理模式的影响，仍存在许多问题：一方面，政府承担了部分应由市场承担的工作，超出了政府的职能范围和承受能力；另一方面，一些社会公共需要却没有得到财力保障。实际上，政府承担了不少经营性亏损补贴。一些不属于公共物品的项目，也得到了财政补贴。一些财政经费的支出，与投资、贷款、甚至风险投资的性质混同，却没有相应的资金回报。公共财政的支出师出无名，干扰了市场主体的平等竞争。随着财政民主监督的持久深入，公共财政的性质越来越明确，逐步矫正了公共财政的财力支出方向，财政的公共属性越来越成为财政工作和财政监督的理论依据。

三、绩效质询：财政监督的重中之重

笔者参与财政民主监督工作第二个突出的感受是，对财政预算绩效理念的建立、绩效的质询以及围绕绩效的调查研究和建言献策。刚刚参加财政预算民主监督工作时，笔者发现政府往往只注重如何满足各方面对公共资金的要求，严格审计其使用的方向和过程；而对公共资金产生的社会效用关注不够，甚至根本不问公共资金的使用绩效。所谓审计，往往只审错，只要钱花得符合法规，即使绩效很差也能通过；大量存在的浪费和低效、无效现象却无人问津，而绩效突出的公共资金的使用也得不到彰显。随着财政预算民主监督的逐步深入，"纳税人的钱是怎么花的？"这一问题被不断追问，公共资金支出也要讲绩效的理念形成了。绩效理念一旦建立，就会发现财政预算制度中存在的大量问题：有些只管分配，不问绩效；有些是分配方式本身就难以有绩效；有些则在预算之初就埋下了不可能有绩效的种子。绩效质询因此成为财政预算民主监督的重中之重，而绩效质询又进一步使民主监督的形式不断发展和延伸。

四、关口前移：财政监督的改进完善

随着绩效质询的深入，民主监督也从对财政预算的事后监督转变为在预算之初就参与预算制定，而且跟踪预算执行过程，开展过程监督，使财政预算民主监督的制度不断改进完善。如政协财政预算民主监督组对"营改增"深入基层，多次调研，获得大量第一手材料，正如组长刘桓委员讲的"讲真话要有勇气更要有底气"，提出的建议方案取得明显成效。在监督组的建议下，北京市财政局建立了市级项目支出事前评估机制，一些政协委员和人大代表参与评估工作，实践了全过程监督，为监督机制的完善积累了经验。

五、民主监督是公共财政的有机构成

从财政预算民主监督的实践中，笔者深深体会到，公共财政是一个大系统，从财政预算的制定到预算资金的执行，从财政资金的来源到财政资金的使用，从公共财政的理念到公共财政的绩效，哪一个环节都可能发生有意或无意的偏离，而为了确保公共财政能最大化地实现公共利益，就必须有来自公共利益的监督。因此，公共财政系统本身就应该包括民主监督，而民主监督是公共财政必不可少的有机组成部分。

公共财政存在的很多问题与监督缺失和监督无效有关。例如：由于缺少对社会公共权力有效的监督，公共权力机构乱收费、乱摊派、乱罚款的现象就屡禁不止，财政的职能被肢解；部分财政资金简单分给主管部门，由主管部门自行安排，再加上大量预算外资金，在缺少有效监督的情况下，就会影响正常的财政分配秩序；由于缺少对预算分配过程的监督，预算指标下达存在随意性，计划内的不能按时到位，计划外的频繁追加，实际支出常常超出预算；预算分配，转移支出和专项支出更受人为因素影响，缺乏来自有科学依据的监督；缺少程序监督，造成预算已经开始执行、事后再审批的无序现象；预算编制方法缺少科学性、合理性的监督和论证，一开始就存在脱离实际的情况，大量财政性资金在预算体外循环。总之，缺少对公共财政的系统性监督，国家财政就无法确保政府公共物品的供给规模、结构及效益，就难以履行市场经济条件下公共财政的职责。因此，对公共财政预算的监督应该纳入公共财政体系，使监督制度化。事实证明，政协财政预算监督能够从特定的角度代表公共利益有效行使一定的监督职能，应该将其纳入财政预算的决策过程，取得法律地位，使其成为公共财政预算的一项制度安排。

六、民主监督与监督民主

民主监督必须体现民主，因此，在监督过程中，民主的氛围就非常关键。笔者把民主监督的氛围称为监督民主，即监督过程中畅所欲言的宽松氛围。可以说，市政协民主监督组的监督民主是非常出色的，这也是20多年来能够坚持下来，越来越聚集人气，越来越生机勃勃的根本所在。从政协主席、副主席到经济委员会的领导，一直注意培养委员"愿意来、愿意讲"的议政氛围，委员们也个个尽心、尽力、尽责。10年来，笔者深深感受到监督民主的氛围，也从各级领导、各位委员、基层干部身上学到了很多，同时能发挥自己的特长，实现人生的价值。在共同研讨中，笔者常常对问题进行学理分析，从理论角度提出自己的见解。

例如，围绕北京要不要发展经济，以及为什么得了"大城市病"的问题，笔者多次提出财政的根源。北京作为首都，要为中央服务就要有资金实力的支撑；在没有首都财政的情况下，只能发展经济，获取财力。北京充分利用了首都的优势，成功地发展了首都经济，不但承担了服务中央的财政支出，而且成为中央财政的上缴大户；但与此同时，就叠加了首都核心功能之外的非首都功能，出现了"大城市病"。所以，在疏解功能和优化结构中，应该按财权与事权平衡的原则，减轻北京的财政压力，特别是减轻首都核心功能区的财政压力。

又如，"首都是全国人民的首都"的命题越来越影响着北京各方面政策的制定，并成为制定"十二五"规划重要理念的倾向，因此笔者专门向政府提出自己的意见："这一命题，从字面上看，有着促进北京服务全国的积极作用，但作为制定政策的根据，存在不科学、不理性的问题，需要认真思考，加以纠正。"笔者提出，无论是宪法还是中央对北京的批复，讲的都是"国家首都"。国家是一个整体，不同于"全国人民"的概念；北京虽然是中央政府所在地，但作为一座城市，仍然有着自身的行政边界、自己的市民、依法产生的地方政府和维持城市运转的经济活动和财政体系；"首都是全国人民的首都"的命题，在理论上混淆了城市的主体，权利与义务不对称，使北京成为一块"公共地"；在实践上在城市人口、资源承载、生态环境方面都大大加重了城市的负担。所以，笔者认为，应该修正这一不科学的命题，强调北京是国家首都，要服务好全国人民。

再如，在讨论地铁票价时，笔者提出，价格的功能在于调节供求关系，而我们的价格既不能刺激供给，也不能抑制需求，失去了价格功能，以此为地铁票价的调整提供理论依据。

参与政协财政预算民主监督工作的10年经历，不但使笔者的理论水平和参政议政能力得到提升，收获极大；而且在履职过程中，深感自己使得上劲儿，出得上力，有用武之地。在与其他委员的共事中，笔者实现了自己的人生价值。感谢政协，这段经历将成为笔者最珍贵的记忆。

（原载《北京观察》2018年第1期）

城市法典

——祝贺《北京城市总体规划》公开出版

欣闻北京市首次公开出版发行城市总体规划，深感意义重大，值得祝贺！

《北京城市总体规划（2016—2035）》发布后，首都城市发展按照总体规划和中央批复精神有条不紊地推进，取得了巨大的进展。但是，我们也注意到，城市总体规划距离深入人心还有不小的差距。如在疏解整治促提升进程中，拆除违建、规范城市牌匾标识等工作遇到了一些阻力，却很少见到从城市总体规划的高度发出的声音，往往是就事论事多，出现缺少总体利益导引的局部利益和个别利益的纷争。这些现象的存在表明，我们在真正认清城市总体规划的精神实质和历史价值、把城市总体规划摆在统领的地位、发挥其在城市治理的战略引领功能上，尚不到位；在使城市总体规划成为家喻户晓的市民共同愿景、取得社会广泛认同上，尚有差距；城市总体规划的权威性还没有真正树立起来并发挥其应有的刚性作用。这次城市总体规划的公开出版发行，为从根本上解决这些问题、有力推动城市总体规划的落实提供了难得的机会，应该紧紧抓住。祝贺之余，本文特提出以下十条建议。

一、充分认识城市总体规划的历史价值

北京城市总体规划来之不易，弥足珍贵。这部规划，既饱含着习近平新时代中国特色社会主义理论的基本精神以及他对北京城市发展战略定位的深刻思考和对北京工作的具体指导，也充分吸收了北京城市发展的历史经验和教训，同时凝聚了各方面专家学者的智慧、各级领导干部的心血。与以往任何一部规划不同，这部总体规划不但明确了北京城市功能的定位，而且抓住了北京"大城市病"的要害，牵住了治病的"牛鼻子"；这部总体规划，以更宽的视野，从京津冀协同发展的战略高度谋划北京的发展，提出世界级城市群核心城市的目标；这部总体规划不但着眼长远，而且规定了分步实施的阶段目标、政策措施和具体指标；这部总体规划不但提出了城市发展指南性的遵循原则，而且设定了不可逾越的红线。可以说，这部总体规划完成了北京城市发展的顶层设计，改变了政府换届规划也换届的惯性，是一张体现着"干到底"的坚定意志的蓝图，是北京建城以来最好的城市总体规划。随着总体规划的逐步落实，这部规划必将彰显出其重要

的历史价值。历史将证明，这是一部北京发展的城市法典。

二、深刻领会城市总体规划的突破创新

落实城市总体规划，首先要坐下来对中央批复和总体规划展开广泛而深入的学习。中央批复指出，总体规划的理念、重点、方法都有新突破，对全国其他大城市有示范作用。那么，究竟有哪些新突破呢？北京的干部和学者首先要带头对规划的 135 条内容逐条逐句地进行学习和探究，归纳出新突破之所在，特别是要深刻领会城市总体规划的精神实质和理论价值。北京总体规划对全国其他大城市的示范作用是要靠实践经验佐证的，而北京的实践经验离不开对总体规划的深刻理解和准确把握。因此，北京对总体规划的学习绝不可以浅尝辄止，绝不可以走形式、做表面文章，一定要拿出货真价实的学习和研究成果来。总体规划的公开出版发行为这个重要的学习提供了极好的条件。

三、形成宣传贯彻城市总体规划的互动生态

北京城市总体规划发布实施以来，对其宣传工作还停留在表面化、口号化的造势阶段，过于宏观、过于笼统、过于原则，而且声势也不够大。而实际的落实进程又迫切需要总体规划的具体指导。总体规划博大精深，各个方面的布局和安排非常具体细致，针对性、可行性、操作都很强，而社会对这些内容社会却知之甚少，以致对城市天际线这样总体规划已有明确表述的概念，在网络上出现种种曲解和误读，就更谈不上对城市整体景观风貌塑造的理解和支持了。对于城市总体规划，宣传落后于贯彻，贯彻与宣传脱节，亟须宣传与贯彻的密切衔接与默契配合。一方面，要加大宣传力度，采取生动活泼、群众喜闻乐见的形式，运用新媒体、融媒体，使广大群众熟悉、掌握总体规划的具体精神，使总体规划的具体内容入心入脑，有效为城市总体规划鸣锣开道；另一方面，实际工作部门对总体规划的贯彻在采取行动之前、之中和之后都要主动争取宣传工作的积极配合，做到言之有理、动则有据、言出法随、令行禁止，形成城市总体规划宣传与贯彻良性互动的生态环境。总体规划的公开出版发行为这种互动生态的形成提供了必要的前提。

四、密切跟踪城市总体规划的落地进程

城市总体规划是多年实践和理论探索的结晶，但其认知的科学性还需要我们在实践中加以验证，并进一步深化、丰富和发展。因此，密切跟踪总体规划的落地过程，是政府和学者必须做好的一门功课。为此，建议首都高端智库从不同的

学科角度设立长期的研究课题,持续跟踪总体规划的实施过程,留存历史记录、积累文献资料,编制大事记,每年提交跟踪的年度报告,及时反馈政策落地的真实信息,为政府和学界提供第一手资料。从北京城市发展史的研究来看,也有必要把这个伟大工程的实施过程作为历史资料记载下来。

五、及时总结城市总体规划的实践经验

城市总体规划的贯彻落实,是北京城市发展在中央明确首都城市战略定位和发展方针指导下,有城市功能定位、有战略目标、有空间布局、有城市设计、有政策措施的一次伟大的实践。这样一场人类主动自觉把握城市命运的实践,一定会面对许多空前复杂的矛盾和难题,在解决问题的过程中,也一定会积累大量的宝贵经验。把这些经验及时概括总结出来并上升为理论,形成对城市治理的新认知,会成为城市建设发展的一笔财富,也会成为城市理论发展难得的沃土。所以,这个过程值得学界认真观察、持续关注、深入思考、及时总结。中央对北京的城市发展寄予厚望,在许多重大战略的形成上,希望北京拿出全国可借鉴、可复制的经验来。因此,在总结经验上,北京肩负着不可推卸的历史责任。北京在公开出版总体规划的基础上,应该持续推出系列的对贯彻总体规划实践深入研究的学术成果来。

六、积极破解城市总体规划的实施难题

北京城市总体规划产生的一个特殊背景是"大城市病"。但冰冻三尺,非一日之寒。虽然总体规划着眼于从根本上解决问题,但在每一个步骤中还是会遇到种种难以预料的难题。面对总体规划实施中的难题,不能就事论事、知难而退,也不能回避现实、绕开矛盾。一定要时刻从总体规划的高度出发,把这些难题一一列出来,作为必须解决的课题,展开联合攻关,深入研究问题根源所在,积极探索破解之道。对于总体规划实施遇到的所有难题,不回避、不掩盖;只有时时想着总体规划,处处对照总体规划,直面问题、暴露矛盾,关注点始终不偏离总体规划的落实,才能在攻克一个又一个难题的进程中逐步打通实现总体规划目标的道路。

七、自觉维护城市总体规划的法规权威

赋予城市总体规划法律地位是这部总体规划的鲜明特点。以往规划之所以不能执行到底,就在于规划只是软规划,没有强制力。中央在对北京城市总体规划的批复中,明确指出要坚决维护规划的严肃性和权威性。总体规划是北京城市发

展、建设、管理的基本依据，必须严格执行，任何部门和个人不得随意修改、违规变更。特别强调要切实发挥规划的战略引领和刚性管控作用。总体规划的严肃性和权威性要靠我们在宣传贯彻中有意识地树立和维护，要有这方面的自觉性和主动性，这方面我们做得还不够。权威不是口号喊出来的，也不是标语贴出来的，是靠一个一个具体的实际案例建立起来的，权威是管出来的。树立总体规划的权威，一个最简单的做法就是抓住违反总体规划的事，绝不放过，严肃处理。同时要善于拿总体规划讲道理。讲道理是宣传贯彻总体规划的最主要的方式，道理实在讲不通，就要强调总体规划的权威性，理解的要执行，不理解的也要执行。我们在拿总体规划讲道理和强调总体规划的权威性上都做得很不够，亟待加强。

八、大胆拓展城市总体规划的学科专业

一部城市总体规划既有理论又有政策，涉及社会科学和自然科学的多门学科。从理论和实践的结合看，它本身就构成了一门多学科融合的交叉学科，具有学科的综合性。只有上升到学科的高度，我们才能从学理上认识和把握城市总体规划的科学性；也只有站在学科的高度，我们才能真正提升宣传贯彻落实总体规划的自觉性和理论水平。为此，笔者建议在北京的市属大学率先设立城市总体规划的新型交叉学科，组织编写城市总体规划的教材；在相关专业开设城市总体规划的必修课和选修课。城市总体规划的学科化将为北京落实城市总体规划提供更加有力的学理支持，同时提升北京落实城市总体规划的自觉性，提高北京城市建设发展管理的能力和水平。

九、努力造就城市总体规划的人才队伍

有了城市总体规划学科化的基础，我们就可以培育从事落实城市总体规划的人才队伍。城市总体规划的时间是从 2016 年到 2035 年，我们只有为未来 15 年提供一大批熟悉城市总体规划的专业人才，才能确保城市总体规划的如期实现。可以考虑在大学设立城市总体规划专业，首先招收硕士生、博士生；可以在首都高端智库设立博士后流动站，尽快培养一批能够担当落实城市总体规划历史重任的高级专业人才。同时也可以考虑在党校和相关高校举办城市总体规划的培训班、课程和讲座，在更大的范围内培育人才，提高各级领导干部贯彻城市总体规划的理论水平和政策水平。城市总体规划的内容和相关知识应该作为北京市领导干部的理论必读和提拔考核的必备条件。

十、组织开展城市总体规划的实施督察

落实城市总体规划，必须确保规划的实现，不游离、不跑偏。为此，中央批复特别提出要建立城市体检评估机制，完善规划公开制度，加强规划实施的考核问责，加强对总体规划实施工作的监督检查。为落实中央批复的精神，除了建立相应的制度和机制外，建议将这些评估考核督察工作与城市总体规划实施的学术研讨结合在一起。理论工作者参与这项工作，一方面可以保证公平公正，另一方面可以提升对考核过程发现问题的认识水平和分析能力。让每一次评估考核督察都成为城市总体规划的一次理论研讨，把实际工作成效与总体规划对标、对表，将实施督察的行政工作升华为理论认知的提升。

以上十条建议归为一条，就是强调只有把总体规划放到北京城市发展的统领地位，才能"切实发挥规划的战略引领和刚性管控作用"。之所以把文章的题目定为"城市法典"，就是强调城市总体规划是北京市城市发展、建设、管理的基本依据。作为城市法典的总体规划是一个完整的系统，统领其他各方面的具体规划的编制和实施。正如中央批复指出的：北京市委、市政府要坚持一张蓝图干到底，以钉钉子精神抓好规划的组织实施，明确建设重点和时序，抓紧深化编制有关专项规划、功能区规划、控制性详细规划，分解落实规划目标、指标和任务要求，切实发挥规划的战略引领和刚性管控作用。战略引领和刚性管控是两个必须深刻认识和准确把握的关键词。

城市法典，必须得到各个方面、各项工作的尊崇和遵循。

所谓落实，就要把总体规划落到领导干部和广大市民的心坎儿上，落到各项具体规划的编制上，落到政策措施的实招儿上，落到疏解整治促提升的行动上，落到人民群众对城市面貌日新月异的真实感受上。检测落实的根本标准，就是看总体规划是否发挥了战略引领作用，是否起到了刚性管控作用，是否成为上上下下的共同意志。

（《北京城市总体规划2016—2035》公开出版后形成的文稿，后发表在《北京日报》）

北京城市 70 年巨变的启示
——城市管理与城市文化的交互影响和共同作用

新中国成立以来，北京作为首都，70 年来发生了历史性巨变。城市管理与城市文化的交互影响和共同作用在北京城市演变中扮演着重要的角色、发生着基础性功能。从这个角度进行学术梳理，具有重要的意义。

一、城市管理与城市文化

城市是人类生存和发展的聚集地，只要有城市就有城市管理。随着城市的不断成长和规模扩大，城市管理也变得复杂起来，逐步走向完备。对于现代城市特别是特大城市，城市管理是一个巨大的复杂系统。

城市文化是随着城市的出现和发展而逐步生成和不断演化的。城市文化具有客观性，虽然城市文化显示出的是群体意志的主观性，却是任何个人难以以自己的主观意志改变的客观存在；城市文化具有历史性，随着环境的变化和时代的发展而不断演进；城市文化有丰富多彩的表现形式，存在于多层次、多方面的精神、物质和制度的形态之中；城市文化也是一个复杂系统，由从微观到宏观各个方面相互关联的文化所构成。根据文化形成的一般规律，所谓城市文化，是人们对城市及其相关事务从认知、认可到认同的过程及其形成的稳定性的群体性意志。因此，城市文化还具有可塑性，即提出一种对城市的新认知，通过主动文化建设，实现人们对这种新认知的逐步认可，进而达到普遍的认同。城市文化是可以建设的。我们这里所关注的城市文化，是和城市管理直接相关的城市管理文化（我们依然将其简称为"城市文化"），即人们对城市管理认知的认同。

城市管理与城市文化有着密切的相关性。就基本关系来说，城市管理总是生成于一定的城市文化（共同利益的生成），可以说，没有城市文化，就没有城市管理，城市管理本身就是城市文化的一种产物；同时城市管理的实践必然派生出一系列丰富多彩的相关城市文化。就二者相互影响和共同作用来说，城市文化导引城市管理的方向、目标，规范城市管理的组织方式、实施路径和施政举措；同时，城市管理又是城市文化形成的有效途径之一，从某种意义上说，城市文化是管出来的。当然，没有城市文化建设的自觉，单纯的城市管理会错失城市文化建设的良机；而脱离城市管理的城市文化建设也会变成一种空洞的说教。城市管理和城市文化存在着管理和文化的一般关系，同样显示出其外在强制与内在自觉、硬与软的特性，同时更加突出地显示出二者对城市发展交互影响、共同作用的独特魅力。

笔者以为，以这样一个视角观察北京城市70年的巨变，一定可以发现其中特有的客观规律，获得深刻启示。

二、北京城市1949年的两个历史新起点

1949年，北京这座有着3 000多年建城史、850多年建都史的历史文化名城和著名古都发生了两件历史性大事，成为城市发展的两个历史新起点。这两个起点就是：北京成为人民城市和国家首都。抓住了这两点，就抓住了北京城市70年巨变的主脉。城市管理与城市文化的交互影响和共同作用正是沿着这个主脉展开的。

（一）人民城市

1949年1月31日，中国人民解放军东北野战军第四纵队进入北平接管防务，北平宣告和平解放，千年古都回到了人民手中。人民城市赋予了北京这座古老城市以新的生命，也派生出城市管理和城市文化的新内涵。

人民城市人民建、人民城市人民管，是70年来北京城市管理不变的主题。城市的人民性究竟如何实现，北京经历了70年的艰苦探索。

70年来，北京城市文化的演变始终离不开人民城市的内在灵魂。人民是城市的主人，主人翁的信念深入人心，市民主动关心和自觉参与城市管理是北京人特有的文化特征；人民政府是代表人民行使城市管理的权力，保障人民就业、收入、教育和生产生活是人民政府的职责。市民把人民政府视作自己的当家人，积极支持政府的工作，服从政府管理是北京的城市文化。城市主人始终是北京城市文化特有的骄傲和自豪，派生出许许多多的文化特征。

（二）国家首都

1949年9月27日，政协第一届全体会议表决通过决议案：中华人民共和国首都定于北平，自即日起北平改名为北京。历史赋予北京人民建设人民首都的重任。

首都，是党中央和中央人民政府所在地，聚集着各类国家机关和办事机构，是全国的心脏和神经中枢；是世界各国外交使馆所在地，行使着国家国际交往的职责。因此，北京这座城市还承载着国家利益、民族利益。北京的城市管理不仅

仅是地域性城市管理,更是国家管理的重要组成部分。

首都的功能也给北京城市文化赋予了新的内涵。一首《我爱北京天安门》,唱出了全国少年儿童对北京的向往,也唱出了全国人民对北京的热爱和北京人特有的自豪。自然,北京的城市文化也就比其他城市多出了一份政治责任文化、识大体顾大局文化以及自觉彰显国家形象和民族风采的首善文化。

这两个起点,也是北京城市70年巨变的主脉。城市管理和城市文化虽然在不同时期有不同的表现,强度不同、特点各异,但都始终围绕着这两个起点交互影响、共同作用。

三、北京城市70年的变与不变

纵观北京城市70年的演变,我们发现:一方面城市发生了天翻地覆的变化;另一方面城市也坚守了从未动摇的不变。以城市管理与城市文化的视角观察:变中有不变;不变中也有变。

(一) 巨大变化中的不变

70年来,北京城市在各方面都发生了巨大的变化。城市规模方面,常住人口由208.1万人增加到2 170.7万人;行政区划由707平方公里扩充到1.64万平方公里;城市性质由一个消费城市转化为一个生产城市,进而发展成一个具有综合功能的现代首都城市。与此同时,城市的生活方式、居住条件、经济结构、生态环境、社会治理、行政管理、公共交通、市政设施、公用事业等各个方面都随之发生了难以想象的巨变。

这期间,城市管理随着城市发展不同时期的不同任务历经了不同阶段。以城市管理和城市文化关系的视角看,70年大致可以划分为三个阶段。

第一阶段:从新中国成立初期到改革开放之前的30年,城市管理顺应城市工业化发展的需要,在计划体制下,强调高度集中的管理原则。城市文化则凸显穷则思变、白手起家、大干快上的国家利益至上文化、人民的主人翁文化、服从服务的螺丝钉文化、比学赶帮超的劳动竞赛文化。

第二阶段:改革开放后的30年,城市管理顺应开放搞活的大环境,在向市场经济体制逐步转换的过程中,更多强调扩大企业自主权、充分释放个人的创业活力,城市管理以放权为主基调。城市文化则出现了敢于冲破陈规旧习的改革创新文化、发现挖掘沉睡资产的盘活文化、优胜劣汰的竞争文化、打破大锅饭的砸三铁文化、追求企业效益的重组文化、实现个人价值的奋斗文化。

第三阶段:党的十八大以来改革向纵深发展,城市管理在习近平治国理政论述和对北京工作直接具体的指导下，出现了从总体规划到精细化管理的系统性、创新性的新局面。城市文化更显示出治理"大城市病"、扭转城市发展偏向、提出城市战略定位、疏解整治促提升等一系列对北京城市的新认知。

在这三个阶段，城市管理和城市文化的交互影响和共同作用上演了一幕幕波澜壮阔的历史剧目，值得认真回顾和总结；但历史大戏始终围绕着人民城市和国家首都的主题，这两个主题及其相互关系始终不变。

（二）不变主题的探索和升华

从第一阶段来看，坚持强烈的人民整体利益和国家长远利益的城市文化，与高度集中的城市管理相适应，奠定了国家首都的工业化基础和城市物质基础，确保了国家首都的政务环境和运行秩序。北京城市第一次彰显了人民城市的性质、人民当家做主的历史风采，向世界展示了人民共和国的全新风貌。

从第二阶段来看，释放了人民自主创业和企业自主经营活力的城市文化，与市场经济要求的城市管理相呼应，满足了农民进城就业、市民生活改善的要求，顺应了城市化进程的大势，促进了城市的快速发展；但同时产生了与首都城市要求的政务环境不相适应的诸多矛盾。

就人民城市和国家首都的关系来说，第一阶段实现了和首都城市配位的人民整体利益，却一定程度上限制了城市的个体活力；第二阶段释放了人民的个体活力，却超出了城市的自然和社会的承载力，影响了首都功能。在第一阶段，城市规模没有超出城市承载力，还不可能提出生态环境和城市畅通的文化理念；而在第二阶段，超大城市规模的现实对城市管理和城市文化提出了新的挑战。70年历程告诉我们，就人民城市来说，我们既要有人民共同利益的整体把握，又要充分确保人民的现实需要和个体自由。就国家首都来说，我们既要确保中央政府行使职能的政务环境，又要建设好在城市综合承载力之内的首都城市。这就是第三阶段对城市管理和城市文化的新要求。

四、城市秩序：管理与文化的合力

对第三阶段城市管理与城市文化的交互影响和共同作用的探索，催生出一个新概念：城市秩序。

所谓城市秩序，就是城市运行的状态和城市形象。城市秩序是由城市各个构成要素之间的空间布局和均衡、进出系统的时间次序决定的。好的城市秩序给人以良好的城市形象，一切井井有条、环环相扣、进出有序、有条不紊；不好的城市秩序则给人以混乱的城市形象，各行其是、杂乱无章、相互掣肘、功能缺失。

一个城市给人的第一印象就是城市秩序。所谓宜居，首先要有良好的城市秩序。世界一流的宜居城市，一定有世界一流的城市秩序。

北京在取得举世公认的成就的同时，也有过失误和教训。我们必须总结经验，探索决定城市秩序形成演变的规律。

（一）城市秩序的形成

决定城市秩序的因素很多，但归根结底取决于两大因素：城市管理和城市文化。城市管理主要表现在政府的作用上，而城市文化则主要表现在市民素质上。城市秩序的形成在于城市管理与城市文化的合力。城市管理与城市文化合力的匹配状态决定着城市秩序的品质。

（二）管理与文化缺一不可

纵观北京城市秩序，管理和文化的合力始终存在，缺一不可，但其合力的品质却有不同的表现。导致城市秩序不够理想的原因主要是我们对城市管理与城市文化关系的认识不够深刻，在对二者相互影响、共同作用的把控上不够自觉，常常部门分设、各行其是，没有形成高品质的合力。

（三）管理与文化的良性互动

高品质的城市秩序离不开管理与文化的良性互动。所谓良性互动，就是城市管理与城市文化要有共同的目标、有共同的出发点（要解决什么问题），发挥各自优势，在总体设计、时序安排、作用力度上相互配合，求得最佳效果。例如，在解决拆迁补偿的实践中，北京提出的"一把尺子量到底"的"尺子"就是管理的硬标准，没有任何变通的余地；而对"一把尺子"的认可、对"量到底"的认同则是文化的软功能。管理不能替代文化，文化也不能替代管理。如果单纯地硬性管理，没有文化的统一认知，很难形成秩序。如果任由其他歪理蔓延，不但不能形成良性的互动，还会出现管理的巨大阻力。

五、"大城市病"：城市扩张中的无序失管

北京在城市扩张过程中发生了某种程度的无序失管。人口膨胀带来的"大城市病"影响了首都形象，以致出现"首堵"一类的调侃；严重的缺水和难以逃避的雾霾甚至引起过"迁都"的议论。"大城市病"的形成既有历史性的客观因素，也有管理与文化上不自觉、不协调的主观因素。

（一）不可阻挡的城市扩张

北京城市的扩张是不可阻挡的历史必然，反映了中国城市化进程的必然趋势，是首都城市与周边比较的特有优势所形成虹吸效应的必然结果。"大城市病"的形成源自城市管理跟不上城市扩张，也始终离不开城市文化的影响和助力。

（二）无序失管背后的文化现象

城市管理出现的失管现象，很多源于激烈社会变革的无奈，但也有其城市文化的影响。例如，北京城市扩张带来了人民居住条件紧张的压力。1976年地震时，一夜之间出现了大量地震棚，震后却成了缓解住房压力的自发之策，难以拆除。特定历史条件下的失管唤醒了"法不责众"的意识，进而强化了对"造成既成事实"做法的普遍认可。这种城市文化一旦形成，不但催生出难以治理的"小产权房"；而且私搭乱建蔓延成风，成为城市的瘤疾。

实践证明，只有直面城市无序失管的现实，找到其成因，才能真正从城市管理和城市文化两个方面下手，双管齐下、形成合力，完成对"大城市病"的根治。

六、新时代北京城市的管理创新与文化革新

党的十八大以来，在习近平新时代中国特色社会主义思想指导下，北京的城市管理和城市文化迎来了新时代的春天。人民城市和国家首都这两个北京城市的主题得到了进一步的新综合和新升华。

（一）北京城市两个主题更加鲜明

新的城市总体规划以法律的高度再次强调了北京"四个中心"的城市战略定位，国家首都的城市性质更加鲜明、具体；明确北京"四个服务"的城市功能，城市管理的指向更加清晰；划定了首都核心功能区，完成了城市空间的新布局；提出疏解非首都功能，以京津冀协同发展助力首都城市功能的提升。

同时，人民城市的性质更落实到人民的切身感受上。强调人民为中心的理念，不但改进人大、政协的工作方式，扩大人民参政议政的渠道，提升人民管理城市的水平；而且以人民的获得感、幸福感、安全感为衡量政府工作成败得失的最终标准，做到民有所呼、我有所应；创造了及时反映社情民意、优化提升"接诉即办"的工作方案。

（二）城市管理的精细化程度不断提升

习近平总书记提出城市管理要像绣花一样精细的思想，体现在北京城市管理

的方方面面，并深入城市街区的背街小巷。在推进"街乡吹哨、部门报到"改革过程中，街巷长与小巷管家成为破解基层治理难题的制度创新，完成了一项基层共治的"北京创造"。

（三）城市文化酝酿着悄然转变

随着城市管理方式的变革，城市文化发生了转变。北京70年的城市巨变使人们深刻认识到：市场经济使城市焕发出前所未有的活力，带来了经济的繁荣昌盛。但市场经济不只是私利经济，同时也是公德经济；离开公德，城市就会陷入无序的混乱。面对城市出现的种种失德现象，社会舆论不再沉默，开始发出各种谴责的声音，从中已经可以窥见人们对公德回归的热切期盼。市场经济比计划经济更需要社会公德的文化环境，特别是社会主义市场经济，在保护个人利益派生出的趋利文化和竞争文化的同时，也要传承新中国成立前三十年养成的与国家利益、集体利益同呼吸共命运的城市文化。城市管理的创新呼唤城市文化的革新。

（四）自觉开展城市文化建设

北京城市管理的创新是从城市文化革新开始的。所谓文化革新，就是针对已经成为城市发展羁绊的落后文化提出改变，以文化的弃旧图新引领城市的进步。

北京新的城市总体规划，是城市管理和城市文化的统领，具有重要的历史价值，对城市文化更具有特殊的意义。我们必须认识到，北京城市总体规划来之不易，弥足珍贵。这部规划，既饱含着习近平新时代中国特色社会主义思想的基本精神以及他对北京城市发展战略定位的深刻思考和北京工作的具体指导，也充分吸收了北京城市发展的历史经验和教训，同时凝聚了各方面专家学者的智慧、各级领导干部的心血。这部总体规划，以更宽的视野，从京津冀协同发展的战略谋划北京的发展，提出世界级城市群核心城市的目标；这部规划不但着眼长远，而且规定了分步实施的阶段目标、政策措施和具体指标；这部规划不但提出了城市发展指南性的遵循原则，而且设定了不可逾越的红线。可以说，这部规划完成了北京城市发展的顶层设计，改变了政府换届规划也换届的惯性，是一张体现着"干到底"的坚定意志的蓝图，是北京建城以来最好的城市总体规划。随着总体规划的逐步落实，这部规划必将彰显出其重要的历史价值。

北京城市总体规划充满了城市文化的新内涵，具有深刻的城市文化价值。北京应该自觉展开一场城市文化建设，而总体规划就是一部最好的城市文化建设教科书。但目前对于城市总体规划，宣传落后于贯彻，贯彻与宣传脱节，亟须宣传与贯彻的密切衔接与默契配合。一方面，要加大宣传力度，采取生动活泼、群众喜闻乐见的形式，运用新媒体、融媒体，使广大群众熟悉、掌握总体规划的具体精神，使总体规划的具体内容入心入脑，有效为城市总体规划鸣锣开道；另一方面，实际工作部门对总体规划的贯彻在采取行动之前、之中和之后都要主动争取宣传工作的积极配合，做到言之有理、动则有据，言出法随、令行禁止，形成城市总体规划宣传与贯彻良性互动的生态环境，将城市规划升华为城市文化。

（原载《城市管理与科技》2019年第4期）

首都发展新内涵

一、首都发展的提出及基本内涵

中共中央、国务院在对《北京城市总体规划（2016年—2035年）》（以下简称《城市总规》）的批复中提出要"明确首都发展要义"。

与北京发展相比，首都发展站位更高、内容更丰富、意义更深刻，其基本内涵就是要随着时代发展进步，面对新形势新挑战，持续回答习近平总书记视察北京时提出的首都发展两问："建设一个什么样的首都""怎样建设首都"。首都发展只有进行时，没有完成时，需要与时俱进，不断赋予首都发展新的内涵和外延。

"十三五"时期，《城市总规》获得中共中央、国务院批复，确立了首都城市"四个中心"战略定位，首都发展两问得以根本性破题。"十四五"和更长一段时期，在全面建设社会主义现代化国家新征程中，北京要从实际出发，全面贯彻新发展理念，更加突出首都发展，把"四个中心""四个服务"能量充分释放出来，率先探索构建新发展格局，以北京行动持续回答习近平总书记首都发展两问，推动习近平新时代中国特色社会主义思想在北京形成生动实践。首都发展的内涵和外延，一定会在"十四五"和更长一段时期的首都发展实践中得以丰富和完善。

二、首都发展新内涵

首都发展新内涵，将形成于贯彻落实党的十九届五中全会精神而编制的北京市"十四五"发展规划和2035年远景目标中，体现在全面把握新发展阶段的新任务新要求，坚定不移贯彻新发展理念、构建新发展格局的战略安排中。首都发展的新内涵表现为首都发展的新使命、新风格、新面貌和新风采。

新发展阶段与首都发展新使命。准确认识新发展阶段，是全面建设社会主义现代化国家新征程开好局、起好步的前提，也是确立首都发展新使命必须完成的功课。概括讲，新发展阶段就是全面建设社会主义现代化国家新阶段和我国已转向高质量发展新阶段。与之相对应，首都发展新使命必然是全面建设社会主义现代化国家的首都和率先实现高质量发展的城市。

新发展理念与首都发展新风格。坚定不移贯彻落实创新、协调、绿色、开放、共享的新发展理念，是以习近平同志为核心的党中央在党的十八大以来成功驾驭我国经济发展实践中形成的新认识和新概括。不但每一个理念都有鲜明的针对性，成功矫正了经济发展的航向，而且五大理念构成了一个完整的科学体系，成为推动社会主义现代化进程的发动机。首都发展的实践，务必把五大理念作为一个整体，全面体现在首都发展中，让理念通过行动化为首都发展的新风格。

新发展格局与首都发展新面貌。对于新发展格局，必须全面认识、辩证理解、科学把控，不能有任何片面性。新发展格局是全国的大格局，但也和地方息息相关。在习近平总书记亲自推动下，京津冀三地打破"一亩三分地"的认识局限和体制掣肘，推进京津冀协同发展，就是主动融入国家新发展格局。在京津冀协同发展不断深化的进程中，北京主动融入国家新发展格局，消灭堵点、打通节点，就会形成首都发展新风貌。

展示"都"与"城"有机融合的首都发展新风采。新发展阶段、新发展理念、新发展格局是一个有机统一体，有着内在的辩证联系。"十四五"和更长一段时期，只要全面把握新发展阶段的新任务新要求，坚定不移贯彻新发展理念、构建新发展格局，处理好北京"都"与"城"的关系，就一定会实现两者的有机统一，展示出首都发展的新风采。

三、如何谋划首都新发展

对标对表国家部署，首都率先实现国家目标。要和十九届五中全会通过的《中共中央关于制定国民经济和社会发展第十四个五年规划和二〇三五年远景目标的建议》对标对表，将北京的"十四五"规划和二〇三五年远景目标纳入国家规划体系，使其地位准确、有机衔接。

中央提出到2035年基本实现社会主义现代化远景目标，那么，北京就要对照国家目标确立首都的2035年远景目标，确保北京到时经济实力、科技实力、综合实力大幅跃升，特别是发挥科技创新中心的优势，争取在关键核心技术上实现重大突破，率先建成创新型城市，为国家进入创新型国家前列做出应有贡献；同时，在富强民主文明和谐美丽的标准和要求上，要高于全国水平，位于各大城市前列，成为名副其实的首善。

巩固"十三五"成就，开辟"十四五"前景。"十三五"时期，北京深入贯彻落实习近平总书记对北京重要讲话精神，首都发展取得了巨大成就，特别是在城市战略定位和超大城市治理上，理清了思路、统一了认识、明确了方向、制定了规划，在城市布局调整、发展方式转变上取得战略性进展，"大城市病"得到有效缓解，超大城市治理初见成效，城市面貌焕然一新，人们已经从城市发展变化中深切体会到了获得感。这些成就来之不易、弥足珍贵，必须倍加珍惜。开辟"十四五"前景，不仅要向前看，发现北京的新机遇新挑战，还要特别强调"十三五"取得成就的巩固和扩展。按照《城市总规》要求，有些尚未完全到位，需要继续完成；有些根基还不牢固，需要进一步夯实；有的刚刚起步，一系列难题还有待破解。北京作为首都，有着不同于其他城市的特殊性，别的地方的成功做法不一定适合北京，一定要保持对首都发展认知的定力。

目标导向与问题导向相结合。谋划首都新发展，还要坚持从北京的实际出发，既要借助首都业已形成的优势，一鼓作气、乘势而上，也要勇于直面不足，发现自己现存的短板和弱项，把目标导向与问题导向结合起来。首都发展尚存在许多不平衡、不充分的问题，必须找准、挖深，制定切实可行的规划，务见成效。

严守首都发展的红线和底线。谋划首都新发展，必须严守《城市总规》确定的人口总量上限、生态控制线、城市开发边界"三条红线"。这三条红线以及涉及城市安全各个方面的一系列底线，必须在首都发展中反复强调。

大力推动北京经济高质量发展。首都发展当然包括经济发展，而且经济发展是首都发展的主要方面。今年8月以来，中央先后批复《首都功能核心区控制性详细规划（街区层面）（2018年—2035年）》《深化北京市新一轮服务业扩大开放综合试点建设国家服务业扩大开放综合示范区工作方案》《中国（北京）自由贸易试验区总体方案》，为北京经济发展提供了新机遇。

首先，从"四个中心""四个服务"看，北京经济应该是服务经济，具体表现为政治经济、文化经济、国际交往经济和科技经济。首都功能核心区的服务经济更多地体现在提供政务服务保障和包括基础设施和市民生活的公共服务上；其他功能区的服务经济更多地体现在各种适合在首都发展的新业态与金融服务、科技服务、营商服务的融合上。

其次，国家确定北京为国家服务业扩大开放综合示范区并设立中国（北京）自由贸易试验区，为北京发展服务经济进一步明确了发展路径。习近平总书记在2020年中国国际服务贸易交易会全球服务贸易峰会致辞中特别强调，要支持北京打造国家服务业扩大开放综合示范区，带动形成更高层次改革开放新格局。

再次，大力打造现代化都市圈。《城市总规》为建设以首都为核心的世界级城市群做出了战略安排，为新发展格局提供了难得的历史机遇。北京发展经济应该着眼于与周边城市建立有机联系，当好群主，在更大的范围、以更宽广的胸怀，充分释放"四个中心""四个服务"的能量，建设好现代化都市圈，融入国内国际双循环的新发展格局。

最后，建设京津冀协同开放的新高地。习近平总书记在 2020 年中国国际服务贸易交易会全球服务贸易峰会致辞中指出，国家支持在北京设立以科技创新、服务业开放、数字经济为主要特征的自由贸易试验区，构建京津冀协同发展的高水平开放平台，带动形成更高层次改革开放新格局，这进一步明确了北京经济的新属性，为北京服务经济发展指明了方向。

（原载《北京日报》2020 年 11 月 30 日）

再论首都发展

在学习贯彻五中全会精神、谋划北京第十四个五年规划和 2035 年远景目标的历史时刻，中共北京市委强调要突出"首都发展"。那么，什么是首都发展？如何界定它的内涵和外延呢？笔者曾经在《首都发展是北京城市规划发展建设的灵魂》（见《北京日报》，2018 年 5 月 21 日）一文中做过初步分析。这里，结合新的形势，对首都发展进行进一步深入的探讨。

一、首都发展的提出及基本内涵

"首都发展"首次出现在中央对《北京城市总体规划》（以下称《总体规划》）的批复中。当时指出要"明确首都发展要义"。这个崭新概念充分吸取了北京城市发展实践的丰富经验和深刻教训，为《总体规划》的贯彻指明了方向。其基本内涵概括了习近平两次视察北京提出的问题："建设一个什么样的首都""怎样建设首都"。对这两个问题的回答，既需要超前的战略思考，又需要对以往实践经验的深刻反思；既是一个对眼下实践及时提供指导的方针政策，又是一个不断探索、不断认识、逐步深化、预见未来的理论问题。因此，首都发展的概念比北京城市发展的概念站位更高、内容更丰富、意义更深刻（笔者已在《首都发展要义的理论辨析》的专报中有过论证，不再赘述），产生了重要的历史价值；同时，首都发展又是一个动态演进的概念，只有进行时，没有完成时，要与时俱进，不断赋予新的内涵和新的外延。但其基本内涵始终不变：随着时代的发展进步，面对新形势、新挑战，持续回答建设一个什么样的首都以及怎样建设首都（可以简称为"首都发展两问"）。首都发展两问是首都发展的基本内涵。

首都发展是一个整体性表述，是在确立了"四个中心"城市战略定位的前提下，围绕"四个服务"城市基本功能展开城市经济社会发展创造历史活动的总概括。服务"四个中心"、提供"四个服务"应该是首都发展内涵的时代性回答。其外延涵盖了城市规划发展建设的各个方面，渗透于政治建设、经济建设、文化建设、社会建设、生态文明建设以及城市运行和城市治理的各个环节。

二、新时期首都发展的现实意义

中共北京市委在谋划北京"十四五"时期经济社会发展规划时提出，要更加突出首都发展,把"四个中心""四个服务"能量充分释放出来。首都发展在三年之后再次被提及,而且放在指导思想的第一位,有什么新的重要意义呢?

北京市"十三五"规划实施总体顺利,重大战略任务全面落地,城市发展正在深刻转型,主要目标指标能够如期完成,为建设国际一流的和谐宜居之都打下了坚实基础。北京"十三五"时期最大的收获是《总体规划》获得了中央批复,确立了首都城市战略定位,明确了发展目标、规模和空间布局等一系列城市战略布局;城市发展按照规划稳步推进,取得了转折性进展。首都发展两问得以根本性的破题。

如果"十三五"重点破解了首都发展两问中的第一问(建设一个什么样的首都),那么,"十四五"则主要继续回答第二问(怎样建设首都),同时结合国家社会主义现代化的新征程丰富第一问的内涵。《总体规划》与中央关于国家2035年远景目标建议有一致的时间截止期,不同的是,国家的"十四五"是现代化征程的第一个五年规划,而北京的"十四五"是城市总规实施的第二个五年规划,已经有了向现代化迈进的城市发展战略定位和初步实施的坚实基础。首都发展完全有条件率先行动,乘势而上,首都发展要义会继续对"十四五"规划起根本性指导作用。也就是说,北京的"十四五"规划要把"四个中心""四个服务"能量充分释放出来,率先实现经济社会高质量发展,走在国家现代化进程的前列。

首都发展的内涵和外延一定会在"十四五"和更长时期的谋划和实践中得以丰富和发展。

三、如何谋划首都新发展

首都发展的时代价值体现在首都新发展的谋划上。

(一)对标、对表国家部署,首都率先实现国家目标

北京市关于"十四五"规划和2035年远景目标的谋划,首先就是和五中全会通过的《中共中央关于制定国民经济和社会发展第十四个五年规划和二〇三五年远景目标的建议》(以下简称《建议》)对标、对表,将北京的规划纳入国家规划体系,使其地位准确、有机衔接。《建议》提出,到2035年基本实现社会主义现代化,到21世纪中叶把我国建成富强民主文明和谐美丽的社会主义现代化强国。那么,北京就要按照国家远景目标确立首都的2035年远景目标,确保北京到时成为社会主义现代化强国的首都,经济实力、科技实力、综合实力大幅跃升,特别是发挥科技中心的优势,争取在关键核心技术实现重大突破,率先建

成创新型城市，为国家进入创新型国家前列做出应有贡献；在富强民主文明和谐美丽的标准和要求上，高于全国水平，位于各大城市前列，成为名副其实的首善。

(二) 巩固十三五成就，开辟十四五前景

首都在"十三五"经历了疏解整治促提升的艰苦奋斗后，取得了巨大的成就，特别是在城市战略定位和城市治理上，理清了思路、统一了认识、明确了方向、制定了规划，不但在城市布局调整、发展方式转变上取得战略性进展，而且"大城市病"得到初步缓解、城市管理步入正轨、城市治理初见成效、城市面貌焕然一新，人们已经从城市变化中体会到获得感。这些成就来之不易、弥足珍贵，我们必须倍加珍惜。对于北京来讲，开辟"十四五"前景，不仅要向前看，发现北京的新机遇、新挑战，还要特别强调"十三五"成就的巩固和扩展。因为虽然"十三五"已经取得巨大成就，但按照《总体规划》的要求，有些尚未完全到位，需要继续完成；有些根基还不牢固，需要进一步夯实；有的刚刚起步，一系列难题等待破解。特别是北京作为首都，有着不同于其他城市的特殊性，别的地方成功的做法不一定适合北京，切不可简单模仿、盲目跟风，一定要保持已经取得的对首都发展认知的定力。

(三) 目标导向与问题导向相结合

谋划首都新发展，除了坚持与国家规划对标、对表的向前看之外，也要坚持从北京的实际出发，既要借助首都业已形成的优势，一鼓作气、乘势而上；也要勇于直面不足，发现自己现存的短板和弱项，把目标导向与问题导向结合起来。首都发展尚存在许多不平衡、不充分的问题，必须找准、挖深，制定切实可行的规划，务见成效。

(四) 严守首都发展的红线和底线

谋划首都新发展，还必须明确"十四五"的红线和底线。《总体规划》要求严守首都发展划定的人口总量上限、生态控制线、城市开发边界三条红线，划定并严守永久基本农田和生态保护红线，切实保护生态涵养区。这些红线以及涉及城市安全各个方面的一系列底线必须反复强调，因为当人们谋划新的发展时，往往会自觉或不自觉地忽略和突破一些不可逾越的红线及底线。

四、首都发展的新内涵

首都发展的新内涵，形成于北京贯彻落实国家规划而编制的"十四五"规

划之中，体现在全面把握新发展阶段的新任务新要求中，坚定不移地贯彻新发展理念、构建新发展格局的战略安排之中。首都发展的新内涵表现为首都发展的新使命、新风格、新面貌和新风采。而这些人们看得见、感受得到的外在形象，就是首都发展新内涵放出的异彩。

（一）新发展阶段与首都发展新使命

准确认识新发展阶段，是现代化新征程开好局、起好步的前提，也是确立首都发展新使命必须完成的功课。概括地讲，新发展阶段就是建设社会主义现代化国家新阶段和我国已转向高质量发展新阶段。与之相对应，首都发展新使命必然是建设社会主义现代化国家的首都，率先实现高质量发展和建成创新型城市。

（二）新发展理念与首都发展新风格

坚定不移贯彻创新、协调、绿色、开放、共享的新发展理念，是以习近平同志为核心的党中央在十八大以来成功驾驭我国经济发展实践中形成的新认识和新概括。不但每一个理念都有鲜明的针对性，成功矫正了经济发展的航向，而且五大理念构成一个完整的科学体系，成为推动社会主义现代化进程的发动机。首都发展的实践，务必把五大理念作为一个整体，全面体现在首都发展中，让理念通过行动化为首都发展的新风格。

（三）新发展格局与首都发展新面貌

构建以国内大循环为主体、国内国际双循环相互促进的新发展格局，是根据我国发展阶段、环境、条件变化提出来的，是重塑我国国际合作和竞争新优势的战略抉择。这一抉择相对于改革开放初两头在外、大进大出的"世界工厂"模式，是面对国际环境变化的新矛盾、新挑战，增强机遇和风险意识，准确识变、科学应变、主动求变，善于在危机中育先机、于变局中开新局之举。

对于新发展格局，必须全面认识、辩证理解、科学把控，不能有任何片面性。新发展格局是全国的大格局，但也和地方乃至个人息息相关。国内大循环说到底是社会化大生产的必然趋势，依托于国内统一市场的形成。和任何有机体一样，大循环的形成离不开中循环、小循环，低一级循环必须进入更高一级的大循环。市场主体的经济行为会进入哪一级循环系统，出于成本收益和经济安全的考虑，会有不同选择；市场化程度越高，选择进入大循环的机会也越多，但不能排斥小循环乃至微循环的选择。其实，首都发展在"十三五"乃至更早就已经开始了经济循环方式的改变和再选择。京津冀三地打破"一亩三分地"的认识局限和体制掣肘，推进京津冀协同发展，就是主动融入国内大循环体系的举措；同时，打通最后一公里、形成一刻钟生活圈，则着眼于人们生活便利化的微循环。国内大循环之所以为主体，一是出于国家经济安全的考虑，二是因为我国具有大国产业链完整、工业体系健全的优势和基础。

循环的要害在于畅通，通则不痛，不通则痛。虽然我们距离国内国际双循环还有很长的路要走，但我们也要看到，北京具有进入国际循环的独特优势，在京津冀协同发展不断深化的进程中，主动融入国家新发展格局，消灭堵点、打通节点，就会形成首都发展新风貌。新格局中的新风貌是首都发展新内涵的外在形象。

（四）展示"都"与"城"有机融合的首都发展新风采

新发展阶段、新发展理念、新发展格局是一个有机统一体，有着内在的辩证联系。处理好北京"都"与"城"的关系，一直是首都发展面对的一个难题。"十四五"期间，只要全面把握新发展阶段的新任务、新要求，坚定不移贯彻新发展理念、构建新发展格局，找准"都"与"城"的矛盾所在，就一定会实现两者的有机统一，展示出首都发展的新风采。

五、走出"两难"，放手发展北京经济

首都发展当然包括经济发展，而且经济发展是首都发展的主要方面。四个中心是就首都核心功能对于全国地位的城市战略定位，不是城市的全部功能，但北京却因不提经济中心而纠结于要不要发展经济。作为国家首都，中央对北京的定位从来没有提过经济中心；作为一座城市，北京又不能不发展经济。北京经济在两难中走过了艰难的探索路程。《总体规划》指出了北京经济摆脱两难的正确方向，但真正找到具体的抓手并不是一件易事。特别是新冠疫情后的复工复产，两难再一次摆在人们面前：疫情前，为治理"大城市病"，北京的疏解整治促提升正在进行过程中；而疫情后的复工复产意味着撤掉暂停键，回到经济发展的原状。不恢复原状，难以完成"六稳六保"任务；简单恢复，就会加大"疏整促"的难度。在这样的历史关头，中央先后发布了《首都功能核心区控制性详细规划（街区层面（2018—2035年））》《中国（北京）自由贸易试验区总体方案》。这两个文件的发布是北京经济走出两难的天赐机遇。说是天赐机遇，一是来自中央对北京的关心和指导；二是恰逢中央面对世界百年未有大变局，提出构建以国内大循环为主体、国内国际双循环相互促进的新发展格局。这是北京经济真正走出两难一次难得的历史机遇。对这个难得的历史机遇，一些媒体却解读为"北京的

经济中心又回来了"，造成不良影响。这种误读是有害的，弄不好会误导北京经济重走回头路。因此，我们必须从首都发展的角度来认识和把握北京经济发展的新机遇。

（一）北京经济的新属性

首先，从首都"四个中心"战略定位和首都"四个服务"城市功能看，北京经济应该是服务经济。北京的服务经济可以具体表现为政治经济、文化经济、国际交往经济和科技经济。服务经济是首都发展概念下北京经济的新属性。

北京经济新属性是对首都经济的超越。首都经济的提出，历史性地促进了城市经济的大发展。虽然北京在理论上把首都经济定位于适合首都特点的经济，但在实际把控时，在某种程度上过度发挥了首都位势对经济发展的优势；而对经济发展保证和提升首都功能的关注不够，已经日益影响首都功能，不得不需要下大决心、下大力气治理"大城市病"。首都经济的提出，对北京城市的发展做出了重要的历史贡献；但对于其性质的理论认识和实际把控，也必须进行反思和再认识。实践证明，北京经济和首都功能确实存在着内在的联系。搞得好，可以相互促进；搞不好，就会顾此失彼。首都经济的提法侧重于首都位势对北京经济发展的优势发掘；今天在首都发展大概念下的北京经济，以其新的属性更多关注的是北京经济发展对提升和优化首都功能的促进。在首都发展这一新的核心概念的导引下，我们以为，北京经济比首都经济更能体现城市的经济发展服务"四个中心"、提供"四个服务"的首都发展，在超越北京行政区划的更大范围得以延伸。

同时，服务经济也是现代化的时代新特征，符合经济形态演进升级的规律。

服务经济是北京经济的总体特征，不但体现在"四个服务"的各个方面，而且不同的功能区也逐步形成不同的服务特征。核心区的服务经济更多地体现在提供政务服务保证和包括基础设施和市民生活的公共服务上；其他功能区更多地体现在各种适合在首都发展的业态与金融服务、科技服务、营商服务的融合上。特色各异，但都体现出服务经济的新属性。

（二）北京经济的空间新布局

在中央明确首都功能定位后，两个文件对北京城市总体规划的落地进一步给出了工作指针和政策支持。其中，特别对北京经济如何形成时代新特征和空间新布局有重要指导意义。

从国家先后确定北京为国家服务业扩大开放综合示范区和中国（北京）自由贸易试验区来看，两个文件为服务经济进一步明确了发展的路径和空间布局。

特别是中央支持在北京召开 2020 年中国国际服务贸易交易会（服贸会），习近平在致辞中专门强调支持北京打造国家服务业扩大开放综合示范区，带动形成更高层次改革开放新格局。在中央的支持下，服务经济找到了抓手。随着城市副中心和雄安新区两翼的建设，北京经济已经形成了空间新布局。

（三）双循环新格局下的首都经济圈

城市群是工业化、城市化进程中生产力发展、生产要素逐步优化组合的必然产物，是区域空间形态的高级现象，其形成既有不以人的主观意志为转移的客观规律，也离不开人们依据城市发展规律的科学设计和自觉作为。首都圈是特殊的城市群形态，各个发达国家都有一个由不同规模城市组成的首都圈。首都圈以国家首都作为中心城市，形成特有的竞争力。中国首都圈的形成是两个历史逻辑的交汇：现代经济体系建设中的城乡区域发展体系要求新型城镇化，而围绕中心城市的城市群必然生成都市圈；首都经济的实践导致经济发展与首都功能产生矛盾，滋生出"大城市病"，从而要求经济发展的更大空间，扩展为首都经济圈。这两个历史逻辑的交汇反映出城市群和都市圈的客观规律。《总体规划》已经为建设以北京为核心的世界级城市群做出战略安排，新发展格局的提出，为首都经济圈的建设提供了难得的历史机遇。北京经济应该着眼于与周边城市的有机联系，当好群主，在更大的范围、以更宽广的胸怀充分释放"四个中心""四个服务"的潜在能量，建设好首都经济圈，融入国内国际双循环的新格局。

（四）京津冀协同开放的新高地

习近平在 2020 年中国国际服务贸易交易会全球服务贸易峰会上的致辞中指出，为更好地发挥北京在中国服务业开放中的引领作用，我们将支持北京打造国家服务业扩大开放综合示范区，加大先行先试力度，探索更多可复制可推广经验；设立以科技创新、服务业开放、数字经济为主要特征的自由贸易试验区，构建京津冀协同发展的高水平开放平台，带动形成更高层次改革开放新格局。这一论述更加坚定了北京经济的新属性和京津冀协同发展的新方向。高水平开放平台是京津冀协同发展的新任务。

北京经济大有可为，我们应该抓住机遇、放开手脚、大胆探索、乘势而上，在现代化新征程中为首都发展增添新的光彩。

（作者为智库专题所撰文）

北京新使命

——关于把北京建设成为世界级城市群核心的理论思考

一、城市群形态形成及其演化规律

所谓城市群,是指若干个规模不同的城市彼此之间有密切内在联系,并结构化的城市集合体。城市群的形成必须具备以下几个要素:首先,城市群不是单独的一两个孤立城市,一定由多个城市组成;其次,这些城市在同一个区域范围内,依托一定的自然环境和交通条件,存在着各种内在联系;再次,这些城市的类型、规模、特性各有不同,既有规模大、实力强的大城市为核心,又有众多中心城市众星捧月,主辅分明、分工各异,错位发展、相互借力,交相辉映、相辅相成;最后,城市之间错落有致、交往便利、互为依存,同命运、共兴衰。

城市群是城市发展的高级形态。城市发展历尽了点状形态、线状形态和面状形态的几个形态,由低级到高级,逐级演进。所谓点状形态,即以要素聚敛为主要特征的单个城市,空间集聚的规模效应是城市产生和发展的主要根源,也是城市永远存在的最基本的功能;线状城市是以通达效应为主要特征的城市带,依河海和铁路、公路等交通便利条件而形成,集合了集聚与通达的两个功能优势,使城市之间建立了联系;面状城市则是以整合效应为主要特征的城市群,借助网络环境,将众多不同规模的城市结构化,形成完整的城市集合体。城市群在集聚和通达功能优势的基础上又生成和强化了聚合和辐射功能。城市群在互联网、物联网等现代信息技术和智能化的新背景下,必然有进一步的发展空间。国家"十一五"规划纲要就已经明确:"要把城市群作为推进城镇化的主体形态;已形成城市群发展格局的京津冀、长江三角洲、珠江三角洲等区域,要继续发挥带动和辐射作用,加强城市群内各城市的分工协作和优势互补,增强城市群的整体竞争力;具备城市群发展条件的区域,要加强统筹规划,以特大城市和大城市为龙头,发挥中心城市作用,形成若干用地少、就业多、要素集聚能力强、人口分布合理的新城市群。"

二、离世界级城市群战略构想还有多远

在全国改革发展稳定大局中,京津冀协同发展的第一个目标就是建设以首都

为核心的世界级城市群。中央按照"功能互补、区域联动、轴向集聚、节点支撑"的思路，提出了"一核、双城、三轴、四区、多节点"的城市群构想。从地理位置看，京津冀城市群已初步形成，但按照前面对城市群内涵的界定还有很大的差距，尚未真正形成内在联系紧密、结构化的集合体。《京津冀协同发展规划纲要》（以下简称《规划纲要》）已经明确指出，存在的主要问题主要有：区域内城镇体系结构失衡，或过大、或过小，不同规模城市间没有形成合理的分工布局；交通网络发展不平衡，存在大量"断头路"和"瓶颈路段"，各种交通衔接、协同不足，运输不畅、成本过高；产业布局没有形成相互衔接的产业发展链条，同构化问题突出、同质竞争严重。

根据我们分析的城市发展演进过程，京津冀区域中几个不同阶段的城市形态共存，河北的大多城市还处于第一阶段，要素聚敛还需要大力发展；"三轴"城市带和沿海城市带远未形成，甚至还存在彼此间的掣肘和竞争；京津两极体量过大，而且部分功能交叉、缺少协同，同时聚敛过多，辐射不足，亟须放开视野，在更大的范围内谋划，发挥带动和辐射作用。世界级城市群是京津冀协同发展的目标。方向已经明确、蓝图已经绘就，面对这些问题，要实现中央的战略意图，任重而道远。

三、北京在京津冀城市群中的角色

《规划纲要》明确指出，打造现代化新型首都圈，建设以首都为核心、生态环境良好、经济文化发达、社会和谐稳定的世界级城市群。这里把"以首都为核心"与生态环境、经济文化、社会稳定并列，而且放在世界级城市群的定语之首，意味深长：既明确了首都在世界级城市群的地位和角色，又赋予北京在首都核心功能之外新的神圣使命；特别是把"打造现代化新型首都圈"作为建设世界级城市群的前提，更与北京从首都经济到首都经济圈的发展逻辑进行了链接。用一个形象的新词比喻，北京就是这个城市群的"群主"。从综合实力上看，北京成为京津冀城市群的核心，是不二的选择，但不能说当之无愧，因为北京有"群主"的资格，却没有很好地发挥"群主"的作用。

在城市群中，北京利用首都的优势，集聚了大量资金、人才、技术等优质资源，特别是优质的公共服务，不断产生对周边的"虹吸效应"。结果一城独大，非但没有带动周边城市的共同发展，反而染上了"大城市病"。现在，中央要求疏解北京非首都功能，推动京津冀协同发展，就是让北京在更好地发挥首都核心功能的同时，担当起城市群核心城市的责任。也只有从世界级城市群的角度，才能对疏解和协同发展有更为深刻的认识。

四、对非首都功能的再认识

北京是一座城市，有其城市基本功能。北京作为首都，有着首都功能，中央对北京的最新定位是全国政治中心、文化中心、国际交往中心、科技创新中心，这个定位就是首都功能，或者说是首都核心功能。非首都功能分为可疏解功能和不可疏解功能。北京的城市具有双重属性：一是国家的首都；二是一个城市，而且是历史名城，即使迁都，这个城市也存在。后者把首都作为一个城市，有着核心功能与非核心功能；前者重视北京作为首都的功能。首都功能，是北京这座城市履行全国四个中心的功能，只能在北京，不能疏解，否则北京就不能成为首都。非首都功能是指首都功能之外的其他城市功能，有些不一定非要放在首都，可以疏解；但有些也离不开首都所依托的这座城市，不能疏解（见图1）。

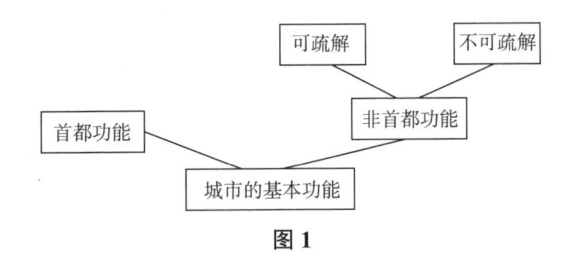

图 1

在京津冀协同发展的表述中，天津同时冠有"北方"的二级定位，河北有"京津冀生态环境支撑区"的区域定位。中央为了突出北京作为全国首都的核心功能，没有就北京在区域中的二级功能定位进行表述。北京有没有二级定位，或者说有没有在区域经济中的功能定位呢？回答是肯定的，就是京津冀城市群的核心城市、环渤海地区合作发展的核心城市。我们还必须对北京的城市性质和功能有一个清晰的认识。北京是一座城市，一定有着作为城市的基本功能；同时，定都北京又赋予城市以首都功能，这座被赋予了首都功能的城市反过来又使其基本功能增添了质和量的新内涵。双重功能有机融合，衍生出其所在地域的核心城市功能。过去，我们对这一点有所忽略。京津冀协同发展战略的提出使我们看到，北京的城市功能定位还有京津冀城市群的核心、环渤海经济合作区域的核心。那么，北京的功能定位就是4+1+1，即四个中心外加两个核心。

非首都功能中，属于城市存在和发展须臾不可缺少的功能，如水电、气暖、交通等公共基础和公共服务功能虽然也是非首都功能，但同首都功能融合在一起，不可分割，也是不能疏解的。因此，我们在论述非首都功能时不包括这部分城市基本功能。除此以外，那些可以在首都也可以不在首都的功能，才是可疏解的非首都功能。我们必须看到，可疏解的非首都功能在北京的不断叠加反映了城市化的规律，有其客观必然性。这些功能的叠加超出了北京资源的承载能力，所以需要更广阔的地域来适应这种客观需要。可疏解的非首都功能主要是经济发展的功能。从这个角度看，北京疏解的非首都功能正是京津冀城市群核心功能，恰恰要通过疏解来完善这些功能。

五、对北京疏解的再认识

从北京作为世界级城市群核心这个视角看，北京这座城市具有双重定位。其一，是四个中心的首都；其二，是京津冀城市群的核心，是环渤海经济合作区的核心。因此，疏解也就有了新的内涵和新的意义。从首都功能看，疏解意味着治疗"大城市病"；而从城市群的核心功能看，疏解意味着辐射和带动，主导京津冀协同发展，形成世界级城市群。什么是疏解呢？从字义上看，疏者，由密而稀；解者，减轻缓解。所以，疏解不是消除，也不是单纯的迁出。因此，北京留下什么，迁出什么，就大有讲究。从京津冀城市群发展看，迁出并不意味着淘汰和放弃，必然保持着与京城的联系，打个比喻，北京的疏解跟放风筝一样，风筝要放出去，但是这个线还得在手里盘着，这才叫核心功能，否则放出去不管了，跟北京就没关系了。留下，也要寻找与外部的连接。只有这样，才能在疏解中形成京津冀产业发展的链条。如《规划纲要》对京津冀的金融业就做了以下分工：北京金融管理、天津金融创新运营、河北金融后台服务。迁出也好，留下也好，都要着眼于产业链接，服从和服务于城市群的结构化和整体性。因此，疏解不只是迁出，除了减少北京核心功能区的压力、更好地为中央服务外，还意味着派出、播种、帮扶、带动、疏散、转移、扩张、升级等更丰富、更深刻的辐射功能。所以，北京不是不要发展经济，而是把发展的视野放开、触角伸向远方，在更为广阔的天地施展身手，实现更强有力的跨界扩张。

笔者曾经把京津冀比喻为一个大棋盘，中央政府就是九宫中的老帅，所谓疏解，就是把密集在九宫内的车、马、炮布局到京津冀大棋盘中去。如此看来，北京疏解是一石二鸟：城市中心瘦身健体，更好地为中央服务；带动周边，主导京津冀协同发展，形成世界级城市群。从这两个方面思考，市政府的东迁也就有了双重意义：其一，起带头作用，加快疏解进程，确保如期实现中央的战略部署；其二，指挥前移，站到京津冀协同发展的第一线，更好地发挥群主的作用。

六、任重道远：北京如何成为城市群的核心

北京如何才能真正成为京津冀城市群的核心城市，担当起"群主"的责任呢？第一，要有"群主"意识。把带动京津冀协同发展、推动京津冀一体化作

为自己的责任。第二，做强自己。搞好优化提升、推进内部功能重组。从整体和大局出发，把自己的一亩三分地规划好、建设好、管理好。特别是在打造中国自主创新的重要源头和原始创新的主要策源地上取得实质性进展，发挥高精尖产业结构对中下游产业链条的带动作用。北京强大的经济实力是当好"群主"的基本条件。第三，当好"老大哥"。善于组织协调，该出面的要积极出面，该牵头的要主动担当。在疏解中，主动与承接地建立密切联系，主动了解承接地的需求，扶助承接地的高水平发展，不是简单地把一些项目移出去，还要把它扶植起来。第四，切实弄清自身的定位与城市群中其他城市的关联，认真总结北京发展经济的经验，变北京的经济发展优势为京津冀整体的优势。

七、到小城镇去！到中小城市去！

《规划纲要》对京津冀城市群的主体框架都已经做出明确部署，提出构建现代城镇体系的任务。其中，应该特别关注"培育中小城市和特色小城镇"。北京作为城市群的核心城市，应该在中小城市和特色小城镇的培育上有更大的作为。《建议》明确指出：选择若干中小城市，高起点、高标准建设若干定位明确、特色鲜明、职住合一、规模适度、专业化发展的"微中心"，发挥比较优势，推动非首都功能有序转移。笔者曾经多次写文章和向政府提出建议，呼吁"小城镇、大战略"，看到《建议》的明确表述时感到非常欣慰。对发展小城镇，一些著名城市学家做过精辟论述，也为一些发达国家的实践所证明。只要我们以"微中心"的理念，对照北京四个方面疏解对象，就不难发现，一个专业市场、一所大学、一家医院、一个研究院所，都可以生成一个现代化的小城镇。北京疏解的一个个项目，可能培育出一个个现代化的小城镇。

小城镇是城市群发展的重要组成部分。我们必须注意到，在京津冀"网络型空间格局"构想中，"三轴"就是三个城镇聚集轴，除依托几个区域性中心城市、重要节点城市外，更多的就是小城镇。没有众多的现代化小城镇，难以形成一个现代城镇体系。小城镇发展是京津冀城市群发展的最大短板，同时也是最大的潜在利益，是京津冀城市群一个新的增长点。小城镇的发展对于新型城市化、对于城乡一体化都有着重要的意义。诚然，就京津冀小城镇的现状来说，对人才没有什么吸引力，但随着京津冀城市群的发展，小城镇必将展现出大城市无法相比的魅力。因此，笔者呼吁我们的青年科学家、青年管理专家、青年企业家以及各路精英、人才，到小城镇去，到中小城市去，那里是大有可为的！

(作者在"北京市哲学社会科学京津冀协同发展研究基地"2015年论坛上的主题演讲)

劳动神圣　学科常青
——劳动经济学70年发展历程回顾与展望

在中华人民共和国成立70周年的喜庆时刻，我们骄傲地看到，劳动经济学伴随着新中国的成长也走过了70年的光辉历程。新中国的成立，标志着劳动人民第一次成为国家的主人，劳动经济学作为社会主义哲学社会科学的一门学科开始了科学探索的历程。70年来，无论在国民经济恢复时期还是社会主义建设前几个五年计划时期，特别是改革开放四十年来，中国的劳动经济学都做出了自己不可替代的特有的学科贡献，同时，劳动经济学也面临着前所未有的挑战，在不断探索中取得了不断的学科深化。在AI技术的浪潮下，在机器人替代劳动，工作岗位将要大量失去的趋势面前，劳动经济学者面临研究对象和研究主题将发生巨大变化的情况，新一代的劳动经济学者有责任回答：我们面临的问题是新问题还是老问题的变种？过去我们解决此类问题的经验和教训何在？如何才能使劳动者分享科技进步带来的福祉，而不会反受其害？劳动经济学在未来的发展趋势如何？劳动经济学的研究如何指引我国劳动政策的下一步发展？

一、回顾劳动经济学走过的历程

如果以20年为一代人来统计，从新中国成立到现在，共有四代劳经人谱写了学科发展的历史。

第一代劳经人（新中国成立初期）：怀揣革命理想，推动劳动者保护。

新中国成立初期，我们缺乏在具体经济运行中劳动管理的理论和经验。在学习苏联经验的过程中，我们开始了新中国的劳动经济理论和实践的探索。第一代劳经人多生于新中国成立以前，并在新中国成立前完成了大学教育，接受当时进步的思想，为劳动者的权益在新中国的管理体系中实现而努力。这一代劳经人怀着革命理想和热情，是国际劳动经济理论的最早传播者，如陈达、袁方、悦光昭、苏汝江等，在新中国成立初期存在大量失业者、民生凋敝的情况下，他们主张并推行积极的劳动力市场政策，如以工代赈、生产自救、统一介绍就业等，开展劳动技能的教学和培训，为新中国的劳动管理开篇做出了重要贡献。

第二代劳经人（20世纪60—70年代）：兢兢业业、建立体系。

在60年代物资条件匮乏的艰苦环境中，第二代劳经人在实践中锻炼、自学中摸索，建立了完整的劳经教育教学体系。应当说现在的劳经专业的学子基本上都是在以这个体系为基础的总体构架中成长起来的。这代劳经人栉风沐雨、砥砺前行，始终保持乐观的精神和认真的态度，教书育人，培养了新中国成立后的一大批新的劳经人，例如创建中国人民大学劳动人事学院的赵履宽教授；再例如，北京经济学院设立的劳动经济系应该是新中国成立后的第一个劳动经济专业（系），当时的骨干力量就是劳经二代。经历多次停办和复校，第二代劳经人百折不挠，遵循科学规律、秉持科学精神，继续传承劳经薪火。

第三代劳经人（改革开放的前20年）：顺应时代、锐意进取。

这一代人是我国自己培养并受过系统教育的第一代人。他们被时代赋予了改革开放的历史使命，见证了改革开放之前的物资匮乏和改革开放带来的经济的持续高速增长，也经历了劳动力市场化带来的混乱、国有企业改制的下岗潮、农村劳动力大量涌入城市的潮汐……对于如何促进劳动力资源的优化分配、如何适应市场经济的变化，这代劳经人交上了自己的答卷。这一代劳经人对计划经济体制带来的劳动管理的桎梏进行了扬弃，对劳动力市场建立初期出现的各种问题进行诊断。他们一方面积极展开马克思主义理论中国化的理论创新，指导改革实践，另一方面在探索中主动引入西方的劳动经济学教材和理论，借鉴国外理论，解释中国具体实践中碰到的现实问题。国家对劳经人的努力给予了充分肯定。例如，首都经济贸易大学的前身——北京经济学院1979年开始招收第一届劳动经济学硕士研究生，1981年首批获得劳动经济学硕士研究生授予权。劳动经济学专业也随之在全国迅速铺开。这一代劳经人现在都已经退休，但他们退而不休，继续贡献余热，关切改革。

第四代劳经人（改革开放的后20年）：放眼世界、接轨国际。

随着中国在国际上的地位不断上升，世界学术会议更多地讨论中国问题，中国的劳动经济学学者也不断地融入。这代劳经人中有很多海归学者，更多人会使用国际先进的统计分析计量方法，他们研究的问题也更为微观、细致、全面。如何在人口、资源和环境制约条件变化的情况下，更优地配置我国的人力资源？在经济增长放缓、进入换挡期的情况下，如何更好地配置人力资源以成功迈过中等收入陷阱？这个时期，劳动经济与人力资源管理、劳动关系等领域的结合更加紧密，互为表里。新生代劳经人已经站到了劳动经济学的最前沿，成为过去二十年学术研究和劳经发展的翘楚。

二、展望新时代劳动经济学的未来

第五代劳经人（新时代未来20年）：迎接新时期的挑战。

各个时代的劳经人都肩负起自身的责任，回答了时代给出的课题。现在80后和90后学者有不少已经是学术骨干，承担教学科研管理的任务。过去四代劳经人的辉煌向后人证明：劳动经济学学科发展必须与时代相融合，回答时代的问题、承担时代的使命，只有在持续的传承和创新中，才能永葆学科常青；而学者个人的发展也只有融入民族复兴和社会主义现代化大业，真正投身所处的时代，才能不负历史责任，尽展人生精彩。

未来的20年，中国在劳动经济学学科发展上将面临更加巨大的挑战和更为深刻的升华。劳动经济学是一个和其他社会科学联系紧密的、与社会民生息息相关的经济学专业，是以客观规律去触碰人性关怀的学科。老一代劳经人的时代使命已经渐渐成为历史，但他们的学术积淀会成为新生代劳经人脚下的阶梯，使劳经人的探索精神薪火相传。下一个20年，我们将肩负起更庄重的劳经历史使命，新时代呼唤新一代劳动经济学人回答一系列崭新的课题。

笔者认为，新时代劳动经济学至少要直面以下几个主要课题。

（一）劳动经济学的学科定位：应用经济学还是理论经济学

劳动经济学作为劳动者的经济学，首先站在劳动者的立场上维护劳动者的权益，特别是在市场经济条件下，在强资本、弱劳动的现实生态中，为劳动者的现实利益提供学理支持。从这个角度讲，劳动经济学毫无疑义属于应用经济学。但马克思主义认为，劳动是人的类本质，从对资本主义劳动异化的批判到对共产主义劳动成为生活第一需要的理想，劳动始终是马克思主义经济理论的核心范畴。马克思深刻指出，任何一个民族，如果停止劳动，不用说一年，就是几个星期，也要灭亡，这是每一个小孩子都知道的。科技进步虽然使人眼花缭乱，但劳动是人类生存和发展的基础这一点是永远不会改变的，劳动是光荣的，劳动是神圣的，劳动是永恒的。因此，笔者认为，把劳动经济学视为应用经济学是不够的，劳动经济学具有理论经济学的属性。也只有从理论经济学的高度认识和把握劳动经济学，才能更好地发挥劳动经济学的应用价值，才能使劳动经济学的学科真正发扬光大。

（二）劳动经济学是中国特色社会主义政治经济学的基础性原理

学界目前正在积极探索构建中国特色社会主义政治经济学。人所共知，马克思主义政治经济学的基石是劳动价值论，中国特色社会主义政治经济学当然离不开这个基石。因此，劳动经济学作为关于劳动的基本理论，自然应该成为中国特色社会主义政治经济学的基础性原理。把马克思主义的劳动理论纳入社会主义政治经济学框架并作为理论基础，是区别于其他经济学范式的根本特征，也是中国特色社会主义政治经济学最重要的中国特色之一。

（三）新时代人类劳动的新趋势、新特征

人类社会的进步始终是由人类的生产方式和劳动方式的变革推动的，这一进程从未停止。进入新时代，随着科技进步和制度创新，人类劳动必然出现新趋势、彰显新特征。劳动经济学必须对这些新趋势、新特征给予新的理论分析和新的理论概括。机器替代劳动是个老问题，已经有相当多的劳经研究，如机器替代简单重复劳动、危重脏苦累劳动；而人工智能则在更高级的层面上进一步替代复杂劳动、脑力劳动。进一步引起人们担忧的是，未来究竟还有没有人工智能不能替代的劳动？如，AI带来了更为清廉高效的审批机制和决策机制。传统的资本与劳动相结合生产理论，现在受到了颠覆性的挑战。无人超市、关灯生产的工厂……机器替代劳动是否将会从量变到质变？大量的工作岗位失去之后，劳动者就业问题和收入分配差距剧烈扩大问题将会对现实提出巨大的挑战，生产生活系统更强大的同时也显得更为脆弱。生产关系（特别是劳动关系）如何适应新的生产力？亟待劳动经济学来回答这个时代命题。

（四）现代化经济体系中的劳动关系与收入分配关系

党的十九大提出的建设现代化经济体系既是一个重大理论命题，又是一个重大实践课题，需要从理论和实践的结合上进行深入探讨。对这个命题，劳动经济学责无旁贷。在现代化经济体系中，不但劳动关系和收入分配关系直接构成其重要的有机组成部分，而且这个体系中的各个环节、各个层面、各个领域几乎都和劳动经济学密切相关。在建设现代化经济体系的理论和实践的伟大探索中，劳动经济学必须有自己的声音，从学科出发，书写出自己的精彩篇章。

（五）高质量发展的劳动经济学分析

中国的经济发展已经由高速增长阶段进入高质量发展阶段。这个发展阶段的转换，归根结底是由劳动的性质和形态的进化决定的。不研究高质量的劳动，不实现高质量劳动的替代，高质量发展就会成为无源之水、无本之木。因此，劳动经济学必须对高质量发展提出自己特有的学理分析。

（六）实体经济中新的劳动形态

中国的经济发展出现了脱实向虚的趋向，其危害已经引起各方面的高度警觉。其实，判定实体经济与虚拟经济，就是看其经济过程是否包括劳动生产过程。实体经济都包括劳动生产过程，而虚拟经济都不包括劳动生产过程。不包括劳动生产过程的虚拟经济如果不能促进实体经济，就是自娱自乐，就会损害国民经济；虚拟经济只有促进、带动包含劳动生产过程的实体经济，才能体现其对国民经济发展的价值。因此，对实体经济中劳动过程、劳动形态的新形态的研究也是劳动经济学不可回避的重要现实课题。

（七）新发展理念下的绿色就业

实现绿色循环低碳发展、人与自然和谐共生的绿色发展体系，必然引起劳动生产方式、就业方式和收入分配方式的巨大变迁。如何才能实现新发展理念下的绿色就业，是劳动经济学必须回答的新课题。

（八）公平全球化下的国际劳动标准

在经济全球化的大趋势下，国际劳工组织 2008 年通过了《关于争取公平全球化的社会正义宣言》，对于公平全球化的概念，劳动经济学没有给予应有的关注。随着中国商品日益广泛走向国际市场，我们的劳动必须符合国际劳动标准，在这方面，我们还存在不小的差距，劳动经济学应该承担起必要的责任。中国的劳动经济学不仅应该研究国际劳动标准，而且应该积极争取国际劳动标准的发言权。如，中国电子商务已经走在世界前列，我们应该就电子商务创业、就业方面探索提出新的劳工标准，比如，电子商务就业人数如何统计，电子商务就业人员与电商老板的劳动关系如何确认，他们的社会保障权益如何得以保护，传统的对工作场所的劳动监察方式是否还适用这个群体，现有的劳动法、劳动合同法、劳动争议处理法是否还能保护这群人。这方面还没有国际劳工标准，我们的劳动经济学应该有所作为。

（九）迎接劳动经济学教育培训体系的新变革

随着国家高质量发展，现有的人力资本与培训理论和劳经教育体系必然出现新的变革。很多行业现在不能编程的人已经被视为文盲，例如，Python 已经成为投行必须的入职条件。人工智能在企业人力资源管理、政府部门就业失业管理、特殊劳动群体管理、劳动人事争议调解仲裁、劳动安全与健康等诸多领域都将发挥巨大的作用。只有以更强的学习能力去更新课程，培养面向多变未来更具适应性的学生，才能承担起劳动经济学学科专业的育人责任。

（十）关注劳动者从业生态的研究

传统的劳动经济学兴趣点始终聚焦在劳动就业上，这在市场经济中是必然的，也是责无旁贷的。但对于劳动者就业后的劳动过程则关注得不够，特别是各行各业劳动者的从业生态的研究多为空白。而现实中从业生态的研究极为迫切。在这一领域，笔者已经带着自己的博士生进行了初步探索。希望劳动经济学的同仁们就此展开广泛而深入的研究。

马克思认为，只要社会还没有围绕着劳动这个太阳旋转，它就绝不可能达到均衡。新时代，劳动经济学大有可为。

（原载《劳动经济学70年特稿》）

消费经济学学科建设的十条建言
——寄语消费经济学会成立大会

一、重振消费经济学的历史任务

任何一门学科的形成和发展都离不开学科所承担的历史任务。消费经济学和生产力经济学都是典型的"国产学科",形成于中国改革开放初,社会实践对发展生产力和提升消费发出的强烈理论呼唤。在当时的历史背景下,以生产关系为研究对象的政治经济学难以满足社会实践的现实需要,消费经济学和生产力经济学应运而生,起到了巨大的理论推动作用。随着社会主义政治经济学的改造和西方经济学在国内的兴盛,这两门"国产学科"逐渐式微;以后虽然消费经济学界不断奋争,但始终未能重现初创时的辉煌。在新的历史条件下,消费再次成为经济社会发展的关键,引起从政府到学界的高度关注,消费经济学的再度兴起成为历史必然。我们必须对新时期消费经济学承担的历史任务有明确清晰的认识,只有这样才能把握重振消费经济学的历史机遇,发挥消费经济学的理论引导作用。笔者认为,重振消费经济学的新的历史任务主要有:

第一,国家经济发展进入新常态,亟须消费成为带动经济发展的新主角。经过数十年经济的高速增长,继续依赖投资和出口维系的两位数的高速度难以保持,7%左右的增长速度可能成为经济发展的新常态,新常态迫切需要消费走到舞台中央,担当带动经济发展的主要角色。因此迫切需要消费经济学的理论支持,对消费主导国民经济的发展的必然性,重要意义和作用机制给予系统的理论回答。

第二,转变经济发展方式催生消费结构调整,消费升级迫切需要消费理论的指导。如何正确认识消费升级历史必然性,消费升级有什么样的规律,消费升级与产业结构和其他经济因素有什么关联,如何选择消费升级的路径……种种问题,都迫切需要消费经济学的学理解释。

第三,正在酝酿形成的第三次工业革命和大数据时代必然催生新的生产方式,随之必然发生的消费方式变革,呼唤消费经济学理论的预见。

第四,面对自然环境不断恶化的趋势以及生态文明建设对合理消费、绿色消费的呼唤,迫切需要消费经济学给予深入解释。

第五，面对现实生活中经济运行脱离消费者的真实需要、偏离消费者利益的种种倾向以及经营者存在的非理性经营观念，亟须消费经济学的理论矫正。

第六，面对现实生活中消费者的种种迷茫，消费者如何克服盲目、增强识别和抵御商家诱惑的能力，国家治理如何确保人的全面发展和公民对幸福的追求，也亟须消费经济学从消费者利益的立场提供理论指导。

第七，消费是民生之基础，消费经济学的新构建很可能成为中国特色社会主义经济理论的新基石。

我们应该不负历史的新呼唤，重振消费经济学。

二、重构消费经济学理论框架

一门学科，必须有其完整的理论框架和清晰的逻辑结构。在消费经济学初创时，尹世杰、刘方棫等老一辈经济学家做了大量的基础性探索，奠定了坚实的理论基础。但在随后的发展中，大多学者热衷于应用对策研究，消费经济学的基础理论却被冷落。笔者以为，消费经济学的生命力不但在于它的直接应用价值，更在于其基础理论的科学和坚实，不是就事论事，而是能够透过现象看本质；不仅是个别的局部均衡分析，而且是在广泛综合联系中的一般均衡分析；能够触及本质、把握规律和预见未来。根深才能叶茂，因此，首先应该建立清晰的理论框架，打牢扎实的理论基础。特别要明确以下几点：

其一，消费经济学研究的出发点和归宿点是人，或者可以简称为"为了消费者的经济学"。消费经济学必须跳出传统经济学的逻辑，改变见物不见人、认钱不认人的倾向。我们必须将消费从被动从属的观察转向主动主导的研究。

其二，科学界定消费经济学的基本范畴，对消费、需要、需求、幸福、消费者、消费者利益基本概念等给予科学阐释。消费经济学必须超越传统经济学的逻辑，从消费者利益出发，从人的全面发展出发，构造一个有别于消费理论只是附属于以生产者、经营者经济学的独立、完整、系统的理论架构。

其三，确立以消费为观察点的对社会再生产过程的分析体系。马克思主义政治经济学以生产为出发点，构造了社会在生产过程四个环节及其以生产为出发点的相互关系的科学体系，这为我们分析消费的地位和作用提供了科学依据。但消费经济学还必须以消费为出发点，对消费与生产、消费与交换、消费与分配的关系进行再考察，从中我们可以得出一系列新的认识。消费经济学是经济学，离不开供给与需求、成本和收益的分析，但出发点和观察点不同，就会有不同的结论。消费经济学与传统经济学都要研究流通过程，但传统经济学研究的是怎么卖，而消费经济学研究的应该是怎么买，商品营销学和消费经济学都会涉猎消费者心理学和消费者行为学，但前者关心的是如何利用消费者心理和把控消费者行为，以实现商品的售出和利润的获得；而后者关心的是如何抵御商家诱惑和把控自我、理性购买，以实现成本最小、收益最大。与"赚钱的学问"不同，消费经济学应该是"花钱的学问"。

其四，探索消费与资源、环境、人口的关联。虽然消费经济学属于经济学，但其研究对象和承担的历史任务必须超越经济学的局限。人类的消费与人类所有的经济活动一样，须臾不可离开资源、环境、人口，因此，在人与自然的基本关系上，消费活动首先要保持与自然环境、自然资源的和谐。资本主义不断掠夺自然、破坏生态，导致消费走向异化；社会主义市场经济则要以幸福的追求，友好对待环境、维护生态，消费实现人的价值。

其五，寻求消费与经济制度、经济体制、运行机制和文化的联系。在经济学范围内，还必须涉及消费与经济运行各个方面的联系方式和相互作用，如消费中的政府与市场、消费与资源配置、消费与价格机制、消费文化与文化消费等，构建以消费为中心的理论体系。

三、考证消费演进历史，发现消费升级规律

人类经济活动的演化过程形成了经济史。人们研究经济史时集中研究了人类的生产和交换的演化进程，但对与之并行的消费演化进程的关注不够。恩格斯和马斯洛虽然对人类的需要进行了由低级到高级逐步进化的三层次和五层次的理论划分，但较少进行历史资料的考证。马克思曾经以"用牙齿啃生肉"和"用刀叉吃熟肉"形象描述过人类消费方式的巨大飞跃，第一次以消费什么和用什么消费为标志进行了消费进化的探索，涉及消费对象和消费工具的基本要素，但以此为标志的完整的人类消费史却始终是经济史的空缺。如何发掘和认识人类消费进化过程？以什么为标志进行历史阶段的划分？从中可以发现什么样的规律？这些问题给我们留下了巨大的学术探索空间。特别是人类消费方式的进化正在以前所未有的崭新面貌和快速度发展，通过消费史的研究，发现消费升级规律，有着极强的现实意义。希望有志于消费经济学研究的青年学者能够填补这个空白。

四、梳理消费学说，积累学科基础

经济学说史或经济思想史是经济学研究不可或缺的组成部分，无数伟大经济学家在不同时代和不同国度对不同经济问题进行了杰出探索，给我们留下了智慧和思想的宝贵财富。研究经济问题，离不开这些珍贵的学术积累。遗憾的是，消

费经济思想史的研究和运用还远远不够。赵萍同志的《消费经济学理论溯源》做了很好的工作，她把西方主流经济学、西方非主流经济学和马克思主义经济学的消费理论进行了全面梳理和介绍，为消费经济学的深入研究提供了宝贵的研究线索。但我们不能停留在不同流派消费理论的概括和介绍，要超越经济学家们属于各自理论体系组成部分的消费认识，要就人类对消费认识的演化脉络进一步整理概括，梳理出消费理论演化的主要结构和主要趋势。特别要集中部分力量，整理中国改革开放以来我们对消费理论的认识过程和不同学术观点，积累消费经济学进一步发展的学科基础。

五、探索消费经济学研究方法

中国消费经济学是从马克思主义政治经济学派生出来的，马克思主义政治经济学的方法无疑是消费经济学研究的基本方法。在消费问题的具体研究中，西方经济学的方法得到了广泛的应用，同时也借鉴了社会学、心理学、行为学等学科的多方面的分析方法。科学研究的方法总是与科学研究本身齐头并进的，在我们坚持基本研究方法、吸收借鉴其他学科研究方法的同时，还必须不断探索研究方法的创新。研究方法既有哲学意义上的思想方法和思维方式，也有根据研究对象而选择或创建的理论框架和技术路线，以及收集整理信息资料的统计方法和技术手段，甚至包括研究成果的表述方式。无论从哪个意义上讲，消费经济学的研究都必须把研究方法放在更加突出的地位，特别在大数据时代，数据挖掘更会在消费经济研究中彰显其特有的功能。

六、直面消费异化，强化学术批判

马克思在《1844年经济学哲学手稿》中，以对"人的价值"和"人的贬值"的观察深刻揭示了资本主义社会被掩盖了的劳动本质的异化。社会主义虽然从根本上扭转了异化的制度基础，但实践证明，只要市场经济的趋利性存在，特别是资本主导的利润导向存在，异化就必然会不断滋生、不断蔓延，即使是社会主义制度下的市场经济也不可避免。当我们以异化的理论视角观察今日中国的经济社会生活，不难发现，不但劳动的异化还存在，而且异化已经蔓延到包括消费在内的各个方面。特别是消费，从消费者不得不始终面对不断曝出的食品安全案件，到消费者盲目追求与人的价值实现相悖的种种奇异消费，消费异化现象可以说比比皆是。对这种种消费异化的现象，我们不应该熟视无睹。消费经济学必须直面现实生活中的消费异化，对消费异化现象进行深入、持久的理论剖析和理论批判。西方马克思主义面对战后资本主义的现实问题，形成了"消费异化理论"①，无论是马尔库塞的《单向度的人》还是莱斯的《满足的极限》，都是值得我们认真阅读和深入思考的重要文献。中国的消费经济学家应该清醒看到现实生活中消费异化产生的危害，拿起批判的武器，剥去不法商家表面漂亮的伪装，撕下讨好消费者的虚假面具，说明事实和真相，为政府制定宏观经济政策提供真实可靠的参考，为企业开发新产品提供消费者真实的需求信息，为消费者提供识别虚假宣传和理性把握自己消费欲望的科学指导。消费经济学的理论批判，还应该剑指那些蒙骗消费者的种种歪理邪说。我们有理由相信，社会主义比资本主义对市场经济异化的复归有着更强大的制度优势，只要我们拿起理论批判的武器，形成强大的舆论优势与社会压力，一定可以有效遏制消费异化的蔓延。

七、紧跟时代潮流，推动理论创新

第三次工业革命不但改变着人类的生产方式和做生意的方式，也在催生"对生活质量新梦想"②。对青年人来说，它更是中国梦的重要组成部分。消费经济学的研究必须高度关注、紧密跟踪。

大数据时代酝酿着人类生活、工作与思维的大变革，不但改变着生产方式，也将改变消费方式③。大数据给我们带来巨大的利益，也使我们面临着前所未有的挑战。消费经济学面对大数据正反两方面的效应，都必须跟上时代的变化，深入研究消费如何适应大数据时代提升消费者利益，深入研究数据独裁和数据垄断下如何捍卫消费自由和消费隐私。

此外，面对生态文明、低碳经济、信息社会等时代的必然趋势，消费经济学必须有自己的回答，也必须进行理论创新。

八、顺应发展需要，服务改革大局

消费在国民经济运行中的地位和作用越来越重要，因此中国一系列发展和改革的问题和消费的关联也越来越直接、越来越密切。几乎所有的重要改革都会对消费产生影响；反之，消费也影响和制约着中国改革的深入。这里有着许多问题需要理论界从消费角度对改革进行特有的探索，如中国消费型经济形成的趋势和特点、新型城镇化与消费、社会保障制度与消费、户籍制度改革与消费、反腐倡廉与消费、房地产开发与消费、计划生育政策调整与消费、城乡一体化与消费、

---

① 赵萍：《消费经济学理论溯源》，社会科学文献出版社 2011 年版。
② 里夫金：《第三次工业革命》，中信出版社 2012 年版。
③ 维克多：《大数据时代》，浙江人民出版社 2013 年版。

区域经济一体化与消费、国际贸易格局与消费等。中国各方面的深化改革都呼唤理论工作者从消费经济学的视角进行独特的理论回答。

九、传承包容扬弃，倡导严谨学风

任何一门学科的发展都离不开学术的传承，没有传承就没有创新和发展。消费经济的理论思想源远流长，但形成学科的历史并不长，我们应该珍惜已有的学术成果，积极传承其中的科学认知。包容是学科建设和发展的又一重要学术生态的因子，我们要研究的客观事物纷繁复杂、不断变化，面对实际生活这头"大象"，我们每一个学者其实都只是掌握局部真理的"盲人"，这就需要包容，所谓学术讨论，就是盲人摸象，在交流中发现真相、发现真理。在同一学科屋檐下，却思想不见面、观点不碰撞，自说自话、各走各路，是很难激发创新、繁荣学科的。而对于任何一个学说、一个流派，则要保持学术上的扬弃精神，对错误的认识要主动修正、调整或放弃，对正确的认识要积极吸收、补充和完善。希望消费经济学会培养良好的学风，把学会办成凝聚学者、严谨治学、共同探索问题、追求真理的学术平台。

十、形成学术流派，推出学术新人

学科建设离不开学术自由的学术生态，不但应该包容不同的学术观点，展开平等、公正、理性的学术讨论、学术批判，也应该保护志同道合的学者结成有形或无形的学术研究的团队，形成不同风格、不同见解、不同领域的学术流派。学术流派是学科发展生命力是否旺盛的重要标志。衷心希望（中国）消费经济学会精心培育良好的学术氛围，不但可以形成消费经济学学科内的不同学派，而且可以形成中国经济学界的消费经济学流派，以消费经济学的独树一帜引领中国经济学界的新的学术繁荣。回首中国经济发展走过的路程，如果学术批判氛围再浓厚一些，就会少走一些弯路，减少很多可以避免的问题和损失。

学科建设的另一个重要任务是确保学科的持续发展。我们发现许多本来很有希望的学科却发生了停滞、中断甚至消失，后继无人是重要原因之一。因此，增强学科的吸引力、凝聚力，不断推出学术新人，就是学科兴盛的始终不渝的任务。因此，希望消费经济学会自成立之日就把推出学术新人作为学会的重要使命。敬老扶幼，应该成为学会特有的风气。

（原载《消费经济》2014年第5期）

夕拾篇

结合"社会主义市场经济"和"社会主义初级阶段"两个"新的实际"深化对劳动价值论的认识

关于劳动价值论,学术界已经从时代的发展、劳动内涵与外延的变化等角度进行了广泛的探讨。江泽民"七一讲话"进一步点出了三个相关的概念:资本主义社会的劳动、社会主义社会的劳动和劳动价值理论。并提出新的理论研究课题:"我们应该结合新的实际,深化对社会主义社会劳动和劳动价值理论的研究和认识。"本文仅就这个问题进行初步的理论思考。

一、界定范畴 理清思路

讨论劳动和劳动价值论,首先要把相关的范畴理清,笔者认为,劳动应该包含三个方面。根据马克思的分析,它们分别是一般劳动、交换劳动和制度劳动。这三个范畴的历史区间是不同的,如图1所示。

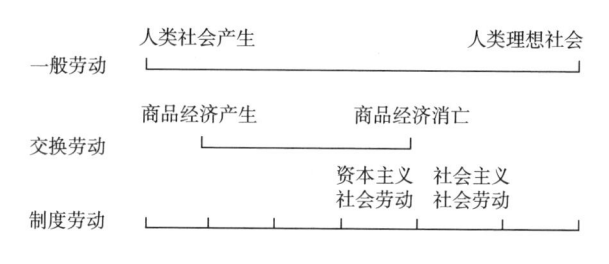

图1 劳动的范畴

(一)关于劳动和劳动的形态

(1)劳动是人类与自然界进行物质变换的两大基本形式之一,是人类最基本的经济活动,也是人类生存和发展的基础。从这个意义上说,劳动是人类和自然界之间的永恒关系,不会因为社会形态不同而有任何改变,因此,资本主义社会的劳动和社会主义社会的劳动在一般劳动上并没有什么根本区别。劳动的深度、广度、强度和复杂度上随生产力的发展在不同的时代有不同的表现,表现为不同的劳动方式。从这个意义上说,无论何种制度下的劳动,都要对其加强研究，特别要研究现代新经济表现出来的劳动方式的新特征。劳动在马克思主义理论中占有极其重要的地位。人与自然的对立是劳动引起的，人与动物的根本区别也在于劳动；人类最终脱离动物界在于人的劳动由物的统治变为人的自为，人类理想社会劳动已经成为人的第一需要。劳动和劳动的发展贯穿于整个人类社会历史。劳动是马克思主义政治经济学高度抽象的基本概念，马克思以劳动一般的抽象概念揭示出人类经济活动的两大基本规律——按比例分配社会总劳动规律和时间节约规律。

（2）人类历史进程中，随着自然经济向商品经济的发展，人类劳动发生了劳动直接目的与劳动最终目的分离的异化，劳动也表现出两种形态：直接为了消费的劳动和直接为了交换的劳动。直接为了交换的劳动随商品经济的发展越来越占据统治地位。这种劳动形态的区别只是经济形态带来的，与社会经济制度无关。市场经济中的劳动绝大部分是直接为了交换的劳动。马克思认为，人类劳动的这种异化最终是要复归的，人类社会最终会在全社会范围内实现劳动最终目的与直接目的的同一。这种交换劳动历经了多种经济制度，马克思认为，它将与资本主义经济制度一同消亡，但我国的社会主义实践证明，交换劳动在社会主义制度下还将继续存在。马克思考察了交换劳动的性质，揭示了商品经济的价值规律，由劳动一般所揭示的按比例分配社会总劳动规律和时间节约规律在交换劳动的条件下是通过价值规律实现的。

（3）劳动是劳动者和劳动对象相结合的过程，不同的结合方式形成不同的劳动制度形态。正如马克思讲的："不论生产的社会形式如何，劳动者和生产资料始终是生产的因素。但是，二者在彼此分离的情况下只在可能性上是生产因素。凡要进行生产，就必须使它们结合起来。实行这种结合的特殊方式和方法，使社会结构区分为各个不同的经济时期。"① 因此，原始社会、奴隶社会、封建社会、资本主义社会、社会主义社会都有各自不同的劳动制度形态。马克思考察了资本主义社会的劳动，揭示了剩余价值规律，价值规律又是通过剩余价值规律实现的。

（二）关于劳动价值论和资本主义社会的劳动

（1）劳动价值论是关于商品经济中交换劳动的理论。劳动价值论最早由古典经济学家提出，由马克思完成。马克思的科学研究虽然以资本主义经济为研究对象，但他特有的将抽象方法和历史方法有机结合起来的运用，使他创立的劳动价值论揭示了商品经济的一般规律。他运用劳动二重性原理科学地论证了价值的

---

① 马克思：《资本论》第 2 卷，人民出版社 1975 年版，第 44 页。

质、价值的量、价值的形式和价值的实质。只要存在商品经济、存在劳动交换，劳动价值论就始终是研究经济关系的基础理论。马克思运用劳动价值论分析商品经济中经济关系实质的研究方法，不仅适用于前资本主义经济和资本主义经济，而且适用于存在市场的社会主义经济。

（2）马克思的劳动价值论并没有终结人们对商品交换和市场经济的认识。马克思以后，市场经济又有了新的迅猛的发展，人类的劳动和劳动方式也有了新的巨大的变化。随着科学技术和经营管理在人类劳动中占有越来越重要的地位，马克思当年认为微不足道而舍掉的因素，今天必须重新对其加以审视，劳动价值论也必然与时俱进地深化。

（3）劳动价值论的深化必须注意马克思的抽象方法和研究目的。劳动价值论是高度抽象的，抽象的概念不能直接等同于现实。在深化对劳动价值论的研究和认识过程中，必须注意概念从抽象到具体的转化。劳动价值论是揭示经济关系的实质的，马克思关心的始终是物与物关系背后所隐藏的人与人之间的关系。今天在我们特别注意经济学的应用性时，不要忘记劳动价值论在揭示经济关系实质上的特有功能。

（4）马克思以劳动价值论为基础，通过比较资本主义商品经济与简单商品经济流通公式，分析并解决资本流通总公式的矛盾，创立了马克思两大历史发现之一——剩余价值理论，从而揭示了资本主义生产方式的运行特点和基本矛盾。剩余价值理论的核心是资本主义社会劳动的制度形态。马克思深刻地论证了劳动力成为商品是货币转化为资本的关键，以"雇佣劳动和资本"深刻地描述了资本主义经济关系的本质。资本主义社会的劳动是雇佣劳动。

二、两个新实际 两大新难题

社会主义社会劳动是制度性劳动，虽然尚未达到马克思理想社会的"第一需要"，但在生产资料公有制的条件下，应该是已经摆脱了资本的统治、建立在个人自主前提下的联合劳动，与资本主义雇佣劳动相对应。社会主义社会劳动的本质是自主劳动。这种质的规定性在实践中会有不同的实现方式和实现程度，但其性质不应改变。"七一讲话"指出，应该结合"新的实际"深化对社会主义社会劳动和劳动价值理论的研究和认识。笔者认为，所谓"新的实际"主要指两点：一是社会主义市场经济，二是社会主义初级阶段。与这两点相对应，劳动价值论的研究也面临两大新难题。

（一）两个新实际

（1）从第一个新实际看，按照马克思的设想取代资本主义的社会主义社会，生产资料归全社会占有，新社会会自觉地把全社会的劳动当作一个劳动力来使用，劳动力和生产资料在全社会范围内实现直接的结合，不存在商品经济，也没有交换，因此不需要著名的价值插手其间，自然劳动价值论也就走向了终结。但我们现在搞的是社会主义市场经济，在市场经济条件下，社会主义社会的劳动在劳动形态上还保留了交换劳动的特征。这与马克思的设想是不同的，价值仍然要插手于新社会的经济运行，劳动必然表现为价值，所以市场经济要求交换劳动；而社会主义要求劳动者自主劳动。社会主义社会劳动的制度性质只能通过交换劳动表现出来。

（2）从第二个实际看，我们现在的社会主义还不是发达的社会主义，我们正处于并将长期处于社会主义初级阶段，这个阶段"是整个建设有中国特色社会主义的很长历史过程中的初始阶段"。在这个阶段，我们要实现别的许多国家在资本主义条件下已经实现的工业化和经济的社会化、市场化、现代化。面对这个不可逾越的阶段，我们还存在着大量工业落后于现代水平、广大地区不发达和贫困、普遍科技水平不高、文盲半文盲劳动者较多的现实。生产力落后和发展不平衡的背景也给社会主义社会劳动带来新的特点。其一，资本仍然有历史存在权。不但存在各种非公有制经济资本、引进的外国资本，而且属于全体劳动人民的国有资产也采取了国有资本形态。资本在经济运行中对劳动仍然有着较大的主导作用。其二，劳动者还不得不通过"雇用"的形式去与生产资料结合。劳动力要流动，劳动资源还要通过市场完成配置。

（二）两个新难题

新的实际提出了新的理论难题，主要有两个：

（1）社会主义社会劳动的性质是什么？中国特色社会主义劳动的性质既和马克思界定的自主劳动有本质相同之处，又有由中国特色和市场经济因素决定的不同之处；同时，既和资本主义雇佣劳动有本质区别，又有其由市场经济因素决定的共同之处。这就是我们研究社会主义社会劳动的理论边界。跨越这个边界，不是脱离实际、陷入空想，就是分不清制度性劳动的区别，走向庸俗。此为难题之一。

（2）劳动价值论在社会主义市场经济条件下的延伸。马克思以劳动价值论为基础科学地建立了剩余价值理论，揭示了资本主义的运行方式和基本矛盾。在社会主义条件下，社会主义生产关系是如何通过市场交换实现的？当代中国的马克思主义者，如何以深化了的劳动价值论建立起揭示社会主义经济运行方式和基本矛盾的新的、相当于剩余价值理论的新理论？马克思主义政治经济学如果不能科学地回答这些问题，势必引起庸俗经济学的泛滥，或对马克思主义经济学的肆意歪曲和阉割。

三、与时俱进 动态研究

对劳动价值论研究的深化应该抱着既要坚持又要发展的态度。所谓坚持就是要弄清劳动价值论的原创含义，不能背离其理论实质和基本要义；所谓发展就是要从现实出发，吸收新的理论认识，经过充实和综合，回答实际生活提出的新问题。从两个新实际出发，回答两大新难题，笔者认为要与时俱进、动态研究。首先要准确把握马克思主义理论的本质特征，其次要准确把握现实社会所处历史阶段。

（1）马克思主义之所以具有与时俱进的理论品质，首先在于其特有的抽象方法。劳动价值论是高度抽象的，所以从资本主义现实抽象出来的范畴正是历史的起点。需要注意的是，抽象的概念不能直接等同于现实。在深化对劳动价值论的研究和认识中，还要特别重视概念从抽象到具体的转化。人类交换劳动的高度发展使抽象回归到现实的转化更为复杂，这方面我们做的研究太少了，需要理论工作者与时俱进地对不断变化的现实给予新的理论说明。其次在于马克思主义不同于其他任何别的理论，马克思主义着眼于人类历史发展规律，从历史唯物主义出发对现实社会做出本质和规律性的说明，对未来社会指出发展的总趋势和总方向，不做具体的描述或设计。马克思给未来的革命者留下了巨大的空间，马克思主义需要马克思主义者与时俱进地进行丰富和发展。

（2）中国社会现在正处于"整个建设有中国特色社会主义的很长历史过程中的初始阶段"，因此，对社会主义社会的劳动只能进行动态研究。我们应该学习邓小平用动词给社会主义本质定义的理论风格，对社会主义社会劳动做出理论说明。资本主义社会的劳动是资本主权下的雇佣劳动，社会主义社会的劳动应该是劳动主权由小到大，资本主权由大到小，逐步消灭剥削，劳动主权最终取代资本主权的劳动者自主劳动。为了解放生产力和发展生产力，在社会主义初级阶段，根据"三个有利于"原则，劳动和资本的作用都要充分发挥。但我们必须始终把握好社会主义制度的本质要求和发展方向，必须跟上人类进步的历史潮流，发展好社会主义社会的劳动。

（原载胡钧、樊建新主编：《深化认识劳动价值论过程中的一些问题》，经济科学出版社2002年版）

"劳动力是商品"的认识误区

公有经济中劳动力是不是商品？改革以来早就有人提出这一问题。党的十四大决定建立社会主义市场经济体制后，这个问题再次成为理论界争论的热点。笔者认为公有经济的劳动力不是商品，并认为这一问题的提出只会把人们的思想引入歧途，对于社会主义市场经济的建立并没有什么积极意义。由于这一问题涉及马克思主义政治经济学的基本原理，对此问题的混乱可能产生消极作用，因此笔者特申明自己的观点。

一、劳动力商品讲的是生产关系的本质

在资本主义经济中，"劳动力是一种特殊的商品"，是马克思首先提出来的。熟悉马克思主义政治经济学的人都知道，正是这一发现使马克思完成了他对货币向资本转化的论证，表明了剩余价值是如何产生的，从而"揭露了现代资本主义生产方式以及以它为基础的占有方式的结构，揭示了整个现代社会制度在其周围凝结起来的核心"[①]。因此，劳动力商品学说讲的是资本主义生产关系的本质。重申这一基本理论是非常重要的。对于劳动力是不是商品，马克思的着眼点是生产关系，而不是运行机制。如果从生产关系来说，社会主义公有制中的劳动力性质与资本主义私有制明显不同，劳动力是商品的学说根本不适用；如果把劳动力商品学说引入社会主义市场经济的运行过程，那是文不对题的，只能引起理论上、思想上的混乱。

二、通过市场配置的要素不等于要素具有商品性质

社会主义市场经济的目标必然要求生产要素通过市场配置，劳动力的配置当然不能例外，问题在于，通过市场配置劳动力，劳动力就一定具有商品属性吗？在资本主义市场经济中，劳动、资本和土地三种基本要素都是通过市场进行配置的，但只有马克思对劳动力进行过分析，并且指出它是一种特殊的商品。除此之外，未见有人对"资本力"、"资本家管理能力"或"土地力"的商品性质进行过论证。有的同志认为，有价格、有价值的就是商品，V 是商品价值（C=V+M）

[①] 恩格斯：《反杜林论》，人民出版社 1970 年版，第 203 页。

中的组成部分，有价值，自然就是商品。诚然，资本和土地要素都是在价格引导的市场机制中完成其配置的，而且我们可以把利润、利息看作资本使用的价格，地租是土地使用的价格，甚至具有"商品的形式"，但我们却不能从中得出资本家把"资本力商品"出卖给自己、土地所有者出卖的是"土地力商品"这样的结论。如果 V 有价值就是商品，那么 M 也有价值，M 也是商品吗？简而言之，税收这一超商品经济的范畴在进入市场经济后，作为 M 的一部分也有了价值形式，难道我们能够认为它背后的主体也有商品属性吗？可见，要素配置采取的形式并不能决定要素是否具有商品性质。离开物的背后人与人关系的分析去讨论是不是商品必然会陷入混乱，更何况与人紧密结合在一起的劳动力呢？

三、工资是劳动报酬不是劳动力价值

劳动力是不是商品，直接关系到公有经济中劳动者获得的工资究竟是劳动报酬还是劳动力的价值，即工资的定性。马克思指出，在资本主义社会，工资是劳动力价值或价格的转化形态，这是以劳动力商品学说为基础做出的论断。马克思所说的劳动力商品并不是就个别的劳动者和个别的资本家之间的关系，而是就整个的劳动者阶级和整个的资产阶级而言的。工人以出卖劳动力为其工资的唯一来源，如果他不愿饿死，就不能离开整个购买者阶级。"工人不属于某一个资产者，而属于整个资产阶级。"[①] 马克思说的劳动商品的价值是指"整个工人阶级的工资"，而不是个别工人的工资。社会主义公有经济中，虽然劳动者依然需要以劳动谋生，但没有了"整个购买者阶级"，工人阶级就其整体来说已经成为社会的主人。因此，公有经济的劳动者也是商品的说法是站不住脚的，当然工资也就不是劳动力价值或价格的转化形态。相反，我们发现，工资作为劳动报酬，在公有经济中其形式和内容第一次一致起来——多劳多得、少劳少得的按劳分配原则使工资的实质更充分地表现出来了。

四、市场配置劳动力与劳动力是不是商品无必然联系

不承认劳动力是商品，是不是劳动力就无法进入市场，无法通过市场配置劳动资源了呢？这是争论的关键所在。主张劳动力是商品的同志所持的正是这个理由。其实，这个理由也是不成立的。正如我们前面已经提出的，平均利润率、利息率、地租率在并没有人论证其背后的要素是不是商品属性的情况下，还是以"价格"的形式由市场形成了，并且在"价格"信号的导引下完成了要素的市场

---

① 马克思：《雇佣劳动与资本》，人民出版社1965年版，第18页。

配置。工资作为劳动报酬，同样可以在市场中导引劳动力资源的配置。

公有经济中劳动者工资作为劳动报酬，有两个基本要素：计酬标准和劳动量。劳动者的工资是以一定计酬标准，根据劳动者劳动量的变化而变化，这里通行的是按劳分配的原则。至于计酬标准，在计划经济的体制下是由国家制定的，而在市场经济的体制下则应该由市场形成。有些同志讲工资由市场决定，笔者认为是不准确的。市场决定的只是计酬标准。计酬标准的波动受劳动供求的影响，同时也影响着劳动的供求；计酬标准的运动对劳动力资源配置起导引作用。当然这一运行机制的形成尚有许多理论难点和操作难点需要研究，但是，计酬标准和利润率、利息率一样，与劳动力是不是商品没有什么联系，也不反映劳动力的价值。要实现这一机制的转换，关键在于劳动力的流动以及劳动者和企业在工资决定上的自主权。我们应该把注意力从论证"劳动力商品"转移到工资作为劳动报酬如何在社会主义市场经济中形成、如何完成劳动力资源配置的机制转换上来。这样可能对中国社会主义市场经济体制的建立更有实际意义。

（原载《生产力之声》1993 年第 7 期）

家务劳动社会化初探

一

所谓家务劳动，就是家庭成员为获取家庭需要的消费品和劳务在家庭内部直接付出的脑力和体力的总和。人为了生存和发展而提出对各种物质的和劳务的需要，当这种需要不通过社会提供的商品和劳务就能直接满足，而通过家庭内部加工和自我服务的劳务来满足时，劳动支出便表现为家务劳动。

家务劳动的内容基本上包括两个部分：一是家庭内部自制或再加工消费品；二是家庭内部提供的自我服务的劳务。

任何一个生产者同时也是一个消费者，而究竟是生产者还是消费者要由他所处的过程的性质及他在过程中的身份所决定。家庭主妇带着采购回来的商品进入厨房，用那些也被社会认为是消费资料的煤或煤气、炊具、油盐酱醋等进行一番紧张的操作，做出了一桌丰美的饭菜。家庭主妇无疑是这顿美餐的消费者，然而她在做饭的过程中却只是劳动者。从市场上购来的商品确实在这个过程中被消费了，但改变了原来的自然形态，成为新产品——熟饭热菜。这些经过再加工的产品才直接进入消费过程，这位家庭主妇只在这时才是一位消费者。所以做饭的过程是地地道道的劳动过程，这种加工劳动虽然不属于创造商品的劳动，但它们确是生产产品的劳动。不通过这一对产品再加工的劳动过程，原来的商品就无法进入消费，也就无法变成现实的产品。因此自制和再加工消费品的家务劳动是劳动过程而不是消费过程。而且就生产劳动一般来讲，这个过程属于一般生产过程。

家务劳动中自我服务的劳务，具有不以实物形式而以劳动活动形式提供的特殊使用价值。人们在生活中对有些产品还要不断地追加和补充劳动。如一件衣服，在消费中要反复进行洗涤，一间房屋每天都要打扫，人体本身的生理需求也要求消费一定的劳务，如盥洗、理发等。这些劳动不"物化"，不形成产品，这部分劳动的"对象"或者是已经处于消费过程中的消费对象，或者是消费者本身。就前者来讲，虽然劳动与消费交替进行，但穿衣与洗衣绝不是一个性质的过程。就后者来讲，只管劳动的支出者同时又是劳动的接受者，主体与客体合于一身，一个过程表现了两种性质。而且，在一定的社会生产力水平下，这种与消费过程混在一起的劳动过程同样可以从家庭中分离出去。家庭自我服务的劳务虽然和马克思说的物质生产的劳动过程不同，不物化，不形成产品，但它却直接或间接参加"物人化"的过程，它以劳动活动的形式满足人的需要，因此也是劳动过程。

通过以上分析，我们可以看到家务劳动虽然发生在商品退出流通之后，但并不是消费行为，而是劳动过程。其中自制消费品和消费资料再加工本身属于一般直接生产过程。自我服务的劳务属于非生产性劳动。

二

家务劳动的社会化是商品生产发展的必然结果，是人类经济生活中的一个客观规律。

家务劳动的产生和发展的历史，就是家庭消费资料不断由自制产品变为社会提供商品、家庭服务性劳务不断由自我服务改由社会服务的转化史。家务劳动社会化就是这个转化的最后完成，如图1所示。

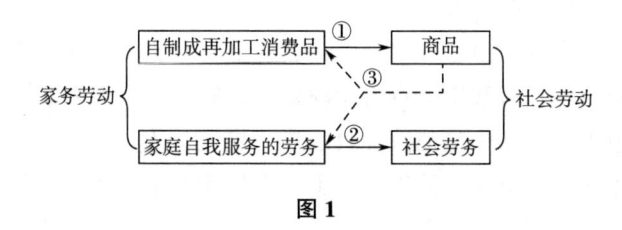

图1

这样，我们就可以看到家务劳动社会化的两种途径：

（一）最终消费品商品化（图1中的①）

在商品生产不发达的国家和地区，家务劳动必然繁重，从市场购进的商品中能直接进入消费的商品所占比重不大，而不能直接进入消费的商品作为产品的完整生产过程，也只有部分过程是商品生产，还有一部分则需要在家庭中补充进行，如图2所示。

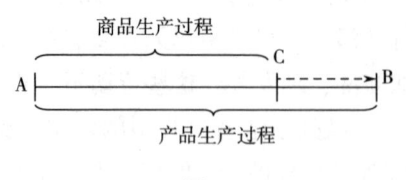

图2

其中 AB 是消费品产品的整个生产过程，C 点表示商品退出流通（这里舍掉流通过程）。AB 过程最早全部发生在家庭之中。商品生产出现后，就有 C 点插于 AB 之间，并且随着商品生产的发展，C 点逐渐向 B 点靠近。AC 是商品生产过程，CB 发生在家庭中，表现为家务劳动。而 CB 对于商品生产来讲则是一块"未被开垦的处女地"。家务劳动的社会化就是开发 CB，缩短 CB，延长 AC，使 C 点与 B 点尽快、尽可能地接近、重合。如发展方便食品的研究和生产，使食品在食用、烹调、携带各方面都方便，食品退出流通后用不着洗切，至多热一热或加点调味品即可食用。

（二）家庭自我服务的劳务社会化（图 1 中的②）

消费者消费水平越高，所需要的服务性劳务越多。而随着商品经济的发展，家庭自我服务的劳务也逐步从家庭中分离出来。这部分家务劳动不通过商品社会化，而通过把劳动过程直接转交给社会进行，如托儿所、幼儿园、公共食堂、洗衣站及最近一些城市成立的家务劳动服务公司。

除此之外，社会劳动进入家庭还可以以商品形式向家务劳动的第二个部分提供先进手段（图 1 中的③）。这种形式为 CB 过程提供先进手段，减轻了家务劳动的强度，提高了劳动效率，缩短了劳动时间。在社会提供的商品还不能完全取代家庭自制和再加工的消费资料、社会劳务还不能完全取代家庭自我服务时，对于减轻家务劳动无疑是有重要意义的。但是这并没有改变 CB 过程的性质，也不能使家务劳动社会化。认清这一点是很有必要的，它可以为我们制定经济发展战略的正确决策提供理论依据。

加快家务劳动社会化的进程是有重大意义的。

首先，它是社会主义基本经济规律的要求，直接关系到社会主义生产目的的实现，直接关系到劳动者实际生活水平的提高和人的全面发展。由于我国商品生产力还不够发达，人民的家务劳动十分繁重。如对北京缝纫机二厂 25～35 岁职工的调查表明，职工家务劳动每日为 4.14 小时，而星期日竟高达 12.3 小时。繁重的家务劳动占去了职工的大部分业余时间甚至正常的睡眠时间，既影响了工作时间的劳动效率，又严重影响了劳动力的再生产。如此繁重的家务劳动一旦由社会来承担，将可以保证劳动者的休息，使劳动者获得更多的闲暇时间，从事更高级的消费活动，增加劳动者受教育和文娱体育活动的时间，提高劳动者的体质和文化科学水平，使劳动者逐步得到全面发展。这样，就可以为社会生产提供更好的劳动力，向社会生产提出更高级的需求，促进社会生产的进一步发展。这正是社会主义基本经济规律的客观要求。

其次，家务劳动社会化是妇女解放的根本途径。

妇女的解放必然要妇女走出家门参加社会劳动才能实现。

列宁说，"什么地方和什么时候开始了反对这种琐碎家务的普遍斗争（为掌握国家权力的无产阶级所领导的），更确切地说，开始把琐碎家务普遍改造为社会主义大经济，那个地方和那个时候才开始有真正的妇女解放"①。实践证明，离开家务劳动社会化，单纯搞妇女参加社会劳动是有害的，但因此就认为妇女不参加社会劳动，只从事家务劳动也可以得到解放，则更是错误的。不仅妇女走出家门，家务劳动也要走出家门，才是妇女解放的根本途径。

最后，家务劳动社会化还有以下一些意义：

（1）为新产品开发和社会生产向深度和广度的发展提供新的领域。

前面我们已经分析过家务劳动 CB 是社会生产 AC 的"处女地"，那么家务劳动的社会化就要求社会生产 AC 面向 CB 开发新产品，延长 AC，缩短 CB，或以 AC 取代 CB。我们应该深入"家庭琐事"之中，研究家务劳动，食品工业、服装工业、电子工业等社会生产部门在这个领域中都是大有可为的。

（2）开垦"处女地"就要有开垦者。家务劳动的社会化又可以提供扩大就业的新天地。

（3）可以节约社会劳动，同时提高产品和劳务的质量。恩格斯早就讲过："我们拿做饭来说，在现在这种分散经济的情况下，每一个家庭都单独准备一份自己所必需的、分量又不多的饭菜，单独备有餐具，单独雇佣厨子，单独在市场上向肉商和面包商购买食品，这白白占据了多少地方，浪费了多少物品和劳动力！可以大胆地设想，有了公共食堂和公共服务所，从事这一工作的三分之二的人就会很容易地解放出来，而其余的三分之一也能够比现在更好、更专心地完成自己的工作。"②

总之，家务劳动社会化的意义是十分重要的。我们也看到，家务劳动既和社会劳动相对立，又和社会劳动相统一。在家务劳动完全社会化之前，它还是社会劳动的必要补充。指望一下子就取消家务劳动是不切实际的幻想。但因此就认为家务劳动的社会化是可望而不可即的理想，而在这个问题面前无所作为，则更是错误的。

三

我们高兴地看到，三中全会以来，党和政府把发展消费品工业、调整重工业

---

① 列宁：《列宁选集》第四卷，人民出版社 1972 年版，第 18 页。
② 马克思、恩格斯：《马克思恩格斯全集》第二卷，人民出版社 1956 年版，第 613 页。

的服务方向作为我国经济建设的重要国策。大力发展消费品的社会生产，促进最终消费品的商品化，这对加快家务劳动社会化起着重要作用。此外，家务劳动开始引起人们的注意。

现在，有的城市、企业、街道、妇联着手解决一些问题，想了不少办法，创造了许多新形式。如食品工业加强了对方便食品的研制和生产，商业服务业增设网点扩大服务范围，实行了一些便民措施。又如，北京陶然亭街道、广州荔湾区妇联组织了家庭劳务服务队和家务劳动服务公司，照顾老幼、料理病人、搞清洁卫生、缝补浆洗等；上海、北京的很多居委会办起了幼儿午餐食堂、家庭托儿所、缝纫站，上海三十五家大菜市场最近对已婚工人和知识分子实行预订蔬菜，保证供应，节约了他们大量的时间；两千多家企业向职工提供洗衣、缝补衣服、修理家具、修理收音机、电视机和理发等服务项目；粮店增设切面、馒头、元宵等供应项目。这些都深受广大群众的欢迎。它实际地解决了人民生活中的困难，适应了经济规律的要求。

事实说明，家务劳动的社会化不仅具有必要性，而且有可能性。因此，我们应该充分调动社会各方面的积极性和主动性，发挥社会各部门的优势，运用多种渠道、多种形式，通力协作，灵活变通，大力发展消费品商品生产和社会服务业；搞活经济繁荣市场，提供物美价廉的最终消费品和优质服务；对那些深受人民群众欢迎、切实减轻家务劳动的产品实际优惠价格。同时，把家务劳动作为社会经济的统计内容和衡量城市和地区经济效益的反指标；把加快家务劳动社会化的进程列入国家和各地区的社会经济发展规划。这样我们就可以使人民得到真正的实惠，大大改善目前人民群众家务劳动繁重的现状，加快家务劳动社会化的进程。

平均化：商品经济运行的基本机制
——对价值规律的再认识

新中国成立 40 年来，我国经济学界对价值规律的问题进行了长期、反复的研究和探讨，认识不断深化。但基于历史条件的限制和我国商品经济尚不发达的现实，我们对价值规律的认识还停留在比较浅的层次上。今天，当我们已经确立了有计划的商品经济理论，经济学界也开始致力于经济运行机制的研究时，我们有必要从运行机制这个新的角度对价值规律进行深层思考。

一、价值规律实现的平均化机制

马克思在《资本论》中对于价值的实现有过多处十分深刻的论述，概括起来就是平均化机制。

商品的价值本身就是千百次交换实践的平均化过程的产物。确定商品价值量的社会必要劳动时间也是在平均化过程中形成的。论述中提到的"社会正常的生产条件"和"社会平均的劳动熟练程度和劳动强度"都不是直接衡量每一次实际交换中价值量的尺度，而"都只是作为盲目起作用的平均数而实现"[①]。

货币的产生和发展正是价值平均化过程的产物，"正如商品的一切质的差别在货币上消灭了一样，货币作为激进的平均主义者把一切差别都消灭了"[②]。

价格是物化在商品内的劳动的货币名称。随着价值量转化为价格，价格和价值量的一致性在它们不一致的运动中通过平均化而完成，"规则只能作为没有规则性的盲目起作用的平均数规律来为自己开辟道路"[③]。

价值规律对社会劳动在各个部门之间的分配也是在平均化过程中完成的。正如列宁所指出的："社会生产各部分之间（在价值上和实物形式上）的比例，……事实上只是通过多次经常的波动而形成的平均数。"[④]

不仅如此，商品经济中的利益配置和资源配置无不是在平均化过程中完成的。商品经济是一部巨大的平均化的"均衡器"，一切与价值相关的东西，不管

[①] 马克思、恩格斯：《马克思恩格斯书信选集》，人民出版社 1962 年版，第 223 页。
[②] 马克思：《资本论》第一卷，人民出版社 1975 年版，第 152、120 页。
[③] 马克思：《资本论》第一卷，人民出版社 1975 年版，第 152、120 页。
[④] 列宁：《列宁全集》第三卷，人民出版社 1960 年版，第 44 页。

是利润、地租，还是工资，只要进入商品经济，就会按平均化的机制来运转。恩格斯在回答施米特对价值规律的责难时完整地表述了这样一种思想。他认为，价值规律以及剩余价值通过利润率来分配的情况"只能通过平均化过程来完成"；"一般利润率只作为许多行业和许多年度的平均数而存在"；"劳动力价值只是作为平均数实现的"；"现实的超额利润和现实的地租也不是绝对地符合，而只在平均数上近似地符合"。对于偶然因素（如第二年歉收对上年余额的影响）导致的价值上涨，恩格斯明确地指出："在理论上归根到底也应该平均化"；"这种价值上涨的最本质的东西并不是长期存在的，因而平均化只在几年的平均数中，……才会出现"①。

从马克思、恩格斯留给我们的丰富理论遗产中挖掘出价值规律实现的平均化机制，对我们今天深化改革、建设有计划的商品经济是有重要意义的。长期以来，我们并没有注重价值规律实现的平均化机制，甚至只把它当作资本主义的盲目性。但是，离开了平均化机制，也就没有价值规律；离开了平均化机制，也就谈不上商品经济。社会主义既然不能逾越商品经济这个阶段，就不可能脱离平均化运行的轨迹。因此，我们有必要对平均化机制进行深入的探索，和资本主义的运行划清界限，明确经济改革的方向。

二、平均化的成因和作用机能

"经常趋于统一而又经常与之背离"是平均化运动的方式。从平均化的直接成因来看，有着两种力在控制着价值运动：一种是使各种关系相互均衡、趋于一致的引力或向心力；另一种是不断变动、不断背离的离心力。而这两种力的背后则是商品经济存在的经济条件和社会化生产的规律。

从向心力背后的经济条件和经济关系看，主要有两条规律：

其一，社会劳动按比例分配的客观要求。正如马克思指出的："要想得到和各种不同的需要量相适应的产品量，就要付出各种不同的和数量上一定的社会总劳量。这种按一定比例分配社会劳动的必要性，绝不可能被社会生产的一定形式所取消，而只能改变它的表现形式。"② 正是这一要求形成了价值运动中的引力，使各部门生产规模的变动不断地向其要求靠拢。

其二，商品经济特有的平等要求。商品是天生的平等派，价值运动的一切形式都是以平等为原则的。资本主义生产关系中的平等具有极大的欺骗性和虚伪性，但商品经济所特有的平等要求是实实在在的。马克思正是在承认这一客观要

---

① 马克思、恩格斯：《马克思恩格斯（资本论）书信集》，人民出版社1976年版，第577-579页。
② 马克思、恩格斯《马克思恩格斯书信选集》，人民出版社1962年版，第223页。

求的前提下，才找到了货币转化为资本的秘密。而这种平等要求也是平均化运动中的引力。

平等要求在商品经济运动中不断形成衡量平等的标准，如社会必要劳动时间成为衡量等价交换的价值标准，一般利润率成为等量资本获得等量利润的分配标准，这些标准就成为平均化运动的中心。

从离心力背后的经济条件和经济关系看，主要也有两条规律：

其一，有着不同利益的不同的商品生产者。商品生产者盈利最大化的动力促使他们不断地离开平衡点，以求取得更大的收益。趋利性构成了离心力。

其二，商品经济所特有的竞争要求。独立的商品生产者互相对立，他们不承认任何别的权威，只承认竞争的权威。竞争迫使商品生产者改进技术，降低成本，扩大规模，不断地使自己产品的价格高于价值，不断地使自己获得的利润高于平均利润。压力也产生了离心力。

平均化的形成除了向心力和离心力的内在要求外，还必须具备一定的外部环境。

第一个环境是完整的市场。"不同的个别价值必须平均化为一个社会价值，为此就……需要有一个可供他们共同出售自己商品的市场。"①

第二个环境是生产要素的充分流动性。"那种在不断的不平衡中不断实现的平均化，在下述两个条件下会进行得更快：①资本有更大的活动性，也就是说，更容易从一个部门和一个地点转移到另一个部门和另一个地点；②劳动力能够更迅速地从一个部门转移到另一个部门，从一个生产地点转移到另一个生产地点。"②

平均化正是在市场环境中，在生产要素充分流动的状态下，在向心力和离心力共同作用下逐步形成的。需要指出的是，这种平均化只能是"一种近似值，一种倾向，一种平均数"，即使在市场经济充分发展的资本主义社会，也不会完全实现。但规律就是规律，只要具备它产生的经济条件，它就要顽强地为自己的实现开辟道路。

平均化是一种运动过程。在这种运动过程中，它对商品经济的发展产生了以下几种机能：

（1）形成标度。商品价值从形成到实现的过程是靠平均化形成的社会必要劳动时间来作为标准和尺度的。由此而产生的商品经济中和价值相联系的一切经济范畴，其测量的标准和尺度无不是靠平均化而形成的，如价值、市场价值、生

---

① 马克思：《资本论》第三卷，人民出版社1975年版，第202、219页。
② 马克思：《资本论》第三卷，人民出版社1975年版，第202、219页。

产价格、工资、利润、利息、地租等。平均化虽然并不现实存在，但是一旦形成了平均化，就会成为一个标度。平均化形成的资金利润率就是企业在衡量资本投入时的基准，虽然某一企业的资金利润率和社会平均资金利润率完全相等只是一种巧合。

（2）配置要素。平均化所产生的波动性不断地把生产要素投入各个生产部门，或将其从各个生产部门抽出。生产要素在生产部门之间的流入与流出就形成了配置要素的机能，正是这一机能使价值规律不断地调节着社会劳动的分配。

（3）平衡供求。平均化不断地对供给和需求进行调节，在对供求关系的影响中产生了平衡的机能。对供求的平衡除了表现为调节总供给与总需求的平衡外，平均化还平衡着各个方面的供求和每一种生产要素和商品的供求。利润率的平均化平衡着资金的供求，利息率的平均化平衡着货币的供求，工资的平均化平衡着劳动力的供求，市场价格的平均化平衡着商品的供求。

（4）调整结构。平均化在配置要素和平衡供求的过程中还自行组织对结构的变化和调整。它既对供给结构发生影响，也对需求结构产生作用。

（5）选优汰劣。平均化既然表现为"平均数规律"，就对个别的商品生产者起着选优汰劣的作用。平均数以下者必然改进技术、节约消耗、提高效率，争取达到平均数或超过平均数，否则就会被平均化过程淘汰。因此，选优汰劣的机能还产生着刺激生产力发展和技术进步的作用。

（6）规范行为。平均化过程的选优汰劣是严格和无情的，因而又派生出对企业行为规范的机能。商品生产者和经营者如果不尊重价值规律的平均化机制，做一些违背价值规律的事情，如不顾市场需求和资源约束而盲目扩张或不顾质量，以次充好，就必然被平均化淘汰。

（7）调整利益关系。平均化涉及价值的决定和实现，因而和分配密切结合，调整着利益关系。在资本主义商品经济中，利润的分割、地租的形成和工资的决定无不是在平均化过程中完成的。平均化为分配提供了分配的标准和尺度，平均化也为利益的调整提供了手段。

三、对按价值规律办事的反思

虽然我们在运用价值规律上取得了不少成绩，但由于我们对价值规律的认识不够深刻，对按价值规律办事缺少一整套指导思想和原则，经济改革10年来我们还存在着不少的失误。概括起来，大致有以下十个方面：

（一）注重刺激作用，忽视规范机能

在价值规律正常作用的条件下，商品个别价值和社会价值的矛盾运动自然会对企业产生一种利润刺激，但这种利润刺激也是受价值规律规范的。第一种社会必要劳动时间和第二种社会必要劳动时间都制约和规范着企业在追求利润的同时，必须使自己的产品在质量上和数量上都符合社会需要。但我们只强调价值规律的刺激作用，如放权让利、减免税等都基于从外部给企业利益的刺激，而忽视了企业内在动力的形成，忽视了企业内外部对企业行为规范因素的培养，从而导致了严重的短期行为。

（二）注重要素配置，忽视调整利益关系的机能

在运用价值规律进行生产要素的配置上，我们虽不能说做好了，也总算比较重视，但忽视了对于价值规律对利益的调整机能。价格的调整、放开和税收的减免、增设会给利益结构带来什么影响，我们几乎很少考虑、很少研究。当前社会分配不公的严重现象和我们对价值规律机能的认识不全面是有直接关系的。

（三）注重单因素的配置，忽视整个结构的协调

在要素配置上，我们常常只重视价值规律对单因素的作用，而忽视对整个经济结构的影响。如在调整某种商品价格时，对经济生活的各方面产生的影响缺少系统的分析，所以常常在某方面达到了目的，却带来了其他方面的新问题。

（四）注重价格，忽视其他经济范畴

价格是价值规律运动的主要表现形式，但不是唯一的形式，工资、资金、利润、利息等经济范畴也是价值规律运动的形式。但我们一般只重视价值规律与价格的关系，重视价格的改革，而忽视资金运动、利润运动甚至工资运动中价值规律实现机制的影响。

（五）注重价格与价值的背离，忽视价格与价值的一致

价值规律在价格运动上表现为价格在不断背离价值的过程中实现价格与价值的一致。我们在价格改革的实践中一般重视价格与价值的背离，利用这种背离刺激生产，却忽视这种背离是一种波动式的运动，价值规律的最终要求还是应该价格与价值的一致。如我们搞两种价格，就是想利用价格的上涨刺激生产，但价格的双轨使价格与价值一致的内在要求无法实现。

（六）注重选优，忽视汰劣

选优与汰劣是一个运动过程的两个方面，只有两个方面都发挥它的作用，才

能保证价值规律的实现。但长期以来，企业只负盈不负亏，选优却不汰劣无论是要素配置、结构调整还是利益变动，总量平衡都难以实现。

（七）注重供给，忽视需求

价值规律对供求具有双向调节的作用、但我们一般只注意对供给的影响，却忽视对需求的作用，甚至对需求失去了控制，导致我国长时期的经济总量不平衡。

（八）注重个别经济杠杆的运用，忽视宏观动态的调节

每一个经济杠杆在调节某个具体方面是行之有效的，但个别经济杠杆的运用并不等于按价值规律办事。我们改革以来只注重个别经济杠杆的运用，却忽视在宏观上对经济运行的动态调节，因而经济的良性循环始终没有出现。

（九）注重对价值规律的利用，忽视对价值规律的尊重和顺应

规律是不以人的意志为转移的，对规律的利用程度取决于对规律的认识和把握程度。我们一直强调对价值规律的利用，却缺少对价值规律的尊重和顺应。我们只有尊重价值规律，认真了解它的运动规律和实现机制，才能在商品经济的大海中驾好国民经济这条船。

（十）注重价值规律的直接作用，忽视经济条件的培育

经济规律依存于一定的经济条件，规律的作用程度直接取决于经济条件的成熟程度。这一点是我们多年来最忽视的。我们在研究了价值规律实现的平均化机制以后更认识到，不具备价值规律运动的条件，就谈不上对它的利用。我国商品经济很不发达，平均化机制要求的完整的市场、要素的充分流动性等条件还都不具备。

根据以上总结，笔者认为要按价值规律办事，当前应该做好三件事：

第一，进一步开展对价值规律的讨论，对价值规律进行更深刻、更全面的认识，克服主观性、片面性和随意性，清理和总结经济工作中运用价值规律的经验、教训，包括清理有关的政策、决定，纠正错误的做法。这一点应该成为治理整顿的组成部分。

第二，为价值规律的真正实现培育和创造经济条件。我们研究了价值规律实现的平均化机制，并不意味着我国经济中已经具备这种机制或者主张搞完全的市场化。即使在发达的资本主义社会，平均化也只是一种趋势。我们只是要证明价

值规律实现和产生作用的更深层机制是什么。既然我们搞商品经济，按价值规律办事，就必须了解这一点，而且积极为它的运行创造条件。这包括市场的培育和要素的流动。没有这个经济条件，就谈不上按价值规律办事。需要指出的是，平均化这一价值规律的机制并不专属于私有制经济。社会主义公有制条件下的平均化机制不但可以存在，而且可以运行得更好。

　　第三，注意宏观调控方式的变革。这是社会主义商品经济按价值规律办事的关键。社会主义市场与资本主义市场的根本区别不在于市场的机制，而在于是否能对市场进行有效的宏观调控。社会主义有计划的商品经济胜于资本主义经济之处，就在于能指导和把握经济过程，避免以破坏性的危机强制地为价值规律的实现开辟道路，而以计划的、协调的方式实现价值规律的要求。这就要求我们逐步把传统体制下对产品经济的调控方式变革为对商品经济的调控方式。这是一个难点，但并不是不能解决的。

（原载《财经研究》1990年第2期）

试论货币在社会主义
商品经济中新的特殊职能

我国现有的政治经济学（社会主义部分）教科书在讲到社会主义货币的职能的时候，大都沿用了马克思在《资本论》中对货币职能的分析，即具有价值尺度、流通手段、贮藏手段、支付手段和世界货币的职能。笔者认为，在社会主义条件下，货币除了所反映的生产关系外，就其自身的职能来说与马克思的分析并无根本不同。而在职能上不同的只是：社会主义的货币除了继续执行其原有的五个职能外，还承担了一种新的特殊职能，即个人消费品分配手段。

一

要弄清货币的这一新的特殊职能，有必要重温一下马克思对未来公有制社会个人消费品分配所采用的具体形式的设想。

马克思在《资本论》第二卷中曾提出，在社会公有制的生产中，"生产者也许会得到纸的凭证，以此从社会的消费品储备中，取走一个与他们的劳动时间相当的量。这些凭证不是货币，它们是不流通的"。[①]

他还在《哥达纲领批判》中指出：每个生产者在作了各项扣除之后，"从社会方面领得一张纸的凭证，说明他提供了多少劳动（扣除他为社会基金而进行的劳动），而他凭这张纸的凭证从社会储存中领得和他所提供的劳动量相当的一份消费资料"。

这种"纸的凭证"虽然只是马克思一种非常不成熟的设想，但它的职能非常明确，即证明劳动者向社会所提供的劳动量，并凭此证明向社会领取与他劳动量相当的一份消费品。

这个"纸的凭证"的职能同货币的职能是完全不同的。马克思在谈到"纸的凭证"所表明劳动者付出的劳动量与他应得的消费品之间的关系时，两次用的都是"相当的"，而货币是商品经济的产物，是固定充当一般等价物的特殊商品，它的职能只能是"相等的"。因此，马克思明确地指出："这些凭证不是货币。"

---

① 马克思：《资本论》第二卷，人民出版社1975年版，第397页。

在马克思、恩格斯所设想的消灭了商品经济的公有经济中，这种"纸的凭证"的职能是绝不能由执行着货币职能的货币来代替的。恩格斯在《反杜林论》中对此曾做过深刻的分析。但社会主义的实践远远超出了马克思和恩格斯的预见，现实的社会主义是建立在公有制基础上的有计划的商品经济。在这样一个经济条件下，由于公有制和联合劳动，按劳分配规律要求"纸的凭证"的职能；而由于商品生产和商品交换，价值规律又要求货币的职能。这样，这两种当初被认为是不能同时存在的职能而今可以并行不悖了。不仅如此，由于社会主义的劳动产品（包括个人消费品）所包含的社会劳动量还必须借助"价值的尺度"来计量，个人消费品还要通过商品流通分配到劳动者手中，"纸的凭证"的形式也由货币所替代了，二者融为一体，"纸的凭证"变成了货币工资。

二

货币工资形式上的货币，究竟执行的是货币的职能还是"纸的凭证"的职能？《政治经济学（社会主义部分）》教科书在货币的职能中和按劳分配中都没有作明确的回答。而说明这一点，正是政治经济学的任务。

有些同志可能会认为货币工资的货币执行的当然是货币的职能，我们的许多教科书实际上就是默认了这一点的。对此，我们应该进行认真的分析。

货币的职能，无论是价值尺度、流通手段的基本职能还是随商品经济发展起来的贮藏手段、支付手段和世界货币职能，都不能离开商品生产和商品交换。这些职能都是由于货币也是商品、是充当一般等价物的特殊商品，而在等价交换中完成和实现的。如果说，货币在个人消费品的分配中执行的是价值尺度、流通手段的职能，那就是说劳动者与国家或企业之间进行的是一种等价交换（而不是马克思所说的相当的量）的商品关系。这就产生一个问题，在这种等价交换中，货币作为一般等价物表现的是谁的价值呢？是劳动力的价值吗？谁都会否定这个等价关系的。要么就是劳动的价值？那又会陷入杜林的"胡乱思考"，成为恩格斯笔下的"社会糊涂虫"。既然我们无法找到它们之间的等价关系，用于支付工资的货币在这里执行的就绝不会是价值尺度和流通手段的职能。

一般的教科书认定了货币工资执行的是支付手段的职能。如南方十六所大学《政治经济学》教材编写组编写的《政治经济学（社会主义部分）》一书中指出："……以及企业对职工支付劳动报酬等经济联系中，货币都起着支付手段的作用。"①，北方十三所高等院校编写组编写的《政治经济学（社会主义部分）》

---

① 《政治经济学（社会主义部分）》，四川人民出版社 1979 年版，第 190 页。

（以下简称《北方本》）则写道："……国家向企业单位职工发放的工资等，都是通过货币的支付手段职能来实现的。"① 什么是支付手段呢？《北方本》下了这样的定义："货币代表一定数量的价值，但不与商品同时流通，而是进行单方面的转移，执行的是支付手段的职能。"这个定义指出了支付手段的基本内涵。但是请问：代表一定数量价值的工资是在与什么商品不同时流通，而进行单方面的转移呢？这个商品除了劳动力和劳动外，还会是什么呢？于是我们又不可避免地回到前面的问题了。

当然，"在商品生产达到一定水平和规模时，货币作为支付手段的职能就会越出商品流通领域。货币变成契约上的一般商品"②。教科书也许是从这一特殊情况出发的（但它们都没有说明这一情况），即使如此，由实物交纳转化为货币支付的地租、赋税和社会主义的货币工资也是根本不同的，前者是一种"契约"，后者则证明职工向社会提供的劳动量和根据这个劳动量可以领取多少消费品。尽管货币工资采取了支付手段的形式，但它的本质职能是无论如何也不能从支付手段中得到回答的。

"纸的凭证"的形式虽然由货币工资代替了，但"纸的凭证"的职能却没有随之消失。这种职能与货币的职能是不能混为一谈的。恩格斯曾针对杜林借助金属货币在公社和社员中进行分配重申了马克思的观点，指出："这种劳动券，用马克思的话来讲它只证明'生产者个人参与共同劳动的份额，以及他个人在供消费的那部分共同产品中应得的份额'，在这一职能上它也'同戏票一样，不是货币'。""因此，它可以为任何证件所代替""标明所完成的'生产义务'和从而获得的'消费权利'尺度的证件，无论是一张废纸、一种筹码还是一块硬币，这对这个目的来说是完全一样的。"③ 因此，尽管"纸的凭证"可以由货币所代替，但它标明"生产义务"和"消费权利"尺度的职能却不能用货币的职能去说明。

因此，社会主义的货币除了五种由于货币本身的性质所具有的职能外，还执行着根据劳动者为社会提供的劳动分配个人消费品的新的特殊职能。只要我们承认按劳分配规律的存在，就必须承认货币这一新的特殊职能。

三

建立在公有制基础上有计划的商品经济中，货币在执行按劳动分配个人消费

---

① 《政治经济学（社会主义部分）》，陕西人民出版社1979年版，第110页。
② 马克思：《资本论》第一卷，人民出版社1975年版，第161页。
③ 恩格斯：《反杜林论》人民出版社1970年版，第298页。

品的特殊职能时也在执行着作为货币的货币职能。两类不同性质的职能同时存在，交织发生作用，给我们认识它们之间的关系带来极大的复杂性。笔者认为，这两类职能有以下三种基本关系：

第一，货币的一般职能是货币能够承担分配个人消费品特殊职能的基础。

货币之所以能够承担起衡量劳动者向社会提供的劳动量、计算劳动者在做了社会扣除后应得的个人消费品的量的特殊职能，只是由于在公有制的商品经济中，劳动者向社会提供的劳动量以及个人消费品所包含的社会劳动量还都必须借助价值进行计量，而货币的一般职能正是完成这一任务的基础。正因为如此，"纸的凭证"的职能也只能由货币来承担。企图离开货币的一般职能去设计其他"凭证"只能是空想。

第二，货币的一般职能对货币的特殊职能产生着影响。

同"纸的凭证"不同，货币是社会财富的一般代表，本身就具有价值。因此，货币的使用就有可能使劳动者"不通过自己的劳动而通过其他途径去获得这些金钱。没有臭味。"① 货币一般职能的执行必然对其特殊职能产生影响，有的甚至是破坏作用。同时，货币的特殊职能只在个人消费品的分配上发生作用，但货币的一般职能却可以把代表着生产资料的价值作为消费基金发放出去，使消费基金增长过猛，给国民经济带来损失，这些都是我们在运用货币特殊职能时应该高度警惕的。

第三，货币的特殊职能制约着货币一般职能使货币向资本转化。

在私有制的商品经济中，"在产品的价值形式中，已经包含着整个资本主义生产形式、资本家和雇佣工人的对立、产业后备军和危机的萌芽。"② 因此，货币必然转化为资本。但是在公有制的商品经济中，国家或企业与劳动者之间的关系不是"等量劳动相交换"的价值关系，劳动者之间的等量劳动相交换也不表现为商品交换关系。因此，货币的按劳动分配个人消费品的特殊职能便制约着货币向资本的转化。货币的这种特殊职能一旦被破坏，这种制约作用也就消失。

四

提出货币在社会主义制度下新的特殊职能是有重要意义的。

首先，有助于认识社会主义工资的本质，有助于揭示国家、企业、劳动者之间相互关系。有些同志认为社会主义的生产关系简单明了，不像资本主义那样，人与人的关系隐藏在物与物的关系后面，需要去揭示。其实不然。仅就个人消费

---

① 恩格斯：《反杜林论》，人民出版社 1970 年版，第 299 页。
② 恩格斯：《反杜林论》，人民出版社 1970 年版，第 306 页。

品的分配来讲，由于"纸的凭证"的职能为货币所承担，劳动报酬采用了"工资"的形式，不但相当多的劳动者存在雇佣思想，一些理论工作者也存在着模糊的观点。因此，提出货币的特殊职能是有助于这一任务的完成的。

其次，有助于认识社会主义货币的本质。笔者认为，货币自身的职能在社会主义社会与资本主义社会并无不同。而真正本质的区别在于资本主义的货币必然转化为资本，社会主义的货币不能换化为资本。而货币能否转化为资本的关键在于劳动力是否成为商品。这个本质的区别不能在货币的一般职能中去寻找，而货币的特殊职能却是解释它的关键。

最后，有助于我们对在有计划的商品经济条件下按劳分配规律实现问题的研究。如，"纸的凭证"的职能必然由货币来承担，说明了按劳分配的"劳"，在社会主义商品经济条件下只能是决定商品价值的"社会必要劳动"；而价格随供求关系对价值的背离、币值本身的变动又会对用"社会必要劳动"衡量的"劳"产生很大的影响，我们必须在政策上加以调整（如工资随物价指数浮动）。货币特殊职能的提出对于这些问题的研究是有帮助的。

（原载《经济理论与经济管理》1985年第4期）

也议经济杠杆
——兼与王洪同志商榷

王洪同志的《小议经济杠杆》(发表于《经济与管理研究》1986年第2期)一文从经济杠杆的基本特征入手,对其具体范畴的规定做了有益的尝试。本文想就经济杠杆的问题谈谈自己的看法,同时就一些观点同王洪同志商榷。

一、经济杠杆是主观对客观经济范畴自觉运用的产物

我们不能把经济杠杆和经济范畴混为一谈。经济范畴是客观的,但经济杠杆是主观见之于客观的。价格就是价格,只有我们自觉地运用价格来调整社会经济活动时,价格才是经济杠杆。因此,经济杠杆概念是我们在对社会经济活动管理的过程中依据客观经济规律来对客观经济范畴自觉运用的产物。企图划分哪些经济范畴是经济杠杆,哪些经济范畴不是经济杠杆,是没有意义的。

二、经济杠杆工作的主体、客体和支点

力学的杠杆原理中,作用力的主体、受作用力的客体和支点是杠杆的三大要素,缺一就不成为杠杆。经济杠杆既然是杠杆,当然也是这样。那么什么是经济杠杆的主体、客体和支点呢?

首先,笔者认为经济杠杆的主体只能是国家和经济组织。王洪同志把"市场"也列入了主体,就是说经济杠杆可以失去自觉利用的主体,完全自发地发生作用。如果经济杠杆的主体是市场,那还有什么"运用经济杠杆"可言?市场只能是各种经济杠杆工作的环境,或从某种意义上讲,市场本身也是一种杠杆。总之,市场只能是主体利用的对象,而绝不能成为主体,否则我们就不是有计划的商品经济。

其次,经济杠杆作用的客体只能是社会经济活动。王洪同志把物质利益作为经济杠杆调节的对象,意在强调物质利益在经济杠杆中的重要性,但是这样一来,不但把客体的内涵搞错了,而且大大降低了物质利益的地位。如果我们承认了经济杠杆的主体是国家和经济组织,那么经济杠杆的作用客体就应该与国家和经济组织进行经济管理和调节的对象是一致的,当然是经济活动。

最后,经济杠杆的支点是物质利益。支点是杠杆带有特征性的重要因素。王

洪同志认为"所谓经济杠杆就是经济主体作用于经济客体的一种传动机制"。他强调杠杆作用的间接性无疑是正确的。但是，只有间接传动不一定就是杠杆。杠杆传动的间接性的特点在于支点，只有依靠支点，才能改变力的作用方向，才能形成力臂、重臂，从而决定会不会省力。物质利益在经济杠杆中就起着这种关键作用。当主体在调节客体的经济活动时，只有使支点靠近被作用的客体，使这个经济活动的执行者切实感受到自己的物质利益（当然也包括负物质利益）时，主体才会以较小的力去推动客体行动。反之，如果这个支点选择得不好，不但在主体对客体的调节上要多费力，事倍功半，弄不好还会出现杠杆的逆反作用，以更大的力破坏主体的利益。所以支点的选择在经济杠杆的运用中是至关重要的。

经济杠杆三要素作功原理如图1所示。

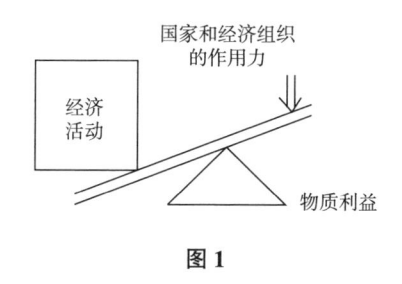

图1

三、分配对生产的反作用是经济杠杆发生作用的机制

既然物质利益是经济杠杆的支点，那么作为支撑对象的经济杠杆也必然和物质利益密切相关。只有这样，支点才能在这样的经济范畴上找到作用力和阻力交界的支撑点，从而承担起经济杠杆发生作用时的压力。与物质利益密切相关的经济范畴在作为经济杠杆发生作用的时候，无一不和分配相联系。工资奖金不用说，直接就属于分配范畴，价格、信贷、利息、税收也都和分配密切相关。我们可以说经济杠杆的工作过程实际就是分配过程。经济杠杆之所以会产生事半功倍的效能，其机制就是马克思主义政治经济学分配对生产反作用的基本原理。

四、经济杠杆的组合与系统

基于以上分析，我们可以选择任何和分配相关的经济范畴作为经济杠杆来使用，这些杠杆不仅可以单独使用，而且还可以根据所运用经济范畴的不同特点和被调节的经济活动的具体情况灵活组合。其组合的最基本形式有以下两种：

第一种：经济杠杆的并联组合。

这种组合的特点是：作用力的主体选择多种经济杠杆，同时从不同角度对某一经济活动进行控制和调节（如图2所示）。

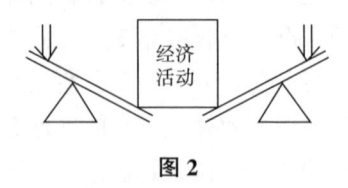

图 2

如对某些企业的生产经营活动，我们可以用税收、信贷和价格几种经济杠杆同时加以鼓励或限制。

第二种：经济杠杆的串联组合。

这种组合的特点是：适应经济管理的不同层次，将经济杠杆串联使用，通过对某一经济活动的控制和调节产生的反作用力对另一经济活动进行再控制和再调节（如图3所示）。

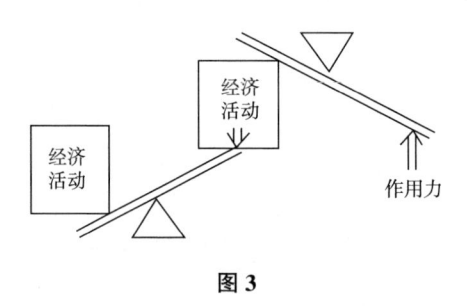

图 3

我国在工资改革上提出的"国家只根据企业经济效益核定工资总额，企业自己决定职工工资分配的二级按劳分配"就是这种经济杠杆的串联组合。我们在利用价格经济杠杆调节社会经济活动时，除了计划价格外，还可以通过税收、信贷等经济杠杆对价格进行间接的调节，这样的事例在经济生活中是很多的。

当然这只是两种基本的经济杠杆组合形式，在这个基础上可以灵活多变，综合运用。如在并联组合中，不但可以多杠杆同向作用，还可以多杠杆异向作用。在主要杠杆发生调节作用的同时，运用配合杠杆对要调节的经济活动从反方向上进行控制和修正。我们在运用奖金经济杠杆的同时使用奖金税就是一例。此外，串联组合中可以有并联组合，并联组合中也可以运用串联组合。各种经济杠杆和经济杠杆的组合构成一个经济杠杆的系统。这个系统的实质就是国家国民收入在各个层次上进行间接分配和再分配的系统。

我们在明确了经济杠杆的含义、工作原理和作用机制后，还应该看到经济杠杆毕竟不同于物理杠杆的事实。因此，在运用经济杠杆的过程中必须注意以下问题：

第一，必须提高运用经济杠杆的自觉性。我们明确了经济杠杆不能等同于客观经济范畴更不能等同于客观经济规律后，应该进一步看清，虽然经济杠杆比行政手段更有效，但它毕竟只是一种手段，不要形成运用经济手段不会违反经济规律的错觉。如果主观上判断错误，即使运用经济杠杆也不能避免对经济活动调节控制上的错误。因此，必须提高运用经济杠杆的自觉性。

第二，必须认真研究作为经济杠杆使用的各种经济范畴的特点。经济范畴不像一根撬棍那样简单，它和物质利益及其分配紧密相关，涉及多方面的利益关系。例如，价格就涉及生产者、消费者、国家的利益，税收也涉及国家、企业、个人的利益，信贷、利息同样涉及债权人、债务人、银行中介者几方面的利益。这些利益关系错综复杂，因此在将经济范畴作为经济杠杆来运用时必须特别慎重。如我们在利用价格杠杆刺激消费需求时必须注意到它还有抑制生产的作用，必须考虑价格对生产与消费两方面的影响。只有掌握好各个经济范畴的特点，全面考虑所涉及的各方面关系，才能正确选择适用的经济杠杆。

第三，必须认真研究作为经济杠杆使用的经济范畴之间的联系及发生作用的客观环境。从经济杠杆的系统中我们可以看到，作为经济杠杆使用的经济范畴之间存在的错综复杂的关系，同时也看到各种经济杠杆作用所处的环境的复杂性。如果对这种联系认识不清，掌握不好，就可能事与愿违，不但调节不好，还会惹出许多乱子来。如我们放开超计划部分的生产资料价格，是想运用价格杠杆调节供求，刺激生产，但没有分析生产资料供求缺口较大的现状，忽视供求也会影响价格这一点，结果使计划外生产资料价格持续上涨，钢材由于计划内外价格相差达两倍多成了进不了工厂的"硬通货"，反而会加剧生产资料供不应求的局面。因此，我们在运用经济杠杆时，必须特别注意各个经济范畴之间的联系及经济杠杆作用的环境。

（原载《经济与管理研究》1986年第5期）

基本经济制度的形成与演变
——重读马克思、恩格斯《德意志意识形态》

中国社会主义基本经济制度的建立和调整是以马克思主义为指导，在中国社会主义实践中不断探索、调整和发展并逐步走向定型和完善的。现实经济制度的演变离不开我们对马克思主义基本原理的认识和把握。因此，经过半个多世纪的实践，回过头来再重温经典，结合新的实际、新的趋势，对经典作家的论述进行再体会、再感悟和再认识，有着深刻的意义。

马克思主义关于以所有制为基本特征的经济制度，有着极其丰富和深刻的论述。其中，《德意志意识形态》是一部重要文献，它第一次从生产力与生产关系互有影响的角度对所有制问题进行了基础性的原理探讨，包括所有制的起源、所有制与分工的关系、私有制的产生、所有制不同形式与内容以及所有制消亡的条件等。因此，这部经典是我们认识所有制起源、所有制演变规律并用于指导社会主义基本经济制度建设实践的重要文献。为此，笔者对《德意志意识形态》和其他相关经典著作进行了反复、深入的研读，得出以下新的认识和感悟。

一、以生产方式解释基本经济制度

什么是基本经济制度？为什么我们坚持社会主义的基本经济制度？为什么中国的改革开放实践把"公有制为主体、多种所有制经济共同发展"作为中国特色社会主义的基本经济制度？我们一般是从保证国家社会主义制度性质和社会主义优越性来理解和论证的。笔者重读经典发现，仅从原则和立场认识基本经济制度是远远不够的，理解和论证现阶段我国所有制结构及经济制度应该而且也只能从生产方式的分析入手。

马克思主义认为："随着新生产力的获得，人们改变自己的生产方式，随着生产方式即谋生的方式的改变，人们也就会改变自己的一切社会关系。手推磨产生的是封建主的社会，蒸汽磨产生的是工业资本家的社会。"[1]中国现阶段呈现多元的生产方式：既有和最先进生产手段结合在一起的现代大工业、高科技战略新兴产业、现代服务业和网络经济，而且占据国民经济的主体；也有大量中小微规

---

[1] 马克思、恩格斯：《马克思恩格斯文集》第一卷，人民出版社2009年版，第602页。

模、分散经营的小工业、传统服务业以及广阔的农业。和这种多元生产方式相适应，所有制形式也必然呈现出由公有程度较高到私有程度较高的多种公与私组合的无级图谱。中国现阶段生产方式决定的所有制安排，如果从"生产方式即谋生的方式"的意义上看，既不可能实行马克思设想的全社会占有一切生产资料的纯公有制，也不可能回到以小生产和早期资本主义生产方式为基础的私有制。现今多元生产方式共存，生产力社会化程度不断提高，公有制经济与非公有制经济共同发展，必然呈现出在结构上多元和动态的组合方式。

根据马克思主义的基本原理，客观描述新中国成立65年以来生产方式的演进过程，是揭示中国基本经济制度演变规律的基础；不带任何价值判断对中国现实生产方式真实现状进行冷静的实证，是客观认识中国现实基本经济制度最可靠的前提；根据科学技术进步对生产力的影响，对未来可能出现的新生产方式趋势的预见，是自觉把握基本经济制度调整、完善的根据。遗憾的是，我们的理论界在这方面下的功夫远远不够。里夫金的《第三次工业革命》给了我们重要的启示，即将出现的新生产方式必将对以所有制属性和所有制结构为标志的基本经济制度发生重要影响。以生产方式解释基本经济制度是马克思主义的基本原理，对我们认识人类社会组织方式的演变具有长久的指导意义。

二、分工和私有制是相等的表达方式

科学认识分工是理解所有制的一把钥匙。经典著作对分工和私有制进行了全面系统的论述，对我们理解现阶段多种所有制经济的存在有着重要的意义。

马克思、恩格斯认为"分工和私有制是相等的表达方式，对同一件事情，一个是就活动而言，另一个是就活动的产品而言"[1]。他们在详尽描述了人类历史上分工的出现和发展的不同阶段后，明确提出"分工的阶段依赖于当时生产力的发展水平"[2]，而"分工的各个不同发展阶段，同时也就是所有制的各种不同形式。这就是说，分工的每一个阶段还决定个人在劳动资料、劳动工具和劳动产品方面的相互关系"[3]。

由此我们可以找到中国现阶段多种所有制经济存在的物质条件，这个物质条件就是在中国地域广阔的国土上并存着"各个不同发展阶段"的分工。这种分工的阶段性差异不仅存在于人类大的社会分工，如产业分工、行业分工、城乡分工、区域分工，而且还广泛存在于各大社会分工内部和它们之间衍生出的组织分

---

[1] 马克思、恩格斯：《马克思恩格斯文集》第一卷，人民出版社2009年版，第536页。
[2] 马克思、恩格斯：《马克思恩格斯文集》第一卷，人民出版社2009年版，第587页。
[3] 马克思、恩格斯：《马克思恩格斯文集》第一卷，人民出版社2009年版，第521页。

工、职业分工、岗位分工。生产力发展水平不同而导致不同发展阶段的分工，必然要求各种不同形式的所有制；而不同阶段的分工组合为统一的经济体，必然产生对不同所有制共存并有机组合的客观要求。

不仅如此，在快速发展的中国经济中，分工还在不断深化。中国的发展印证了马克思、恩格斯的论断："任何新的生产力，只要它不是迄今已知的生产力单纯的量的扩大（例如开垦土地），都会引起分工的进一步发展。"[1] 分工的不断发展又必然导致人们谋生方式、劳动方式乃至生产方式的不断进化，从而对所有制的形式和不同所有制的组合方式提出新的要求。因此，分工不仅是多种所有制存在的基本依据，也是多种所有制共同发展的基本依据。

三、私有制形成和发展的经济原因

"私有财产的形成，到处都是由于生产关系和交换关系发生变化，都是为了提高生产和促进交换——因而都是由于经济的原因。"[2]

在中国以经济建设为中心的发展中，"为了提高生产和促进交换"必然导致生产关系和交换关系发生变化，从而形成与公有制主体并存的多种非公所有制。所以，认识中国的所有制结构，只能从经济原因去说明。

这方面可以结合中国改革开放初期的进程说明。

四、私有制消亡的历史条件

马克思主义认为："对手工业发展的一定阶段来说，私有制是必要的。在采掘工业中私有制和劳动还是完全一致的；在小工业以及到目前为止的整个农业中，所有制是现存生产工具的必然结果；在大工业中，生产工具和私有制之间的矛盾才是大工业的产物，这种矛盾只有在大工业高度发达的情况下才会产生。因此，只有随着大工业的发展才有可能消灭私有制。"[3]

"物质劳动和精神劳动的最大的一次分工，就是城市和乡村的分离。""城市已经表明了人口、生产工具、资本、享受和需求的集中这个事实；而在乡村则是完全相反的情况：隔绝和分散。城乡之间的对立职业在私有制的范围内才能存在。城乡之间的对立是个人屈从于分工、屈从于他被迫从事的某种活动的最鲜明的反映，这种屈从把一部分人变为受局限的城市动物，把另一部分人变为受局限的乡村动物，并且每天都重新产生二者利益之间的对立。在这里，劳动仍然是最

---

[1] 马克思、恩格斯：《马克思恩格斯文集》第一卷，人民出版社2009年版，第520页。
[2] 马克思、恩格斯：《马克思恩格斯文集》第九卷，人民出版社2009年版，第169页。
[3] 马克思、恩格斯：《马克思恩格斯文集》第一卷，人民出版社2009年版，第556页。

主要的，是凌驾于个人之上的力量；只要这种力量还存在，私有制也就必然会存在下去。"①因此，城乡对立的消除也是私有制消亡的条件。

认识私有制消亡的历史条件对我们认识和把握基本经济制度的演进和所有制结构的调整有着深刻的意义。无论改革中对所有制结构的调整还是对未来所有制结构的走向，都离不开所有制与生产方式的适应性。

五、个人利益与共同利益的形成和矛盾

"随着分工的发展也产生了单个人的利益或单个家庭的利益与所有相互交往的个人的共同利益之间的矛盾，而且这种共同利益不是仅仅作为一种'普遍的东西'存在于观念之中，而首先是作为彼此有了分工的个人之间的相互依存关系存在于现实之中。"② 认识个人利益与共同利益的形成和矛盾的发展是认识和把握所有制结构的基础。生产方式决定所有制方式，其深层的根源在于利益的组合方式。所有制表现出的种种矛盾，归根到底是个人利益与共同利益的矛盾引起的。我们只有从个人利益与共同利益的关系出发，才能真正认识基本经济制度的真谛。

六、人类以分工为基础共同活动的社会力量

"受分工制约的不同个人的共同活动产生了一种社会力量，即成倍增长的生产力。因为共同活动本身不是自愿的而是自然形成的，所以这种社会力量在这些个人看来就不是他们自身的联合力量，而是某种异己的、在他们之外的强制力量。"③ 马克思、恩格斯认为，关于这种力量的起源和发展趋向，人们一点也不了解，因而他们不再能驾驭这种力量。这种力量现在经历着一系列独特的、不仅不依赖于人们的意志和行为反而支配着人们的意志和行为的发展阶段。人类以分工为基础共同活动产生了巨大的社会力量，在社会主义实践中，一方面，坚持发展这个"第一要义"，要充分释放这种社会力量；另一方面，也要跨越被这种力量支配的历史阶段，在释放这种力量的同时学会驾驭这种力量。社会主义基本经济制度为跨越这个阶段提供了自愿的共同活动的经济基础；科学发展观为实现这个跨越提供了能把握驾驭这种社会力量的理论指导。

---

① 马克思、恩格斯：《马克思恩格斯文集》第一卷，人民出版社2009年版，第557页。
② 马克思、恩格斯：《马克思恩格斯文集》第一卷，人民出版社2009年版，第536页。
③ 马克思、恩格斯：《马克思恩格斯文集》第一卷，人民出版社2009年版，第538页。

七、消除"异化"的条件和前提

对于这种"异化",只有在具备了两个实际前提之后才会消灭:其一,异化把"人类的大多数变成完全'没有财产的'人";其二,"同时这些人又同现存的有钱有教养的世界相对立"。而"这两个条件都是以生产力的巨大增长和高度发展为前提的"。社会主义在生产力尚不发达国家的实践,恰恰忽略了这个前提。

八、"绝对必须的实际前提"的预言

对于"生产力的巨大增长"的前提更为深刻而且不幸被马克思、恩格斯言中的是,他们曾明确指出:"生产力的这种发展(随着这种发展,人们的世界历史性的而不是地域性的存在同时已经是经验的存在了)之所以是绝对必须的实际前提,还因为如果没有这种发展,那就只会有贫穷、极端贫困的普遍化;而在极端贫困的情况下,必须重新开始争取必需品的斗争,全部陈腐污浊的东西又要死灰复燃。"[①] 中国计划经济时期的实践以及改革开放后出现的种种问题,验证了这一预言;进而也可以更深刻体会邓小平强调发展生产力、提出发展是硬道理的深刻意义。

九、共同利益的虚幻共同体与真实共同体

人类社会始终存在着个别利益与共同利益,但随着分工的发展也产生了两者的矛盾。"正是由于特殊利益和共同利益之间的这种矛盾,共同利益才采取国家这种与实际的单个利益和全体利益相脱离的独立形式,同时采取虚幻的共同体的形式,而这始终是在每一个家庭集团或部落集团中现有的骨肉联系、语言联系、较大规模的分工联系以及其他利益的联系的现实基础上,特别是在我们以后将要。阐明的已经由分工决定的阶级的基础上产生的,这些阶级是通过每一个这样的人群分离开来的,其中一个阶级统治者其他一切阶级。"[②] 马克思、恩格斯之所以把共同利益采取国家的形式称为"虚幻的共同体",就是因为在种种共同利益的虚幻形式下,"进行着各个不同阶级间真正的斗争"。

中国社会主义的实践中,首先建立了公有制经济的基本经济制度,消灭了阶级和剥削,尽管在体制、机制和政策上存在着超越生产力水平的种种失误,但从共同利益同样采取了国家形式看,已经从根本上完成了从虚幻的共同体到真实共同体的转换。改革开放以来,在体制、机制和政策上完成了根本性的转换,使生

---

① 马克思、恩格斯:《马克思恩格斯文集》第一卷,人民出版社 2009 年版,第 538 页。
② 马克思、恩格斯:《马克思恩格斯文集》第一卷,人民出版社 2009 年版,第 536 页。

产关系更加适应生产力,极大地促进了发展,同时也滋生了市场经济带来的弊病。但公有制始终是基本经济制度的主体,因此,共同利益的真实共同体的性质没有变,国家作为共同利益的真实代表,始终把握着共同利益实现过程。真实共同体与虚幻共同体是社会主义与资本主义的本质区别。

(此文为庆祝新中国成立 65 周年文稿,2014 年 10 月 1 日)

从所有制功能认识和把握基本经济制度

党的十六大进一步明确了"坚持和完善公有制为主体、多种所有制经济共同发展的基本经济制度",同时强调了两个"毫不动摇"和一个"统一"。这个论述标志着我们党对所有制关系改革的认识达到了一个新的高度。如何深入理解这一新的认识,特别是理解"解放和发展生产力的要求"的根据和基本经济制度之间的关系,是需要我们根据马克思主义的原创含义进行创新性研究的。笔者认为,只有从所有制功能出发,才能真正理解它们之间的深刻关系,才能正确地认识社会主义初级阶段的基本经济制度。

一、所有制功能与基本经济制度

(一) 所有制与基本经济制度

所有制,广义上是指财产所有制,包括生产资料和生活资料在内的所有财产关系;狭义上是指生产资料所有制关系。人们常常在不同的场合使用不同含义的所有制概念。马克思主义政治经济学认为所有制是生产条件的关系。所谓生产条件,包括劳动者和生产资料。"不论生产的社会形式如何,劳动者和生产资料始终是生产因素。凡要进行生产,就必须把它们结合起来。实行这种结合的特殊方式和方法,使社会结构区分为各个不同的经济时期。"从这个意义上讲,所有制本质上讲的是生产关系的规定性,因而它就成为社会经济形态的基本标志或社会基本经济制度的特征。但这只是理论模式的标志或特征,如,资本主义私有制是资本主义基本经济制度的特征,公有制是社会主义基本经济制度的特征。这是毫无疑问的。

但现实总是比理论更具体、更复杂、更多样。一个国家的基本经济制度总是现实的,对其特征的概括不能从理论模式出发,只能从现实出发,从现实生产力的要求出发,对一个不成熟、不定型、过渡性的经济体系更要这样。十五大一个重要的理论贡献就是从现实生产力的解放和发展所要求的所有制出发,把"多种所有制"从基本经济制度外纳入基本经济制度内,以所有制为特征的中国现实基本经济制度只能是"公有制为主体、多种所有制经济共同发展的基本经济制度"。这样一个表述终于使指导中国所有制关系改革的理论落地。

(二) 所有制演变的辩证规律

马克思主义认为,"人们不能自由选择自己的生产力——这是他们的全部历史基础,因为任何生产力都是一种既得的力量,以往活动的产物。"① 同时又认为:我们判断一个人不能以他对自己的看法为根据,同样,我们判断这样一个变革时代也不能以它的意识为根据;相反,这个意识必须从物质生活的矛盾中、从社会生产力和生产关系之间的现存冲突去解释。无论哪一个社会形态,在它们所能容纳的全部生产力发挥出来以前是绝不会灭亡的;而新的更高的生产关系,在它存在的物质条件在旧社会的胎胞里成熟以前是绝不会出现的。

所有制,无论是广义上的还是狭义上的,其大的分类无非包括两类:公有制和私有制。所谓非公就是私有。公有制和私有制可以涵盖一切所有制的具体形式。笔者认为不存在什么混合所有制经济,因为根本不存在混合所有制。混合所有制的概念是传统思维方式的产物,凡是一种组织方式都要问问它的财产性质。所有制必须有清晰的产权边界,混合不可能是所有制的特征。混合经济是存在的,如股份制经济。但混合经济中的财产归属是一清二楚的,不是公有制的就是私有制的。混合不是一种所有制,尤其不能和公有制和私有制并列在一起。

公有制和私有制还可以各自有更细的分类,在公有和私有两极之间(个人占有部分生产资料和全社会占有一切生产资料)有无数的具体表现形式:从小私有到大私有;从小公有到大公有。在这一历史链条中,公有和私有具有一定的相对性,小公有对于大公有来说只是公有制的初级形式;而小私有变为大私有时,实际上是向着公有方向发展的,马克思称之为"一个按一定的辩证规律完成的过程"。他甚至把资本的集中看作通过资本主义生产本身的内在规律对私有者的进一步的剥夺。"一个资本家打倒许多资本家。随着这种集中或少数资本家对多数资本家的剥夺,规模不断扩大的劳动过程的协作形式日益发展,科学日益被自觉地应用于工艺方面,土地日益被有计划地共同利用,劳动资料日益转化为只能共同使用的劳动资料,一切生产资料因作为结合的社会劳动的共同生产资料所有而日益节省。"② 马克思虽然过早地敲响了资本主义私有制的丧钟,但所有制演变的进程依然按着马克思所揭示的辩证规律在进行。

---

① 马克思、恩格斯:《马克思恩格斯选集》第四卷,人民出版社1995年版,第321页。
② 马克思、恩格斯:《马克思恩格斯选集》第三卷,人民出版社1995年版,第173页。

（三）所有制功能概念的剥离

所有制演变的辩证规律告诉我们，所有制的选择和调整必须从现实的生产力出发，必须根据解放生产力和发展生产力的要求进行。进一步需要深入思考的问题是，为什么不同的生产力要求不同的所有制？什么是所有制的"容纳"？为什么适应的所有制会促进生产力的发展，不适应的所有制会成为"桎梏"？要回答这些问题，必须剥离出一个潜在的概念——所有制功能。笔者以为，只有所有制功能才能帮助我们理解每一种所有制都有其特定的历史存在权，只有从所有制功能出发才能深刻认识社会主义初级阶段的基本经济制度。

产权理论给我们的一个重要启示就是明确提出了产权的功能。产权理论认为产权功能就是引导人们在更大程度上将外部性内部化，即将原来有利或有害的效应为社会所承担、不由决策者承担的情况，通过产权的变化，改变为由有联系的人们承担。从这一功能出发，产权使外部费用和收益内部化，提高了稀缺资源的使用效率，这就是历史存在权。产权的功能正如产权理论所标榜的，是私有产权的功能或私有制的功能。那么，什么是公有制的功能？公有制的功能和公有制经济的发展有什么联系？有没有超越公有制和私有制并居于它们之上的所有制功能？这个所有制功能是什么，它与公有制功能有什么样的联系？对这些问题的回答是理解基本经济制度的关键。

笔者认为，所有制的基本功能是资源使用上的排他，进一步派生出所有者经济行为的物质基础、利益动机和收益保证。排他性是公有制和私有制共同的功能特征，是所有制的功能特征。由于私有制以财产的个人占有为特征，所以排他性十分清晰明确，以至多数人把排他作为私有制的特征。其实，公有制作为所有制之所以在人类社会出现、存在和发展，其基本功能也是排他。只不过公有制的排他是排公有制整体之外之"他"，这里，排他有两重含义：其一，排公有制范围外部之他，可能是个人，也可能是其他公有制群体；其二，排公有制范围内部之他，这个"他"是指公有制内部所有的个人。公有制排斥公有制内部任何个人对公有财产的分割和独占。商品交换最初发生于公有制之间而不是私有制之间，就是公有制排他性的历史见证。所有制排他功能是交换关系产生和发展的基础和根据。

进一步分析，我们就会发现，公有制与私有制不同意义的排他又赋予了各自特有的功能。

私有制由于是以个人为主体的排他，从而具有强烈的高效利用其所占有资源的激励功能，为个人提供了经济活动的物质条件和收益保证；公有制由于对外对内的排他，形成有一定规模和范围的整体利益，从而具有明显的整体协调功能，为集体提供了经济活动的共同物质条件和稳定保证。

（四）所有制功能与基本经济制度的变迁

人类社会基本经济制度的变迁是生产关系一定要适合生产力发展规律运动的结果，主导这一运动的正是所有制功能的作用。当生产力的发展需要激励个人积极性的时候，私有制就会产生和发展；当生产力社会性的发展需要整体性协调时，公有制就会产生和发展。任何一个社会的基本经济制度都不会是纯粹的公有制或私有制，都需要个人积极性的激励和组织或社会的整体协调。以个人利益为主导的社会必然以私有制为主体，随着生产力社会化程度的提高，需要强化整体性协调时，所有制必然向公有制方向发展；以集体利益为主导的社会必然以公有制为主体，当社会占有水平过高从而不适应生产力的发展，需要激励个人积极性时，也需要积极发展非公有制经济。

人类总是在制度成本的比较中选择或调整能促进自己生产力发展的所有制关系。基本经济制度的变迁正是所有制关系的更替。"迄今所发生的一切革命，都是为了保护一种所有制以反对另一种所有制的革命。"① 而一切所有制的革命，其实质不过是所有制功能的新选择或新组合。

二、公有制功能与巩固和发展公有制

（一）公有制进程的辩证规律

人类作为社会性的群体，从来就有对公有制的内在要求。亚里士多德有句名言：人是最名副其实的社会动物。马克思进一步指出，人"不仅是一种合群的动物，而且是只有在社会中才能独立的动物"②，因此，公有制不但是最早的所有制形式，而且人类社会所经历的所有私有制基本经济制度中都不同程度地存在着公有财产。

公有制社会一直是人类的理想，特别是资本主义社会在暴露出种种弊端后，更有无数有识之士对未来没有私有制的社会作了美好的设想。恩格斯曾对"十分单纯质朴的氏族制度"发出了"是一种多么美妙的制度啊"的赞叹。"没有军队、宪兵和警察，没有贵族、国王、总督、地方官和法官，没有监狱，没有诉

---

① 马克思、恩格斯：《马克思恩格斯选集》第四卷，人民出版社1995年版，第110页。
② 马克思、恩格斯：《马克思恩格斯选集》第二卷，人民出版社1995年版，第87页。

讼，而一切都是有条有理的。"① 人类从来没有放弃对未来美好社会的追求，从来没有停止过公有制的探索和实践，自从马克思以他的两个伟大的发现——历史唯物主义和剩余价值理论，把社会主义从空想变为科学，公有制的探索和实践更达到了前所未有的程度。公有制进程不仅存在于社会主义基本经济制度，而且存在于资本主义基本经济制度；不仅以公有经济形式在发展，而且以社会资本和其他形式在发展。公有制进程中公有制形式是丰富多彩的，公有制进程蕴藏于与其他所有制经济共同发展的过程中，有些我们可以直接观察和感受到，有些则需要通过深入的理论分析才能认识到。

公有制进程以三种形式沿着三条道路在发展。

其一，公有制经济实体及其制度变迁。

我们一直认为这是唯一的公有制形式。当然，我们现在仍然认为这是公有制的基本形式。公有制经济实体，小到小型企业，大到大一统的高度集中的中央计划经济体制的国家。我国现在的国有企业、集体企业、合作制企业、股份合作企业、以公有财产为基础或公有财产控股的股份制企业等都是公有制经济实体；国外也存在过或存在着各种不同类型的公有制经济实体，如以色列的集体农庄（Kibbutzim）等。此外，以公有资产或公众资金为经营对象的国有资产经营公司、投资基金、保险基金等也应属于公有制经济实体。

其二，公共管理与公共事业及其产生和壮大。

自从私有制产生以来，人类的部分共同利益是通过交换实现的，正如斯密所描述的，靠一只看不见的手把私人利益和社会利益引向和谐。但事实上，市场运作本身离不开公共管理。同时，市场也不是万能的，市场的失灵使任何一个国家不得不建立公共管理机构，承担起为共同利益和公众利益服务的职能。这种公共管理职能一般是由政府承担的。虽然国家是统治阶级的利益代表，但在特定的国度、特定的时期，政府所管理的事物毕竟是公共的和公众的，政府运转所依托的财产是公有的。这部分财产产生的功能和公有制功能是一样的。还有各个国家普遍存在并且越发达所占比重就越大的公共事业，也具有同样的公有制功能。社会的发展越来越依赖于或者说越来越要求公有制。所以，笔者认为，公共管理和公共事业是公有制进程的重要方面和重要组成部分。近年来，社会资本的概念和理论的兴起正是社会化生产力对公有制要求的一种特殊反映。

其三，组织的出现与发展。

市场经济的发展孕育出组织，而组织却是市场的替代物。组织虽然可以不改

---

① 马克思、恩格斯：《马克思恩格斯选集》第四卷，人民出版社1995年版，第92页。

变财产所有制最终归属的性质，但组织内部的运行方式却使组织所支配的财产具有了公有制功能。只要认真考察一下总结了大量实践经验的现代组织理论，不难发现，很多内容和公有制是相通的。现代公司的决策结构、信息结构和动力结构具有明显的公有制要求（或者叫公有制取向），这种公有制取向甚至比有些国有企业来得还要强烈。如，团队精神是个人业主制企业不可能提出的，倒像我们集体经济的要求；所谓的 Empowerment 和我们的责权利相结合没有什么两样。此外，社区组织、非营利组织、公益性组织等也都有明显的公有制取向。

（二）从公有制功能看公有制的意义

举国上下在政府领导下万众一心抗击"非典"的斗争，以活生生的现实告诉人们共同利益的存在以及公共卫生体系、公共管理高效的重要性，而取得这场斗争的胜利又完全倚赖于公有制。公有制功能在这个特殊时期体现得最为充分。所谓社会主义能办大事，就是公有制功能在起作用。正如十六大报告指出的，公有制经济的巩固和发展，特别是发展壮大国有经济，国有经济控制国民经济命脉，对于发挥社会主义制度的优越性，增强我国的经济实力、国防实力和民族凝聚力，具有关键作用。只有从公有制功能入手，才能真正理解这一论述的深刻意义。

（三）公有制功能缺陷与解决问题的关键

我们在肯定公有制功能的同时，还必须承认并注意到它的功能缺陷。计划经济在实践中的困境就是功能缺陷带来的。公有制功能缺陷来自公有制对内的排他性，这种对公有制内部个人的排他，既容易导致公有制内的外在性，从而导致资源的浪费；又容易导致个人利益动力不足，从而导致效率的低下。公有制经济实践中存在的主要问题是公有制产权功能的残缺或丧失，解决问题的关键在于产权的功能化。在安排所有制布局时，在适合公有制功能的领域多安排公有制经济；在公有制经济内部注意通过产权功能的调整，使外在性内在化，使每个人从自己的利益出发去关心集体利益和整体利益。

三、私有制的历史存在权与非公经济

（一）私有制的历史地位

马克思认为"在私有财产形成的任何地方，这都是由于改变了的生产关系和交换关系，是为了提高生产和促进交流"。①

马克思对私有制的产生和发展进行了历史唯物主义的分析。例如，他认为在当时的历史条件下，采用奴隶制是一个巨大的进步。他甚至提醒我们"永远不应该忘记，我们的全部经济、政治和智慧的发展，是以奴隶制既为人所公认、同样又为人所必需这种状况为前提的。在这个意义上，我们有理由说，没有古代的奴隶制，就没有现代的社会主义"。② 对于资本主义私有制的历史地位，马克思作了比其他人更多的历史唯物主义的肯定。这种肯定基于对生产力发展的促进。

私有制的历史地位是由其功能决定的，在我国，私有制经济只要对解放生产力和发展生产力发生促进功能，就有它的历史存在权。

（二）如何认识剥削

我国现阶段私营经济是不可避免的，虽然社会主义的外部条件与资本主义有了根本的不同，但企业主与工人之间的雇佣关系具有资本主义经济的一般特征，从所有制性质看，是私人资本主义所有制。马克思的剩余价值理论已经把这种生产关系的本质说得清清楚楚，即使在社会主义条件下，私营经济也存在剥削，这没有什么好忌讳的，问题在于我们如何看待剥削？

剥削，是指有劳动能力的人不劳而获。核心在于不劳而获。剥削可以分为两类：制度性剥削和非制度性剥削。非制度性剥削主要是指偷盗、抢劫、贪污、受贿、欺诈等犯罪行为，在任何制度下，都属于打击对象；制度性剥削又可以分为强权剥削、特权剥削和产权剥削。对于强权剥削和特权剥削我们暂且存而不论。关于产权剥削，必须进行历史唯物主义的分析。以劳动价值论为观察点，凭借生产资料的占有权参与价值分配，属于不劳而获，就是剥削；但在特定的历史条件下，这种不劳而获并不是无功受禄，剥削是有功的，这个"功"就是私有产权的功能。凡是私有产权可以发挥功能的地方，私有制就有历史存在权。马克思曾经用"我绝不用玫瑰色描绘资本家和地主的面貌"的语言来表明他对剥削的历史唯物主义态度。今天，在社会主义初级阶段的特定历史条件下，我们要鼓励和支持非公有经济发展，自然没有必要刻意强调它的剥削性，但也没有必要给它戴什么玫瑰色桂冠。只要给一个宽松的环境和平等的政策，非公有制经济自然就会蓬勃发展起来，这也是私有产权功能决定的。我们在发展非公有制经济的同时，应注意它的功能缺陷，引导好非公有制经济的健康发展。

---

① 马克思、恩格斯：《马克思恩格斯选集》第三卷，人民出版社1995年版，第202页。
② 马克思、恩格斯：《马克思恩格斯选集》第三卷，人民出版社1995年版，第220页。

(三) 私有产权功能和功能缺陷

我们已经介绍了产权理论对私有制产权的论述，下面我们进一步分析一下"外在性内在化"赋予私有制的具体功能及其发生的作用：首先，个人对其所属资产的高度责任感和主人公精神激励了人类对稀缺资源的有效利用；其次，资本主义私有制使资产所有者成为资本的人格化代表，滋生资本增殖动力，推动资本的积累、积聚和集中，进而推动生产社会化和资本社会化；最后，垄断的大私有制和资本主义国家所有制推动生产的国际化，加快经济全球化进程。

私有产权也有其不可克服的功能缺陷，对于这一点，无论是经济理论还是历史实践都已经给出了无数的证明和结论。私有制绝不像一些人鼓吹的那样万能，所以，我们在发展非公有制经济时一定要注意其功能缺陷给经济带来的损害。私有产权的功能缺陷主要是：只为个人利益提供动力和保证，缺少共同利益和整体利益的内在动力，所以在追求个人利益时，如果没有其他外部制约因素，有可能侵害他人和整体利益。

(四) 非公经济的贡献和发展趋势

根据我国现实生产力状况和私有产权的功能，毫不动摇地鼓励、支持和引导非公有制经济发展，是我国所有制关系的重要改革和调整。发展非公有制经济的功效已为二十多年改革所取得的辉煌业绩所证明。从私有产权的功能看，非公经济的贡献主要是：充分调动和激发了人民群众和社会各方面的积极性，推动了生产力的发展，特别是高新技术产业和新兴产业的发展；为市场经济的发展和完善提供了产权保证，通过多元化激发了各类市场的活力；和公有制经济共同发展，激活了公有制经济；丰富了市场，拓宽了就业渠道。非公有制经济在我国的发展将更加蓬勃、更加规范，而且将日益和公有制经济有机地融合。

四、功能优化组合共同促进发展

(一) 冲破所有制认识上的形而上学

党的十六大提出的一个重要命题是：坚持公有制为主体，促进非公有制经济发展，统一于社会主义现代化建设的进程中，而不能把两者对立起来。要深刻认识这一重要命题，首先要冲破在所有制认识上存在的形而上学。长期以来，人们一直把公有制和私有制看作水火不容的对立物：搞公有制就一定要割资本主义的尾巴，所谓"堵不住资本主义的路，就迈不开社会主义的步"；搞市场经济就一定要私有化，国有经济必须从竞争行业退出来。这种形而上学的对立论来源于理论脱离实际和认识上的僵化。

公有制和私有制是理论研究对现实存在的一种科学分类，而现实生活中的所有制是复杂和多变的，因此，在对待所有制的问题上，首先要解决认识上的方法论问题，从形而上学中解脱出来。

恩格斯在谈到理论自然科学的革命时指出，旧的不变的对立、严格的不可逾越的分界线正在日益消失。"自从按进化论的观点来从事生物学的研究以来，有机界领域内固定的分类界线——消失了；几乎无法分类的中间环节日益增多，更精确的研究把有机体从这一类归到另一类，过去几乎成为信条的那些区别标志，丧失了它们的绝对效力""正是那些过去被认为是不可调和的和不能解决的两极对立，正是那些强制规定的分界线和类的区别，使现代的理论自然科学带上狭隘的形而上学的性质。这些对立和区别，虽然存在于自然界中，可是只具有相对意义，相反地，它们那些被设想的固定性和绝对意义，则只不过是被我们人的反思带进自然界的——这样的一种认识，构成辩证自然观的核心"。恩格斯的这段论述对我们认识所有制具有极其深刻的意义。按照辩证自然观的核心的认识论，公有制和私有制的对立和区别是存在于客观现实生活中的，但这些对立和区别同样只具有相对意义，在公有制和私有制对立上"被设想的固定性和绝对意义"，也是被我们的反思带进现实生活中的。

（二）实现所有制的辩证综合

如果有了对辩证思维规律的领会，进而去了解所有制事实的辩证性质，我们就容易冲破形而上学。马克思在考察历史和预见未来时从来都是辩证的。人类社会是从公有制开始的，但马克思同时指出："在一切文明民族的古代的自发的公社中，私有财产已经存在了。"[①] 对于未来社会的设想，马克思提出的是"以土地和靠劳动本身生产的生产资料的公有制为基础的个人所有制"。

虽然人们在观念上一直把公有制和私有制对立起来，但实际生活中二者始终共生，人类社会所有制的实践已经发展到如此程度，以至于我们再不能"逃避辩证的综合"了。

（三）优势互补共同发展

我们已经分析了公有制和私有制各自的功能和功能缺陷：公有制的功能在于

[①] 马克思、恩格斯：《马克思恩格斯选集》第三卷，人民出版社1995年版，第201页。

整体利益、共同利益的保证和实现，其功能缺陷是缺少个人积极性激励而存在的外在性及其导致的资源浪费；私有制的功能在于个人利益的保证和实现，外在性内在化产生的高效率利用资源，其功能缺陷是缺少共同利益的内生动力和整体协调的物质基础。如果我们摈弃公有制和私有制水火不容的对立论，从所有制功能出发，公有制和私有制是可以互补的。从功能互补出发，我们就可以打开共同发展的思路，实现公有制经济与非公有制经济在社会主义现代化建设进程中的统一。

共同发展和统一，必须突破所有制仅用来给经济体定性的传统思维。所有制是社会普遍存在的生产关系，是社会基本经济制度的标志。单一所有制经济体只是经济体组织的初级形态，如个人业主制企业。现代企业制度很难用所有制来定性，而且生产资料的资产化、价值化已经使用所有制给企业定性没有任何意义。非要用所有制给股份制企业定性，只好弄出个混合所有制。我们已经阐明，没有什么混合所有制，但不同的所有制是可以混合，这种混合正是我们所说的共同发展和统一的形式之一。

把所有制问题放在更宽阔的视野去观察，我们会发现不同所有制共同发展和统一可以有多种多样的形式，至少有以下几种类型。

皮毛共存型。公有制是皮，多种所有制是毛，公有制是社会主义经济制度的基础，多种所有制经济是在这一基础上发展和繁荣的。皮之不存，毛将焉附。这是共同发展和统一最基础的方式。

干枝根叶型。公有制是干和根，多种所有制是枝和叶，公有制的主体地位决定了公有资产在社会总资产中占优势，公有制发挥整体协调的功能，国有经济就可以控制国民经济命脉，对经济发展起主导作用。干粗枝就繁，根深叶才茂。

肩并肩型。微观企业不论其财产性质和财产组织方式如何，都有平等的市场主体地位，不存在任何歧视，机会均等，公平竞争。

手拉手型。企业之间，不论是公有企业还是非公有企业，都可以平等地进行多种方式的协作和合作。

水乳交融型，即我们已经论述过的混合经济。虽然现代企业制度中的财产的最终所有权非常清晰，但现代企业制度却将它们交融在一起，形成企业的法人财产。法人财产不论其来源，由企业统一控制使用。企业的发展就是不同所有制的共同发展。

不同所有制的共同发展中不可避免地存在矛盾，有时还会发生冲突，这是不同所有制的功能差异引起的。因此，在共同发展中，我们必须注意所有制功能的优化组合，每一种所有制都应该扬其所长，避其所短；千万注意不要反其道而行之，舍长求短，出现所有制功能的错位。

（原载《中国特色社会主义研究》2003年第3期）

公有制经济的新形态

随着中国经济体制由计划经济向社会主义市场经济的转换,社会主义公有制必然采取新的形态。这是我们学习十五大、宣传十五大、贯彻十五大必须确立的新观念和新认识。十五大报告指出"我国是社会主义国家,必须坚持公有制作为社会主义经济制度的基础。"正确认识和把握公有制经济的新形态,是我们在市场经济条件下坚持公有制的基本前提。

马克思预见的公有制是全社会占有一切生产资料的公有制,这种公有制经济形态的特征是所有者是全社会全体劳动者的统一体;所有制的对象是一切生产资料;所有制方式由于不存在商品交换关系,没有价值形态,采取实物占有方式。这种建立在生产力高度发展基础上的公有制形态虽然在生产力落后国家的实践中没有完全实现,但对社会主义所有制的发展一直有着重大的影响。

我国在生产资料所有制改造完成后建立起来的公有制是和高度集中的计划经济体制紧密结合在一起的。这种公有制经济形态的特点是:所有者是国家(代表全体劳动人民)和集体(代表部分劳动人民),分别占有不同的生产资料;虽然部分生产资料也有价值形态,但主要是为了国民经济的统计和计算以及发生于集体与国家之间的交换,土地等要素则完全没有价值形态,从总体看,主要是实物占有。这种所有制形态一直延续到改革开放。

中国原有公有制经济的形态是和计划经济相适应的。高度集中的计划经济是命令经济,这种命令经济在工业化目标和赶超战略下,必然要求公有制采取国家所有制的形态,同时,国家所有制又与指令性计划等直接行政控制方式结合在一起。由于经济运行的方式是集中决策,政府对一切经济活动进行直接控制,必然要求政府对国家所有的甚至集体所有的资产行使直接控制权。尽管我们采取了集体所有制的形态,但在计划体制下,集体经济还是逐步失去了应有的自主权,这种情况充分证明了国家所有制是计划经济体制必然要求的公有制的基本形态。国家所有制也确实成为计划经济运转的制度保证。

传统的公有制形态使我们形成了一个思维定式,就是以所有制为标志给企业分类和定性,似乎公有制只能通过公有企业体现出来,于是把企业分为国有企业、集体企业、私人企业等。"公"和"私"成为我们判别一个企业性质的唯一标准和标志。这种思维定式已经严重地影响着改革的深入,也严重制约着公有制经济的发展和壮大。

我们只要认真观察分析一下近现代企业制度演变的历史就不难发现，以单一所有制或所有者为标志的企业只是企业制度的初级形态，现代企业制度随着所有权与经营权的分离，特别是随着法人财产权的确立，早已不按最终所有权给企业分类和定性，而是按照财产组织方式和生产经营组织结构来分类和定性，如股份有限公司、有限责任公司、控股公司、卡特尔、托拉斯、康采恩、跨国公司等。对现代企业制度，其最终所有权的归属对于判别企业的性质已没有多大意义。当我们非要用"公"还是"私"给股份制企业定个性质时，就碰到了难题；股份制的股东可能既有公有的又有私有的，于是就出现了"混合所有制"这样一种没有任何意义的名称。其实，在现代市场经济中，生产要素是全面流动的，劳动者也是全面流动的，劳动者和生产要素都不会永远固定在一个企业。所以，在生产条件越来越社会化、市场化的条件下，用所有制给企业定性和分类越来越不能反映问题的本质，也来越来越没有实际意义了。

十五大报告的一个重要理论突破，就是提出"公有制不仅包括国有经济和集体经济，还包括混合所有制经济中的国有成分和集体成分"，这标志着我们对公有制经济形态的认识已经开始超越原有计划经济的实物形态，向着"公有资产和公有资本"的公有制经济新形态大大前进了。

公有制经济的新形态标志着，公有经济除了国有经济和集体经济外，还可以以"公有资产"和"公有资本"的形态进入任何一种非国有经济和非集体经济。也就是说，按财产组织方式和生产经营组织结构分类的各种企业中的国有成分和集体成分都是公有制经济。所谓公有制为主体、多种所有制经济共同发展，除了纯粹国有经济、集体经济和非公有制经济共同发展外，还应包括数量更多、范围更大的公有制和私有制你中有我、我中有你的共同发展，公有制经济和非公有制紧密结合在一起的共同发展。

对公有制经济新形态认识的确立，使我们可以丢掉企业改革中凡事要问个公和私的沉重包袱，放手大胆改革。当我们进行企业制度创新时，首先应该着眼考虑的是这种企业制度是不是能够极大地促进生产力发展，原有的公有资产是不是能够保值增值。至于股份制是公有的还是私有的，十五大报告讲得好："关键看控股权掌握在谁手中。国家和集体控股，具有明显的公有性，有利于扩广大公有资本的支配范围，增强公有制的主体作用。"企业就企业，办企业就要放开手脚发展生产力，一切符合"三个有利于"的所有制形式都可以而且应该用来为社会主义服务。公有制经济的基础地位只有在企业的发展中、生产力的发展中得以巩固，社会主义也只有在新形态的公有经济的逐步壮大中才能进一步展示它的优越性。

公有制经济的新形态还意味着,保证社会主义性质不变必须从总体上和整体上来把握。十五大报告就公有制主体地位提出了"公有资产在社会总资产中占优势;国有经济控制国民经济命脉,对经济发展起主导作用"是就全国而言的,有的地方、有的产业可以有所差别。只要坚持公有制为主体,国家控制国民经济命脉,国有经济的控制力和竞争力得到增强,在这个前提下"国有经济比重减少一些,不会影响我国的社会主义性质"。对国有企业的改革,则更为明确地指出"要着眼于搞好整个国有经济,抓好大的,放活小的,对国有企业实施战略性改组"。这些表述标志着我们党已经完成了由搞好每个国有企业到搞好整个国有经济的认识转变。这里整个国有经济绝不是指每一个国有企业或全体国有企业,而正是我们已经论述的公有制经济的新形态。从整体上把握社会主义性质不变的新认识,消除了人们的顾虑,解放了人们的思想,开辟了社会主义公有制经济的新天地。

我们只有确立公有制经济新形态的认识,才能更深刻地理解十五大关于公有制经济和国有企业改革的一系列新的论述和新的政策,勇敢地迈出新的改革步伐。

(原载《首都财贸》1997年版第4期)

论公有制的实现形式

所有制关系的改革是中国经济改革中最深刻的改革，当我们将有中国特色社会主义事业全面推向 21 世纪时，这个问题尤为关键和重要。江泽民 5·29 讲话提出的"努力寻找能够极大促进生产力发展的公有制实现形式"具有重要意义。这一命题肯定了将公有制实现形式与公有制剥离开的观点，是在中国经济改革深入关键时刻的关键命题，充满着理论上的智慧。但是，怎样认识公有制的实现形式？如何寻找公有制的实现形式？寻找公有制实现形式应当遵循哪些原则？这些是我们必须回答的问题。本文拟就这些问题进行探讨。

一、以三个有利于为标准寻找公有制的实现形式

在中国经济体制改革的初期，中国共产党人的一个理论大智慧是从经济制度中剥离出来一个经济体制，在坚持社会主义基本经济制度的同时，对已经不适合生产力发展的经济体制进行改革。回顾走过的历程，比较世界上不同国家社会主义事业不同的命运，我们深刻感到，没有这种理论智慧就没有社会主义中国的今天。正是在制度和体制剥离的前提下，中国走上了改革开放之路；正是在这一前提下，邓小平同志对长期争论不休的关于计划与市场的争论一锤定音："计划多一点还是市场多一点，不是社会主义与资本主义的本质区别，计划经济不等于社会主义，资本主义也有计划；市场经济不等于资本主义，社会主义也有市场。计划和市场都是经济手段。"[①] 中国终于确定了社会主义市场经济的目标。当中国经济改革继续深化，我们遇到了既要坚持公有制又要改革公有制的两难课题。这时同样需要理论的智慧。"私有化"的主张是公开放弃社会主义，是我们不能接受的；而把公有制不加分析地归入体制性因素，也背离了社会主义的根本原则。把公有制的实现形式从公有制剥离出来则是理论上的智慧之举。公有制作为社会主义的根本原则必须始终坚持，丢了公有制就丢了社会主义的根本，但公有制的实现形式一定要改革、要创新。

所有制的问题同计划和市场的问题不同，它既和经济制度紧密联系，又和经济体制直接相关。公有制实现形式命题的确认使我们分清了公有制在制度上和体

---

① 邓小平：《邓小平文选》第三卷，人民出版社 1993 年版，第 373 页。

制上的不同意义。对于制度意义上的公有制，只要我们坚持社会主义道路就必须始终坚持，当然也要根据形势的发展不断丰富对它的认识；对于体制意义上的公有制，实现形式则可以采取灵活多样的形式，随着经济体制从计划经济向市场经济的转换进行新的选择、新的创造。

马克思主义关于生产关系一定适合生产力发展的规律认识，不但适用于制度性社会经济形态的历史更替，同样也适用于在一定社会经济制度内体制性所有制实现形式的变更。毛泽东关于社会主义社会基本矛盾的分析就是对马克思主义的一项重要发展。他关于在社会主义基本制度建立后社会基本矛盾是生产关系和生产力的矛盾的判断是完全正确的。社会主义社会的生产关系同样要适合生产力的发展。邓小平提出的"三个有利于原则"即"有利于发展社会主义社会的生产力、有利于增强社会主义国家的综合国力、有利于提高人民的生活水平"，实质上是对毛泽东这一思想的正确继承，是生产关系一定适合生产力规律的中国化、现代化、具体化和政策化表述。作为寻找公有制实现形式的标准，三个有利于原则既反映了生产力的要求，也反映了社会主义生产关系本质的要求，把生产关系与生产力的联系有机地统一。今天，我们坚持生产关系一定要适合生产力发展水平的马克思主义基本观点，就是要坚持以三个有利于为标准，"努力寻找能够极大促进生产力发展的公有制实现形式"。

公有制实现形式是个历史范畴，在实践过程中必将经历不同的阶段和特殊的形式；在不同的历史阶段，不同的战略任务和不同的体制中有不同的表现。在现阶段，一切反映社会化生产规律的经营方式和组织形式都可以大胆利用。在国有经济起主导作用的前提下，我国城乡很多地方都进行了所有制实现形式的大胆探索，创造了很多有特色的形式。如，有的地区通过实行股份合作制，使当地国有经济从债务人变成了债权人；出售产权的收入重新放贷给企业，赚取的利息远远超过以前这些国有小企业上缴给国家的利润，国有净资产成倍增加，财政收入快速增长，人民生活水平提高，教育事业也有了更多的投入。事实比任何理论分析都更能证明，股份合作制正是一种有中国特色的公有制实现形式，是个伟大的创造。

公有制的实现形式可以分为不同层次，形成一个财产组织形式的体系。对国有资产可以采取国有独资、国资控股、国资参股等形式，国有资产形成的国有经济要成为能控制国民经济命脉、控制宏观经济形势的主导力量。其他集体资产可以采用独资、控股、参股形式，还可以创造其他的公有制实现形式。

二、社会主义初级阶段是寻找公有制实现形式的根本出发点

中国现处在并将长期处于社会主义初级阶段，这是党的十一届三中全会以来

正确分析国情所作的科学论断,是我们党制定路线、方针、政策的根本出发点。在寻找公有制实现形式上更要以社会主义初级阶段为根本出发点。

社会主义初级阶段有两层含义:一是我们已经建立了社会主义基本经济制度,坚持走社会主义道路;二是还处于社会主义初级阶段,所以,一切规划都要根据这个实际来制订。十一届三中全会前,我们在社会主义建设方面,包括所有制结构和所有制形式出现失误的根本原因之一,就在于提出的一些任务和政策超越了社会主义的初级阶段。在我们寻找公有制实现形式时,必须牢牢记住这一历史教训。历史证明,中国的社会主义建设事业离开初级阶段的现实,就受挫折;从初级阶段的实际出发,就会前进。正如江泽民所讲:"近二十年改革开放和现代化建设取得成功的根本原因之一,就是一切从社会主义初级阶段的实际出发,克服了那些超越阶段的错误观念和政策,又拒绝了抛弃社会主义基本制度的错误主张,实践证明,我们这样做,没有离开社会主义,而是在脚踏实地建设社会主义,使社会主义在中国真正活跃和兴旺起来了,广大人民从切身感受中更加拥护社会主义了。"

公有制的实现形式始终是和生产力水平相联系的,在不同的生产力水平条件下有不同形式。当生产力极其低下,产品还难以满足人们基本需要时,公有制的实现形式只能是共同劳动,平均分配。马克思预见的公有制是建立在生产力高度发展之上的,全社会占有一切生产资料是公有制的最高实现形式。即使这样,马克思还是根据生产力发展过程预见,共产主义第一阶段只能是按劳分配,人们还要以劳动为谋生手段,公有制的实现方式依然受到生产力水平的限制。

社会主义初级阶段的主要矛盾是人民日益增长的物质文化需要同落后的社会生产之间的矛盾。这个主要矛盾贯穿我国社会主义初级阶段的整个过程和社会生活的各个方面,决定了我们的根本任务是集中力量发展社会生产力。这个主要矛盾和由这个主要矛盾决定的根本任务必然影响公有制实现形式的选择。江泽民在公有制实现形式之前特别冠以"能够极大促进生产力发展的"定语是有其深刻含义的,生产力的发展不仅是检验公有制实现形式是否恰当的标准,而且"能够极大促进生产力发展"成为寻找公有制实现形式的首要指导思想,使人们感受到发展生产力的紧迫性。

三、按照市场经济的要求重塑公有制的实现形式

所有制的实现形式还必然受经济体制即资源配置方式的影响和制约。计划经济体制和市场经济体制对所有权的实现形式有着根本不同的要求。

市场经济在资源配置上与计划经济的根本区别在于市场经济是交换经济,每

次商品或要素的交换都表明商品和要素背后所有者意志达成一致,都意味着所有权的易位。市场经济决策权是分散的,信息渠道是横向的,信息在平等的市场主体之间传递,经济运行的动力是不同利益主体对各自利益的追求。从这个意义上讲,私有制是天然适合市场经济的。但这绝不意味着公有制不能找到适合市场经济的形式。很多学者发现,现代资本主义的发展,特别是在资本主义条件下发展起来的股份制,已经为社会主义公有制在市场经济条件下的实现提供了新的形式。所以,公有制和市场经济是可以结合的。相当一批国有企业在新体制下搞不好,就在于企业的财产组织形式或公有制的实现形式不适应市场经济要求。因此,我们在寻找公有制实现形式时必须研究市场经济对所有制实现形式的要求,使新的公有制实现形式适应市场经济。

市场经济对所有制实现形式都有哪些要求呢?相应地,公有制实现形式在创新过程中必须注意哪些问题呢?笔者认为主要有以下几点:

(一) 所有权的社会化

市场经济越发展,越要求所有权社会化,以适应社会化的生产力。在当代资本主义经济中,这种趋势越来越明显。从理论上说,社会主义国家所有制是社会性的,但在计划体制下它的实现形式却是反社会化的,条块分割、行政垄断,部门所有,自成体系。从经济形式看,有些像自然经济;从决策机制看,和私人企业差不多,难以适应社会化生产力的发展。因此,公有制新的实现形式必须克服国有企业在财产组织方式上的弱点,努力使所有权的实现形式社会化。企业产权结构的多元化、多种社会化基金、法人参股等可以避免政府行政化干预。

(二) 所有权能够分解、交易和再组合

传统的公有制实现形式是一个整体,不能分割,不能分解,而市场经济却使得产权可以分解为不同的组成部分;传统的公有制实现形式下,所有权是固定的、非流通的,不能买卖,但市场经济各种要素市场的存在使得每一次要素的交换都伴随着所有权的易手,所有权总是在不断地流动,而且被分解出来的产权同样可以交易,从而进行不同产权的再组合,从而保证生产规模的扩大、生产的集中和生产要素的高效使用。公有制的实现形式如果不能保证所有权的分解、交易和再组合,势必影响市场经济对资源的有效配置,公有制也只有在产权流动中才能实现它的本质要求。

(三) 资产形态价值化,通行等价交换原则

资产形态价值化是所有权可以分解、交易和再组合的基本前提。在这方面我

国经济改革已经取得相当程度的进展，最为重要的是公有的财产所有权在概念上已经由实物占用转变为价值占有，资产包括无形资产通过评估确定价值，产权交易通行等价交换原则，为信用的利用奠定基础。

（四）资产所有权与经营管理职能分离，资产运营资本化

马克思在谈到资本主义股份制企业时指出："实际执行职能的资本家转化为单纯的经理，即别人的资本的管理人，而资本所有者则转化为单纯的所有者，即单纯的货币资本家……而资本所有权这样一来就同现实再生产过程中的职能完全分离。"[①] 这种分离是社会化大生产的要求。在市场经济中，公有产权也必须适应这一要求，即国有资产独立进行资本化运营，追求国有资产的不断增值。

（五）法人财产权和法人治理结构

法人财产权能够确保企业法人对实际支配资产（包括国有与非国有）的直接占有权、使用权和处置权，以及再筹资、再投资的决策权。法人对企业或公司的资产拥有直接的管理和运营权，并向所有者负责。形成法人治理结构，能确保劳动者民主管理的参与权。

（六）所有权的功能化

市场经济要求所有权在经济运行中必须产生功能，西方产权理论中值得借鉴的一点就是产权的功能，产权的基本功能是外在性内在化，以产权的明晰规范企业行为。在我们寻找公有制实现形式时，尤其要确定这一点，使我们重塑的公有制实现形式中的所有权功能化，真正使公有制的实现形式极大地促进生产力的发展。

（原载《经济与管理研究》1997 年第 5 期）

---

① 马克思：《资本论》第三卷，人民出版社 1975 年版，第 463 页。

从社会主义本质认识和把握公有制

所有制关系的改革是中国经济体制改革中最深刻的改革，当我们将有中国特色社会主义事业全面推向21世纪时，这个问题尤为关键和重要。十五大报告对社会主义初级阶段的基本经济制度作了新的表述，并提出全面认识公有制经济含义和公有制实现形式可以而且应当多样化的新命题。这些都要求我们必须对公有制进行重新认识。

一、所有制是社会基本经济制度的特征

马克思主义认为所有制是对生产条件的关系。所谓生产条件包括劳动者和生产资料。"不论生产的社会形式如何，劳动者和生产资料始终是生产因素。但二者在彼此分离的情况下在可能性上是生产因素。凡要进行生产，就必须把它们结合起来。实行这种结合的特殊方式和方法，使社会结构区分为各个不同的经济时期。"[①] 从这个意义上讲，所有制本质上讲的是生产关系的规定性，因而它就成为一个社会经济形态的基本标志或社会基本经济制度的特征。所有制既包括生产资料的归属关系，也包括生产过程中人与人之间的关系及产品的分配关系。其中归属关系起着重要的作用，但并不是所有制内涵的全部。归属关系是人与物的关系。但人们对物的占有、使用和处置关系的形成和确立归根到底还是由人与人的关系所引起、所制约的。人和物的归属关系是用来调节人与人的关系的。产权理论关于产权产生源泉的分析为我们提供了比较有说服力的论证。资源稀缺导致人们对资源争夺的加剧，客观上要求以产权来调节人们之间对资源的使用的矛盾。所以，归属并不是所有制的全部内涵，所有制是反映社会人与人之间生产关系的重要标志。资本主义私有制是人与人之间买卖劳动力剥削关系的标志，社会主义公有制是人与人之间劳动平等、共同富裕关系的标志。但我们在实践中和理论研究中总是自觉或不自觉地把所有制仅仅看作所有者对生产资料的关系，这样就难以把握公有制的实质，也难以迈开在所有制关系上改革的步伐。

一个国家的基本经济制度总是现实的经济制度，现实的经济制度不同于在理论上纯粹状态下的抽象。因此我们用所有制来定义我国的基本经济制度时，也一

---

① 马克思：《资本论》第二卷，人民出版社1975年版，第44页。

定要从现实的所有制状况出发，而不能从抽象的理论出发。十五大报告把"多种所有制经济"从基本经济制度外纳入基本制度内，正是从我国社会主义初级阶段的现实出发的。由社会主义性质和初级阶段国情决定的中国现实基本经济制度，其特征的所有制定义也只能是"公有制为主体、多种所有制经济共同发展"。这一基本经济制度中，公有制仍然是主要的和基本的所有制特征。正如十五大报告指出的"我国是社会主义国家，必须坚持公有制作为社会主义经济制度的基础"。

二、邓小平社会主义本质论是对公有制内涵的精辟阐释

那么，究竟应该如何认识和把握公有制的实质呢？尽管我们从初级阶段的现实出发，把多种所有制经济纳入基本经济制度，但当我们分析公有制这个主体部分时，仍然不能离开初级阶段的现实。马克思在分析资本主义私有制时指出"私有制不是一种简单的关系，也绝不是什么抽象概念或原理，而是资产阶级生产关系的总和"①"在每个历史时代中所有权以各种不同的方式，在完全不同的社会关系下面发展着。因此，给资产阶级的所有权下定义不外是把资产阶级生产关系的全部社会关系描述一番"②。同样，我们要给社会主义公有制下定义，也不能仅仅从归属意义上的法权关系去把握，而必须把社会主义生产关系的全部社会关系特别是我国社会主义初级阶段现实的全部社会关系描述一番。而对现阶段社会主义生产关系的全部社会关系的准确描述，笔者认为莫过于邓小平同志对社会主义本质的论述："社会主义的本质，是解放生产力，发展生产力，消灭剥削，消除两极分化，最终达到共同富裕。"③ 这里虽然没有提到公有制，但邓小平同志按马克思主义对所有制的理解，对公有制作了精辟的论述。

邓小平同志对社会主义本质的表述方式是很耐人寻味的。一般来说，对一事物本质都采取"是什么"的表述方式。但对于一个充满着发展变化的过渡型社会的本质应该如何表述呢？针对中国社会主义初级阶段还是过渡阶段的现实，邓小平同志一改过去用描述具体特征回答"是什么"的方式来定义社会主义性质的做法，而采取了回答"干什么"的方式说明社会主义的性质，鲜明地突出了实践性。"解放""发展""消除""消灭""达到"，这些动词所描述的正是公有制作为社会基本经济制度特征的全部要求。邓小平同志的论述准确地概括了中国社会主义初级阶段的全部社会关系，以及这些关系的动态特征和发展走向。公有制仍然是这些社会关系的基本代名词。

---

① 马克思、恩格斯：《马克思恩格斯选集》第一卷，人民出版社 1972 年版，第 191、144 页。
② 马克思、恩格斯：《马克思恩格斯选集》第一卷，人民出版社 1972 年版，第 191、144 页。
③ 邓小平：《邓小平文选》第三卷，人民出版社 1993 年版，第 373、149 页。

三、公有制是社会主义生产关系的整体特征

从社会主义本质去认识和把握公有制，我们就会发现，公有制不仅仅是归属意义上的生产资料占有关系，而且是社会主义生产关系的总和，是社会主义生产关系的全部社会关系的代名词。从这个意义上看，无论把所有制看成目的还是手段都是不准确的。所有制作为生产关系的总和，是历史发展特定阶段的客观必然，不是目的，更不是手段，它的内涵远远不是目的和手段这样简单的范畴所能涵盖的。正如马克思所批评过的："要想把所有权作为一种独立的关系，一种特殊的范畴，一种抽象和永恒的观念来下定义，这只能是形而上学或法学的幻想。"①

从社会整体关系去观察和认识社会的性质，是马克思主义的重要方法。马克思对资本主义社会生产关系本质的分析始终是以整个资本家阶级和整体工人阶级的关系入手的。劳动力成为商品是货币转化为资本的关键。劳动者与生产资料采取雇佣劳动这种特殊的结合方式成为资本主义社会这一经济时期整体特征。这个特征不但与未来的公有制社会相区别，也与资本主义以前的私有制社会相区别。而在讨论社会主义劳动力是不是商品的问题上，许多人恰恰忘记了这一方法，把劳动力成为商品这个整个工人阶级对整个资本家阶级的本质关系的特有命题庸俗化为个别的和具体的现象关系，从而得出社会主义劳动力也是商品的结论，模糊了社会主义经济时期劳动者与生产资料相结合的"特殊方式和方法"，严重混淆了社会主义生产关系的本质特征。坚持从社会整体关系认识社会性质的方法，我们就会发现，公有制是就整个社会生产关系的性质而言的，是社会整体特征，而不是给个别企业、个别财产占有关系的定性。中国社会主义初级阶段存在多种经济成分，但就整个社会生产关系的性质看，我们是社会主义国家，其重要标志就是公有制和公有制的主体地位。

社会主义市场经济尽管在经济运行中保留了工资和利润的形式，社会主义初级阶段甚至保留了非公经济的雇佣劳动，但就整个社会经济形态来看，并没有整个资本家阶级和整个工人阶级的关系。由于公有制的主体地位，社会经济形态的基本特征仍然是公有制所要求的消灭剥削、共同富裕。

四、判断公有制实现的重要标志

判断我国基本经济制度是否具有社会主义性质，关键要看公有制的实现。而

---

① 马克思、恩格斯：《马克思恩格斯选集》第一卷，人民出版社1972年版，第191、144页。

公有制和公有制主体地位的实现却不仅仅在于各种经济成分的比例和比重，归根到底要看社会主义本质的实现程度。邓小平同志也正是始终以实现共同富裕、防止两极分化，不允许产生新的资产阶级来把握社会主义方向的。多种经济成分在公有制占主体地位的经济关系中是为社会主义本质服务的，因而也成为社会主义生产关系总和的有机组成部分。公有制为主体、多种所有制经济共同发展是有机结合在一起的整体。新中国成立以来，中国的公有制从建立到现在经历了历史性的变化，评价这些变化究竟是前进还是倒退，也不能仅仅从财产归属意义上的公有制去判断，而只能从社会主义本质意义上的公有制去判断。新中国成立后，我们党根据对生产关系要适应生产力发展的规律的认识，对不同经济成分采取不同的政策，成功地完成了社会主义生产资料所有制的改造，促进了生产力的发展。改革开放以来，对所有制结构重新调整，发展非公有制经济，实行多种经济成分并存，从归属的法权意义上看，公有制缩小了阵地，但从社会主义本质意义上看，公有制却取得了举世瞩目、前所未有的大发展。正如邓小平同志讲的："我们在改革中坚持了两条，一条是公有制经济始终占主体地位，一条是发展经济要走共同富裕的道路，始终避免两极分化。我们吸收外资，允许个体经济发展，不会影响以公有经济为主体这一基本点。相反地，吸收外资也好，允许个体经济的存在和发展也好，归根到底，是要更有力地发展生产力，加强公有制经济。只要我们经济中公有制占主体地位，就可以避免两极分化。"①

五、实践公有制的指针

从社会主义本质认识和把握公有制，就要从社会整体着眼，从实际经济运行过程中生产关系的变化着眼，从实际经济运行结果对社会主义本质的实现着眼。因此，社会主义本质又是我们实践公有制的指针。

从社会主义本质认识和把握公有制，首先要把握好发展这个硬道理，"解放生产力、发展生产力"既是公有制的要求，也是公有制的优越性所在。公有制不能解放生产力，不能发展生产力，就没有历史存在权。任何公有制的实践都要坚定不移地以生产的发展为指针。从这点上看，邓小平同志的"三个有利于"论述，即"有利于发展社会主义社会的生产力，有利于增强社会主义国家的综合国力，有利于提高人民生活水平"是我们实践公有制的首要原则。"三个有利于"原则既反映了生产力的要求，也反映了社会主义生产关系本质的要求，把生产关系与生产力二者关系有机地统一。公有制的实践就是要"努力寻找能够极大促进

---

① 邓小平：《邓小平文选》第三卷，人民出版社1993年版，第373、149页。

生产力发展的公有制实现形式"。

从社会主义本质认识和把握公有制，还必须转变原有观念。我们对公有制有一个传统认识，就是以所有制为标志给企业分类和定性，认为公有制只能通过公有企业体现出来，所以，传统企业的分类都是国有企业（全民企业）、集体企业、私人企业等。其实，以单一所有制为标志的企业只是企业制度的初级形态，现代企业制度早已不按最终所有权来分类或定性了，而是按照财产组织方式和生产经营组织结构来分类和定性。特别是在市场经济中，生产要素是全面流动的，劳动者是全面流动的，在生产条件越来越社会化、价值化、货币化的条件下，用所有制给企业定性和分类越来越不适应现代经济发展的要求，越来越不能反映问题的本质了，也越来越失去实际意义了。公有制在现代市场经济中，开始展现出公有资产的新形态。只有以社会主义本质论去指导公有制的实践，才能大胆利用一切反映社会化生产规律的经营方式和组织形式，才能努力寻找能够极大促进生产力发展的公有制实现形式，才能正确对待广大干部和群众在改革中的实践。对公有制认识上的观念更新是公有制制度创新的前提。

从社会主义本质认识和把握公有制，要始终坚持共同富裕的方向，这是建立在生产力高度发展基础上的社会主义生产关系的本质要求。在社会主义初级阶段，虽然还只能用动态的"消灭剥削、消除两极分化"表述公有制实践过程，但"最终达到共同富裕"鲜明地指出了社会主义的方向，共同富裕始终是社会主义的旗帜。因此，公有制的实践必须始终注意市场经济运行中生产关系的变化。社会经济制度的性质要通过微观企业和劳动者的实践活动来表现，我们不能仅从财产归属上考察生产关系的性质，而要看劳动者在实际生产过程中的地位、企业民主化管理的程度以及生产成果的分配。而这些也正是社会主义本质论的要求。

最后，必须强调的是，从社会主义本质认识和把握公有制，虽然不能只从归属意义上把握公有制的实质，但并不是说归属不重要。归属毕竟是公有制实质的基础，离开这个基础，公有制所代表的全部生产关系也丧失去其存在的依据。所以，从社会主义本质认识和把握公有制，还必须切实保证公有制在归属意义上的主体地位。

（原载《新视野》2000年第5期）

走出形而上学 实现辩证综合

经过 20 多年来以市场为取向的改革，我国已经形成了公有制为主体、多种所有制经济共同发展的基本经济制度。进一步完善这一基本经济制度的关键，主要是"共同发展"内涵的确定及其实现机制的制度化。正如党的十六大报告指出的，坚持公有制为主体，促进非公有制经济发展，统一于社会主义现代化建设的进程中，不能把这两者对立起来。共同发展不是简单的共存，而是在发展中实现有机的统一，在统一中促进共同发展。

如何才能实现有机统一、共同发展呢？笔者认为，首先要解决思想方法问题，冲破对所有制问题认识上存在的形而上学。长期以来，许多人把公有制和私有制（非公有制）看作水火不容的对立物，认为搞公有制就一定要割资本主义的尾巴，即所谓的"堵不住资本主义的路，就迈不开社会主义的步"；搞市场经济就一定要私有化，公有资产只能是退、卖、送，鼓吹私有制神话。直到今天，公有制和私有制是"两股道上跑的车"的意识仍然存在于一些人的头脑中。这种形而上学的对立论来源于理论脱离实际的教条和认识上的僵化，它阻碍着公有制经济和非公有制经济有机统一和共同发展的制度化进程。

现实不同于理论上的抽象，一个国家的基本经济制度总是现实的，对其特征的概括只能从现实出发，从现实生产力发展的要求出发。我国现实的基本经济制度只能是"公有制为主体、多种所有制经济共同发展"。这是中国共产党人经过艰辛的实践探索才实现的对马克思主义的重大理论创新。

公有制和非公有制是理论研究对现实存在的所有制关系的一种分类，而现实生活中的所有制是复杂和多变的，因此，在对待所有制的问题上，首先要解决认识上的方法论问题，从形而上学的束缚中解脱出来。

恩格斯在谈到理论自然科学的革命时指出，旧的不变的对立、严格的不可逾越的分界线正在日益消失。"自从用进化论观点从事生物学研究以来，有机界领域内固定不变的分类界线——消失了；几乎无法分类的中间环节日益增多，更精确的研究把有机体从这一纲归到另一纲，过去几乎成为信条的那些区别标志，丧失了它们的绝对效力。""正是那些过去被认为是不可调和的和不能化解的两极对立，正是那些强制规定的分界线和纲的区别，使现代的理论自然科学带上狭隘的形而上学的性质。这些对立和区别虽然存在于自然界中，可是只具有相对意义，相反地，它们那些想象的固定性和绝对意义，则只不过是由我们的反思带进自然界的，——这种认识构成辩证自然观的核心。"① 恩格斯的这段论述对于我们认识所有制关系具有极其深刻的意义。按照辩证自然观的认识论，公有制和私有制的对立和区别是存在于客观现实生活中的，但这些对立和区别同样只具有相对意义，在公有制和私有制对立上"想象的固定性和绝对意义"，也是被"我们的反思"带进现实生活中的。

运用辩证思维规律了解所有制客观存在的辩证性质，我们就容易走出形而上学。马克思在考察历史和预见未来时从来都是辩证的。人类社会是从公有制开始的，但马克思同时指出："在一切文明民族的古代自然形成的公社中，私有财产已经存在了。"② 对于未来社会的设想，马克思提出的恰恰是"在协作和对土地及靠劳动本身生产的生产资料的共同占有的基础上，重新建立个人所有制"③。

虽然一些人在观念上一直把公有制和私有制对立起来，但在实际生活中二者始终是共生的，人类社会所有制的实践已经发展到如此程度，以至于我们再也不能"逃避辩证的综合"了。

所有制的辩证综合必须找到统一的基础。所有制是人类调节利益关系的产物，如果我们透过所有制，从更深层次的抽象的视角去观察经济制度，就会发现，在任何一个社会共同利益和个人利益都是共存的，共同利益和个人利益是不同所有制及其形式产生、存在和演变的根据，从而构成不同所有制辩证综合的基础。同时，经济利益的结构形成经济制度的本质特征，居于主导地位的利益关系及其派生的所有制形式决定一个社会经济制度的性质和本质。社会主义的本质和真谛是共同利益，我们进行的所有制的辩证综合必须以公有制为主体。所有制辩证综合的实质是更好地实现与个人利益有机统一的共同利益。

所有制的辩证综合是一个客观的历史过程，对其认识和把握必须了解不同所有制的历史存在权，即所有制的功能。不同所有制有不同的功能，私有制具有强烈的高效利用其所占有的资源的激励功能，为个人提供了经济活动的物质条件和收益保证；公有制由于形成了一定规模和范围的整体利益，从而具有明显的整体协调功能，为集体提供了经济活动的共同物质条件和稳定保证。同时，不同所有制也存在着各自的功能缺陷。从所有制功能出发，我们就会发现：公有制功能之所长正是私有制功能之所短，私有制功能之所长正是公有制功能之所短；公有制和私有制在一定条件下是可以互补的。走出形而上学，从功能互补出

---

① 恩格斯：《反杜林论》，人民出版社1970年版，第1页。
② 马克思、恩格斯：《马克思恩格斯全集》第四十五卷，人民出版社1985年版，第210页。
③ 马克思：《资本论》，人民出版社1975年版，第874页。

发，探索所有制辩证综合的制度安排和机制，我们就可以打开多种所有制经济共同发展的思路，实现公有制经济与非公有制经济在社会主义现代化建设进程中的统一。

(原载《人民日报》2003年9月16日)

建设社会主义市场经济的若干理论思考

党的十四大确立了社会主义市场经济的体制改革目标,意义重大。本文仅就与其相关的若干理论问题提出自己的看法。

一、资源配置方式的选择:经济体制的实质

20世纪70年代末,面对中国经济发展中遇到的问题,中国共产党首先对经济体制与经济制度做了区分,明确了在坚持社会主义基本经济制度的前提下对僵化的经济体制进行改革,从而拉开了改革的序幕。但当时对什么是经济体制、其实质是什么,并没有清晰的认识,除了对原有传统体制弊端的切身感受外,我们对所要建立的新体制究竟是什么并不十分清楚,只是摸着石头过河。十几年的改革实践和理论探索使我们的认识逐步接近事物的实质,如围绕计划与市场关系的争论和文件中不同的提法的演进大致可以反映这一过程。但是经济体制是经济制度的表现形式的规定性以及我们对制度特征的传统认识,一直困扰着我们对经济体制的实质进行认识,妨碍着经济体制改革的深入,以至于我们长时间未能摆脱把计划经济与市场经济看作区别两种社会制度范畴标志的思想束缚。邓小平同志南方谈话指出,计划经济不等于社会主义,资本主义也有计划,市场经济不等于资本主义,社会主义也有市场,计划和市场都是经济手段。计划多一点还是市场多一点不是社会主义与资本主义的基本区别。这使我们对计划和市场关系的认识有了新的重大突破。从邓小平同志讲话到党的十四大进一步明确从资源配置方式上建立社会主义市场经济体制,标志着中国共产党人对经济体制实质认识的完成,当我们对计划经济和市场经济的认识统一到了只是不同的资源配置方式时,我们也就得出结论:经济体制改革的实质就是对资源配置方式进行选择。

资源配置是经济学的基本出发点。经济体制的基本功能就是把有限的资源配置到不同的生产和服务部门,以满足人们多方面日益增长的需要。资源配置就是马克思讲的"按一定比例分配社会劳动",他认为其必要性"绝不可能被社会生产的一定形式所取消,而可能改变的只是它的表现形式"。在现代社会化生产方式中,资源配置的基本方式有两种,一种是市场方式,另一种是计划方式,从而在经济体制上形成市场经济和计划经济。

资源配置方式的选择标准有两个:其一是配置的合理性(按比例);其二是

配置的有效性（高效率）。马克思对商品经济中"交换价值"的分析以及对"效用和劳动花费的衡量，正是政治经济学的价值概念在共产主义社会中所能余留的全部东西"的分析讲的正是这两个标准，帕累托最优三原则讲的也是这两个标准。人类在与自然界不断进行的物质变换过程中，始终在围绕着这个核心问题不断进行着资源配置方式的成本比较和经济体制的选择与改革。

资源配置的计划方式和市场方式各有所长，也各有所短。从世界发展史看，市场经济促进了资本主义经济的迅猛发展，也使其内部不可克服的矛盾日益尖锐；计划经济在一些经济落后国家支撑了社会主义经济制度的初步建立，不乏辉煌的业绩，但其僵滞、失去活力、效率低下的弊端也逐步暴露。资本主义在寻找医治市场经济弊端的办法，开始引入计划，缓和了周期性危机和社会阶级矛盾，一些国家在特殊时期甚至对资源进行严格管制的"统制经济"；社会主义国家先后走上改革之路，引入市场机制，进行市场取向的改革。

计划与市场是非社会基本制度的资源配置方式，我们可以选择，也可以在选择过程中以一种方式为基础进行嫁接变种，但究竟选择计划方式还是市场方式，又都离不开一国在特定历史条件下的经济状况和经济发展目标。

二、市场经济体制与现代化战略目标

资源配置方式的选择是经济体制的实质，而一种经济体制的建立又是由一国在特定历史条件下所制定的经济目标所决定的。从这个意义上讲，经济体制又可以被看作帮助一国实现特定目标的机制。一种经济体制的优劣必须根据这一体制实现预期目标的有效性来评价。既然资源配置的方式可以选择，那么经济体制或经济体制的构成要素和构成方式也是可以改变的。经济体制的变化是随着经济目标而变动的。只有从这样的角度去认识问题，才能看到建立市场经济体制的重要意义。

新中国成立后，为了摆脱极端贫困的境地，实现民族复兴，中国共产党制定了实现工业化的经济发展战略目标。这一战略目标要求优先发展重工业，并以低利率、低汇率和低生产要素价格作为政策保证，正是这个战略目标使我们在当时必然选择了计划经济的体制。实践也证明，靠着强有力的行政计划手段，我国迅速地完成了经济发展所必备的资本积累，较顺利地完成了产业结构调整，奠定了工业化基础，建立了独立的、比较完整的国民经济体系。同时，靠着高度集权和高度组织化实现了强有力的社会保障，迅速摆脱了极端贫困，表现了计划经济迅速解决经济生活中急迫问题和克服严重困难的动员能力。设想当时如果选择了市场经济，这样一个奇迹的实现是不可能的，中国工业化道路也必将是漫长和痛苦的。

高度集中的计划经济体制的弊端是在经济进一步发展过程中逐步暴露的。经过几十年的经济发展，中国的经济状况已经发生了巨大的变化，开始提出现代化的新战略目标。这时，计划经济体制日益暴露出其对经济进一步发展的阻碍因素。当党的工作重点转移到经济建设上，并明确制定了"三步走"的现代化战略目标后，体制与战略目标的矛盾更为突出，这就是中国在20世纪80年代走上经济改革之路的背景。在"以计划经济为主，市场调节为辅"、引进市场机制的改革中，"体制外"市场经济的因素一登场就显示了其巨大的作用，使得第一步翻一番、解决温饱的战略目标得以实现。但双重体制的矛盾也日益突出，严重影响着第二步战略目标的完成。

中国十几年经济改革的直接经验和东欧剧变、苏联解体的教训证明：以资源配置的标准来衡量，计划经济的长处在于按比例的合理性，特别是其在短期内迅速动员调配资源的能力。而其短处则是资源使用效率低下，经济失去活力。市场经济则恰恰相反，比例失调、调节滞后为其所短，但以活力和效率为其显著特点。我国"三步走"战略目标的最终实现，关键在于增强活力，提高效率，发挥优势，加快发展。没有充满活力和高效率的经济，是断难实现现代化的。我们或许可以得出这样一个结论：按照马克思设想，计划经济是在生产力高度发展后的资源配置方式，却可以在生产力落后的国家奠定工业化基础时期发挥巨大的作用，大大缩短了以市场为资源配置方式实现工业化的历史进程。但在初步奠定工业化基础后，在向现代化进军过程中，则必须主要通过市场来配置资源。

通过市场走向繁荣几乎是世界各国特别是后起国家现代化道路的共同经验。谁实行了市场经济，谁就获得了经济高速增长。相反，排斥市场，也就排斥了来自竞争的活力；排斥市场，也就排斥了分享国内分工和国际分工产生的利益，也难以发挥自己的比较优势；排斥市场，也就难以进入现代化国际经济，排斥了吸收现代科学技术和管理、较快实现现代化的历史机遇。因此，建立社会主义市场经济体制是现代化战略目标的必然选择。

三、变革的根本性与转换的阶段性

市场构造基础及其运作机理与计划体制截然不同，在计划体制的土壤里，绝没有生长出市场经济的条件。从这个意义上讲，改革也是一场革命，它不是原有经济体制的细枝末节的修补，而是经济体制的根本性变革。

首先，根本性变革的性质是由两种经济体制的根本性差异所决定的。计划经济体制的唯一主体是政府，而消费者、生产者和商品货币一样统统成为计划的对象；计划经济虽然保留了价格形式，但价格不是配置资源的心脏，而只是从属于计划的工具；计划经济的基础是利益的统一而不是利益的差异，因而决策必然是高度集中的；计划排斥竞争，因而资源（包括信息）不是横向流动的，而是在纵向等级制的宝塔体系中逐级传递的；与之相适应的财政税收、金融体制、产权关系、管理机构甚至工会等组织都与市场经济所要求的构架完全不同。建立市场经济体制，意味着必须对原有构架进行大的改造和重建。

其次，两种体制的不兼容性决定了变革的根本性。计划和市场作为调节经济的手段是可以结合的，人类已经而且将继续探索这一难题，必然找到取各自之所长、避各自之所短的形式。但是一个国家的经济体制只能是其中一种，或者计划经济，或者市场经济，所谓"第三条道路"也只能是以某一种资源配置方式为基础而结合另一种手段的运用，这时，另一种手段已经不具备体制的性质。在体制的选择上二者必择其一，而这种选择绝不是对原有经济的细枝末节修修补补所能完成的。

再次，东欧改革和苏联解体的历史向我们提供了必须进行根本性变革的经验教训。东欧一些国家进行了近20年的经济体制改革，除匈牙利和波兰对有限的市场取向改革进行了大胆尝试并取得过显著成效外，苏联和东欧的其他国家都只进行了"完善计划管理体制"的改革。匈牙利和波兰在很长的一段时间内对市场作用的认识也是模糊的，改革者普遍认为市场只在帮助完成计划上起重要的工具性作用。没有体制的根本性变革，一些局部的、单项的改革很难奏效。如匈、波两国很早就认识到了价格的重要性，实行了各种价格改革政策，但实际上一直到20世纪80年代末，价格仍然不能发挥信息和配置资源的主导作用。实践证明，离开了根本性变革的局部改革常常在传统体制异体排斥的作用下成为"不受欢迎的移植体"，而最终导致改革的失败。

最后，根本性变革是中国现实的必然选择。中国在经济改革中无论对计划与市场关系的理论认识还是改革措施的实施都走过与东欧类似的过程，但是中国的改革获得了更大的实效。这主要是由于中国在对传统体制进行改革探索的同时开辟了"第二战场"，即体制外的市场发育。十几年下来，非国有国营的部分已占国民经济的2/3以上，特别是私营企业重新崛起，迅速发展；价格由市场形成的部分已占80%左右，对外开放使国内外两套价格体系自发靠拢。正如十四大报告指出的："市场作用发挥比较充分的地方，经济活力就比较强，发展态势也比较好。"而体制内的改革却面临着东欧改革同样的问题，企业尚未真正成为独立的商品生产者和经营者，政府也未能按照市场经济的要求转换职能。双重体制的矛盾在各方面都已日益激化，如果继续在目标模糊的情况下搞计划经济基础上的市场调节，不但现代化的目标难以实现，而且经济将会陷入混乱。相反，利用市场已经开始发育的长处，对旧经济体制进行根本性的变革，中国将可能创造经济发展的奇迹，社会主义制度也会在新的体制下显示出强大的生命力。

根本性的体制变革还需要注意变革的有效性，以最小的改革成本尽快建立市场经济的基础。这里首要的问题是注意体制转换的阶段性。

提出阶段性，主要出于以下几方面的考虑。

其一，制度性背景。我国正处于社会主义初级阶段，这是一个很长的历史阶段，规定了我国向现代化进军、包括新经济体制建立的历史坐标区间。制定一切方针政策，包括向市场经济的转换，都必须以这个基本国情为依据，不能脱离实际。

其二，生产力背景。市场经济是商品经济的发达阶段。许多经济学家强调我们要建立的是现代市场经济体制。但是，我们必须正视我们的生产力背景，特别是商品经济还不发展的现实。资本主义市场经济经过了漫长的发育历史，社会主义市场经济虽然不能走自然发育的道路，但市场体制也不是一蹴而就的，尤其是现代市场经济更需要一个成熟和完善的过程。我们不能去做那些只有在成熟的市场经济体制中才能做的事情，要把握好培育市场的阶段性，不要超越历史。

其三，体制背景。从计划经济到市场经济的转移，既包括"破"，又包括"立"，"破"相对容易一些，"立"却需要过程。中国改革与发展并举的战略决定了我们只能采取渐进改革方式，而渐进式改革必须从原有体制出发，逐步地破、逐步地立，有些恐怕还要先立后破，以保持经济运行的连续性。

其四，发展战略的阶段性。体制的选择是由经济发展战略决定的，旧经济体制的改革、新经济体制的建立都是紧紧围绕着经济发展战略进行的，因此，"三步走"战略的阶段性决定着体制转换的阶段性。

回头看我们已经走过的路，翻一番的目标是在市场取向改革过程中完成的，体制的变革保证了经济的发展。现在我们正处在翻两番的阶段中，体制的变革也必须和第二步战略目标相一致。如果说，体制外市场发育和体制内市场取向的改革保证了第一步温饱问题的解决，那么第二步奔小康的实现则要靠市场经济体制的初步建立。这样，从20世纪末到2020年，市场经济体制就有了大约20年的成熟完善过程。战略目标的步骤与建立社会主义市场经济的阶段性的关系大致如图1所示。

根据以上分析，社会主义市场经济体制的建立过程可以大致分为三个阶段：第一阶段，从20世纪80年代初到90年代初，是建立市场经济体制的准备阶段。在这一阶段，开始对原有体制进行市场取向改革，体制外市场诱发生长，整个改

战略目标	1.解决温饱	2.实现小康	3.现代化	
体质转换	市场取向改革探索	初步建立市场经济	市场经济成熟定型	
年代	1980	1990	2000	2020　　2050

图 1

革目标逐步明晰。第二阶段，从20世纪90年代初以明确市场经济目标模式为起点，到90年代中后期初步建立起市场经济体制。第三阶段，从20世纪末到2020年，市场经济体制成熟完善。

当前我们正处在第二阶段的初始点，我们应该清醒地认识到哪些工作是这个阶段必须做的，哪些工作只能放到下一阶段去做，硬要放到现在做就会超越历史、超越阶段，欲速则不达，反而坏了改革大业。

根据我们对市场基础构架的分析，市场的主体、客体、价格机制以及支撑系统都应该在这一阶段初步建立起来，缺少任何一个因素都会使其不能正常运作。笔者认为，要在20世纪90年代初步建立市场基础构架，必须突出抓好以下几项改革。

第一，加快转换国有企业经营机制，尽快形成公有制的市场主体。市场经济目标的提出要求国有企业建立现代企业制度，真正成为自主经营、自负盈亏、自我发展、自我约束的法人实体和市场竞争主体。而要实现这一条，首先要理顺产权关系。股份制是适应市场经济发展的一种企业组织形式，应该积极试验，使其健康发展。但是股份制的改造本身也呈现出阶段性。首先，要把原有国有国营制度改为股份公司制度，然后向社会公开募股，并进行股权转让的证券交易。而且上市的股份有限公司只能是少数，必须经过严格审定。在20世纪90年代，我们应抓紧建立法人财产制度，形成法人治理结构，使企业首先真正成为市场主体。至于公开募股和股权交易，只能放在下一阶段去完善。当前出现的股份热没有热在股份制的基础工作上，而是掀起"炒股票"的狂潮。这绝不是一些人鼓吹的"投资意识"的形成，相反助长了"投机意识"的泛滥。这种股份热不但无助于市场经济基础构架的建设，反而扰乱了经济秩序，阻碍了改革。现代企业制度可以有多种组织形式，除股份有限公司外，还可以有独资公司、有限责任公司、控股公司等多种形式，经营承包责任制也是转换企业经营机制的重要形式。实践证明，通过承包明确产权、把企业塑造为市场主体是有效的。承包制究竟能不能成为一个适合于市场经济的企业组织制度，还有待于整个市场经济体制建立起来后进一步检验。既然承包制无损于向市场经济的体制转换,我们就应该允许企业选择这种方式,并在实践中加以完善,使承包制逐步演化为现代企业制度的形式之一。当前要把功夫下在落实《全民所有制工业企业转换经营机制条例》上,通过落实条例,促成企业作为市场主体的形成。

第二,深化金融体制的改革,使银行成为确保向市场经济过渡成功、并使市场经济体制正常运作的有力保证。中央银行的首要目标是稳定货币。特别是我们在体制转换的同时又要加快发展,就更需要银行调节好和控制好货币供应总量。许多国家向市场经济的过渡都证明了银行主体的重要性,忽视银行,引起金融混乱,势必导致改革失败。我国从1992年开始货币政策趋向扩张,出现了一定程度的金融秩序混乱,中央关于整顿金融秩序的决定是非常及时的。向市场经济体制过渡必须把好金融关,同时,通过深化金融改革,实行政策性业务与商业性业务分离,建设好商业银行这一市场主体。

第三,财政税收体制的改革。财政税收是市场经济支撑系统的重要方面。现有的财政税收体制是和计划经济相适应的,再加上财税体制改革的滞后,很难适应市场经济的要求。这一问题不解决,势必影响市场经济体制的建立。首先,市场经济价格机制逐步形成,使国家失去了用价格保证税收的手段,财政收入下降。其次,财政以不规则的摊派来增加财政收入破坏了市场平等的竞争秩序。最后,财政不恰当的节支导致"创收"政策出台,本来应该由财政负担的事业、机关被迫去搞经营,破坏了正常的社会分工。财政税收体制不改革,就很难适应市场经济的要求。财政税收改革已经成为当务之急。只有建立起适合市场经济的财税体制才能保证稳定的收入来源,才能保证避免巨额赤字和通货膨胀,有利于市场经济的运作。

(原载《社会主义市场经济体制的基本理论与实践》,经济科学出版社1995年版)

社会主义市场经济的经济治理
——党中央治国理政的政治经济学领悟

国家治理体系和治理能力是一个国家制度和制度执行能力的集中体现。国家治理体系是一个由各个子系统构成的完整系统，包括经济治理、政治治理、文化治理、社会治理和生态治理等。其中，经济治理是国家治理体系的基础，经济治理对其他方面的治理具有重要影响和传递作用。

马克思主义政治经济学认为，经济基础决定上层建筑，"人们在自己生活的社会生产中发生一定的、必然的、不以他们的意志为转移的关系，即同他们的物质生产力的一定发展阶段相适应的生产关系。这些生产关系的总和构成社会的经济结构，即有法律的和政治的上层建筑树立其上并有一定的社会意识形式与之相适应的现实基础"。因此，政治经济学是我们深入领悟党中央治国理政新思想的重要视角。

社会主义市场经济是中国特色社会主义的实践，是根据生产关系适应生产力的规律做出的重大选择和理论创新。经济方面的治理能力主要体现在社会主义市场经济的经济治理上。社会主义市场经济的经济治理必然影响其他各方面的治理，同时，各个方面的治理也必须与经济治理协同推进。

社会主义市场经济是一个复合概念，有着社会主义和市场经济两个方面的含义。因此，经济治理必须满足两个方面的内在要求，既要满足市场经济的治理要求，如市场规则和市场秩序；也要满足社会主义的治理要求，如共同富裕和公平正义。毋庸讳言，在社会主义与市场经济的有机融合上，我们始终面临着两个方面的矛盾冲突，不断面对新的挑战。因此，经济治理也必然更多地围绕着这一主题展开。

社会主义市场经济经济治理的核心问题是处理好政府和市场的关系，使市场在资源配置中起决定性作用，更好地发挥政府作用。发展是硬道理，中国选择市场经济是为了更好、更快发展；而经济治理，就是要通过市场和政府作用的合力，既充分释放经济活力，又保持良好的经济秩序，使经济发展活而不乱。经济发展与经济治理始终是一对相伴而行的概念。经济治理主要体现在经济体制的改革上。

一、人民利益至上：经济治理的根本原则

中国特色社会主义是科学社会主义理论逻辑和中国社会发展历史逻辑的辩证统一。因此，社会主义市场经济的经济治理也离不开科学理论的指导。经济治理离不开治理的价值立场和价值取向。习近平总书记指出："我们任何时候都必须把人民利益放在第一位。"这一人民利益至上的思想深刻体现了马克思主义的基本立场、基本观点和基本方法，也体现出共产党人不变的价值观，因此也是经济治理的根本原则。

习近平总书记指出："人民对美好生活的向往，就是我们的奋斗目标。"他不断地反复强调："要把人民放在心中最高位置，全力为群众排忧解难。""要始终把人民生命安全放在首位。""切实做到人民有所呼、改革有所应。""人民群众的事情就是我们的牵挂。""我们任何时候都必须把人民利益放在第一位。"

从政治经济学看，人民利益至上的观点揭示的正是社会主义经济的基本经济规律。一个社会的基本经济规律不会随体制的改变而消失，改变的只是实现方式。在市场经济条件下，这一基本经济规律必然对其他经济规律起到制约和导向作用。人民利益至上，必然主导着经济治理的方向和全部内容。

二、掌握实情、直面问题：经济治理的初始点

有强烈的问题意识，以重大问题为导向，抓住关键问题进一步研究思考，着力推动解决我国发展面临的一系列突出矛盾和问题，这是经济治理的初始点。

治理，就是冲着解决问题来的。经济治理首先必须掌握真实的情况。正如习近平总书记指出的："中国有13亿人口，治理不易，光是把情况了解清楚就不易。我常说，了解中国是要花一番功夫的，只看一两个地方是不够的。中国有960万平方公里，56个民族，13亿人口，了解中国要切忌'盲人摸象'"。

掌握实情的基础上，必须直面问题。习近平总书记在说明《中共中央关于全面深化改革若干重大问题的决定》时点出了一系列现存问题：发展中不平衡、不协调、不可持续问题依然突出，科技创新能力不强，产业结构不合理，发展方式依然粗放，城乡区域发展差距和居民收入分配差距依然较大，社会矛盾明显增多，教育、就业、社会保障、医疗、住房、生态环境、食品医药安全、安全生产、社会治安、执法司法等关系群众切身利益的问题较多，部分群众生活困难，形式主义、官僚主义、享乐主义和奢靡之风问题突出，一些领域消极腐败现象易发多发，反腐败斗争形势依然严峻，等等。这些问题都是经济治理的对象。只有问题明确了，治理才能有的放矢、对症下药。

从政治经济学视角看，在勇于直面问题的同时，还必须从理论上弄清这些问题产生的根本原因，不能头痛医头、脚痛医脚。找到病根才能药到病除，抓住根本经济治理才能真正见效。

三、不断革除体制机制弊端：经济治理的着力点

认真逐条分析问题的成因可以发现，问题生成于体制机制的弊端。正如习近平总书记指出的，我国社会主义市场经济体制虽然已经初步建立，但仍存在不少问题，主要是：市场秩序不规范，以不正当手段谋取经济利益的现象广泛存在；生产要素市场发展滞后，要素闲置和大量有效需求得不到满足并存；市场规则不统一，部门保护主义和地方保护主义大量存在；竞争不充分，阻碍优胜劣汰和结构调整；等等。这些问题不解决，完善的社会主义市场经济体制是难以建立的。因此，经济治理的着力点就应该放在规范市场秩序、统一市场规则、消除市场垄断、保护市场竞争、不断革除体制机制弊端上。

财税体制是经济体制的核心体制，财政是国家治理的基础和重要支柱，科学的财政体制是优化资源配置、维护市场统一、促进社会公平、实现国家长治久安的制度保障。我国经济社会发展中的一些突出矛盾和问题也与财税体制不健全有关。因此，财税体制的改革是经济治理的重点。

马克思主义认为，经济科学的任务在于：证明现在开始显露出来的社会弊病是现存生产方式的必然结果，并且从经济运动形式内部发现未来的、能够消除这些弊病的、新的生产组织和交换组织的因素。改革就是使生产关系更好地适应生产力的发展。因此，伴随经济治理的必然是制度创新、体制创新和机制创新。

经济治理的核心是处理政府和市场的关系。正如习近平总书记所指出的：在市场作用的问题上，要讲辩证法、两点论，"看不见的手"和"看得见的手"都要用好，努力形成市场作用和政府作用有机统一、相互补充、相互协调、相互促进的格局；"要处理好活力和有序的关系，社会发展需要充满活力，但这种活力又必须是有序活动的。死水一潭不行，暗流汹涌也不行"。

一方面，我们必须正视社会主义市场经济体制仍然存在不少束缚市场主体活力、阻碍市场和价值规律充分发挥作用的弊端。经济治理就是要减少政府对资源的直接配置，减少政府对微观经济活动的直接干预，加快建设统一开放、竞争有序的市场体系，建立公平开放透明的市场规则，把政府不该管的事交给市场，让市场主体释放更多的经济活力。

另一方面也必须看到，有效的政府治理是社会主义市场经济体制的优势所在。要切实转变政府职能，严格依法行政，切实履行职责，该管的事一定要管

好、管到位，该放的权一定要放足、放到位，坚决避免政府职能错位、越位、缺位现象。

从政治经济学看，市场与政府作用有机结合、实现活而不乱的关键在于深刻认识和把握市场经济的内在矛盾。首先，市场的活力来自竞争，但竞争必然引起集中，集中则可能导致垄断，垄断一旦出现，必然限制竞争。因此，发达的市场经济国家都会依靠政府的力量限制垄断、保护竞争。因此，想要市场充满活力，就离不开政府对市场秩序的保护。其次，市场在自然资源的保护、生态环境的改善、贫富差距的缩小、公共产品和服务的供给上的功能是失灵的，对宏观经济总量和结构的调节是滞后的。社会主义市场经济不是无政府主义的市场经济，政府的作用就是实现科学的宏观调控、有效的政府治理。正如习近平总书记指出的，政府的职责和作用主要是保持宏观经济稳定，加强和优化公共服务，保障公平竞争，加强市场监管，维护市场秩序，推动可持续发展，促进共同富裕，弥补市场失灵。

四、顶层设计和整体谋划：经济治理的根据指南

习近平总书记一贯主张坚持从大局出发考虑问题，强调"不谋全局者，不足谋一域"。因此，顶层设计和整体谋划成为经济治理的根据和指南。从四个全面战略布局到"十三五"规划的制定，从提出以"一带一路"建设、京津冀协同发展、长江经济带建设为引领，形成沿海沿江沿线经济带为主的纵向横向经济轴带，到优化发展京津冀、长三角、珠三角三大城市群以及具体指导北京疏解非首都功能，促进京津冀协同发展的部署中，都可以清晰地看到顶层设计和整体谋划的治国理政大思路。他针对现实存在的问题，特别强调：规划要先行，一张好的蓝图要一干到底，不能政府换届规划也换届，政贵有恒，一以贯之，要一茬接一茬接着干，干出来的都是实绩。

马克思主义政治经济学认为，按比例分配社会总劳动是任何社会化生产不可改变的规律，能够改变的只是这个规律的实现形式。今天我们的去库存、去产能、去杠杆、降成本和补短板的政策正是这一规律使然。商品经济中，这个规律被蒙上了拜物教的神秘面纱，马克思预言只有物质生产过程"处于人的有意识有计划的控制之下的时候"，神秘的面纱才会被揭掉。他同时指出，"但是，这需要一定的社会物质基础或一系列物质生存条件，而这些条件本身又是长期的、痛苦的发展史的自然产物"。改革开放前，我们忽视了这些物质条件，采取了无所不包的计划经济，使发展陷入困境；改革开放后，我们选择了市场经济，回到了发展史的自然过程。但社会主义的本质要求我们减少这个过程的痛苦，同时，继

续探索在市场经济条件下顺应客观规律，驾驭市场经济的自发性，实现我们预定的目标，在人类从必然王国进入自由王国的历史飞跃中不断有所前进。顶层设计和整体谋划就是这一探索的伟大创新。

五、满足感与获得感：经济治理的异化矫正

强调最终目标的实现，以最终效果检验经济治理的成败得失，是党中央治国理政的鲜明特色和独到风格。和以往只关注表面现象和沉醉于统计数字不同，习近平总书记不断强化对人民群众满足感和获得感的工作意识。在把握全面建成小康社会的标准上，他指出不能用平均数掩盖大多数，要精准扶贫、精准脱贫；针对人们普遍存在的高速增长热情，他指出要以平常心对待降速的新常态，尊重经济发展规律，增长必须是实实在在和没有水分的增长、人民得实惠的增长。

其实，人类进行经济活动本来就是为了满足感和获得感。但资本主义经济出现了严重的异化现象，经济活动逐步偏离人们的原始目标。马克思主义政治经济学对此进行了深刻的剖析。社会主义是自觉的，市场经济是自发的，社会主义市场经济就应该是"自觉+自发"的经济。但异化是人类社会的自发现象，只要有一定的条件，就会滋生、蔓延。只要搞市场经济，异化就不可避免。从政治经济学看，满足感和获得感的提出正是对种种异化的矫正，赋予经济治理以更深刻的功能。

六、联动集成、形成合力：经济治理的协同推进

经济治理必须考虑和其他方面治理的关联性，与生态治理、文化治理、社会治理和政治治理联动集成、形成合力。

在经济治理与生态治理的协同推进上，针对体制不健全的问题，习近平总书记指出：山水林田湖是一个生命共同体，人的命脉在田，田的命脉在水，水的命脉在山，山的命脉在土，土的命脉在树。如果种树的只管种树、治水的只管治水、护田的只管护田，很容易顾此失彼，最终造成生态的系统破坏。因此，由一个部门负责领土范围内所有国土空间用途管制职责，对山水林田湖进行统一保护、统一修复是十分必要的。

司法体制是政治体制的重要部分。经济治理与政治治理的关系主要反映在经济治理与依法治理的紧密结合、协同推进上。经济治理很大程度上直接表现为依法治理。从国民经济社会发展规划的制定、执行到市场规则、市场秩序的制定、形成，都必须有法律作为依据，也都要形成法律作为实现的保证。正如习近平总书记指出的：要处理好活力和秩序的关系，坚持系统治理、依法治理、综合治理、源

头治理。

经济治理最终要表现为文化治理。所有的治理都表现为外在的强制，但所有的秩序最终要体现在人的行为上。人的行为除外在的约束外，主要受内在动机的支配。外在的约束只有内化为人们的自觉，才能真正起到约束的作用。怎样才能使众多个人形成共同一致的行为准则呢？这就要靠文化治理。

从中国梦到五大发展理念，其实质就是在推动文化治理。习近平总书记深刻指出：中国梦意味着中国人民和中华民族的价值体系认同和价值追求，意味着中华民族团结奋斗的最大公约数。建立和形成所有市场主体的最大公约数，就是通过文化治理而实现经济治理的根本路径。正如习近平总书记强调的"培育和弘扬核心价值观，有效整合社会意识，是社会系统得以正常运转、社会秩序得以有效维护的重要途径，也是国家治理体系和治理能力的重要方面"；"要按照社会主义核心价值观的基本要求，健全各行各业规章制度，完善市民公约、乡规民约、学生守则等行为准则"。今年五一劳动节，习近平总书记更特别呼吁：弘扬劳模精神、劳动精神，让劳动最光荣、劳动最崇高、劳动最伟大、劳动最美丽蔚然成风。这些文化治理的落实必将协同经济治理，从根本上实现经济发展的良好秩序。

（原载《前线》2016年第6期）

商品经济条件下按劳分配的实现机制
——兼论社会主义等量劳动获得等量报酬规律

平均化是商品经济运行的基本机制。社会主义既然不能跨越商品经济的阶段,就不可能脱离平均化运行的轨道。所以,我们对社会主义按劳分配的实现方式必须进行新的探索。

一

按劳分配是我们必须加以肯定的规律,它是社会主义公有制的客观要求。在公有制条件下,劳动者个人虽然不直接占有生产资料,但是劳动者整体占有全部生产资料(这里抽象掉了其他经济成分)。因此,劳动者反对一切凭借劳动以外的任何特权对社会产品的占有。马克思提出的个人消费品分配原则——等量劳动领取等量产品,科学地揭示了公有制经济条件下分配的客观规定性,这是按劳分配的核心所在。只要生产资料的公有制不改变,这个客观要求就要以规律的形式表现出来,对这点是不应有任何疑问的。

但是,我们的公有制和马克思的按劳分配据以提出的条件不同,还存在商品经济。这样,按劳分配的实现就必然和商品经济的要求相适应。在我国,按劳分配采取了工资的形式,这就在形式上把按劳分配的实现同价值规律的实现方式联系在一起。这里,我们首先必须明确一个概念——工资是劳动报酬的形式。过去我们常常把资本主义工资的本质——劳动力的价值或价格当作工资形式本身的规定性,以至于在工资问题上,或不主张用工资概念,或主张社会主义的劳动力也是商品,这是一种极大的误会。工资形式的规定性不同于工资形式背后反映生产关系的本质的规定性。这一点马克思一直是"把工资看作外表形式,它掩盖着同自身表现有着本质区别的内容"的,我们为什么还要在工资的形式和本质上不断产生着困扰呢?工资是劳动报酬的形式,社会主义工资第一次使工资的形式和内容一致起来,我们完全应该理直气壮地使用工资这一概念。

按劳分配采取了工资形式,这一规律的表述就应该从"等量劳动领取等量产品"改为"等量劳动获得等量报酬"。这种表述不但反映了公有制条件下同前一种表述相同的内在要求,而且用"获得"代替"领取",用"报酬"代替"产品",还表明了按劳分配在商品经济条件下不同于马克思设想的运行背景和实现机制。

二

等量劳动获得等量报酬的规律，在商品经济的工资形式下有着同马克思按劳分配模式完全不同的实现机制：不是靠行政手段直接实现每一个个别劳动者的劳酬一致，而是通过工资在商品经济中的平均化运行来实现的。如有甲、乙、丙三个企业，各有三名劳动者，虽然都实行八小时工作制，但每个人向企业提供的有效劳动各不相同，进而由于在各企业实现本企业总劳动（为了方便，我们假定三个企业的总劳动是相同的）的过程中，社会承认的其产品价值量不同，因而企业形成的工资总额也各不相同。这时，按劳动者个人提供的有效劳动占企业总劳动的比例计算的工资就会不同（见表1）。

表1

项目	甲企业			乙企业			丙企业		
劳动者	甲$_1$	甲$_2$	甲$_3$	乙$_1$	乙$_2$	乙$_3$	丙$_1$	丙$_2$	丙$_3$
实际劳动（小时）	8	8	8	8	8	8	8	8	8
有效劳动（小时）	6	8	10	6	8	10	6	8	10
企业总劳动（小时）	24			24			24		
有效劳动/企业总劳动（%）	25	33	42	25	33	42	25	33	42
和企业实现价值相适应的工资总额（元）	20			24			28		
按有效劳动率计算的日工资（元）	5.00	6.00	8.40	6.00	7.92	10.08	7.00	9.24	11.70
劳动者实际小时工资（元）	0.63	0.83	1.05	0.75	0.99	1.26	0.88	1.16	1.47

由于同一企业有不同的工资率，劳动者就会改进技术和劳动态度，努力使自己的有效劳动更多，从而使企业内部工资趋于平均化；由于不同企业有不同的工资率，企业经营者会努力改善经营，争取企业总劳动更多地得到社会承认，而劳动者则向工资率高的企业流动。劳动力供求的变化影响企业工资水平，从而形成全社会的工资平均化。

这样，等量劳动获得等量报酬规律的实现就是在平均化过程中完成的。它表现为：劳动者的个别工资量随其向企业提供的有效劳动量的变化而浮动，不同企业由于经营水平不同和受市场影响不同而有不同的工资水平，不同行业的工资水平受劳动力供求关系影响而波动，因此不同企业的劳动者会有极不相同的工资率。在劳动者追求工资最大化和企业追求工资效益最大化的过程中，工资运行呈现出一种有序状态。在这种工资运行过程中,劳动者自主选择职业和岗位,企业自主选择所需劳动力,在国家宏观调控下,由于劳动力的合理流动,工资率和工资不断地平均化,从而实现等量劳动获得等量报酬。

社会主义工资运行的实现形式虽然采取了平均化的机制,但与资本主义工资的运动规律仍然有质的差别。资本主义工资运行规律受劳动力价值或价格运动规律的支配,只要把劳动力价值或价格换成外在的工资形式,那里的一切规律就会转化为工资运动的规律。而社会主义的工资不再是劳动力的价值或价格,它的运行受劳动报酬运动的规律支配。从表现上看,工资也是一种"价格",其实质只是平均化过程形成的计酬标准,或者说是计酬标准的平均化。这种平均化根本不同于资本主义工资的运动,却类似于资本主义利润的平均化。马克思曾经对资本的运行过程作了极其深刻的揭示:等量资本获得等量利润的要求不是一种契约,它既是资本主义经济条件下产生的一种社会权力,又是资本运行的一种客观结果。平均化是它的实现机制。这里,追求利润的最大化是资本主义的生产关系所决定的,而平均化则是商品经济的要求,利润的平均化是资本主义私有制的实现。在社会主义商品经济条件下,等量劳动获得等量报酬也不是一种契约,它是公有制赋予劳动者的一种社会权力,而商品经济却决定了它的实现机制也只能是平均化运行。它体现的则是商品经济条件下公有制的实现。

社会主义工资运行机制采取的平均化机制也是大工业的要求。至于工资平均化运动的基础——劳动力的流动,也不是我们可供选择的政策,而是大工业的必然要求。"大工业的本性决定了劳动的变换,职能的变动和工人的全面流动性。"

所以,只要我们沿着现代化工业道路前进,坚持搞有计划的商品经济,按劳分配采取平均化的实现机制就是必然的。

三

平均化运行在社会主义初级阶段对于促进生产力的发展有极为重要的意义,主要表现在以下两方面:

其一,它使社会主义平等与效率达到有机的统一,为社会主义平等的实现提供了合理的运行机制。

很多人在现行工资制度的思想束缚下发出了平等与效率难以两全的叹息,从而提出效率优先的原则。但从平均化运行高度看却可以得出一个结论,那就是社会主义的平等与效率是一致的,关键在于如何认识社会主义平等的内涵和平等的实现机制。社会主义在完成了消灭阶级、消灭剥削的任务后,社会成员"除了自己的劳动,谁都不能提供其他任何东西",在这样的历史条件下,马克思科学地预言"平等就在于以同一尺度——劳动来计量"。因此，从经济上来说，等量劳动获取等量报酬就成为社会主义平等观的真正内涵。列宁把这一平等观概括为"劳动平等和工资平等"。

劳动平等和工资平等概括了社会主义平等观的内涵。我们可以从中悟出社会主义平等实现机制的两个重要环节，这两个环节正是工资平均化运行的关键。

在生产资料公有制条件下，劳动者在等量劳动获得等量报酬的平等动机驱使下，为实现自己的平等要求，首先要求劳动的平等。

所谓劳动的平等，就是只承认劳动的差别，不承认劳动以外的任何特权。其现实表现就是每一个有劳动能力的人都要通过劳动获取生活资料，人人就业机会均等，劳动者可以自主选择职业和岗位。

劳动者的平等动机要在企业生产过程中表现为劳动动力，努力为企业提供更多的有效劳动。凝聚着企业总劳动的产品价值要通过市场取得社会承认，社会承认的状况必然影响企业工资总额，然后在企业内部，劳动者根据自己的有效劳动按劳取酬，实现企业内的工资平等。

所谓工资的平等，绝不是所谓"大家都得到同样的东西"，而是以同一标准来计酬，它是劳动平等的结果，又是等量劳动获得等量报酬的实现。工资的平等只意味着"劳动成果相同，从而由社会消费品中分得的份额相同"的平等。和马克思的预见不同的只是，在社会主义商品经济条件下，工资的平等不是靠"分得的份额"来实现的，而是靠劳动者凭借自己的劳动去"挣"来实现的，不是按劳动者实际支出的劳动去计酬的，而是由实际劳动——有效劳动——实现劳动的不断转化的劳动计酬的，不是单纯的行政性分配，而是把工资平等和劳动平等结合在一起的一种运动，通过市场的平均化而实现。因此，这种平等也只能存在于运动中的平均数中，而不可能存在于每一个个别场合。

没有劳动的平等，工资的平等就失去了依据，没有工资的平等，劳动的平等也只是一句空话。从平等的动机到平等的实现，劳动平等与工资平等构成了一个完整的运行体系，在这个体系中，平等与效率得到最完美的统一。

其二，它为工资激励职能的发挥创造了良好环境，使工资真正成为促进生产力的经济杠杆。平均化运行以劳动者追求工资最大化和企业追求工资效益最大化为动力共同推动工资运行，为劳动者勤劳致富打开了大门，工资激励劳动者努力劳动、提高技术。

（原载《经济与管理研究》1990年第5期）

坚持按劳分配原则的指针
——学习《邓小平文选》有关论述的两点体会

《邓小平文选》中多次论述了按劳分配问题。它不仅是几年来按劳分配理论上拨乱反正的历史记载，更是我们今天坚持按劳分配原则的指针。

一、坚持按劳分配，就要反对平均主义

平均主义是和小生产相联系的思想，按劳分配的思想从产生那天起就建立在对平均主义的否定上。以后在马克思、恩格斯把按劳分配由空想变为科学以及按劳分配从理论到实践的过程中，始终存在着同平均主义的斗争。按劳分配的整个理论就是在同平均主义的斗争中产生和发展起来的，如列宁、斯大林及苏联经济学家与托洛茨基等人的论战就是在反对平均主义的斗争中使按劳分配理论得到坚持和发展的。

新中国成立后初步实行了按劳分配制度，但平均主义一直都在干扰和破坏按劳分配的贯彻。邓小平同志多次对坚持按劳分配、反对平均主义的问题进行了论述，指出："不能搞平均主义，不能吃大锅饭。在一个研究所里，好的研究员的工资可以比所长高。在一个学校里，好的教授的工资可以比校长高。""提倡一部分人和一部分地方由于多劳多得，先富裕起来。"并提出按劳分配的标准是"劳动的数量和质量"，处理分配问题"只能按劳，不能按政治，也不能按资格"。小平同志的这些重要指示，对于我们肃清平均主义、坚持和发展按劳分配理论起了重要作用。没有前些年在按劳分配理论上的拨乱反正，也就不会有我们今天在按劳分配问题上更深入的探索和实践。

二、承认个人物质利益，要为全体人民的物质利益奋斗

邓小平同志在谈到扩大厂矿企业和生产队的自主权时提出："不讲多劳多得，不重视物质利益，对少数先进分子可以，对广大群众不行，一段时间可以，长期不行。""革命是在物质利益的基础上产生的，如果只讲牺牲精神，不讲物质利益，那就是唯心论。"这些论述确实起到了解放思想的作用。

但近几年又产生了另外一种倾向：有的人、有的单位只为自己的物质利益奋斗，面对这种情况，邓小平同志及时指出："多劳多得，也要照顾整个国家和左

邻右舍。""我们提倡按劳分配,承认物质利益,是要为全体人民的物质利益奋斗。每个人都应该有他的一定的物质利益,但这绝不是提倡个人抛开国家、集体和别人;专门为自己的物质利益奋斗,绝不是提倡人人都向'钱'看。"一切向钱看的倾向不仅不是贯彻按劳分配,而且是对按劳分配原则的根本违背。这里,邓小平同志提出了一个重要的理论问题——按劳分配是在社会主义公有制和共同劳动的前提下的分配原则。全体人民的物质利益是社会的基础和经济发展的根本目的,是一切物质利益的总基础和大前提。

我们承认个人物质利益,但这种个人的物质利益必须寓于全体人民的物质利益之中,没有国家的利益、集体的利益也就不会有个人的利益。如果认为个人的物质利益是基础,提倡个人专门为自己的物质利益奋斗,那"社会主义和资本主义还有什么区别"?邓小平同志的这个重要论述对于我们正确理解和贯彻按劳分配原则是极其重要的。我们的任务就是找到一种形式,体现出按劳分配原则,使国家的利益、集体的利益、个人的利益更好地结合;使为全体人民物质利益的奋斗比较合理地体现在承认个人物质利益之中,达到"鼓励大家上进"的目的。在这方面应该划清资本主义和社会主义的界限。

学习《邓小平文选》中有关按劳分配的论述,对我们今后社会主义革命和建设的实践有重要的指导意义。

(原载《北京经济学院》1983年10月14日)

挂钩是为了脱钩
——浅议改革中的工资与物价

工资与物价是社会主义商品经济中两个重要的范畴。在经济体制改革过程中，处理好两者之间的关系至关重要。本文想从二者基本关系入手，就工资与物价是否应挂钩的问题谈谈自己的粗浅看法。

一、工资与物价的无关与相关

在论及工资与物价是否应该挂钩的问题时，不同的政策主张各有自己的理论依据。主张挂钩的认为二者之间有紧密的联系；不主张挂钩的则认为二者没有必然的联系。因此，从理论上搞清楚二者之间的关系是十分必要的。这是我们制定正确政策的理论基础，也是我们统一认识的前提。

对工资与物价的关系，简单地肯定相关性或否定相关性都是片面的，没有准确地把握二者之间的区别与联系。笔者认为，工资与物价之间既相关又无关。

（一）工资与物价的无关

工资与物价属于不同的经济范畴，各有不同的运动规律。

工资是劳动者的劳动报酬，工资的本质要求是与劳动量相适应。工资运动的内在规律是等量劳动获取等量报酬。工资的量的变化主要是由劳动的量的变化引起的，当然也受劳动力供求状况的影响。工资只承认劳动的差别，而不承认劳动以外的任何特权。

物价是商品价值的表现，要求与生产商品的社会必要劳动时间和社会供应状况相适应。物价运动的内在要求是等价交换。物价的量的变化主要是商品价值量的变化引起的，同时也受商品供求关系的影响。

工资反映的是社会主义劳动者与企业之间付出劳动和支付报酬的关系，物价反映的则是不同商品生产者等量劳动相交换的关系。这就是它们的无关性。这种无关性要求工资与物价各自按照自己的内在要求运行。这种无关性实现了，工资和物价就可以在各自的领域中充分发挥作为经济杠杆的职能。

（二）工资与物价的相关

在社会主义商品经济中，由于工资与物价都要以货币作为衡量尺度，所以共同的价值形式是二者产生相关性的基础。同时，工资与物价都属于分配范畴，虽然分配的方式不同、渠道不同，但在分配上必然产生相互影响、相互制约的关系。所以，工资与物价不仅有其无关性的一面，也有其相关性的一面。这种相关性主要表现在以下两方面。

首先，从工资对物价的影响来看：

工资是从价值决定与供求两方面来影响物价的（如图1所示）。

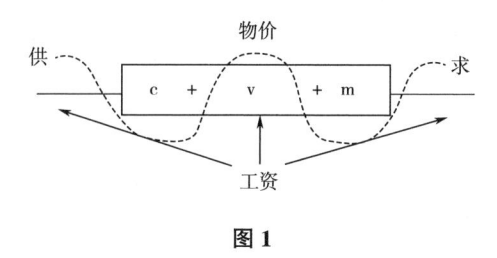

图1

（1）直接影响——工资本身构成物价的组成部分。

物价的三个组成部分（c+v+m）中，工资（v）是物价的组成部分。一般来说，工资的变化会影响分配率（v/v+m）。但在分配率的变化率为零而劳动生产率的增长率为一常数时，工资的变化直接决定着物价的变化。如果工资的增长率超过劳动生产率的增长率，必然引起物价上涨。现实生活中，当工资上升引起成本上升时，如果企业不愿意减少利润，必然在价格上做文章。

（2）间接影响——工资通过影响供求而影响物价。

物价除了由价值决定外，还受社会供求的影响而波动。而工资一方面直接形成对消费品的社会购买力，表现为社会需求；另一方面通过影响劳动者的积极性影响着社会供给。

其次，从物价对工资的影响来看：

（1）价格与价值的严重或长期背离，必然对表现为价值形式的工资产生影响，使名义工资与实际工资发生背离。特别是国家通过价格进行分配时，必然对工资分配产生影响。

（2）上面的背离同时会使得以价值形式衡量企业经济效益时造成不准确的结果，从而影响由企业经济效益决定的工资水平。

（3）物价不仅受供求影响，而且也影响供求。所以图1中的箭头反过来，也可以说明影响工资。

此外，由于工资、物价都表现为货币，所以，币值的变化、货币发行量既影响物价，也影响工资。一般来讲，物价对币值变化的反应比较灵敏，调节也比较快，而工资往往反应迟钝，调整也滞后。

通过以上分析我们看到，工资与物价的无关性要求各自按自己的内在要求运动，而二者的相关性却使两个经济范畴互相制约，互相影响，有时甚至纠缠在一起。我国经济体制改革在工资与物价上面临的一切问题都是由此而产生的。

二、传统体制下工资与价格的双扭曲

在社会主义高度集中的传统体制下，工资和物价各自都发生了扭曲现象。

国家管理职工的工资管理制度，由于无法及时、准确地反映劳动者的现实劳动状况，使工资发生了严重的扭曲。这是工资改革迫切需要解决的问题。

过分集中的由国家统一制定价格的管理体制，使价格既不能反映价值，也不能反映供求，价格也发生了严重的扭曲。价格的扭曲影响整个国民经济，价格的改革成了整个经济体制改革成败的关键。

不仅工资和物价各自发生了扭曲，在传统体制下，国家还利用了工资与物价的相关性制定了一些既违反按劳分配原则又违反价值规律的政策。对工资与物价的一些主观处理加剧了工资与物价的双扭曲。最为典型的就是低工资、高补贴的政策，使工资和物价你中有我，我中有你，"剪不断、理还乱"。

这种双扭曲带来的危害在改革中暴露得最为明显。改革中，工资和物价都试图解决各自的问题。但是，二者的相关性使这个已经发生的双扭曲进一步加剧。要想动物价，必然影响工资，要想动工资，又要影响物价。就像一股拧在一起的绳索，物价和工资紧紧地捆在一起，谁也迈不开改革的步伐。任何一方的单独迈步都会进一步加剧扭曲给国民经济带来的影响。

为了稳定政治局面以及使国民经济和人民生活不因改革而受到损失，无论是物价改革还是工资改革都不可能一下子彻底打乱原有结构，而只能在劳动生产率不断增长的情况下，对工资和物价进行"增量调整"。这种"增量调整"也给我们带来了麻烦，那就是工资改革和物价改革都在一定程度上表现为"增工资"和"涨物价"。工资和物价的相关性继续发生作用。比如，我们要调整工资，势必引起一定的价格上涨，物价的上涨又引起实际工资的降低。这就给本来已经扭曲、也需要"增量调整"的工资改革带来更大的困难，使工资改革一迈步就面临着实际工资下降的威胁。所以尽管一再声明工资改革不是人人涨工资，但不以人的意志为转移的相关性还是毫不客气地把工资改革变成了弥补物价上涨。而普遍的增资又通过需求进一步影响物价。成本推动和需求拉动把我们拖进了工资物价的漩涡。

三、挂钩是为了脱钩

工资应该与物价挂钩吗？对这个问题，我们的回答同样不能过于简单，而要做一些分析。

首先，挂钩的前提。挂钩是在传统的集中管理体制还发生作用的前提下提出来的。在改革过程中，对那些已经脱离传统体制的束缚，如工资自主分配、自负盈亏的企业不用挂钩，因为工资会自动对物价做出反应。所以挂钩只是在集中管理体制还发生作用的范围和阶段内采取的办法。

其次，挂钩的目的。工资与物价的挂钩是在改革中从不降低人民生活水平的角度提出来的，这是很重要的一方面。但笔者认为这还不是挂钩的主要目的，更主要的是整个改革的需要。

物价改革是整个体制改革的关键，但是工资与物价的相关性拖住了物价改革的"腿"。工资改革和搞活企业这个改革的中心环节密切相关，但也被其相关性弄得步履艰难。因此，笔者认为挂钩是为了脱钩，摆脱其相关性带来的影响，而保证彼此无关方面按照各自的内在要求去理顺关系。工资与物价挂钩，可以使物价改革放开手脚，不必考虑对人民生活的影响，按照价值规律的要求去调整价格的结构。同时，也可以使职工收入清晰化，摆脱非劳因素对工资的干扰，使工资更好地履行劳动报酬的职能。

最后，挂钩会不会引起工资和物价的轮番上涨呢？这是能不能挂钩的焦点。我们首先应该对物价上涨的原因进行分析。

在体制改革中，物价的上涨有两种类型。

第一种属于结构性调整引起的上涨。这种物价上涨是由调整不合理比价和差价引起的物价合理上涨。调整不合理的比价一般力求在价格总水平不变的情况下有升有降。但是一方面，"增量调整"总不免要引起一定程度的价格水平上涨；另一方面，调整农产品与工业品不合理比价，直接影响到人民生活必需的消费品价格。因此，这种物价上涨就应该和工资挂钩。这种挂钩只会改变分配率，而不会引起价格的进一步上涨。

第二种属于通货膨胀引起的物价上涨。这种物价上涨是财政出现赤字，向银行透支，增发货币后购买力与商品可供量不平衡引起的货币贬值、物价上涨。这种物价上涨是赤字引起的，正是通过价格转移到消费者身上的。如果采取挂钩的办法，消费者就不承担这部分赤字。但总要有人来承担，消费者不承担，只好继续增发货币，导致物价工资的轮番上涨。这种由赤字引起的物价上涨是不能挂钩的，挂钩也解决不了任何问题，只是饮鸩止渴。

但是现实中的物价上涨往往是两种原因共同引起的。因此，挂钩时必须把两种物价上涨分清。前一种可以挂，后一种一定不能挂。一般来说，在财政赤字较大的年度，最好不要在物价上做大的动作。

四、挂钩方案比较

如何具体制定挂钩方案是一个十分复杂的技术问题。本文不打算就此进行详细论证，仅仅根据前面的分析，对目前提出的一些方案谈谈自己的看法。

首先必须明确评价挂钩方案的标准。这个标准要体现出挂钩的目的，挂钩是为了脱钩，便于去除相关性带来的影响，便于实现其各自无关的内在要求，而不能仅仅以人民生活水平不下降为标准。

有的方案提出按计划和政策调整工资，使工资的增长率超过物价的增长率，采取定期升级的办法，也有人将其称为"暗挂"。这种办法虽然保证了工资不因物价的改革而下降，但从改革的思路来看，这样强化了工资集中管理体制，很难走出新路子。同时，继续把由物价引起的补偿同反映劳动量变化的增资混在一起，使工资难以清晰化，难以按其自己的内在要求改革，给工资改革带来新的困难。

还有的方案提出发放物价补贴。这种由暗补变为明补的办法虽然使物价实现了自己内在的要求，却给工资实行内在要求带来新的困难。工资是劳动的报酬，现在却有一部分可以"不劳而获"，而且随着物价改革这部分还会增大。这种挂钩办法的不合理在最极端的形式上表现出来，就是一些无劳动力的老人和孩子也有了自己独立的"收入"，这是根本违背社会主义按劳分配原则的，会严重妨碍工资职能的发挥。

还有其他一些方案，其基本出发点是保证人民生活水平不因物价调整而降低，或者只考虑物价理顺而忽视了工资理顺，这些都是不可取的。

工资指数化在编制工资指数和物价指数上有许多技术难题，但从我们挂钩要达到的目的来看，是唯一可行的办法。工资的指数化，能够消除物价对工资的影响，使职工的工资只同劳动相关，真正实现工资的内在要求，同时物价的改革也可以循着自己的道路向前走。这里需要指出的有以下几点：

（1）物价指数必须排除通货膨胀的因素。

（2）工资指数只限于国家直接管理的范围和尚未完全放开的国营大中型企业工资中的不变部分。

（3）工资指数要挂在工资标准上，与职工的正常升级脱钩。

（原载《经济与管理研究》1987 年第 6 期）

工资改革目标模式新探

工资改革是我国经济体制改革的一个重要组成部分。因此，弄清工资改革与整个经济体制改革的关系，确立工资改革的目标模式，是非常重要的。本文就应该如何确立工资改革的目标模式、目标模式的描述与选择以及目标模式的步骤与途径作初步探索。

一、确立工资改革目标模式的原则

工资改革的目标模式的确立绝不是主观臆想可以得到的，必须有正确的理论依据，必须有对工资丰富的实践的正确总结，必须有对工资内外因素的客观联系的周密研究。因此，明确建立工资改革目标模式的原则是首要的。笔者认为以下原则是必须遵循的：

（一）必须从经济体制改革总体目标模式出发

工资改革是整个经济体制改革的一部分。只有充分认识工资改革与总体改革的关系，明确工资改革在总体改革中的地位，才能在全面的经济体制改革中把握好工资改革的方向、工资改革的关键，才能与其他配套改革步骤一致，也才能与改革的总体目标一致。

在整个经济体制改革这个系统工程中，企业搞活是关键和基础。而企业的活力归根结底来自包括厂长在内的广大劳动者的积极性。事实证明，劳动者积极性发挥的关键在于两条：一是劳动者在生产过程中的主人翁地位，二是劳动者的成果与他们自身的物质利益的结合。工资的改革正处在解决这样问题的风口浪尖之上。工资的改革关系到劳动者的积极性，关系到企业能不能搞活，关系到整个体制改革的成败。我们只有把工资的改革放在整体改革之中，才能看清它的地位和意义。平均主义和大锅饭是我们改革要解决的问题，而不是改革的目标，如果仅仅从分配的合理和对平均主义的克服去设计目标模式，必然不能达到目的。

同时，改革是计划体制、价格体系、国家机构管理经济的职能和劳动工资制度等方面的配套改革。只有从改革总的目标、总的方案出发，才能与其他改革更好地协调一致，才能产生配套改革的综合效应。

（二）必须以按劳分配理论和社会主义有计划的商品经济理论为指导，从社会主义经济规律系统的复合运动出发

按劳分配是生产资料公有制所产生的客观经济规律，无疑是指导工资改革的最基本理论原则。这一点是不应该动摇的。但是我们也必须看到，社会主义的商品经济与马克思按劳分配理论赖以建立的无商品生产和商品交换的基础有着巨大的差别。因此，按劳分配的原则及其实现的机制必然出现与马克思分析的不同的新特点。我们在研究社会主义工资改革的目标模式时，必须在坚持按劳分配原则的同时，以有计划的商品经济理论为指导，研究按劳分配在商品经济条件下新的作用形式和实现机制。不切实际地机械套用马克思的设想和离开按劳分配理论的指导，都会把工资改革引向歧途。

除了按劳分配规律外，价值规律、有计划按比例规律、物质利益的原则、社会主义基本经济规律以及劳动力供求规律，都在以不同程度、从不同角度对社会主义工资的运动产生作用和影响。

（三）必须从中国的国情出发，从变化中的实际出发

从中国的国情出发，不仅要考虑到中国生产力水平低、发展不平衡、资源有限、人口众多、劳动力素质不高等现状（这些一般已为人们所重视），而且还特别要考虑到三十多年来社会主义实践在生产关系上形成的新的国情，如多种经济成分、所有制的交叉与混合、管理体系变迁造成的复杂性等。

此外，在改革的目标和步骤上，还必须正视大多数中国企业中的管理干部已经习惯于听命于上级的状况。而要独立地作为企业家，根据市场情况和本企业情况自主地做出各种科学的决策，形成这种能力还需要一个过程。

在制定工资改革的目标模式时，应该强调的一条是从变化中的实际出发。三中全会以来，我们所面临的实际不是静止的实际，而是改革中的实际。因此，不能死守对原有体制的弊病的认识去设计新方案，而应该深入调查，在改革的实践中去把握我们所要变革的实际。否则，我们就会在从"实际"出发中脱离实际。如 1985 年企业理顺工资关系，只注意到原有工资制度和等级标准不合理的实际，却没有注意到在扩大企业自主权的过程中企业已经灵活运用奖金来弥补工资不合理的实际。不在这种变化中的实际中继续改革，而是把奖金纳入工资，使已经初步有了一些活力的企业劳动报酬制度又回到了僵化状态。其失败的原因就在于没有从变化中的实际出发。

（四）必须充分考虑社会主义工资的性质、职能

社会主义工资与资本主义工资的根本性质不同，它第一次使工资的现象同本质一致起来，分配的方式和机制可以变化，但工资作为劳动报酬的形式的内涵是不应该改变的。如果社会主义工资仅限于劳动力的价值部分或者可以超出和其劳动相关联的个人生活资料部分，那就把工资完全等同于商品价格，没有什么按劳分配可言，也就没有什么工资改革可言了。

在坚持社会主义工资性质的前提下，工资改革的目标模式必须充分考虑工资的分配职能和调节刺激职能。

分配职能是指工资具有根据劳动者劳动量的多少分配个人消费品的职能（也就是马克思所设想过的"纸的凭证"的职能）。这个职能要求劳酬相符，同工同酬，分配合理。

刺激和调节职能是指工资具有刺激劳动者生产积极性、提高劳动技能水平、提高劳动生产率的职能，以及调节劳动在各生产部门之间分配、促进劳动力的自由流动的职能。

这两个职能是相互联系的。只有分配合理才能刺激劳动者生产积极性，使劳动力合理正常流动；同时，也只有能刺激劳动者积极性的工资才是合理的工资，只有在劳动力的合理流动过程中工资才能真正实现合理分配。而我们过去往往只重视分配职能，不重视刺激和调节职能的发挥，同时把分配的合理和分配的平均等同起来，因此不能发挥工资的应有作用。在工资改革的目标模式中，我们必须既考虑工资的分配职能，又注意刺激和调节职能。

（五）必须充分考虑影响和制约工资的各种因素及工资运动的外部环境

在社会主义商品经济中，与工资运动并行的还有许多经济范畴，因此我们必须注意到工资运动的外部环境和影响制约工资的种种因素。

社会主义工资是职工劳动报酬的一种主要形式，但不是唯一的形式，如还有分红、稿酬、各种奖金等。社会主义工资是刺激职工积极性和调节职工行为的基本手段，但不是唯一手段。如还有名誉、地位、事业、有利的工作环境和交通居住条件、子女教育环境、信仰等。

同时，工资表现为货币，用货币就可以购买自己所需要的一切消费品。虽然工资只有靠劳动才能获得，但是货币往往可以通过其他非劳动途径得到。人们挣取工资是为了满足生活需要，而生活需要的满足一部分来自工资，另一部分却可以不来自工资。这种种因素往往和工资一样参与着分配，对职工的积极性和劳动

力的流动起着同样的作用,同时也不可避免地对工资产生着影响。对于这种多因素交叉作用,我们在考虑工资改革的目标模式时也必须充分注意。

（六）必须借鉴国内外工资制度和工资改革的经验和教训,总结和吸收各方面的新成果

工资这个概念已经有了几百年的历史。无论是资本主义国家还是社会主义国家,在工资的形式上,工资的制度上不断变化,很多做法都是值得借鉴的。特别是社会主义国家的工资改革更为我们提供了宝贵的经验。

如东欧各国在 20 世纪 50 年代后期和 60 年代,都随着本国经济体制改革的推行对工资制度进行了程度不同的改革,既有成功的经验,也有失败的教训,这些都是值得借鉴的。资本主义国家也在工资问题上有所变化,如马丁·L.威茨曼提出的用分享制代替工资制的分享经济的新思路在西方世界引起巨大的反响。虽然他的理论难以在资本主义制度下实现,但对于社会主义的工资改革却不能说没有一定的启迪。

三中全会以来,国内的一些部门和企业也在工资改革上做了种种尝试,无论在理论上还是实践上都为工资改革提出了新课题,提供了新经验。这些也都是在我们研究工资改革的目标模式时应该总结和吸收的。

二、模式的划分与选择

（一）模式的划分与描述

根据我国和其他社会主义国家实行过或正在实行的工资制度,参阅了科尔内对整个经济运行协调机制模式的划分方法及北京市委研究室提出的工资模式,笔者对工资管理体制做了以下划分（划分以控制工资的主体是国家还是企业为标准）：

模式Ⅰ：国家对个人直接分配。

这种模式是由国家统一制定工资标准、工资等级、统一规定工资的形式。国家直接控制工资总额的增长,具体规定职工升级的时间、幅度、标准和范围。企业实际上对职工的工资无权。

模式ⅡA：国家直接控制为主,企业自主为辅；以直接控制为主,间接控制为辅。

这种模式下,由国家对企业的工资总额进行控制,工资水平与工资标准和工资政策由国家统一规定。职工工资的管理、职工的升级由企业自行掌握,企业在

有限的范围内可以自行搞一定的浮动工资和自费调整工资。国家以工资税和奖金税加以调节。这种模式使企业对职工工资有了部分权力。

模式ⅡB：企业自主为主，国家控制为辅；以间接控制为主，直接控制为辅。

这种模式下，国家只控制企业工资的相对水平，不控制工资总额，也不制定全国统一的工资等级标准，国家只控制最低工资和行业间、部门间的工资差别。国家以税收等经济杠杆对企业进行间接控制，企业对职工工资有较大的权力。

模式Ⅲ：取消国家控制，由企业完全自主分配。

这种模式下，国家不再对职工工资进行任何控制。工资制度、工资标准、工资等级全由企业自主决定。南斯拉夫1961年以后实行的就是这种模式。南斯拉夫的政府工资法令中只剩下法定保障工资一项，企业在支付职工工资方面拥有充分的自决权，并用"个人收入"这一概念取代"工资"一词。

以企业对工资的权力为标志，对上述四种模式可以概括为：模式Ⅰ下，企业无权；模式ⅡA下，企业小权；模式ⅡB下，企业大权；模式Ⅲ下，企业全权。

（二）模式的比较与选择

四种模式中，模式Ⅰ是以传统的高度集中的经济模式为基础的。它不承认商品经济，其弊病在社会主义实践中暴露得非常明显。正因为如此，包括苏联在内的各个社会主义国家已先后进行了改革。

模式Ⅲ由于取消了国家的宏观控制，企业在进行收入分配时，容易从眼前利益和局部利益出发，个人收入的增长超过劳动生产率的增长，消费基金的过分扩大使企业积累与补偿能力不足，进而会引起信用膨胀。理论和实践都已证明，社会主义国家完全放弃宏观控制的工资目标模式是不可取的。

模式ⅡA和模式ⅡB都是介于模式Ⅰ和模式Ⅲ中间的模式，只是国家控制和企业自主的程度和方式不同。

模式ⅡA是对模式Ⅰ的松动，东欧各社会主义国家在工资改革的初期基本上都属于这个模式。我国目前工资改革类似于这种模式。这种模式由于基本保持了模式Ⅰ中宏观控制的机制，因此一般较易实行。

模式ⅡB对模式Ⅰ进行了较大的改革。企业自主靠近模式Ⅲ，但保留了国家对工资的宏观控制，只是国家控制不再是主要的、直接的，而企业自主成为主要的、直接的。这样的模式有利于企业作为独立的商品生产者和经营者自主地安排自己的经济活动，工资的刺激和调节职能发挥得也较为充分。

因此，模式ⅡA可以作为改革的起步模式，比较平稳地开始模式的初步转换。而模式ⅡB则可以作为改革的目标模式。随着全面体制改革的深入，当企业行为的机制较为健全之后，逐步过渡到模式ⅡB，完成模式质的转变。既保留有效的宏观调控的优点，又能充分发挥工资调节和刺激的职能，这样应该说是比较理想的模式。

三、目标模式实施的步骤与途径

（一）步骤——与企业行为机制的完善和政府行为机制的完善同步

工资改革是整个经济体制改革的重要环节。工资改革和它的目标模式的实施牵涉到整个经济体制改革的各个方面，应该与价格体制改革、劳动管理体制的改革等配套进行。

工资改革涉及经济体制的两个方面：企业自主权的扩大和国家宏观控制的完善。这两方面正是体制改革的两个相向运动的主要过程。工资改革目标模式的实施必须与这两个过程相适应。

经济体制改革的一个主要过程就是企业由国家直接管理的行政机构的附属物向企业是独立的商品生产者和经营者的转变过程。在这个过程中，企业行为机制将得到逐步完善，工资作为企业分配行为是企业行为的一个重要组成部分。企业自主权逐步扩大和具体落实，必然对工资的改革提出要求，必然产生根据企业自身内在需要在力所能及的范围内进行工资分配行为的变革。从这个意义上理解，工资改革不来自原来体制的"上边"，而产生于新体制因素不断增强的"下边"。因此，工资改革实施的步骤必须与企业自主权扩大的过程相适应，必须与企业行为的自我完善和成熟程度相适应。在我国目前改革中，一方面，企业自主权还不可能有实质性的转变，多层次的中梗阻、截权还都阻碍着改革，同时企业还不具备独立自主的经营能力，企业的干部还不善于从宏观与微观的一致上调节企业的行为。在这种情况下，工资的改革不可能超越企业行为机制完善的阶段而先行在企业中得到更大的自主。另一方面，在改革中，企业的自主权比起先前确有扩大（包括中央对企业奖金发放权力的松动）。在此基础上，企业在力所能及的范围内对工资分配所做的种种变通适应了企业扩权过程的要求，同时也巩固了已经扩大了的权力，促进企业自主权的进一步扩大。不承认这种实际生活中的工资改革也是错误的。我们所说的目标模式中企业对工资的扩权，只有随着企业商品生产者和经营者地位的逐步确立才能逐步地实现。

经济体制改革的另一个主要过程是政府由直接经营管理企业到对企业只履行调节、监督、服务的职能转变过程。在这个过程中，国家管理企业的权力要下放，宏观控制的职能要加强，国家政府行为机制逐步趋于完善。工资是国家对经济活动进行宏观控制的重要内容之一。随着政府行为机制的完善，随着国家由过去单纯的行政命令到以经济手段为主的宏观控制方式的转变，必然产生国家对工资控制行为的变革。因此，工资改革目标模式的实施步骤又必须与政府职能转变过程相适应，必须与政府行为框正的进程和国家对经济手段运用的熟练程度相适应。在政府职能尚未发生根本转变时，政府提出工资改革的方案必然离不开原有模式的限制。只有随着政府职能转变的进程安排工资改革的进程，才可能使工资改革的目标模式实现。当然，政府职能的转变过程也必须跟上企业扩权过程中提出的工资改革的要求。

因此，笔者认为工资改革目标模式的实施步骤必须做到和以上两个过程的适应或同步，即：和扩大企业自主权相适应，随着企业行为机制的完善过程，逐步把工资分配权下放到企业；和调整政府机构职能相适应，随着宏观控制的改善和加强，逐步转变工资的宏观控制方式。

（二）途径——"死工资"与"活工资"的变位

旧的工资体制是"死"的，而改革的要求是"活"。这个"活"是经济发展的内在要求。因此，只要企业有了一定自主权，不管有没有来自上级的改革部署，"活"也要以它特有的方式顽强地表现自己。近年来，在工资制度上的"死"与"活"已经不同于经济体制改革之前，出现了一些新的现象。如：基本工资"死"，奖金津贴"活"；主业工资"死"，第二职业工资"活"；在职时工资"死"，退休后工资"活"；全民企业工资"死"，集体企业特别是新办的各种"三产"工资"活"；城市企业工资"死"，乡镇企业工资"活"。为了叙述方便，我们把列入国家计划的基本工资称为"死工资"，把奖金和其他根据职工劳动状况而获得的劳动报酬称为"活工资"（这里当然排除那些非劳动收入）。

怎样认识这种"死"与"活"并存的局面，对于工资改革的步骤和途径是至关重要的。

一些同志认为，这类"活工资"是新旧体制交替时期的"偏差"，应该加以限制和纠正。而我们仔细考察就会发现，由于"死工资"不能准确和及时地反映劳动的差别，"活工资"的各种形式已超出原来的界限，起着按劳分配的重要作用。如奖金已经不仅是超额劳动的报酬和工资的补充形式，在很多企业，很大程度上已经成为劳动报酬的主体。一个工人，不管劳动好坏，"死工资"可以照拿，但奖金形式上"活工资"却可以因贡献不同而相差几十元甚至上百元。一个理发员，基本工资不过五六十元，而根据活劳动，工资和奖金一起却可以高达二三百元。一个科技人员，尽管"尊重知识、尊重人才"的口号喊得很响，但他们的"死工资"远不能反映出他们的劳动付出,而社会上的兼课、咨询报酬的"活工资"却准确地反映着他们为社会的贡献,还往往表现为"优质优价"。

这种随着企业自主权扩大而不断产生和发展的"活工资",在一定程度上修正了"死工资"的偏差,更好地体现了多劳多得,同时充分利用了社会闲散的劳动力、能工巧匠,充分发挥了知识分子的聪明才智,反映了劳动力供求规律要求,有些企业甚至学会了灵活运用奖金解决生产中的各种难题,相当一部分企业结合经济责任制,对"活工资"已经形成了一套适合本企业生产经营特点的管理办法。而这种能够合理反映劳动付出的分配,刺激劳动者积极性和调节劳动力流动的职能,不正是我们目标模式的萌芽吗?当然,各种"活工资"还有许多不完善之处,这种不完善也是和企业行为机制的不完善以及政府行为机制的不完善相联系的。

面对这种"死"与"活"的并存,不同的分析就有不同的决策;

一种是从某种既定的目标出发、从新的僵化观念出发的,对"死工资"进行直接改革,把"活工资"视为不正常的消费基金的膨胀的根源,把"活工资"并入"死工资",对"死工资"调整、理顺、纳入轨道,为全面工资改革铺平道路。

另一种是从现实出发的,保护和完善"活工资",扩大和发展"活工资"。以"活工资"促进"死工资"的变活,以量变促成工资改革的质变。许多企业实际上已经在走这条路,它们把"死"的基本工资的一部分拿出来与奖金捆在一起"活"用,或把"死"的基本工资作为"档案工资",而现实的工资则根据劳动状况活用。

不同的决策就有不同的后果。后者借改革之东风,敢于变通,死中求活,既是扩权的结果,又是对扩权的促进,顺应改革的潮流。而前者逆企业扩大自主权,完善企业行为机制的过程而动,强化国家对企业的直接管理,不适应体制改革的总要求,给已经走上搞活道路的企业泼了冷水。

当然,后一种决策会给国家的宏观控制带来一些新的课题,但这些新的课题也正是国家职能转变过程和宏观控制完善过程中要解决的课题。因此,笔者认为工资改革目标模式的实施应该改变在"死工资"上做文章的做法,而应该因势利导,从改革的实践中总结、完善各种新产生的"活工资",扶植它的成长。随着生产的发展,把工资增长的部分加在"活工资"上,使"死工资"在工资总额比重中相对下降,使人们逐步习惯于靠自己的勤奋劳动去获取"活工资"。与此同时,政府部门把注意力从对"死工资"改革上转移到对"活工资"增长过程中宏观控制的机制上来。在"活工资"与"死工资"由量变到质变的过程中,实现工资分配模式ⅡA向ⅡB的转换。

对目标模式转换的途径，有些同志主张由少数企业实行企业自主分配逐步过渡到多数企业自主分配。这种由自主分配企业的个数的量变引起质变的途径似有些不妥。仔细分析一下当前已经出现的收入差距过大而引起的社会不公平的现象就会发现，其重要原因之一就是在工资分配上一部分企业放开了，而多数企业仍被捆着手脚。少数企业的工资收入产生了对多数企业的冲击，人们的思想也难以承受。如果这种现象持续下去，当一半企业放开、另一半企业仍然捆住手脚时，势必出现大的社会波动。而我们主张的"死工资"与"活工资"的变位是全方位的改革，是所有企业同时改革（当然应该根据企业的具体情况采取不同的方式），是整个社会的"活工资"的量变引起整个工资制度的质变。就像城市建设中出现的新城建设与老城改造的关系一样，由于"死工资"这座"老城"形成历史长、问题复杂，并在人们思想上呈现出难以对它进行改变的刚性，所以不易对它立即进行大的改造；而"活工资"却可以在工资这座"老城"旁边的"基地"上，按照我们的设计建设起新的工资体系来。由于"活工资"在人们思想上没有"死工资"那样大的刚性，所以不但起步容易，而且给职工心理转换和国家对工资宏观控制职能和手段的转换以一个逐步适应的过程，转换的实现将比较平稳。

（原载《经济理论与经济管理》1987年第4期）

我国工资运行机制改革的设想

传统的社会主义工资理论一般只停留在对社会主义工资本质的认识上，或者对高度集中管理体制下工资的具体管理进行研究，很难适应改革和商品经济发展的要求。本文试图从运行角度对我国社会主义工资运行的主体、动力、目标、方式及其运行规律进行新的探索，并在对我国工资运行实际的考察和工资改革反思的基础上，提出工资改革的目标模式及工资运行机制转轨的对策。

一、工资运行机制的改革目标模式及其转轨

工资运行机制改革的目标模式的确立，必须以按劳分配理论、社会主义初级阶段理论、有计划的商品经济理论和经济运行的理论为指导思想，同时注意以下六条原则：①必须从中国的国情出发，从变化中的实际出发；②必须从经济运行机制改革的总体目标出发；③必须从工资的性质和职能出发；④必须充分考虑影响和制约工资的各种因素、规律及工资运行的外部环境；⑤必须比较借鉴国外工资运行方式和工资改革中经验与教训，切忌机械照搬和模仿；⑥既要运用抽象的理论分析方法，又要防止离开实际单纯靠逻辑推演确定目标模式。

根据运行主体、运行决策、运行动力、运行目标、调节机制的不同，工资运行机制可分为四种模式，即：模式Ⅰ、模式ⅡA、模式ⅡB、模式Ⅲ，见表1。

表1 工资运行机制模式对照比较表

模式	运行主体与决策关系	运行动力	运行目标	调节机制	状态特征
Ⅰ	国家 ↓ 职工	国家利益	服从于总战略、总平衡的工资分配合理化	计划机制	非平均化运行
ⅡA	国家 ↓ 企业 ↓ 职工	国家利益 企业利益 职工利益	国家追求的合理化企业、职工共同要求的工资最大化	以计划机制为主以市场机制为辅	适当放松的非平均化运行

续表

模式	运行主体与决策关系	运行动力	运行目标	调节机制	状态特征
ⅡB	国家 ↓ 企→职 业←工	国家利益 企业利益 职工利益	国家追求的合理化 企业的工资效益最大化 职工的工资最大化	计划机制与市场计划调控机制的有机结合	计划调控的平均化运行
Ⅲ	国家 ↓ 企→职 业←工	国家利益 企业利益 职工利益	企业的工资效益最大化职工的工资最大化	市场机制	平均化运行

四种模式中，模型Ⅰ是典型的产品经济的运行模式，否认商品经济和市场机制，工资的性质和职能已经发生质变，其非平均化运行方式的弊端在社会主义实践中暴露得日益明显，是我们改革的对象。但这种模式长期存在有其历史必然性，特别是计划机制曾在社会主义建设中起过巨大的作用。因此，这种模式可以作为我们建立新目标模式的一个参照系。

模式Ⅲ是典型的非计划商品经济运行模式，由于我们现在是有计划的商品经济，同时，国家代表全体劳动者占有生产资料，从而要求参加对包括个人消费品分配在内的全部经济运行过程，并进行有效调控。这一客观要求是不能取消的，所以模式Ⅲ不可能是我们的目标模式。但模式Ⅲ从最抽象的角度向我们提供了工资在商品经济中一系列运行的内在要求，在我们以大力发展商品经济为总战略的改革中，这种模式可以作为我们建立目标模式的另一参照系。

模式ⅡA和模式ⅡB都是介于模式Ⅰ和模式Ⅲ的中间模式，但是其运行方式有质的不同。

模式ⅡA下，虽然企业已作为一个利益主体参加工资运行，但尚未完全表现出商品生产者和经营者的意志，国家仍是工资决策的主体，只是对模式Ⅰ有所松动，采取了多层次决策。这种模式给了企业一定的自主权，工资运行开始活跃起来，同时不可避免地带来企业的短期行为。国家仍然有效地控制着工资，这种运行模式由于基本保持了原有计划机制，因此一般较易实行。东欧各国工资改革初期的模式基本上都属于这个模式。我国有些同志主张以此为目标模式。

模式ⅡB下，三个主体参加运行，但主体的结构有了根本的不同，工资的决策采取了企业和职工两个主要运行主体从不同利益出发的双向决策，同时国家也要为了国家利益加以有效调控。国家不再是工资运行的主要动力，调控也不再是直接的。企业作为商品生产者和经营者独立安排自己的经济活动，职工则有很大的自主权来选择自己的工作岗位和对自己的劳动报酬发表意见。工资的职能发挥得也比较充分。多数同志同意这种模式作为目标模式，并把它称为"企业自主、国家征税"模式。

经济改革要求企业之间以市场联系为基本媒介。因此，企业必须享有充分的微观决策权。工资决策权是企业基本决策权之一，企业只有有了工资决策权才有充分的活力。为保持宏观平衡和保证战略的实现，国家必须进行有效的计划调控。这种调控不能损害企业的积极性和自主权。模式ⅡA由于还是以国家为主要推动者，所以不能达到整个经济改革的要求。同时，工资决策产生于企业外部，不可避免地带来企业的短期行为。而国家控制也没有改变原有直接控制的方法，因此不适宜作为目标模式。

模式ⅡB既符合商品经济工资运行的内在要求，对国家的宏观控制方式也做了变革，符合"国家调节市场，市场引导企业"的经济运行总体目标模式。微观上，有利于企业搞活；宏观上，工资运行国家管得住、管得好。模式ⅡB是比较理想的目标模式。但它的实现既要求企业经营机制和市场机制的完善，也需要国家职能转轨的完成，实现起来难度较大。

因此，模式ⅡA可以作为改革的起步模式或过渡模式，比较平稳地开始运行模式的初步转换。而模式ⅡB则可以作为改革的目标模式，随着经济体制、政治体制改革的深入，在各方面条件具备后逐步过渡到模式ⅡB。

由模式ⅡA到ⅡB的转变意味着运行机制的质变。这一过程是一个长期的过程，因此必须注意转轨的步骤、途径和时序。

步骤：必须与整个经济运行机制转轨的两个相向过程相适应。一是和扩大企业自主权相适应，随着企业经营机制的完善，逐步把工资分配权下放到企业；二是和调整政府机构职能相适应，随着宏观经济控制的改善和加强，逐步转变工资宏观控制方式。

途径：从改革的实践中去总结、完善各种新产生的"活工资"，使"活工资"的比重逐步加大，政府部门把注意力从对"死工资"的改革转移到对"活工资"的宏观控制上，在"活工资"与"死工资"由量变到质变中实现模式ⅡA向ⅡB的转换①。

时序：受经济运行机制改革的时序制约，特别是搞活企业所走的扩权—两权

---

① 参见《工资改革目标模式新探》，《经济理论与经济管理》1987年第4期。

分离—企业经营机制确立的道路的制约,工资改革的时序由首尾交错衔接的三个阶段组成。第一阶段的重点是搞活企业内部分配。第二阶段开始对企业工资总额形成方式进行变革,一般采取工资总额与企业经济效益挂钩浮动的办法。第三阶段使企业工资总额由内部形成的机制得以确立。企业形成了自我制约、自我平衡的机制,国家采取全面通过市场引导企业的间接控制,从而完成运行机制的转换。

二、工资运行市场的培育

工资运行市场的培育包括两个:一是间接影响工资运行的商品市场,二是直接影响工资运行的劳动市场。其中,劳动市场作用机制在于劳动力的流动,是工资目标模式确立的关键。重温马克思利润平均化条件的论述是非常有益的,马克思认为,在不断的不平衡中不断实现的平均化,在两个条件下会进行得更快:其一是资本更大的活动性,更容易从一个部门和一个地点转移到另一个部门和另一个地点;其二是劳动力能够更迅速地从一个部门转移到另一个部门,从一个生产地点转移到另一个生产地点。对于第一个条件的前提,他认为是:"社会内部已有完全的商业自由,消除了自然垄断以外的一切垄断,即消除了资本主义生产方式本身造成的垄断;其次,信用制度的发展已经把大量分散的可供支配的社会资本集中起来,而不再留在各个资本家手里;最后,不同的生产部门都受到资本家支配……但是,如果有数量众多的非资本主义经营的生产部门(例如小农经营的农业)插在资本主义企业中间并与之交织在一起,这种平均化本身就会遇到更大的障碍。"对于第二个条件的前提,他认为是:"废除了一切妨碍工人从一个生产部门转移到另一个生产部门,或者从一个生产地点转移到另一个生产地点的法律;工人对自己劳动的内容是无所谓的;一切生产部门的劳动都已最大限度地化为简单劳动,工人抛弃了一切职业偏见。"[①]

从马克思讲的资本的充分活动性和劳动力的充分活动性两个条件,我们可以引申出,社会主义劳动市场的形成也必须具备两个基本条件:其一,企业的充分自主性及由此产生的资金的充分活动性;其二,劳动力的充分自主性及由此产生的劳动力流动的充分活动性。此外,还必须具有社会主义所特别要求的国家宏观调控的有效性。

我们从马克思的论述中不仅可以看到平均化运行实现的条件,而且把它和我们现实经济条件进行对比,还可以找到在市场培育上我们存在的差距。

---

① 马克思:《资本论》第三卷,人民出版社1975年版,第219页。

就第一个条件来说，我们的企业对资金还没有更多的支配权，我们的商品经济不发达，还未清除"自然垄断以外的一切垄断"，我们虽然消灭了资本主义生产方式本身造成的垄断，却又筑造了"条条"和"块块"的垄断；通过信用集中社会资金的制度也不完善，特别是非商品经营的经济还广泛存在。我们的企业要成为真正的商品生产者和经营者还要一个长期的过程，这些都决定了市场培育的长期性。

就第二个条件来说，商品经济的不发达，特别是长期以来高度集中管理的劳动力管理体制形成的劳动力的"部门所有"和"单位所有"及户籍、所有制、干部与职工的不同系列、固定工制度等，都还严重地阻碍着劳动者从一个部门向另一个部门、从一个地点向另一个地点的转移。

因此，工资运行市场的建立不是一蹴而就的，而必须有一个逐渐建立和培育的过程。这一过程的主要内容是：国家逐渐放开对劳动力的统制；企业逐步成为能独立地决定用工的招收与辞退的商品生产者和经营者；劳动者逐步成为具有独立意识、摆脱任何依附关系、能够自由选择职业和岗位的自主劳动者；逐步取消妨碍劳动力流动的政策、规定、制度，同时逐步建立劳动市场的管理机构和调节组织以及相关的法律规范；逐步形成国家宏观控制劳动市场的体系。

市场的培育离不开现实的经济需要。改革以来，我国的经济生活已出现对劳动市场的需要，并开始出现劳动市场的萌芽，如保姆市场、木工市场、职业介绍所、人才交流中心等。这些萌芽正是我们培育劳动市场的出发点。同时，这些市场的形成正是工资平均化运行的必要条件。

劳动市场的形成与企业、劳动者和国家在经济生活中角色的改变紧密联系在一起，因此每一个步骤都要使企业能适应、劳动者接受、国家不失控，所以只能是"渐进式"过程。

三、工资运行的宏观调控

"国家调节市场，市场引导企业"的模式决定了工资运行的宏观调控只能是对工资运行市场的调控，具体说，就是主要靠调节劳动市场而对工资运行进行调控。

工资运行的调控是整个经济运行调控大系统的组成部分，工资和价格、利率一样，也是国家了解、掌握市场的信号。所以对工资运行的调控要服从于整个经济运行调控的要求。但作为经济运行的有机组成部分，工资宏观调控又有独自的要求。代表全体劳动人民整体利益和经济运行整体协调要求的国家利益是宏观调节的主要动力。工资运行宏观调控的主要目标有：

第一，确保全体劳动人民的实际生活水平和人均消费水平随社会生产的发展不断提高。同时防止工资增长过快或冻结。

第二，确保等量劳动获取等量报酬规律在工资运行中的实现，运用各种手段消除或减弱不利于实现这一要求的经济现象，使工资运行保证工资关系、工资差别在运动中不断合理化，促进劳动力的合理配置，充分就业，有效使用，保障社会的公平与安定。

第三，确保工资运行的协调和平衡。调节工资运行所涉及的各主要比例关系主要有：①积累与消费比例的合理；②社会消费基金与个人消费基金比例的合理；③工资的价值量与消费品实际可供量的平衡；④工资增长与劳动生产率增长、国民收入增长比例协调；⑤社会劳动力供给和需求的总量平衡和结构平衡。

第四，确保工资运行的宏观经济效益。通过对工资运行的调控，充分发挥工资的职能，激励整体劳动者的积极性和创造力，充分利用和发挥劳动资源的能量，创造更多的社会财富，使工资的宏观经济效益不断增长。

四大调控目标决定了国家对工资运行调控的方式必然不同于传统体制对工资的直接管理，也和完全听任"看不见的手"的市场自发调节有根本的不同。除必要的行政手段外，主要靠依据等量劳动获取等量报酬规律、劳动力供求规律、价值规律的要求进行的有计划的市场调控。国家调节市场，主要是通过调整各种经济参数，从而影响和改变市场供求关系对工资运行的间接调控。这种调控并不改变市场运行机理，还是依靠市场的运行进行调控。

宏观调控必须讲究工资上"投入"与"产出"的关系。过去我们强调工资增长不能超过劳动生产率的增长，主要还是从分配角度出发，从比例角度出发。而在新的运行机制中，与微观企业把工资作为劳动投入相适应，宏观也必须进行工资经济效益的控制。只有这样，我们才能充分发挥工资运行对整个经济运行的动力作用。在经济参数上，应采取工资与除去成本的收益相比较的指标。如工资利税率，利税不仅没有产值的重复计算问题，而且克服了国民收入中包括工资、无法计算劳动投入与劳动产出的弊端。国家只要控制住工资利税率，就可以保证工资运行的宏观经济效益。

制定参数应引进西方经济学中的"边际分析法"，资产阶级经济学的工资理论用边际生产力来说明资本主义工资的本质和水平决定，有它的辩护性和片面性，但它的边际分析方法不仅在企业工资运行中有重大的借鉴意义，而且还可以为我们国家控制市场的机制提供新的工具。所以，"增加一个劳动力能增加多少社会财富""增加一元工资能带来多少利税"的边际问题应该成为宏观经济效益调控的指标。经济参数的建立是实现宏观调控的重要环节。虽然我们真正实现

"参数调控"还是个长远目标,但从现在起就应该进行超前研究。

国家宏观控制是改革中真正的难点。社会主义经济必须有宏观控制,而且这种宏观控制的有效性必须是持续的。和企业的改革进程不同,宏观控制的有效性不允许有任何间断。不论在改革初期、中期还是后期,都要保持宏观控制的有效性。这就决定了改革中期国家宏观控制兼有传统体制下集中管理的特征和新模式中市场调节的特征以及特有的过渡性,即有利于"国家调节市场,市场引导企业"模式的形成。

(原载《市场经济的工资运行》附录,北京经济学院出版社 1995 年版)

从运行机制的转换把握工资改革方向

工资改革需要正确的理论指导。工资理论只有转向工资运行机制的研究,才能真正揭示工资运行规律,指导工资改革实践。因此,从运行角度对我国工资改革进行考察和反思,对于我们正确地把握工资改革的方向是十分必要的。

一、传统工资运行方式考察

平均主义是原有工资制度的一大痼疾。它产生于传统的工资运行方式。

传统的工资运行有以下特征:

社会主义经济运行的三个基本利益主体(国家、企业、劳动者),唯有国家成为工资运行的主体。和工资密切联系的劳动者和企业双方都没有工资决策权。国家对工资决策权的垄断导致工资决定采取了非市场的单向决策,缺少互相制约的平衡机制。这种运行方式既可以连续十年冻结工资,也可以在很短的时期内把工资总额的增长推向超越客观许可的限度;运行的理论目标追求的不是工资运动中的动态平衡,而是"存在于每个个别场合"的等量劳动相交换。运行没有波动性,更没有形成波动的中心,一旦出现与追求目标的偏离,很难自动恢复均衡状态,而工资关系的不合理、脑体工资的倒挂状态则可能长期存在;工资运行只表现为利益配置,和劳动力资源配置完全脱节。尽管在工资决策上有时也部分地考虑了某些地区和岗位的劳动力需求,但由于劳动力资源配置是非经济的,因而工资运行基本上是单纯的利益配置;工资运行不表现为客观的经济过程,而带有极大主观色彩的行政过程。

这种传统的工资运行方式与社会主义商品经济条件下的工资运行规律是不相符的。这种传统的工资运行方式的根源在于整个经济运行物质利益与非物质利益的动力错位、企业和劳动者利益的压抑、社会主义自主劳动不健全、市场机制不完善和工资分配上的不合理。由于不承认企业是商品生产者和经营者,不承认劳动者是独立的利益主体,从而切断了由劳动平等到工资平等的有机统一。劳动者虽然有"等量劳动获得等量报酬"的平等要求,却无法通过劳动的平等去实现工资的平等。在机会不均等的条件下,本来合理的内在要求只能直接在工资上以不合理的形式表现出来。同时,国家由于无法准确掌握劳动者的实际劳动状况,也只能用工龄、学历等非劳动指标作为核定职工工资的标准。等量劳动获得等量报酬变成等学历、等工龄领取等量工资，从而带来了平均主义。

二、对我国工资改革的反思

改革9年来，我国工资改革大体可以概括为两种不同的思路。一种是由上而下的，由国家对职工基本工资进行调整、增加和理顺，其目标是反对平均主义，通过拉大差距、简化标准、理顺关系，在原有运行机制中更好地贯彻按劳分配原则；另一种是由下而上的，在企业扩权过程中，凭借奖励基金的恢复和发展，以搞活用活工资奖金为目标。后一种改革思路实际上以商品经济的内在要求强制为自己开辟道路，冲击原有运行机制。

第一种思路由于企图在原有运行机制的基础上进行改革，每采取一项措施所取得的效果往往与预计有很大偏差，几次调改，带来的新问题比解决的老问题还多。

第二种思路是从企业内部兴起的。随着企业逐步成为商品生产者和经营者，企业开始以自己的利益推动工资运行，在仅有的工资分配权上大做文章，并力图扩大自己的这种权力。开始表现在奖金比重的扩大上，以后逐步演化为部分基本工资加奖金浮动等。工资运行机制开始发生变化：职工工资开始和个人劳动和企业经济效益联系起来，初步恢复了工资的性质，工资的激励职能开始发生作用，开始实现了由企业利益支配工资的行为，企业内部工资激励和调节职能开始活跃，工资成为企业活力的重要源泉；企业工资分配已经成为经济责任制的重要组成部分，并成为经济责任制发挥作用的基础和保证。

中央虽然及时地肯定了第二种思路，但两种思路的摩擦始终没有停止。第一种思路认为，奖金多于基本工资是不正常的，千方百计加以限制；而第二种思路则强烈要求落实和扩大已有的自主权。9年来围绕着奖金的放开—封顶—挂钩浮动—以税限制的轨迹记录着这种摩擦。

两种思路的矛盾在1985年套改中激化。这次套改集传统运行方式之大成，按新的简化标准理顺工资关系，这与几年来已经形成的新的分配制度发生了尖锐的矛盾。把"活奖金"变成"死工资"，导致1986年第一季度全国性的工业生产滑坡。

1985年的工资套改已经过去两年多了，对套改后暴露的问题，中央已及时做了补救，但改革的两种思路的摩擦尚未结束。通过反思我们可以看到，只有从运行机制的转换出发，才能把握好工资改革的方向。改革中出现的工资攀比，就是在没有改变运行机制的情况下部分企业工资率先增长而引起的。攀比虽然给我们带来了一些麻烦，但并不可怕，只要我们建立起一种新的运行机制，就可以把工资攀比引向劳动的竞赛和经营的竞争，使整个工资运行系统处于有序的状态。

三、工资改革与经济改革的关系

工资改革是整个经济体制改革的有机组成部分。不从改革的总体目标去把握工资运行方式的转换，认不清工资改革在经济改革中的地位，就会把工资改革引向歧途。

确立工资改革与经济体制改革的联系，首先要弄清工资运行与整体经济运行的关系。

首先，工资运行是经济运行基本目标的实现机制和具体化。工资运行既是社会劳动时间的合理分配和充分节约的具体途径和手段，又是最大限度满足人民群众需要的方法。

其次，工资运行调节机制是经济运行调节机制的关键。在经济运行的结构调节和总量调节中，工资运行的调节都是"双刃剑"，既调节供给，又调节需求。

最后，工资运行为经济运行提供动力机制。工资不仅直接作为激励劳动者积极性的动力推动生产力的发展，而且也和企业利益相联系，形成企业劳动力要素稳定输入、合理配置、有效使用的动力，以及形成克服短期行为，保证企业发展的动力。

经济运行机制的改革为工资运行机制的改革提供了历史背景和改革方向，特别是企业作为商品生产者和经营者地位的确立，直接提出了工资运行机制改革的要求。而工资运行机制的变革又从以下几方面制约和影响着经济运行机制转换的成功。

其一，工资分配主体从国家向企业的"位移"是企业地位确立的必要前提，不切断国家向企业直接分配工资的"脐带"，企业内在激励机制和自我约束机制就不可能健全，企业就不是一个完整的独立商品生产者和经营者，整个经济运行机制也就不可能转轨。

其二，工资运行的市场机制不建立，经济运行追求的市场机制就不完善。生产要素中，劳动力要素的配置中还遗留着单一的计划机制调节，整个经济运行的市场就是残缺的、不完全的市场，势必造成整个经济运行的混乱。

其三，国家对工资运行从直接管理过渡到间接控制是整个经济运行机制改革的重要组成部分。如果其他方面松动了，唯有工资仍然由国家直接控制，国家就不能完成职能的转换，"国家调节市场，市场引导企业"的模式最终也难以实现。

反之，工资改革也受制于经济改革，离开全面配套改革，工资改革"孤军深入"，必然受到原有机制的影响而失败。

四、工资运行机制改革目标模式

工资运行机制改革的目标模式应该是国家、企业和劳动者都成为工资运行的主体；工资决策采取在国家计划指导下的企业与职工双向决策；企业和劳动者为运行的主动力，国家为辅动力；运行目标是国家追求的合理化、企业追求的工资效益最大化和劳动者追求的工资最大化三者的统一；运行调节机制采取计划机制与市场机制的有机结合。

改革后的工资运行方式是商品经济所要求的，具体表现为：在社会主义商品经济中，作为劳动者和企业两个利益主体之间劳动支出和报酬支付经济关系的工资，在根本利益一致的基础上，由企业和劳动者根据各自独立的经济利益共同协商决定，国家按国家利益加以调节和控制；劳动者的个别工资量随其向企业提供的有效劳动量的变化而浮动；不同企业由于经营水平不同和受市场影响有不同的工资水平；不同行业工资水平受劳动力供求关系影响而波动。因此不同企业的劳动者会有极不相同的工资率。在劳动者追求工资最大化和企业追求工资效益最大化及企业内部分配合理化的过程中，工资运行呈现出一种有序状态。在这种工资运行中，劳动者自主选择职业和岗位，企业自主选择所需劳动力，在国家宏观调控下，由于劳动力的合理流动，工资率和工资不断地平均化，从而实现等量劳动获取等量报酬。

新的工资运行机制以劳动者追求工资最大化和企业追求工资效益最大化为动力，共同推动工资运行。这一方面为劳动者勤劳致富打开了大门，工资激励劳动者努力劳动，提高技能，在一部分人先富起来带动越来越多的劳动者一浪接一浪走向富裕的运行方式下，促进生产力的极大提高；另一方面，企业讲究工资带来的效益，合理使用工资，可以促进企业管理水平的提高和企业自我约束机制的完善，提高企业整体生产能力和经济效益。最后，国家从过去充当工资的当事人变为工资运行的调控者，使工资运行过程更加完善合理，使横向工资关系更加协调，形成整体上公平与效率的统一，有利于促进整个国民经济中社会生产力的发展。

新的工资运行方式符合商品经济的要求，但它的实现有待于企业经营机制的完善，有待于市场机制的完善和国家职能的转轨，绝不可能一蹴而就。

五、工资运行机制的转轨

工资运行机制的转轨必须与经济运行机制转轨的两个相向运动的主要过程相适应，即工资改革的实施步骤必须与企业自主权的扩大和企业经营机制的完善和成熟程度相适应，逐步把工资分配权下放到企业；与调整政府机构职能相适应，随着宏观经济控制的改善和加强，逐步转变工资宏观控制方式。这个过程中，任何超前或滞后都会给改革措施带来破坏作用。

运行机制的转变还必须破除企图通过毕其功于一役的"全面工资改革"思想，工资运行机制的变革产生于经济活动的内在要求，是一个渐进的、由量变到质变的过程。特别是应该总结和完善改革中各种新产生的"活工资"，扶植它的成长，在"活工资"与"死工资"由量变到质变的过程中实现运行机制的转换。

工资运行方式的转轨实质是工资形成方式和工资分配方式这两个方面的转轨。改革的实践证明，我们只能先进行工资分配方式的转轨，再逐步过渡到工资形成方式的转轨。这一转变时序是受经济运行机制改革时序制约的，特别是搞活企业所走的扩权—两权分离—企业经营机制确立的道路的制约。工资改革的时序由首尾交错衔接的三个阶段组成：第一阶段的重点是搞活企业内部分配；第二阶段开始对企业工资总额形成方式进行变革，一般采取工资总额随企业经济效益挂钩浮动的办法；第三阶段使企业工资总额由内部形成的机制得以确立。企业形成了自我制约、自我平衡的机制，国家采取全面通过市场引导的间接控制，从而完成运行机制的转换。

新的运行机制的建立离不开市场。工资运行的市场环境主要有两个：一个是间接影响工资运行的商品市场，另一个是直接影响工资运行的劳动市场。就第一个市场环境而言，价格的扭曲给企业有效劳动到社会实现劳动的转化带来严重的形变，同时也使以价值形式衡量企业经济效益的方法造成不准确的结果。当我们用同企业经济效益"挂钩"来决定企业工资总额时，价格就对工资运行产生影响，同样造成工资扭曲。同时，价格还以对劳动者实际工资水平的影响制约着工资运行，制约着工资改革，只有坚定地进行价格改革，使价格的运动符合价值规律和供求关系，工资运行才能有正常的市场环境。就第二个市场环境而言，劳动市场的作用机制在于劳动力的流动，因此是新运行机制建立的关键。社会主义劳动市场的形成必须具备两个基本条件：其一，企业的充分自主性及由此而产生的资金的充分活动性；其二，劳动力的充分自主性及由此而产生的劳动力流动的充分活动性。我们离满足这两个条件还有很大差距，只能采取"渐进式"的培育过程，使每一个步骤都让企业能适应，让劳动者能接受，国家不失控。

国家宏观控制是改革中真正的难点。社会主义经济必须有宏观控制，而且这种宏观控制的有效性必须是持续的。和企业的改革进程不同，宏观控制的有效性不允许有任何间断。不论在改革初期、中期还是后期，都要保持宏观控制的有效性。这就决定了改革中期国家宏观控制兼有传统体制下集中管理的特征和新模式中市场调节的特征以及特有的过渡性，即有利于"国家调节市场，市场引导企业"模式的形成。

企业工资与经济效益挂钩是改革中期过渡的正确选择，它既冲破了传统体制下国家一直管到职工的体制，工资决策权开始部分"下移"，工资杠杆作用开始发挥，促进了企业内部经济责任制的完善；又有效地保持了国家在过渡时期工资运行的控制。特别是挂钩一般采取的上缴税利增长 1%、企业工资总额增长 0.3%~0.7% 的办法，实质上已经萌发出对工资效益宏观调控的动机。

需要指出的是，"挂钩"只是一种过渡模式。只有把工资的"挂钩"与企业经营承包制结合起来，才能为国家最终放弃工资的直接管理创造条件。

(原载《经济日报》1988 年 6 月 21 日)

我国企业工资改革的时序设计

任何系统的变动，除了系统中元素在空间范围排列结构的改变外，还都包括系统元素在时间进程排列顺序的改变。因此，元素进出系统的时序必然影响系统的建立和系统的功能。

企业工资改革就是系统的变动，它不仅包括原有工资关系的改变、理顺，也包括工资关系各个方面变化的时间顺序。同时企业工资改革又是经济改革大系统中的有机部分，不仅受到内部因素的制约，也受到外部因素的影响，很多关节都是牵一发而动全身的。因此，工资改革不仅要理顺工资关系，改变运行机制，还必须有一个科学的改革时序。比如，企业工资改革要经历几个阶段？各个阶段所要解决的问题是什么？新的模式是一步到位还是分步实施？与工资改革密切相关的价格改革、税制改革谁先谁后？……如果不按照考虑到各方面制约因素而设计的时序行事，本来很好的改革措施，也会带来意想不到的后果。

一、制约和影响企业工资改革时序的因素

工资本身就是整个经济运行中的一个重要组成部分，我国的工资改革又是在整个经济运行机制改革的前提下提出来的。因此，工资改革的时序首先受到整个经济改革时序的制约。我国企业改革的进程直接制约着工资改革的进程，工资改革的时序必然和企业改革的时序相适应。工资改革在时序上的"孤军深入"必然会受到整个经济改革的制约，同时，工资改革的"滞后"也会拖整个改革的后腿。

其次，实现目标模式所要求具备的基本条件和现实条件的差距也制约着工资改革的时序。工资改革目标模式要求企业具有充分的独立性和自主权。而我国企业内部的经营机制尚未健全，已经下放的自主权也没有完全落实，企业从一个行政附属物到相对独立的经济实体绝不是"松绑"就可以实现的。目标模式所要求的是一个良好的市场环境，而我国目前还不具备，工资运行机制的培育还需要一个过程。目标模式要求有一个能与市场机制相适应的计划机制，而要达到这一要求，国家无论从机构、职能、手段，还是干部、制度上都要有一个探索和适应的过程。

再次，改革与发展并举的战略也制约着工资改革的时序。我们要完成体制的

转换，并且国民经济的发展也不能停顿。这样，工资改革就不能采取搭积木的方式，旧的全部推倒，新的重新建立，而只能在原有的基础之上，逐步调整、逐步理顺、逐步转轨。因此在设计改革时序时，必须考虑到，在新的机制正常发生作用之前，旧的机制还要起作用，在不牺牲发展的前提下完成机制转换，就必然在改革的时序上有一个新旧体制共存的时期。

最后，工资改革和整个社会、经济、政治和文化环境有着多方面的联系，处于复杂的因果链系统之中。计划、价格、税收等各方面的变动都会对工资改革产生影响，因而也制约着工资改革的时序。当然工资改革有自身特定的内涵，有其自身所要解决的任务。那种把工资改革附属于某项改革，把工资改革作为某项改革的补充也是极其错误的。例如，我们多次把工资改革附属于价格改革，强化了人们"工资改革就是长工资""弥补物价"的意识，给工资改革的深化带来种种困难。

二、企业工资改革的三个阶段

工资运行方式转轨的实质是两个过程，即工资形成过程和工资分配过程的转轨。根据前面的分析，我们只能先进行工资分配过程的转轨，再逐步过渡到工资形成过程的转轨。这样一个时序是受经济运行机制改革的时序制约的，特别受我国企业改革所走的扩权—两权分离—企业经营机制确立的道路制约。

和企业转轨过渡的三个时期相适应，工资改革的时序可以由首尾交错衔接的三个阶段组成：

第一阶段是改革的初期。这一阶段的任务主要是搞活企业内部分配。和扩大企业自主权相适应，从恢复奖金入手，企业用活奖金，并结合经济责任制对基本工资的一部分进行改造。内部分配的搞活，促进了生产，必然对企业工资总额的僵化状态提出改革要求，企业工资总额必然实现突破。因此，一方面，国家对奖金从硬封顶过渡到软封顶，逐步完善以税调节的办法；另一方面，在这一阶段后期开始企业工资总额同经济效益挂钩浮动的试点，这是对工资进行改革的探索。

第二阶段是改革的中期。由职工人数确定企业工资总数的工资形成方式，逐步变为企业工资总额与企业经济效益挂钩的方式。这种形成方式是同企业两权分离的过程相一致的。在这个阶段，由"一户一率"的不规范浮动，逐步过渡到包括核定基数、确定挂钩指标等规范化的浮动办法。这个阶段两种机制都发生作用，是改革中最复杂、最艰苦的时期。这一阶段还有两项任务：一是使企业内部已经搞活的分配制度化、规范化。这个任务只有在企业工资总额与企业经济效益挂钩的第二阶段才能完成，否则在第一阶段即使形成了，也会被旧机制冲垮。二是为把企业工资总额由企业外部形成（通过与政府的讨价还价而得到批准）逐步过渡到企业工资总额内部形成做准备。

第三阶段是改革的后期。这一阶段要使企业工资总额内部形成的机制得以确立，这是和企业从两权分离到经营机制的完善相一致的。工资运行不仅有企业内在的自我激励机制，也形成了自我制约、自我平衡的机制。国家可以放弃对企业的直接管理，而通过市场引导间接控制，完成模式的最终转换。

需要指出的是，这样一个时序是整个企业工资制度逐步转换的方案。但是也有一些同志主张由少数企业实行自主分配逐步过渡到多数企业自主分配，称为三角形—菱形—倒三角形的时序方案。这种由自主分配企业的个数的量变引起工资运行机制质变的时序是不妥的。试点正是为了面上改革取得经验，而以试点的量变推动改革就失去了试点的本来意义。我们只要认真分析一下近年来收入差距过大引起的社会不公现象就会知道，其原因在于在工资分配上一部分企业放开了，而多数企业仍被捆着手脚，少数企业的工资收入对多数企业产生了冲击。这种时序，未达"菱形"，就会出现大的社会波动。

三、现阶段企业工资改革的任务

笔者认为现阶段企业工资改革面临以下三大任务：

第一，总结企业内部搞活的经验，使企业内部工资分配制度化。

改革以来，相当一批企业结合经济责任制逐步建立起来一套行之有效的奖金分配制度，有的甚至把工资也包括进来，形式有数十种。但也有相当多的企业"活工资"比重不大，只限于奖金活，旧的"死工资"还有很大影响，不少职工还存在把活工资固定下来的愿望。还有不少企业，特别是在扭曲价格下保持盈利的企业，还在沿着等级工资制，人人升一级的道路走。有相当一部分企业在处理工资时存在主观随意性，增资额度、分配比例都缺乏科学依据，没有严格的考核制度和晋级制度，往往是增一次资开一次职代会的"一次性"调资。因此，完善企业工资分配制度是我们当前改革的一个重要任务。完善企业工资分配制度，要很好地总结改革初期出现的各种制度及实践的经验，不要由国家统一规定，要由企业根据自己的生产经营特点确定，国家积极指导。这是一件必须立即着手进行的工作。企业工资制度一旦确定下来就要保持一定的稳定性，可以随情况的变化不断修订和完善，但不易变动幅度过大。

第二，全面推行工资总额同经济效益挂钩制度，并在中期末基本完成挂钩的规范化。"挂钩"经过几年的试点和反复，已经被认定是过渡的可行模式。事实证明，承包企业中实行工效挂钩，有效地提高了奖金对效益的边际调节作用，在现阶段应该积极全面推行。同时应注意改进和完善各种挂钩办法，使挂钩的指标体系趋于规范化。挂钩的指标和办法应该力争适应商品经济运行的内在要求，消除缺乏科学依据造成的企业间的苦乐不均，剔除价格体系不合理对挂钩指标影响的因素。这是改革中期的中心任务。

第三，确立企业内部经营机制的试点，开始着手变外部约束为内部自我约束，实现企业工资总额内部形成。这是完成向目标模式过渡的关键。

企业工资总额内部形成的关键，除了企业作为商品生产者和经营者所受到的市场约束，以及劳务市场对工资水平的外部约束外，主要在于企业内部财产所有者、经营者和劳动者不同利益的制衡关系。只有不同利益互相制约，才能建立企业的自我约束机制，从而实现企业工资总额的内部形成。

值得注意的是，改革以来，国家对企业的控制弱化了，但未形成国有资产在企业内部的代表。企业内本来应该互相制约的利润最大化和工资最大化动机却达到了惊人的一致，利润最大化的追求反而成为工资最大化的中介和手段，企业以工资最大化为原动力，推动利润的增长。这种机制，在价格调节不正常的状态下，必然推动价格的上涨。这是在改革中期必须警惕的现象。

根除以上弊端的关键在于运行机制的转轨，但这绝不是一朝一夕之功。只能在改革中期开始试行，到改革后期方能实现根本的转轨。为了实现这一转机，改革中期必须解决以下问题：第一，尽快寻找我国国有财产在企业中的人格化代表；第二，调整和完善挂钩指标，并逐步把企业对利润的追求变外在核定为内在追求，使企业工资运行目标服从于利润最大化，而不是相反；第三，努力创造在合理稳定价格下，通过降低成本增加工资和利润的局面；第四，必须建立健全职工代表大会，使企业内的国有资产、企业利益和劳动者利益有不同的人格化代表，各司其职，逐步实现有效的制衡关系；第五，在调动劳动者工资最大化动机的同时，通过民主管理的办法，激发职工作为企业主人的动机，有效制约企业工资的短期行为。

当然，这一任务在现阶段主要是理论探索和组织试点试验，企业工资总额真正做到内部形成，只有到改革的第三阶段才能完成。

（原载《中国劳动科学》1989年第11期）

工资运行与社会主义平等的实现

平等,曾经是人类争取进步和文明的战斗口号。但在社会主义实践中,却常常成为困扰我们的"阴影"。特别在收入分配上,平等带来的矛盾更为突出。尽管在理论上我们采取"回避"的政策,但在实际生活还是不断地提出问题:公共汽车司机收入与出租汽车司机收入悬殊的问题,国营企业职工和个体户收入差距的问题,对种种特权不满的问题,就业和职业选择的问题等。人们在思考:平等是不是社会主义的标志和奋斗目标?无产阶级革命还要不要平等作为口号?平等与效率是不是矛盾的?对于这样的问题必须给予正确的回答,才能拨开平等给我们带来的迷雾。本文结合社会主义的现实,运用马克思主义经典作家关于平等的论述,对社会主义的平等,特别是工资运行与平等实现的问题谈谈自己的粗浅看法。

一、社会主义平等的内涵

很多同志看到,在处理分配问题时,人们常常对效率与平等问题感到棘手,觉得难以两全,于是有人提出"效率优先"的原则,并声称我国社会主义建设的实践已经证明:舍弃经济效率求平等,只能导致普遍贫穷和平均主义泛滥,平等、效率两败俱伤。平等和效率果真是矛盾的吗?这里不能不涉及社会主义平等观的内涵。

自从无产阶级革命导师们放弃平等的口号以后,社会主义的实践者除了"消灭阶级"意义上的平等观外,把平等作为资产阶级的口号来对待。因而在"消灭阶级"的历史任务已经基本完成,社会主义制度已经巩固的历史条件下对平等观念研究很少。但社会主义的实践证明,在新的历史条件下,把无产阶级的平等观仅仅理解为"消灭阶级"是远远不够的。其实无产阶级取得政权后,"消灭阶级"已成为历史的社会主义平等观,马克思曾经做过预见,也就是他在《哥达纲领批判》中提出的著名的按劳分配学说。他认为,在消灭了阶级,消灭了剥削以后,"除了自己的劳动,谁都不能提供其他任何东西,另一方面,除了个人的消费资料,没有任何东西可以成为个人的财产"这种历史条件下,"平等就在于以同一尺度——劳动——来计量"[①],因此劳动者等量劳动获取等量报酬就是社

---

① 马克思、恩格斯:《马克思恩格斯选集》第三卷,人民出版社1972年版,第304页。

会主义平等观念的真正内涵。当然马克思也谈到这种平等权利对于不同的劳动来说是不平等的权利，这也是从当时无产阶级的历史任务是消灭阶级出发的，是"为了要指出：这些人犯了这么大的罪，他们一方面企图把那些在某个时期曾经有一些意思，而现在已变成陈词滥调的见解作为教条重新加于我们党，另一方面又打算用民主主义者和法国社会主义者所惯用的关于权利等等的空洞和废话，来歪曲那些花费了很大力量才灌输给党而现在已在党内扎了根的现实主义观点"①。马克思反对把平等写进无产阶级政党的纲领是完全正确的。但他毕竟提出了"它不承认任何阶级差别，因为每个人都像其他人一样只是劳动者"的社会主义平等观的基本内容。这是"消灭阶级"的平等观的进一步发展。列宁也认为民主仅仅是形式上的平等，"各尽所能，按需分配"才是事实上的平等，而由形式的平等过渡到事实的平等，有一个前提条件，即"社会全体成员在占有生产资料方面的平等"和"劳动平等和工资平等"②。

根据经典作家的论述，我们可以把社会主义平等观的内容概括为：①社会主义平等是无产阶级"消灭阶级"平等观的继续和发展，它不承认任何阶级差别。②生产资料占有的平等是社会主义平等观的基础。③等量劳动获取等量报酬是社会主义平等观的基本要求，表现为劳动的平等、工资的平等。④社会主义平等也仅仅是形式上的平等，要进一步向事实的平等过渡。

我们在明确了马克思主义的社会主义平等观的内涵后，再来看看从这样的平等观出发，平等和效率难道是矛盾的吗？这种平等观不正是从"权利永远不能超出社会的经济结构以及由经济结构所制约的社会的文化发展"③而提出来的最现实的观念吗！这样的平等观与效率不仅不矛盾，反而是一致的。认为平均主义的泛滥来源于平等也是一种误解。承认劳动平等、工资平等的平等观恰恰是反对平均主义的。

在社会主义平等问题上，我们有两个失误。其一，我们对马克思主义的社会主义平等观一直没有很好地研究、理解、宣传，使之深入人心，而是简单地把平等作为资产阶级的口号加以排斥和回避。你不从正面加以科学的解释，人们就要从其他方面做各自的理解。其二，我们没有从现实的经济条件出发去丰富和发展社会主义的平等观。平等观的形成离不开历史条件，社会主义现实的历史条件与马克思预见的历史条件有很大的差别，所以社会主义的平等观也必须结合新的历史条件加以修正、补充和发展。因此，我们必须结合社会主义的现实经济条件进

---

① 马克思、恩格斯：《马克思恩格斯选集》第八卷，人民出版社1972年版，第11页。
② 列宁：《列宁选集》第八卷，人民出版社1959年版，第256-257页。
③ 马克思：《哥达纲领批判》，人民出版社1961年版，第14页。

一步认识社会主义的平等。

二、平等与社会主义商品经济

无产阶级革命导师们预言的社会主义是不存在商品经济的。因此，等量劳动获取等量报酬的平等要求，虽然在原则上通行的还是商品交换原则，但内容和形式都改变了。因为社会直接对劳动者进行统一分配，所以和商品交换不同，平等直接存在于每个场合。列宁把这种平等的实现描写为"整个社会将成为一个管理处，成为一个劳动平等、报酬平等的工厂"[①]。社会主义的实践证明，在商品经济条件下，社会主义平等既不可能在社会的管理处或一个大"工厂"内实现，也不可能直接存在于每个场合。社会主义既然还存在商品经济，那么正确认识平等与商品经济的关系是十分必要的。在人类历史上平等观念消失几千年后又以现代的内容重新出现是与商品经济密切相关的。

平等观念是从商品交换中产生的，"商品是天生的平等派"[②]，"平等思想本身就是商品生产关系的反映"[③]。随着商品交换关系的发展，大规模的贸易，特别是国际贸易，尤其是世界贸易要求有自由的、在行动上不受限制的商品所有者，他们是有平等权利的，他们根据对他们来说全部平等的（至少在各该地是平等的）权利进行交换。"所有的人的劳动——因为它们都是人的劳动并且只就这一点而言——的平等的同等效用，不自觉地但最强烈地表现在现代资产阶级经济学的价值规律中，根据这一规律，商品的价值是由其中所包含的社会必要劳动来计量的。"[④]

马克思是第一个从资产阶级社会的商品经济条件导出现代平等观念的。他在《资本论》第一卷中指出："价值表现的秘密，即一切劳动由于而且只是由于都是一般人类劳动而且具有的等同性和同等意义，只有在人类平等概念已经成为国民的牢固的成见的时候，才能够揭示出来。而这只有在这样的社会里才有可能，在那里，商品形式成为劳动产品的一般形式，从而人们彼此作为商品所有者的关系成为占统治地位的社会关系。"[⑤] 可见，现代平等的观念产生于商品经济，而揭示价值的秘密又需依靠平等观念的坚固确立。商品经济和平等观念如此密切地联系在一起。

---

① 列宁：《列宁选集》第八卷，人民出版社1959年版，第258页。
② 马克思：《资本论》第一卷，人民出版社1975年版，第103页。
③ 列宁：《列宁选集》第四卷，人民出版社1972年版，第271页。
④ 恩格斯：《反杜林论》，人民出版社1970年版，第102页。
⑤ 马克思：《资本论》第一卷，人民出版社1975年版，第103页。

社会主义几十年没有把平等作为自己的旗帜，除了我们前面提到的原因外，恐怕更深刻的原因还在于几乎所有社会主义国家都是在商品经济不太发达的经济上建立的，而且一直没有认识到社会主义也要充分发展商品经济。

现在，我们已经认识到商品经济的充分发展是社会经济不可逾越的阶段，那么作为商品经济的内在要求——平等也是不可或缺的。资产阶级的经济关系要求自由和平等权利时，封建的政治制度却以行会的束缚和特权同它相对立。今天我们在发展商品经济的道路上同样遇到了传统体制的阻挡，同样需要"自由通行和机会平等"的平等观念发挥"理论作用"、"实际的政治作用"和"鼓动作用"。

社会主义商品经济的历史条件不但召唤着平等观念的复苏，而且必然给等量劳动获取等量报酬的社会主义平等要求在内容上和实现方式上以新的规定。在平等的内在要求和平等的实现机制上，与马列的设想有极大的不同。社会主义的平等不再是个人消费品分配的一种原则，而是存在和实现于商品经济的运行中。

三、工资运行与社会主义平等的实现

在社会主义商品经济条件下，劳动平等和工资平等是社会主义平等实现的两个方面或两个环节。工资作为劳动报酬，本来是发生在劳动者与企业不同利益主体之间的经济行为。企业作为商品生产者是独立的，而劳动者作为一个利益主体也是独立的。在这种条件下，等量劳动获取等量报酬的平等要求是通过劳动的平等与工资的平等两个环节的运行实现的（见图1）。

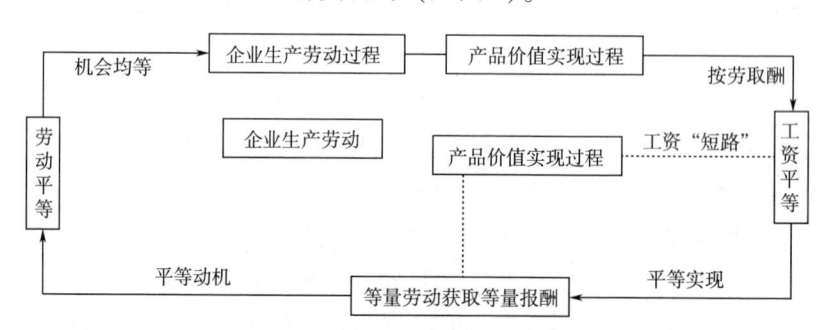

图1　等量劳动获取等量报酬的实现

在生产资料公有制条件下，劳动者在等量劳动获取等量报酬动力的驱使下，为了实现自己的平等要求，首先要求劳动的平等。所谓劳动的平等，就是只承认劳动的差别，不承认劳动以外的任何特权，其现实表现就是每一个有劳动能力的人都要通过劳动获取生活资料，人人就业机会均等，选择职业机会均等。劳动者集体劳动的企业产品价值要通过商品交换获得社会认可。在企业内部，劳动者根据自己的有效劳动按劳取酬，达到工资平等。

工资的平等，绝不是所谓的"大家都得到同样的东西"，而是以同一个标准——劳动来计算报酬，它是劳动平等的结果，又是等量劳动获得等量报酬的实现。工资的平等只意味着"劳动成果相同，从而由社会消费品中分得的份额相同"① 的平等。这点马克思早已说得很清楚了，绝不应和工资的平均主义混同。不同的只是，在社会主义商品经济条件下，工资的平等不是靠"分得的份额"来实现的，而是劳动者凭借自己的劳动去"挣"来的。同时这种工资的平等和劳动平等结合在一起成为一种运动，一种经济运行过程，因此，平等也只能存在于平均数中，而不可能存在于每一个场合中。

有的同志把平等概括为"起点的平等"和"结果的平等"是非常形象的。但遗憾的是把两者对立起来了，认为社会主义应该从结果的平等转化为起点的平等。这是我们不能同意的。工资的平等（结果）是劳动平等（起点）的必然结果，没有工资的平等，劳动平等就是一句空话；而没有劳动的平等，工资的平等也就失去了根据。因此，劳动平等与工资平等是社会主义平等的两个方面，是一个完整的体系。

传统体制下的工资运行由于不承认商品经济，不承认企业是相对独立的商品生产者和经营者，不承认劳动者是独立的利益主体，割断了平等动机经过劳动平等在生产中作功的程序，采取由国家一直管到职工个人的工资管理体制。在这种体制下，劳动者虽有"等量劳动获取等量报酬"的平等要求，但却无法通过劳动的平等去实现工资的平等。"道路不是自由通行的""机会也是不均等的"。劳动者的平等动机只好直接在工资上表现出来，发生了工资运行的"短路"。工资短路的结果只能是劳动与报酬脱节，工资变形；只能是工资攀比和工资平均主义。

重温马克思主义关于平等的论述，联系现实明确社会主义平等的内涵和实现机制，对于工资改革是十分重要的。我们的改革就是要清除工资运行的"短路"，把人们的平等动机首先引向劳动的平等，让科学的社会主义平等观念支配人们去努力劳动，去选择最适合自己的劳动岗位，在劳动平等、工资平等的正常运转中实现社会主义的平等。

（原载《改革先锋》1989年第3期）

---

① 马克思、恩格斯：《马克思恩格斯选集》第三卷，人民出版社1972年版，第12页。

中国住房分配工资化改革的机理分析

按照社会主义市场经济的客观要求，中国住房制度改革在分配上必须走货币化的道路，并逐步纳入工资收入中。住房分配工资化改革要求我们必须对这一改革的理论根据、政策依据进行机理分析。

一、住房分配与工资分配

研究住房分配的工资化，首先须厘清工资与住房及其分配的一般关系。

（一）人与住房的基本关系

人类从产生到今天的全部经济活动，始终是与自然界不断进行物质变换的过程。这个过程包括人物化和物人化两个过程。人物化，即人类通过劳动改变自然，使物质变为自己需要的产品的劳动过程或生产过程；物人化，则是人类通过对自己劳动产品的使用和耗费，再生产人类自身的消费过程。住房就是人类最初与自然界进行物质变换的媒介。人通过劳动把自然界的石料、木料等物质变为自己生存所需要的住房；然后在住房的使用和耗费过程中，维持自己的生存、繁衍自己的后代。人与住房如此简单明了的关系，一旦进入商品经济就变得模糊不清了。

分工的出现和发展，使人类经济活动的生产和消费之间又插入了交换过程和分配过程，生产的产品必须通过交换和分配才能进入消费。交换是为了实现劳动的价值，进而换回自己所需要的使用价值，分配则是根据一定的原则获取在共同经济活动中属于自己的份额。在市场经济中，交换和分配又是结合在一起的，工资就是交换和分配的产物。劳动者在与生产资料分离的情况下，用自己的劳动换取作为劳动报酬的工资，也就是与其他同要素和不同要素所有者共同参与分配的过程。劳动者获得工资，也就是劳动者分得了属于劳动要素并和自己劳动付出相适应的所应得份额。劳动者获取工资后，再用价值形态的货币工资，通过交换，换回包括住房在内的他所需要的消费品。

（二）住房与工资的关系

通过以上的追根溯源，我们可以发现，住房与工资既有区别又有联系，两者在人类的经济活动中既相关又无关。

1. 住房与工资的主要区别。第一，两者形态不同。住房是实物形态，而工资是货币形态（在一定条件下，住房与工资的不同形态可以互换）。第二，两者在人类与自然界物质变换过程中的地位不同。住房既是人物化的成果，又是物人化的对象，所以住房的建造和住房的使用具有完全不同的意义。研究住房的分配主要是从物人化的对象来观察问题的，而工资则属于这两个过程的媒介。就工资的基本属性来讲，工资主要和人物化过程相联系，强调的是工资收入的依据。在我们研究问题的视野内，工资更多的是和人物化过程相联系，住房更多的是和物人化过程相联系。第三，两者在物质变换链条中的先后次序不同。工资分配在先，住房分配在后。第四，两者的对应关系不唯一。工资是劳动的报酬，它的支出不仅包括住房，还包括其他项目；住房可以用货币购买，除工资收入外，还可以用其他收入来购买。

2. 住房与工资之间的联系。第一，住房是实物形态，但作为商品也可以表现为价值，并以货币来衡量。工资是货币形态，但也可以折实，从而表现为实物工资，住房则可以是实物工资的一部分。价值化和货币化可以使住房与工资之间建立起有机的联系。第二，两者都是分配的对象。一个是分配的结果，一个是分配的实现。第三，两者都可以是交换的对象。如：劳动和工资交换，工资和住房交换。第四，住房是实物工资的组成部分。住房和其他基本生活资料一样，共同构成维持劳动力再生产的最基本条件。第五，工资的分配原则是按劳分配，等量劳动获取等量报酬，而住房则是按劳分配原则的实现。舍掉其他因素，应该实现等量劳动获得等量住房。第六，两者有共同的产权依据。工资的依据是劳动产权，住房则是私人劳动产权的实现。

（三）住房分配与工资分配的关系

从住房分配和工资分配的一般关系看，两者的运行机制既相关又无关。

住房分配与工资分配的相关性主要表现为：住房始终是劳动力再生产重要的和基本的组成部分。确立工资标准，比较工资水平，住房始终是重要因素之一。无论是计划体制还是市场体制，住房和工资都同样影响着劳动者的行为。

住房分配与工资分配的无关性主要表现为：两者运行的直接函数关系不同。工资作为劳动报酬，是劳动的函数，只随劳动量的变动而变动。其遵循的分配原则是等量劳动获得等量报酬。而住房对于建造者来说劳动费用只是住房建造成本的一部分，需要考虑的是全部成本和正常利润；对于使用者来讲，劳动只是取得收入的渠道和依据之一，需要考虑的只是住房的消费需要和购买能力。所以住房的买和卖都是依据等价交换的原则。因此住房与工资两者运行所依据的原则具有无关性。

弄清住房与工资既联系又区别的关系以及住房分配与工资分配既相关又无关的一般关系，我们就会对工资运行和住房分配在改革上的关系有更深刻的把握。

二、住房分配方式的变革机理

（一）分配上的两种机制

分配总是通过一定的分配机制实现的。研究中国住房分配方式的变革，也必须从剖析分配机制开始。

人类所采取的分配机制主要有两种，即配给机制和酬报机制。

配给机制的基本特征是，在一个大的组织系统范围内，有一个高居于一般成员之上的首领或领导集团，对组织系统内所有成员根据一定标准配给生活用品或货币。配给机制对分配原则的包容面非常宽，可以是平均配给、按劳配给、按需配给，也可以是按任何给定的标准配给。如科尔内就曾列举了匈牙利在计划体制下曾经存在过的"紧急需要、功绩、家庭背景、社会地位、政治表现"等多种配给标准。

酬报机制的基本特征是，在两个对等的主体之间，使用要素者根据要素在可分配成果中的贡献或要素的社会"价格"，向提供要素者支付报酬。在商品经济发展过程中，随着劳动者和生产要素的逐步分离，不但劳动和劳动成果之间采取了劳动报酬的方式，而且其他生产要素也伴随着要素所有权的出现，在商品经济等价交换原则的贯彻中，形成了酬报机制。酬报机制的进一步发展使得要素报酬采取了要素价格的形式。工资即劳动要素的价格形式。

中国住房分配方式变革的实质是重新确立按劳分配原则，并实现从计划经济的配给机制向市场经济的酬报机制转换。显然，这一过程必然要涉及工资分配机制的转换。为此，我们的分析不得不从工资分配机制的转换开始。

（二）中国工资分配机制转换的机理分析

中国工资运行的原则从理论上讲一直是按劳分配。但如果从分配机制去考察，除农村人民公社实行过的"工分制"与马克思设想的分享机制相类似外，工资的分配机制基本上是配给机制，即通过配给机制贯彻按劳分配，我们称之为按劳配给。但这种按劳配给，在具体形式上又保留了酬报机制的要素价格——工资。通过配给机制去完成只有在酬报机制下才能存在的工资运行，就会发生不可克服的机制性矛盾。酬报机制要求作为使用劳动的利益主体，根据自己的利益以尽可能少的价值获得尽可能多的活劳动，以实现工资成本最小化和工资效益的最大化。而作为提供劳动的利益主体则要求自己的活劳动能换得尽可能多的货币。工资制正是在这种对立的要求下运行的。社会主义经济发展中，企业生产与发展的利益以及由此而形成的商品经济关系是社会主义保留工资形式的真正经济根源。可以说，工资形式的保留有其经济的内在要求并预示着商品经济在中国的发展。但这种内在要求却在配给机制中被掩盖、被扭曲。

中国虽建立了工资制，但这种工资制不是发生在企业与职工之间、两个利益主体之间的经济关系，而是发生于全国统一的利益主体之间，以工资为分配形式的配给机制之中。两种机制各有其存在的必然性，但共存于一体，潜藏了不可解决的矛盾。首先，参与分配的利益主体的矛盾。配给机制是一个大利益主体内的分配，分配主体只能是一个权威；而酬报机制是两个利益主体之间通过交换完成的分配，两个分配主体对等并存。其次，决策方式不同的矛盾。配给机制在一个大的利益主体内部由上而下一次决策、一方决策、单向决策；而酬报机制则受两个利益主体不同利益的支配，并且利益主体彼此之间有选择和被选择的自由，对等主体双向决策、共同决策、商讨决策。再次，分配标准形成方式的矛盾。配给机制没有固定标准，可以在不同的标准中根据决策者的偏好随意选择；而酬报机制的分配标准发生于市场，以价值形式表现为劳动的"价格"，报酬标准相对稳定，工资量在相对稳定的标准下，随劳动量的变化而变化。最后，对体制不同作用的矛盾。配给机制巩固和强化计划体制，阻碍市场体制的形成；而酬报机制更适应于市场体制，与计划体制发生冲突。

中国在传统体制下，把两种机制混合在一起，一方面，按配给机制构造了全国统一的管理制度，高度集中管理，努力实现全民所有制范围内的同工同酬，按劳配给；另一方面，却又按酬报机制在企业设立工资基金，参与成本核算，由企业向职工支付工资。这就产生了工资运行中的相悖现象：工资作为劳动消耗进入企业成本（$C+V$），$C+V$ 随着产品的销售已经得到补偿；而国家却要根据国民收入 $V+M$ 来安排职工的调资。工资 V 究竟是劳动耗费成本的补偿，还是净产值扣除后的配给？这种悖理的矛盾在传统体制下一直潜藏着，一旦关注企业利益，这个矛盾就会暴露出来。事实证明，作为劳动报酬的工资与配给机制是不相容的。尽管按劳分配原则可以和配给机制相结合，从而形成按劳配给，但这种按劳配给一旦采取工资形式就会发生机制相悖的现象。如果硬要结合在一起，被纳入配给机制的工资必然改变自己的性质和功能。配给机制的工资实际上已经不是工资了。中国工资运行中出现的负刺激和反调节的现象可以说是对把工资纳入配给机制的一种惩罚。工资配给机制不具备自行调节的机制,在塔尖上的领导无法准确地掌握每一个劳动者劳与酬之间的关系的情况下,很难自动调整。配给机制与工资所隶属的酬报机制不同,不是在个别的从不合理到合理的运动中自动达到整体的和平均的一般均衡,而是在追求整体平衡中,使每个个别持续不合理。在这样的运行状态下,工资不能随劳动量的变动而相应变动,已经"恩赐"的工资是不能收回的,所以,工资运动除了整体冻结外,只能沿着不断增加的方向运动。

工资与配给机制不相容的结论使中国工资改革只有两种选择:改变工资的内容和形式,或者改变工资的分配机制。如果我们认定工资在社会主义的中国有存在的必然性,那么,我们的出路就只有一条:变革配给机制,还工资以它本身应该隶属的分配机制。

(三) 中国住房分配机制转换的机理分析

1. 住房配给方式的描述。中国计划体制下住房分配和工资分配一样,也采取配给机制。和工资配给不同的是,第一,住房配给与工资配给完全分离。住房不纳入工资而独立运行。第二,住房配给非价值化,采取了实物分配方式。第三,住房配给只配给使用权,住房产权归国家所有,配给的只是住房的居住权。由于没有所有权,因而也没有转让权、出租权和收益权等。从理论上讲,使用权可以随时收回。第四,住房配给标准多重化,既有和劳动贡献相联系的工作年限、职务等级,也有和家庭需要相联系的婚配状况、家庭人口与构成。甚至社会地位、政治表现等其他因素也可以作为标准。因此,住房分配带有很大的福利性质。

(1) 中国的住房分配采取配给方式的主要原因。第一,住房的特殊性质及其住房性质的混淆。住房就其基本性质来讲是消费品。消费品可以分为两类:固定消费品和流动消费品。流动消费品在物人化过程中,一次性消费,消费品一进入消费过程就开始消灭自己,消费过程一结束消费品便不复存在;而固定消费品在消费过程中,始终保持它原有的整体物质形态,直到报废也保留它的整体,住房就属于固定消费品。住房的价值由于受土地资源稀缺的影响,不但没有随消费而消灭,而且还会有增值。不仅如此,住房还可以转化为生产资料、公共品或租让使用权,所以住房也可以看作投资。在中国近现代史上,由于长时期生产力水平落后,能够盖得起房子的只是有产阶级,广大群众只能从有产者那里租用住房,住房就成为一种财产。因此,住房曾经作为划分有产和无产的标志之一。房产和地产一同被看作生产资料,而不是把它看作消费资料。根据马克思的设想,在新社会,个人向社会能够提供的只有劳动,而得到的只有个人消费品,所以社会主义制度建立后，被看作是财产的住房的所有权自然就要公有化。第二，中国工业化原始积累和计划经济体制的需要。新中国成立后，为了摆脱极端贫困境地，实现民族振兴，党和国家制定了实现工业化的经济发展战略目标。这一战略目标要求优先发展重工业，并以低利率和低生产要素价格作为政策保证。正是这个战略目标，使我们在当时必然选择了计划经济体制。在这一体制下，一切资源配置都是在计划下进行的。特别是劳动者的生活资料都由国家包了下来。为了工业化的尽快实现，国家采取了压制消费、低工资政策。而住房涉及劳动者最基本的生活资料，在低工资、多就业的大政策下，住房需求自然要在国家的统包之下低水平地加以保证。

（2）住房分配与工资分配相脱离的弊端。无论是从工资运行还是从住房分配的角度看，住房配给分配与工资相脱离都具有十分明显的弊端。

从工资运行的角度分析，弊端主要表现在三个方面。第一，工资中不包含住房，使工资作为劳动成本失真，不能反映真实的劳动力的价值评价，从而导致工资信号失真，难以起到工资引导劳动资源配置的作用。在现实中，调节劳动力流动的除工资以外，还有住房分配，双轨制和双重标准导致寻租现象的出现。第二，国有经济中不含住房的工资与三资及私营经济中含有住房的工资并存，很难形成统一的运行机制，很难准确计算成本，导致经济运行秩序的混乱。"一家两制"的现象，使国家承担了非国有经济的大量成本。第三，工资分配只是初次分配，等量劳动获得等量报酬的要求最后应该在消费中实现。由于住房未进入工资，并按非劳动标准配给，致使按劳分配很难实现。事实上，即使工资分配很好地体现了按劳分配，也会在住房分配的环节上加以扭曲。

从住房分配的角度分析，弊端主要表现在两个方面：首先，从需求和供给两个方面加大了住房供求的缺口，住房配给机制使住房需求无限膨胀，由于居民没有住房的预算约束，住房永远处于供不应求的状态。住房配给机制使住房供给失去动力，除国家投资外，建筑部门处于萎缩状态，因不能回收建筑成本和利润而失去运行动力，难以进行良性循环。其次，各单位之间购建与分配住房的差异，主要不取决于单位效益和对社会的贡献，而取决于对公共资源占有的多少和支配权的大小，从而导致资源的滥用和浪费。

2. 住房分配市场化的特征和要求。社会主义市场经济要求住房的分配和工资运行一样，都要市场化。根据市场运行的要求，住房分配应该具有以下特征和要求。

（1）住房商品化。住房和任何其他商品一样，其性质首先是消费品，它的使用价值是用来满足物人化过程中人的需要的。作为人物化结果，住房是劳动产品，它也有价值，在市场经济条件下，它要通过交换才能进入消费，因此，它可以表示为价格。和其他商品一样，在一定条件下，它也可以转化为资本，但就其主要性质来说，是可用于交换的消费品，而不是福利性公共品。

（2）住房产权的私有化。住房作为生活的基本资料，作为消费品，其产权应该为私人所有。这是住房商品化的基础，是住房进入市场的制度保证。这是社会主义市场经济的客观要求，不会改变社会主义生产关系的本质。住房的私人所有权，包括住房的占有权、使用权、处置权和收益权，住房私有权受法律保护。

（3）住房分配的货币化。住房商品化使住房的价值也可以用货币来表示，即住房可以通过价格表现其价值。这样，就为住房的分配从实物分配过渡到价值分配奠定了基础。住房的实物分配不可分割，必须整间整套的分配，而货币化分配则可以使分割趋于细化，更灵活、更准确。住房实物分配只能一次性分配，而住房价值分配，则可以通过货币多次分配。住房分配货币化还可以使住房的分配和流通更为顺畅，因为货币作为一般等价物，不管其来源如何，都可以和住房进行交换。

（4）住房分配的工资化。住房分配的货币化为住房实物分配纳入劳动收入提供了可能性。正如我们在第一个问题所论述过的，住房作为维持劳动力生存的生活必需品，本来就应该包含在工资之内，住房分配工资化就使劳动成本有了统一的测量标准。工资作为劳动的函数，有了更科学的体现，不但为住房进入市场创造了条件，也为工资作为信号引导劳动资源配置创造了条件。

（5）住房价格形成的市场化。市场经济中，住房价格的形成也应该是由住房供给者的供给价格和住房需求者的需求价格的均衡点来决定的。市场住房均衡价格反映了供求两方面的要求，两者达到均衡，实现了市场上住房的出清，这也是住房由市场配置的必然要求。租金作为住房的特殊价格形式也有同样的要求。

3. 住房分配方式的转换。

（1）住房分配机制转换的实质。根据市场经济内在要求，我国住房分配方式也必须从配给机制转向新的机制。住房分配机制转换的实质是两个过程：其一，住房商品化。按照市场经济的要求，由市场供求确定其均衡价格。住房的供给者和住房的需求者都按照市场经济的要求，等价交换。其二，住房分配货币化，纳入工资。工资标准随劳动力市场上劳动供求状况而变动，市场决定工资时，劳动供求双方都必须将住房因素考虑在内。劳动者根据自己的劳动贡献，按市场的工资率，决定劳动报酬，多劳多得，少劳少得。住房分配工资化后，工资运动与住房既相关又无关。相关在于市场决定工资率时，必然将住房因素考虑在内，即住房将影响市场决定工资标准。而工资的运行只和劳动市场的供应以及劳动者的劳动贡献相关，与住房的市场价格和供求关系并不直接相关。住房将和其他商品一样，在流通中实现分配，分配将只有收入的分配，而不再存在住房的分配。

（2）住房分配机制转换的必然性。第一，工资运行市场化的要求。社会主义市场经济要求全国是统一的市场。工资作为劳动资源配置的信号应该是覆盖全社会的。但是，现实中却存在包含住房和不包含住房的双重工资标准，工资信号的扭曲影响了劳动资源的有效配置，也给经济秩序带来了混乱。工资运行的市场化趋势要求一切和劳动报酬相关的因素都要纳入工资，这样，才能有统一的市场标准。第二，政府职能转换的要求。随着市场经济体制的建立，政府将逐步退出市场，政府职能也将由直接指挥经济转变为间接指导经济。住房制度不改革，政府背着很大的包袱，职能就难以转换。第三，形成新经济增长点的需要。住房建设产业关联度高，可以推动建筑业、建材业、冶金、机械、森工等50多个行业部门的发展，还可以带动住宅设备、家具、居室装修等发展。因此，住房成为国民经济新的增长点。不转换住房分配机制，新经济增长点就很难出现。第四，刺激市场需求的现实要求。我国当前经济形势的主要问题在于刺激消费需求，但工资低、房价高的现实从两个方面抑制了需求，把住房分配纳入工资，既解决了工资信号失真的问题，也解决了购房购买力不足的问题，对刺激市场消费需求有着重要的现实意义。

（3）住房分配工资化的功能。住房分配工资化实行后，将在工资和住房的运行上发挥积极的功能。首先，将充分地实现人们通过劳动获取收入的自由和消费选择的自由。工资运行的市场化，结束了只能死守死工资的历史，开辟为了提高生活水平可以多劳而多得，多劳可以生活得更好，居住得更好的新时代；住房商品化则更充分地实现了人们消费选择的自由，结束了按身份、资格、权力配给住房的历史，开辟了根据自己的需要和收入选择住宅的新时代。两个自由的充分实现会使社会主义市场经济更加生机勃勃。其次，住房分配工资化，使工资不但促进劳动生产率的提高，而且能带动整个经济的发展。住房的消费刺激人们致富，而致富的欲望推动人们向社会提供数量更多、质量更好的劳动。住房的消费和工资的运行推动着生产和消费的良性循环，推动了生产力的发展，提高了人民生活水平。最后，住房消费必将带动其他方面，进而推动经济的繁荣。

三、住房分配机制转换的基本原则与运行程序

（一）住房分配机制转换的基本原则

首先，目标明确，遵循规律。必须遵循社会主义市场经济体制总体目标模式

· 347 ·

的要求。工资改革也好，住房改革也好，都不能偏离社会主义市场经济运行规则。工资改革一定按照工资市场运行的规律，住房改革一定按住房运行的规律。我们在前边已经分析过工资与住房既相关又无关的的关系。住房工资化过程必须根据这一关系进行操作。在住房工资化过程中，一个很大的难题就是如何计算或折合工资中住房的含量。其实这种探索是徒劳的。正如我们已经分析过的，工资只是劳动的函数，只随劳动量的变动而变动。住房能够影响工资的只是工资率，即工资标准。而工资标准是就全社会而言的。按正常工资标准，劳动者在正常工作日和工作强度下所能获得的收入买得起、租得起住房的，就应该说工资已经包含了住房因素。买不起、租不起住房就说明工资里不包含住房因素或包含量不足。这当然不是指个别劳动者的工资，而是指社会平均的报酬标准。当工资标准中住房因素包含不足时，就会从工资水平过低上反映出来，市场就会通过自己的机制加以解决。想要测出工资里住房含量多少就像想测出工资里家具、家用电器的含量一样不可行。当全社会房屋购买力不足时，自然就会在房价上反映出来，这时调整房价和调整工资都是可能选择的方式，工资所能容忍的最高限和房价所能容忍的最低限是可调节的空间，只要市场机制起作用，总能够找到均衡点。这当然是一种典型的理想的市场状态，但我们现在所要做的一切都要向这个目标靠近，这是首先必须明确的。当前，我们能采取的措施：一是降低房价，二是提高工资。降低房价只考虑住房成本和正常利润；提高工资就是提高工资，而不必计算住房含量。

其次，渐近改革，分步到位。在我国当前工资水平不高，住房价格又很高的现实面前，住房分配工资化改革想要一步到位是不可能的。住房分配工资化改革只能是两个渐进化过程：第一，福利分房逐步退出，住房走向市场的过程；第二，职工工资稳步提高，分房走向购房的过程。而且这两个过程之间的关系只能是第一个过程服从于第二个过程。第一个过程紧随第二个过程进行。事实上，改革开放以来，这两个过程都已开始，而且必将沿着这条途径逐步到位。这两个过程的实质是住房分配上福利性原则的逐步退出，按劳分配原则的逐步确立。住房分配工资化就是把福利分房原则变为按劳分房原则。在住房工资补贴上，如果只是把住房实物换为货币，我们就只会是把福利性分房变为福利性分钱，这是不可取的。福利性分钱是违背工资性质的。在这项改革上我们能够做的首先应该是理顺工资关系，分阶段提高工资水平，随工资水平的逐步提高，住房走向市场。

最后，灵活变通，不设障碍。在住房分配工资化进程中，受各种条件的制约，肯定要采取一些灵活变通的措施，但这些措施一定要有利于渐进改革逐步到位的实现，有利于最终市场化目标的实现，千万不能搞一些将来注定要成为障碍的措施，否则只会加大改革成本，使本来水到渠成的事变为夹生饭。

（二）住房分配机制转换的步骤

住房机制转换的实质是变住房的分配过程为交换过程（如图1所示）。住房分配机制转换的核心矛盾是住房价格与劳动者收入的矛盾。住房商品化要求住房按市场的要求用市场价格进入市场。而住房需求者，作为工薪收入阶层，收入难以承受住房的市场价格。这一核心矛盾制约着整个分配机制的转换。

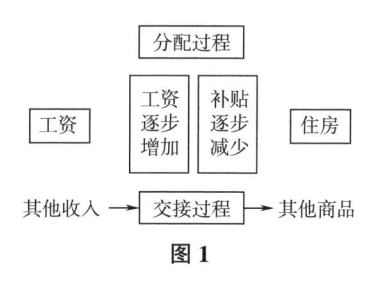

```
                    分配过程
                ┌──────┬──────┐
        ┌────┐  │ 工资  │ 补贴  │  ┌────┐
        │工资│─→│逐步  │逐步  │─→│住房│
        └────┘  │增加  │减少  │  └────┘
                └──────┴──────┘

        其他收入 ──→ 交接过程 ──→ 其他商品
```
图1

解决以上矛盾的途径只能是将原有住房补贴纳入职工工资。而这样一个过程又伴随着工资运行机制和住房分配机制的转换，一步到位是不能实现的。根据前面所述"渐进改革、分步到位"的原则，可以考虑分三步走。

第一步：确立住房分配的新原则。通过宣传教育，理性讨论，逐步改变人们福利性分房的观念。接受和承认住房是消费品。通行与工资相同的多劳多得、少劳少得的按劳分配原则。住房分配新原则的确立，是住房分配工资化的基本前提。没有这样一个前提，很难实现工资化，即使进入工资，也难以按工资的原则运行。这一步应该说前几年已经开始做了，但一直没有有意识地对职工加以灌输。这一课无论如何要补上，可以通过住房性质、分配原则等讨论落实。

第二步：分步提高工资水平，同时同步减少购房补贴。在国家财政支出上，做好科目转换；过渡时期采取住房补贴的货币化和住房的商品化。开始时住房价格可以采取含补贴的优惠价格。在工资水平逐步提高的过程中，减少住房补贴，住房的价格逐步向市场价格靠拢。

第三步：完成住房由分配过程到交换过程的最后机制转换。住房不再是直接分配对象，分配实现货币化，劳动的收入都表现为工资；其他多种要素的收入也都货币化；分配的原则只体现在分配过程中。这时的住房和其他商品一样，只是交换的对象。至于交换的货币，可以是按劳分配的工资收入，也可以是按要素分配的基本收入。

（原载《管理世界》2000年第1期）

分配秩序的现状与整顿对策

一、分配秩序混乱的现象和危害

我国的经济改革是从分配入手的，减税让利曾给传统体制下死气沉沉的企业带来一定的活力，工资奖金的搞活对调动劳动者的积极性起了巨大作用。但也必须看到，分配领域搞活的同时也出现了一定程度的混乱。主要表现为：

（一）社会扣除原则模糊，苦乐不均

个人消费品在分配之前必须进行社会扣除，这是任何一个社会都不可避免的。在传统体制下，由于我们不承认企业有自身利益，社会扣除是在大一统的财政体制下进行的，社会扣除原则对经济运行的影响并不明显。但是当我们致力于发展商品经济，建立以企业利益为经济运行动力的体制时，扣除的原则却是不可回避的。改革以来，我们在社会扣除上提出的都是一些似是而非的模糊原则。比如，"国家得大头，企业得中头，个人得小头"，"交够国家的，留足集体的，剩下都是自己的"，质上看不出扣除的依据，量上也没有能准确把握的标准。

社会扣除的形式税收也缺乏科学性、严肃性和统一性，过多过大的减税免税，为很多人钻国家空子开了方便之门；不同经济成分税种税率不一致，造成企业税赋苦乐不均。

（二）平均主义与高低悬殊共存，劳酬脱节

平均主义非但没有根除，还以新的形式有所扩大。主要表现在两个方面：一方面，全民所有制企事业各类人员工资差距有缩小的趋势。1985年新定工资标准，助教与教授的工资差距由1∶4.1降为1∶2.1；医士与主任医师的工资差距由1∶3降为1∶2.2；中学教师、机关干部的工资差距也都有缩小的趋势。另一方面，收入中津贴、补贴、福利、实物比重逐步加大，加上奖金的平均发放，职工收入中有一半以上是平均主义的。

同时，政策不配套、管理不完善和机会不均等导致少数人与广大职工相比收入悬殊，差距过大。一些涉外服务单位、设计单位和合资企业职工、个体户和私营企业主收入过高。如沈阳承包企业中，一些承租人年收入少则上万元，多则几

十万元，为职工收入的几十倍、上百倍，劳酬脱节的现象相当严重。

（三）收入多元化，结构失调

城乡居民除工资收入外，还有福利津贴、奖金收入、财产收入、经营收入、利息收入，甚至雇工收入等。在相当一部分人的收入结构中，工资外收入已占了很大比重。例如，上海市设计单位职工基本工资以外的年收入一般在1 500～2 000元，部分设计人员可高达5 000~10 000元，一些受聘兼任街道企业、合资企业或乡镇企业的顾问、名誉厂长、技术指导的在职和离退休人员工资外月收入一般也都超过基本工资的数倍，特别是那些有门路、有技术、手中尚有很大"余权"的人工资外收入更为可观。收入多元化的格局一方面给经济的建设和发展带来了生气，另一方面也带来了一些新的矛盾和问题。主要表现在：其一，工资外非劳收入的分配无原则、无标准。一些本来应该由市场机制形成的分配标准，如利息率、资金收入率等，由于市场不健全，也出现了混乱状态。经营收入，国家只是划定了不许超过的上限，并无分配的确切标准。至于福利，发放实物，则完全是平均主义的原则。其二，工资外非劳收入在收入结构中所占比重越来越大。据统计，工资外非劳收入在收入结构中所占比重近50%，而且增长速度也大大快于工资增长速度，对劳动收入产生了极大的冲击。

（四）分配渠道混乱，缺少规则

分配多渠道是经济搞活的一部分，但是我们却出现了分配渠道混乱的局面。不但分配领域搞分配，生产领域、流通领域、非经济领域都在搞分配；不但有公开的分配渠道，而且有地下的分配渠道。本来属于国民收入再分配的领域，也要挤进初次分配的行列，对企业进行摊派。

（五）分配实物化，透明度低

商品经济的分配要求货币化，而我国收入分配中实物化倾向却越来越明显。不但原有的住房、公费医疗没有多大变化，而且机关企业逢年过节发放实物的现象也屡禁不止，有增无减，档次越来越高，范围越来越广，名堂也越来越多。特别是领导层的实物化更为明显。改革以来，对不同级别的干部的各种实物待遇作了比以往更为具体的规定，因为其对实物分配的享用大大超过了货币工资收入。人们常用工资的"含金量"不同表示对这种现象的不满。

此外，各种补贴也增长较快。物价补贴、交通补贴，还有不表现为货币工资而是暗含在价格中的粮价补贴、房租补贴、副食补贴等，都使收入分配的透明度大大降低。

收入分配透明度低造成衡量分配关系没有尺度，国家调控失去依据。

(六) 行政权力参与分配，滋生腐败

依据财产所有权参与分配是符合商品经济的要求的，但十年来却出现了本不应参与分配的行政权力参与了分配，而且大都表现为以公有制赋予的权力为小集团和个人谋取私利。广大人民群众深恶痛绝的"官倒""腐败"正是权力参与分配的恶果。

分配秩序混乱不仅是经济秩序混乱的一种现象，也是社会秩序混乱的重要根源，它对改革和建设有着极为严重的危害。

其一，抑制供给，增大需求，双向破坏国民经济的总量平衡。分配本身就是一把"双刃剑"，既影响供给，又影响需求。这把剑用得好对双方都起积极作用；用得不好，对双方都起消极或破坏作用。分配秩序混乱正是从供给和需求两个方面破坏着我国经济的总量平衡。个人收入分配秩序的混乱，无论是平均主义，还是高低悬殊都破坏了按劳分配原则，涣散了人心，压抑了劳动者的劳动积极性，使劳动生产率下降，供给不足；而同时，分配秩序混乱又使人们不去比贡献，而是比收入，在攀比中消费基金超常增长，导致总需求膨胀。分配秩序混乱正是从两个方面拉大了供给与需求的缺口，破坏了总量平衡。

其二，扰乱资源配置，加剧结构失衡。分配具有引导、调节资源配置的功能。改革以来，我们虽然在国民经济结构、产业结构的调整上下了不少功夫，但总是不尽人意，这和我们忽视分配在资源配置上的功能有直接关系。需要指出的是，分配的这种功能不管你是否意识到，它总是在起作用，不是积极作用就是消极作用。如多层次的财政包干，使我国出现了多级地方政府利益主体，中央与地方的利益矛盾导致中央产业政策贯彻不力。中央确定重点发展的产业，地方因投资大、周期长不愿干，中央财力分散也没能力干，导致战略重点实现不力，电力、交通、能源、原材料更为紧缺；而同时，中央要限制的产业，又常常因为是地方财政收入的主要来源而压不下来。对企业的两保一挂不考虑产业政策，乡镇企业不分产业一律减免税收，分配秩序混乱的错误导向使实际的结构难以优化。实际上结构失衡的背后正是分配秩序混乱造成的利益结构失衡。

其三，引发货币超发行，多方促成通货膨胀。从表面上看，我国经济中通货膨胀的原因是货币需求过大，货币发行过多。而实质上，分配秩序混乱是其形成的深层原因。无论是需求拉动还是成本推动产生的通货膨胀，都和分配秩序混乱密切相关：从需求拉动看，一方面，财政分配赤字无害的理论和分配秩序混乱的状况迫使国民收入超分配，分配分散化，投资需求膨胀直接引发货币超发行。近年来，国家基本建设投资增长速度和银行固定资产贷款增长幅度都大大高于国民收入的增长速度。另一方面，消费需求在分配秩序混乱推动下的不断膨胀也间接地诱发货币超发行。从某种意义上讲，我国货币发行权并没有集中在中央，而是掌握在城乡各企事业单位领导人手中。滥发钱物，消费基金失控，实际上意味着大家都在发行票子。从成本推动看，我国工业生产率下降，实际工资增长过快，也确实对通货膨胀起了推波助澜的作用，正如前面分析过的，工资过快增长，生产率下降，同样也都是分配秩序混乱的恶果。分配秩序混乱从几个方面影响着货币需求，促成了通货膨胀。同时，通货膨胀的分配效应又进一步加剧了分配秩序的混乱，可以说通货膨胀既是分配秩序混乱的原因，又是分配秩序混乱的典型表现。

其四，危及教育，损害长远，诱发全社会短期行为。中国的教育危机已经成为全民族的共识，但总是迟迟得不到解决。究其原因，同样是分配秩序混乱造成的。分配秩序混乱使勤勤恳恳忠于职守的教师、知识分子生活待遇太低，虽然政府也给教师长了一些工资，但仍然大大低于其他职业职工的收入，而且在医疗、住房、子女就业等方面的待遇更是微薄。在这种状态下，学生弃学、教师弃教的趋势在不断地扩大。据一项调查显示，1988年大约有428万小学生弃学，占小学生总数的3.3%，大约有287万中学生弃学，占中学生总数的6.9%，硕士、博士研究生招生人数大大高于报考人数，不少研究生中途辍学从商。中小学教师平均收入在国民经济12个行业中排列倒数第三位，人称"老九"，山东临沂地区1988年以来，有700多名中小学公办教师改行，其中95%以上是骨干教师。利益导向比提倡、口号更有吸引力，不扭转利益格局，单纯靠"教师是最受人尊敬的职业"的帽子是无法摆脱教育危机的。当然，分配秩序混乱不仅表现为教育经费少，还表现为教育经费流失过大、使用不当，甚至出现浪费的现象。例如，北京地区高校各种摊派、收费和罚款就占了全年经费总额的5%，有的学校摊派达20多项。分配秩序混乱对我们的惩罚首先就从教育上开始了，进而诱发了全社会各种短期行为。

其五，腐蚀国民素质，败坏改革声誉。分配秩序混乱使少数人靠非法手段就可以捞取不义之财，而辛勤劳动的人却难以致富。这种局面，腐蚀了部分干部群众。不通过诚实的、艰苦的劳动却过着奢侈生活，大大小小的"倒爷"成为现实生活中"令人羡慕的职业"，不仅对工人、农民、知识分子产生了严重的冲击，而且影响着整整一代人的价值取向，损害着国民素质。

更为严重的是利用职权化公为私、假公济私、损公肥私，已经开始了对公有制实实在在的蚕食,对社会安定产生了严重的危害,并因此败坏了改革的声誉。

任何一种经济体制必须有与之相适应的分配形式,分配形式的不适应必然要影响新体制的建立。恩格斯早就讲过:"每一种社会的分配和物质生存条件的联系,如此深刻地存在于事物的本性之中,以致它经常反映在人民的本能上。"① 他还以大工业时期的美国工人为例,说明分配方式如果与生产方式相适应,那么在这种分配方式中"吃了亏的那些人也会热烈欢迎"。人民群众的不满正说明我们的分配方式还存在着问题,这与生产方式不相适应。所以不整顿分配秩序,不建立一个合理的分配形式,我们的整个经济改革和经济建设就要受到严重的影响。

中央在提出治理经济环境、整顿经济秩序的决策的同时,向全国人民发出了同心同德、共渡难关,过几年紧日子的号召。这些决策和号召无疑是正确的。但是,共渡就要有共同的利益基础。而分配秩序的混乱使利益格局的基础和变化趋势不清,很难形成共渡的利益基础。一些社会心理调查表明,人们普遍认为"自己在改革中吃了亏,而掌握各种职权的领导和个体户受益最大"。在这种情况下,很难想象广大工人、知识分子会和暴发户、"倒爷"、以权谋私者一起共渡难关。万元户、几十万元户的紧日子和忠于职守的教员、职员的紧日子恐怕也不是一个概念。所以,不整顿分配秩序,共渡难关也就无从谈起。

整顿分配秩序还直接关系到中国共产党政治优势的发挥。共产党在中国革命长期历史中形成了特有的政治优势,正是这种优势,使党能够带领全国人民不断取得胜利,不断克服种种困难。这种政治优势同样是以共产党没有自己特殊的利益为基础的,但是分配秩序混乱却动摇了这一基础,特别是手中掌握着一些权力的党员,利用职权贪污受贿,腐败堕落,使党的威信受到了很大的损害。不整顿分配秩序,我们的政治优势也无法发挥出来。

二、分配秩序混乱的成因

改革中出现分配秩序混乱状态的原因是十分复杂的。从客观上说,改革进入双重体制并存时期。一方面旧体制失去了统治地位,但在很大程度上还在发挥作用;另一方面,新体制刚刚开始建立,还没有取得主导地位。两种体制的摩擦必然对分配秩序产生影响。同时,改革由浅层进入深层,难度加大,也会给分配秩序的转轨带来很多难题。但是,这并不是说分配秩序混乱在改革中是完全不可避免的,它在很大程度上也是和我们主观的指导思想、政策的失误、措施的失当有

---

① 恩格斯:《反杜林论》人民出版社 1970 年版,第 146 页。

密切联系的。

（一）片面强调分配的刺激作用，忽视分配对利益格局的影响

改革以来，为了用"经济办法管理经济"，我们几乎动用了分配领域的一切经济杠杆，从减税让利放权，到拉大差距，鼓励一部人先富起来，大都出于利益刺激和调动积极性的动机。以利益刺激积极性不能说是错误的，事实上我们也从中受益匪浅，但是我们对分配在整个经济运行中的全部功能和分配与其他环节的关系却知之甚少或重视不够，以至在获益的同时，也产生了许多意想不到的严重后果。其中最为严重的是，从一开始就忽视了分配对整个利益格局变化的影响，也没有对利益格局变化和发展做全面统筹考虑。一些分配政策对局部，对国民经济的某一方面起了积极作用，却对全局或其他方面起了消极作用。例如，对乡镇企业、城市集体企业、国营小企业在分配政策上给予种种优惠，却忽视了在资源使用、人才使用、资金使用上对国营大中型企业的影响和冲击；对个体经济、私营经济、承包经营的政策扶持，意在搞活经济，却对大多数的工人、干部的积极性产生了消极作用；企业工资挂钩调动了工人的积极性，却使本来已经倒挂的体脑报酬差距更加拉大；等等。改革中常常出现的是意想不到的消极作用，中央又不得不利用新的分配政策去"救火"，最后导致经济杠杆的使用由主动变被动，改革也从主动出击成为穷于应付。缺乏对利益格局的统筹考虑可以说是产生分配秩序混乱的最主要根源之一。

（二）一物多价的双轨制是分配秩序混乱的原因

利用计划外价格的本来用意在于增加供给，但由于一物形成了多种价格，如有的商品有中央政府价格、地方政府官价、计划外议销价、市价。在短缺经济的环境中，谁掌握了平价的紧缺商品谁就拥有了一笔可观的收入，从而在多种价格的差额之间发生了分配行为。这种情况甚至诱导人们的"寻租行为"。不取消一物多价的价格双轨制，分配秩序混乱就总有滋生的土壤。

价格的运动是在不断波动中实现价格与价值的一致的，但一物多价的双轨制由于一轨定死不能波动，整个价格运动就难以回归到价值的波动中心，而另一轨则只会不断上涨，导致经济秩序的混乱。

（三）改革时序不当使一些好的分配政策产生了负效应

改革措施出台的时序关系着改革目标的实现，一个很好的措施如果出台时序失当，也会带来严重后果。我们目前分配秩序混乱的状态很多是由时序失当引

起的。

允许一部分人依靠辛勤劳动先富起来的政策深刻地反映了商品经济中按劳分配的实现方式，应该说是一个很好的政策。但是在劳动制度尚未改革，在还没有形成一个恰当联系劳动与报酬的运行机制，劳动者特别是全民所有制的工人、知识分子还不能通过自己的多劳就可以多得的时候，"允许"就变成了"让"，大家争着向中央要"让"的政策，一部人确实先富了，而且长期富有，但不一定是依靠辛勤劳动。另一部人，即使辛勤劳动也不能富起来。由于整个经济运行没有出现商品经济中特有的平均化运动，所以，一部分人的先富不但没有出现少数人带动大多数人一浪高一浪地走向共同富裕，反而导致了严重的攀比效应。

对干部的工资实行职务薪金，按肩负责任大小和劳绩来调整工资的办法应该说是好的，但在干部制度尚未改革，选拔标准、选拔程序、考核办法、能上能下等一系列制度尚未建立或还不完备的情况下，新的干部工资制度超前出台就产生了一个"时间差"，这个"时间差"带来的效应是扩大编制、突击提干。同时，干部选拔的强机遇性使机关干部互不服气，而且诱导了知识分子的"升官"意识。

同时，新的工资制度出台后，由于没有一套正常的考核评定工作成绩和选拔晋升的机制，数年之内，没有进行正常的依据按劳分配原则的增资。不管成绩好坏都挤在同一职称或同一职务的最低一档。在这种不能运行的制度中，等级形同虚设。一方面导致职称评定、职务提拔降低标准，争编制、升规格的现象层出不穷；另一方面，机关干部把主要精力用来搞"创收"，工作质量下降，工作秩序混乱。

（四）改革配套不当，干扰了分配原则的实现

分配秩序混乱的很多表现也是和改革措施配套不当紧密相关的。除了在很多具体问题上有政策打架、朝令夕改的现象外，十年改革在分配政策出台的配套上，最大的失误在于把价格改革和工资改革不适当地拴在一起，同时又把工资改革作为价格改革的附属。每一次工资改革都成为价格改革的筹码，从制定政策的人到最普遍的劳动者都形成了一种强烈的意识——工资改革就是弥补由价格改革带来的价格上涨，工资改革就是长工资。由于这种配套方式，每一次工资改革，"弥补物价"的效应都远远大于工资改革本来应该实现的"按劳分配"效应，结果是工资改革十年，在全民所有制职工的工资条上，平均主义按人头发放的各种津贴、补贴有增无减。同时，只要价格改革不出台，工资改革也不出台，1988年价格改革暂停后，工资改革也随之束之高阁。这种配套拴对的措施更强

化了工资改革就是长工资补物价的意识，严重地干扰和影响了工资改革中按劳分配原则的实现。

（五）破旧没有立新，分配管理出现真空

社会主义国家经济改革的一个共同的经验教训是：改革过程中始终要保持对国民经济宏观调控的有效性。我国分配秩序混乱的出现再一次证明了这一点。社会主义国家经济体制的转换应该在破旧的同时立即立新，在对经济的宏观控制上不能产生真空。凡不能立新的，旧的手段不能放弃，凡旧的破了的地方，必须有新的手段跟上。在这方面，我们恰恰出现了许多真空，这也是分配秩序混乱的原因之一。

在个人收入的分配上，过去劳动者除了劳动收入外，没有其他收入，而工资采取了国家直接管到每个职工的高度集中管理体制，对消费基金中央控制得很死。改革中，工资管理采取了二级分配、分层管理的新体制，分配方式也出现了挂钩、承包等多种形式。在这种情况下，旧的控制手段失灵了，新的控制手段没有立即跟上，导致企业工资总额、地方工资总额不断突破。与此同时，劳动收入以外的收入开始大量出现，渠道增多，形式复杂，对此更是缺少调控手段。无论是调控组织机构、调控程序，还是具体的调控措施都显得软弱无力。宏观上的这种分配管理的"真空"状态，必然使分配秩序混乱的现象更为严重。

三、整顿分配秩序的对策建议

分配秩序混乱旷日持久，其形成原因又十分复杂，因此整顿分配秩序的工作必须下大决心，花大气力来解决。

（一）制定规划，确立目标

在整顿分配秩序时，要改革一下改革的方法。必须改变在分配改革上走一步说一步的"边设计边施工"的做法，摆脱在分配上头痛医头、脚痛医脚的被动局面。因此，首先要制定整顿分配秩序的整体规划和方案。这个规划应该首先组织力量对我国分配秩序混乱的现象进行全面调查和深入剖析，取得对现实比较正确和深刻的认识。在此基础上，明确整顿的目标、任务和原则，并对整顿的政策、范围、步骤、方法、期限做出具体和明确的规定。

整顿分配秩序的目标就是要建立一个和计划商品经济相适应的分配新秩序。这个新秩序包括一整套和现实经济关系相适应的分配原则和分配政策，包括系统的、相互配套的分配制度和正常有效的分配机制，能协调各方面分配关系、有效控制总量平衡的宏观分配调控体系以及权威的分配法规系统。整顿分配秩序应当遵循以下原则：实效原则，即从实际出发，注重整顿的实际效果，反对走形式、走过场；治本原则，即透过现象找到问题的根源，立足治本，从根源上挖掉分配无序的根子；全局原则，即以国民经济的全局为总的出发点，一些在局部可行但影响全局的，要坚决整顿；有利于改革的原则，即整顿分配秩序必须有利于改革，注意保护已经取得的改革成果，防止为进一步深化改革设下障碍。

方案和规划一经制定，就要言出法随，令行禁止，认真地、有条不紊地组织实施。

（二）清理渠道，堵漏疏淤

在制定整顿分配秩序规划的同时，可以着手先清理分配渠道。将那些于国民经济发展有害无利或害大于利的渠道坚决堵死。尚不能完全堵死的要制定临时的法规加以限制和管理。把那些正常的但却被堵塞的渠道尽快疏通。比如，机关事业的工资制度从 1985 年套改后，一直没有正常的升级增资，除靠职务和职称的晋升而增资外，只好靠"创收"增加收入，这一方面冲击和影响了职务和职称晋升的考核和质量把关，也把干部和知识分子的积极性从本职工作引向歧途，对事业危害极大。知识界利用专业知识向社会提供服务、扩大收入本无可非议，但主次不分，主要的本职工作在正常的分配渠道上得不到反映，就会反客为主，损伤正常的社会分工。因此，这方面的工作必须立即着手进行，使不该有的渠道堵死，正常的分配渠道畅通。

清理分配渠道，还必须清理各种政策，该肯定的重新明确，不适应的宜废止。

（三）区分性质，扬抑有别

整顿分配秩序还必须对分配中各种收入的性质加以区分，分别采取不同的政策。

分配中各种收入形式尽管很多，但无论是劳动收入还是非劳动收入，从分配所产生的功能来看，表现出不同的性质。分配中的收入主要可以划分为三种：第一种是积极性收入，即能正确反映劳动、经营、科研的工作成绩和贡献的各种收入。这种收入最典型的特性是能够激发人的积极性。不但激发被分配者，而且还可以带动其他人带来明显的收入效益。这种收入的增长，意味着国民收入和财政收入的更快增长。这类收入属于我们应该加以保证并不断发展和扩大的，在整顿中要特别注意保护和扶持。当然有些收入在局部表现其积极性质，但在全局却表现出消极性质，这些也只能放在全局中统筹考虑，妥善处理。第二种是消极性收入，即不反映人们的劳绩和贡献，或收入严重超过劳动贡献的各种收入。这种收入的典型特征是诱导人们投机取巧，欺诈弄权，对于被分配者来说，激发的绝不是社会主义的劳动积极性，对于其他人的劳动积极性则有严重的消极作用。这是分配无序的最典型表现形式。它的蔓延不但不能带来收入效益，反而涣散了人心，搞乱了经济，给整个国民经济带来严重危害。这类收入属于整顿分配秩序中重点整顿对象，要坚决取缔，决不能手软。第三种收入是介于上述两种收入之间的收入，即虽然和劳绩贡献联系不太紧密，不能带来收入效益，没有刺激积极性的性质，也没有明显和过分的消极作用的收入。这种收入在特定的历史条件和特定的环境中，起到了稳定人心和保障生活的作用，如各种价格补贴、工龄津贴、书报费、福利费等。但这类收入的比重如果过大，甚至超过积极性收入的话，也会产生消极作用。当前，这类收入还有扩大的趋势，应该警惕。在整顿中，对这类收入不宜轻易取消，但也决不允许再扩大，应该加以限制，并在职工收入增长过程中，使其比重逐渐下降。当然对于巧立名目、超越政策、擅自扩大的也应加以取缔。

只有分清收入的性质，分别采取不同的政策，才能既保证改革成果，保证整顿目标的实现。

（四）双管齐下、两头调节

对于过高收入的调节，有些同志主张只搞个人收入调节税，废止工资奖金税。这是我们绝不能同意的。不同的税种反映不同的调节环节，个人收入调节税是一种事后的调节，而现行的工资奖金税是一种事前的调节。分配无序与我们放松了事后调节有关，一部分人过高收入导致了社会分配不公，加强这种事后的修正性的调节是非常必要的，可以在一定程度上缓解社会分配不公的矛盾。但我们必须看到这毕竟是一种事后的调节，是以承认分配的既成事实为前提的，不可能从根源上解决问题。一个走穴演员就是把漏交的上万元税扣掉，他的收入仍然大大高于忠于职守的文艺工作者。所以，事前的调节控制不但不能取消，而且还要大大加强。首先使不应该发生的分配行为通过事前的调控加以限制，避免产生分配不公的既成事实，防患于未然，然后再加紧事后调节，弥补已经出现的问题。我国现在由于机会均等的机制远未形成，而且事后调节的手段非常软，因此绝不能只是事后调节，而放松事前的调控。只有双管齐下，两头调节，才能有效地控制分配秩序混乱的现象。

（五）破中有立，整改结合

在整顿总体规划的指导下，注意把分配无序的整顿治理与分配新秩序的建立结合起来。过去的失误在于破旧没有立即立新，现在的整顿，一方面要注意防止回到传统体制而丧失改革成果，另一方面也要补上改革中立新的一课。分配的整顿与分配的改革是不可分的，在整顿中要逐步实现分配新秩序所要求的系统化、程序化、制度化。所谓系统化，即分配在整个经济系统中其作用的一致性和与其他经济环节之间的协调性；所谓程序化，即分配按照科学制定的程序行事，有组织、有原则、有监督、有调控，做到分配信息反馈准确畅通，宏观调控灵敏有效；所谓制度化，即分配已形成一定的规范，分配有规则、有标准、有依据，以消除各级分配部门办事主观、人为干扰因素多、随意性很大的不规范行为。在整顿分配秩序中，要相应地建一批配套的分配法规。

（原载《管理世界》1990 年第 2 期）

缓解社会分配不公的若干理论思考

一、两种公平观的矛盾与共存

　　社会分配公平问题带有明显的价值判断。不同的公平观，对分配格局的影响也不相同。人们在讨论社会分配公平问题时，所持公平观并不相同，有些甚至是带着双重公平观进行论战的。不同的公平观是以各自不同的公平标准为标志的。一般来讲，在收入分配上，社会默认并流行的有两种公平观：其一，以"人的平等"为衡量公平的最终标准，不考虑个人收入的来源、方式以及地区差别、职业差别，只看个人或家庭收入和社会总收入的关系，抽象地谈"穷人"和"富人"的平等。当今国际上衡量社会分配公平度的最流行指标是洛伦茨曲线和基尼系数。洛伦茨方盒中的对角线和基尼系数的零值表示"人的平等"完全实现，社会分配最为公平。这种公平观对分配常常从分配规模上进行价值判断。其二，经济运行过程中实际存在着的，建立在对收入分配发生现实指导作用的经济关系上的公平观。这种公平观，不是从伦理道德出发，而是存在于客观经济利益的要求。如在商品经济条件下，以各种"生产要素的贡献"为公平标准。这种公平观对分配常常是从分配功能上进行价值判断的。不了解这两种公平观，就无法把握对分配现状的认识。

　　资产阶级经济学带有极大的虚伪性，他们以"人的平等"的公平观为公开的旗帜，实际的经济运行中却严格地以第二种公平观行事。他们口头上讲一切公民或一切社会成员的平等，但在实际经济的运行中绝不肯让出半点阶级特权。洛伦茨方盒的对角线在资本主义经济关系中注定永远只能是书本上的理想状态。

　　同资产阶级理论的虚伪性相反，马克思历来认为公平作为一种观念只是一种历史的产物，有什么样的历史关系，就有什么样的公平观，衡量公平的标准也不尽相同。马克思在批判拉萨尔的"公平分配劳动所得"时曾这样反问道：

　　"什么是'公平的'分配呢？

　　难道资产者不是断定今天的分配是'公平的'吗？难道它事实上不是在现今的生产方式基础上唯一'公平的'分配吗？难道经济关系是由法权概念来调

节，而不是相反地由经济关系产生出法权关系吗？"①

马克思不但以历史唯物主义的态度看待资本主义经济关系中的公平，而且还预见了在消灭了阶级和剥削以后，在"除了自己的劳动，谁都不能提供其他任何东西；另一方面，除了个人的消费资料，没有任何东西可以成为个人的财产"的历史关系下，分配中通行的只能是以劳动计量个人消费品的公平观。并指出，在共产主义第一阶段的历史条件下，还不可能产生以需要计量个人消费品分配的公平观。这与资产阶级理论的虚伪形成鲜明对照。社会主义的以"劳动的平等"为标准的公平，其结果必然要拉开收入差距。洛伦茨方盒的对角线，就是在社会主义经济中也不可能出现。

在社会主义分配实践中，公平观的形成出现了经典作家始料不及的情况：其一，在马克思恩格斯放弃把"平等"作为无产阶级的口号以后，社会主义革命和建设的实践一直把"公平"作为资产阶级的专利，长期回避社会主义的公平观的问题，特别是对按劳分配中所谓"资产阶级权利"的错误理解，不但没有把以"劳动平等"为标准的公平观树立起来，反而处处以资产阶级的残余思想加以限制；其二，在"劳动平等"的公平观被批判、被限制的同时，"人的平等"的公平观悄然生长起来，特别是当这种公平观与社会主义经济中分配的平均主义相吻合时，使"人的平等"的公平观得到强化。人的"完全平等"虽然在资产阶级那里只是虚伪的面纱，但在社会主义公有制下，平均主义却有着现实的生长土壤，以致不少人把此种公平作为社会主义制度优越性的体现，从而使"人的平等"的公平观比"劳动的平等"的公平观占有更大的优势。这就是现实生活中存在着的两种公平观，人们依据它们对社会分配的现状的影响进行着各自的分析和判断。

在社会主义经济中，两种公平观有着不可调和的矛盾。

第一种公平观要求个人收入的均等，越均等越公平，平均主义是这种公平观的最高理想。而第二种公平观则要求等量劳动获得等量报酬、同样的贡献获得同样的收入，默认个人的天赋和能力，对不同等劳动、不同等的贡献，在报酬和收入上要拉开差距，平均主义则是对公平的严重破坏。

两种公平观据以存在的根据不同，对经济运行的影响也不相同。"人的平等"的公平观，是从伦理道德出发的，和经济运行中的效率常常发生矛盾，许多同志主张"效率优先、兼顾公平"，叹息"公平效率难以两全"，其头脑中根深蒂固的正是这种"人的平等"的公平观；而以"贡献的平等"和"劳动的平等"

---

① 马克思、恩格斯：《马克思恩格斯选集》第三卷，人民出版社1972年版，第8页。

的公平观，是从现实经济关系中产生的，在任何一个经济中，都和效率高度一致，也正是这种公平与效率的一致，才使这种公平观享有历史的存在权。

社会主义经济中的两种公平观虽有很大的矛盾，但也有一定的兼容性。因为在公有制经济条件下，同资本主义两种公平观的尖锐对立不同，社会主义经济中的两种公平观有其要求的相同之处。如两种公平观都排斥剥削收入，都反对劳动能力以外的任何特权（当然第一种平等观连劳动能力的特权也加以排斥）。因此，我们并不反对用洛伦茨曲线和基尼系数去衡量各国在收入规模上的差距，它们作为工具可以揭露资本主义经济收入分配不可克服的贫富差距及其程度，而且大量数据证明，社会主义国家的基尼系数总是最低的。但是，我们绝不能以这种"人的平等"的公平观作为判定我国收入规模的标准，尤其不能以其为分配的指导思想。当然，我们仍然可以用洛伦茨曲线和基尼系数作为分析我国分配状况的参考性指标，其用途有二：其一，以基尼系数的变动度考察收入分配中绝对平均主义克服的程度如何，我国一些学者就常常从这种相反的意义上运用这种指标；其二，以基尼系数的国际比较作为收入拉开差距的警戒。遗憾的是，我国收入分配很难有确切的统计数据。

根据各国收入差距的分析，收入分配悬殊的主要原因是生产资料在各个阶层中极不均等的分配，而仅由劳动能力引起的收入差距是极为有限的。所以公有制经济中的分配差距在运行正常的情况下，一般不会出现过分悬殊的现象。在以第二种公平观分析我国收入分配现状时，我们碰到的真正困难在于，我们不是单纯的按劳分配所要求的"劳动平等、报酬平等"，在社会主义初级阶段，还存在着按劳分配以外的其他补充分配形式，这样，与"劳动平等"的公平观并存的还有其他生产要素（包括资金收入、经营收入等）方面的公平观。这些公平观与"劳动平等"的公平观一样，在对其各自对应的经济范畴来讲，公平与效率是一致的，但是劳动收入与其他非劳动收入之间关系，以及在收入分配格局中如何保证劳动收入的主导地位是我们解决收入分配不公的现实难题。

二、对分配不公的不同认识和不同对策

时下几乎人人都喊分配不公，但各自的认识却不尽相同。如前所述，两种不同的公平观，依据不同的标准，对社会分配的现状作不同的判断，提出了不同的对策。

第一种公平观认为，当前中国的分配不公主要是收入差距过大（这种差距是以"人的平等"为标准衡量的），而持这种公平观的人在分配不公的共同认识基础上，其态度又分为截然相反的两支：一支认为，收入悬殊，危及经济发展，破

坏社会安定，主张拉平补齐，甚至公开主张搞点平均主义，为平均主义唱赞歌，这种认识和主张占有很大比重，并影响着政策的制定和实际的分配过程；另一支则认为，分配确实不公，但也只好如此，社会主义要想获得高效率，就必须牺牲公平，这是民族长远利益之所在，并用"库兹涅茨驼峰"论证，经济要增长，收入不平等就会扩大，在经济进一步发展后，收入不平等自然就会缩小，以效率取得最终的公平。持这种观点的人也不在少数。参与公平与效率论战的人，大致属于这两支。

第二种公平观认为，当前中国的分配不公的现象主要有二：其一，严重的平均主义。近年来，在收入分配上出现了新的大面积的平均主义，这种平均主义不反映劳动好坏，贡献大小，对等量劳动获得等量报酬的公平要求来说，是主要的分配不公，这种不公会挫伤劳动者的积极性，妨碍生产力的发展。其二，收入过分悬殊。但这种过分悬殊的收入差距不以"人的平等"为标准，而以劳动和贡献的平等为标准。收入的差距脱离了劳动的差距、贡献的差距形成的分配不公，这种不公不但没有效率，同样挫伤劳动者的积极性，阻碍生产力的发展，同时也危害社会的安定。第二种公平观认为，分配不公，两种表现、同一根源，都背离了分配公平的依据。笔者是持第二种公平观的。

第一种公平观的认识十分有害，其公平观的哲学基础违背马克思主义，其对分配不公的两种态度都不利于经济发展和社会稳定。对分配不公采取填平补齐的做法，以平均主义克服过分悬殊来得容易，方法简单，消除所谓的"不公"见效也快，但这种做法违背了社会主义经济的内在要求，违背了"劳动平等、报酬平等"的客观要求，虽然可以求得一时的平和与安定，但却要付出效率下降的巨大代价，到头来，还是不能获得长远的稳定，中国改革前后的分配实践已经一再证明了这一点。1985年工资套改、1989年工资大普调，走的都是这样一条路，在表面上获得稳定的背后，却造成极大的效率上的内伤。而对收入差距过分悬殊听之任之的危害更大。许多第三世界国家的经验已经证明，收入差距上出现的两极分化，并不能把国家引向富强。发展经济学家托达罗认为，这种态度"事实上比机会主义的鬼话好不了多少，其结果只会永久保持第三世界国家中经济和政治权贵们的既得利益和地位，并以牺牲占总人口大多数人的利益为代价。"并称之为"反发展战略"。特别是对于社会主义国家来说更是如此，收入分配的状况关系着社会主义生产关系的实现，如果听任收入分配的两极分化产生和发展，人们就会对社会主义失去信心，社会主义制度就真有可能被瓦解。在社会主义事业遇到严重挫折的今天，对分配不公问题绝不可等闲视之。

笔者认为，分配公平与否并不在于收入差距本身，而在于差距所形成的依据。依据一定经济关系的功能性分配是一定会产生差距的，而且正是这种收入的差距产生了提高效率的动力。合理的差距是第二种公平观的基本内涵。但并不是任何差距都会带来效率，也不是差距越大，对效率的刺激性越大。符合经济关系所要求的差距会释放出效率，而违背经济关系的要求，无根据地扩大差距，反而会伤害效率。因此，既要反对平均主义的不公，也要反对无根据扩大差距的不公。我们只有以正确的公平观去分析现实中的分配关系，弄清分配不公的形成过程和危害，才能科学地制定解决问题的对策。

三、两种分配不公的表现和形成两种危害的交织与扩大

收入分配不公主要表现为平均主义和过分悬殊。下面我们以第二种公平观为认识标准，分述其表现和成因。

首先，收入的平均主义。

平均主义的特征是无视劳动的贡献。改革以来，虽然力图克服平均主义，但平均主义却日益严重，并以新的形式发展和扩大。当前平均主义的表现主要有：工资收入的大部分固化，特别是事业和机关单位的工资平均主义更为严重。1985年套改后，虽然解决了过去存在的职级不符的问题，但所有人都在新标准的最低档次，所谓新的等级形同虚设。职工增资只能是提职务，晋升职称才有可能，因而导致编制不断扩大，职称评定标准下降，进一步强化了平均主义；虽然规定了企业有自主分配的权力，但仍然出现全国统一齐步走的调资；收入福利化倾向越来越严重，原来只有10%的福利费，现在大多占到利润的25%以上，而福利的分配带有明显的平均主义；收入实物化倾向越演越烈、屡禁不止，并且实物分配的档次也向高级方向发展。实物收入的形成基本上也是平均主义的；平均主义的另一个特殊表现是严重的脑体倒挂，不承认脑力劳动与体力劳动在贡献上的差别，根本原因就在于平均主义，但脑体倒挂比平均主义的危害更为严重。

其次，收入差距的过分悬殊。

这方面的问题我们仍以第二种公平观来认识，主要表现有：①同类劳动、同量劳动差距悬殊。这方面的不公广泛存在于各行各业，不但出租汽车司机和公共汽车司机的收入差距过大，而且同行业中的不同企业，本职工作和业余兼职都在分配标准上发生了严重的背离。教师的正常教学活动和业余兼课，医生的正常医疗工作和业余行医，收入相差要有几倍、甚至十几倍，文艺工作者的正常演出和"走穴"收入相差更是惊人。②多元分配方式的比例不协调。社会主义初级阶段按劳分配与其他分配形式所形成的收入，本来应该体现以劳动收入为主，其他收入为辅，特别是个人资产收入更不应该成为收入的主要部分。但是，现实经济生

活中，相当一部分人的资产收入、经营收入、利息收入、福利收入，已大大超过劳动收入。多元分配方式也未形成各自的公平标准。③非规范收入形成的不公。在种种收入形式中，收入形成的不规范，造成多方面的苦乐不均。如各种收入挂钩指标的不规范、不科学，一些收入的形成无章可循，也出现了分配上的不公，如承包经营者的收入相差甚大。④非法收入的存在形成的不公。这方面的不公是分配不公中最严重的部分，即广大人民群众深恶痛绝的"官倒"，以及利用手中的权力搞各种权钱交易，严重的偷税、漏税甚至抗税，钻政策的空子、套取现金、吃空饷以及行贿受贿所形成的各种"黑色收入"等。

形成社会分配不公的原因非常复杂，概括起来主要有：

第一，分配秩序的混乱。改革以来，传统的集中分配体制受到了极大的冲击，基本失去了原有统一管理的功能，新的分配体制尚未完全形成，产生了分配秩序的混乱，这是分配不公发生的体制性原因。分配秩序的混乱是全面的，微观上，企业缺少分配的健全机制，分配上的短期行为盛行。宏观上，收入总量失控，消费基金不断膨胀，结构失调，对畸高和过低收入的调节无力。市场分配秩序更为混乱，一物多价的价格双轨制是分配秩序混乱的最大温床，整个分配处于无规则、无标准、无秩序的混乱状态。

第二，政策和决策的失误。政策和决策的失误是形成分配不公的又一重要原因。如改革以来，片面强调分配的刺激作用，忽视分配对利益格局的重大影响，往往在问题不得不解决时，才注意到分配政策失误带来的消极作用，分配不公一旦形成也难以动手调整。还有一些决策未经过周密的调查研究、反复比较，就仓促制定，解决了一些局部问题，却带来更多的问题。如结构工资制的推行，使平均主义的分配合法化、固化。结构工资的四个单元：基本工资从国家主席到每一个公民都一样，使工资失去了应有的性质，工资的功能"坏死"；工龄工资表面上看，考虑到了工龄长短对贡献的影响，其实质是典型的平均主义大锅饭，完全发挥不出其功能，也属于坏死的部分；职务或岗位工资是工资结构中最能体现按劳分配的，但在执行过程中，也被纳入平均主义的轨道，奖励工资除部分企业管理较好外，大部分企业和全部机关事业单位也是平均发放。所以，1985年工资套改后，平均主义基本上占据了统治地位。这些不能不说是政策和决策的失误造成的。

第三，始终未能在全民中树立正确的社会主义公平观。指导思想的偏差，是造成分配不公的认识上的根源。社会主义的经济运行，特别是旨在完成社会主义制度自我完善的改革，人们的认识，特别是制定政策和享有决策权的人的认识起着关键的作用。但在分配问题上，从上到下都还存在着认识上的偏差，公平观的问题前面多有论证，不再赘述。这里只是强调我们在分配的指导思想上还存在着很大的问题，改革中，时而强调效率，强调分配的刺激作用，时而强调公平，以维护社会稳定，除对分配的性质和功能尚未完全掌握外，其主要根源在于始终没有确立一个正确的社会主义的公平观。

收入差距过分悬殊和平均主义引起的危害是十分明显的。笔者在1989年的文章中已经列举了分配无序的六大危害：抑制供给，增大需求，双向破坏国民经济的总量平衡；扰乱资源配置，加剧结构失衡；引发货币超发行，多方促成通货膨胀；危及教育，损害长远，诱发全社会短期行为；腐蚀国民素质，败坏改革声誉；影响社会安定，蚕食公有制等。这里不再重新复述，仅就收入差距过分悬殊与平均主义两种危害的交织与扩大作进一步的分析。

在整个分配秩序混乱的情况下，经济生活中出现了两种并行的分配机制，一种是平均主义机制，一种是收入向上攀比机制。这两种机制的共存，使得社会分配不公造成的危害交织在一起并得以扩大。

首先，收入差距的过分悬殊，使社会上一部分人的收入率先增长，由于这种收入的相当部分并不是因为辛勤劳动和贡献突出而增长的，因此未能出现带动更多的人去辛勤劳动的效应，反而在消费上为全社会树立了"超前消费"的榜样。如果说，开放带来了国外的"高消费"的示范效应，分配的过分悬殊则为这种示范提供了实现的基础。平均主义历来是反对贫富悬殊的武器，贫富悬殊越大，平均主义也就越有感召力，如果说平均主义还有什么积极作用的话，那就是在社会还形不成合理收入分配，而又出现无序的收入差距时，平均主义可以有效地平息这种收入差距带来的不满。从某种意义上可说，中国当前平均主义的大发展，也是收入差距悬殊所促成的，并起了某种安定社会的作用，在这种特定的条件下，平均主义得到了暂时的"历史存在权"。但是，高低悬殊下的平均主义与传统清一色的平均主义有很大的不同，其采取了新的表现形式。过去的平均主义是将高收入拉下来，是拉平的平均主义；而现在则是把低收入提起来，是提平的平均主义。平均主义从过去低水平的平均主义走向高水平的平均主义、同步上升的平均主义。这种新的平均主义和高低悬殊、攀比机制共同作用，就使部分人的高消费诱发和带动全社会的消费攀比，形成历史上少有的排浪式消费浪潮。高消费的浪潮又进一步挤压收入分配向更高水平的平均主义挺进。而也正是这种高水平平均主义不断螺旋上升的运动状况，才使得收入悬殊得以安然生存。对分配不公人们当然还是不满，但在这种运行机制下，加上通货膨胀的环境，人们对分配不公的不满已经由埋怨别人收入过高转变为埋怨自己收入过低，并可以通过种种手段促成自己收入的增长。全社会的意识都是追上去，而不是拉下来。实际的运行结果是收入确实追上去了，但把经济效益拉了下来。这种收入分配的动态格局极大地威胁了国民经济的健康发展，由收入分配引起了经济秩序的紊乱。我们用一简图（图1）说明这一过程：

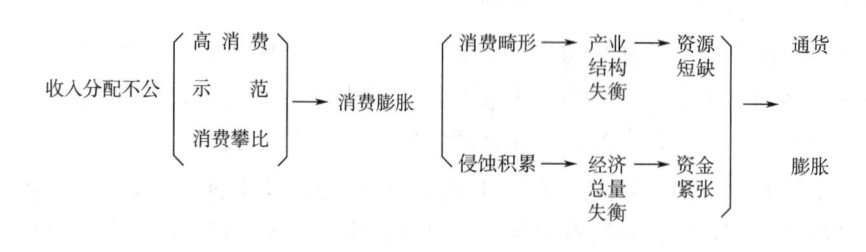

收入分配不公 { 高消费 / 示范 / 消费攀比 } → 消费膨胀 { 消费畸形 → 产业结构失衡 → 资源短缺 / 侵蚀积累 → 经济总量失衡 → 资金紧张 } → 通货膨胀

图1

四、分清两种收入，摆脱两难困境

对分配不公的种种研究发现，分配不公的形成旷日持久，解决起来也绝非易事。而且，不正常的分配与不正常的经济运转形成了某种程度的契合，一些不公的收入形式似乎已经成为经济运行的润滑剂，一旦取消，整个经济就会转不起来；但是如果不采取措施又会贻害无穷，因此分配不公成为一个两难的问题。

解决分配不公问题，就其认识来讲，仍然是第一种公平观在起作用。要公平就没有效率，要效率就没有公平，因此，总要有个优先，总要兼顾，肯定是两难的。真是山重水复疑无路了。但是，我们以第二种公平观来看问题，就会"柳暗花明又一村"。

首先，我们从分配功能入手，对现实经济生活中存在的形形色色的收入进行分类，可以发现，无非是两种性质的收入。

第一种，积极性收入。即能正确反映劳动、经营、科研、工作成绩和贡献的各种收入。这种收入能够促进国民经济的正常运行，促进经济的增长，因此称之为积极性收入。依据第二种公平观确认为公平的收入，都是积极性收入。这种收入的典型特征有二：一是能够激发人的积极性，包括劳动的积极性、经营的积极性、投资的积极性等。积极性收入不但可以激发直接的被分配者，而且还可以间接地带动其他相关人员的积极性，有着明显的收入效益。这种收入的增长意味着社会财富的增长和社会各方面事业的进步。二是有利于各种资源的合理配置，收入流的运动导引着劳动流、产品流、资金流的合理运动，能够自动调整经济结构的平衡。

第二种，消极性收入。即根本不反映人们的劳绩和贡献，或不能正确、准确反映人们的劳绩和贡献的收入。这种收入由于不能正常发挥分配功能而对经济运行产生消极作用,称之为消极性收入。这种收入的典型特征是诱导人们投机取巧,欺诈弄权,对于直接被分配者来说,激发的绝不是社会主义的劳动积极性,对于其他人的劳动和贡献的积极性则起严重的破坏作用。同时,这种收入分配给经济运行发出的是扭曲的信号,因而对劳动等资源的配置起错误的导向作用,它的蔓延不仅不能带来收入效益,反而涣散了人心,搞乱了经济,给国民经济带来严重危害。

　　分清了收入的性质,就可以采取不同的政策,两难困境就可以摆脱。但是,对现实的收入分配形式有时又是很难划清的。有的表面上是消极性收入,实际上是积极性收入。如第二职业的收入,往往被视为消极性收入,对本职工作产生影响,但仔细分析就会发现,第二职业的收入,其标准往往是市场形成的,反映了社会正常的供求关系,而且收入与劳动关系比较紧密,靠偷懒耍滑一般是不行的。因此,事实上起着积极作用。至于对本职工作的影响,大多数恐怕还是本职工作形成的收入不太合理所引起的,现在大多数机关事业单位的工资恐怕都接近于消极性收入。有的收入表面看是积极性收入,实则为消极性收入。如以各种高尚无私为名的有奖募捐,口号很积极,所得收入据说也都派上了正当用场,但对于募捐者来说,却是靠侥幸发财的心理引诱,这种收入的形成表面上是积极的,深层次上却是消极的,所以一些青年称之为"合法赌博",同样靠侥幸发财,却安全得多。还有许多其他收入形式,如回扣、提成等都需要认真辨别、谨慎对待。尽管困难很多,但只要标准明确,总可以划清一些界限。还有一些收入不公不在于收入形式,而在于量的规定性,往往是量的规定决定着收入的性质是积极的还是消极的,如经营者的收入应该高于一般劳动者,但量一定要合适,过高、过低都会出现消极性。

　　总之,对积极性收入要积极扶持其不断完善,不断增长,对消极性收入要根据具体情况逐步加以消除,对介于两者之间的要根据情况区别对待。只要有明确的方向,正确的标准,坚定不移地去工作,社会分配不公是可以逐步缓解的。

(原载《中央财政金融学院学报》1991年第6期)

略论非劳动收入

一、社会主义初级阶段的非劳动收入

社会主义初级阶段个人收入的分配在分配对象和分配原则上都不完全等同于传统政治经济学中讲的个人消费品的分配。就分配对象来说，个人收入是一种价值形态的分配向其实物形态的转化，大部分是个人消费品，但也可以有一部分转化为生产资料；就分配原则来说，除了以劳动为基本的和主要的依据外，还可以以非劳动为补充。我们把个人收入中依据非劳动因素分配的部分称为非劳动收入。非劳动收入的形式主要有：股息、红利、利息、利润、地租、福利、补贴等。

在社会主义初级阶段，个人非劳动收入的存在有其客观必然性。

首先，生产要素的稀缺性和对其所有权的存在，以及所有权与经营权的分离产生了依据生产要素参与分配的要求。不仅国家、企业、经营者可以依据生产要素所有权参与分配，劳动者也可以用劳动收入购买股票和债券，从而形成对部分生产资料的所有权。劳动者可以以资产所有权参加企业收入的分配，同时，经营能力和个人的房地产等也都可以成为生产要素，并以其所有权参与企业收入分配。

其次，社会主义公有制所决定的必须对劳动人民最低生活水平有保证，以及社会福利事业和特有的补贴等，是形成个人非劳动收入的又一基础。

最后，在商品经济中，企业为了树立自己的社会形象，增加企业的凝聚力，以适应市场竞争，也要把部分收入用来发展集体福利事业，以货币或实物形式直接分配给劳动者个人。这种分配大多是平均分配，以培养"××企业精神"，增强劳动者成为"××企业人"的自豪感。

非劳动收入在社会主义初级阶段作为个人劳动收入的补充形式对于社会生产力的发展是有积极作用的。

第一，有利于充分利用各种有限的生产要素，减少生产要素的闲置和浪费；有利于各种生产要素的有效使用和合理配置。

第二，可以把一部分消费基金转化为生产基金，一方面补充企业生产资金的不足，另一方面又缓解了消费基金对市场的压力。如鞍钢在不到两年的时间内发行股票98万股，计4 900万元，同时发行技术改造金融债券3 000多万元，使鞍钢企业职工中近 8 000 万元的消费资金转化为生产资金，对国家、企业、个人都有利。

第三，经营者在经济利益上与企业的经营成果紧密联系在一起，促使企业经营者发挥其聪明才智，搞活企业。在激烈的市场竞争中包括风险收入在内的经营收入成为企业提高经济效益的压力和动力。

第四，劳动者的资产收入和企业的经济效益联系在一起，增强了劳动者的"主人感"，有利于劳动者基于自身利益去关心企业的经营和发展。

第五，有利于增强社会主义制度对劳动人民的社会保障和企业的凝聚力，有的企业用企业收入的一部分在风景区修建了本企业的职工休假村，所有的劳动者都可以轮流去海滨度假，极大地调动了劳动者的积极性和对社会主义及企业的热爱。

二、非劳动收入的形式和分配机制

企业个人非劳动收入主要有以下几种形式：资产收入、经营收入、福利收入和其他收入。不同性质的收入形式有不同的分配机制。

资产收入的具体形式有：购买企业股票或债券得到的股息、利息和红利，出租房地产得到的租金等。社会主义也存在资产收入的形式并没有什么奇怪，马克思早就说过："和资本主义生产方式不相适应的生产形式可以包括在资本主义生产方式的几种收入形式中并且在一定程度上，这样做并不是不正确的。"[1]在社会主义经济中，资产收入有正常资产收入和非正常资产收入。非正常资产收入主要指个人不直接从事生产经营，并雇工较多，占有他人劳动而获取的收入。企业职工的利息、股息、红利、租金收入均属于正常资产收入。虽然资产收入是非劳收入，但也不是剥削收入。劳动者少量入股，既是投资者又是劳动者，参加了企业全部收入的创造，在这个基础上，作为劳动收入的补充，以资产所有权再分享部分企业收入，不能认为是"不劳而获"。资产收入主要依据个人提供资金的多少以利息率、股息率为标准计算，而利息率、股息率受资金市场供求状况的影响而波动，所以资产收入的分配机制是市场分配机制。

经营收入是指经营者劳动收入以外依据其经营水平和承担风险能力所得个人收入。具体形式表现为承包经营者和租赁经营者依据承包经营和租赁经营合同规定所得到的个人收入，经营收入和经营者承担的风险紧密联系在一起。国务院发布的有关条例明文规定："企业经营者的年收入，视完成承包经营合同的情况，可

---

[1] 马克思：《资本论》第三卷，人民出版社 1975 年版，第 989—990 页。

高于本企业职工年收入的 1 至 3 倍，贡献突出的，还可以适当高一些。……完不成承包经营合同时，应当扣减企业经营者的收入，直至只保留其基本工资的一半。"①承租经营者则必须出具与租赁企业资产成一定比例的个人财产作为担保，并且"自租赁经营合同生效之日起停发工资、奖金，只予发生活费"②。完成合同规定的经营目标，承租者可以得到相当于 5 倍本企业职工平均工资、奖金收入的收入，而完不成合同规定或欠交租金时，不仅工资、奖金没有了，还要以其担保财产进行抵补。经营收入直接和市场竞争相联系，随着企业家阶层的形成和企业家的流动，也会逐步形成经营收入的市场标准，经营收入的分配也是市场分配机制。

福利收入是指因享受企业福利待遇而形成的收入。福利收入形式多样，有货币形式的，也有实物形式的。主要是通过提供福利设施为劳动者提供吃饭、交通、住宿等生活上的方便，对生活困难的职工进行补助，为文化娱乐活动提供各种设施和活动条件等。这些福利收入不是以劳动为标堆分配的，而是根据劳动者某些特殊的和共同的需要来参与企业收入分配的。劳动者福利收入的多少与企业经营状况、企业收益密切相关，同时也是企业竞争力和凝聚力的重要组成部分。它的分配机制在企业内部是靠行政机制的，但也受市场机制的影响。有些社会福利待遇是国家制定政策规定的，在企业开支的，如独生子女费等，也形成劳动者的福利收入。

其他收入包括各类补贴（如物价补贴、煤火费补贴、托儿费补贴、住房补贴等），这类收入完全靠行政机制来分配，在很大程度上是平均主义的分配。

三、对非劳动收入的调节

国家和企业不但对个人的劳动收入要进行调节，对个人的非劳动收入更要进行调节。这两个调节常常又是结合在一起进行的。所谓收入调节从某种意义上讲是对个人收入的再分配。

社会主义经济中对个人收入特别是非劳收入进行调节是十分必要的。除了社会总需求与总供给的总量平衡和结构平衡所引起的必要性外，就收入分配产生的分配关系来说也有极为重要的必要性，我们这里主要讨论后一种必要性。

第一，由于价格和某些市场的垄断，劳动收入的平均化过程会受到阻碍，这就需要国家进行调节，以有助于等量劳动获得等量报酬的实现。

第二，资金收入的平均化过程受到阻碍时，也需要进行调节，以有助于等量

---

① 参见《全民所有制工业企业承包责任制暂行条例》（1988 年 2 月 27 日国务院发布）。
② 参见《全民所有制小型工业企业租赁经营暂行条例》（1988 年 7 月 1 日起施行）。

资金获得等量收益的实现。

第三，社会主义生产资料公有制为主体的所有制结构规定了劳动收入始终是劳动者个人收入中的主要部分，如果对非劳动收入不加限制和调节，随着投资与收入的不断转化，非劳收入超过劳动收入，那么，不但会影响劳动者的劳动积极性，滋生好逸恶劳的思想，也将从根本上改变社会主义的性质。

第四，收入差距过大，特别是这种差距大于劳动差距、贡献差距时，会引起社会的不安定。通过收入的调节把不合理的差距缩小，给予收入偏低的家庭以一定的补助，将有助于社会安定和经济发展。

收入调节并不是违背经济运行中的分配规律，恰恰相反，是在分配规律受到某些条件的限制难以实现时，借助政府的力量帮助分配规律实现其运动的要求。

对个人收入的调节分为企业调节和国家调节。但无论是企业调节还是国家调节，调节的基本方式有两种：一是从个人那里取走一部分收入，主要表现为国家的征税；二是给予个人一定补助性收入，主要表现为企业和国家对个人发放的福利收入，当然这里也包括免税和退税。

收入调节必须注意以下两个限度：

（1）从个人收入中取走的部分必须以不挫伤劳动者从事劳动致富、储蓄投资的积极性为限度。如果超过这个限度，人们就会把收入全部转向消费。在消费资金膨胀的条件下，发展商品经济是不利的。

（2）收入调节给予个人的主要是福利性收入。福利性收入不管来自企业还是来自社会，都会随着经济的发展不断有所增长，但福利收入的增长也必须有限度。因为在个人收入中，劳动收入始终应该是主要部分，福利收入的增长超过一定限度后，反而会降低甚至破坏劳动者靠劳动致富的生产积极性和拼搏竞争的精神。

个人收入对劳动的积极性从利益上起着重要作用，因而收入的调节不管是索取还是给予都必须以保护劳动者积极性为根本的尺度。

对于非劳收入（有时甚至连同劳动收入）的调节还可以通过其他手段进行。例如，通过法律、条例、政策对某些非劳收入加以限制，像前面我们讲的租赁经营者收入不超过职工收入5倍等，股票限购可以控制个人资产收入量；信贷条件的优惠、利息率的调整，可以调节个人的资产收入；对不同类型的消费品在价格上的调整会调节不同收入水平家庭的实际收入，对生产资料和其他资源价格的调整也会通过影响企业收入而间接调节个人收入。

（原载《经济与管理研究》1989年第4期）

告别短缺

在我们面临产品过剩的问题而想方设法刺激消费、扩大内需时,迎来了中华人民共和国成立50周年的盛大节日。经过20年的改革开放,我国面临的问题已经从"买不到"转变为"卖不出"。曾几何时,我们还在探索总需求经常大于总供给的"紧运行"是不是社会主义经济制度的常态。而今却面临着"卖不出"的难题,这个难题是10年前或20年前连想也想不到的。产品卖不出的问题和无产品可卖的问题在性质上是根本不同的。新的难题的出现告诉世界:中华人民共和国已告别了短缺。

回顾这50年的历程,人民消费经历了从抑制消费到解放消费,再到激励消费的巨大变迁。

新中国成立初期,为了迅速实现工业化的目标,我们采取了抑制消费的政策。这一政策靠着低消费,高积累,优先发展重工业,奠定了最初的积累。但是抑制消费,忽视消费对经济增长的最终动力作用,使我国的经济增长遇到了极大的困难。重重工业、轻轻工业的产业结构拖住了经济增长的步伐,对消费的抑制,最终也抑制了生产,使人民付出了沉重的代价。抑制消费的政策,是和对人民消费观念的教育结合在一起的,这个时期把生活上艰苦朴素作为一种美德,人民靠着"新三年、旧三年、缝缝补补又三年"、"忙时吃干,闲时喝稀"的节衣缩食的消费方式,支撑着中华人民共和国初期的经济运转。

20世纪80年代初,随着改革的开始,中国人民经历了新中国成立后第一次消费解放,抑制消费的政策转向了解放消费的政策。其中一个鲜明的标志是1984年中央关于经济改革的决定,对已经成为抑制人民消费桎梏的艰苦奋斗的观念进行了全新的解释:"艰苦奋斗、勤俭建国是我们在长期革命和建设中形成的优良传统,任何时候都不能丢掉这个传统。在新时期坚持这个传统,主要是发扬不怕任何困难,为祖国和人民顽强奋斗的献身精神,在各项生产和建设事业中十分注意节约,反对挥霍国家资财的行为,力求避免造成浪费的决策错误,而不应该把坚持这个传统错误地理解为可以忽视人民消费的应有增长。""我们一定要在生产发展、经济效益提高、国家财政收入稳定增长和正确处理积累消费关系的前提下,使我国职工的工资收入逐步有较大的提高,使人民的消费逐步有较大的增长。不顾生产发展的可能提出过高的消费要求,是不对的;在生产发展允许的限度内不去适当增加消费而一味限制消费，也是不对的。"在解放消费政策的鼓励下，人民久被压抑的消费需求释放出来了，在国家优先发展的轻工产业政策的配合下，经济出现了前所未有的活力。消费成为推动中国经济发展重要推动力。人民逐步告别了票证，消费也从"老三件"向"新三件"升级。消费成为刺激经济发展、拉动国民经济增长的重要力量。

从20世纪80年代到90年代，人民从计划经济下的低水平的配给，向市场经济下的自由选择过渡，消费者的消费行为已经从刚刚进入市场时的"盲目抢购"，逐步转向适应市场价格变化的"冷静选购"。由收入平均主义产生的排浪式消费和同步消费，也随着收入差距的拉开而走向多层次消费。

"九五"以来，人民消费活跃，消费需求结构不断升级，恩格尔系数已经从1990年时的54%下降到1994年的48%，居民消费重点已经从吃转向穿、住、用、行、教育等领域。

告别短缺后，我国的卖方市场已逐步转向买方市场，绝大多数消费品供过于求或供求平衡，供不应求的只占极少数。在这种条件下，政府采取了新的政策——刺激消费，扩大内需。

在我们为告别短缺而欣喜时，还必须冷静地看到，我国的消费市场出现的过剩是低水平的过剩，低质量的过剩，这种过剩是与适应需求的供给的短缺并存的。另外，在解决温饱问题后，需求已开始向住房、汽车、计算机、通信设施等大台阶升级，但人民收入水平却还停留在满足温饱的小台阶。小台阶的收入难以支撑消费迈上新的大台阶。人民消费水平的进一步提高，呼唤着收入水平的提高。新一轮消费的增长要靠收入增长来支持。可以断言，新的消费的增长将预示着中国人民的消费将由温饱迈向小康。

（原载《新视野》1999年第5期）

消费能社会化吗？

近年来，在政治经济学教科书和一些研究消费问题的文章里，常常出现消费社会化的提法。笔者认为这种提法是不科学的。

首先应该弄清楚社会化的确切含义。马克思主义政治经济学中只有劳动的社会化或生产的社会化。它们是指分散的个体生产转变为日益集中的，由劳动协作和社会分工联系起来的社会劳动过程或社会生产过程。社会化以分工、协作、专业化为特征，是相互联系、互为依存的有机整体。

广义的消费包括生产消费和个人生活消费，使用消费社会化提法的人显然只是指狭义的个人消费。所谓"个人消费的社会化"，就其内涵来看，实际不是指消费本身的社会化，而应该是指满足个人消费所需要进行的生活劳务的社会化。

消费过程是人们使用消费资料以满足个人的物质和文化生活的需要的过程。它是人和自然界物质变换中物人化的过程，这个过程不同于人物化的过程。社会生产可以分为不同的生产部门，某个产品的生产过程可以分解为不同的职能和阶段，劳动者可以由于专门从事某一职能或完成某一阶段生产过程而成为局部的劳动者。而在消费过程中，由于人的需要是多种多样的，随着生产的发展，消费资料日益充裕，个人消费只能越来越丰富多彩，而不能越来越单调简单。消费者既不能像劳动者成为局部劳动者那样可以成为局部的消费者，消费过程也不能像生产过程那样可以分解为不同的职能和不同的阶段。每个消费者必须全面地进行各方面的消费，并在每个方面独立地进行自始至终的消费。消费本身既然不存在消费分工，又没有消费的协作和消费专业化怎么会有消费的社会化呢？

使用"消费社会化"提法的人大概有两种用意：其一，是指家务劳动的社会化。如建立公共食堂、洗衣站等，为把劳动力从繁重的家务劳动中解放出来，把原先由家庭成员所从事的家务劳动变为社会的活动。其二，是指社会集体消费，如逛公园、乘公共汽车等。如果是第一种用意，显然是把劳动过程误认为消费过程。公共食堂的饭菜，洗衣站洗出来的衣服在消费过程中仍然是消费者独立完成的。这里社会化了的不是吃饭、穿衣的消费过程，而是做饭、洗衣的劳动过程，如果"消费社会化"就是指社会集体消费，那也是不确切的。因为后者是指在集体的或公共的方式下所进行的消费活动，有其特定的含义。从这个角度用"社会化"的概念恐怕也是不妥的。如果集体消费就是"消费社会化"，那么原始社会初期的消费早已经是"社会化"了。社会集体消费，就其消费过程来说，仍然是满足消费者各自不同的需要。逛公园时有的人划船、有的人爬山；乘汽车时有的人乘坐里程长，有的人乘坐里程短。这里尽管存在着消费者的共同利益，但它们之间并无互相依存、密不可分的社会分工和协作。因此就第二种用意来说，也还是用共同消费或集体消费为好。

（原载《经济学周报》1984 年 7 月 23 日）

收入的小台阶难以支持消费的大台阶

就中国现实收入的总体水平来说，应该是不低的，居民存款达5万亿元之多，但分析现购买力不能只看收入总体水平，或人均收入水平，还要看收入分配的结构。据有关资料显示，我国5万多亿元存款中，绝大部分集中于占全国人口二成的少数人手中。也就是说当前收入分配结构中，只有少数人是高收入人群，而绝大多数还是中低收入人群。

不同收入阶层的消费倾向是不同的。一般来说，随着收入水平的提高，边际消费倾向下降，高收入阶层在消费需求上已难有更大的作为。而占人口绝大多数的低收入阶层才是启动消费的主要对象，也就成为启动内需的主要难点。

形成难点的原因主要是两个不对称，这两个不对称都和收入分配直接相关。

首先，收入台阶与消费台阶不对称。

改革开放以来，我国居民的收入和消费都上了几个台阶。一般劳动者的收入已经从月收入几十元登上百来元、几百元、千来元几个台阶；相应的消费也从解决温饱登上了"老三件""新三件"几个台阶，收入的台阶和消费的台阶应该说基本上是对称的。但在新台阶面前却出现了严重的不对称，消费的新台阶是住房、汽车等上万元、十几万元甚至是几十万元的大台阶。面对这个新的大台阶，能够适应的只是少数高收入者，就大多数中低收入阶层来说想靠几百元、上千元月收入，去登这个大台阶，是很难的。收入的小台阶难以支持消费者迈上新消费的大台阶。硬要迈，也只能节衣缩食，压缩当前消费。

其次，收入预期与支出预期不对称。

近年来，居民收入增长幅度减缓，由于我国经济增长减速，企业发展陷入困境，职工对未来的收入预期产生怀疑；我国当前正推进的住房改革、医疗保险改革、教育体制改革等又使消费者产生未来消费支出会大幅增加的消费心理预期。收入减少的预期和支出增加的预期叠加在一起，更加强化了人们惜购的心理。这也是银行居民储蓄增加的重要因素。在这种环境下，靠消费信贷启动内需的作用是很有限的。

我国当前经济增长面临的需求乏力是多年来分配无序累积的必然反映。启动内需只有从调整收入结构入手，才能从根本上解决问题。调整收入分配结构的一个重要任务就是让一些高素质低收入的人群富起来,其中包括教师和公务员。这部分人的高消费带来的将是相关服务业的发展和就业岗位的增加,带动投资的乘数作用。

(原载《中国经济导报》1999年5月28日)

消费的更高水平是科学消费

消费，这个经济学的基本概念，在中国人民的生活中从被排斥、压抑到恢复、兴盛，从盲目、躁动到冷静、成熟，已经走过了20多年的历程。告别短缺后，市场推动消费，出现了极大的繁荣，消费也促进了经济持续高速增长。消费的变迁是中国经济发展的缩影，正如高速经济增长伴随着很多不如人意的现象一样，与繁荣并存的还有许多非理性的消费现象。在全国都在以科学发展观指导各个方面的工作时，消费也必须以科学发展观为指导。唱响科学消费理念，发现科学消费规律，探讨科学消费理论，使科学消费的理念和理论对中国消费的扩展和提升，进而对整个经济社会的科学发展起到促进作用。这在当前具有非常重要的现实意义。

科学消费是全面建设更高水平小康社会的内在要求。小康社会作为中国现代化战略目标的提出，是以人民生活消费为出发点和归宿的；"更高水平"归根结底也表现为消费的更高水平，而更高水平的消费应该就是科学消费。

早在中国刚刚冲破消费压抑，开始出现盲目消费时，就有学者提出科学消费的概念。中国消费者协会曾把2002年的活动主题定为"科学消费"，并把科学消费定义为符合人的身心健康和全面发展要求、促进社会经济文化发展、追求人与自然和谐进步的消费观念、消费方式、消费结构和消费行为。中国消费者协会提出的这个概念偏重于消费主体，关注的焦点是消费者如何更理性的消费。

"坚持以人为本，树立全面、协调、可持续的发展观，促进经济社会和人的全面发展"的科学发展观，为科学消费提出了新的视角和新的内涵。从此，人们对科学消费的认识和把握不再局限于消费主体的微观层面，而进入影响更为重大的宏观层面。科学消费与经济发展动力、科学消费与产业结构调整、科学消费与和谐社会、科学消费与生态环境、科学消费与可持续发展等，都成为进一步深入探索的新课题。

科学发展观下的科学消费，笔者认为应该是人们和社会的消费活动符合经济社会发展规律，既能合理满足人的不断增长和全面发展的需要，又能促进经济社会全面、协调、可持续发展，并与自然友好相处的自觉的理性消费。

科学消费的主要实现形式，既包括微观消费者的消费行为，也包括宏观消费的状态及消费与整体国民经济的关系，消费与人口、资源、环境的关系。

从微观消费者来看，科学消费主要表现为安全消费、健康消费、文化消费以及它们之间的消费协调。

安全消费，是科学消费最为基础的要求。安全需要是人类生活的基本需要，科学消费的实现，首先要从安全消费开始。健康消费是科学消费的基本要求。健康需要是随着人类进化，消费主体在对人自身和消费对象认知水平不断提高的过程中逐步提出来的，健康消费是实现科学消费的永恒主题。文化消费，也可以称为精神消费，是实现科学消费的高层次要求。人们在满足生存的基本需要后，就会提出社会交往、相互尊重、自我实现等更为高级层次的需要。而这些高级层次需要的满足，大多是通过文化消费实现的。

安全消费、健康消费和文化消费在发生的时序和结构上也有其内在的规律。现代生活中，三方面的消费越来越有机地融合在一起。因此，消费的片面畸形或顾此失彼，会导致消费和整个经济的不协调。科学消费除分别引领各方面消费外，对微观消费的整体协调尤为重要。

从宏观消费看，科学消费主要包括绿色消费、循环消费和公共消费以及消费总量各方面的平衡和可持续消费。

绿色消费，是针对人类在消费中导致对自身生存环境破坏而提出的一种新的消费模式，是科学消费的重要内涵之一。绿色消费，不仅是指消费者要消费有利于健康的消费品，更为重要的是指人们的消费活动要有利于保护并改善人类的生存和发展环境。

循环消费，是循环经济的重要组成部分和关键环节，也是科学消费的重要内涵。循环经济将经济系统纳入自然生态系统的物质循环，在生产和消费的过程中实现物质的反复循环利用，不产生或少产生废弃物。循环消费，直接并通过确保循环生产实现循环经济，因而是科学消费的重要实现方式。

公共消费，是由政府和社会提供给所有社会成员消费对象的消费方式。公共消费水平是一个国家进步的重要标志之一，也是衡量科学消费的重要指标。

宏观消费的科学，还表现在两个方面：其一，是横向各方面消费的平衡和协调，包括地区之间、部门之间、城乡之间、职业之间等；其二，是纵向代际消费的公平和可持续性，可持续消费是科学消费最为重要的实现模式。

科学消费最终要实现消费者的自由和理性，要实现微观消费与宏观消费的协调，要实现消费与人口、资源和环境的友好、和谐。

科学消费的实现，需要社会和个人共同努力、综合治理，其中，政府承担着不可替代的作用。笔者认为，当前，政府应该从以下几方面着手构建科学消费的社会机制：确立可持续消费战略，从指导思想上使科学消费成为全社会的心智模式；制定具有约束力和指导力的科学消费规划；研究、建立科学消费的评价指标体系；对消费运行状态进行监控；建立针对非科学消费的防范措施和制度规范，形成科学消费的激励和约束机制等。总之，政府要通过各种有效措施，引导科学消费的实现，促进经济社会各方面与消费的协调，进而促进经济社会的和谐发展。

（原载《消费日报》2006 年 5 月 10 日）

什么是绿色消费

绿色消费是近些年来颇为流行的一个概念。那么，什么是绿色消费？目前国际上关于绿色消费的定义约有 30 多种，大多指的是要求提供绿色服务以及相关产品，以满足人类需求、提高生活质量。我国消费者协会提出的几个层次的绿色消费中，第一个就是倡导消费者在消费时选择未被污染的或有助于公众健康的绿色产品。由此可见，人们关注的绿色消费主要是消费质量，是消费对象的绿色、消费效果的绿色，也包括消费过程的绿色。概括起来说，绿色消费是一种新的理性消费模式，是科学消费的重要内涵之一。

绿色消费概念是针对经济发展中出现的不可持续危机提出的。人类对自然的掠夺和破坏，与人类的消费方式密不可分。马克思认为，消费不仅是生产的终点，也是生产的起点；消费不但实现生产，而且反过来促进生产，同时也影响交换和分配。消费的重要地位，决定了人类要摆脱不可持续发展的危机，必须从改变对自身生存环境破坏的消费模式开始。于是，绿色消费概念应运而生。

绿色消费不仅是消费无污染、质量好、有利于健康的产品，更是保护环境、协调人与自然关系的体现。发展绿色消费，优化消费结构，不仅可以更好地满足居民的需要，而且可以带动绿色产业的发展，促进产业结构的优化升级，形成生产与消费的良性循环。而生产与消费的良性循环，又能够提高企业和消费者的绿色消费意识，改变消费观念，使企业在生产过程中、消费者在消费过程中自觉减少对自然环境的污染和破坏，保持生态平衡，促进人与自然关系的协调，从而实现可持续发展。

发展绿色消费，必须从消费的主体——消费者开始。绿色消费行为来源于消费者的绿色意识，绿色消费的实现离不开绿色消费意识的确立。消费者应不断学习有关绿色消费和绿色产品的知识，正确理解绿色消费的内涵，充分认识到绿色消费是以保护消费者健康为主旨的，绿色消费行为和消费方式符合人的健康需要；绿色消费不仅有利于提高人民生活水平和保障生命健康，还有利于保护生态环境和自然资源，使人的生活消费与环境、资源相协调。

推行绿色消费，首先要有绿色产品的生产和营销。因此，突破绿色产品的供给约束是普及绿色消费的前提。企业是产品的生产者和营销者。面对绿色消费的兴起，企业应该由传统生产向绿色生产转型，及时改变技术攻关方向，以市场需求为导向,加强绿色产品的开发,在原材料采购以及产品的设计和制造、保管和运输等方面坚持绿色标准,加强对生产、加工、销售环节的控制,为消费者提供源源不断的绿色产品。

培育和促进绿色消费,政府责无旁贷,应制定更有效的政策,推进绿色消费发展。将绿色产业列入国家支持性产业政策范围进行扶持,增加对绿色产业的投资,提高企业的科研与开发能力,促进绿色技术的引进和推广;鼓励投资绿色企业,引进先进的环保技术和清洁生产设备;完善绿色奖励政策,使绿色企业享有减免税、优惠贷款等优惠政策。扩大绿色生产,应该实行多产业、多领域齐头并进的政策。赋予新型工业化和农业现代化以浓重的"绿色",逐步实现制造业生产的清洁化和农业生产的无污染化。基础设施、建筑业、商业、现代服务业等,也应当逐步实现"绿色"发展。

(原载《人民日报》2009 年 6 月 22 日)

横向经济联合与利益系统变构

横向经济联合的实质就是各方面经济利益的一种利益联盟。因此，正确认识横向联合引起的利益系统的结构变化，是深刻认识横向经济联合的意义，推动其健康发展的关键。

一

在社会主义的经济利益系统中，按利益主体分有个人利益、集体利益（企业利益）和社会利益（国家利益）。不同利益主体又可以分别以经济利益实现的时间、范围和领域为标志分为不同主体的目前利益和长远利益、局部利益和整体利益。这些利益还可以具体化为不同层次、不同时期的多种多样、大大小小的利益集合。这些利益纵横交错，相互渗透，有机地联系在一起。

一般系统论的创始人 L·V·贝塔朗菲认为："复杂现象大于因果链的孤立属性的简单总和。解释这些现象不仅要通过它们的组成部分，而且要估计到它们之间的联系的总和。有联系的事物的总和，可以看成具有特殊的整体水平的功能和属性的系统。"过去我们虽然也强调要正确处理好三者利益关系，却没有注意到整个利益系统中各种经济利益之间内在的客观联系、结构及其实现机制，强调的也只是国家与集体、集体与个人、长远与目前等孤立的因果链。似乎国家利益就在于企业上缴税利、财政信贷的收支平衡等，其结果是在国民经济各个环节上坚持国家利益的同时，大大地失去了整体效应带来的全社会各方面的利益。例如，许多企业根据销售旺季和销路变化的增产，由于主管部门坚守消费基金不能膨胀的国家利益而有产不让超，对奖金限制的同时也限制了生产。一些厂长痛心地说："对国家有利、企业有利、职工有利的事就是办不成！"如此僵化的体制，就在于人为地割断了利益系统固有的内在联系，没有从系统的总体中去把握各个因果链。问题和解决问题的手段同时产生。随着企业自主权的扩大，出现了横向经济联合，这就为我们提供了打开建立有生命力的新的利益系统大门的钥匙。横向经济联合是从独立的商品生产者和经营者的内在经济需要和社会分工所形成的客观联系中产生的，因此它的出现，冲击着一切阻碍它发展的"条条块块"，改变着社会经济的分子结构，使很多利益成分重新组合，按照商品经济的客观内在要求，重新建立新的利益关系结构。它的出现使我们看到了充满活力的社会主义经济机体的前景。

横向经济联合搅动了旧体制下的利益关系，也给我们认识经济系统带来了困难。在这个经济利益系统中，有在生产资料公有制和社会化大生产基础上各方面利益的根本一致性，也有联合体内部各参加者之间利益的矛盾性，以及联合体与原有体制旧的经济利益关系的矛盾性。在利益系统变构过程中出现的这些矛盾是非对抗性的，但如果处理不好，不仅会直接影响参加联合各方面的经济利益，而且也会影响和损害更高层次的整体利益，而不能达到应该实现的目标。

二

横向经济联合不仅改变和催化了原有的经济利益关系，而且还建立了新的利益主体——经济联合体，形成了整个社会经济利益大系统中和其他子系统并存、交错并有机联系在一起的新的子系统。在这个新的经济利益的子系统中，其内部建立了参加联合的各企业之间的利益关系，各成员的局部和联合体整体的利益关系，各成员以及联合体整体彼此之间密切联系着的长远利益和当前利益的关系，各成员以及联合体的产供销、人财物各方面的利益关系等。这些利益关系连同它们实现的机制构成一个完整的利益系统。

在经济联合体利益系统内部的诸多利益关系中，最基本的是企业之间的利益关系。这是这个利益系统中的基础利益关系，也是横向经济联合这种经济现象产生的根源。正因为如此，中央在关于横向联合的多次指示中都反复强调"互惠互利"的原则。成员之间不管是大企业还是小企业，骨干厂还是配套厂，股份多还是股份少，都应该平等相待，而决不允许一方吃掉一方，或以势压人，侵犯对方利益。一些成功的经济联合一般是以各个参与企业的投资比例为基础的，同时考虑各方提供的资源、材料、设备、技术、劳力和生活服务设施等条件，商定股权份额、分享盈利、分担风险的比例。有些联合企业在坚持互利的原则基础上还提出让利原则。如石家庄市东方塑料联合公司就是一个处理各方利益较好的联合体，该公司的主体厂把让利作为增强联合吸引力的特殊手段，对举足轻重的联合伙伴重点扶持，向联合企业无偿提供技术服务和技术转让；采用展销会、订货会、广告等形式免费为联合厂家宣传产品，还经常直接让利，免费为联合厂家运送产品，承担经济损失，成立后一年多就向联合体内部让利42万多元。联合体更加巩固和兴旺。

企业之间的利益关系能否处理好，往往又在于联合各方能否正确认识到利益系统中联合各方和联合体的眼前利益和长远利益以及产供销、人财物各方面的利益关系。能处理好眼前利益和长远利益的联合体也往往能处理好成员企业之间的利益关系，联合也就巩固了。如通县某乡华冠公司生产釉面砖，1983年年产100万片积压20万片，他们与北京建材四站开展了联营，四站负责经销，按销售额的3%提取管理费，很快打开了销路，产量也增到1985年的300万片，1986年的600万片。在市场出现供不应求的情况下，有人提出改变原来商定的经销比例（因自销100万片，可多赚8万元）。但该公司领导从整体利益出发，认识到扩大自销、增加收入是眼前的利益；坚持按原协议办，搞好联营，即使眼前少收入一点，但可以不断扩大合作领域，能从根本上解决商品流通和市场信息问题，这是长远利益，决不能因小失大。企业的诚意赢得了对方的信任，去年4月双方又在河北廊坊联合建了一处建材供应站，年利润可达200多万元。一个是局部的暂时的8万元，一个是长远的整体的200万元，这就是用系统的观点来看待利益关系的差距！而如果不是互惠互利，处理不好利益系统中的方方面面，就不能得到联合的整体效应。一个乡镇企业与某汽车修理厂联营开展汽车修理业，但彼此之间职工报酬相差悬殊（一方平均工资200多元，而另一方仅四五十元），联营只一年就散伙了。

横向经济联合所建立的利益系统是一个有机的整体，互相联系，互相制约，只有弄清了这些关系，才能处理好利益关系，使横向联合的路越走越宽广。

三

横向经济联合产生的利益系统不是一个封闭系统，而是一个在整个大利益系统中和外部发生多方面经济利益关系的子系统。例如，联合体的利益及其成员的利益和社会整体利益的关系；在新旧体制交替时期"三不变"政策的情况下所形成的联合体及各成员与各成员原主管部门、原所在地区、原上缴税利渠道的利益关系；作为消费者的联合体与生产者的利益关系，作为生产者的联合体与消费者的利益关系，参加横向联合的乡镇企业以及其承担的社会利益反映在工业和农业之间的利益关系等。

联合体利益系统与外部的经济利益关系中与原有的管理体制所形成的旧的利益系统之间的利益关系在当前最为重要。在旧的经济体制下，条条块块都形成了不同的利益主体，大大小小的地区利益，各个层次的部门利益。这些利益也形成了一个利益系统。当企业根据自己的利益进行横向经济联合时，不可避免地要与这个利益系统发生摩擦。如何正确处理这个关系对于横向经济联合的发展是至关重要的。

在横向经济联合的面前，一些行政部门没有从生产力的发展、资源的开发、资金的合理使用出发，而是以邻为壑，对企业画地为牢，限制企业冲破自己管辖搞联合。而且在旧体制尚存的情况下，他们手里往往掌握着很大的权力，或用切断原材料供应的手段迫使企业就范，或以"组织调动"工作相威胁，特别是有些公司和局这两级行政机构已经形成了横向经济联合的"中梗阻"。如海盐衬衫厂与上海企业联合受阻就是这种两个利益系统摩擦的典型事例。有些人认为这是狭隘观念造成的思想障碍，想借助舆论或提高认识来解决问题，而看不到驱使他们的动机正是来自经济的利益，这种摩擦是利益系统的变构所不可避免的。

值得注意的是，与公开地反对横向联合不同，有一些主管部门，采取了较为"开明"的态度，接过横向经济联合的口号，甚至以股份制为名，在"董事会""监事会"的新名堂下继续强化自己的职能，他们的所谓"改革"只是改变行政部门的管理形式，丝毫不准备放弃自己的"婆婆"地位。这不是真正的开明，真正的开明应该是实行行政部门职能的转轨，由过去对企业的指手画脚变为服务企业，提供信息，调节指导。

除了和原有利益系统的摩擦关系外，和社会利益（或国家利益）的关系也将逐步改变，无论在财政的关系上，还是在银行的关系上，都将开辟新的途径，采取新的方式，建立新的利益关系。在这方面，中央和各地方政府都做了相应的规定。"三不要"的政策在企业之间横向经济联合的初期是必要的，没有这样的原则，在旧的利益系统中就没有新的利益结构的存身之地。但是随着横向经济联合的发展，新的经济利益结构的建立，"三不变"的政策也必然有所变化。

最后，我们也应该看到，横向经济联合改变了原有利益系统的僵化构成，建立起来的是一个不断变化的结构，而不是一个新的僵化结构。以企业利益为基础的经济联合，是有生命力的细胞的结合，是根据企业的情况、市场的情况、对方的情况不断变化的。变化本身将成为这个新系统的重要特征。不断重新组合，优胜劣汰，新陈代谢，才能真正发挥横向经济联合在我们社会主义有计划商品经济的有机体中酶的催化作用，产生有利于我们经济发展的变构效应。

（原载《经济与管理研究》1987年第3期）

企业利益系统的建设与企业经营机制的完善

随着企业改革的深化，完善企业经营机制的任务已经提上议事日程。企业经营机制的完善是和企业利益关系的协调、企业利益结构密切相关的，因此，企业利益系统的建设具有重大的意义。本文拟就企业利益系统的建设与企业经营机制的完善的关系谈一些粗浅的看法。

一、企业利益系统是企业经营机制的基础

企业作为独立的经济实体，其经营机制就是企业内部组织体制构成对自己经营活动进行调节的机能。企业的经营离不开推动其运行的动力，也离不开内外各种因素的制约和影响。因此，企业经营机制包括动力机制、约束机制和决策机制。马克思曾深刻地指出："人们奋斗所争取的一切，都同他们的利益有关。"[①]企业的动力机制、约束机制和决策机制也都和企业内部各方面的经济利益密切相关。

企业利益系统由多方面的利益所组成，主要包括三个利益主体，即国家、企业和劳动者。三个利益主体在企业的经济活动中，从各个方面表现着自己的利益。

国家在企业中成为一个利益主体是由企业的全民财产表现为国家所有制所决定的。国家作为国有资产的所有者要求企业向国家交纳税金，要求企业的生产经营活动必须满足整个社会日益增长的物质和文化生活需要，实现国民经济的有计划发展，要求企业有效地使用国有资产，实现资产增值。

劳动者是社会主义企业的主人。企业作为联合的劳动者必须保证职工的工资和福利待遇，使职工的生活水平随企业的发展而不断地得到提高。劳动者的积极性和创造性是企业活力的关键，劳动者始终是企业利益系统中的一个主要的利益主体。

社会主义企业既然是商品生产者和经营者，就必须自主地决定生产资料的购置和产品的销售，进行经济核算，以收抵支，取得盈利；还必须增加积累，进行自我改造，在竞争中实现自我发展。所以企业有其不同于国家利益和劳动者利益

---

① 马克思、恩格斯：《马克思恩格斯全集》第一卷，人民出版社1956年版，第82页。

的自身利益，也是企业利益系统中一个独立的利益主体。

过去我们片面强调三者利益的一致性，而忽视三者利益的矛盾性，其结果是强调了国家利益，忽视了劳动者利益，否定了企业利益。我们一定要看到，三者利益具有根本的一致性，是形成企业经营运行的基础；三者利益也具有不同的利益差异，这种差异的统一，形成企业得以运行的内在动力；不仅如此，三者利益的差异还以其相互之间特有的制约力量形成企业的自我约束机制，其不同的人格化代表则对企业经营的决策机制起着重要作用。

企业外部运行环境对企业经营机制的各个方面均有影响。但正如毛泽东同志在分析事物矛盾运动时所讲的"外因通过内因起作用"，市场竞争、市场供求和价格信号也都只有通过利益系统的转换，变市场竞争的压力为动力，变市场供求的影响为约束力，从而对决策产生影响。因此，企业利益系统是企业经营机制的基础。

二、企业各方面利益的统一形成企业的动力机制

企业的活力来自企业的动力，而企业的动力则来自利益的驱动。

如前所述，国家利益要求国家资产的增值，在企业形成了增值动力；企业经营要求以收抵支，在企业形成了盈利动力；劳动者以劳动求生存，在企业形成了谋生动力；优胜劣汰的市场竞争以外部压力的形式给企业形成了竞争动力。在这个动力体系中，企业作为商品生产者和经营者的盈利动力是最主要的动力，是直接推动企业经营的中心动力。将国家利益和个人利益融入企业自身利益中，只有企业按照一个商品生产者和经营者的利益进行经营活动，取得尽可能多的盈利，国家利益和劳动者利益才能得到最大的实现。因此，企业的多重利益集中统一在企业追求盈利最大化的经营目标上。

企业只有取得较多的盈利，才能在成本和价格之间有较大的回旋余地，从而确立竞争优势，使企业得以不断的发展。同时，企业取得较多的盈利，就表明企业向社会提供了较多的适销对路的产品，可以更多地上缴国家利税，以形成雄厚的国力。企业劳动者只有在企业取得较多盈利时，才能确保收入和福利的增长。所以，不同利益统一为盈利最大化的经营目标，形成了企业的动力机制。

企业利益系统不仅是形成企业动力机制的基础，而且影响着动力机制功能的发挥。企业利益系统的任何损缺或不完整都会导致企业行为的不正常。我国企业改革前后的实践一再证明了这一点。改革前，没有确立企业自身利益的主导地位，企业躺在国家身上，失去了本来应有的生机和活力；改革后，放权让利，虽然增加了企业的一些活力，但由于只是从外部调动企业积极性，而没有真正从企

业自负盈亏上建立企业内部的动力机制，同时又没有找到国家利益在企业经营中的实现方式，从而导致相当一部分企业的短期行为，一些企业为了局部利益、眼前利益甚至不惜牺牲国家的利益和企业长远的利益。所以，完善企业的动力机制，首先在于调整好企业内部的利益关系，建设好企业内部利益系统。

三、企业利益系统的差异性形成企业的约束机制

企业的经营只能在内外部各种制约条件下做出各种决策。有效约束企业行为的各种条件及其对企业行为的制约作用，构成企业行为的约束机制。企业的约束机制同样离不开企业利益系统中各种利益主体的不同追求。

从企业内部约束看，主要是预算约束。企业内不同利益主体的利益差异本身就构成了一种互相制约的约束力量。企业利益要求用自己的收入补偿自己的支出，不但反对盲目扩张和超前消费，而且总是事先就以预期收入控制着支出；国家利益除了在客观上从法律和管理上从外部对企业进行约束外，还以种种政策从内部对企业的生产和分配进行着种种约束，制约着企业的生产经营活动，约束着企业生产盲目性和分配上的扩张冲动与消费膨胀。

不仅三个利益主体的不同利益追求互相制约，而且在同一个利益主体内也有互相制约的因素。以工资为例，企业把工资作为劳动投入的成本要素时，要求工资投入服从于企业盈利最大化，要求越少越好，但劳动者的福利收入最大化的利益追求，却要求工资越多越好，不同的利益追求相互制约；社会主义公有制条件下的劳动者本身就有二重性，除了作为劳动者有工资最大化的要求外，作为企业的主人，为了企业的生存发展，也反对吃光分尽。国家则一方面要求上缴利税的最大化，反对企业福利收入的过度增长；另一方面也要求职工生活随劳动生产率的增长适当提高。只要真正确立各个利益主体的地位，就会在平衡关系中取得各方都能接受的工资适当值，企业行为就会合理。

在传统体制下，由于企业利益和劳动者利益得不到承认或被忽视，企业的预算约束就成为一种软约束，企业普遍存在着扩张冲动，争投资而不计效益。改革中，企业盈利动机和劳动者收入动机虽然有所强化，但尚未形成硬的预算约束，企业内没有国有资产的人格化代表，就出现了企业和劳动者一起向国家争工资，争投资，导致消费和基建的双膨胀。

从企业外部的约束看，除国家法规的约束外，主要是市场约束。市场约束中，无论是市场对企业投入的供给约束，还是市场对企业产出的需求约束都是以企业作为一个独立的商品生产者和经营者为前提的。外部约束必须转化为内在的自我约束才能产生约束力，企业内部利益结构如果仍然是父爱主义的，有了市场

约束也难产生作用。一些企业产品根本卖不出去，却仍旧不断地加大库存就是这个原因。因此，企业约束机制的建立，离不开企业内部利益关系的调整，利益结构的合理化。利益系统协调了，就可以产生制衡关系，有效地制约企业短期行为，从而建立和完善企业的约束机制。

四、企业内不同利益的人格化是完善企业决策机制的关键

决策机制是企业经营机制的中心内容，又是企业各方面利益实现的关键，决策机制的建立和完善同样不能离开企业利益系统。企业的经营活动是在各方面利益的推动下进行的，那么在决策过程中就必然有各自利益的"有意识的承担者"。如同资本家是资本的人格化代表一样，社会主义企业的国有资产、企业利益、劳动者利益也必须有自己的人格化代表。只有当这些人格化代表的唯一动机是代表他们所承担的利益而参与企业决策时，他们才能执行自己的职能，从而实现各方面的利益。所以说利益的人格化是完善决策机制的关键。

改革以来，我国企业实行了"厂长（经理）负责制"，在企业不同利益的人格化方面迈出了第一步。但是这只是从生产力组织的角度提出的："现代企业分工细密，生产具有高度的连续性，技术要求严格。协作关系复杂，必须建立统一的、强有力的、高效率的生产指挥和经营管理系统。只有实行厂长（经理）负责制，才能适应这种要求。"（《中共中央关于经济体制改革的决定》）而没有从利益的人格化代表提出这个问题，以至在很长一段时间对厂长的身份搞不清楚。据笔者调查，有相当一部分厂长至今认为自己只是代表国家利益的。

国家利益、企业利益和劳动者利益必须有不同的人格化代表。这是社会主义企业几十年实践所证明的。改革前，党委领导下的厂长只是国家利益的代表，企业没有自身利益和职工利益的人格化代表，所以所谓企业决策只是"算盘珠"，甚至职工的工资可以连续冻结10年；改革中，由于没有完整的人格化代表，出现了厂长与劳动者一起算计国家，甚至进行不惜坑害广大消费者的"决策"。事实说明各方面的利益不应该由一个人格化来代表。

企业决策机制的完善，首先就要寻找各方面利益的人格化代表。厂长应该是企业利益的人格化，既不能代表国家，也不能代表劳动者，只能代表企业利益。企业的劳动者也必须形成自己的人格化代表。虽然我们的企业已经建立了职工代表大会制，也有工会组织，但离我们所说的人格化还有相当大的差距，劳动者利益的人格化必须完全站在劳动者的立场上为劳动者说话，为保护劳动者利益不受国家的侵犯，真正参加民主决策而尽职，而不能成为企业行政的附属物。至于国家利益的人格化是我国企业制度改革中必须解决的一个新问题。在产品经济体制

中，厂长是国家利益的代表，企业没有自己利益的代表；在我们确认社会主义企业是商品生产者和经营者以后，厂长成为企业利益的人格化代表，我们就必须寻找国家利益的新的人格化代表。当前，除了试行股份制的企业，国家利益的代表往往是企业的上级，而没有真正执行职能的企业内的人格化，这是企业行为短期化的重要原因之一。随着产权问题探索的深入，这个问题必须解决。这也是完善企业经营机制的重大课题之一。

我们说企业不同利益要有不同的人格化代表，并不是说各方面利益之间没有相通之处。我们已经证明，三者利益的一致性是社会主义企业得以运行的基础。但是由一个人格化代表代表所有利益，难以保证其他利益不受损害。

企业利益系统中的人格化代表，关键是企业利益的人格化，人们称之为企业家的人。企业家是企业在进行经营决策中组织各方面代表做出具体决策并承担风险的人。当然企业家的权力并不是无限的，他只能在其他人格化的制约和协助下行使自己的决策权，还必须建立一套科学决策和民主决策的体系、制度和程序，以确保决策的正确性。

综上所述，在完善企业经营机制过程中，企业的利益系统起着基础的和关键的作用，而企业利益系统的建设则是从组织上确保企业利益系统协调、有序、正常发挥功能的重大措施。所以，笔者认为在探索完善企业经营机制时，应该充分重视企业利益系统的建设。

（原载《北京市经济学总会经济理论讨论会文稿》1989年9月）

企业转机建制观念必须更新

企业转换经营机制和现代企业制度的建立是中国经济体制改革中的制度创新。企业转机建制的制度创新是中国企业改革逐步深化的必然选择。制度创新包括企业产权制度、企业组织形式以及企业管理制度等多方面的革命性变革。面对这样一场历史性的创新浪潮，必须首先进行观念的更新，以新的认识、新的观念去迎接创新的浪潮。

企业转机建制必须建立的新观念主要有：

一、实践探索的观念

现代企业制度是社会化大生产发展到一定程度的产物。为适应不同的国家、不同地区的具体情况，现代企业制度可以有不同的表现形式，适应不同的历史阶段，形式和内容必然存在着差异。而且，现代企业制度是个动态的概念。从世界范围看，至今仍处在不断地创新变化之中。中国在坚持社会主义制度前提下，从计划经济体制走向市场经济体制，更是前所未有，从生产力到生产关系都要进行全面的创新。所以，人们必须勇于实践和探索。首先要牢牢树立实践和探索的观念。我们的认识必须从计划经济的模式中走出来，不能总是等着政府拿出方案，希望理论家拿出走出困境的灵丹妙药。制度创新首先是个实践的概念，是个不断探索的过程。理论和政策是重要的，但离开了实践，离开了探索，理论和政策就会成为无源之水、无本之木。只有在企业家的实践中，理论和政策才能发挥其应有的作用。所以，还是小平同志那句话"大胆试、大胆闯"，从实际出发，勇于实践和探索，敢于走前人没走过的路，敢于走自己的路。

二、价值运动的观念

现代企业制度是针对国有企业的政策而提出的，根据资产所有权和法人财产权分离的理论，国有企业的概念将不复存在（就一般意义来讲），企业依法人财产权而成为法人企业；国有资产采取了价值形态，并且以价值形态独立运动。这时，人们对于企业的认识必须建立新的价值运动的观念，要逐步抛弃实物形态的财产观念。只有以价值运动的新观念，才能找到救活企业的新出路，才能进行制度创新。树立了价值运动的观念，人们就不会再固守实物形态的"公有财产"，而任凭其贬值和价值流失。传统计划经济是一种实物经济，一台机床、一座厂房、一个企业都是不变的财产；而市场经济是交换经济，财产的价值存在于交换的运动之中。一台价格昂贵的设备可能会变得值不了多少钱，而原来被认为分文不值的东西也可能突然身价百倍。对于财产和生产资料，只有以价值运动的观念来对待，放到市场中去衡量，在市场经济中才有实际意义。

三、法人财产的观念

法人财产是企业转换经营机制进行制度创新的基础。"出资者所有权与企业法人财产权的分离"实现后，企业必须以法人财产的观念来对待企业的转机建制。从世界范围内企业制度的演变过程看，由于股权分散化，出资者日益将企业交由经理阶层进行实际控制，这种企业资产的实际控制权与企业资产所有权相分离导致了企业制度的创新。中国现代企业制度也只有企业从法人财产的观念出发，才有可能建立起来。只有以法人财产的观念去对待企业，才敢于对企业的资产进行实际的控制，企业过去来自外部"赋予"的利益才会从内部生长出来，才会进行财产组织方式和管理体制的创新。

四、资本经营的观念

计划体制下的企业和市场体制下的企业的一个根本的区别在于经营的动力不同。计划体制下，企业经营是完成计划规定的产品，利润只是作为考核的一项指标，并服从于产品计划，而市场经济的企业经营是资本经营，生产什么产品不是第一位的，经营的动力是资产的增值。在国有企业进行现代企业制度创新过程中，如果不建立资本经营的新观念，就很难从原有观念的束缚中走出来，也就难以迈出转机建制的新步子。很多企业在改革中由死变活正是"资本经营"的新观念起了根本作用。如北京市照明器材公司一分厂地处西直门内，原与外商合资生产灯具，由于成本高、费用大，年亏损50多万元。公司将合资企业转移到郊区，把生产楼改造成商业大厦，实行独立核算和试行公有民营，大厦营业额达1亿元，年创税500万元，创利300万元。

五、资产重组的观念

国有企业亏损面的增大使很多人对国有经济产生怀疑。其实一个企业的效益并不取决于所有制。只要实事求是地进行分析就会发现，私营企业、三资企业、乡镇企业亏损和效益下降的比重并不比国有企业少，有的甚至还更严重。但人们为什么没有对这些企业的亏损发出同样的感叹呢？问题在于私营企业、三资企业、乡镇企业一旦发生亏损或效益下降就会很快进行资产重组,以新的企业形式出现在市场上。而国有企业却不能迅速进行资产重组,而是以原有企业的形态在亏损下坚持着,情况越来越严重,这就误使人们对国有经济产生怀疑。所以,问题的关键在于机制,是否具有资产重组的机制才是问题的要害所在。国有企业即使建立起现代企业制度也不能保证不亏损,市场经济中企业发生亏损是不可避免的,我们的目标是使现在的国有企业通过转机建制形成一旦发生亏损就可以进行资产重组的机制。资产重组是企业不断进行的动态过程,而不是过一段时间进行一次的结构调整。因此,必须首先建立起资产不断重组的观念,这样才能在制度创新中塑造企业资产重组的自组织结构。

六、人力财富的观念

国有企业的制度创新碰到的一个严重问题就是人员富余的问题。"铁工资、铁饭碗、铁交椅"成为转机建制的障碍。在社会保障制度建立过程中,随着劳动人事制度的改革,这个问题会逐步缓解,但更为根本的是,要树立起人力财富的观念。即不是把富余人员简单地看成是企业负担,而是把他们看作财富,进行人力资源的开发、再开发。有些企业正是以人力财富的观念为指导,创造了职工培训分流的新机制,为企业转机建制提供了有利条件。

七、创造市场的观念

企业的转机建制不仅要求企业面对市场,去争夺和占领已有市场,而且需要不断开拓和创造新的市场。经济的运行归根到底是满足人们的需要,需要引导生产。但人类的很多需要是由潜在走向现实的,是由新产品的问世所唤起的,从这层意义上讲,生产也创造着需要。所以,一个生机勃勃的企业不仅是被动地跟着市场,而且还主动地创造市场。面对同样的环境和条件,不同的观念会有不同的结论:一种认为这里没有市场,却不转向;另一种则认为这里潜在市场很大,急需开发和创造。不同的结论会有不同的决策,不同的决策带给企业的是不同的命运。

八、科学管理的观念

任何一种制度创新都离不开管理的创新,认为只要产权明晰,企业就可以搞活是非常片面的。其实产权明晰本身就离不开管理的科学化。因此,进行企业制度的创新,必须牢牢树立科学管理的观念。目前,一些企业不是把功夫下在抓管理、练内功上,而是坐等着上级把自己"搞活",消极被动;"产权交易"在"卖"

和"炒"字上做文章,投机意识代替了科学管理意识。这是一种非常危险的倾向,没有科学管理,就不会有明晰的产权,现代企业制度也就无从谈起。

(原载《首都财贸》1995年第2期)

关于建立现代企业制度的若干认识

一、实行现代企业制度是改革深化的逻辑必然

一个时期以来，学术界对于现代企业制度的内涵有着不同的理解，从而对企业改革产生了不同的观点。本文不想就"现代企业制度"概念本身加以评论，而只想就现代企业制度对企业改革的实际意义及其在改革进程中的地位谈些看法。

有人认为推行现代企业制度是对国有企业下的最后一剂良药；有的大声疾呼，中国以往的企业改革是做了一场"梦"，现代企业制度的提出是如梦初醒等。如何认识现代企业制度的提出，关系着深化企业改革的入手点和战略方向。笔者认为，现代企业制度的提出并不是若干失败后的再探索，而是改革深化的逻辑必然。

中国企业改革经历了十几年的风风雨雨，许多理论家、企业家、管理人员对此进行了艰苦的探索。中国改革获得举世瞩目的成就是和这些伟大实践分不开的。当然，企业改革在前进中不断碰到各种难题，而且解决难题的难度也越来越大，但是，这并不能就此否定改革的成就。中国企业改革走过的道路以及现代企业制度的提出，无论就事物发展变化都有一个过程而言，还是就人们对这个过程认识的完成也要有一个过程来讲，都是深化改革的逻辑必然。矛盾是逐步暴露的，认识是逐步深化的，改革是循序渐进的。

中国企业改革基本上循着这样一个逻辑顺序进行：增强活力—塑造利益（外部）—转换机制（内部）—制度创新。在具体的改革理论和措施上相应地经历了扩权—两权分离—四自机制—法人财产权的过程。改革的思路不是预先设计的，而是"摸着石头过河"，碰到什么问题就解决什么问题，改革的内在逻辑决定改革逐步深入，在不断发现问题及不断解决问题过程中，逐渐触摸到深层矛盾和问题的实质。

传统计划体制的弊病使国有企业失去了本来应有的活力，因此改革一开始就抓住了增强企业活力这个核心问题，并把它作为整个改革的中心环节。应该说，问题是找准了，抓住了。在当时的条件下，采取的改革措施只能是扩大企业自主权，让企业活起来。扩权的尝试可以追溯到20世纪50年代。其间，多次实行权

力下放，但都只限于调整中央和地方、条条和块块的管理权限，没有触及赋予企业自主权这个要害问题。改革初期的扩权也未能摆脱"一放就乱"的怪圈。怎么才能使企业产生活力呢？直到1984年，农村改革的成功经验为企业改革提供了经验。活力来自动力，而动力又和人们的利益密切联系在一起。1984年中央改革的决定确立了所有权与经营权可以适当分开的两权分离的理论，就是在公有制基础上塑造适应商品经济的企业利益来。从那时起，所有的改革措施，利改税也好，经济责任制也好，工效挂钩也好，承包制也好，几乎都是围绕着塑造企业利益而进行的，企业有了自己的利益，才有动力，有了动力就会有活力，改革的内在逻辑如此明确。中国企业也确实在两权分离的理论下，取得了很大的发展。尽管企业自主权的落实碰到了种种困难，但还是不断地得到了扩大，活力有所增强。中国经济改革在这方面进行的一切探索，都为寻找道路奠定了基础。但是，这种利益的塑造来自企业的外部，经营者的利益由于没有产权基础，缺乏内生的根据。因此，企业运行又出现了新的不正常现象，最明显的特征是企业的短期行为。由于企业和国家的脐带未能彻底剪断．为了争取更多的资金和短线物资，企业往往把行政建制的升格、企业级别的提高作为自己的追求目标，以工资和收入最大化为动力去追求盈利，工资侵蚀利润，甚至出现反经济核算的现象，企业短期行为的出现使人们马上意识到，企业只有外部赋予的利益不行，还必须有内生的利益机制。问题虽然提的还可能不十分明确，但转换经营机制的提出是企业改革由外部到内部的关键一步，特别是在1984年指出企业是自负盈亏、自主经营的经济实体基础上，又加上了自我发展和自我约束机制，"四自机制"已经成为对企业改革认识深化的标志。正是在这种认识基础上，中国企业改革更加深入了。人们在探索承包机制应如何进一步完善，同时开始了股份制的试点。转换企业经营机制的改革，碰到了深层次的矛盾。改革的深化和认识的提高，使人们逐步认识到：实现两权分离和转换企业经营机制不够，只靠改变经营方式不行，必须从国有企业财产关系入手，使企业产权明晰。结论是：要想真正实现经营机制的转换，就要进行企业制度的创新，其核心理论是资产所有权与法人财产权的分离。

综上所述，现代企业制度就是在这种背景下提出来的。很多人在争论现代企业制度的名称含义，其实，叫什么名称并不重要，重要的在于企业改革的新内容。一些人在争"现代企业制度"的发明权，其实现代企业制度并不是哪一个人发明的，从国际上来讲，是人类文明的成果，从国内来讲，是深化企业改革的必然，就名称来讲，早在1984年中央改革决定中，就已经开始使用"现代企业"的概念，只是还未能从制度创新的深度去把握它的内涵。我们只有把现代企业制度放在追踪改革历史的大背景中才能准确把握它的内涵，深刻认识它的意义，也才能找到实践它的基础，否则，就会割断历史，把它看成是一系列失败后的又一次尝试。

二、理论突破：分离法人财产权

了解了中国企业改革的内在逻辑，就可以看出法人财产权的提出具有重大理论突破意义。

所有权和经营权分离的方向是正确的，目标也是对的。但是，实践使人们发现要真正实现两权分离还缺乏必要的中间环节。以企业经营权来说，企业经营自主权是以企业对资产的实际占有、使用和处置权为基础的，没有这些权力，经营权就是一句空话。因此，在讨论企业动力来源时就有人提出所有权与经营权应该合一，看来并不是完全没有道理的。但这时，由于对产权问题还没有明确的认识，因此，人们的认识处于矛盾状态：一方面，所有权与经营权必须分离，否则企业没有经营者的利益，也就没有活力；另一方面，所有权与经营权又不能分离，否则经营权就失去了存在的依据。在这样一个两难选择的面前只有两条道路：一条是改变所有制关系，化公有为私有，在私有制基础上重新建立企业经营者的利益基础；另一条是进行所有权意义上的分离，使一个所有权变为两个所有权，以解决原来所有权与经营权分离的两难问题，其中的一个所有权和经营权分离，另一个所有权和经营权合一。原苏东国家选择了前一条道路，放弃了公有制和社会主义，中国共产党人选择了后一条道路，把所有权分离为终极所有权和企业法人所有权两个所有权。为了避免在所有权使用上引起混淆，党的十四届三中全会的提法为"出资者所有权与企业法人财产权的分离"。出资者所有权就是终极所有权，它从法律意义上回答了资产的归属，而企业法人财产权就是法人所有权，它从经济意义上回答了资产的经营。

法人财产权的提出在理论上具有重大的意义。

其一，为明确产权关系奠定了理论基础。法人财产权的提出，否定了企业资产只有量化到个人才能实现产权关系明晰的结论，为公有资产的产权明晰开了先河，法人财产权的分离并不改变国有资产的归属，在坚持社会主义制度不变的前提下改革经济体制，实现了社会主义基本制度同市场经济的结合。

其二，使所有权与经营权的分离找到了实现的中介，使法人企业找到了存在的基础。早在10年前，中央就提出要使企业成为"具有一定权利和义务的法人"。但是，法人企业必须有自己的法人财产，没有财产所有权，企业的行为必然受到种种限制，企业成为真正的法人也就始终是一句空话。法人财产权不但可以使企业行使占有、支配和处置资产的权利，而且对出资者承担资产保值增值的责任。企业可以凭借全部法人财产，依法自主经营、自负盈亏、照章纳税、依法独立享有民事权利和承担民事义务，从而成为名副其实的法人企业。

其三，为企业制度创新奠定了基础，为企业经营机制的转换开辟了道路。从世界范围内企业制度的演变过程看，由于股权分散化，出资者日益将企业交由经理阶层进行实际控制，这种企业资产的实际控制权与企业资产所有权相分离导致企业制度创新。中国现代企业制度：也只有从法人财产权的确立出发，才有可能真正实现。企业经营机制转换的提出，是企业改革深化的标志，但经营机制的彻底转换离开企业制度，特别是离开财产组织形式的变革是难以完成的。而法人财产权为经营机制的最终转换开辟了道路。确立了法人财产权，企业过去来自外部"赋予"的利益就会从内部生长出来，建立起所有者、经营者、劳动者三者相互制衡的法人治理结构，"四自"机制终将得以实现。

其四，法人财产权的确立不仅在企业改革上取得了突破，而且对于国有资产由死变活具有重要意义，国有资产的流动、交易也取得了突破。

有同志认为法人财产权是为前几年改革中出现的不规范的"企业股"翻案，这恐怕是误会，只要从中国企业改革进程中的逻辑去观察，就不难认识法人财产权在理论上的重要意义。

三、国有资产价值形态的独立运动

资产所有权和企业法人财产权的分离使国有企业的改革进入了一个新的阶段，人们的认识也产生了新的飞跃。我们通过一些概念的变化就可以大致了解这个过程。

改革初期，改革以搞活国营企业为中心环节，在两权分离的理论指导下，首先提出，国有不一定国营，随着扩大企业自主权和多种经营方式的出现，国营企业也随之更名为国有企业。

现代企业制度是针对国有企业的改革而提出的，根据资产所有权和法人财产权分离的理论，国有企业的概念将会出现新的变化，这种变化带根本性，将发生质的飞跃。即企业不再按所有制进行分类，企业依法组建，依法登记注册，依法纳税，企业的财产组织方式除保留少数国家独资企业外，国有企业的概念将不复存在，企业依法人资产权而成为法人企业，法人企业可以有多种形式（主要是公司制），而国有企业的"国有"也不再是企业的限定词，因为法人企业的投资者除了国家以外，还有其他多元投资主体。国有企业将分离出"国有资产"的新概念。"国有"只限定终极所有权属于国家和全体人民的资产。

国有资产从国有企业分离出来后，采取了价值形态，而把实物形态留给了法人企业。价值形态的资产所有权可以脱离实物形态的资产所有权独立运动。这种价值形态独立运动的国有资产，对于国有财产的保值增值，对于公有制的主体地位，都有着崭新的意义。

首先，国有资产的价值化使国家只是出资者，以其投入企业的资本额，享有所有者的权利，同时对企业的亏损和债务按其投入的资本额只负有限责任。这样，国家摆脱了对企业的无限责任，不仅有利于企业的活力，而且使国有资产从整体上始终处于有利的状态。

其次，国有资产的价值化有利于国有资产的资本化，使国有资产的死物变为活的经营对象，使国有资产的不断增值成为国有资产的本性，国有资产随时可以转移到有利的部门、行业和企业，这个主体部分的人民资产处于最活跃的状态，社会主义经济就会充满活力。经营国有资产是国有资产价值化后赋予国家的新职能。

再次，国有资产的价值化有利于国有资产产权交易，使之在不断的流动中完成国有资产的合理配置和资产重组。

最后，国有资产价值化，有利于扩大国有经济的影响和确保其在新形势下的主导地位。国有资产的价值化使国家可通过参股、控股影响和控制比国有资产本身更多的社会资本。

四、现代企业制度的生命力在于资产重组

"国有企业亏损日益严重"，在一段时间内几乎成为人们的共识，但是在这个共识的背后却有着不同的结论，一种是变公有为私有，既然公有制不行了，为什么还要死守不放？一种是简单地强调扭亏增盈，前者似乎理直气壮，后者显得有些苍白无力。当政府感到前一结论的威胁时，就有数字能够证明国有企业亏损并非那么严重，甚至会得出相反的结论，国有企业迅速发展。笔者认为这些认识都失之偏颇。

首先，"国有企业"是传统分类方法，以国有企业为考察范围，本身就容易得出对"国有"的肯定和否定，所以会有前后相反的结论。如果我们进行一些结构分析，除去那些本来就要承担部分亏损（如生产公共用品）和政策性亏损的企业，再除去全行业亏损（和所有制无关）的企业，那么亏损的国有企业多数属于未转换经营机制的企业，有许多经营机制转换的国有企业经济效益是相当好的，所以，如果提"未转换经营机制的企业亏损严重"可能更准确一些。

其次，就经营性亏损来说，也不在于所有制。事实上，三资企业、乡镇企

业、外资企业亏损也是常有的事，属于市场经济中的正常现象。但为什么亏损严重的帽子扣不到非国有企业的头上呢？关键在于非国有企业一发生亏损马上就会引起资本的流动和资产重组，使亏损不能长期存在；而国有企业发生亏损以后，资本不能流动，资产不能重组，该破产的破不了产，该转移的不能转移，自然亏损企业越积越多。所以，问题不在于亏损不亏损，市场经济有亏损企业是正常现象，问题在于亏损发生以后，不同体制下的企业有不同的做法，这才是问题的关键。

现代企业制度下比较传统的国有企业应该有更旺盛的生命力，这个生命力就在于它具有传统企业所不具备的资产重组的机制。

所谓资产重组，是指在社会再生产过程中存量资产在企业间的转移和重新组合。资产重组机制通过企业间的兼并、联合来重新组合存量资产和优化结构，可以使企业迅速扩大再生产规模，有利于提高资产利用效率，推动技术进步，使企业充满活力。

资产重组的前提是产权明晰。传统国有企业没有财产的所有权，也就没有作为民事主体的充分行为能力，企业支配和处置财产的行为能力受到限制，自然就没有资产重组的机制，这就是人们看到国有企业亏损面日益扩大的根本原因。现代企业制度以法人财产权为基础，其运行的必然结果是生成资产重组的机制，而资产不断地重组也正是现代企业制度的生命力所在。

五、创新：现代企业制度的实质

把握现代企业的实质是深化企业改革的关键，现代企业制度的形式和内容由于各国具体情况不同，所处历史阶段不同都会有所差异，有所变化，而它的实质是不变的，这个实质就是创新。

首先，创新是现代企业制度的题中之意。尽管对现代企业有各种不同的理解，但"现代"的含义本身就包含着对最新条件的适应性，以及对未来的发展性，否则势必是落后的、过时的、传统的。"创新理论"的创始者熊彼特提出"创新"是一个内在的因素，经济发展"来自内部自己创造性的关于经济生活的一种变动"。从他列举的五种情况看，创新是现代企业制度的内在要求，他认为"创新"主要包括：①引进新产品；②引用新技术；③开辟新市场；④控制原材料的新供应来源；⑤实现企业的新组织。兰斯·戴维斯和道格拉斯·诺尔更是把股份公司制度的出现直接列入制度创新。从创新的意义上说，现代企业制度是个动态的概念。

其次，现代企业制度本身就是创新的产物，而且至今仍在不断地创新变化中。以最典型的公司制为例，它最初在 16 世纪和 17 世纪之交产生时，就是对已经存在了几千年的业主制和合伙企业的一种创新。当贸易所要求的资本规模超过了血缘家庭所能承担的范围时，一次性的合资合约组便创新出来了。在公司制出现后的 400 年，又经过了近代公司制和现代公司制的创新和发展。当我们的学者还在论证股权分散时，国际上的金融创新与金融深化运动已经使传统上较为独立、分散的股东的意志在相当程度上变得统一、集中与步调一致；当我们对西方经理革"命"羡慕不已，力图通过改革保证企业经理应该有足够的权力的时候，西方大公司已经在着手解决经理人员失控的问题。所以，照着固定模式去搞现代企业制度必然会失败，把握现代企业制度的实质，就是看企业有没有创新机制，没有创新，就没有现代企业制度。

最后，中国建立现代企业制度更需要创新。从政府发动的企业改革来看，其本身就是一种创新活动。中国政府已经看到通过建立现代企业制度可以得到的"潜在利益"，因此做了企业制度创新的重大决策。问题的关键在于，要使企业和企业家看到这种"潜在利益"，中国能不能形成一批为这种潜在利益献身的企业家，是现代企业制度能否建立起来的关键。从中国建立现代企业制度的生产关系的基础看，企业改革更是一种创新。国际上成功的企业大多数是以私有制为基础的，我们要在公有制主体上建造一个和国际接轨的现代企业制度，靠照抄照搬的"拿来主义"是绝不会成功的，出路只有一条，还是创新，走我们自己的路。国际上通行的现代企业制度也不是一个面孔，英美模式、德国模式、日本模式都各不相同，都有适合本国国情的特色。中国搞现代企业制度也必然要结合中国的实际情况和国情特点，需要进行创新，以有中国特色的社会主义为基础。

六、研究两种条件，寻找现代企业制度的生长点

我们已经看到，在中国，建立现代企业制度是在创新，搞社会主义市场经济是在创造历史。

在这样的历史关头，重温一下恩格斯的一段论述，是非常有意义的：

"我们自己创造着我们的历史，但是第一，我们是在十分确定的前提和条件下进行创造的。其中经济的前提和条件归根到底是决定性的。但政治等的前提和条件，甚至那些存在于人们头脑中的传统，也起一定作用，虽然不是决定性的作用。……

但是第二，历史是这样创造的：最终的结果总是从许多单个的意志的相互冲突中产生出来的，而其中每一个意志，又是因为许多特殊的生活条件，才成为它所成为的那样。这样就有无数互相交错的力量，有无数个力的平行四边形，而由

此就产生出一个总的结果,即历史事变,这个结果又可以看作一个整体的、不自觉地和不自主地起着作用的力量的产物。因为任何一个人的愿望都会受到任何另一个人的妨碍,而最后出现的结果就是谁都没有希望过的事物"[1]。

中国的社会主义市场经济能不能是我们希望的事物?现代企业制度会不会出现畸形现象?我认为关键在于对恩格斯关于创造历史的两条原则的论述的理解和把握。具体地说,就是要弄清我们创造历史由以出发的历史前提和环境条件。如果忽视这一点,势必结出一个歪瓜裂枣,谁都没有希望的东西。

根据这一思想,笔者认为,建立现代企业制度,要研究两种条件:其一,现代企业制度应该具备的条件,没有这样的条件,现代企业制度就无从谈起;其二,中国企业改革的现实条件,包括经济的、政治的、意识形态的,弄不清这些条件,现代企业制度就是一座空中楼阁,描述得再漂亮,也难以从中国的土地上生长出来。三中全会以后,人们对第一种条件研究得比较多,而对第二种条件研究的则非常少。笔者认为,现在应该加大第二种条件研究的力度,特别是通过两种条件的对比找出现代企业制度的生长点。

从现实的条件看,十分确定的前提至少有以下几方面:

第一,社会主义的公有制。公有制从内容上讲是社会主义的经济基础,必须始终坚持,丢掉了公有制,就丢掉了社会主义。这一点从中央文件上看十分明确,提出现代企业制度的首条首句就是"以公有制为主体的现代企业制度是社会主义市场经济体制的基础"。离开这一前提的设计都是注定要失败的,但公有制从它采取的形式看,又是改革的对象,非改不可,不改革公有制原有的形式,公有制的优越性就体现不出来,社会主义前途就会断送。

第二,我们现实中面对的不是典型的传统计划体制,而是经过十余年的改革,各方面都有了很大变化的双重体制。计划体制的一统天下已被打破,但仍然存在很大程度的政府经济的影响;企业经过十几年改革也不是典型的传统计划经济的企业,而是有了很大自身利益(尽管这种利益是非正常的),特别是承包制的推行,使企业有了新的情况;随着对外开放和非国有经济的发展,国有企业在运行背景和条件上具有了新的条件,如有的已和外商合资。价格和工资的运动,也给国有企业带来各种新的影响。如果我们不考察这些现实的变化,而只从典型计划经济出发去搞现代企业制度就会犯很大的错误。

第三,中国共产党的领导和劳动人民的主人翁地位是我们的政治优势,在建立现代企业制度过程中,只能加强,不能削弱。当然,加强并不排斥采取新的形

---

[1] 马克思、恩格斯:《马克思恩格斯〈资本论〉书信集》,人民出版社1976年版,第500页。

式。如果削弱了，就会遇到极大的困难。"新三会"与"老三会"绝不是组织机构的数量和形式问题，而是关系到我们原有政治优势能否在新的形势下继承和发展的大问题。

第四，不可回避的利益矛盾和反映这种矛盾的意志冲突。企业制度的改革涉及利益再分配，改革以来利益格局的演变已使原来简单的情形繁杂化。中央政府的利益、地方政府的利益、企业自身的利益、经营者的利益、劳动者的利益错综复杂地纠缠在一起，快刀斩乱麻是不行的，唯一的办法是承认现实，尊重事实，谨慎行事，只有处理好各方面的利益关系，协调好不同的意志，现代企业制度的建立才能稳步推开。

第五，人们在意识形态方面的变化。这些变化有些是有利于企业制度创新的，而有些则成为巨大的障碍。如对于劳动者来讲，以劳动获取收入，第二职业热，对于劳动力的流动都起到了积极的作用，但相当一批人对失业预期的恐慌以及由此可能导致的不安定都会成为制度创新的障碍。不承认、不正视这些现实，都可能导致改革的失败。

（原载《经济与管理研究》1995年第1期）

以发展带动国有企业改革

党的十五届四中全会通过的《中共中央关于国有企业改革与发展若干重大问题的决定》（以下简称《决定》），第一次把国有企业的发展与国有企业的改革并列提出，而且在整个《决定》中，给国有企业的发展以充分的篇幅，这是非常耐人寻味的。在随后召开的中央经济工作会议上，中央总结的三条经验中，第一条就是用发展的办法解决前进中的问题。因此，这必须引起我们的高度重视。

一、发展是国有企业改革的根本出发点和最终目标

改革开放20多年来，国有企业的改革始终是整个经济体制改革的中心环节。搞活国有企业、搞好国有企业是我们改革的初衷。但从人们对国有企业改革的着眼点和认识看，国有企业改革最初是因国有企业没有活力而开始的，进而到解决企业短期行为，再到亏损面增大。在这个过程中，在解决不完的问题面前，人们忽视了一个重要的前提，就是国有企业改革是为了国有企业的发展，忽略了一个重要的事实，即国有企业支撑了国家的改革和建设，国有企业在改革中也在发展壮大。这些问题的忽视或忽略使人们在不知不觉中忘记了国有企业改革的初衷和根本出发点——发展和解放生产力。《决定》把人们忽略了的根本出发点和最终目标明确提出来了，与改革并列在一起，使人们在复杂艰难的改革中，始终清醒地看清改革的目标，不迷失方向，具有极其重要的现实意义。

二、发展的提出断然拒绝了否定国有经济的主张，坚持了改革的正确方向，坚定了国有企业改革与发展的信心

国有企业改革在历经艰难曲折的过程中，总是伴随着否定其存在的声音。困难越多，这种声音就越大。十五大后，一些人片面理解中央精神，国外有些人就以为中国要搞私有化了，而我们有的同志也产生了类似的错误认识，在一些地方的工作中出现了某些偏差。正如江泽民指出的："经过新中国成立以来50年的发展，我们的国有资产已达到八万多亿，这是属于全国人民的财产，是我国社会主义制度的重要经济基础。如果头脑不清醒，随意加以处理，比如不加区分，不加限制地把国有资产大量量化到个人，并最终集中到了少数人手中，那样我们的国有资产就有被挖空的危险。我们的社会主义制度就会失去经济基础。"《决定》

把国有企业的发展与改革并列提出，就断然拒绝了否定国有经济的主张，明确无误，不容置疑地向世人表明我们坚持公有制主体地位的决心。

三、发展的提出，转换了观察问题的视角，第一次描绘了国有企业改革与发展的中长期目标

长期以来，我们对国有企业改革的视角是"向后看"，主要看计划体制下企业的弊端。这在改革的初期是必然的。《决定》的一个重要的变化就是转换了观察国有企业改革的视角，由"向后看"转换为"向前看"。从国有企业发展的前景看国有企业改革，从社会主义市场经济看国有企业改革和发展，正是视角的转换，《决定》第一次明确提出了国有企业改革与发展的中长期目标，并把这一目标纳入两个根本转变和扩大对外开放的大背景之下，更好地发挥国有经济在国民经济中的主导作用。为此，提出了十条指导方针，这十条方针大部分讲的也是发展。

国有企业改革的近期目标也从发展角度提出了新的要求，即要从不同行业和地区的实际出发，根据不平衡发展的客观进程，着力抓好重点行业、重点企业和老工业基地，把解决当前的突出问题与长远发展结合起来，为国有企业跨世纪发展创造有利条件。

四、发展的提出，为国有企业改革提供了新视野、新参照、新思路和新办法

国有企业改革以来，我们常常就企业改革谈企业改革，视野狭窄、思路不宽、参照单一、办法不多。《决定》从发展的角度来看改革，首先，有了新视野，从社会主义市场经济体制看国有企业改革和发展；从国家工业化进程和现代化目标看国有企业改革和发展；从全球经济一体化趋势看国有企业改革和发展；从"讲政治"和国家长治久安、保持社会稳定看国有企业改革和发展。其次，有了新参照：市场经济要求的参照；科技进步要求的参照；经济结构调整的参照；国际惯例要求的参照等。再次，有了新思路：从战略上调整国有经济布局，有进有退、有所为有所不为的思路，以及西部大开发战略的思路；推进国企战略性改组，把现有国有企业分为四类，区别对待、分类指导的思路；建立和完善现代企业制度，以法人治理结构为核心的思路以及加强管理、协调各项配套改革的思路等。最后，有了新办法：如在改善资产负债结构上提出运用债权转股权、股票配售等办法；在处理新老"三会"关系上提出双向进入的办法；在推动政企分开和企业转换经营机制上，提出股权多元化的办法；在建立和健全国有企业经

营管理者激励和约束机制上提出年薪制和持有股权等办法。这些离开发展是提不出来的。

五、以发展带动改革，在深化国有企业改革上迈出新步伐，尽快形成国有企业的新优势

国有企业是我国国民经济的支柱。发展社会主义社会的生产力，实现国家的工业化和现代化，始终要发挥国有企业的重要作用。小平同志讲的"发展是硬道理"，也是国有企业改革和发展的硬道理。中央决定发出号召："必须敏锐地把握国内外经济发展趋势，切实转变经济增长方式，拓展发展空间，尽快形成国有企业的新优势。"

国有企业新优势的形成关键在于国有企业必须适应全球产业结构调整的大趋势和国内外市场需求的变化，加快技术进步和产业升级。正如中央《决定》提出的："国有经济在国民经济中的重要地位，决定了国有企业必须在技术进步和产业升级中走在前列，积极拓展新的发展空间，发挥关键性作用。"为此，《决定》进一步指明了国企技术进步和产业升级的方向与重点：支持企业技术进步和产业升级的一系列有效的政策措施以及形成以企业为中心的技术创新体系的部署。

综上所述，发展是十五届四中全会《决定》的新的着眼点，是国有企业摆脱困境，走向辉煌的关键，也是全面深刻领会中央《决定》精神实质的钥匙。

（原载《北京党史》2000年第1期）

共同利益与社会主义
——由 SARS 引发的思考

一场 SARS 疫情，给了人们多方面的思考，从人与自然的关系到人与人之间的关系。其中，最为深刻的启示是，在特殊背景下，人们复杂的利益关系中隐藏的共同利益一下子凸现出来了。这种共同利益的存在，在正常的环境中，人们是很难感觉到的，就是少数人首先认识到，要使大多数人都能接受也是很难的。SARS 疫情的蔓延，使人们第一次感受到"一损俱损"的切肤之痛；对 SARS 万众一心的抗击，也第一次让每一个人看到"一荣俱荣"的希望。在感受市场经济带来的雄厚物质基础的同时，那些在生死关头挺身而出的医护人员、身先士卒的干部、识大体顾大局的群众，又令人回忆起集体主义、社会主义曾经有过的美好。为此，笔者给了 SARS 这个缩略语新的解释，即：SAVING AND REBUILDING SOCIALISM。本文想通过抗击 SARS 疫情获得的启示，对再造以共同利益为根基的社会主义经济制度进行一些思考。

一、人类社会发展进程中的利益关系

（一）利益是人类经济生活的基本动力

马克思曾经说过："人们奋斗所争取的一切，都同他们的利益有关。"[1] 利益是人类经济生活的基本动力。我们探索人类所有的经济行为，都可以追根溯源到利益这个根本。人类社会的各种制度安排，包括所有制关系和结构，归根到底也是由利益决定的。利益，是由人与自然的矛盾所引发，进而调节规范人与人的关系的范畴。人类社会的初期，生产力水平低下，自然资源对于人来说，是取之不尽、用之不竭的，那时不存在也不需要存在什么利益。随着生产力水平的不断提高，自然资源变得越来越稀缺，人和自然的矛盾引发了人与人的矛盾，利益产生了。产权理论清晰地描述了这一过程：埃里奈里科克确定了一个事实，在毛皮交易建立之前，狩猎主要是为了猎人家庭的食物需要和少量的毛皮需要，狩猎可以自由进行，不必确定对其他狩猎者的影响。毛皮交易使毛皮的价值大量增加，结

---

[1] 马克思、恩格斯：《马克思恩格斯全集》第一卷，人民出版社 1956 年版，第 82 页。

果，狩猎活动急剧扩大，过度密集狩猎，导致原本充实的资源变得稀缺。成功的狩猎被看成是对随后的狩猎者强加了外在费用。产权理论对这些外在效应内在化的收入与效应进行比较后提出，当对这些外在效应的内在化收益大于内在化费用时，产权就会产生，产权对过度狩猎的行为进行调整。这就是产权或者所有制的功能。所有制是用来调节人们利益关系的。

人类与自然之间矛盾的对立统一形成了人类对利益的追求。人类也正是在利益的追求中推动着社会的进步和发展。利益可以分为共同利益和个人利益两类，不同的社会制度有不同的利益基础，不同的学者有不同的利益观。

（二）共同利益始终是人类生存和发展的基础

很多西方学者把个人利益奉为至高无上的神灵，而我们认为，共同利益始终是人类生存和发展的基础。人类从一开始就是作为社会性的群体存在的，亚里士多德有句名言：人是最名副其实的社会动物。马克思进一步指出，人"不仅是一种合群的动物，而且是只有在社会中才能独立的动物"[①]。随着人类社会性的不断发展，人类的共同利益也在发展，共同利益存在于各个经济时期和各个经济实体。被人们认为是以个人利益为基础的市场经济，也同样离不开共同利益，稍后我们将进一步展开论述。经济全球化的进程使来自共同利益的呼声，从来没有像今天这样高涨；世界各国可持续发展战略的提出，深刻揭示了由人和自然矛盾引起的人类共同利益。SARS 以灾难的形式警示人类对共同利益的关注。

（三）个人利益的特点和正负作用

我们强调共同利益并不是否认个人利益，相反，在研究共同利益时，必须全面深入地考察个人利益。个人利益虽然是自然资源的稀缺引发的，但对其追求，却似乎是与生俱来的，是求生存的一种动物性本能。个人利益是人的行为的基本根据，个人利益激发人的进取心和冒险精神、创新精神，个人利益培育人的竞争意识，个人利益是人永不枯竭的动力源。由于人的动物性本能，人在对个人利益追求的过程中，不排除侵害或损害他人利益的可能。弱肉强食是动物界——包括尚未完全脱离动物界的人类——的"丛林法则"。这一法则，至今仍残存于人类，甚至出现在一些现代化国家。要避免个人利益对社会的负影响，在激发个人利益积极作用的同时，必须伴随来自共同利益的限制和约束。

[①] 马克思、恩格斯：《马克思恩格斯全集》第二卷，人民出版社 1956 年版，第 87 页。

（四）共同利益和个人利益的共存共荣

在任何一个社会和任何一个经济体，共同利益和个人利益总是共存在一起的。人不可能没有个人利益，人的社会性决定了生活在同一个社会或同一个共同体的人不可能没有共同利益。没有离开共同利益的个人利益；也没有不存在个人利益的共同利益。人类的共同利益和个人利益始终是共生共荣的，从原始社会到现代社会无一例外，不同的只是一个社会中不同范围和规模的共同利益之间及各种共同利益与个人利益之间矛盾的解决方式和统一的方式。共同利益与个人利益结合的不同方式，区分了各个社会的不同性质。

（五）经济制度与经济体制的利益基础

经济制度是一个社会生产关系的性质，以生产资料所有制为基本特征。而所有制又是利益的产物。如果我们透过所有制，从更深层次去观察经济制度的实质，我们会发现经济利益的结构形成经济制度的本质特征。共同利益和个人利益总是共存在一个社会，但居于主导地位的利益关系及其派生的所有制形式决定了这个社会经济制度的性质和本质。一切以个人利益为主导、以私有制为主体的社会，是私有制社会，而根据个人利益主导的不同方式又可区分为奴隶社会、封建社会和资本主义社会；一切以共同利益为主导、以公有制为主体的社会，是公有制社会，共同利益的不同主导方式又可以区分为社会主义社会、共产主义社会。社会主义社会还可以根据共同利益的主导程度和实现程度划分为不同的阶段。判断一个社会的性质，可以有很多标志，但归根结底还是看它以什么样的利益关系为该社会的主导或根基。

经济体制是经济制度的形式，是资源配置方式的择定，说到底，是利益结构的组合方式。计划经济以共同利益为唯一的动力结构，市场经济以个人利益为主要的显性动力结构。我们选择并已经初步建立起了市场经济体制，对市场经济的利益结构进行深入分析，对于再造以共同利益为根基的社会主义具有重要意义。

二、市场经济的利益结构

市场经济确实是一架精巧的机器，它把共同利益和个人利益巧妙地结合在一起，在显性个人利益的推动下，实现了隐性共同利益；但市场经济不能建立在单纯的个人利益基础上，市场经济的运作必须以共同利益为支撑。

（一）不同利益是交换的基础

市场经济是交换经济，而交换又是以有不同利益的独立经济主体为前提的。

这里的不同利益在很大程度上是个人利益。市场主体根据自己的利益决定生产什么、生产多少。个人利益是市场经济充满活力的源泉。正如斯密所说的，每个商品生产者都是出于他们私利的打算，"我们不说唤起他们利他心的话，而说唤起他们利己心的话"。斯密信条由于揭示了市场经济基本特征，得到了举世公认，但它又是片面的、表层的。

（二）共同利益是交换的根据

人们一般都只注意到个人利益对市场经济的基础作用，而忽略了共同利益对市场经济的另一种基础作用，共同利益是交换的根据和隐性目标。商品是物，但商品交换的背后是人与人的关系。马克思十分深刻地分析到，为了使这些物作为商品彼此发生关系，商品监护人必须作为有自己的意志体现在这些物中的人彼此发生关系，因此，一方只有符合另一方的意志，就是说每一方只有通过双方一致的意志行为，才能让渡自己的商品，占有别人的商品。没有共同利益，就没有交换，通过交换实现共同利益是人类共同生产在分工与协作条件下的继续。认清这一点，对于完善社会主义市场经济是非常重要的。

（三）共同利益的市场实现

共同利益的市场实现是隐性的，对其最生动的描述莫过于斯密著名的"看不见的手"的概括。他认为，人类的经济活动中，每一个人都追求自己最大的利益，结果却使整个社会达到最大的利益，就好像有一只"看不见的手"把私人利益和社会利益引向和谐。我们把这种通过市场实现的共同利益称为隐性共同利益。隐性共同利益是客观存在的，这已为市场经济的实践所证明，人所共知。我国二十多年市场取向改革所带来的强大国力在抗击非典中显示了其雄厚的物资基础；面对 SARS 疫情，市场反应快速、高效也是有目共睹的。例如，大量防疫用品的供给，不怕传染的机器人护士的问世等，我们已经从市场得到了巨大的共同利益。但隐性共同利益的获得却不是无条件的，斯密的描述只是一种理论抽象，实际生活中，个人对自己最大利益的追求，并不必然给整个社会带来最大的利益，有时带来的可能是损害，甚至是严重损害。面对 SARS 疫情，我们也看到了市场的另一种面孔：大批假冒伪劣商品充斥市场，其中有些商品毫无防疫功能甚至有损健康；哄抬物价，大发国难财。所以，隐性共同利益的获得还必须有来自显性共同利益的对市场的规范。

（四）共同利益的非市场实现

共同利益是超越市场的，并不是所有共同利益都能靠市场实现。所以，除了市场实现方式外,还必须有共同利益的非市场实现。共同利益的非市场实现是和共同利益形成的范围和边界紧密相关的,共同利益有大有小,小的可以在两个人之间、家庭内部、企业内部的共同利益,大的可以有国家共同利益、国与国之间的共同利益,直至全人类的共同利益。受其制约和影响,与市场运作直接相关的共同利益通过市场实现,而和市场运作不直接相关的共同利益则以非市场的方式实现。共同利益的非市场实现至少有以下几个方面:

(1) 以组织形式出现的市场主体,其内部共同利益的实现是非市场的。用科斯的话说,是企业家代替了市场。

(2) 约束市场主体行为,规范市场秩序,确保共同利益不受侵害,一切制度安排都是非市场的。

(3) 为保持市场正常运行,提供环境支持的系统的运作,如社会保障、法律法规、工会组织等是非市场的。

(4) 政府的公共管理、公共产品的提供是非市场的。

(5) 社会发展、社区建设等公共事业是非市场的。

(6) 国防、国家安全是非市场的。

(7) 环境保护、实施可持续发展战略是非市场的。

(五) 共同利益和个人利益共同构筑市场经济

共同利益和个人利益在市场经济中是有机结合在一起的,它们之间的关系就好似棋盘和棋子的关系,个人利益使棋子可以根据自己的意志自由行动,共同利益为所有的棋子提供活动的棋盘,规定了棋子的活动范围和行为规则。人类社会的市场经济是在个人利益主导下发展起来的,共同利益与个人利益的融合经历了十分痛苦的过程。一方面,资本主义内部阶级之间的斗争和妥协使原有的利益冲突缓和;另一方面,社会主义的巨大成就又从外部以压力的形式促成资本主义利益关系的调整。尽管如此,现代资本促成的更大范围共同利益的形成,还是使它原有的生产关系难以满足新的生产力的要求。全球化要求全球范围共同利益的实现,但经济实力和军事实力最强的国家,却只从自己的利益出发。这种矛盾的发展必将证明马克思所揭示的历史规律,规律是不以人的主观意志和良好愿望为转移的。与资本主义市场经济不同,社会主义市场经济是以共同利益为既定前提和出发点的,当我们开始市场取向的改革时,已经建立了社会主义共同利益的牢固基础。我们必须认真探索并实践共同利益主导下的共同利益与个人利益的融合,包括吸收资本主义市场经济已经成熟的融合方式,避免资本主义市场经济走过的痛苦过程。

三、20世纪社会主义实践的历史遗产

20世纪是社会主义的世纪,世纪初兴起、世纪中兴盛、世纪末转入低潮。有人断言,20世纪是以社会主义的失败告终的,我们却认为,任何一种经济制度的历史总是有高潮有低潮,社会主义是人类社会发展的必然趋势。进入新世纪,需要认真思考的是,我们从人类对社会主义整整一个世纪的实践和探索中应该吸取些什么,我们将把什么历史遗产带入新世纪的社会主义实践。

(一) 共同利益是社会主义的真谛

社会主义的实践是在马克思科学社会主义理论指导下进行的,但社会主义能够生存发展数十年,一定有它自己存在的历史条件。社会主义的实践者,不断根据自己的国情和发展变化了的条件调整对社会主义理论的理解和政策的制定,不断进行改革。我们先后摒弃了高度集中的计划经济体制、单一公有制、单一按劳分配这些过去曾作为社会主义标志的制度和政策,致使很多人弄不清社会主义和资本主义的区别。究竟什么是社会主义,什么是社会主义的真谛?这始终是人们挥之不去的困扰。这里,我们按两条线索进行分析:马克思的科学社会主义理论和各国走上社会主义道路的历史条件。

首先,从马克思科学社会主义理论来看,计划经济、按劳分配和公有制确实是社会主义的基本特征,但这些特征:一是高度理论抽象的;二是在资本主义后生产力高度发达基础上。那么,现实中在生产力水平不发达基础上对社会主义的实践,必然对这些特征进行部分修正,如计划只能以市场经济为基础,实行有计划的商品经济;公有制只能是主体,并与其他多种经济共同发展;按劳分配与其他多种分配方式并存。如何把握社会主义性质的真谛呢?现在看来,还必须对马克思所说的特征进行进一步抽象,越抽象的概念,越能涵盖丰富多彩的具体。笔者认为,计划经济也好,公有制、按劳分配也好,都是共同利益所派生的,共同利益是更深层次的抽象,应该是社会主义的真谛。事实上,社会主义最早的提出,就是针对资本主义以个人利益为基础的个人主义的,社会主义是建立在共同利益基础上的集体主义。如果我们从共同利益出发,反过来看公有制、计划经济和按劳分配,我们就会对马克思社会主义的设想有更深刻的理解。事实上,把握住共同利益,就把握住了社会主义;把握住共同利益,就可以把握所有制关系和结构、分配关系和结构的调整,做到既不脱离实际、又不迷失方向,既不落后于时代、又不超越阶段。

其次,从社会主义在不同国度诞生的历史条件看,社会主义之所以生存和发

展一定是适应了这些历史条件的。这里，我们对共同利益和个人利益凸现的历史条件进行一些分析是很有必要的。前面我们已经论述过，共同利益和个人利益始终是共存共荣的，但它们各自的凸现却有不同的条件。第一种情况：一般来说，共同利益所依存的共同体面临生存危机时，如战争、灾荒、瘟疫等灾害出现时，共同利益就会凸现；反之，在和平与发展时期，个人利益就会凸现。第二种情况：资源少或者人口多，也就是说人均资源短缺的时期或国度，共同利益就会凸现，人均资源短缺越严重，共同利益就越凸现，某一种资源短缺越严重，围绕这种资源利用的共同利益就越凸现；反之，资源多或者人口少，也就是说人均资源丰厚的时期或国度，个人利益就会凸现。私有制就是人类有了剩余产品后出现的。经济落后条件下的社会主义实践常常伴随不同程度的平均主义也是有其必然性的。第三种情况：社会转型期，人们面临巨大的结构调整和利益再分配，不同社会群体的共同利益会凸现。第四种情况：共同体内社会化程度相当高，共同体成员的工作紧密联系成一体，要分解并确认相应的个人利益相当困难，而且成本极高，这时共同利益就会凸现。当然，如果资源相对于人口极大丰富，像马克思描述的那样，物质财富充分涌流，那时的利益，不论是共同利益还是个人利益就都不复存在了。

根据以上分析，首先进行社会主义实践的不是在发达的资本主义国家，而是在经济落后的俄国、中国，除了马克思主义理论的影响外，恐怕和我们上面分析的共同利益凸现的前三个历史条件不无关系。

社会主义诞生的伟大历史意义在于，开创了以共同利益为根基的社会经济制度。社会主义经济体制可以改革，从计划走向市场；社会主义经济制度的生产关系可以进行调整，从单一公有制过渡为以公有制为主体、多种所有制经济共同发展。恩格斯早就讲过，社会主义是一个充满变化的社会。所以，我们认为，一切都可以改变，不变的是共同利益的根基。共同利益根基的改变，就是社会主义经济制度性质的改变。只要共同利益的根基不变，其他一切都可以万变不离其宗。

（二）社会主义实践的偏误

改革前，社会主义实践的最大偏误在于没有真正从理论上弄清自己赖以存在的根基，从而自觉地以共同利益的实现为指导思想，而是形而上学地以马克思描述的公有制、按劳分配和计划经济的实现为目标，并且没有搞清楚这些社会主义的特征与共同利益的内在联系。因此，在实践中追求越大越公的公有制和无所不包的计划经济，不但否定了适合生产力发展从而能更好地实现共同利益的市场经济，否定了公有制以外其他多种经济及其分配方式，而且事实上也否定了按劳分配。

改革前，社会主义实践的另一个大的偏误是把共同利益与个人利益对立起来，片面强调共同利益，压抑个人利益，使社会主义失去了应有的生机和活力。

改革后，中国共产党重新恢复和坚持贯彻了解放思想、实事求是的思想路线，从对马克思主义的错误的和教条式的理解中解放出来。"三个有利于"和"三个代表"正是在纠正这些偏误过程中重新找回了社会主义灵魂的历史性命题。一旦抓住共同利益这个社会主义的根基，社会主义就会显示出强大的生命力，有中国特色的社会主义就是以共同利益为根基的社会主义经济制度的再造。

（三）社会主义实践的历史遗产

社会主义实践的历史遗产是极其丰富的，除了社会主义实践偏误的教训，以及吸取教训而获得宝贵历史遗产外，一个世纪的社会主义实践还为共同利益的实现提供了各方面丰富的经验性的宝贵历史遗产。这里只能择其要者而列之。

1. 共同富裕的旗帜。20世纪80年代，邓小平在谈到社会主义本质问题时，第一次提出共同富裕的旗帜。这面旗帜不但荡涤了"贫穷社会主义"的谬误，而且坚持了共同利益的社会主义本质，指出了解放生产力、发展生产力的根本途径。社会主义在新世纪的实践一定要继续高高扬起这面旗帜。

2. 统一的目标和意志。这虽然是计划经济的特征，但却是社会主义共同利益的特有要求。在市场经济条件下，这个特有要求比计划经济有着更为重要的意义。中国特色社会主义正是在"三步走"的目标下统一全国人民的意志，取得节节胜利的。新世纪，我们将在"全面建设小康社会"的目标下，统一全国人民的意志，开创中国特色社会主义事业新局面。

3. 集中优势的方略。这也是社会主义共同利益派生的特有功能。在经济落后的条件下，我们正是凭借这个功能抢占了许多制高点，缩短了工业化的进程。中国人民永远感谢毛泽东，在那么困难的年代集中优势搞出来"两弹一星"，为中国和中国人民赢得了持久的尊严和地位。

4. 服从意识和大局观。这应该说是计划经济的产物，但是这种计划经济培育出来的精神，即使在市场经济条件下，对共同利益的实现也是必不可少的。计划经济时期，作为一个体制，扼杀个人的利益和积极性确实是致命的弊端；但作为一个共同体的成员，个人服从集体，集体服从国家却是一种美德。讲大局，服从大局，是共同利益实现不可缺少的精神保证。抗击SARS期间，多少医护人员舍小家顾大家，个人利益服从共同利益；但也有人临阵脱逃，带着病菌四处乱跑，有的甚至还讨要隔离的法律依据。服从和不服从，哪个美，哪个丑，只有站在共同利益的立场上，才能辨别清楚。雷锋的"螺丝钉精神"曾被西方某些人攻击为没有人性，但对于社会主义共同利益来说，却永远值得发扬光大。

5. 办大事的动员力。社会主义的优越性就是能够办大事，这是邓小平同志的著名论断。这次抗击 SARS，举国上下、万众一心、同舟共济，在不太长的时间内就控制住了疫情的蔓延，又一次证明了社会主义办大事的动员力。社会主义共同利益需要这种动员力。

6. 共同利益的人格化干部队伍。资本主义社会，资本家是资本的人格化。社会主义共同利益的人格化代表是谁？只能是干部。尽管干部队伍中不断出现腐败分子，但社会主义事业还是培育了一批又一批忠实于人民利益的干部，从老一辈无产阶级革命家到焦裕禄、孔繁森，他们是社会主义事业的中坚，正是这些共同利益的人格化代表，推动着社会主义事业的发展。一支想群众之所想，急群众之所急，忠诚地为群众谋利益的干部队伍始终是社会主义成败的关键。

7. 群众路线的工作方法。群众路线是实现共同利益的法宝。依靠人民群众去实现人民群众自己的利益，一切为了群众、一切依靠群众，从群众中来，到群众中去是实现社会主义共同利益的基本观点和基本方法。群防群治抗击 SARS 再一次显示了群众路线的威力。搞社会主义，永远不能离开群众路线。社会主义实践的宝贵历史遗产还有很多，如思想道德建设、法制建设、党的建设等，由于篇幅所限，就不一一列举了。

（四）共同利益是人类社会进步的共同要求

以个人利益为主导的资本主义已经走过了与共同利益摩擦的漫长的痛苦历程。经济全球化和网络的高速发展，使共同利益的要求在发达国家经济中开始凸现。无论是德国幼儿园的游戏，还是美国 MBA 的课程，都在培养团队精神和合作理念；所谓现代公司文化也和个人利益大相径庭，主张竞争对手要合作，争取"双赢"。其实，"双赢"就是共同利益。可见，共同利益是人类社会进步的共同要求，人类的共同利益必将凸现出来，社会主义必将迎来新的高潮。

四、社会主义经济制度的再造

在改革初期，由于教条主义的束缚，人们一时对什么是社会主义还说不清，为了不延误改革和发展，采取了"不争论"的政策，经济获得了巨大的发展。但人们同时也发现，我们已经和正在失去许多宝贵的东西。一场 SARS，我们看到了许多久违了的宝贵东西，也看到了许多不愿看到的丑恶现象，感触甚多。我们总结20世纪社会主义的历史遗产，正是希望能在吸收市场经济优越性的同时，继承社会主义实践的宝贵历史遗产，发扬社会主义的优越性，在两个优越性的基础上，再造社会主义经济制度。

（一）共同利益是社会主义的根本出发点和归宿

我们建立社会主义制度的初衷和最终目标就是实现中国人民的共同利益。但是，严重的教条主义和形而上学却一度使我们偏离了原来的初衷和最终目标，直至有人提出"宁要社会主义的草，不要资本主义的苗"的荒谬的贫穷社会主义论。理论上的拨乱反正使我们重新找到了方向。邓小平的社会主义本质论扬起共同富裕的旗帜，从此，社会主义找到了初衷。2001年江泽民"七一"讲话系统地论述了这个立国之本、执政之基，他反复强调：最大多数人的利益是最紧要和最具有决定性的因素。必须把人民的根本利益作为出发点和归宿。社会主义的这个根基，我们永远都不要忘记。

（二）共同利益实现的难点和挑战

共同利益实现面临的最大难点是决策人的问题。和个人利益的实现有强烈的个人激励不同，共同利益必须通过委托-代理关系交由个人代替集体决策来实现。共同利益的代理存在很大的外在性，决策正确，产生的利益由所有共同体成员共享；决策失误，决策者也不承担任何损失。同时，代理人作为个人也有自己的个人利益，这里，不可避免地存在机会主义和道德风险。正如前面讲过的，社会主义的实践培育了一大批公而忘私的共同利益的人格化代表，但也滋生出一个又一个损公肥私的腐败分子。掌握着公共财产和公共事物处理权的人，同时也有着个人利益，这里是人的灵魂的大考场，接受考试的人，不是上天堂，就是下地狱。但共同利益的实现不能靠灵魂，我们必须给出一个切实可行的制度安排，这是对社会主义的真正考验。

（三）共同利益实现的观念更新

共同利益的实现必须冲破束缚，进行观念更新。我们追求的共同利益，不是没有个人利益的共同利益，而是和个人利益有机融合在一起的共同利益。我们保护的个人利益也是可以融入共同利益的个人利益。邓小平同志制定的通过一部分人、一部分地区先富起来，先富带动后富，逐步实现全体人民共同富裕的政策就是一种新的共同利益观。中共十六大提出的"营造鼓励人们干事业、支持人们干成事业的社会氛围，放手让一切劳动、知识、技术、管理和资本的活力竞相迸发，让一切创造社会财富的源泉充分涌流，以造福人民"就是一种新的共同利益观。只有更新观念，才能形成全体人民各尽所能、各得其所而又和谐相处的局面。

（四）共同利益实现的制度保证和制度创新

公有制的主体地位和国有经济的控制力是社会主义共同利益的物质基础；建立市场经济的规则和秩序是共同利益和个人利益有机融合，从而获得隐性共同利益的制度保证；此外，共同利益的实现还必须从更广的范围进行制度创新。

1. 确立政府公共管理的新职能。这里没有提"转变"，而是提"确立"，是因为"转变"是针对过去传统体制下，政府管了许多不该管的生产经营的事；而"确立"则强调新体制下，政府必须把过去该管而没有管的公共管理方面的事管起来。

2. 人格化+制度化的干部队伍。毛泽东讲过，政治路线确定之后，干部就是决定因素。尽管我们有一大批共同利益人格化的干部，我们还是要从制度上建立一整套干部管理办法、选拔任用机制，扩大民主，落实群众的知情权、参与权、选择权和监督权。能不能把德才兼备、确实代表共同利益的干部选出来；能不能把以权谋私、平庸无能的干部及时撤下来，是共同利益实现的关键。同时，还必须从制度上对实现了共同利益的干部的业绩予以承认，并和他们的个人利益挂钩，使干部对共同利益和个人利益的追求相一致。

3. 创立新的信息管理制度。我国原有的信息渠道是附属于计划体制的纵向行政系统，信息流的渠道少、环节多、流程长、质量差，一直是经济运行中的严重问题。这次 SARS 危机，很大程度是信息管理不善带来的。信息管理，在市场经济中对于共同利益的实现是至关重要的，因为每一个市场主体都在根据信息独立决策，人们的生产生活依赖信息，信息的混乱意味着社会的混乱，信息就是信任，信息就是信心。因此，创立新的信息管理制度，让人们能及时、准确把握环境变化，建立对政府的高度信任，是确保共同利益实现的一项重要制度安排。

4. 社会发展的制度安排。市场经济条件下，经济运行的直接动力是个人利益，共同利益是隐性实现的。因此，共同利益要求的社会发展就相对独立地与经济发展并列。经济发展与社会发展成为任何一个社会的两条腿，其实质仍然是个人利益和共同利益的协调和统一。这次疫情暴露了我们在发展经济时，对社会发展注意不够，特别是许多医疗机构进入个人利益导向的市场，忽视了共同利益所要求的公共医疗卫生服务。我们必须给社会发展一个有效的制度安排，把社会发展与经济发展放在同等重要的地位。需要指出的是,我们必须认识社会发展的性质,社会发展是共同利益的要求。在资本主义社会,社会发展是社会主义因素的增长;在社会主义社会,社会发展是公有制的实现形式,社会发展就是社会主义的发展。

(原载《海派经济学》2003年第3期)

SARS 的经济学思考

一、"非典"不会改变中国经济高速增长的总趋势

"非典"这场突然的灾难，不仅给我国人民的生命带来了严重威胁，同时也给我国的经济发展造成损失。以旅游业为例，全国旅游客运量全面下降。四月份，客运量同比下降6.9%，其中，铁路客运量下降14.7%，公路客运量下降6.2%，水运客运量下降14.9%。从5月初到5月下旬，铁路客运量下降67%，民航客运量下降81.2%。伴随着旅游业的不景气，交通运输业和餐饮业也大受打击，从4月份开始，航空公司纷纷压缩航班，中国国际航空公司减少了2 100个航班，东方航空公司减少了2 969个航班，南方航空公司取消了9 705个航班，占总航班量的30.8%。同时，4月份餐饮业的销售增幅比上年同月减少12个百分点，14个省（市、区、县）餐饮业出现负增长。商业零售业也受到影响，4月份，电器商场客流量和营业额下降40%左右，电子市场客流量和营业额下降50%左右，百货商场客流量和营业额下降10%左右，全社会商品零售总额增长7.7%，增速比一季度回落1.5个百分点。

面对"非典"带来的损失，国内外经济学家和研究机构纷纷对我国的经济进行了预测。一些人对中国未来经济持悲观态度，认为"非典"将导致中国经济增长速度下降。如瑞士的投资银行预测，4月至6月中国国内生产总值将降至4.9%。虽然"非典"疫情结束会出现消费反弹和医药品的新需求等有利因素，但国内生产总值增长率将大大低于去年的8%，将下挫3个百分点。一些人则对中国经济持乐观态度，他们认为，虽然中国的经济受到了"非典"的影响，但中国国内生产总值在今年一季度增长了9.9%，2003年国内生产总值增长率将在7%以上。如美林公司将中国2003年国内生产总值增长率的预期从7.5%上调到8%，它的依据就是中国第一季度高速的经济增长率。我们认为，对中国经济的未来，既不能过分悲观，也不能盲目乐观，应该持冷静、审慎的态度，根据中国现实做出判断。"非典"对中国经济的影响是客观的、必然的，但它不会影响中国经济高速增长的步伐。

第一，中国具备战胜"非典"的强大物质基础。

改革开放的20年，经济的高速发展为国家积累了大量的财富。4月底，媒

体报道了北京地区疫情后，没有心理准备的人们感到恐慌，纷纷抢购日用品，于是各个超市积极调运物资，这种状况在一天半时间内就得到了扭转，物价上涨的趋势得到了遏制。在以后的日子里，无论什么时候去商店和超市，人们看到的都是琳琅满目的货物。

第二，政府具有战胜"非典"的信心和果断处理危机的胆识。

"非典"是一种天灾，而非经济危机，政府以积极的态度面对疫情的挑战，勇于承认存在的问题，敢于撤换高级领导干部，增强了人民对政府的信心；政府准确及时公布疫情情况，增强了人们对"非典"的重视程度；政府把人民的安全和生命放在第一位，采取果断措施，有效地防止"非典"的交叉感染；政府财政的大量投入，特殊时期各种特殊政策的出台保证了抗击"非典"的经济基础，从而稳定了人心，使经济损失达到尽可能小的程度。

第三，"非典"影响的只是少数几个行业。

从国内生产总值来看，第一产业占国内生产总值的14%，由于大部分农产品就近销售，受疫情影响不大。以制造业为主的第二产业约占国内生产总值的52%，它在"非典"疫情中除了增加防疫成本外，所受影响小。最新统计显示，4月份全国规模以上工业企业完成增加值3 197亿元，比上年同期增长14.9%，增速比一季度回落2.3个百分点。第三产业包括旅游、交通运输、餐饮、商业零售、金融、保险等行业，在国内生产总值中所占的比重为34%，所受冲击最大，但主要集中在旅游、交通运输、餐饮、商业零售行业，而这些行业在第三产业中所占的比重较小，因而对国内生产总值的影响不大。当"非典"过去以后，这些行业会呈现欣欣向荣的局面。

第四，"非典"对中国经济是短期冲击。

疫情得到了有效控制后，人们的心态逐渐平稳，正常的生活和学习开始恢复。在消费领域，尽管社会消费品零售总额比一季度回落了1.5个百分点，但是汽车、通信产品、电风扇、消毒柜等类商品的热销，可以弥补消费的下降。"非典"造成的下降不是中国经济自身发展的必然阶段，"非典"只是延迟了人们的消费决策和消费行为，并未挫败人们的消费能力和消费信心。一些外国公司可能会因疫情推迟在华投资，但没有迹象表明会取消投资计划。

总而言之，"非典"给中国造成的损失是客观存在的，但中国经济高速增长的趋势是不会改变的。

二、"非典"引起的短期需求冲击与财政政策调整

"非典"疫情是在中国经济稳步进入复苏阶段爆发的。自从1999年中国经济

跌入谷底（GDP 增长率为 7.1%）以后，经过了近三年的筑底盘整（2000—2002 年 GDP 增长率分别为 8%、7.3%、8%），无论是从中国的消费信心指数、投资信心指数以及拉动经济增长的三驾马车，即消费、投资和净出口的实际增长趋势来看，还是从消费物价指数及批发物价指数等经济指标来看，步入 2003 年的中国经济将进入强劲的复苏阶段，2003 年第一季度 GDP 比去年同期增长 9.9%就证明了这一点。假如没有本次"非典"疫情的影响，中国经济今年实现 8.5%~9%的增长是可能的。因此可以说，本次的"非典"疫情是在我国经济强劲增长过程中出现的一次冲击。

从性质上说，"非典"疫情对中国经济的冲击属于一次需求冲击而非供给冲击或价格冲击。作为需求冲击，通常会从两个方面对经济产生影响：一是对经济增长速度和就业水平的影响，二是对物价水平和企业生产经营的影响。假如今年的中国经济没有进入强劲的复苏阶段，那么，"非典"疫情所导致的需求冲击极有可能使中国经济再次探底，失业的总体水平会进一步上升，通货紧缩会更加严重，多数企业都会陷入困境。但由于本次需求冲击是在我国经济强劲复苏过程中发生的，故上述情况发生的概率很小。这样说并不意味着"非典"疫情所导致的需求冲击对我国经济不会产生任何负面影响，实际上它对中国经济的负面影响是确定的，只不过这种影响不具有"雪上加霜"的性质，而只是"锦上减花"而已。这就是说，本次"非典"疫情所导致的需求冲击充其量也不过就是减缓经济增长的速度，使整体就业水平的提高速度放缓，并使部分企业陷入困境，而不可能逆转中国经济复苏的总体趋势。

从"非典"疫情对经济冲击的传导机制看，它主要是通过影响包括旅游、旅店、餐饮、民航、公路和水陆客运、出租汽车等行业在内的服务业以及农产品和食品等商品的出口进而冲击中国经济的。从这些受影响行业的特点看，"非典"疫情对中国经济的负面影响具有不可挽回的特点。

"非典"疫情所导致的需求冲击时间的长短，主要取决于各级政府对"非典"疫情的控制措施是否得力以及工作效率的高低，也取决于科学技术的进步和医学方面的进展。从目前我国政府所采取的措施和工作效率来看，本次需求冲击应是一次短期冲击，它既不会对引进外资产生实质性的影响，更不可能影响长期总供给。

就短期而言，"非典"疫情对中国经济增长的负面影响是确定的，只是影响的程度具有不确定性。为把"非典"疫情造成的损失减少到最小，政府的当务之急是在进一步抓好抗"非典"工作的基础上，适当地调整经济政策。

1998 年以来，为扭转经济下滑的趋势，我国一直采用扩张性的财政政策和扩张性的货币政策来刺激经济。在目前面对"非典"疫情所造成的需求冲击面前，笔者认为，继续实行扩张性的财政政策和扩张性的货币政策是必要的，但不能再继续沿袭过去的做法。过去几年，我国实行的扩张性财政政策主要体现在增发国债、增加政府支出方面，扩张性的货币政策主要体现在增加货币供应量和降息方面。而面对今年的需求冲击，如果继续沿袭过去的做法，就显得远远不够了，应当根据实际情况做出适当的政策调整。政策调整的内容应当主要是财政政策的调整。就财政政策而言，政府应当更多地使用减免税和财政补贴的政策手段对受冲击最大的行业实行税收减免，以及增加出口退税指标，完善出口退税机制。同时还可以考虑通过发行特种国债等方式筹集资金，对受冲击最大的某些行业进行适当的财政补贴。一般而言，对于旅游、旅店、餐饮、出租车等行业可采取税费减免的方式，而对于民航、铁路运输等行业则可以考虑使用财政补贴或短期贷款财政贴息的方式，当然也可以使用减免税费的方式使其摆脱困境，但在其收入大幅度下降的情况下，减免税费实际上是画饼充饥，实行财政补贴才是雪中送炭。另外，对于受"非典"疫情影响较重的外向型企业来说，政府通过增加出口退税指标，完善出口退税机制的方式使其摆脱困境可能更适宜一些。

既然"非典"疫情对中国经济的冲击是一种短期的需求冲击，因此针对某些行业的优惠政策也应当具有临时性，其时间的长短应完全取决于"非典"疫情的发展对上述行业的影响状况。在正常情况下，政府在使用经济政策干预经济运行时，"公平税负"和"国民待遇"应是两个不能改变的基本原则。

如果政府能够做出适时的、正确的政策调整，根据中国经济运行周期的一般规律，即使出现了"非典"疫情所形成的需求冲击，今年也会成为中国经济从谷底步入复苏阶段的拐点，GDP增长率依然可以保持在8%~8.5%。

三、农村抗击"非典"的防范手段及其经济学解释

我国城乡抗击"非典"的方式可以说是林林总总、多种多样，其差别主要是经济发展程度不同带来的。其中，农村抗击"非典"的方式具有一定的特殊性，其背后的经济学含义和政策含义值得我们思考。

4月中旬以后，随着"非典"局势的严峻，农村抗击"非典"骤然进入了高潮。村民在抗击"非典"期间表现出了前所未有的合作态度，普遍采取轮流站岗的防范措施，严格禁止外界人员进入本村。同时，为了能够充分地预防"非典"，他们还采取了举报奖励制度。这种在非常时期合作的态度与村民们在农村其他公共措施的决策和提供上有很大的区别。

为什么农村会在抗击"非典"时期采取积极合作的态度？很多学者会从社

会学的角度来解释这一非常现象。笔者认为，对这种积极合作的态度给予经济学的解释也是非常有意义的。

我们以农村公共设施的修缮为例来解释农村在"非典"时期防控手段的经济学含义。比如，一个村子只有两户，张家和李家。在秋收后，大雨把桥冲断了。桥是村里通往县城卖粮的唯一路径。如果村民不把粮卖掉，则都会遭受损失。该村民集体理性的选择应该是马上合作把桥修好。在修桥的选择上，每个村民个人都是理性的，都想把损失降到最小，这是他们的目标函数。那么，为什么往往两个村民不能都积极地修桥呢？他们主要考虑修桥的成本与收益。按照公共产品的供给机制，消费者都是按照自己从公共消费中获得的边际效用水平真实地表达自己对公共产品的需求，从而承担公共产品的成本，这样才能保证公共产品的有效供给。在该村只有两户的情况下，信息对称而完全，可以说，他们都知道对方对于桥的真实需求，每户从桥中将获得的边际收益。这样看来，该村两户把桥尽快修好是没有问题的，双方通过讨价还价来确定自己应该付出的成本。但是，两户村民却迟迟不能合作把桥修好。因为，粮食产量比较多的张家说，我不着急，（实际上他的绝对损失最大，但张家因其粮食多而比李家富）。同时李家说，我也不着急，我卖不出去粮食损失不大，我的粮少。这样，两户都不根据从修缮好的桥中所获得的收益来真实地表达自己的需求。每个人都希望对方把桥修好，从而搭便车。结果，在策略上，不管对方修桥与否，张家和李家都选择不修桥。所以，最后博弈的结果就是村里的桥没修。坏桥长期得不到修缮，还有一个原因就是张家和李家不是马上遭受损失，所以修桥不急切，二者都采取观望和等待的态度。从上述例子中可以看出，在农村中，公共物品的提供往往是困难的，它导致了农村经济效率的损失。解决公共物品短缺的手段往往是通过村政府以强制的手段，按照人头或土地的多少进行摊派来实现。

那么，在"非典"发生后，为什么村民们表现出积极合作的态度，没有讨价还价，严格完成职责，在村头轮流站岗呢。有这样一个小故事，讲的是猴子的集体主义精神。猎人来选猴子，要杀猴子，猴子都一起往后躲，如果猎人选中了某只猴子，其他的猴子则把被选中的猴子往前推，因为他们此刻可以幸免于难。他们面对危机的时间不一样，其他的猴子可能后来被选中而被宰掉，此时，猴子们采取的是不合作的态度。但是，如果猎人要抓全部的猴子，猴子会集体反抗，这是他们集体主义的充分体现。为什么呢？因为他们会集体同时受害，每只猴子被抓走的概率是一样的。所以，每只猴子的理性和集体理性是一致的，集体反抗就是猴子不约而同的一项集体决策。我们引用这个故事可以来分析村民在抗击"非典"过程中的集体选择和合作态度。

农村是一个非常小的社会单元,每个村民损失(生命)的概率是相等的,生命的价值是相等的。每个人能从抗击"非典"当中获得的收益是一样的,是健康,是生命,而且能够获得的收益是确定的,可预见的。如果不采取合作的态度,每个人的损失是巨大的、不确定的。"非典"是一种传播很快的疾病,村民彼此遭受损失时间间隔很短,而且村民们居住地之间距离短,感染概率大。所以在抗击"非典"的战斗中,他们会采取积极的合作行为。

那么,为什么采取站岗而不是采取戴口罩、吃预防"非典"药品,或者法律手段等其他方式来抗击"非典"?这与农村社会结构的特点和抗击"非典"的约束条件有关。第一,站岗的成本很低,在农闲时期,村民站岗几乎是没有机会成本的,可以说成本为0,站岗是非常简便易行的方式,不需要非常复杂的组织和管理。第二,农村缺乏技术手段,抗击"非典"的发达的技术设施集中在城市。第三,村民几乎是没有医疗保障制度,就医的成本是村民无法承受的,也就是说农村抗击"非典"的物质技术基础很薄弱。第四,在较小的社会单元内,信息是高度畅通的,在一个村子里,谁家有多少地,打多少粮食,能卖多少钱,彼此都非常清楚。所以如果谁家有外地务工人员回来,村里的每个人会迅速地得到信息。农村没有互联网,但是他们可以通过大喇叭广播和奔走相告的方式来发布信息。第五,农村本身的自给能力很强,分工单一,与外界的依存关系弱。因此,可以得出结论,在抗击"非典"面前,村民们会自觉地采取合作的态度,积极支持战斗,而且村民们会自动减少出行的次数,恪尽职守。那么,这种传统的手段是否有效呢?农村不是公民社会,在改革开放之后,农村的社会结构并没有发生实质的变化,仍然保持着差序格局。事实证明,在这种社会格局下,面对"非典"的意外冲击,站岗的确是行之有效的方式。

农村抗击"非典"的独特方式给了我们很多启示,也反映了一些社会问题。它充分体现了农村生产方式的落后和落后的商品经济,在传染病的意外冲击下,封闭的农村是可以以较小的成本抵御冲击的,因为其切断与外界联系的成本是很低的。而对于发达的商品经济和城市经济是行不通的,城市有更细致的社会分工,彼此之间有很强的依存关系,切断这种关系将使城市瘫痪。从农村抗击"非典"的方式我们还可以得到其他启示:在我国出现"非典"疫情以后,一些比较落后的发展中国家切断了与中国的航空联系,而一些发达国家却始终保持和我国海陆空的交通网络。这说明,发展中国家抗击"非典"的能力是比较弱的,保持和疫区联系的成本高昂,因此,他们的反应首先就是切断与疫区国家的往来。而发达国家会继续保持和疫区的联系,并表现出合作的愿望和态度,共渡难关。经济全球化会强化各国之间的经济和社会各方面的交往,使得在危机时刻各方采取合作的态度，共渡难关。但是，由于全球化背景下，经济发展水平的不平衡，各方在国际健康危机发生的时候，解决危机的方式大不相同。有的防范措施只是利己的，虽然它是理性的，因此在全球范围内，抵御危机还需要国际经济的均衡发展，建立起国际防范危机的管理机制。

四、抗击"非典"：对市场的再认识

市场的作用在抗击"非典"疫情中得以充分地体现，对其深入的思考，可以更全面、更深刻地认识市场经济。

（一）市场经济·全球化·共同利益

市场经济日益把全人类连到了一起，经济全球化迅猛发展，使人类形成"一荣俱荣，一损俱损"的局面。各国之间广泛的交往使 SARS 病毒在极短的时间就蔓延到全球，目前为止，共 32 个国家和地区发现了 SARS 疫情，并极大地影响了全球经济活动。据纽约时报发自香港的报道说，SARS 这种高度传染性疾病继续蔓延，影响从香港到全球的商务活动，破坏了复杂的供应链，致使航空公司、银行业等被迫做出调整。瑞士 UBS 银行下令从亚洲回到欧洲的员工先在家里休息十天，再到公司报到；晶片巨擘英特尔公司取消了往常在亚洲举行的重要会议；荷兰皇家航空 KLM 说，这个高度传染性的神秘疾病对全球航空业的损伤力，比伊拉克战争还大。我们生活在一个人们密切联系在一起的地球村，SARS 告诉人类，每个人、每个群体、每个国家，都不能只顾自己，不顾他人，共同利益是人们生存的基础。市场经济在充分激励个人的积极性的同时，还必须不断建设、巩固和壮大共同利益的基础，单纯依靠"看不见的手"是不够的，如何构筑以共同利益为根基的制度，是经济学的迫切任务。

（二）市场在 SARS 面前的高效与失灵

市场对商品供求状况反应敏捷，是市场具有很强的适应与协调功能、刺激与创新功能的体现。在市场经济中，处于竞争之中的经济主体出于自身经济利益的追求和市场竞争的巨大压力，必然会对商品供求的变化做出快速、及时的反应，调整自己的产量、规模和结构。这在"非典"时期表现得极为明显。比如，现今的医药厂家，能转产生产口罩等抗"非典"用品的都迅速转产。这种资源的重新配置有利于及时地向全国疫区输送防范 SARS 的医药物品，有利于 SARS 疫情的防范和控制。如河北某市原本每天只向北京输送 30 车皮蔬菜，现在每天输送 50 车皮。它保证了在 SARS 病情肆虐时期，对北京市民的蔬菜供应，而且能够帮助北京市民稳定恐慌情绪，保持正常的生活和工作秩序。另外，我们发现，在抗击"非典"过程中，市场的创新功能具有突出表现。由于在SARS的治疗过程中，医护人员是受感染最为严重的群体，有的厂家就创速推出了完全不怕感染的机器人护士，以开辟新市场。这不仅为生产厂家创造了利润，激励了创新，而且，它给医护人员提供了安全保障，大大降低了医护人员的感染概率，为成功地抗击"非典"做出了突出的贡献。但是，在抗击"非典"的过程中，我们也发现了市场的另一方面，即市场也会失灵。例如，"非典"疫情期间物价上涨的问题。依照市场原则，消费品需求增加，价格上升，这本无可厚非，但国难当头，增加消费者负担，推动抢购风潮，大发国难之财，则是不能容忍的。政府的明令限价，为农民患者提供免费治疗，才有效地保证了社会稳定和抗击"非典"的顺利进行。市场失灵，SARS给我们上了生动的一课。

(三) 中国市场规范化、秩序化的契机

中国市场经济体制的不完善，在抗击"非典"期间充分暴露出来。有些厂商和个人借"非典"大搞非法经营或不正当竞争，哄抬物价，散布虚假信息，制造恐慌情绪，牟取暴利，不断有假冒伪劣产品出现在市场，商业欺诈也时有发生。这些问题不仅严重影响了抗击"非典"的顺利进行，给人民群众利益造成重大损害，而且使环境恶化、社会道德水准下降，败坏国家信誉和改革开放的形象。因此，大力整顿和规范市场经济秩序，已经成为当务之急。国难兴邦，大疫大治。市场的规范化、秩序化是一个长期的过程，因为在正常的情况下，人们很难通过谈判或协商达成共同认可的规则，如果达成，成本也极高；但在大疫面前，共同利益就凸现出来了，这时借助政府的强制力，尽快制定一些规则，不但容易为社会广为接受，而且成本极低。我们应该整顿和规范市场秩序，以最小的成本完成最大的工程。

(四) 从SARS审视市场经济与政府职能

改革进程中，不断有人提出"管的越少的政府越是好政府"，政府自身似乎也找不到自己的位置。一场SARS，明确无误地告诉世人：政府不是管的越少越好，政府在社会经济的运行中承担着重要的职能和大量的管理工作。过去不是政府管的多了，而是管了许多不该管的事，而该管的却没有管或没有管好。市场经济不能没有政府，政府的职能在于公共管理，危机管理，克服市场失灵。事实证明，这次抗击"非典"政府发挥了重要的和关键的作用，政府能有效地控制疫情是政府正确地履行了应有的职能。我们应当从这次灾难中吸取经验和教训。政府不但要促进经济发展，更要保证社会发展，两条腿走路，如果社会发展这条腿比较短的话，肯定会摔跤。另外，在强调公共卫生系统的同时，建设有效的政府信息资源管理体系同样重要。对于各级政府加强对信息的管理，此次危机无疑是一次契机。GDP 不等于一切，全面的、可持续性的社会发展是非常重要的。

五、以防治 SARS 为契机，完善政府危机管理体系

任何一个社会，都可能出现各式各样的社会危机，如何有效处理社会危机，是任何一个政府都不可能回避的问题。因此，社会保持稳定的关键不在于是否存在或发生社会危机，而在于能否形成有效的政府制度安排，将危机尽可能地置于理性的基础上并保持在理性的范围内。突如其来的"非典"疫情，严厉地提醒我们，如何控制危机，已经成为保持中国经济、社会健康稳定发展必须立即回答的问题。

（一）危机和危机管理

相对于人类生活的正常社会秩序，危机可以在一个地域发生并造成有限影响，也可以在一国或全球范围内发生并造成广泛影响。确切地说，危机是一系列中止和平进程或瓦解社会正常关系、秩序的事件在迅速展开，并不断增加危险，迫使相关系统必须在有限时间内做出反应和抉择，采取有效的控制或调节行动，以维持系统生存的危急和紧迫时刻。危机导致社会偏离正常轨道，对社会公共安全、稳定造成较大影响，政府有责任、有义务建立健全的危机管理体系，并通过研究危机、危机预警和救治危机恢复社会的均衡状态。

危机发生的原因主要有三种，一是自然原因，如我国 1998 年发生的洪水；二是人为原因，如美国 9·11 事件；三是人为因素导致的自然危机，如滥砍滥伐导致的生态危机。

危机无疑是一种公共事件，政府在危机期间所采取的任何措施都会立刻招致公众的审视，如果举措不当，就会影响政府威信和在公众中的形象。危机期间的管理是在各种压力情况下的公共管理。因此，从本质上说，危机管理是一种"行动型的管理职能，它谋求确认那些可能影响组织的潜在的或萌芽中的各种问题（立法的、规章制度的、政治的或社会的），然后，动员并协调该组织的一切资源，从战略上来影响那些问题的发展，最终促成有利于该组织的公共政策"。政府作为更为复杂的组织，处于国家政权机关的地位，它的社会公共事务管理者的角色决定了它是在对社会公共事务的管理过程中获得并不断巩固其政治合法性，这一过程必然包括政府在危机期间展开的管理活动。政府危机管理具有重要的

意义。

首先，社会上的危机事件，给政府正常的管理活动和管理过程带来了巨大的压力，迫使政府必须在较短的时间内做出生死攸关的决策，并采取有力的措施，控制危机局势的进一步激化和升级，以免政府的统治力受到怀疑、政府的合法性受到损害。可以说，政府危机管理是对政府的管理能力和效率的全面考察与综合鉴定，是衡量和反映政府统治力量的重要方面。

其次，政府的政治合法性及其形象树立归根到底要落实到政府管理国家的产出和绩效之上，表现为社会生产力在不断提高，人民生活水平在稳步发展，公众对国家、社会的前景充满信心，而这一切都有赖于政府能否维持和确立一个和平、安宁、持续发展的社会环境。

（二）完善中国政府危机管理体系

危机管理体系是指政府所建立的一整套社会危机监测、预防和快速反应的制度和运行体系，其中政府各职能部门有明确的任务和责任，具有组织健全、运行灵活、高效统一的特点。危机的发生有其演变过程，一般分为危机前兆、危机发生、危机事后处理三个阶段。政府应该做到在危机的前兆中具有敏感性，及时察觉危机，并有效地将它消弭于萌芽；当危机不可避免时，在危机发生阶段，则根据已有的有关危机管理计划，启动紧急应对系统，在短时间内将事态控制住；在危机事后处理阶段，则一方面妥善处理有关政治影响、经济损失等恢复性问题，另一方面要总结经验教训，以修正组织的日常决策和应急处理系统。在面对层出不穷、类型各异的危机事件时，科学的政府危机管理体系是预防和降低危机损害的关键所在。我国现有的危机管理体系主要依赖于各级政府的现有行政设置，存在着缺乏专门机构和完善的体系、激励机制和惩罚机制错位、绩效考核体系不健全等弊端。各级政府仍有不少是遇到问题尽量隐瞒，各行其是，无法明晰责任。因此，我们亟待完善政府危机管理体系。从这次"非典"疫情我们可以清楚地看到，要完善政府危机管理体系，需要做好以下几方面：

1. 培养各级政府危机意识。危机意识是这样一种思想或观念，它要求一个组织的决策者和管理者从长远的、战略的角度出发，在和平、发展的时期，就抱着可能遭遇和应付危机状况的心态，预先考虑和预测组织可能面临的各种紧急的和极度困难的形势，在心理上和物质上做好对抗困境的准备，预期或提出对抗危机的应急对策，以防止在危机发生时束手无策，无法积极回应，而遭受无法挽回的失败。因此，政府管理者必须建立起危机管理，不只是危机发生后政府的迅速回应和对危机局势的严厉控制，更重要的是政府要有解决社会问题、防止剧烈危机爆发的意识。具体来说，我国各级政府首先应从关系党和国家进一步生存发展的高度上认识危机处理的重大意义，保持敏感度；同时根据时代发展，及时了解各种传统和非传统威胁形成的各种可能，实时调整、更新危机应对战略；在日常的公共决策中，则应确立以广大群众利益为先导，采取科学民主的决策方式，在源头上降低危机事件发生的可能；在应急的非常规决策中应制订行之有效、有的放矢的危机管理计划，并及时总结，以修正、调整常规性决策，标本兼治，建立科学合理的危机治理结构。

2. 构建全球性危机预警体系。政府危机管理的最理想状态是将危机消灭在潜伏时期或萌芽时期。这有赖于政府部门对危机发生与程度、趋势和结果的预测、预报能力。在世界一体化的今天，这些单靠一个或几个国家已经不可能了，所以有必要构建全球性政府危机管理体系，降低危机发生的风险和预警成本。

3. 完善危机救治手段。面临突发性危机时，政府必须及时采取有效措施，必须运用所有政府资源开展危机救治，尽力恢复社会稳定。这些措施包括：

（1）积极的强制干预。在面临各种危机事件时，必须依靠政治权威，以强制手段应对，世界各国，概莫能外。但是，这种积极干预并不是只有一级政府干预，而是各级政府同时干预，最高一级的政府进行总的组织、协调和指挥。

（2）探寻危机产生的根源。危机产生后，对社会和公众心理影响巨大的主要原因在于危机产生根源的不确定或不明确。探寻危机根源一方面可以暂时安抚公众心理情绪，保持社会稳定，另一方面是进一步采取措施的前提。

（3）进一步评估可能产生的后果。要注意危机的发展趋势，评估危机可能产生的各种后果，为救治危机提供一些可行性的建议，为以后的目标选择提供重要的参考。

（4）选择合理的救治危机的目标。尽可能恢复原有的格局，减少因危机产生的影响是最好的选择目标。但危机并不必然能够恢复，政府必须选择一个切实可行的目标。

从社会角度看，政府需要通过一系列决策稳定社会并动员社会参与危机救治。

首先，进行必要的心理救治与疏导，以稳定社会的恐慌性情绪。

对社会来说，危机造成的最大危害在于社会正常秩序遭到破坏并由此带来社会心理的脆弱。所以保持稳定的社会秩序，保持原有的社会运行轨迹是首要的选择。第一，尽可能保证社会公共生活的正常。第二，开展政府公关。在危机中，公众的心理是十分脆弱的，他们需要强大的政府。政府必须加强公关，以维护政府在危机中的形象。尤其需要做好媒体工作，通过各类媒体提供信息以消除各种不安因素。

其次，动员社会的参与。

社会力量的参与，一方面，可以缓解危机在公众中产生的负效应，使公众了解真相，祛除恐惧，消除与危机伴生的流言、恐慌等副产品，起到稳定社会、恢复秩序的作用。另一方面，可以降低政府救治危机的成本。由于社会力量的参与，信息通道不再堵塞，政府决策的可信度和可行度得到提高，降低了政府政策的制定和执行成本。

最后，加强政府与社会合作。

在实践中，要防止危机，扼制危机，必须理性地认识危机，把握其发展的特征。这就需要学者和政府携起手来，加强危机管理的研究。目前我国对危机管理的研究十分匮乏，各级政府和学术科研部门必须通力合作，为完善危机管理体系提供理论指导，为危机管理的实践提供扎实的理论基础；大力发展决策的预测技术、战略分析技术，建立官方的、民间的或官民协作的政策智囊机构，为政府危机管理的正确性和科学性创造条件；选择实际案例，建立各类危机的案例库，从理论总结到实践操作全方位寻求符合我国国情、政情的危机解决方案。

4. 建立常设性危机管理部门，形成权责明晰的危机反应机制。就我国目前情况而言，应该在国家层面上尽快建立危机管理综合体系和常设性危机管理的综合协调部门，协同各方面专家，对各类危机进行划分总结，在国家安全的高度上制定长期的反危机战略和应急计划，提高各地区、各部门以及各级政府之间的协同能力；在地方各级政府层面上相应地设立相关部门，根据各地不同的实际情况因地制宜地设置具体的组织形式及职能。

5. 建立正向激励的考核体系，防止出现虚假治理。加强危机管理的根本就是要在制度上为各级政府的行为选择提供相应的正向激励；要严格执行重大事故责任追究制；在进一步的深化改革中，应该改革各级政府的绩效考核体系，增加综合性社会发展要求，减少单纯的指标性要求；加快电子政务建设，切实实现各级政府运作的公开化、程序化、透明化，扩大公民的政治参与，树立统一的以民为本的理念。

六、"非典"与公共物品的有效提供

（一）公共物品的高需求与低供给

在"非典"疫情暴发的这段时间，人们减少了对私人消费品及投资等方面的经济需求。但与此同时，人们对公共物品的需求却急增，一时间，公共环境卫生、公共医疗保护用品、流行病门诊、病床等公共医疗设施……一系列公共物品，供不应求；作为公共物品提供的各种对付流行性传染疾病的"防控措施"、体系、机制等，更是严重不足。这里除了缺乏经验和准备不足外，还有更为深刻的原因。

改革开放以来，我国居民收入水平不断提高，在经济持续快速增长的推动下，中国的消费品市场告别了短缺时代，而作为公共物品的基础设施等，却与消费品相反，越发显的短缺。随着我国城市化步伐的加快，以往城市化滞后所带来的公共物品提供不足的问题更为突显，经济和社会事业快速发展所引起的社会对公共物品的高需求，与公共物品的低供给之间的矛盾相当突出。

可以说，告别了消费品短缺之后，我们今天正经历着公共物品的短缺，"非典"疫情正是在这样的背景下突发的。只有认真解决公共物品的高需求与公共物品的低供给之间的矛盾，才能实现社会经济的可持续发展。

（二）SARS 推动了短缺公共物品的提供

战胜 SARS、防止 SARS 蔓延，本身就是在向社会提供公共物品。

中央财政支持抗击疫病动作之大，为新中国成立以来罕见。根据《中华人民共和国预算法》第三十三条的规定，各级政府预算应当按照本级预算支出额的 1%~3% 设置预备费，用于当年预算执行中的自然灾害救灾开支及其他难以预见的特殊开支。2003 年中央预算本级支出 7 201 亿元，按此计算，中央总预备费的法定提取额在 72 亿~216 亿元。《财经时报》从财政部相关部门获知，今年中央预算总预备费为 100 亿元，占中央本级支出的 1.4%，这显然是按较低的比率设置的。这表明，政府在制定今年预算时，确实未预见到 SARS 这样的突发性危机。而且，近日国家气象局的消息显示，6 月至 8 月，中国可能出现南北两个多雨带，全国即将进入汛期，防汛形势严峻。地震、森林大火、山体滑坡等无法预见的灾害，将使以自然灾害救灾开支及其他难以预见的特殊开支为目的中央财政总预备费变得捉襟见肘。但是，面对"非典"疫情向中国经济提出的巨大挑战，中央财政已迅即做出反应。继 4 月 23 日宣布建立 20 亿元的"非典防治专项基金"后，又出台了多项税收优惠政策，包括在受疫情影响较大的八大行业减免 15 项政府性基金。财政部部长金人庆亦承诺：国家财政将充分保证非典防治资金及时到位。

针对中国疾病预防控制体系及医疗设施的诸多缺陷，近期，财政部已经要求中央各有关部门调整支出结构，压缩会议、差旅、出国等经费，增加对 SARS 防治工作的投入。国家发展改革委经国务院批准，决定适时调整国债资金投向：在抗击"非典"以来已安排专项投资 15.5 亿元用于全国疾病预防控制网络建设之后，决定再增加投资 8.126 亿元，以加快 SARS 防治设施的建设，改善医疗机构的收治能力，全力遏制疫情向农村地区蔓延。国务院 5 月 9 日出台的《突发公共卫生事件应急条例》，将我国应急处理突发公共卫生事件进一步纳入法制化轨道。

此外，广大民众捐钱捐物，帮助别人，自愿站岗放哨，清扫垃圾，保护环境。

政府和民众的共同努力，使公共物品的供给水平得到了一定程度的提高。

（三）对公共物品有效提供方式的启示

抗击"非典"过程中，公共物品的提供方式多种多样，这一实践，对公共物品有效提供方式的选择，至少有以下几个方面的启示：

第一，政府在公共物品的提供上，起着最重要的，而且是不可替代的作用。美联社 5 月 18 日引述 WHO 官员的话："非典"带来的最大教训就是一定要做好准备和组织工作。处理类似"非典"这样的疾病需要所有部门的通力合作。对付未来任何传染病的经验就是："应该组织起来，进行充分的准备，各个政府部门密切联系，及时做出决定并且有条不紊地执行计划等。"充分的准备、有效的组织与协调、周详计划的制订与执行，都只能靠政府。

第二，在个人利益与公共利益高度一致的情况下，公共物品是可以由私人提供的。无论是欣然接受隔离、放弃行动自由的城市居民，还是自愿站岗放哨以防范疫区人员入村的村民，他们的行动都证明了这一点。此时，个人理性与集体理性高度一致，阿罗不可能定理受到了挑战。

第三，利他主义思想有利于促进公共物品的私人提供。为抗击"非典"而捐钱捐物、流汗、流血，甚至献出宝贵的生命，没有人会否认这种利他行为是一种很高尚的行为，正是这一现实中良好的动机和高尚的行为，为我们这个社会提供了我们所急需的公共物品。

（四）对全球性公共物品提供的思考

世界卫生组织负责传染病的执行干事戴维·海曼指出，非典型肺炎是新型传染病，人类对它的认识需要一个过程，而中国抗击"非典"的经验将为人类认识它提供重要借鉴作用。中国在抗"非典"中所做的工作、积累的经验是对整个人类的贡献。这说明，抗"非典"是全球的重任，是提供全球性公共物品。

全球性公共物品（Global Public Good，GPG）是 20 世纪 90 年代以来在国际政治经济关系中备受关注的问题之一，它是公共物品理论在解决全球性经济危机、自然灾害、传染疾病等问题中的推广与应用，是国际经济合作与国际政治关系协调在理论上的反映。

SARS疫情及抗SARS过程中，我们对全球性公共物品提供中的以下问题有了更为深刻的认识：

第一，各国在提供全球性公共物品的能力上、在对全球性公共物品的需求上，都存在着相当大的差异。这是造成全球公共物品提供不足的原因之一。

第二，全球性公共物品提供不足，对于发展中国家所造成的损失，一般来说，高于对发达国家所造成的损失。这是因为越是经济欠发达的国家，公共物品提供体系越弱，从而对全球性的金融风险、自然灾害、传染疾病的抵御能力就越弱，由此承受的成本就越大。

第三，全球性公共物品的筹资方式、提供机制、组织实施形式等只有在考虑各国在能力和需求上的不同情况，在公平的基础上进行不断的调整和完善，才能有利于促进全球性公共物品的提供。

第四，"非典"的暴发给我们"敲响了警钟"，它要求全球在防止类似流感的致命疾病和其他疾病时，加强国际间合作。对此类全球性公共物品的提供问题，必须高度重视，否则人类将面临严重的威胁。

在全球性公共物品的提供上，要加强国际合作，因为它所要解决的问题是任何国家单凭自身力量所不能解决的。我们热切地盼望人类能够早日战胜SARS，希望全球性公共物品提供不足的现状能够早日得到改善。

(原载《首都经济贸易大学学报》2003年第4期)

稳定基础上的发展与改革并举
——邓小平经济思想初探

改革、发展、稳定关系的提出引起人们的广泛关注。这个命题涉及对邓小平经济思想的理解和认识。笔者认为,只有从党的基本路线出发,从改革与发展并举的战略出发,才能真正把握这一命题讨论的理论意义和现实意义。

一、改革、发展、稳定与党的基本路线

改革、发展、稳定的关系虽然是针对改革的现实提出来的命题,但其关系早在改革之初就已经确定了。改革、发展、稳定关系的实质就是党的基本路线,是一个中心两个基本点在新形势下的具体体现。

发展,是以经济建设为中心的高度概括,它是中国共产党人矢志不渝的奋斗目标;改革,是中国实行改革开放大政策的代名词,改革之因来自发展,改革成为发展的动力,是党的基本路线的基本点;改革和发展需要稳定,而稳定的全部要求都集中在党的四项基本原则上。其实,邓小平同志早在十年前就已经清晰地论述了三者的关系,"我们拨乱反正,就是要在坚持四项基本原则的基础上发展生产力。为了发展生产力,必须对我国的经济体制进行改革,实行对外开放的政策"①。邓小平同志的论述,既说明了党的基本路线同改革、发展、稳定的关系,又准确地描述了稳定是基础,发展是目标,改革为动力的关系。

今天,当我们把三者关系与党的基本路线联系在一起时,不仅更容易把三者看成一个有机的整体,把握三者之间辩证统一的关系,而且对党的基本路线有了更为深刻的认识。特别是当我们以此回顾中国近十几年走过的道路时,思路更清晰,方向更明确。

二、百年不动摇的硬道理

发展是三者的核心,离开了发展,改革和稳定就失去了意义。发展是邓小平经济思想的核心,正是围绕着发展,形成了一整套经济理论。

经济发展的思想可以追溯到新中国成立初期,1950 年,邓小平就讲过:"一

---

① 邓小平:《邓小平文选》第三卷,人民出版社 1994 年版,第 138 页。

切都要引导到发展生产力。共产党就是为发展社会生产力的,否则就违背了马克思主义理论。"① 1957年夏季,毛泽东也曾有过这样一段论述:必须懂得,在我国建立一个现代化的工业基础和农业基础,从现在起,还要十年至十五年。只有经过十年至十五年社会生产力的比较充分的发展,我们的社会主义经济制度和政治制度才算获得了自己的比较充分的物质基础(现在这个物质基础还很不充分),我们的国家(上层建筑)才算充分巩固,社会主义社会才算从根本上建成了。他还指出,十年至十五年以后的任务,则是进一步发展生产力。遗憾的是,1957年以后发展的方法不对,搞"大跃进",违背了客观经济规律;另外,注意力转移了,搞阶级斗争,发展生产力的正确认识被抛弃了。社会主义事业受到了严重挫折。

邓小平总结了毛泽东所犯错误的教训,继承和发展了毛泽东正确的主张。特别是经过"文化大革命"后,他把发展看得更为重要。1975年一恢复工作,他就着手全面整顿,把工作的重点放在"一定要把国民经济搞上去"。从那时起,几经风雨,矢志不渝,我国逐步产生了以经济建设为中心的思想萌芽,一直到党的基本路线的形成,把以经济建设为中心作为全党工作的重点,完成了拨乱反正的壮举。

三中全会以后,在实际工作中,邓小平同志排除来自"左"和右的各种干扰,始终牢牢把握着发展这个中心,坚定地指出党的基本路线百年不动摇。同时,邓小平经济思想也进一步发展和完善,形成了一系列发展的新观点,如社会主义的根本任务是发展生产力,改革也是解放生产力,判断经济政策的三个标准,"三步走"的发展战略,社会主义本质论等。

发展是硬道理集中体现在邓小平建设有中国特色社会主义理论中。党的十四大报告概括的九条是以发展为核心展开的。从社会主义的发展道路、发展阶段、根本任务、发展动力到经济体制目标、战略部署和发展方式,我们可以看出,发展是有中国特色社会主义理论的灵魂。

三、改革是发展的必由之路

改革,是发展的必然要求。在确立了经济发展的战略目标后,"目标确定了,从何处着手呢?"邓小平同志指出:"就要尊重社会经济发展规律,搞两个开放,一个对外开放,一个对内开放。""对内开放就是改革。"② "要发展生产力,经济

---

① 邓小平:《邓小平文选》第一卷,人民出版社1994年版,第148页。
② 邓小平:《邓小平文选》第三卷,人民出版社1993年版,第119页。

体制改革是必由之路。"①

中国经济的发展碰到了旧体制，旧体制不触动、不改变，生产力就发展不起来。中国的改革首先是从农村开始的，改革的内容就是搞责任制，抛弃吃"大锅饭"的办法，调动农民的积极性。农村改革成功以后，就转向城市，城市改革也是因为发展碰到了障碍，中国社会过去闭塞，造成信息不通。对于改革与发展的关系，邓小平同志有过明确的表述："改革的性质同过去的革命一样，也是为了扫除发展社会生产力的障碍，使中国摆脱贫穷落后的状态，从这个意义上说，改革也可以叫革命性的变革。"② 我们所有的改革都是为了一个目的，就是扫除社会生产力的障碍。改革，就是选择好的政策，使社会生产力得到比较快的发展。

改革对障碍的扫除就是解放生产力，就会产生经济发展的动力。改革开放以来，经济发展的飞跃靠的就是改革，"坚持改革开放是决定中国命运的一招"③。所以，邓小平同志多次强调，改革开放放弃不得。如果固守成规，照过去的老框框一模一样地搞，没有一些试验，一些尝试，包括受一些挫折，有一些失败的尝试，肯定达不到我们的战略目标。"如果放弃改革开放，就等于放弃我们的根本发展战略。"④ 改革与发展具有高度的同一性。

四、稳定中的发展与发展中的稳定

对于稳定必须有正确的理解。邓小平同志一再强调的稳定是指政治上的稳定、社会的稳定、基本制度的稳定、理想和信念的稳定和改革开放政策的稳定。这种意义上的稳定是压倒一切的。邓小平同志明确指出："中国的主要目标是发展，是摆脱落后，使国家的力量增强起来，人民的生活逐步得到改善。要做这样的事，必须有安定的政治环境，没有安定的政治环境，什么事情都干不成。"⑤ 可见邓小平同志是从保证发展来谈稳定的。

党的领导和社会主义制度是我们发展经济的基本前提。"只有稳定才能有发展。只有共产党的领导，才能有一个稳定的社会主义中国。"⑥ 中国没有共产党的领导，搞社会主义是没有前途的。这一点邓小平同志从来都是坚定不移的，他明确提出："一切反对、妨碍我们走社会主义道路的东西都要排除，一切导致中国混乱甚至动乱的因素都要排除。"

---

① 邓小平：《邓小平文选》第三卷，人民出版社 1993 年版，第 138 页。
② 邓小平：《邓小平文选》第三卷，人民出版社 1993 年版，第 134 页。
③ 邓小平：《邓小平文选》第三卷，人民出版社 1993 年版，第 368 页。
④ 邓小平：《邓小平文选》第三卷，人民出版社 1993 年版，第 347 页。
⑤ 邓小平：《邓小平文选》第三卷，人民出版社 1993 年版，第 244 页。
⑥ 邓小平：《邓小平文选》第三卷，人民出版社 1993 年版，第 357 页。

稳定，还是社会的稳定和局势的稳定。这也是从发展的高度来讲的。"发展经济要有一个稳定的局势，中国搞建设不能乱。今天来一个示威，明天来一个大鸣大放大字报，就没有精力搞建设。"①

稳定，还包括理想和信念的稳定。邓小平同志在总结了他长期从事政治和军事活动的经验后提出，最重要的是人的团结，要团结就要有共同的理想和信念。"共产党人的最高理想是实现共产主义，在不同历史阶段，又有代表那个阶段最广大人民利益的奋斗纲领。因此我们才能够团结和动员最广大的人民群众，叫作万众一心。"② 没有这样的信念，就没有一切。要搬西方的那一套，非乱不可。

稳定，是改革和发展的基础，破坏了这个基础，就毁了中国的前途。因此，对于妨碍稳定的事件，邓小平同志历来十分坚决，"不能让步，不能迁就""中国不能乱，这个道理要反复讲，放开讲""中国不允许混乱""中国的最高利益就是稳定"。

有些同志认为，强调稳定会影响改革和发展，这种认识是把稳定理解为经济领域中发展过程的稳和改革步骤的稳。这种理解是不恰当的。相反，邓小平同志在讲到发展时，总是强调："对于我们这样发展中的大国来说，经济要发展的快一点，不可能总那么平平静静、稳稳当当。"稳定和协调是"相对的，不是绝对的"，他特别指出这个问题如果分析不当，造成误解，"就会变成谨小慎微，不敢解放思想，不敢放开手脚，结果是丧失时机，犹如逆水行舟，不进则退"③。他在讲到改革时，也总是强调改革开放是有风险的，"不冒点风险，办什么事情都有百分之百的把握，万无一失，谁敢说这样的话？""没有一点闯的精神，没有一点'冒'的精神，没有一股气呀、劲呀，就走不出一条好路，走不出一条新路，就干不出新的事业。"④ 正确地理解"稳"的含义，不但不应得出稳定影响改革和发展的结论，反而会加倍维护和珍惜稳定。

稳定还包括改革开放的稳定。这也是邓小平同志反复强调的。"政策的稳定反映了党的稳定。"⑤ 每当国内出现不稳定因素时，邓小平同志总要站出来强调"路子走对了，政策不会变"；"改革开放政策稳定，中国大有希望"；"城乡改革的基本政策，一定要长期保持稳定"⑥。

改革开放政策的稳定，从另一个侧面反映了发展对稳定的作用。如果不改革

---

① 邓小平：《邓小平文选》第三卷，人民出版社1993年版，第332页。
② 邓小平：《邓小平文选》第三卷，人民出版社1993年版，第190页。
③ 邓小平：《邓小平文选》第三卷，人民出版社1993年版，第377页。
④ 邓小平：《邓小平文选》第三卷，人民出版社1993年版，第372页。
⑤ 邓小平：《邓小平文选》第三卷，人民出版社1993年版，第235页。
⑥ 邓小平：《邓小平文选》第三卷，人民出版社1993年版，第371页。

开放，中国经济得不到发展，稳定也就难以保持。苏联解体深刻地说明了这一点。社会主义国家的经济发展在现代国际环境的条件下不是三个轮子的车，停止不前也会稳，而是两个轮子的车，只有在不断的发展中才能保持稳定。邓小平同志在谈到中国的改革为什么从农村开始时指出："农村不稳定，整个政局就不稳定，农民没有摆脱贫困，就是我国没有摆脱贫困。"① 中国农村的改革开放政策推动了农村发展，也稳定了全局。邓小平同志还从我国所处环境谈到发展对稳定的作用，他认为"现在，周边一些国家和地区经济发展比我们快，如果我们不发展或发展得太慢，老百姓一比较就有问题了"②。稳定只能是改革发展中的稳定。

五、改革与发展并举的战略

在稳定的基础上，实行改革与发展并举的战略是邓小平重要的战略思想。他指出："要在改革过程中，保持生产有较好的发展"③，中国改革开放取得的举世瞩目的成就与他这一战略思想分不开。

改革与发展并举是邓小平对毛泽东成功经验的继承。他认为，毛泽东的最大功劳是将马克思列宁主义的普遍真理同中国革命的具体实践结合起来，中国的社会主义道路与苏联不完全一样，一开始就有区别。新中国成立初，毛泽东采取了同苏联不同的战略，实行建设与改造并举的路线，避免了苏联公有化过程中出现的杀耕牛、毁农具、破坏生产力的现象。对此，邓小平同志给予了高度评价，他多次讲到，毛泽东最成功的实践是三大改造，特别是对资本主义工商业的改造。"一方面把它们改造成公有制，另一方面也没有损害国民经济的发展。"④ 邓小平同志继承了这一经验，成功地实行了改革与发展并举的战略，使中国十几年改革的历史成为中国经济大发展的历史，中国人民得到巨大的实惠。这与一些国家的"休克疗法"形成了鲜明的对比。

改革与发展并举的成功，得益于改革促进了发展，发展保驾了改革的辩证关系。一方面改革对旧体制的撞击，对阻碍的扫除，使新体制因素在新体制还没有建立起来就发生了作用，在冲破部分约束后，促进了发展；在发展的目标下，旧体制的积极因素仍然保持有效的发挥，创造出一系列双重体制下多种形式的巧妙结合，如价格双轨制、承包制、工效挂钩等，种种形式虽然是暂时的，但却适合中国转型过渡时期的特点，促进了经济发展。另一方面，发展支持了改革。经济

---

① 邓小平：《邓小平文选》第三卷，人民出版社1993年版，第37页。
② 邓小平：《邓小平文选》第三卷，人民出版社1993年版，第375页。
③ 邓小平：《邓小平文选》第三卷，人民出版社1993年版，第268页。
④ 邓小平：《邓小平文选》第二卷，人民出版社1994年版，第314页。

的发展使人民改善了生活，得到了实惠，取得了人民对改革的支持；发展还为改革提供了物质基础和宽松的环境。"从根本上说，手头东西多了，我们在处理各种矛盾和问题时就立于主动地位。"① 中国的改革与发展已经有机地融合在一起了，随着发展，矛盾逐步暴露，改革逐步深入；改革的深化又促进了发展，改革的过程就是发展的过程。

六、继续实行并举战略的矛盾和对策

中国经济和社会发展的战略目标决定了我们必须继续实行改革与发展并举战略。但是，我们也必须看到，改革与发展并举本身就存在一些潜在矛盾，改革和发展越深入，这些矛盾越显化。因此，我们必须认真地对待这些矛盾，及时地解决好这些矛盾。只有这样，我们才能以稳定为基础，继续实行改革与发展并举，最终实现奋斗目标。

改革与发展并举存在以下若干潜在矛盾。

首先，为了保证发展，就要充分利用旧体制中的某些因素，但同时也就使这些因素得以强化。最为典型的是政府经济，政府经济虽然不符合改革的目标模式，但却对发展起了重要作用。这就是我们强调企业自主权，但自主权很难全面落实的原因之一。政府在经济发展中的作用增大了向新体制转换的难度。

其次，旧体制在对发展起作用的同时，抑制了新体制因素的生长。这就是改革十几年来体制外发展迅速、体制内改革滞后的原因之一。

再次，在改革和发展并进中，某些旧体制的部分发生了畸形演变，最典型的是官商以及破坏社会正常分工的"全民经商"。

最后，新体制构造过程中也出现了新生因素的扭曲。如中国股票市场等市场经济的试验和尝试在很大程度上扭曲为投机市场。

这些矛盾的存在和显化是不容忽视的，如果得不到很好的解决，势必影响稳定，影响改革与发展的并举。为此，提出以下对策原则。

第一，进一步确立为发展而改革，以发展统领改革的思想，克服为改革而改革、为改革牺牲发展的思想。尽量发挥并举战略的优势和积极作用，保持利大于弊的格局，并从中得到最大的利益。

第二，坚持一切从实际出发，只要有利于发展，都可以利用、试验、尝试，允许存在。但必须把握好保留下来的旧体制因素的演变方向以及新体制因素在体制变型期间的发展趋势。注意方向的引导，着眼于长运，在发挥各方面促进发展

---

① 邓小平：《邓小平文选》第二卷，人民出版社 1994 年版，第 377 页。

的积极作用时，防止演变为今后改革和发展的障碍。

第三，确立经济发展的阶段，采取与发展阶段相适应的改革政策和改革措施，使经济发展的阶段与改革的阶段相协调。树立不断改革的思想，一个时期有利于发展的形式，不一定永远有利于发展，当出现不适应的情况时，及时进行改革，抓住时机，加大改革力度。

第四，突出中国特色，改革和发展都要立足于创新，特别是制度创新。有中国特色的社会主义包括有中国特色的市场经济和有中国特色的现代企业制度以及有中国特色的其他制度。树立多样性的思想，不要追求最典型，搞一种模式，特别不要照搬，真正坚持三个有利于的原则。

第五，加强经济运行中的治理和整顿，建立社会主义市场经济的新秩序。对于改革发展中出现的新问题、新矛盾，要及时发现、及时解决，不断形成新的行为规范。

现在，中国的改革和发展都已经进入了关键的时期，我们必须深刻领会邓小平经济思想，深入研究改革、发展、稳定的关系，在稳定的基础上，继续实行改革与发展并举的战略。我们相信，中国经济改革和发展的实践将不断地证实邓小平经济思想的科学性。在邓小平经济思想的指引下，中国的现代化事业一定会获得成功。

（原载《邓小平经济理论与思想研讨会论文集》1995年1月）

发展是当代中国的第一主题
——学习邓小平关于改革、发展、稳定三者关系的辩证思想

改革、发展、稳定的关系涉及对邓小平经济思想的理解和认识，也涉及对中国近十几年来历史的理解和认识。笔者认为，只有从邓小平同志改革与发展并举的战略出发，才能真正把握这一命题的理论意义和现实意义。

改革、发展、稳定是中国当代最主要的三个问题，三者相互制约、相互依存，成为一个有机的整体。发展是三者的核心，是当代中国的第一主题，离开了发展，改革和稳定就都失去了意义。发展是邓小平经济思想的核心，正是围绕着发展，形成了一整套经济理论。

新中国成立初期，我们党和毛泽东同志对发展社会主义社会生产力有比较清醒的认识，把在我国建立一个现代化的工业基础和农业基础，作为今后十年至十五年的任务。遗憾的是，1957年以后我们党在指导思想上出现了偏差，一是经济发展的方法不对，搞"大跃进"，违背了客观经济规律；二是注意力发生了转移，搞阶级斗争，发展生产力的正确认识被抛弃了。社会主义事业因此而受到了严重的挫折。

邓小平继承和发展了毛泽东正确的主张。1975年他一恢复工作，就着手全面整顿，把工作的重点放在"一定要把国民经济搞上去"，从那时起，逐步产生了以经济建设为中心的思想。"文化大革命"结束后，他把发展看得更为重要，一直到党的十一届三中全会党的基本路线的形成，把以经济建设为中心作为全党工作的重点，胜利地完成了拨乱反正的壮举。

三中全会以后，在实际工作中，邓小平同志排除了来自"左"的和右的各种干扰，始终牢牢把握着发展这个中心，坚定地指出党的基本路线100年不动摇。同时，邓小平经济发展的思想也进一步发展和完善，形成一系列新的观点，如社会主义的根本任务是发展生产力；改革也是解放生产力；判断经济政策的"三个有利于标准"；"三步走"的发展战略；社会主义本质论；等等。

发展是硬道理集中体现在邓小平建设有中国特色社会主义理论中。党的十四大报告概括的九条，从社会主义的发展道路、发展阶段、根本任务、发展动力到经济体制目标、战略部署和发展方式，是以发展为核心展开的。由此我们可以看出，发展是有中国特色社会主义理论的核心内容。

改革是发展的必然要求。在确立了经济发展的战略目标后，从何处着手呢？邓小平同志指出："就要尊重社会经济发展规律，搞两个开放，一个对外开放，一个对内开放。""对内开放就是改革。"① "要发展生产力，经济体制改革是必由之路"②。

中国经济的发展碰到了旧体制的阻碍，旧体制不触动，不改变，生产力就发展不起来。对于改革与发展的关系，邓小平同志有过明确的表述："改革的性质同过去的革命一样，也是为了扫除发展社会生产力的障碍，使中国摆脱贫穷落后的状态。从这个意义上说，改革也可以叫革命性的变革。"③ 我们所有的改革都是为了一个目的，就是扫除社会生产力的障碍。改革就是选择好的政策，使社会生产力得到比较快的发展。

改革对障碍的扫除就是解放生产力，产生经济发展的动力。改革开放以来，经济发展的飞跃靠的就是改革，"坚持改革开放是决定中国命运的一招"。④ 所以，邓小平同志多次强调，改革开放放弃不得。如果固守成规，照过去的老框框一模一样地搞，没有一些试验，一些尝试，包括一些失败的尝试，肯定达不到我们的战略目标。"如果放弃改革开放，就等于放弃我们的根本发展战略。"⑤ 改革与发展具有高度的同一性。

稳定是改革、发展的前提和基础。邓小平同志明确指出："中国的主要目标是发展，是摆脱落后，使国家的力量增强起来，人民的生活逐步得到改善。要做这样的事，必须有安定的政治环境。没有安定的政治环境，什么事情都干不成。"⑥ 可见，邓小平同志是从保证发展来谈稳定的。

稳定，首先必须坚持党的领导，坚持走社会主义道路。中国没有共产党的领导，不走社会主义道路，是没有前途的。这一点邓小平同志从来都是坚定不移的。他明确指出："一切反对、妨碍我们走社会主义道路的东西都要排除，一切导致中国混乱甚至动乱的因素都要排除。""只有共产党的领导，才能有一个稳定的社会主义中国。"⑦

稳定，还是社会的稳定和局势的稳定。这也是从发展的高度来讲的。"发展经济要有一个稳定的局势，中国搞建设不能乱。今天来一个示威，明天来一个大

---

① 邓小平：《邓小平文选》第三卷，人民出版社1993年版，第119页。
② 邓小平：《邓小平文选》第三卷，人民出版社1993年版，第138页。
③ 邓小平：《邓小平文选》第三卷，人民出版社1993年版，第135页。
④ 邓小平：《邓小平文选》第三卷，人民出版社1993年版，第368页。
⑤ 邓小平：《邓小平文选》第三卷，人民出版社1993年版，第347页。
⑥ 邓小平：《邓小平文选》第三卷，人民出版社1993年版，第244页。
⑦ 邓小平：《邓小平文选》第三卷，人民出版社1993年版，第357页。

鸣大放大字报，就没有精力搞建设。"①

稳定，是中国的最高利益。对于妨碍稳定的事件，邓小平同志历来十分坚决，"不能让步，不能迁就"；"中国不能乱，这个道理要反复讲，放开讲"；"中国不允许混乱"；"中国的最高利益就是稳定"。

有些同志认为，强调稳定会影响改革和发展，这种认识的片面性是把稳定仅仅理解为经济领域中发展过程的稳和改革步骤的稳。发展过程的稳和改革步骤的稳当然也是一种稳，但是它们尚不能涵盖"压倒一切"的含义。相反，邓小平同志在讲到发展时总是强调："对于我们这样发展中的大国来说，经济要发展的快一点，不可能总是那么平平静静、稳稳当当。"稳定和协调是相对的，不是绝对的。他特别指出，这个问题如果分析不当，造成误解，"就会变得谨小慎微，不敢解放思想，不敢放开手脚，结果是丧失时机，犹如逆水行舟，不进则退"②。他在讲到改革时，也总是强调改革开放是有风险的，"不冒点风险，办什么事情都有百分之百的把握，万无一失，谁敢说这样的话？""没有一点闯的精神，没有一点'冒'的精神，没有一股气呀、劲呀，就走不出一条好路，走不出一条新路，就干不出新的事业"③。因此，我们应该正确理解稳定与改革、发展的辩证关系，充分认识到稳定不仅不会影响改革和发展，而且是推进改革和发展的重要保证。

怎样才能保持稳定？邓小平同志认为：如果不改革开放，中国经济就得不到发展，稳定也就难以保持。苏联解体前后的事实深刻地证实了这个论断的正确性。在现代国际环境的条件下，社会主义国家的经济好比两个轮子的车，它只有在不断的发展中才能保持稳定。邓小平同志在谈到中国的改革为什么从农村开始时指出："农村不稳定，整个政治局势就不稳定，农民没有摆脱贫困，就是我国没有摆脱贫困"④。中国农村的改革开放政策推动了农村发展，也稳定了全局。邓小平同志还从我国所处环境谈到发展对稳定的作用，他认为"现在，周边一些国家和地区经济发展比我们快，如果我们不发展或发展得太慢，老百姓一比较就有问题了"⑤。他还指出，只靠稳定的政治环境还不够，"最根本的因素，还是经济增长速度，而且要体现在人民的生活逐步地好起来。人民看到稳定带来的实在的好处，看到现行制度、政策的好处，这样才能真正稳定下来"⑥。所以，稳定

---

① 邓小平：《邓小平文选》第三卷，人民出版社1993年版，第332页。
② 邓小平：《邓小平文选》第三卷，人民出版社1993年版，第377页。
③ 邓小平：《邓小平文选》第三卷，人民出版社1993年版，第372页。
④ 邓小平：《邓小平文选》第三卷，人民出版社1993年版，第237页。
⑤ 邓小平：《邓小平文选》第三卷，人民出版社1993年版，第375页。
⑥ 邓小平：《邓小平文选》第三卷，人民出版社1993年版，第355页。

只能是改革发展中的稳定。"只要我们争得了这一条,就稳如泰山。"①

在稳定的基础上,实行改革与发展并举的战略是邓小平重要的战略思想。他指出:"要在改革过程中,保持生产有较好的发展。"② 中国改革开放取得的举世瞩目的成就是和他这一战略思想分不开的。

改革与发展并举的成功,得益于改革促进了发展,发展为改革保驾的辩证关系。一方面改革对旧体制的冲击,扫除了社会生产力发展的障碍,使新体制因素在新体制还没有完全建立起来就发生了作用,在冲破部分束缚后,促进了发展;在发展的目标下,旧体制的积极因素仍然保持有效的发挥,创造出一系列双重体制下多种形式的结合,这些形式虽然是暂时的,有明显的过渡性,但却适合中国转型时期的特点,促进了经济发展。另一方面,发展支持了改革。经济的发展使人民改善了生活,得到了实惠,取得了人民对改革的支持;发展还为改革提供了物质基础和宽松的环境。"从根本上说,手头东西多了,我们在处理各种矛盾和问题时就立于主动地位。"③ 中国的改革与发展已经有机地融合在一起,随着发展,矛盾逐步暴露,改革逐步深入;改革的深化又促进了发展,改革的过程就是发展的过程。

中国经济和社会发展的战略目标决定了我们必须继续实行改革与发展并举。但是,我们也必须看到,在当前新旧体制转型过程中存在的种种矛盾,为实施改革与发展并举战略增加了难度。这些矛盾和问题,既是在深化改革中要逐步加以解决的,又是当前进一步发展的障碍,必须认真对待,及时解决。

新旧体制转型过程中存在以下若干矛盾:

首先,为了保证发展,就要充分利用旧体制中的某些因素,但同时会使这些因素得以强化。最典型的就是政府经济的加强。政府经济虽然不符合改革的目标模式,但却对发展起了重要作用。这就是一方面我们强调企业自主权,但另一方面自主权又很难全面落实的原因之一。同时,政府在发展经济中主要靠的是增加投入,很容易引起经济过热和通货膨胀,使改革环境趋紧。政府经济在发展中的作用增大了向新体制转换的难度。

其次,旧体制在对发展起作用的同时,抑制了新体制因素的生长。在体制外,市场得到了较快的发育,而体制内由于旧体制的惯性作用,难以找到新体制的生长点。这就是改革十几年来体制外发展迅速、体制内改革滞后的原因之一。

再次,在改革和发展并进过程中,旧体制的某些部分发生了畸形演变,最典

---

① 邓小平:《邓小平文选》第三卷,人民出版社1993年版,第355页。
② 邓小平:《邓小平文选》第三卷,人民出版社1993年版,第268页。
③ 邓小平:《邓小平文选》第三卷,人民出版社1993年版,第377页。

型的是官商以及破坏社会正常分工的"全民经商"。在"创收"的浪潮下，文化教育卫生事业的发展出现种种怪现象，为腐败的滋生和蔓延提供了环境。

最后，新体制构造过程中也出现了新生因素的扭曲。如期货市场、股票市场等市场经济的某些试验和尝试，由于法规不健全，发育不成熟，在很大程度上扭曲为投机市场。

为解决上述矛盾和问题，继续实行改革与发展并举，必须深入领会邓小平同志关于改革、发展、稳定三者关系的辩证思想。

第一，进一步确立为发展而改革，以发展统领改革的思想。中国的现实和所处国际环境不允许我们停下发展搞改革，放弃发展就是放弃改革、放弃稳定，因此要尽量发挥并举战略的优势和积极作用，努力降低并举带来的负效应，始终保持利大于弊的格局。坚持一切从实际出发，只要有利于发展，都可以利用、试验、尝试。但必须把握好保留下来的旧体制因素的演变方向以及新体制因素在体制转型期间的发展趋势。注意方向的引导，着眼于长远，在发挥各方面促进发展的积极作用时，防止演变为今后改革和发展的障碍。

第二，抓住时机，适时加大改革力度。中央已经确立了经济发展的阶段，并制定了与发展阶段相适应的改革政策和改革措施，现在需要抓紧落实。把握好改革与发展的协调，要树立不断改革的思想。一个时期有利于发展的形式，不一定永远有利于发展，当出现不适应的情况时，就要及时进行改革，既不要将过渡形式固定化，也没有必要回过头来否定起过历史作用的过渡形式。在改革中不断进化，在发展中不断完善。

第三，突出中国特色，改革和发展都要立足于创新，特别是制度创新。有中国特色的社会主义包括有中国特色的市场经济和有中国特色的现代企业制度以及有中国特色的其他制度。树立多样性的思想，不要追求最典型，搞一种模式，特别不要照搬，真正坚持三个有利于的原则，以创新的精神，尽快完成体制转换，建立起有中国特色的社会主义市场经济体制。

中国的改革和发展已经进入关键的时期，深刻领会邓小平经济思想，深入研究改革、发展、稳定的关系，在稳定的基础上，继续实行改革与发展并举的战，那么中国的社会主义现代化事业一定会获得成功。

（原载《前线》1995 年第 3 期）

大智慧：制度与体制的剥离和新组合
——纪念邓小平诞辰100周年

  伟人之伟在于能够以超越常人的智慧把握事物规律、化解危机矛盾、发现潜在利益、推动制度创新。邓小平的伟大就在于，在中国社会主义事业成败兴衰的历史关头，他提出并推动市场经济和社会主义的新组合，开创了中国特色社会主义的新道路。

  20年前，已经走上改革开放之路的中国经济面对既要破除阻碍生产力发展的羁绊，又要坚持社会主义的历史性难题。面对这一难题，以邓小平为代表的中国共产党人创造性地在理论上将制度与体制剥离开来，提出坚持社会主义制度、改革经济体制的主张。这是一个理论上的大智慧；有了这个大智慧，中国走出了一条与苏东完全不同的自己的路；有了这个大智慧，中国有了20年高速的经济增长；有了这个大智慧，中国成功破解了一系列理论和实践的难题。这个大智慧，至今对中国的经济改革产生着深远影响。

  新中国成立初期，受斯大林模式的影响，我们形成了固定的观念：市场经济是资本主义特有的东西，计划经济是社会主义经济的基本特征；市场经济是资本主义的同义语，计划经济是社会主义的代名词。改革开放后，虽然市场对经济活动的调节作用大大增强，出现从未有过的活力，但当中国改革深化到需要确定改革的目标模式时，围绕着市场经济，还是引发了一场激烈的争论，争论的焦点仍然是市场经济是姓资还是姓社的问题。市场走向经济繁荣已经成为不争的事实，但我们必须始终坚持社会主义。针对这一两难问题，邓小平明确指出："为什么谈市场就说是资本主义，只有计划才是社会主义呢？计划与市场都是方法嘛。只要对发展生产力有好处，就可以利用。它为社会主义服务，就是社会主义的；为资本主义服务，就是资本主义的。"[1] 在南方谈话中，邓小平再次提出："计划多一点还是市场多一点，不是社会主义与资本主义的本质区别。计划经济不等于社会主义；资本主义也有计划；市场经济不等于资本主义，社会主义也有市场。计划和市场都是经济手段。"[2] 邓小平同志的这一论断，拨开长期困扰人们的迷雾，结束了争论，为开辟社会主义新路奠定了基础，指明了方向。党的十四大明确提

---

[1] 邓小平：《邓小平选集》第三卷，人民出版社1993年版，第203页。
[2] 邓小平：《邓小平选集》第三卷，人民出版社1993年版，第373页。

出，我国经济体制改革的目标是建立社会主义市场经济体制，党的十四届三中全会通过的《关于建立社会主义市场经济体制若干问题的决定》，具体规划了社会主义市场经济体制的基本框架。中国从此开始了人类历史上一次伟大的制度创新：进行社会主义与市场经济新组合的探索。

这又是一个大智慧。邓小平把人们长期认为是反映生产关系性质的制度特征——计划还是市场，划归为带有手段性质的体制特征。计划和市场归类性质的改变，不但打开了禁锢，而且还为制度创新铺平了道路。正如邓小平同志讲的："社会主义与市场经济之间不存在根本矛盾。"① 放手发展市场经济，中国的改革开放进入了全面推进的阶段。

社会主义与市场经济新组合的探索，沿着两条线索展开。一是完成由计划经济体制向市场经济体制的根本转变；二是在体制转换的同时对社会主义进行再认识，为新组合提供理论指导。就第一个线索而言，20多年以来，我国经济体制改革在理论和实践上取得重大进展，已经初步建立了社会主义市场经济体制；就第二个线索而言，什么是社会主义、怎样建设社会主义是小平同志在整个改革开放过程中，不断提出和反复思考的首要基本理论问题。他认为，我们的经验教训有许多条，最重要的一条，就是要搞清楚这个问题。的确，回顾改革开放前的曲折和失误，就在于没有完全搞清楚这个问题；审视改革开放中的犹疑和困惑，也在于没有完全搞清楚这个问题；探索社会主义与市场经济的新组合，更是首先要搞清楚这个问题。邓小平认为，社会主义是一个很好的名词，但是如果搞不好，不能正确理解，不能采取正确的政策，那就体现不出社会主义的本质。他创造性地提出：社会主义的本质，是解放生产力，发展生产力，消灭剥削，消除两极分化，最终达到共同富裕。这一马克思主义重大理论成果，不但廓清了不合时代进步和社会发展规律的模糊观念，摆脱了拘泥于教条而忽略最终目的的错误倾向，而且，还为社会主义与市场经济新组合指明了方向和任务。邓小平同志关于社会主义本质的揭示，又是一个有着深远意义的大智慧。

小平同志离开我们已经8年了，他所开创的社会主义与市场经济新组合的实践和探索还在继续。我们欣喜地看到，党中央正在用新的大智慧完成社会主义与市场经济新组合的伟大事业。十六届三中全会通过的《中共中央关于完善社会主义市场经济体制若干问题的决定》，总结了20多年来改革开放的经验，在理论和实践的结合上又有了新的重大突破和创新。首先，对社会主义的认识进一步深化；对社会主义本质的把握也更加成熟。可以说，逐步形成了我们新的社会主义

---

① 邓小平：《邓小平选集》第三卷，人民出版社1993年版，第148页。

观。从十六届三中全会文件中我们可以悟出，无论是对已有成绩的肯定，还是对现存问题的勇敢面对，都是以社会主义和社会主义所要求的生产力为出发点和根据的；而完善社会主义经济体制的目标和任务也都内含着社会主义的本质要求。经济体制改革是为全面建设小康社会提供强有力的体制保障，而小康社会是社会主义在中国最近、最现实的目标。小康社会，把过去的生产性目标表述为生活性目标，不但形象地表明了社会主义的生产目的，而且把远大理想和当代人看得见的目标结合起来，邓小平同志提出的共同富裕已经成为当代中国社会主义的旗帜。完善公有制为主体、多种所有制经济共同发展的基本经济制度是社会主义生产关系的经济基础；深化经济体制改革的指导思想和原则更是按社会主义本质要求把握的。坚持以人为本，树立全面、协调、可持续的发展观，促进经济社会和人的全面发展的提出，直接反映了社会主义的新要求；社会主义的内在要求及其实现，从来没有像今天这样全面强调和整体突出，同时又充满新意。我们已经走出了向市场经济转轨的初始阶段，对市场经济的认识和把握更加成熟、更加全面、更加深刻，在追求更具活力、更加开放的经济体系时，特别强调规范市场秩序。在提出更大程度地发挥市场在资源配置中的基础作用，增强企业活力和竞争力的同时，强调了健全国家宏观调控，完善政府社会管理和公共服务职能。第一次提出建立归属清晰、权责明确、保护严格、流转顺畅的现代产权制度，这一基本经济制度的内在要求，将成为构建现代企业制度的重要基础。

社会主义与市场经济进一步有机融合是完善社会主义市场经济体制的重要方面，是邓小平开创的制度创新的继续和深化。社会主义与市场经济的融合是全方位、宽领域、多层次的。使股份制成为公有制的主要实现形式的重要命题，标志着公有制为主体、多种所有制经济共同发展的基本经济制度找到了其赖以存在的微观基础。股份制资本主义可以用，社会主义也可以用，作为公有制主要实现形式的股份制必须进行能实现社会主义经济关系要求的制度创新，这是社会主义与市场经济在微观层次上的融合；五个统筹的重要要求，标志着社会主义与市场经济在宏观层次上的融合。五个统筹中，每一个统筹都折射出社会主义的要求。统筹的实质是计划的要求，但市场经济的统筹不同于计划经济，同样要求制度创新。计划与市场的结合在完善的社会主义市场经济体制中必将创造新的实现形式。

我们一定会以完善的社会主义市场经济告慰邓小平同志在天之灵。

(原载《首都经济贸易大学学报》2004年第5期)

走自己的路
——学习邓小平经济思想的初步体会

纵览邓小平同志三卷文集，他经常讲到的一句话是"走自己的路"，这五个字可以说概括了邓小平同志全部经济思想的精髓。走自己的路，虽然是朴实的话，朴实的道理，却有着极其丰富的内涵，不但有着马克思主义、毛泽东思想实事求是的基本内涵，而且折射出邓小平同志有中国特色社会主义理论完整体系的光芒。

走自己的路，首先是走社会主义的路。邓小平同志的文章中多处明确指出，如果我们不把马克思主义同中国的实际相结合，走自己的路，中国现在还会四分五裂，没有独立，没有统一。历史上有人想在中国搞资本主义，总是行不通。中国只走社会主义道路。一旦中国全盘西化，搞资本主义，整个现代化肯定实现不了。在世界上社会主义运动出现高潮时，他仍然坚定地认为，一些国家出现严重曲折，社会主义好像被削弱一样，但人民经受锻炼，从中吸取教训，将促使社会主义向着更加健康的方向发展。

走自己的路，就是要依靠中国人自己的力量，走独立自主，自力更生的路，这永远是我们的立足点，任何国家不要指望中国做他们的附庸，不要指望中国会吞下损害我国利益的苦果。中国人民自己的民族自尊心和自豪感，以热爱祖国、贡献全部力量建设社会主义祖国为最大光荣，以损害祖国利益、尊严和荣誉为最大耻辱。坚持走自己的路，就是要坚持从中国现阶段的实际出发，走有中国特色的路。马克思主义必须同中国的实际相结合，中国的事情要按照中国的情况来办。别人的经验可以参考，但不能照搬。过去，中国照搬别人的做法，吃了很大苦头，中国只能搞中国的社会主义。

走自己的路，就是要有雄心壮志，加速经济发展，走现代化之路。邓小平同志为我国制定了"三步走"的宏伟战略目标，并且已经完成了第一个战略目标。奔小康和现代化的目标，将成为指引全国人民向下一个世纪迈进的旗帜。

走自己的路，就是要解放和发展生产力，走改革之路，开放之路。发展生产力靠过去的经济体制不能解决问题，改革就是从根本上改变束缚生产力发展的经济体制，建立充满活力的经济体制。同时，在坚持自力更生的基础上，还需要对外开放，吸收外国的资金、技术。关起门来搞建设不行，发展不起来。

走自己的路，就是要解放思想，独立思考，敢于走前人没有走过的路。现在我们干的是中国几千年来从未干过的事，许多事马克思没讲过，我们的前人没有做过，其他社会主义国家也没有干过。因此，就要在坚持党的基本路线不动摇和以经济建设为中心的前提下，大胆地试，大胆地闯。没有一点"冒"的精神是走不出一条好路、一条新路来的。

在邓小平同志"走自己的路"的思想指引下，我国经济的航船已经驶向社会主义市场经济的航程。邓小平同志三卷文集的出版，为建立社会主义市场经济体制提供了系统的有力的思想和理论武器。我国人民在有中国特色社会主义理论指导下，将继续"走自己的路"。

（原载《首都经济信息报》1994年11月7日）

邓小平社会主义观与中国改革开放

三十年前，中国走上了改革开放之路。

三十年来，中国人民走出了一条中国特色社会主义道路，迎来了伟大的民族复兴。

邓小平是中国改革开放的总设计师，吹响了改革开放的号角。三十年后，在我们坚持党的基本路线，继续邓小平同志开创的伟大事业的时候，重读邓小平同志关于社会主义、关于改革开放的一系列论述，更感到他对社会发展认识的深入，对改革进程把握的精准。特别是，他对社会主义理想信念的矢志不移、对社会主义发展道路的勇敢探索，在今天，依然有着极为重要的指导作用。本文仅就邓小平关于社会主义的深刻论述进行梳理，并就邓小平社会主义观与中国改革开放的关系以及中国改革开放的前景进行探讨。

一、邓小平社会主义观

邓小平同志对社会主义的认识和把握主要有以下几个方面。

（一）坚定不移的社会主义信念

对社会主义事业信念毫不动摇是一个真正共产党人最鲜明的标志，也是邓小平同志奋斗一生、矢志不移的政治品质。面对社会主义处于低潮的现实，更显出他理想信念的坚定。针对当时有的外国人对社会主义的议论，邓小平同志斩钉截铁地说，马克思主义是打不倒的。他坚信，世界上赞成马克思主义的人会多起来的，因为马克思主义是科学。针对苏东一些社会主义国家出现严重曲折，邓小平指出，不要惊慌失措，不要认为马克思主义就消失了，没用了，失败了。哪有这回事！对马克思主义和社会主义坚定不移的信念是邓小平社会主义观的基础，也是他把握改革开放进程的罗盘，同时也是我们学习、理解和把握邓小平理论精髓和实质的基本立足点。

（二）立足现实的社会主义阶段

我国处于并将长期处于社会主义初级阶段的科学论断，是邓小平社会主义观以及党制定路线、方针、政策的根本出发点。十一届三中全会前出现的种种失误,根本原因在于超越了社会主义初级阶段;改革开放后取得举世瞩目的巨大成就,根本原因在于从社会主义初级阶段的实际出发。邓小平的南方谈话再次强调:"我们搞社会主义才几十年,还处在初级阶段。"我们永远不要忘记,任何脱离社会主义初级阶段实际的认识和做法,都会给社会主义事业带来损害。我们要永远记得,从社会主义初级阶段实际出发,脚踏实地建设社会主义。

(三) 百年不变的社会主义任务

社会主义初级阶段的主要矛盾,也就是这个时期必须解决的主要问题或中心任务。1978 年,邓小平就明确指出,我们的生产力发展水平很低,远远不能满足人民和国家的需要,这就是我们目前的主要矛盾,解决这个主要矛盾就是我们的中心任务。以后他多次强调,社会主义的根本任务是发展社会生产力,在整个社会主义初级阶段,都要扭住经济建设这个中心不放,据此形成了"一个中心、两个基本点"的党的基本路线。邓小平的南方谈话再次强调:不坚持社会主义,不改革开放,不发展经济,不改善人民生活,只能是死路一条。党的十一届三中全会以来的路线方针政策,关键是坚持"一个中心、两个基本点"。基本路线要管一百年,动摇不得。只有坚持这条路线,人民才会相信你,拥护你,谁要改变三中全会以来的路线方针政策,老百姓不答应。在中国改革开放的进程中,"发展才是硬道理"已经成为中国人民共同认可和百年不变的信条。

(四) 明确务实的社会主义标准

针对改革开放中干部群众存在的疑虑,邓小平指出,迈不开步子,不敢闯,说来说去就是怕资本主义的东西多了,走了资本主义道路。要害是姓"资"还是姓"社"的问题。对此他明确提出,判断的标准,应该主要看是否有利于发展社会主义社会的生产力,是否有利于增强社会主义国家的综合国力,是否有利于提高人民的生活水平。邓小平的"三个有利于标准"明确、务实、形象、具体,便于理解把握,在探索"中国式的社会主义"的进程中,排除了干部群众的疑虑,为大胆试、大胆闯提供了指南。

(五) 动态表述的社会主义本质

社会主义本质论是邓小平社会主义观的核心。邓小平提出,社会主义的本质,是解放生产力,发展生产力,消灭剥削,消除两极分化,最终达到共同富裕。关于社会主义本质的这一概括,一改传统的定义方式,不是回答"是什么",而是回答"干什么"和要达到的目标。全部以动词回答社会主义的本质,突出了社会主义的实践性和充满变化,而这种表述方式同马克思主义认为社会主义是一个不断变化的社会的预言是高度一致的。

(六) 独具特色的社会主义新路

"中国式的社会主义",始终是邓小平在社会主义道路的探索上决心"走自己的路"的一个目标。他认为,改革开放胆子要大一些,敢于试验,不能像小脚女人一样。看准了的,就大胆地试,大胆地闯。深圳的重要经验就是敢闯。没有一点闯的精神,没有一点"冒"的精神,没有一股气呀、劲呀,就走不出一条好路,走不出一条新路,就干不出新的事业。他坚信,人民,是看实践。人民一看,还是社会主义好,还是改革开放好,我们的事业就会万古长青!现在建设中国式的社会主义,经验一天比一天丰富。经验很多,从各省的报刊材料看,都有自己的特色。这样好嘛,就是要有创造性。中国特色社会主义是社会主义的一条新路。

(七) 市场经济的社会主义体制

邓小平的社会主义观中,发展和创新最为突出的是突破了传统认识,提出社会主义也可以搞市场经济。他认为,社会主义基本制度确立以后,还要从根本上改变束缚生产力发展的经济体制,建立起充满生机和活力的社会主义经济体制,促进生产力的发展,这是改革,所以改革也是解放生产力。他提出,计划多一点还是市场多一点,不是社会主义与资本主义的本质区别。计划经济不等于社会主义,资本主义也有计划;市场经济不等于资本主义,社会主义也有市场,计划和市场都是经济手段。这一认识,为社会主义市场经济的提出和确立奠定了强大的理论基础,也为从资源配置角度认识经济体制提供了锁钥。

(八) 共同富裕的社会主义旗帜

共同富裕是邓小平在批判"贫穷社会主义论"、提出容许一部分人先富起来政策后,树起的一面新的社会主义旗帜。他指出,走社会主义道路,就是要逐步实现共同富裕。如果富的愈来愈富,穷的愈来愈穷,两极分化就会产生,而社会主义制度就应该而且能够避免两极分化。他预言,可以设想,在世纪末达到小康水平的时候,就要突出地提出和解决这个问题。到那个时候,发达地区要继续发展,并通过多交利税和技术转让等方式大力支持不发达地区。不发达地区又大都是拥有丰富资源的地区,发展潜力是很大的。总之,就全国范围来说,我们一定能够逐步顺利解决沿海同内地贫富差距的问题。

（九）开放借鉴的社会主义优势

邓小平坚信社会主义比资本主义优越，他提出社会主义要赢得与资本主义相比较的优势，就必须大胆吸收和借鉴人类社会创造的一切文明成果，吸收和借鉴当今世界各国包括资本主义发达国家的一切反映现代社会化生产规律的先进经营方式、管理方法。在谈到一些国家的发展时，他满怀信心地指出，两个文明建设都要超过他们，这才是有中国特色的社会主义。

（十）坚强可靠的社会主义保证

邓小平谈话中多次谈到社会主义性质不变的制度性保证。如在谈及外资引入时，他强调我们有优势，有国营大中型企业，有乡镇企业，公有制是主体，"三资"企业受到我国整个政治、经济条件的制约，是社会主义经济的有益补充，归根到底是有利于社会主义的。只要我们头脑清醒，就不怕。更重要的是政权在我们手里。邓小平强调的公有制主体地位和政权性质这两个政治、经济条件的制约是社会主义性质不变的坚强可靠保证。在这个问题上，我们要始终保持头脑清醒。

（十一）居安思危的社会主义命运

社会主义在中国的命运面临极大考验。邓小平告诫我们，必须保持清醒的头脑，右可以葬送社会主义，"左"也可以葬送社会主义。在整个改革开放的过程中，必须始终注意坚持四项基本原则。他担忧资产阶级自由化泛滥，后果极其严重。他指出特区搞建设，花了十几年时间才有这个样子，垮起来可是一夜之间啊，垮起来容易，建设就很难。在苗头出现时不注意，就会出事。中国要出问题，还是出在共产党内部。关键是我们共产党内部要搞好，不出事，就可以放心睡大觉。

二、中国改革开放的性质和方向

三十年前，中国改革开放之始，首先明确的就是改革的性质、改革的方向。中国共产党以自己特有的理论智慧，把经济制度和经济体制作了剥离和区分，提出坚持社会主义制度、改革经济体制，走上了与苏东完全不同的改革之路。党的十二大向世界宣告"走自己的路，建设有中国特色的社会主义"。1984年，党的十二届三中全会通过的《关于经济体制改革的决定》明确提出，改革的性质是社会主义制度的自我完善；改革的方向和任务是建立起具有中国特色的，充满活力的社会主义经济体制。

社会主义市场经济体制改革目标的确立，是马克思主义基本理论同中国实践相结合的伟大理论创新，是党的十四大的重大理论成果。邓小平同志正是从改革的性质、改革的方向对长期争论不休的计划和市场的问题一锤定音：计划和市场不是社会主义与资本主义的本质区别，计划和市场都是经济手段。资本主义也有计划，社会主义也有市场。这个精辟论断，有两个重要理论意义：一是从根本上解除了把计划经济和市场经济看作属于社会基本制度范畴的思想束缚；二是使我们终于发现了我们剥离出的经济体制的内涵是资源配置方式。党的十四大第一次明确提出，中国经济体制改革的目标是建立社会主义市场经济体制，以利于进一步解放和发展生产力。

党的十五大进一步从改革的性质、改革的方向出发，提出"建设有中国特色社会主义经济，就是在社会主义条件下发展市场经济，不断解放和发展生产力"。同时，围绕着公有制，提出了一系列崭新的认识。在公有制主体地位的认识上，第一次提出了以质和量相统一，更注意质的提高的新观念。注重公有资产在社会总资产中占优势，突破了单纯以量的比重衡量优势的片面认识。第一次提出了以"控制力"这个新概念把握国有经济的主导作用；提出了从整体上把握社会主义性质的重要新观念。提出了"公有资产在社会总资产中占优势；国有经济控制国民经济命脉，对经济发展起主导作用"。"要着眼于搞好整个国有经济"。十五大以后，公有制经济的改革取得了长足的发展，社会主义基本经济制度在新的形态下，开始了和市场经济融合的进程。

党的十六大，对坚持和完善基本经济制度的论述更为明确：第一，必须毫不动摇地巩固和发展公有制经济。发展壮大国有经济，国有经济控制国民经济命脉，对于发挥社会主义制度的优越性，增强我国的经济实力、国防实力和民族凝聚力具有关键作用。集体经济是公有制经济的重要组成部分，对实现共同富裕具有重要作用。第二，必须毫不动摇地鼓励、支持和引导非公有制经济发展。个体、私营等各种形式的非公有制经济是社会主义市场经济的重要组成部分，对充分调动社会各方面的积极性、加快生产力发展具有重要作用。第三，坚持公有制为主体，促进非公有制经济发展，统一于社会主义现代化建设的进程中，不能把这两者对立起来。各种所有制经济完全可以在市场竞争中发挥各自优势，相互促进，共同发展。

三、正确认识改革开放中存在的矛盾和问题

在社会主义市场经济体制的建设中，改革开放极大地促进了生产力的发展，

中国的社会主义事业也取得了长足的发展。但是，也遇到很多复杂矛盾和严峻挑战，如，"三农"问题、就业压力、生态环境恶化、地区发展不平衡、收入差距过大、上学难看病贵、社会事业滞后等。但这些都是发展中的困难和问题。

（一）矛盾和问题产生的主要原因

1. 长期性的深层矛盾依然存在。我国正处于并将长期处于社会主义初级阶段，虽然经济持续高速增长，但人口众多、资源短缺的基本国情没有也不会发生根本改变。耕地、淡水、能源和重要矿产资源相对不足，生态环境比较脆弱。改革尚未触动的体制，还对发展存在障碍。

2. 快速发展带来的问题。中国经济的快速增长也带来一些新的问题，投资和消费关系不协调，部分行业盲目扩张、产能过剩；经济增长方式转变缓慢，能源、资源消耗过大，环境污染加剧；城乡区域发展欠统筹，收入差距不断扩大等。

3. 市场经济体制的不完善。市场经济体制虽然已经初步建立，但还不完善。行政性垄断和地区封锁依然存在，城乡统一的劳动力市场尚未形成，资源性产品价格改革有待进一步推进。市场正常运行必须具备的产权交易制度、市场管理制度、劳动者保护制度、消费者保护制度、社会保障制度和社会救助制度等支持系统的建立、健全滞后。

4. 市场失灵，政府职能转换不到位。我们在从市场经济获得极大利益的同时，也从实践中认识到，市场不是万能的。中国经济确实存在着市场失灵区，即使市场经济体制完善了，市场失灵还会存在。市场失灵区，只有政府功能起作用。但整个经济体制由计划向市场转换时，政府职能却没有同步进行转换。所以市场失灵时，政府功能也缺位，出现许多未能有效替补市场的尴尬。

5. 公有制经济功能不充分、不适应。在向市场经济的转换中，公有制经济立下汗马功劳。但公有制经济在市场经济中新的功能表现得不充分，还存在很大程度的不适应。公有制经济在市场经济中的功能还有待进一步挖掘、开发和创新。公有制经济与非公有制经济的共同发展还有待进一步协调和融合。

6. 社会主义本质的实现机制有待进一步创新。市场经济不会自动实现社会主义的本质要求，社会主义条件下的市场经济如何实现社会主义的本质，通过什么样的机制去消灭剥削、消除两极分化、最终实现共同富裕需要我们进一步探索、进一步创新。

7. 国际环境不稳定不确定因素增多。国际环境复杂多变，世界经济发展不平衡状况加剧，发达国家在经济科技占优势，围绕资源、市场、技术、人才的竞争激烈，影响和平与发展的不稳定不确定因素增多。

（二）解决问题的思路

一是必须坚持改革的社会主义性质不动摇。解决现实的矛盾和问题，使市场在社会主义国家宏观调控下对资源配置起基础作用，激励活力、促进效率，必须坚持改革的市场经济方向不动摇。

二是针对现实存在的主要矛盾和矛盾的主要方面，把着力推进行政管理体制改革列为改革的首要任务，加快政府职能的转换，加强各级政府的社会管理和公共服务职能。

三是发挥市场配置资源的基础作用。在经济运行的主要方面，强调对市场主体的导向，主要依靠市场主体的自主行为实施。在宏观调控的重点任务方面，主要通过完善市场机制和利益导向机制努力实现。

四是坚持公有制为主体、多种所有制经济共同发展的基本经济制度。强调毫不动摇地巩固和发展公有制经济，毫不动摇地鼓励、支持和引导个体、私营等非公有制经济发展。对人民群众反映比较强烈的问题，如义务教育、公共卫生、社会保障、社会救济、促进就业、减少贫困、防灾减灾、公共安全、公共文化等，政府必须放在工作的重要位置来考虑。政府要加强对改革的总体指导和统筹协调。

四、市场经济条件下社会主义道路的新探索

中国改革开放三十年，对社会主义发展道路的探索经历了三个阶段。

第一阶段：从邓小平提出走自己的路，社会主义可以搞市场经济，到确立社会主义市场经济的目标，花了 13 年的时间。

第二阶段：在社会主义制度的既定前提下，逐步形成了市场经济体制，又花了 13 年的时间。

第三阶段：在完善社会主义市场经济体制的同时，探索社会主义在市场经济条件下的实现，大概还要 13 年的时间。

党的十六大以来，我国的改革开放进入第三阶段。党中央继承和发展党的三代中央领导集体关于发展的重要思想，提出了科学发展观。党的十七大进一步概括了科学发展观的基本内涵，第一要义是发展，核心是以人为本，基本要求是全面协调可持续，根本方法是统筹兼顾。同时，发展必须以人为本，民生是发展的初衷、动力和归宿。民生是科学发展观的灵魂。从发展是第一要义到核心是以人为本，只有从民生出发，才能对其科学内涵和精神实质有深刻的理解和把握。例

如，发展不同于增长，就在于增长还必须改善民生；以人为本，就是要把发展的目标、动力和结果统一在民生上；全面协调可持续，更是以人的全面发展和永续发展为最终根据。民生关系着社会主义的实现，民生关系着中国改革开放事业逻辑的完整。邓小平社会主义观得到了全面坚持和创新发展。

（一）民生问题是市场经济的必然产物

大家对民生的内涵有了共识，直接的表现就是就业、教育、收入分配、社会保障、住房和医疗等百姓的生活问题。那么民生问题是在什么情况下突显出来的？如果梳理一下人类经济生活的变迁，可以发现其中的规律。

在自然经济时期，人类的生产活动直接就是为了消费，消费和生产统一于一个主体，统一于一个完整过程，没有交换，没有分配，人类的整个经济活动都是民生，民生没有作为一个独立问题表现出来。

商品经济出现后，特别是与资本主义制度结合在一起的市场经济，使自然经济的消费和生产分离开来。生产的社会化导致生产不是为了消费，而是为了价值，进而为了利润。但人类为了生存始终要消费，作为社会整体必须发展经济，作为个人和家庭，在市场经济条件下始终要参与交换和分配，人类经济生活的异化终于使民生问题独立出来。民生问题是由消费引发的。既然要消费，就要有可以用于换取所需消费品的货币，这就是所谓的收入；收入从哪里来？市场经济是交换经济，家庭居民要生活，拿什么来换取货币收入呢？在私有制的条件下，要素所有者以要素和要素的使用权参与社会生产获取要素收入，这就是分配。对于大多数劳动者来说，只能够寻求一份职业，提供劳动，换取劳动收入，这就是所谓就业。为了更好地寻求就业机会和个人发展，就要获取知识、提高劳动技能，这就是教育。当失业或种种困难难以维系家庭的消费时，就需要提供维持生存的社会保障和社会救助。

所以，民生问题是市场经济的必然产物，只要发展市场经济，民生问题就必然会凸显出来，成为社会关注的焦点。

（二）民生是社会主义的起点和不变的主题

民生问题的最早表现为针对资本主义弊病的尖锐批评，而社会主义思想恰恰是针对民生问题的解决而提出的。

社会主义从思潮到运动，从空想到科学，从理论到实践，都没有离开民生这一不变的主题。社会主义概念一出现，就是针对民生的，社会主义思想刚传到中国就被译为"养民新学"，可以说，社会主义的概念一开始就是和民生紧紧联系在一起的。民生问题萌生社会主义，人们也希望社会主义解决民生问题，世界各国共产党人的革命初衷都是为了解决民生问题。可以说，民生和社会主义几乎具有相同的内涵。孙中山先生早在1924年就讲过，民生就是社会一切活动中的原动力，并且把他主张的民生主义解释为"民生主义就是共产主义，就是社会主义"。

计划经济，在社会整体上统一安排生产和消费，和自然经济一样，从理论上说，不会单独提出民生问题；但从计划经济的实践上看，"贫穷不是社会主义"的论断，还是从民生的视角，为社会主义的探索，为改革开放提供了出发点和动力。

（三）民生第一是中国特色社会主义的制度性特征

民生和社会主义紧密相连，无论是空想社会主义、民主社会主义，还是科学社会主义，民生问题始终是社会主义不变的主题。各种社会主义的不同在于解决民生问题的道路和途径及其据以提出的基本理论和依据。

空想社会主义表现出的是对旧制度诗人般的愤怒和道德的正义，没能提出任何可以改变现状的具体办法；小农经济的社会主义关注的是在低水平生产力条件下，如何均贫富；民主社会主义主张不改变社会制度，只是在收入分配制度上进行调整；而科学社会主义认为，在生产力高度发展的基础上，人类最终从制度上解决消费与生产分离所产生的异化，从人类历史发展的规律说明了社会主义的方向和道路。

胡锦涛提出，改革开放以来我们党带领人民开辟了中国特色社会主义道路，这条道路之所以正确、之所以能够引领中国发展进步，关键在于我们既坚持了科学社会主义的基本原则，又根据我国实际赋予其鲜明的中国特色。根据这一思想，笔者认为，中国特色社会主义的重要标志，或者是制度性特征，可以概括为民生第一。民生第一，就是把民生作为想问题、做决策的出发点。这一点可以从胡锦涛"625讲话"得到进一步印证："我们党的根本宗旨是全心全意为人民服务，党的一切奋斗和工作都是为了造福人民，要始终把实现好、维护好、发展好最广大人民的根本利益作为党和国家一切工作的出发点和落脚点，做到发展为了人民、发展依靠人民、发展成果由人民共享。"这一论述深刻说明：民生第一，是中国特色社会主义的标志。

（四）民生是中国特色社会主义的落脚点

社会主义的实现，有很多标志，但归根结底要体现在民生上。民生第一是社会主义最生动、最具体、最容易把握的标志，民生是中国特色社会主义的落脚点。

胡锦涛明确提出："要以解决人民最关心、最直接、最现实的利益问题为重点，使经济发展成果更多体现到改善民生上"，并创新性地提出："全面把握我国发展的新要求和人民群众的新期待，认真总结我们党治国理政的实践经验，科学制定适应时代要求和人民愿望的行动纲领和大政方针，从新的历史起点出发，带领人民继续全面建设小康社会、加快推进社会主义现代化，完成时代赋予的崇高使命。"党的十七大还提出："必须在经济发展的基础上，更加注重社会建设，着力保障和改善民生，推进社会体制改革，扩大公共服务，完善社会管理，促进社会公平正义，努力使全体人民学有所教、劳有所得、病有所医、老有所养、住有所居，推动建设和谐社会。"

胡锦涛"以民为本、执政为民"的执政理念，极为强调"以人为本"的核心，在强调发展"硬道理"的同时，第一次把"逐步实现社会公平与正义，极大地激发全社会的创造活力和促进社会和谐"作为和"发展"同样重要的执政党的"两大历史任务"。

（五）社会建设是社会主义实现的新形态

中国共产党人在改革开放的实践中，不断探索和回答什么是社会主义、怎样建设社会主义的问题，不断取得新认识和新进展。社会建设的提出，笔者认为是这一探索的最新成果。

新中国建立初期，我们是按照马克思主义关于未来社会的设想和原则及苏联的经验进行社会主义实践的，把握社会主义主要从社会主义制度的"前提"着手，强调公有制、计划经济、按劳分配等制度性规定，却忽视了社会主义民生的初衷。

邓小平同志从社会主义制度的"目标"重新审视社会主义的科学内涵，尖锐地指出，贫穷不是社会主义，深刻揭示了社会主义的本质是共同富裕，确立了小康社会的目标；胡锦涛继承邓小平理论和"三个代表"重要思想，在充分肯定改革开放和全面建设小康社会取得重大进展的同时，正视劳动就业、社会保障、收入分配、教育卫生、居民住房、安全生产、司法和社会治安等方面关系群众切身利益的问题仍然较多，部分低收入群众生活比较困难的现实，进一步从"落脚点"回答了什么是社会主义，指出要始终把实现好、维护好、发展好最广大人民的根本利益作为党和国家一切工作的出发点和落脚点，尊重人民主体地位，发挥人民首创精神，保障人民各项权益，走共同富裕道路，促进人的全面发展,做到发展为了人民、发展依靠人民、发展成果由人民共享。顺应各族人民过上更好生活的新期待,创造性地提出以改善民生为重点的社会建设,并把社会建设与经济建设、政治建设、文化建设并列在一起,共同构成由基本目标和基本政策构成的中国特色社会主义基本纲领,社会建设着力解决人民最关心、最直接、最现实的利益问题,回答了在市场经济条件下怎样建设社会主义的问题。

如何切实改善民生,落实民生,使更多的人享受到经济发展带来的成果,是我们需要重视的问题所在。它既是执政党的"新的历史起点",更是13亿中国人的新期待。我们相信,在中国共产党的领导下,在中国特色社会主义理论指引下,中国人民的生活会越来越幸福。

(原载《纵论改革开放30年》,河南人民出版社2008年版)

从硬道理到第一要务
——"三个代表"重要思想的发展观

从邓小平"发展才是硬道理"的著名论断到"三个代表""发展是党执政兴国的第一要务"的重要命题，发展，在当代中国经过 25 年的实践和探索，已经形成一个内容丰富、体系完整的理论系统。这个系统包括了中国共产党人对发展内涵认识的拓展和深化；对发展地位、作用认识的强调和提升；对发展道路、途径的探索和总结；对发展态势、机遇的预测和把握；对发展战略、方针的谋划和制定。在这个系统中，发展作为党执政兴国的第一要务，在党的基本理论、基本路线、基本纲领、基本经验中都占有核心地位；连接着党的最高纲领和最低纲领；统领着中国特色社会主义的各项事业。胡锦涛同志七一重要讲话进一步概括了这一当代中国共产党人的发展观："在我国社会主义初级阶段，我们党作为执政党的根本任务就是发展生产力，发展是我们党执政兴国的第一要务。发展是以经济建设为中心、经济政治文化相协调的发展，是促进人与自然相和谐的可持续发展。"本文仅就其精要谈一些体会。

发展是贯穿"三个代表"重要思想的主题。从《"三个代表"重要思想学习纲要》概括的 100 条来看，几乎条条都和发展相连：从与时俱进的思想路线到以改革精神建设党，从全面建设小康社会的发展战略到实现好维护好发展好最广大人民根本利益的根本目的，发展是联结"三个代表"重要思想十六个方面的一条红线。把握了发展这个主题，就把握了"三个代表"重要思想。

中国现代化进程，是由三个至关重要的命题推动的，每一个命题都有其产生的特殊背景，每一个命题都蕴含着其承担的重要使命。第一个命题是"发展才是硬道理"，是邓小平同志针对党的工作重心偏离经济建设，总结社会主义建设的经验教训提出来的，起到了拨乱反正的历史性作用，从那时起，全党始终坚持以经济建设为中心不动摇。第二个命题是"用发展的办法解决前进中的问题"，这是改革开放以来我们党的一条重要经验。25 年来，党的路线方针政策得到全体人民拥护，我们能够战胜各种困难和风险，都与紧紧扭住发展这个主题密切相关，实践已经充分证明，坚持以发展为主题，用发展的眼光，发展的思路，发展的办法解决前进中的问题，就能把我们的事业不断推向前进。第三个命题是"发展是党执政兴国的第一要务"，这是我们党面向未来，实现新世纪历史使命的重大命题，发展的内涵更为深刻、更为全面。胡锦涛同志七一重要讲话中分析的我们将长期面对的三个重大课题，每一个课题都要靠发展来解决，发展关系到党和国家的前途命运，关系到全面建设小康社会的成败。三个命题记录了中国共产党对发展不断深化认识的进程。

正确认识和处理改革发展稳定的关系是当代中国共产党人发展观的重要内容，江泽民同志把改革、发展、稳定比喻为中国现代化建设棋盘上的三着紧密关联的战略性棋子，深刻地指出："每一着棋都下好了，相互促进，就会全局皆活；如果有一着下不好，其他两着也会陷入困境，就可能全局受挫。"在统一协调好这三着战略性棋子的关系上，我们党创造了把改革的力度、发展的速度和社会可承受的程度统一起来，把不断改善人民生活作为处理改革发展稳定关系的重要结合点，在社会稳定中推进改革发展，通过改革发展促进社会稳定的宝贵经验。

从邓小平设计"三步走"的宏伟蓝图到党的十六大提出"第三步"战略目标，中国的经济社会发展始终是在发展战略和发展目标的激励和指引下不断前进的。发展战略和发展目标是中国共产党人发展观的重要组成部分。中国特色社会主义正是在"三步走"的目标下统一全国人民的意志，取得节节胜利的。新世纪，我们将在"全面建设小康社会"的目标下，统一全国人民的意志，开创中国特色社会主义事业新局面。正如胡锦涛指出的，提出"具有感召力的目标，并团结和带领广大人民为之奋斗。这是我们党的一个十分重要的政治领导艺术"。

三个文明协调发展是中国共产党人对发展内涵认识的拓展和深化。我们党在强调发展必须集中力量把经济搞上去后，又及时地提出发展是社会主义物质文明、政治文明和精神文明的协调发展，并指出三个文明彼此紧密联系而又有各自的发展规律，互为条件、互为目的、相辅相成。因此，"发展是以经济建设为中心、经济政治文化相协调的发展"。

发展包括促进人的全面发展，笔者认为这是中国共产党发展观的最高境界。这一思想的宝贵之处在于把党的最低纲领与最高纲领第一次有机地联系起来，而最低纲领与最高纲领的联结点正是人的全面发展。党的最低纲领是为最高纲领的实现创造条件的，是向着最高纲领前进的，党的最高纲领是实现人的全面发展，而我们现阶段所做的一切工作都是在为这一目标创造条件，并在一切可能条件下，向着这个目标迈进的。既要着眼于人民现实的物质文化生活需要，又要着眼于促进人民素质的提高，也就是促进人的全面发展。而这正是马克思主义关于建设社会主义新社会的本质要求。

发展是促进人与自然相和谐的可持续发展，这一命题标志着我们党对发展认识的新高度。坚持可持续发展，就是既要考虑当前发展的需要，又要考虑未来的发展需要，我们绝不能以牺牲后代人的利益为代价来满足当代人的利益。从这样一个认识出发，我们必须不断增强可持续发展能力，改善生态环境，提高资源利用效率，促进人与自然的和谐，推动整个社会走上生产发展、生活富裕、生态良好的文明发展道路。

抓住机遇、珍惜机遇、用好机遇不但是我们党针对中国国情和所处国际环境提出来的创新观点，而且也丰富了发展经济学的内容。能不能抓住机遇、加快发展，是一个国家、一个民族赢得主动、赢得优势的关键所在。对于我们这样一个发展中的大国来说，发展的机遇并不多，错失机遇，可能意味着发展的阻滞；抓住机遇，就会赢得发展的空间。党的十六大提出，本世纪头20年，对我国来说，是一个重要战略机遇期，我们一定要有主动精神和忧患意识，抓住机遇而不可丧失机遇，开拓进取而不可因循守旧，聚精会神搞建设，一心一意谋发展。

"三个代表"重要思想的发展观，是在中国特色社会主义事业的伟大实践中形成的，不但横跨了经济社会各个领域的方方面面，内容极其丰富；而且凝聚了25年改革发展历史的和内在逻辑的统一，认识极其深刻。这一发展观，集中了全党的智慧，汇集了一系列紧密联系、相互贯通的新思想、新观点、新命题、新论断；对发展规律的认识达到了新的理论高度，需要我们深入学习和领会；这一发展观，必将对中国社会主义现代化建设起到有力的指导和推动作用。

(原载《中国改革报》2003年7月31日)

科学发展观之科学

我演讲的题目是"科学发展观之科学",意思就是科学发展观到底科学在哪里。党的十七大报告中,胡锦涛同志对科学发展观做了新的概要叙述,要求全党同志全面把握科学发展观的科学内涵和精神实质。为什么要科学发展?一定是生活中存在着很多不科学的现象和不科学的思想观念。也是本着这样的思考,胡锦涛同志要求转变不符合科学发展的思想观,着力解决制约科学发展观的突出问题,把全社会发展的积极性引导到科学发展观上,把科学发展观落实到经济社会发展的各个方面。那么,科学发展观的科学内涵和精神实质到底是什么?

党的十七大报告将科学发展观基本上概括为这样四句话:第一要义是发展,核心是以人为本,基本要求是全面协调可持续,根本方法是统筹协调。我围绕每一句话探讨三个问题。一个是逆向思考,我们要搞和谐社会,现状肯定是不和谐,所以才提出要和谐;接着做深度探究,研究出现这些不和谐原因,我想从理论上探究它到底是如何生成的,我们应该怎么看;最后一点是精要把握,不要把它当作一个简单的政策或简单的口号,而是要掌握它的精神实质和科学内涵。

先看第一句话:第一要义是发展。从一般哲学意义上来说,发展指事物由小到大,由简单到复杂。生物从最简单的单细胞体发展到比较复杂的动物,由低级到高级;社会也是从社会的初级形态发展到社会的高级形态。科学发展观是一种科学的世界观,首先是发展,没有发展就谈不上科学发展观,所以它的第一要义是发展。

一、对"发展"的逆向思考

我们在大概了解发展的定义以后,逆向思考什么?我们要逆向思考什么是不发展。我觉得不发展表现在这样几个方面:经济发展缓慢、停滞,甚至衰退。比如,美国次贷危机以后经济开始进入衰退。中国历史上也有过非常强大的时期,在四川三星堆,我真的很震惊:中华民族在那么早的时候就有那么好的工艺,有过相当发展的历史。但是在封建社会比较长的时间里,我们的发展跟世界比较起来显得比较慢,出现了由盛转衰的情况。到新中国成立前,中华民族已经外受侵略,内部战争不断,处于一种发展停滞状态。新中国成立后实行了"一五"计划,"二五"计划,发展非常快。但是"文化大革命"十年放慢了发展速度,甚至出现了衰退。到改革开放前，国民经济发展到了崩溃的边缘。改革开放以后，又有了30年的持续高速发展。

各个国家都是这样。苏联刚成立的时候，整个人类都为之震惊。在苏联开始搞计划经济前，所有的经济学家都断定实现不了，怎么能够没有商品，没有市场经济还能实现发展吗？苏联"一五"计划的成功，使很多人刮目相看，这是在落后的农业经济基础上的高速发展。但是由于体制、路线问题，特别是跟美国的军备竞赛，苏联解体时的经济发展已经到了崩溃的边缘，它的解体是必然的。苏东剧变后，苏联采用了休克疗法。休克疗法与我国经济体制改革形成了鲜明对比。苏联的休克疗法没有解决经济发展问题，直到普京上台后调整了政策，学习中国的一些做法，苏联才开始恢复经济发展。

另一个逆向思考是：经济快速增长了，就一定发展吗？这里也有一个看法，就是有增长而无发展，这是人们对发展概念的一种反思。有些国家靠出卖资源实现国民生产总值飞速增长，但是这些国家的贫困并没有消除，失业率也很高，不平等情况严重。经济学家西尔斯提出，考察一个国家或者地区是否发展，不能光看GDP是不是增长，还得看有没有消除贫困、失业和不平等。发展经济学家古莱特也概括出经济发展的三个方面要求：生态、自尊和自由。首先，人类有一些共同的基本需要，如食物、住房、安全保障、良好的生态环境等，这些他认为都是维持人们生存所必须的条件，也是经济活动的目的之一。经济活动就是为了改善生活，就是为了生活得更好。这是经济发展的第一个要求。当人的生存得不到保障的时候，人们的尊严也难以体现。美好的生活意味着人的价值能够实现，人的各项权力能够得到尊重。自尊成为经济发展的第二个要求。人们还应该具有能够摆脱各种物质生活束缚的能力，也就是更自由一些，有更多的选择。从这个意义上看，发展不仅仅是数量上的增长，还应该解释为人的生存条件不断得到满足，人的尊严不断得到认可，人的自由选择空间得到持续的扩大等。

增长不等于发展，这是经济学非常重要的概念。我们平常认为发展就是增长，就是国民经济持续增长，年递增率超两位数的增长。但是按照这个观点，这不能叫发展，只能叫作增长。

是不是有增长也有发展就是完整的发展了？也不是。为什么？美国人的生活很富裕，能源消耗也很大。我在美国学习的时候，在外面穿羽绒服，一进屋里就脱得只剩T恤衫了，屋里烧得很热，公共汽车也一样。有一本书里说，全世界只能养活一个美国。所以，在经济发展过程中会出现什么呢？资源告罄，会出现发展的中断。尽管你也增长，也发展，但是人类生存的资源没有了，环境恶化了。这也是不行的。罗马俱乐部最早提出这个问题，它的结论比较极端，认为用不了多久，人类就面临着资源不够用、发展不下去的问题。当然，这个结论没有考虑到科学进步的因素。比如，随着科技的不断进步，人类将会不断发现新资源，可燃冰的发现就是一个例子。但是，这个结论毕竟提醒人类在发展中必须考虑资源告罄的问题。不要一代人把后几代人的资源全用完了。所以，我们理解发展还得从经济和社会发展来看，应该逆向思考是否存在有增长无发展和资源告罄不可持续的现象。从这样一个完整的角度看，我们才能对发展有一个更准确的把握。十一届三中全会以后，党的工作重心转到经济建设中来，而且始终坚持以经济建设为中心三十年不动摇。所以，缓慢、停滞不属于中国。但我们在"有增长无发展""资源告罄不可持续"方面，还存在着大量问题。

二、对"发展"的深度探究

第二个问题是对发展的深度探究，就是为什么会出现发展的缓慢、停滞和衰退。为什么会出现有增长无发展？为什么会出现人类对赖以生存的环境的破坏，使我们不能够持续发展？我认为发展所遇到的问题有以下深层原因。

第一个是制度性障碍。大家都知道，人类社会制度的更替、变更，很重要的一个原因就是生产关系不适应生产力的发展。正是根据这个原理，马克思才得出资本主义一定灭亡、社会主义一定胜利的结论。"三个代表"重要思想提出要代表先进生产力，就是因为适应先进生产力的发展，生产关系才能存在，党才能存在。否则这个制度就不行了，这是制度性的障碍。但是马克思主义也认为，当一种生产方式还能容纳生产力发展的时候，它也不会马上灭亡。从人类历史上看，资本主义还有能够容纳生产力发展的空间，还有一段持续发展的过程。

第二个是体制性障碍。体制性障碍是我国改革开放以后形成的一种认识。从总体上讲，社会主义制度是能够促进生产力发展的，新中国成立初期的成绩证明了这一点。但是生产关系的很多方面有不适应生产力发展的因素，我们开始并不是很清楚，所以中国经济体制改革初期并没有非常明确的提出来。经过了十几年的改革，我们才逐步发现体制问题。这个体制到底是什么？最早的时候我们发现：同样是资本主义，美国和英国，日本和法国都不一样；同样是社会主义，苏联和南斯拉夫、匈牙利，以及中国的表现形式也不一样。这种表现形式实际是资源配置的方式。资源配置方式主要有两种，一种是计划配置，就是事先决定比例，按照事先决定的比例去安排。计划就是预先决定比例。苏联和中国原来的体制就是这样一种计划体制。还有一种是市场体制，让市场自发地去调节。市场通过价格机制对供求进行调整，最后使资源合理地配置到各个方面去。但是这两种配置结合的方式、程度不同，又有很多具体的体制。我国最早进行改革探索的时候,想以计划为主体,辅之以市场调节,也就是计划为主,市场为辅。后来,我们发现根据现阶段生产力发展水平,市场体制占有明显优势。所以我们逐步明确应该往市场趋向方向走,当时还没有人敢提市场经济,主要使用的名词是"价值规律""市场趋向"。中国加入WTO的谈判进行了十几年,所遭遇的最严重的障碍就是加入世贸组织的前提是承认自己属于市场经济国家。我们原来一直不承认我们是市场经济,所以谈判起来很难。后来我们逐步理解了邓小平同志讲的资本主义也有计划,社会主义也可以有市场,计划和市场不是制度问题,坚持社会主义制度仍然可以选择资源配置方式。理解这一点后,一个重大的变化就是,我们放开手搞市场,为中国加入了WTO、融入世界扫清了一个重要障碍。

(学习十七大报告的讲座文稿,"宣讲家网"2008年6月23日登载)

对立统一与社会和谐
——从矛盾斗争的视角看和谐社会的构建

从 2004 年中共中央提出构建"和谐社会"的治国理念以来,理论界展开了热烈的讨论。构建和谐社会,将成为中国社会在相当长一段时间内关注的理论及实践的热点问题。从目前的研究我们可以看到,一些人对和谐社会的治国理念有一些片面的理解,如有人认为,讲和谐就是要回避或者调和斗争,甚至不应该再讲斗争;还有人认为,和谐社会的理念,是对中国传统文化的延续,因此,挖掘传统文化中的和谐思想,服务于当代和谐社会的建设就足够了。而马克思主义是斗争哲学,对于和谐社会的建设已经没有太大的价值了。有人甚至把和谐社会与斗争哲学对立起来。我们认为,这样的观点,在理论上是荒谬的,用于指导实践也是有害的。中华民族和而不同的宝贵思想肯定是我们构建和谐社会的思想源泉,但实践要求我们必须更为关注用马克思主义对立统一的基本观点指导和谐社会的构建。

一、重新解读"斗争哲学"

由于极"左"路线对社会主义事业的严重破坏,人们对斗争已经极为厌倦和反感,以致谈"斗争"色变,斗争一词也随之作为贬义词被打入冷宫。谁要再提斗争,似乎就是要回到极左年代。应该指出,一个政党的政治路线和政策不能简单等同于这个政党的指导思想,中国共产党放弃了"以阶级斗争为纲"的极"左"路线,但并没有放弃马克思主义的世界观。因此,对于斗争,应该有一个科学的认识,特别是面对构建和谐社会的任务,我们更应该重新解读"斗争哲学",正本清源、澄清迷误,以求对马克思主义有真正的理解和把握。

马克思主义认为,运动就是矛盾,有矛盾就会有斗争,但是斗争的形式并不相同。马克思在《资本论》中,对于资本主义的矛盾及运动规律的分析,就是运用矛盾分析的方法。恩格斯在《自然辩证法》中曾经指出:"运动本身就是矛盾","整个自然界,从最小的东西到最大的东西,从沙粒到太阳,从原生生物到人,都处于永恒的产生和消灭中,处于不断的流动中,处于无休止的运动和变化中"①。列宁也认为，辩证法应该承认矛盾斗争。他指出："统一物之分为两个部分以及对它的矛盾着的部分的认识是辩证法的实质。"② 承认自然界的（也包括精神的和社会的）一切现象和过程具有矛盾着的、互相排斥的、对立的倾向。

马克思主义还认为，发展就是对立面的斗争。列宁认为，矛盾是事物发展的内在动力。他指出："有两种基本的（或两种可能的？或两种在历史上常见的？）发展（进化）观点：认为发展是减少和增加，是重复；以及认为发展是对立面的统一（统一物之分为两个互相排斥的对立面以及它们之间的相互关系）。"③ 列宁认为，第一种观点是僵死的、平庸的、枯燥的。它的动力、它的源泉、它的动因都被忽视了（或者这个泉源被移到外部——移到上帝、主体等那里去了）。第二种观点，是活生生的。主要的注意力正是放在认识"自己"运动的源泉上，才能提供理解一切现存事物的"自己运动"的钥匙，才提供理解"飞跃""渐进过程的中断""向对立面的转化""旧东西的消灭和新东西的产生的钥匙"④。

毛泽东对马克思主义的一个重要贡献就是深刻分析了矛盾的同一性是矛盾的重要属性。他指出："同一性、统一性、一致性、互相渗透、互相贯通、互相依赖、互相联结或互相合作，这些不同的名词都是一个意思，说的是如下两种情形：第一，事物发展过程中每一种矛盾的两个方面，各以和它对立着的方面为自己存在的前提，双方共处于一个统一体中；第二、矛盾着的双方，依据一定的条件，各向着其相反的方面转化。"⑤ 主要是讲，矛盾的同一性或统一性是指矛盾着的对立面之间内在的、有机的、不可分割的联系，这种联系使对立双方不仅有一个共同的基础，而且还包含某些共同点，在未解体之前双方处于既相互排斥又相互吸引的平衡之中。毛泽东对同一性的论述，对于构建和谐社会有极为重要的指导意义。

马克思主义一向认为，矛盾的同一性是相对的，斗争性则是绝对的。列宁指出：对立面的统一（一致、同一、均势）是有条件的、暂时的、易逝的、相对的。相互排斥的对立面的斗争是绝对的，正如发展、运动是绝对的一样。毛泽东在阐述斗争性的过程中指出，无论事物的相对静止还是显著运动状态，无论是量变还是质变过程，"事物总是不断地由第一种状态转化为第二种状态，而矛盾的斗争则存在于两种状态中，并经过第二种状态而达到矛盾的解决。所以，对立的统一是有条件的、暂时的、相对的，而对立的互相排除的斗争则是绝对的"⑥。

---

① 马克思、恩格斯：《马克思恩格斯选集》第三卷，人民出版社1975年版，第444-462页。
② 列宁：《列宁选集》第二卷，人民出版社1972年版，第711、712、327页。
③ 列宁：《列宁选集》第二卷，人民出版社1972年版，第711、712、327页。
④ 列宁：《列宁选集》第二卷，人民出版社1972年版，711、712、327页。
⑤ 毛泽东：《毛泽东选集》第一卷，人民出版社1991年版，第327、333、312、302、318页。
⑥ 毛泽东：《毛泽东选集》第一卷，人民出版社1991年版，第327、333、312、302、318页。

当前，一些人否定斗争在事物发展中的作用，或者是因为他们不了解马克思主义哲学对于斗争的界定，或者是借否定"斗争哲学"而否定马克思主义的指导地位。我们认为，基于构建社会主义和谐社会的需要，我们应该科学认识、正确把握和发挥马克思主义哲学意义上的"斗争性"本来应有的作用。同时，赋予"斗争"以新的内涵和更宽泛的外延。在人类实际生活中，斗争采取了多种多样、程度各不相同的方式，激烈的、对抗性的阶级斗争只存在于一定条件下的一定时间和一定范围，但斗争的其他多种形式依然会顽强地表现事物存在和发展的本质。和谐的反义词不是斗争，而是对抗或冲突，斗争的内涵远比对抗或冲突丰富得多。毛泽东关于分清两类不同性质矛盾的论述具有重要指导意义，当然随着经济体制的转换和我们对社会发展阶段认识的变化，对于"敌我矛盾"和"人民内部矛盾"应该有新的界定，但我们仍然可以从"对抗性矛盾"和"非对抗性矛盾"的划分找到寻求社会和谐的途径和方法。对抗，就是不和谐，我们可以通过高超的斗争艺术，使对抗性矛盾不激化，少发生对抗或不发生对抗；非对抗性矛盾如果处理不好，也会发生对抗，导致不和谐。如果人们赋予非对抗性矛盾尽可能温和、适度的"斗争"途径、手段和方法，打通"斗争"的多种"管道"，尽力避免冲突，就有可能争取实现各方共赢的结局，就可能达到对各方面都有利的和谐效果。

二、资本主义的发展从未停止过斗争

在中国构建和谐社会的过程中，不仅有人提出应该放弃以马克思主义作为构建和谐社会的指导思想，而且还有人提出：纵观世界，像苏联、中国、越南、古巴等推崇阶级斗争、搞国内内耗内斗、社会成员不和谐一致地进行经济生产活动的国家均落得贫穷的结果。相反，提倡工人与资本家"相依为命"、和谐共处的资本主义国家赢得了大好的发展时光。中国应当理智地抛弃马克思关于阶级斗争的社会理论。我们认为，这种观点不仅在理论上是错误的，而且也缺少社会发展历史的基本常识。

我们必须看到，资本主义今天的发达，是与它长期对内的残酷剥削与对外的野蛮殖民掠夺分不开的。因此，马克思曾说："资本来到世上，每个毛孔都滴着血和肮脏的东西。"从英国的圈地运动到法国大革命，资本主义经济的每一步发展，都渗透着无数下层劳动人民的血汗。西班牙海上贸易、大英帝国及法国海外殖民地的拓展过程，资本主义财富积累的历史，同时也是殖民地原住民的辛酸血泪史。

也许有人会说，那是资本主义发展的早期阶段，而今天的资本主义社会各方面的条件都有了根本性的变化。我们以为，资本主义所有社会福利的提高和改善，都是斗争的成果，是与工人阶级长期的直至现在从未停止的争取权益的斗争分不开的。如果没有19世纪到20世纪的各种工人运动，没有资本主义经济危机的打击，资本主义的企业以及代表资产阶级利益的政府，就不会有各方面政策的调整和利益的调和。

资本主义国家人权状况的改善也是通过人民斗争得来的。当有些西方国家在标榜他们作为人权卫士的权威时，他们却忘记了在20世纪五六十年代，黑人为了冲破种族隔离付出生命的代价；而他们国家的妇女，也就在那时才刚刚获得选举权；他们的军队还依然为了征服其他不服从大国霸权统治的国家，而使用化学武器；是人民的不懈斗争才迫使政府放弃了旷日持久的越南战争。

不容否定，冷战期间资本主义的发展，还得益于一个强大社会主义阵营的存在。没有社会主义的对立面，就没有资本主义对工人阶级的让步和妥协。资本主义国家在二战后的调整，很大程度上是因为要与社会主义国家进行冷战。为了防止民众造反，在现实政策的调整中，也在一定程度上关注了社会弱势群体的利益。

西方资本主义国家在不同历史时期的重大转折，都充满了矛盾和斗争。即使在今天，在发达资本主义国家内部、不同种族之间、政府与民众之间、不同利益群体之间也存在着各种形式的斗争。反战、反种族歧视、维护弱势群体的权利、保护环境等各个方面的斗争一直在持续不断地进行。

三、社会主义实践背离对立统一规律的教训

有人认为，社会主义运动在20世纪的兴起与衰落，说明马克思主义的失败，国际政治领域的学者福山认为：苏联解体是社会主义历史的终结。以后，资本主义一统天下。而我们相信，资本主义的发展，虽然还会在人类历史中持续相当长的时间，但是，资本主义为社会主义所取代，却是人类历史发展的必然趋势。或许这种矛盾的转化，未必采取激烈冲突的方式，但是，这种转变是必然的。反思过去一个世纪的社会主义实践，我们觉得，恰恰是因为没有对对立统一规律的正确把握，才最终导致社会主义运动走向低潮。

其一，在经济层面，忽略了矛盾的特殊性。毛泽东在《矛盾论》中指出："所谓了解矛盾的各个方面，就是了解它们每一方面各占何等特定的地位，各用何种具体的方法和对方发生相互斗争。研究这些问题，是十分重要的事情。"[1] 列宁说："马克思主义本质的东西，马克思主义的活的灵魂，就在于具体地分析具体的情况。"[2] 马克思揭示共产主义取代资本主义的逻辑过程，是以资本主义的充分

---

[1] 毛泽东：《毛泽东选集》第一卷，人民出版社1991年版，第327、333、312、302、318页。
[2] 列宁：《列宁全集》第三十九卷，人民出版社1986年版，第128页。

发展作为条件的,也就是说,当资本主义的生产关系无法与生产力发展的需要相适应时,才是社会主义取代资本主义的最佳契机。而我们在现实中建立的社会主义国家,都没有经历完整的工业化过程。也就是说,不具备建立社会主义的物质条件,因此,在落后的生产力条件下,如何建设社会主义,是社会主义国家在建国后面临的一个难题。而在实际中,社会主义国家的构建,不是按照未充分工业化的社会构建经济体系,而是按照理想的共产主义模式去构建现实制度的,企图消灭对生产力发展还有促进作用的商品经济,搞纯而又纯的单一公有制和无所不包的计划经济,违背了对立统一的规律,导致实践中出现了各种阻碍发展的问题。

其二,在政治层面,忽视了与封建专制文化的斗争。马克思主义认为,社会的意识形态是受制于经济发展水平并与经济发展水平相适应的。而在现实社会主义的建设中,一些社会主义国家却错误地认为,我们可以超越经济发展的程度构建共产主义的意识形态,这种努力最终被证明是失败的。在苏联,专制文化传统及强烈的民族主义情感一直是主导苏联对内对外政策的主流意识形态。但是,他们却否认社会矛盾的存在,固执地认为他们在坚持马克思主义,所有反对他们的人都反对马克思主义,所有对他们有意见的人,都是在反社会主义。在社会文化层面,不允许有不同的思考、不同的声音。最终使倡导社会民主、人的解放为终极价值的马克思主义,被扭曲为政治专制主义的工具。应该指出,这种表面上的马克思主义,实质是对马克思主义的背离。

其三,在国际敌对力量的威胁中所形成的"斗争"惯性。社会主义国家在国际社会也走过了一个艰难的历程。从第一个社会主义国家苏联建立到苏东社会主义阵营的形成,一直面对的是西方国家的敌视与颠覆活动。从20世纪20年代欧洲国家纠集14国军队,对苏联社会主义的围剿到二战前西方各国假借希特勒之手消灭社会主义苏联的险恶意图,从冷战开始对社会主义国家的遏制政策到80年代加速和平演变的企图,一直贯穿社会主义国家的发展的始终,甚至在今天,西方国家也没有放弃通过各种手段演变中国的企图。尽管我们可以理解矛盾有两重属性,矛盾同一性和斗争性是不可偏废的两个方面。但是,国际环境没有给社会主义国家提供缓和"斗争"的机会,相反,不断地刺激社会主义国家强化"阶级斗争"观念,以致把斗争绝对化、扩大化。国际格局的形势影响到国内政策,"以阶级斗争为纲"的路线把"斗争"绝对化,严重背离了对立统一规律,残酷斗争、无情打击的斗争形式严重损害了社会主义的形象。

四、把握对立统一规律,构建社会主义和谐社会

痛定思痛,今天我们构建和谐社会,是否就可以放弃斗争呢?我们认为,对立

统一是事物存在和发展的根本规律。中国的社会主义和谐社会的建设,不仅要与封建的观念进行斗争,而且要与资本主义社会腐朽思想进行斗争;不仅要与落后的陈规旧习进行斗争,而且要与激进的极端偏执进行斗争。只有这样,才能构建出符合现代理念的社会主义和谐社会。事实上,改革开放以来,斗争从没有停止。改革就是社会主义实践中斗争的一种新形式。

改革是一场革命,因而也是一种新的斗争形式。尽管人们回避斗争这个词汇,但事物发展的客观规律还是一再表现出其斗争的哲学特性。从邓小平倡导解放思想、冲破"两个凡是"的思想束缚,恢复党的实事求是的思想路线到力主坚持四项基本原则、反对资产阶级自由化,中国经济改革28年来,两个方面的斗争从未停止过。一方面,必须与阻碍生产力发展的原有体制及人们已形成的僵化思想斗争,开创社会主义的新道路;另一方面,必须与背离四项基本原则、搞资产阶级自由化的主张和思潮斗争,坚持社会主义制度自我完善的改革性质和改革方向。创新也是斗争,而且是斗争的最高形式。构建和谐,是要避免对抗,也不能离开斗争,和谐是斗争的艺术成果。

实现社会和谐,必须正确把握对立统一规律。

(一) 承认矛盾的客观性,是构建和谐社会的出发点

改革开放以来,中国社会的经济改革,在很大程度上解决了中国的整体贫穷问题,但是,目前在我国社会成员之间和各类群体之间的差异、对立和矛盾仍然存在。一是部分社会成员之间收入分配差距过大。有资料显示,反映居民收入分配状况的基尼系数,在2000年已经达到0.4的国际警戒线,而且每年都有所上升,如今已经突破了0.45。经济发展水平同我国大体相当的国家,城乡居民收入差距是1.7倍。2003年,我国城镇居民人均可支配收入是农村居民人均纯收入的3.24倍,达到了改革开放以来城乡收入差距的最高点。二是农民、工人等一些社会群体为改革发展所承担的代价与应得到的补偿不对等。社会发展和改革的代价主要由工人、农民,特别是其中一部分失地或者无地农民和下岗的国企职工来承担。三是人民内部的利益矛盾错综复杂。当前,我国经济和社会生活中出现的一些从未遇到而又绕不开的矛盾和问题,集中体现在不同利益群体、不同社会阶层、不同社会成员的利益差别上,由此带来的利益矛盾在一定条件下以激化的形式表现出来。在一些地方的群体性事件中,群众以非理性的方式来表达利益诉求。这些矛盾是中央据以提出构建和谐社会的治国理念的背景。

有些人完全错误理解了这一思想,认为建设和谐社会,就是要谈和谐,不能谈矛盾。甚至有人提出,构建和谐社会,从哲学的意义上讲,就是放弃马克思主

义的"斗争哲学"。而笔者认为，马克思主义关于社会矛盾发展规律的揭示是科学的，我们不能因为建设和谐社会而背离马克思主义的矛盾规律。从另一方面来说，承认差别和矛盾是实现社会和谐的前提。

（二）事物的内部矛盾运动是推动事物发展的动力

在苏东剧变中，我们不能否认西方"和平演变"起了重要的作用。但是，如果我们仅仅停在这一点，就会导致理论与实践上的偏差。毛泽东在《矛盾论》中指出："外因是变化的条件，内因是变化的根据，外因通过内因而起作用。"[①] 用这样的观点来分析苏联解体，应该可以得到更有价值的启示。应该说，苏联的解体与它在经济上的集中、政治上的集权、党内生活的失常、党与群众关系的对立及领导人决策的失误等诸多内部因素相关，如果没有这些方面的问题，即使西方有再高超的演变技术，也无法导致苏联的解体。按照对立统一规律的解释，任何一个社会的成员之间和各类群体（同类成员的集合）之间都存在着差异、对立和矛盾，但它们之间又存在着互相依存的关系，从而使它们能够在一定条件下共处于一个统一体（社会）之中。在某些情况下，各类群体之间的对立和矛盾会发展到十分尖锐的地步，甚至发生对抗，从而造成社会的动荡，还可能导致社会的质变。

上述这些矛盾都是我们在构建和谐社会过程中需要正视的问题，只有通过各种努力和斗争，不断解决这些矛盾，才能实现社会和谐。因此，如果为了表面的和谐而不采取一定的手段解决矛盾，不仅无法和谐，而且会因为矛盾的积累和激化，导致更严重的后果。

（三）正确认识和把握和谐的多样性

毛泽东在《矛盾论》中指出："由于事物范围的极其广大，发展的无限性，所以，在一定场合为普遍性的东西，而在另一个场合则变为特殊性。"[②] 因此"我们不但要在各个矛盾的总体上，即矛盾的相互联结上，了解其特殊性，而且只有从矛盾的各个方面着手研究，才有可能了解其总体。"[③] 在和谐社会的构建过程中，我们也必须对各种不同的和谐进行研究，才能搞清楚我们真正需要的和谐。

1. 首先要弄清和谐的主体，和谐的前提是存在不同的主体，主体之间一定存在某种联系，特别是经济联系，即政治经济学所讲的经济关系。离开经济关系讲

[①] 毛泽东：《毛泽东选集》第一卷，人民出版社 1991 年版，第 327、333、312、302、318 页。
[②] 毛泽东：《毛泽东选集》第一卷，人民出版社 1991 年版，第 327、333、312、302、318 页。
[③] 毛泽东：《毛泽东选集》第一卷，人民出版社 1991 年版，第 327、333、312、302、318 页。

和谐，会脱离实际经济生活，成为空谈。劳动关系、收入分配关系、交换关系等都是人与人的关系；人与自然的和谐最终也离不开人与人的关系。

2. 和谐总是有范围的，因此，有整体和谐和局部和谐的区分。微观小到家庭和谐、单位和谐；宏观大到社区和谐、民族和谐、社会和谐、世界和谐。有些在局部看来非常和谐，如偷税漏税、假冒伪劣，但放到更大范围看，就影响了整体和谐。

3. 和谐可以有时间长度的区分，如有暂时和谐、短期和谐、中期和谐和长期和谐。不同的和谐长度是由不同主体之间经济利益、历史文化和社会环境、自然环境所决定的。暂时和谐、短期和谐可能存在于不同主体为避免矛盾的冲突和激化而达成的妥协、让步，但矛盾依然存在，最多只是矛盾得到缓解；中期和谐则是矛盾双方互谅互让，对共同利益取得共识，追求双赢；长期和谐可能存在于不同主体已经形成利益共同体，并有稳定的制度保障，形成一个有共同价值观和目标追求的系统。

4. 和谐是有程度区分的，我们认为，至少可以区分为现象层面的和谐、中层本质的和谐、深层本质的和谐。现象层面的和谐，只能理解为在外在的社会压力或特定条件下，矛盾没有激化和冲突的状态。因此，这种状态从表面看是和谐的，而在实质上只是暂时避免了冲突，远未达到真正的和谐；中层本质的和谐，可以是对具体矛盾的解决，现代社会的利益趋于多元化，如果能使多元利益主体的不同利益都有一定程度的满足或实现，社会也可以说处于基本和谐状态；深层本质的和谐，是从体制上理顺各种矛盾关系，并对处理不同利益群体的矛盾，作出制度上的规定。使社会成员可以以平等的身份地位追求自身利益，才能为解决利益纠纷提供更稳定的渠道。

5. 不同和谐有不同的性质和原则，因而有正义与非正义的区分，和谐并不一定代表政治正确。社会上还存在很多不合理的现象，如行贿者与受贿者有很默契的配合，而他们之间的这种和谐是根本违背正义原则的，有了他们的"和谐"，就不会有人民大众和整个社会的和谐。在这种条件下，如果单纯追求"一团和气"，放弃与非正义现象的斗争，那么，社会就无法实现真正的和谐。因此，我们不能同意有人提出的"正义的社会未必是和谐的，而和谐的社会一定是正义的"的观点。这是因为，和谐是有原则的，和谐只有符合正义原则，才是有价值的。而要追求正义的和谐，离开与非正义的斗争是无法实现的。因此，与非正义的斗争是达到社会和谐的必要手段。

6. 社会和谐是一个长期过程。社会在不断进步，社会发展的每个阶段，都要面对不同的矛盾，也就是说，旧的矛盾解决了，人类还会遇到新的矛盾。这是一个生生不息的过程。根据马克思主义的过程思想,我们可以对和谐社会做出不同的解读。第一,终极目标的解读。人类社会的发展充满了矛盾,在不同时期人们都要面对不同的矛盾与痛苦。在现实的矛盾中,和谐可以成为人类追求的理想,从而为现实的努力提供精神动力。但是,我们必须清楚地认识到,和谐社会的实现是一个漫长的过程,需要经过长期量的积累,才能实现从量变到质变的飞跃,我们只能创造条件逐步接近,或加快步伐缩短进程,不可能一蹴而就。在这个过程中,各种矛盾之间的斗争是不可避免的。第二,现实政策的解读。构建和谐社会,就是为了解决矛盾,而不是激化矛盾。但是,具体的政策调整,必定对不同群体的利益分配有所触动,因此,构建和谐社会,在一定意义上,也是解决目前社会分配中不合理的问题,实现社会财富的再分配。如果以为这是一个轻松和谐、无矛盾、无斗争的过程,势必因盲目乐观而导致各种不稳定、不和谐的状况出现。

(四) 清醒面对矛盾、科学分析矛盾、扎实化解矛盾

由于存在着理论上对和谐社会理解的偏颇,一些人在实际工作中,认为和谐社会是一个很容易达到的目标,满足于从形式上套用和谐的概念,而忽略和谐的真实内涵。我们必须从马克思主义的辩证法出发,真正理解和谐社会的目标以及我们面对的矛盾和挑战。

首先,社会和谐需要一个量的积累过程,这种量的积累,需要我们长期的努力。和谐必须有必要的物质财富、经济基础和社会共同认可的价值观念。必须持续从法律、制度、文化等方面,对社会不适应的方面不断进行调整、改造,不可能在一年、一个月甚至一天建成和谐社会。要杜绝那种急于求成的浮躁作风,坚持发展是硬道理、发展是第一要务,努力为社会和谐增添物质保证。

其次,必须清醒地面对社会矛盾、科学分析社会矛盾,同时作好思想准备,社会进程有时会出现反复、循环甚至倒退。因此,即使和谐社会,也会出现不和谐的音符,这是很正常的现象,我们应该具有承受挫折的勇气。切记不能为了保持表面的和谐,而粉饰太平。

再次,要扎实工作,追求和谐也需要把握"度",社会发展经历不平衡—平衡—不平衡的过程,绝对的和谐不可能达到,以绝对的和谐为目标也会让社会丧失发展动力。根据物理学的原理,物质的运动与静止是一对矛盾。而这对矛盾的存在,是因为摩擦力的存在,或者斗争的存在。如果没有摩擦力,运动的物体就无法停止,而静止的物体自然也无法运动,世界也就不存在了。因此,因为有矛盾斗争,才形成了生生不息的世界。由此看来,如果我们把和谐看作一种绝对的

状态，完全排除矛盾和斗争，就不知道社会发展的动力从何而来。

社会和谐是奋斗争取的目标和理想，无论从哪一方面理解，我们都无法脱离矛盾和斗争谈和谐。如果说和谐是一种结果，也只能是一种相对的状态，而矛盾斗争则是贯穿于整个争取和谐的过程，是绝对的。

总之，我们不能奉行被"左"的思想曲解的"斗争哲学"，也不能在思想上继续把马克思主义哲学完全等同于"斗争哲学"，而对以往被突出斗争性的"对立统一"等哲学理论退避三舍。我们要创造性地运用马克思主义哲学来指导社会主义和谐社会的建设，也就是在一个由马克思主义为指导的先进政党执政、由广大人民掌握最高权力并充分享有各种权益的社会主义社会，按照客观规律，适应世界大势，不断提高社会素质、优化社会结构、完善社会系统，全面辩证地处理不断运动变化的普遍联系和基本矛盾，遵循"对立统一""质量互变""否定之否定"等基本规律，在不断解决各种矛盾、调适各种关系、协调各个方面、衔接各个过程中，使整个社会系统处于良性运行、健康发展的正常秩序和上升态势。

（原载《中国特色社会主义研究》2006年第6期）

理论创新与制度创新

20年前,已经走上改革开放之路的中国经济面对既要破除阻碍生产力发展的羁绊,又要坚持社会主义的历史性课题,以邓小平为代表的中国共产党人创造性地在理论上将制度与体制分离开来,提出坚持社会主义制度、改革经济体制的主张。这是一个理论创新。有了这个理论创新,中国走出了一条自己特有的路;有了这个理论创新,中国有了20年持续的高速经济增长;有了这个理论创新,中国成功破解了一系列理论和实践的难题。这个理论创新,至今对中国的经济改革仍有着深刻而深远的影响。

一、社会主义与市场经济不存在根本矛盾

社会主义创建初期,几乎所有社会主义国家都形成了一个固定的观念:市场经济是资本主义特有的东西,计划经济是社会主义经济的基本特征。我国改革开放后,虽然市场对经济活动的调节作用大大增强,出现了从未有过的活力,但是当改革深化到需要确定改革的目标模式时,围绕着市场经济,还是引发了一场激烈的争论,争论的焦点仍然是市场经济姓"资"还是姓"社"的问题。通过"市场"走向经济繁荣已经成为不争的事实,但我们必须始终坚持社会主义。针对这一问题,邓小平明确指出:"为什么一谈市场就说是资本主义,只有计划才是社会主义呢?计划和市场都是方法嘛。只要对发展生产力有好处,就可以利用。它为社会主义服务,就是社会主义的;为资本主义服务,就是资本主义的。"此后,邓小平再次提出:"计划多一点还是市场多一点,不是社会主义与资本主义的本质区别。计划经济不等于社会主义,资本主义也有计划;市场经济不等于资本主义,社会主义也有市场。计划和市场都是经济手段。"邓小平的这一论断,拨开长期困扰人们的迷雾,结束了争论,为开辟社会主义新路奠定了基础,指明了方向。党的十四大明确提出,我国经济体制改革的目标是建立社会主义市场经济体制,党的十四届三中全会通过的《中共中央关于建立社会主义市场经济体制若干问题的决定》,具体规划了社会主义市场经济体制的基本框架。中国从此开始了人类历史上一次伟大的制度创新:进行社会主义与市场经济相结合的探索。

这是一次重大的理论创新。邓小平把人们长期认为是反映生产关系性质的制

度特征——计划还是市场，划归为带有手段性质的体制特征。计划和市场归类性质的改变，不但打破了禁锢，而且还为制度创新铺平了道路。正如邓小平同志讲的："社会主义与市场经济之间不存在根本矛盾。"放手发展市场经济，中国的改革开放进入了全面推进的阶段。

社会主义与市场经济结合的新探索从两方面展开。一是完成由计划经济体制向市场经济体制的根本转变；二是在体制转换的同时，对社会主义进行再认识，为制度创新提供新的理论指导。从体制转变来看，20多年以来，我国经济体制改革在理论和实践上不断探索，取得重大进展，已经初步建立了社会主义市场经济体制；就社会主义的再认识而言，"什么是社会主义、怎样建设社会主义"是邓小平同志在整个改革开放过程中，不断提出和反复思考的基本理论问题，他认为，我们的经验教训有许多条，最重要的一条就是要搞清楚这个问题。的确，改革开放前的曲折，就在于没有完全搞清楚这个问题；改革开放中的犹疑和困惑，也在于没有完全搞清楚这个问题；探索社会主义与市场经济结合的制度创新，更是首先要搞清楚这个问题，邓小平创造性地提出，社会主义的本质是解放生产力，发展生产力，消灭剥削，消除两极分化，最终达到共同富裕。这一马克思主义重大理论成果，不但廓清了不合时代进步和社会发展规律的模糊观念，摆脱了拘泥于教条而忽略最终目的的错误倾向，而且还为社会主义与市场经济结合的制度创新提出了方向和任务，是又一个有着深远意义的理论创新。

二、完善社会主义市场经济体制

邓小平同志所开创的社会主义与市场经济结合的探索和实践还在继续。以胡锦涛同志为总书记的党中央正在完成社会主义与市场经济结合的伟大事业。正如胡锦涛同志指出的："我国社会主义的自我完善和发展还有许多重大课题需要进一步探索和回答，还有大量工作需要去做。""我们必须坚持解放思想、实事求是、与时俱进，从理论和实践的结合上不断研究新情况、解决新问题，做到自觉地把思想认识从那些不合时宜的观念、做法和体制的束缚中解放出来，从对马克思主义的错误的和教条式的理解中解放出来，从主观主义和形而上学的桎梏中解放出来，不断有所发现、有所创造、有所前进。"十六届三中全会通过的《中共中央关于完善社会主义市场经济体制若干问题的决定》，总结了20多年来改革开放的经验，在理论和实践的结合上又有了新的重大突破和创新。首先，对社会主义的认识进一步深化，对社会主义本质的把握也更加成熟。从十六届三中全会有关文件中我们可以看到，无论是对已有成绩的肯定，还是对现存问题的勇敢面对，都是以社会主义和社会主义所要求的生产力为出发点和根据的；完善社会主义经济体制的目标和任务也都包含着社会主义的本质要求。经济体制改革为全面建设小康社会提供强有力的体制保障。小康社会，把过去的生产性目标表述为生活性目标，不但形象地表明了社会主义的生产目的，而且把远大理想和当代人看得见的目标结合起来。完善公有制为主体、多种所有制经济共同发展的基本经济制度，是深化经济体制改革的指导思想和原则，更是按社会主义本质要求把握的。坚持以人为本，树立全面、协调、可持续的发展观，促进经济社会和人的全面发展的提出，直接反映了社会主义的新要求；社会主义的内在要求及其实现，从来没有像今天这样全面强调和整体突出，同时又充满新意。我们已经走出了向市场经济体制转轨的初始阶段，对市场经济的认识和把握更加成熟、更加全面、更加深刻，在建立和完善更具活力、更加开放的经济体系时，特别强调规范市场秩序。在提出更大程度地发挥市场在资源配置中的基础作用，增强企业活力和竞争力的同时，强调健全国家宏观调控，完善政府社会管理和公共服务职能。第一次提出建立归属清晰、权责明确、保护严格、流转顺畅的现代产权制度，这将成为构建现代企业制度的重要基础。

实现社会主义与市场经济进一步有机结合是完善社会主义市场经济体制的最重要方面，是社会主义的自我完善和发展，是邓小平开创的制度创新的继续和深化。社会主义与市场经济的结合是全方位、宽领域、多层次的。使股份制成为公有制的主要实现形式的重要命题，标志着公有制为主体、多种所有制经济共同发展的基本经济制度找到了其赖以存在的微观基础，这也是社会主义与市场经济在微观层次上的结合；五个统筹的要求，则标志着社会主义与市场经济在宏观层次上的结合。这两个结合，都必将促进我国社会主义建设事业的蓬勃发展。

（原载《经济日报》2004年8月24日）

应把社会主义政治经济学的研究对象
与历史任务相联系

纵观社会主义政治经济学产生和发展的历史，我们总是从政治经济学是研究生产关系的，是研究人与人的关系的定式思维出发，而从来没有从政治经济学的使命与对象的联系上去探索政治经济学的研究对象。

一门科学总是在一定历史条件下产生和发展的，特别是社会科学都有其特定的使命和任务，而其研究对象也必然会随着使命的变化而变化。其实就"对象"一词来说，无论中文还是英文、俄文和德文，都有双重含义。《辞海》把对象解释为："观察和思考的客体，也指行动的目标。"而英文"object"也有"物体，客体"和"目标、目的"两种含义。俄文的"объект"和德文"objekt"也都有"客体"与"目的，目标"两种含义。而我们在讨论研究对象时，却往往把这两重含义混在一起，有时从这个意义上用，有时从那个意义上用，造成许多混乱。如我们说马克思主义政治经济学和资产阶级政治经济学的区别在于研究对象不同，但又无法回答为什么马克思主义政治经济学来源于古典政治经济学，而不来源于古典哲学。

作为一门科学的研究对象，总是把研究目的（或目标）和研究客体联系在一起。对同一客体的研究可能由于目的不同而分为不同的学科，而且研究目的的不同又使各自研究的客体进一步具体化，具体化到客体的某一部分或某一方面。或由于目的不同，而从不同角度研究同一客体，从而出现了学科分类的层次性。每一个层次的任何一个学科的研究对象都不能离开目的和客体对它的规定性。只有这样，我们才能真正把握一门科学的研究对象。

政治经济学作为一门历史科学更是如此，从它产生那天起，其研究对象就随着它的使命的变化而不断变化。在资本主义制度还处于上升阶段时，古典政治经济学的使命就是反对封建主义，促进生产发展，以增加资本主义财富，所以就把财富怎样生产、流通、分配的客观过程当作自己的研究对象。这个研究对象包含研究目的和研究客体的两重规定性。而在资本主义制度的各种矛盾日益暴露以后，马克思对资产阶级的政治经济学进行了批判，创立了新的政治经济学。就总的研究客体说，和资产阶级古典政治经济学一样，都是资本主义社会经济运动，但马克思主义政治经济学所肩负的使命是向无产阶级提供认识自己的历史地位和历史任务，了解资本主义制度的本性，为无产阶级指明斗争方向和道路的科学理论。因此，它的研究目的是"揭示现代社会的经济运动规律"①，其研究对象必然是"资本主义生产方式以及和它相应的生产关系和交换关系"②。

正如马克思对古典政治经济学做了伟大变革一样，马克思主义的政治经济学并没有终结政治经济学的发展。不同历史条件，就有不同的历史使命，它的具体研究对象必然有所变化。"政治经济学不能对一切国家和一切历史时代都是一样的。"③ 研究对象不随研究目的变化，就难以完成它的历史使命。马克思如果不对政治经济学的对象加以变革，就不可能揭示资本主义必然灭亡的客观规律。正如恩格斯讲的："谁要想把大地岛的政治经济学和现代英国的政治经济学置于同一规律之下，那么，除了最陈腐的老生常谈以外，他显然不能揭示出任何东西。"④ 同样，我们今天如果仍然把马克思那个时代的政治经济学的历史使命所决定的研究对象当作自己的研究对象，就不能回答活生生的社会主义现实所提出的任何问题，就会使社会主义政治经济学失去科学性，走向庸俗化。

党的十一届三中全会以后，党的工作重点转到了经济建设上来，特别是中央关于经济体制改革的决定公布以后，改革的浪潮席卷全国，迫切要求创立建设的经济学、改革的经济学。尽管传统的观念仍旧束缚着理论的改革，但客观的社会经济生活已经迫使政治经济学做着各种变通，有的教科书在前言中申明研究对象是生产关系，但却塞进了越来越多的生产力的内容、部门经济的内容；有的为了避嫌，则干脆把政治经济学改名为"经济学""经济科学""理论经济学"，冲破原来研究对象的限制。这些都说明政治经济学的研究对象必须适应新的历史任务的要求。至于研究对象的确切表述，可以进一步探讨，但有一点现在应该明确，就是必须把研究目的和研究客体联系起来确定研究对象。政治经济学在社会主义的历史条件下的使命，已同马克思的时代不同，是要揭示社会主义经济运动的规律，促进社会生产力的发展，增加社会财富，为广大劳动人民谋福利。这一使命决定了社会主义政治经济学的研究对象不仅是生产关系，更是社会主义经济的运行，通过对社会主义经济运行过程的分析，揭示其内在机制和规律。为了实现我们的目的，就要破除政治经济学只研究人与人的关系的戒律。

(原载《经济学周报》1987年5月3日)

---

① 马克思：《资本论》第一卷，人民出版社1975年版，第11页。
② 马克思：《资本论》第一卷，人民出版社1975年版，第8页。
③ 马克思、恩格斯：《马克思恩格斯选集》第三卷，人民出版社1972年版，第186页。
④ 马克思、恩格斯：《马克思恩格斯选集》第三卷，人民出版社1972年版，第186页。

中国社会主义政治经济学的新篇章

当历史即将走完20世纪最后十年的时候，社会主义在苏东偃旗息鼓，社会主义政治经济学在它诞生的故乡也随之终结。但20世纪开创的社会主义事业并没有停止，在毛泽东开创的中国社会主义道路上，以邓小平为代表的中国共产党人在总结历史经验的基础上形成了一整套有中国特色的社会主义理论，这套不断发展的理论正在通过对它的实践显示着社会主义强大的生命力。特别是社会主义市场经济体制目标的提出，标志着马克思主义政治经济学的新发展，开创了中国社会主义政治经济学的新篇章。

毛泽东的一生正是人类从理论到实践对社会主义进行伟大探索的时期，他在这段辉煌历程中的丰功伟绩将永载史册。今天，当我们纪念这位伟人诞辰一百周年的时候，回顾一个世纪来社会主义政治经济学创建发展的历程，总结经验和教训，理解毛泽东思想和邓小平建设有中国特色社会主义理论的渊源关系，对于社会主义事业和社会主义政治经济学的进一步发展有着重要的历史意义。

一

社会主义政治经济学的思想虽然可以追溯到20世纪初、19世纪末，但是作为一门学科很晚才提出来。1929年末，列宁《布哈林〈过渡时期经济学〉一书的评论》的发表，结束了"社会主义政治经济学取消论"的统治，以后一直到50年代初才以《政治经济学教科书》的问世为标志，第一次形成了社会主义政治经济学体系。应该指出，斯大林《苏联社会主义经济问题》对社会主义政治经济学的诞生做出了重大贡献，对社会主义国家在当时历史条件下的建设和发展曾起过重要影响。第一版教科书共印刷400万册，在国际上广为传播，推动了社会主义的发展。但它的错误之处也带来很大的消极影响。例如：不承认生产资料是商品；不承认价值规律对生产起调节作用，认为价值规律只是企业用来进行核算的工具；等等。这些错误观点长时间困扰着社会主义的实践。结构上也是规律排队、政策汇编，缺乏内在的逻辑性。这在一门学科初创时期可能是不可避免的，但是造成的影响却一直延续到80年代。受其影响，中国的社会主义政治经济学很长时期内充满了社会主义与资本主义的简单对比。苏联教科书的二版、三版一直没有明显的变化。直到80年代末，苏联解体之前最后的教科书虽然吸收了不少改革的新思想，却仍然未能摆脱以所有制和计划为出发点的框架。特别在计划与市场的关系上仍然认为计划是社会主义经营机制的中心环节，市场关系不具备普遍性，特别强调，国家的第一职能就是直接经营、直接计划生产和保证生产服从于社会的利益。这样一个理论体系支撑了一个庞大的高度集权的计划经济体制，体制的解体，不但使其丧失了社会主义经济制度，也使其理论走向终结。

苏联社会主义政治经济学的终结绝不是偶然的。在它创立之初，就存在着在理论上偏离马克思主义的思想方法，对社会主义理解上的偏差和错误。毛泽东很早就看到了这些问题。

首先，对社会主义条件下生产关系与生产力关系的认识偏离了历史唯物主义。长期以来，苏联理论界不承认社会主义仍然存在生产关系和生产力之间的矛盾，而是认为"完全相适应"。毛泽东在1957年初就曾尖锐指出："斯大林在一个时期里不承认社会主义制度下生产关系和生产力之间的矛盾，上层建筑和经济基础之间的矛盾。直到他逝世前一年写的《苏联社会主义经济问题》，才吞吞吐吐地谈到了社会主义制度下生产关系和生产力之间的矛盾，说如果政策不对，调节得不好，是要出问题的。但是，他还是没有认识到这些矛盾是推动社会主义社会向前发展的基本矛盾。"①

其次，形而上学的认识论偏离了辩证唯物主义。苏联一直把计划发展规律与价值规律对立起来，认为在有计划发展规律的地方，价值规律就不发生作用，只有计划发展规律作用不到的地方价值规律才发生作用，否认它们之间存在的内在的一致性和统一性。把计划与市场完全对立起来，排斥市场，是社会主义在苏联失败的重要思想根源。毛泽东曾针对这种形而上学的认识指出："苏联一些人的思想就是形而上学，就是那么硬化，要么这样，要么那样，不承认对立统一。"②

最后，封闭性体系失去了发展的生命力。只有单纯的批判，不准备吸收人类一切文明成果，把自己封闭起来，是苏联社会主义政治经济学又一致命弱点。社会主义事业需要吸收一切有益的东西，社会主义政治经济学作为一门科学更是这样。毛泽东认为，马克思、恩格斯和列宁努力学习和研究当代的和历史上的各种东西，并且教人们也这么做。"斯大林就比较差一些。比如在他那个时期，把德国古典唯心主义哲学说成是德国贵族对于法国革命的一种反动。作这样一个结论，就把德国古典唯心主义哲学全盘否定了。他否定德国的军事学，说德国人打了败仗，那个军事学也用不得了，克劳塞维茨的书也不应当读了。"③ 毛泽东正

---

① 毛泽东：《毛泽东选集》第五卷，人民出版社1997年版，第356页。
② 毛泽东：《毛泽东选集》第五卷，人民出版社1997年版，第348页。
③ 毛泽东：《毛泽东选集》第五卷，人民出版社1997年版，第347页。

确地指出，"一切国家的好经验我们都要学，不管是社会主义国家的，还是资本主义国家的"，"学习的时候用脑筋想一下，学那些和我国情况相适合的东西，即吸取对我们有益的经验"。毛泽东的这些思想对我们今后社会主义事业发展仍然有着重要指导意义。对社会主义政治经济学在苏联刚刚诞生时就存在的这些问题，毛泽东是凭着他对历史唯物主义和辩证法透彻的理解和娴熟的运用才认识到的。当时中国搞经济建设只有7年，历史条件的限制使他不可能得出更为准确的结论，但是他已经敏锐地感到，要取得经济建设方面的经验总是要付出代价的，他提出："必须懂得在这个问题上是存在矛盾的，即社会主义经济发展的客观规律和我们主观认识之间的矛盾，这需要在实践中去解决。"他希望在取得正确认识上的代价要小一些。遗憾的是，中国对社会主义道路的探索还是付出了沉重的代价。

　　如果说苏联社会主义政治经济学的失败归因于教条主义、僵化和形而上学，那么中国社会主义探索所遇到的挫折则是由于对社会主要矛盾的错误判断和党的中心工作对经济建设的偏离，最终导致"以级斗争为纲"，偏离了毛泽东自己的思想路线。其实，如果当时党的中心工作没有离开经济建设，按毛泽东正确的思想路线，中国对经济体制的改革可能在50年代末和60年代初就会开始。首先从50年代开始，在向苏联学习社会主义建设的经验过程中，毛泽东就强调"中国和苏联两个国家都叫社会主义，有不同没有？是有的"。"我们的农业集体化经过几个步骤，跟他们不同，我们对待资本家的政策跟他们不同，我们的市场物价政策跟他们不同；我们处理农业、轻工业同重工业的关系，跟他们不同；我们军队里头的制度和党里的制度也跟他们不同。我们曾对他们说过：我们不同意你们的一些事情，不赞成你们的一些做法。"① 他同时批评国内一些人片面地认为苏联的东西都好，一切照搬的观点，尖锐地提出："那些搬得不对的，不适合我们这块土地的东西，必须改过来。"② 同时，毛泽东一直强调发展生产力，在《论联合政府》中最先提出生产力标准，在《关于正确处理人民内部矛盾的问题》谈到社会主义制度优越性时，他认为所谓社会主义生产关系比旧时代生产关系更能够适合生产力发展的性质，就是指能够容许生产力以旧社会所没有的速度迅速发展，因而生产不断扩大，因而使人民不断增长的需要能够逐步得到满足的这样一种情况。直到1957年夏季整风"反右"高潮中他还在强调："必须懂得，在我国建立一个现代化的工业基础和现代化的农业基础，从现在起，还要十年至十五年。只有经过十年至十五年社会生产力的比较充分的发展，我们的社会主义的

---

① 毛泽东：《毛泽东选集》第五卷，人民出版社1997年版，第320页。
② 毛泽东：《毛泽东选集》第五卷，人民出版社1997年版，第320页。

经济制度和政治制度才算获得了自己的比较充分的物质基础。(现在,这个物质基础还很不充分),我们的国家(上层建筑)才算充分巩固,社会主义社会才算从根本上建成了。"他还指出:"十年至十五年以后的任务,则是进一步发展生产力。"[①] 遗憾的是,1957 年后,受国内外发生的若干事件的影响,这些正确的认识被抛弃了,在"左"的路线下,中国社会主义道路的探索受到了严重的挫折,本来充满生机的思想路线也走向僵化。刚刚起步的中国社会主义政治经济学不仅研究中断,一些经济学家受到批判,而且十年动乱中,"四人帮"还利用这一学科并使其成为"分析新资产阶级特别是党内资产阶级形成、发展和灭亡的过程"的御用工具。值得庆幸的是,粉碎"四人帮"后,毛泽东在探索中国建设社会主义道路过程中所积累的一切积极的思想成果在邓小平同志"拨乱反正"的壮举中得以继承和坚持,在恢复后的毛泽东实事求是思想路线的指引下,加以创新和发展,社会主义政治经济学在中国迎来了繁荣发展的春天。

二

社会主义政治经济学的理论繁荣离不开社会主义的实践,十几年来经济改革和经济发展的实践为社会主义经济理论的发展提供了最好的土壤。党的十四大报告概括的有中国特色社会主义理论就是对中国改革实践的深刻总结,九条重要内容几乎都与社会主义政治经济学的内容有密切的联系。这些内容已经和正在成为中国社会主义政治经济学的重要组成部分。从社会主义的发展道路、发展阶段、根本任务、发展动力到经济体制目标、战略部署和发展方式已经构成了中国社会主义政治经济学的总体框架。只要注意一下中国当代不断吸收这些营养的理论专著和政治经济学教科书,就会发现在社会主义建设进行了差不多相同的年代后,中国的社会主义政治经济学要比苏联的三版教科书深刻得多,丰富得多。这些理论是在我国改革开放和社会主义现代化建设的实践过程中,在总结我国社会主义胜利和挫折的历史经验并借鉴其他国家社会主义兴衰成败历史经验的基础上,逐步形成和发展起来的。正如党的十四大报告总结的,有中国特色的社会主义理论是马克思列宁主义基本原理与当代中国实践和时代特征相结合的产物,是毛泽东思想的继承和发展,是全党全国人民集体智慧的结晶,是中国共产党和中国人民最可珍贵的精神财富。特别是邓小平同志开创的社会主义建设新道路的巨大政治勇气和开创马克思主义新境界的巨大理论勇气,对这一理论的创立做出了历史性的重大贡献。

---

① 毛泽东:《毛泽东选集》第五卷,人民出版社 1997 年版,第 462 页。

社会主义政治经济学的理论繁荣离不开解放思想、实事求是的思想路线。十几年来政治经济学上理论的突破，认识的深化都是以思想解放为先导的。十一届三中全会以来，社会主义政治经济学有两次大的突破和发展。第一次是1984年十二届三中全会通过的关于经济体制改革的决定。这个决定提出我国社会主义经济是公有制基础上的有计划商品经济，突破把计划经济同商品经济对立起来的传统观念，为全面经济体制改革提供了新的理论指导。这一决定被誉为中国版的社会主义政治经济学。决定公布后，经济理论出现了空前繁荣的景象，理论工作者不仅探索改革实践中提出的各种问题，而且就社会主义政治经济学的体系、始点、主线问题展开了深入讨论，推出一批全新的社会主义政治经济学专著和教科书。值得提出的是，其在内容上突破了只研究生产关系的束缚，开始了对经济运行和经济发展的研究。第二次是党的十四大提出的社会主义市场经济理论。该理论从根本上解除了把计划经济和市场经济看作属于社会基本制度的范畴的束缚。这是一次更大的思想解放，它不仅明确了我国经济体制改革的目标是建立社会主义市场经济体制，以利于进一步解放和发展生产力，而且也预示着社会主义政治经济学的新飞跃、新发展。

市场经济理论还需要在实践中不断地探索、发展和完善，但可以预见，市场经济理论提出的本身将会对社会主义政治经济学产生重大的影响，笔者以为主要有以下几方面：

（一）重建社会主义政治经济学的出发点

经济学最基本的出发点有两个：一个是大自然给予人类的资源是稀缺的；一个是人类的需要是丰富的、无限的。这是一切生产方式所面临的共同矛盾，离开了这一对矛盾，经济学就失去了存在的意义。而传统的社会主义政治经济学既没有对资源的稀缺性进行分析，如中国资源状况的分析，也没有对人的需要及需要的发展趋势进行分析，而是从所有制出发，直接论及生产过程的经济关系、经济规律。市场经济理论的提出，将使我们对经济问题的分析回到这两个最基本的出发点。

（二）重新明确资源配置是社会主义政治经济学的基本问题

从资源的稀缺性和人的需要的丰富性和无限性出发，人类面临的基本问题是如何把有限的资源配置到不同的生产部门和服务部门，以满足人们多方面的日益增长的无限的需要。资源配置就是马克思讲的"按一定比例分配社会劳动"，他认为这个问题如此基本，以至"决不可能被社会生产的一定形式所取消，而可能改变的只是它的表现形式"。社会主义政治经济学同样不能离开这一基本问题。

(三) 重新认识经济体制的实质

改革初，我们区分经济体制与经济制度，提出经济体制是经济制度的实现方式，我们是在坚持经济制度的前提下改革经济体制的。市场经济理论的提出，使我们认识到经济体制的实质就是对资源配置方式的选择，资源配置方式有两种：计划经济和市场经济。经济体制改革就是对资源配置方式进行再选择。

(四) 重建社会主义政治经济学的开放系统，为吸收入类一切文明成果提供更大空间

市场经济理论的提出必然带来一系列新范畴、新内容、新方法，从而引起结构、体系的更新，特别是将为和国际上通用的经济学语言沟通铺垫通路。这些变化将彻底结束传统体系的封闭性，广泛吸收一切对建设有中国特色的社会主义有用的营养。

(五) 为计划与市场结合方式的研究提供新的起点

选择了市场经济并不等于对计划的排斥，否则我们就会从另一个极端走向形而上学。计划是一切社会化大生产的客观要求，公有制为计划的实现提供了可能。计划性是公有制社会化大生产的客观要求。如何在市场对资源配置起基础性作用的条件下实现整个经济发展的计划性是一个新的课题，也是研究计划与市场结合的新起点。

(六) 公有制和按劳分配必须寻找新的形式

公有制主体和按劳分配主体是建立社会主义市场经济的前提。但是原有的公有制形式和按劳分配形式与市场经济体制并不适应。在南斯拉夫的市场经济中，公有制采取了"工人自治"的方式，我们采取什么方式需要探索。

(七) 改变生产关系、经济规律的研究方式

市场经济理论的提出对社会主义生产关系的研究方式提出挑战。传统社会主义政治经济学是以不存在商品生产和市场交换为基础的，生产关系是直接实现的，而市场经济的提出，就使社会主义人与人的关系同样要表现为物与物的关系，社会主义初级阶段公有制与多种经济成分并存的格局更要求对生产关系的研究采取新的方式。经济规律也只有在对经济运行过程的研究中才能揭示。可以预计，社会主义政治经济学对生产关系的研究将会由沉寂转向再度兴起，而且将与

经济运行和经济发展的研究有机地结合在一起。

　　毋庸讳言，市场经济理论的提出除了产生以上积极的影响外，也会给社会主义政治经济学带来一些新的难题、新的考验。这是不容回避的，也是我们在理论上和实践上必须解决的，其中一个最重要的问题是市场经济体制如何把社会主义的生产关系不断地再生产出来。当我们选择通过市场配置资源时，也就选择了通过市场配置利益，因为市场经济的资源配置和利益配置是结合在一起的。当我们把利益的配置也交给市场的时候，就涉及社会主义基本经济制度，涉及社会主义生产关系的再生产。市场经济成功地实现了资本主义生产关系的再生产，这是长期以来我们把市场经济当作资本主义经济特征的重要原因。现在我们摆脱了这种思想束缚，但还是不得不承认，市场经济对于私有制的资本主义生产关系的再生产是成功的，而对于公有制社会主义生产关系的再生产则尚无先例。不仅如此，市场经济还有过瓦解公有制的历史记录。这样，我们能不能通过市场把公有制主体、按劳分配主体不断地再生产出来，而且能够扩大地再生产出来，而不是走相反的道路，就是一种严峻的考验。这一点，我们从现在起就要十分注意，在尽快建立市场经济体制的同时，防止市场的消极作用，将市场对资源的配置与利益配置统一起来，利益配置的失衡或混乱必然导致资源配置的混乱。随着改革的深入，随着市场体制的逐步建立，社会主义生产关系再生产的状况将决定着社会主义市场经济的成败。

　　回顾20世纪初，社会主义政治经济学是以不可能存在为前奏曲的。1901年，桑巴特预言："在社会主义社会中不可能有政治经济学，因为在那里占统治地位的，不是盲目的经济规律，而是有经济目的的思想。"罗沙·卢森堡则提出："一旦资本主义的无政府经济，让位于由全体劳动人民的社会有意识地组织和领导起来的计划经济制度的时候，作为科学的国民经济学就将失去它的作用了。于是，现代工人的胜利和社会主义的实现，即意味着作为科学的国民经济学的终结。"一个世纪就要过去了，克服了"取消论"而生长起来的计划经济制度的社会主义政治经济学终于走向了终结。当社会主义在中国向下一个世纪进军时，问题又回到了20世纪初的起点。不过命题的前提已经改变，社会主义还必须搞市场经济。"作为科学的国民经济学"找到了新的生长点，社会主义政治经济学将在中国社会主义市场经济的土壤里继续成长、壮大。笔者相信，只要我们牢记历史的教训，坚持毛泽东解放思想、实事求是的思想路线，在邓小平建设有中国特色社会主义理论的指引下，我们一定能够取得中国社会主义事业的最终胜利。

（原载《纪念毛泽东同志诞辰100周年理论研讨会论文集》1993年8月）

市场经济理论对社会主义经济学的重大影响

一、重建社会主义经济学的出发点

经济学最基本的出发点有两个：大自然给予人类的资源是稀缺的，人类的需要是丰富的、无限的。这是一切生产方式所面临的共同矛盾。传统的社会主义政治经济学既没有对资源的稀缺性进行分析，也没有对人的需要及需要的发展趋势进行分析，而是从所有制出发，直接论及生产过程的经济关系、经济规律。市场经济理论的提出，使我们对经济问题的分析回到这两个最基本的出发点。

二、重新明确资源配置是社会主义经济学的基本问题

从资源的稀缺性和人的需要的丰富性和无限性出发，人类面临的基本问题是如何把有限的资源配置到不同的生产部门和服务部门，以满足人们多方面的日益增长的需要。社会主义经济学同样不能离开这一基本问题。

三、重新认识经济体制的实质

改革初，我们认为经济体制是经济制度的实现方式，在坚持经济制度的前提下改革经济体制。市场经济理论的提出，使我们认识到经济体制的实质就是对资源配置方式的选择。

四、重建社会主义经济学的开放系统，为吸收人类一切文明成果提供更大空间

市场经济理论的提出带来一系列新范畴、新内容、新方法，从而引起结构、体系的更新，特别是为和国际上通用的经济学语言沟通铺垫道路。

五、为计划与市场结合方式的研究提供新的起点

选择了市场经济并不等于对计划的排斥。如何在市场对资源配置起基础性作用的条件下实现整个经济发展的计划性是一个新的课题。

（原载《北京日报》1999 年 9 月 28 日）

论解放思想

邓小平南方谈话的精神之一就是解放思想。江泽民在中央党校发表重要讲话时提出：解放思想是一个法宝，是一个帮助我们在思想上和工作上永远保持蓬勃生机与活力的法宝。这是党的十一届三中全会的重要原则精神，也是中国共产党人进行革命和建设历史经验的结晶。解放思想，就是要勇于冲破落后的传统观念的束缚，让"思想冲破牢笼"。为什么在消灭了剥削阶级，在无产阶级领导下的社会主义革命和建设中会形成一些束缚人们手脚的错误观念呢？如何才能冲破这些观念的束缚呢？这些问题不解决，喊上一万遍解放思想也只能是一句空话。

一、人的错误思想是从哪里来的？

毛泽东同志于1963年5月写过一篇著名的论文《人的正确思想是从哪里来的？》，以鼓励人民大胆进行社会主义的实践。那时，束缚人们思想的还主要是教条主义和本本主义。而我们今天要加快改革开放步伐，加快经济建设，却面临着更多的"左"的禁锢和束缚。这些"左"的积习根深蒂固，因此，我们必须研究它的成因。

人的错误思想是从哪里来的呢？究其原因主要有以下几点。

（一）唯书唯上的出发点

教条主义和本本主义在党的历史上不断被批判，但又始终存在。究其原因，笔者以为这些人实际上不懂得把马克思主义和中国实际相结合，凡事要在经典中找根据，在红头文件中找规定。这种唯书唯上的认识事物的方法，严重阻碍着改革开放的进程。利用外资、发展乡镇企业、家庭联产承包责任制在经典中没有现成答案，统统都要怀疑；在红头文件中没有明确规定，明明对生产力的发展有促进作用的措施也不敢采用。持这种出发点的理论家，在一些抽象的名词概念上争论不休，不触及实践中提出的现实问题；持这种出发点的实际工作者，畏首畏尾，裹足不前。还有个别人，盲目崇拜洋教条，不问中国的国情和不断变化的实际，言必称凯恩斯等等，生搬硬套，食洋不化。毛泽东早就讲过，任何外国的经验，只能作参考，不能当作教条。土教条与洋教条，观点有时截然相反，思想方法却始终是一致的。

(二) 简单化的思维方式

世界上的事物是复杂的，而人们的思维方式却往往容易简单化。简单化思维方式的典型特征是非此即彼，不是好便是坏，不是公就是私，要么无产阶级，要么资产阶级。凡事都要问问姓"社"还是姓"资"，就是这种简单思维的典型表现。简单化越是在情况复杂、不易理出头绪的时候，越容易被人们所接受，也就越容易混淆事物的性质。用简单化来制定政策没有不出乱子的。就是在这种简单化思维方式下，我们砍掉了本不属于资本主义的"资本主义尾巴"，我们平添了本不属于社会主义的"社会主义特征"，而这些简单化思维的产物反过来进一步束缚了人们的思想。

(三) 公式化的思维定式

在实践中，人们常常要总结出一些客观事物的规律，并将之以一个公式概括出来。这是必要的、无可非议的。公式化的思维定式便于人们掌握和运用某些规律。但是当我们对规律总结得不正确，公式概括得不准确、运用得不恰当，或把公式绝对化时，公式化的思维定式则是十分有害的，它有可能成为束缚人们思维的缰绳。而且公式化的思维定式常常又和简单化的思维方式结合在一起，如果说简单化的思维方式容易形成错误观念，公式化的思维定式则将这种错误观念固化。如："资本主义是市场经济，社会主义是计划经济"，"阶级斗争，一抓就灵"，"凡是敌人拥护的我们就要反对，凡是敌人反对的我们就要拥护"，等等。这些公式化的思维定式给我们事业的发展曾带来极大的危害。大家不会忘记曾有些人认为凡是资本主义有的我们就不能有，凡是资本主义用的我们就不能用，更可笑的是在"文化大革命"时竟提出"宁要社会主义的草，也不要资本主义的苗"，不但消灭了西装，而且把电子音乐也视为资产阶级的靡靡之音。经济改革中我们存在那么多的疑虑，而对一个又一个"禁区"举步维艰，很多都是这种思维定式造成的。回想起来，竞争、商品经济、市场、股份制，哪一个禁区的突破不伴随着激烈的理论的争论及观念的更新？值得注意的是，人们对公式化思维定式的偏好，还会在观念更新过程中形成新的思维定式，如"一包就灵""一切向钱看"等，这些不科学的概括同样也会束缚人们的思想。

(四) 目标不自觉偏移

目标偏移是思想僵化的又一原因。我们为了实现总目标，总要提出不同时期或不同方面的具体目标，但一些同志在观察和思考问题时，往往只从具体目标出发，而忘记了总目标或根本目标，发生了不自觉的目标偏移。中国共产党的总目标是使人民过上幸福美满的生活，但是当我们为这个总目标奋斗时，却因为贯彻某项具体政策而将其遗忘。为了反对被认为是"资本主义的"的"包产到户"，宁肯牺牲农民的物质利益；安徽凤阳搞大包干时干部按手印搞"秘密协议"，为解决贫困地区农民的吃饭问题要冒极大的风险；等等。足见目标偏移带来的思想僵化危害何其深也。

（五）角色化效应

一个人自身的社会角色往往在很大程度上影响着他的思维方式和行为准则。部分同志所形成的思想束缚是同他们的社会角色分不开的。政治家根据实际情况制定政策，强调的是实效；实践者（包括相当一批干部）则在既定政策的范围之中观察问题、解决问题，注重的是业绩；理论家则从原理出发，敢于对政策提出怀疑，坚持的是道理。不同的角色会对观念形成产生不同的影响，特别是不同角色发生分离、割离时，这种影响就越大，不是经验主义就是教条主义。当前值得注意的倾向是，一些理论家不是从当代中国的实际出发，不是运用马克思主义的立场、观点和方法去勇敢地探索有中国特色的社会主义道路，而是以"捍卫者"的角色对待一切事物，他们永远保持着警惕的目光，随时准备同违背马克思主义的观点进行论争，社会角色效应使这些同志在改革开放中不是闯新路，而是打防御战。在党的历史上"左"的错误泛滥的时间很长，影响很深，而且这些"左"的东西往往带着一些革命的色彩，这就要求每一个人注意角色化效应的影响，自觉地克服思想的片面性。当然，我们也必须注意被掩盖着的轻视理论的倾向，任何思想上的片面性都会束缚人们的手脚。

（六）狭窄的眼界

思想落后于实际的事是常有的，这是因为人的认识受到了许多社会条件的限制。除了生产力发展水平和科学技术发展水平对人们认识能力的限制外，造成思想僵化的一个重要原因在于眼界狭窄，拒绝接受新事物、新思想、新观念，总是局限在原有的知识范围内思考问题。

（七）静止的思维惰性

客观世界是在不断发展的，特别是在改革开放的大潮中，生产力处于飞速发展中，每天都有新的变化，这就要求人们的认识也要积极、活跃，跟上实践的步伐。

但一些同志在思想认识上存在着严重的思维惰性,总是喜欢静止地去认识世界。改革已经向前发展了,他们的思维还停留在原来的阶段,有些人的思想甚至停留在过去对社会主义的一些不科学的甚至完全扭曲了的认识上,或者停留在改革开放前那些超越社会主义初级阶段的不正确的思想和政策上。例如,党的十一届三中全会以后,党的基本路线已经转变为以经济建设为中心,但一些人还在用阶级斗争时时讲、事事讲的观念去对待一切事物。

(八) 落后沉闷的理论

社会主义事业是人类社会的伟大实践,特别是经济体制改革,是冲击传统体制,对社会主义道路进行新探索的伟大试验,这样一个人类自觉进行的前无古人的试验,迫切需要理论的指导,实践的生动活泼,需要理论的繁荣。但是,在"左"的思想的影响下,我们的理论与实践相比,却显得贫乏、落后。传统的社会主义政治经济学,从头到尾,几乎都是以社会主义和资本主义的区别为"红线"的,就连商品经济这个共有的范畴,也要占用篇幅重新表述,如"社会主义商品""社会主义货币"等,而对社会主义实践中迫切需要回答的现实问题却涉及甚少。在这样的理论指导下,人们的思想必然被束缚在事事都要问个姓"资"姓"社"的框框内。需要特别指出的是,在改革的大潮中,社会主义的经济理论繁荣起来,各具特色的多种教科书专著及论文开始涌现,并逐步形成各自体系。但是在"左"的思想影响下,近年来这种发展势头停滞了,理论探索再度沉闷,这对思想解放、观念更新是极为不利的。

思想上的片面性归根结底来自主观唯心主义,根源于脱离实际、脱离实践、未能实事求是。弄清了错误思想的根源,我们就可以对症下药,自觉地克服思想僵化,主动适应改革开放的大潮。

二、筋一换,大路朝天

错误的观念一旦禁锢思想,就会成为一种桎梏,成为思想上的牢笼,不仅束缚人们的思想,也束缚着人们的行动。这就需要换脑筋,解放思想。江泽民同志给解放思想作了很好的解释:"所谓解放思想,就是勇于冲破落后的传统观念的束缚,善于从实际出发,努力去开拓进取。"这一表述完整地说明了如何才能解放思想。

解放思想,首先在于冲破旧观念,不冲破旧观念,就不会接受新思想,就想不出新办法,就打不开新局面。如果十几年前不曾冲破"两个凡是"这种思想束缚,并开展"实践是检验真理的唯一标准"的大讨论,就不会结束"以阶级斗争为纲"的"左"倾路线，也不会有抓住以经济建设为中心一百年不动摇的战略大转变，也就不会有中国改革开放所获得的举世瞩目的成就。冲破就要有勇气，这一次邓小平同志南方谈话就是以无产阶级革命家、战略家的远见卓识和胆略勇气，旗帜鲜明地回答了实践迫切需要回答的重大问题。那些伴随着社会化大生产和商品经济发展而出现的各种有效措施，在传统观念的束缚下，只因为资本主义采用过，就被认为是资本主义的特有的属性不敢运用，这些思想障碍，严重影响着人们认识和运用客观经济规律，运用人类文明进步的成果来为社会主义服务，严重影响着改革的进程。邓小平同志明确指出，股份制可以试；计划经济不等于社会主义，社会主义有市场；市场经济不等于资本主义，资本主义有计划。这样就一扫人们的疑虑，把改革开放推向新的高潮。我们的干部和理论工作者也应该有勇气打破思想上那些过时的、不符合客观形势发展变化的老框框，要有勇气自我冲破。

　　善于从实际出发，是解放思想的关键。前面所列错误思想的形成归根结底在于脱离实际，而解放思想也绝不是随意幻想、空想，或脱离主客观条件去蛮干，那样就会很快滑向盲动主义和冒险主义。这里关键的关键就在于从实际出发。实事求是毛泽东思想的精髓，具体问题具体分析是马克思主义活的灵魂。农村家庭联产承包制，不是哪一位理论家头脑的发明创造，而是由安徽农民根据他们的实际首先创造出来的；乡镇企业的兴起，也是中国农民在实践中的创举。中国改革进程中取得的一切成就就在于来自实践，反映了人民的利益和愿望，集中了群众的智慧，改革是千百万人民大众的自觉行动。所以，离开了从实际出发，解放思想也就无从谈起，既不知冲破什么，为什么冲破，也不知冲破后所要建立的新观念是什么。

　　努力开拓进取，是解放思想的目标和形成新观念的精髓。旧观念之所以束缚人们，在于它的保守性；脑筋一换，路就宽了，办法就多了，这里的奥秘就在于新观念的开拓和进取性。日本索尼公司的盛田昭夫经常讲的一个故事很能说明这个道理：两个卖鞋的业务员来到非洲一个落后的农村。在了解当地情况后，其中一个业务员向他的公司发电报告知："当地人都赤脚，没有销售前景。"另一个业务员向公司发回的电报内容却是："居民赤脚，急需鞋子，立即运货。"后者代表着开拓进取的精神，观念不同，结论也不同。我国改革的进程也是这样，当一些人还在为"姓资姓社"游移观望时，另一些人早已成就了轰轰烈烈的大事业。同样的条件，走的路却不一样，同样是忙忙碌碌，成效却天壤之别。所以，思想不解放，脑筋不换，一切工作都很难推动。思想解放了，脑筋活了，想问题的面就宽了，无论是发现和选拔人才，无论是克服前进中的困难，无论是开拓新

· 499 ·

的领域和新的事业，办法就会更多，路子就会更广阔。脑筋一换，大路朝天。

　　解放思想，还必须加强学习。在新的历史条件下，新的环境下，我们的思维方式和方法必须相应改变，必须有新的创造。我们要认真领会邓小平建设有中国特色社会主义的思想，解放思想，更新观念，用我们脚踏实地的工作去开创社会主义事业美好的未来。

（原载《经济与管理研究》1992 年第 10 期）

改革深化：形成了改革的路线图和时间表

一、摆问题：改革以解决问题而深化

从现实问题出发，是以习近平为总书记的新一届中央领导集体治国理政的鲜明特色，党的十八届三中全会对全面深化改革的部署，集中体现了这个特色：在不断解决问题中深化改革。

在我国社会主义市场经济体制已经初步建立、市场化程度大幅度提高、对市场规律的认识和驾驭能力不断提高、宏观调控体系更为健全的背景下，党中央冷静地认识到经济体制仍存在不少问题。就国家总体发展来讲，习近平总书记指出："我国发展面临一系列突出矛盾和挑战，前进道路上还有不少困难和问题。比如：发展中不平衡、不协调、不可持续问题依然突出，科技创新能力不强，产业结构不合理，发展方式依然粗放，城乡区域发展差距和居民收入分配差距依然较大，社会矛盾明显增多，教育、就业、社会保障、医疗、住房、生态环境、食品药品安全、安全生产、社会治安、执法司法等关系群众切身利益的问题较多，部分群众生活困难，形式主义、官僚主义、享乐主义和奢靡之风问题突出，一些领域消极腐败现象易发多发，反腐败斗争形势依然严峻，等等。解决这些问题，关键在于深化改革。"[①] 全面深化改革的战略部署正是在直面这些问题的过程中形成的。就经济体制来说，习近平总书记指出："……市场秩序不规范，以不正当手段谋取经济利益的现象广泛存在；生产要素市场发展滞后，要素闲置和大量有效需求得不到满足并存；市场规则不统一，部门保护主义和地方保护主义大量存在；市场竞争不充分，阻碍优胜劣汰和结构调整；等等。这些问题不解决好，完善的社会主义市场经济体制是难以形成的……主客观条件具备，我们应该在完善社会主义市场经济体制上迈出新的步伐。"[②] 发展仍是解决我国所有问题的关键，经济体制改革是全面深化改革的重点。改革深化的认识和决策就是在这个背景下形成的，这就决定了新时期的改革具有新的特征和更为深刻的内容。发现和

---

① 习近平：《关于〈中共中央关于全面深化改革若干重大问题的决定〉的说明》，人民日报，2013-11-16。

② 习近平：《关于〈中共中央关于全面深化改革若干重大问题的决定〉的说明》，人民日报，2013-11-16。

找准问题,是深化改革的出发点,也是我们准确认识和全面把握十八届三中全会精神的基本前提。

二、涉险滩:剑指利益固化藩篱

改革的深化主要表现在改革已进入攻坚期和深水区,必须迎难而上,而改革面对的"深水",主要指改革开放以来尚未根本触动或新形成的已固化的既得利益。市场经济条件下,价格机制引导资源流动,实现利益不断平均化,而始终稳定地获得高于平均值的利益就是所谓租金。要想形成完善的市场经济体制,就要突破不符合市场经济规律的获利模式。党的十八届三中全会提出,要"敢于啃硬骨头,敢于涉险滩,以更大决心冲破思想观念的束缚、突破利益固化的藩篱"[①]。

利益固化的藩篱,主要针对部门保护主义和地方保护主义等规则不统一、竞争不规范的现象。"藩篱"的存在又源于政府对资源配置的扭曲干预。因此,党的十八届三中全会提出:"深化行政审批制度改革,最大限度减少中央政府对微观事务的管理,市场机制能有效调节的经济活动,一律取消审批,对保留的行政审批事项要规范管理、提高效率;直接面向基层、量大面广、由地方管理更方便有效的经济社会事项,一律下放地方和基层管理。"[②] "企业投资项目,除关系国家安全和生态安全、涉及全国重大生产力布局、战略性资源开发和重大公共利益等项目外,一律由企业依法依规自主决策,政府不再审批。"[③]

解放思想是看清各种利益固化的症结所在的前提,否则很难找准突破的方向和着力点,很难拿出创造性的改革举措。因此,我们要有自我革新的勇气和胸怀,跳出条条框框限制,克服部门利益掣肘,以积极主动的精神研究和提出改革新举措。

三、聚共识:顶层设计和整体谋划

改革深化还表现在党的十八届三中全会确立了改革的总目标、规划了总布局、制定了总方针。这三个方面,从顶层设计到整体谋划,都体现了我们党对改革规律的认识深化和科学把握。

同改革初期不同,经过 35 年的改革开放实践,我们已经明确了改革的方向,

[①]《中共中央关于全面深化改革若干重大问题的决定》,人民出版社 2013 年版,第 7、17-18、3、6、1-2 页。
[②]《中共中央关于全面深化改革若干重大问题的决定》,人民出版社 2013 年版,第 7、17-18、3、6、1-2 页。
[③]《中共中央关于全面深化改革若干重大问题的决定》,人民出版社 2013 年版,第 7、17-18、3、6、1-2 页。

积累了丰富的经验，开辟了中国道路。党的十八届三中全会提出了全面深化改革的两大总目标，即"完善和发展中国特色社会主义制度，推进国家治理体系和治理能力现代化"①，既为新时期的深化改革确定了方向，又体现了对解决现实问题的很强的针对性，同时更生动描述了其美好前景是："让一切劳动、知识、技术、管理、资本的活力竞相迸发，让一切创造社会财富的源泉充分涌流，让发展成果更多更公平惠及全体人民"②。改革不仅是解放和发展生产力，而且要使发展成果惠及全体人民；不仅释放改革红利，而且要释放资本、劳动、知识、技术和管理的活力。

党的十八届三中全会还对改革作了全面部署，统筹谋划，协同推进，全面推进经济体制、政治体制、文化体制、社会体制、生态文明体制和党的建设制度改革。同时突出改革中的重点和核心，提出"六个紧紧围绕"，全面中有重点和核心，以重点和核心牵引全面改革的推进。在改革的指导方针上，更加注重改革的系统性、整体性、协同性。

四、牵引力：重要领域和关键环节

改革的深化还突出地表现在对经济体制改革的定位和把握上。党的十八届三中全会指出，经济体制改革仍然是全面深化改革的重点，而且要对全面深化改革起牵引作用。

"牵引作用"符合抓主要矛盾的方法论。通过经济体制改革牵引作用，推动生产关系同生产力、上层建筑同经济基础相适应，推动经济社会持续健康发展。

重点之中有关键，是改革深化的又一亮点。经济体制改革仍然是全面深化改革的重点，而经济体制改革的核心问题仍然是处理好政府和市场的关系。党的十八届三中全会提出一个重大理论观点——使市场在资源配置中起决定性作用和更好发挥政府作用，明确了市场是配置资源最有效率的形式，同时强调仍然要坚持发挥我国社会主义制度的优越性，发挥党和政府的积极作用。市场在资源配置中起决定性作用，并不等于起全部作用。这就避免了"市场崇拜"倾向，为克服单一市场调节机制弊病，发挥国家有效宏观调控作用留有必要的空间。遵循这条规律，有望解决市场体系不完善、政府干预过多和监管不到位等问题。"政府的职责和作用主要是保持宏观经济稳定，加强和优化公共服务，保障公平竞争，加

---

① 《中共中央关于全面深化改革若干重大问题的决定》，人民出版社2013年版，第7，17-18，3，6，1-2页。

② 《中共中央关于全面深化改革若干重大问题的决定》，人民出版社2013年版，第7，17-18，3，6，1-2页。

强市场监管，维护市场秩序，推动可持续发展，促进共同富裕，弥补市场失灵。"① 这就为从广度和深度上推进市场化改革，大幅度减少政府对资源的直接配置，推动资源配置依据市场规则、市场价格、市场竞争实现效益最大化和效率最优化创造了前提，也为更好发挥政府作用指明了方向。

党的十八届三中全会确立了经济体制改革的目标、任务和期限：到2020年，在重要领域和关键环节改革上取得决定性成果，完成改革任务，形成系统完备、科学规范、运行有效的制度体系，使各方面制度更加成熟、更加定型。中国的改革进行了35年，其内涵已经有了深刻变化，从不成熟逐步走向成熟，从转型开始走向定型。

五、设底线：社会主义制度的自我完善和发展

"底线"是新一届党中央在不同场合反复强调的一个概念。改革就是要冲破旧有观念和体制的束缚，在实践中因时因地变通，但无论在理论上还是在政策上，都是有底线的。所谓底线，就是不能越界，否则就发生了性质的改变。党的十八届三中全会为全面深化改革设了底线：不走封闭僵化的老路，不走改旗易帜的邪路。改革是社会主义制度的自我完善。

(原载《中国特色社会主义研究》2014年第1期、《红旗文摘》2014年第6期)

---

① 《中共中央关于全面深化改革若干重大问题的决定》，人民出版社2013年版，第7，17-18，3，6，1-2页。

转变经济发展方式的理论思考

党的十七大报告指出，实现国民经济又好又快的发展，关键要在转变经济发展方式和完善社会主义市场经济体制方面取得重大进展。转变经济发展方式这一崭新命题的提出具有深刻的理论价值和实践指导意义，但真正理解这一命题，必须从经济发展方式概念的界定和辨析开始，否则，不但不能理解其深刻内涵，任何的误读还有可能带来偷换概念的逻辑混乱。

一、转变经济发展方式的概念思辨

（一）转变的对象究竟是什么？

理论界普遍注意到，用"转变经济发展方式"代替"转变经济增长方式"，虽然只改了一个词，内涵却发生了重大变化。但内涵究竟发生了什么变化，却存在着似是而非的理解和解释。从逻辑上看，这里面有三种转变关系：

A：经济增长方式（Ⅰ）转变为经济增长方式（Ⅱ）

B：经济发展方式（Ⅰ）转变为经济发展方式（Ⅱ）

C：A 转变为 B

我们认为，正确的理解应该是 C，即"转变经济发展方式"代替"转变经济增长方式"，转变"转变模型"。因此，对 C 的理解，必须以 A 的理解为基础，重点在于理解 B，B 是理论创新的核心。

但大多数人在理解和解释 C 的过程中，由于侧重进行"增长"与"发展"内涵的区别辨析，不自觉地将"转变"二字漏掉，这样，两个"转变"之间的转变，就成了"经济增长方式"向"经济发展方式"的转变；通过对增长与发展的辨析，实际上将"转变"进一步理解和解释为经济增长方式（Ⅰ）转变为经济发展方式（Ⅱ）。这种解释混淆了增长的不同方式，而且也掩盖了经济发展方式的理论创新。

正确理解和解释经济发展方式的转变，必须进一步明确 A，明确经济增长方式的转变；必须进一步明确 B，承认经济发展有不同方式；必须进一步明确增长与发展的关系。在此基础上，才能真正认识转变经济发展方式的深刻内涵和重大意义。

(二) 两种增长方式的转变

转变经济增长方式是一个存在已久的命题,意指经济增长有两种方式——粗放型和集约型,即我们前面所归纳的经济增长方式(Ⅰ)和经济增长方式(Ⅱ),转变是从经济增长方式(Ⅰ)(粗放型增长)转变为经济增长方式(Ⅱ)(集约型增长)。经济增长方式转变是由主要靠增加投入的外延增长转变为主要靠提高效益的内涵增长。这早已成为经济学的共识。

(三) 经济发展有不同方式

经济发展方式是新的提法,肯定应该与经济增长方式有不同的内涵。但转变经济发展方式的命题,同时也暗含着经济发展有不同的方式,因此,我们假设了经济发展方式分为经济发展方式(Ⅰ)和经济发展方式(Ⅱ)。人们已经对经济发展方式的目标作了大量的描述,但潜藏的转变出发点却是经济发展方式(Ⅰ);转变经济发展方式,不能只描述目标,也必须从理论上说明其出发点,即原有的或以往的经济发展方式。从理论上归纳、概括经济发展方式(Ⅰ)是全面理解经济发展方式的前提,同时也是最终完成经济增长方式转变的关键。转变经济发展方式的提出并没有否定转变经济增长方式,而是包含着经济增长方式的转变;经济发展方式的转变引领经济增长方式的转变,经济增长方式的转变为经济发展方式的实现提供条件和保证。

(四) 增长与发展的辩证关系

对经济发展方式的误读是由增长和发展开始的,其实增长与发展也是经济学久已存在的讨论题目。

经济增长,一般是对产出总量而言的,强调的是量的增加;经济发展,不仅是指经济总量的增加,更注重的是结构改善和质量提高,是质和量的统一,特别强调给人民带来的实际福祉。

人们最初都非常重视经济增长,认为没有经济增长就没有国家的富强,就没有人民的安康,因此把 GDP 看作一个国家是否发展的唯一指标;但发展中国家经济发展的大量实践证明,单纯的经济增长并不必然推动经济发展,有增长无发展的严酷事实摆在人们面前。更为严重的是,伴随着经济增长,环境污染、贫困、疾病等与经济发展背道而驰的现象也在不断发生,甚至威胁到人类的生存。人们为经济发展而推动经济增长,但事与愿违,经济增长却破坏着经济发展。发展经济学应运而生,人们开始破除对 GDP 的迷信,探索人类可持续发展之路。

但同时，我们也必须承认，没有经济增长就没有经济发展，增长为发展提供不可或缺的物质保障，经济发展必然伴随经济增长。问题是，人类需要的是什么样的经济增长？是有损于发展的增长，还是有益于发展的增长？

经济增长方式的转变，是因经济增长受到资源约束而提出来的。由粗放到集约的转变，解决的是经济增长的手段和路径问题，并未涉及发展问题；然而，粗放增长不仅挑战了资源约束，也挑战了发展目的约束。因此，经济增长方式的转变不能解决增长对发展的挑战问题。而发展对增长的约束不起作用，集约增长也就失去了根本动力，从而难以真正实现。增长与发展的辩证关系使我们看到，发展离不开增长，而增长必须受发展约束，我们要的是有益于发展的增长，必须矫正有损于发展的增长。经济发展与经济增长组合方式构成不同的经济发展方式，经济发展方式的转变带动经济增长方式的转变。问题是，现在或以往是什么经济发展方式？为什么要转变？

二、两种经济发展方式及其转变的实质

总结归纳新中国成立以来特别是改革开放以来中国经济发展的历程，在处理增长与发展关系的战略上，大致可以分为两种经济发展方式：

方式1：由增长而发展的经济发展方式（推动型）。这种经济发展方式，强调规模、速度，靠经济增长推动经济发展。新中国成立初期，面对恢复国民经济和工业化的任务及人口众多的基本生活压力，提出"多快好省"的社会主义建设总路线，把"多""快"放在"好""省"之前，就是这种经济发展方式；改革开放之初，面对拨乱反正、社会主义处于低潮的局面，邓小平同志提出"发展是硬道理"，强调手里东西多一些总好办，也是这种经济发展方式；"又快又好"的表述，又不自觉地延续了这种经济发展方式。总之，这是一种由多而好、由快而好，以及由增长而发展的经济发展方式，可以称为推动型经济发展方式。推动型发展必然采用粗放型增长方式。

方式2：由发展而增长的经济发展方式（带动型）。这种经济发展方式，强调效益、结构，靠经济发展带动经济增长。党的十七大报告提出的实现国民经济又好又快的发展，把"好"放在"快"之前，由好而快，就是这种经济发展方式。这种由发展而增长的经济发展方式，可以称为带动型经济发展方式。科学发展观的全部内涵，正是带动型经济发展方式的要求。以人为本，全面、协调、可持续，是经济发展的目标，也是经济增长的结果。这种带动型经济发展方式要求采取集约型和内涵式经济增长方式。

两种经济发展方式存在于经济发展的不同阶段，由不同的条件和环境所制

约。推动型经济发展方式一般用于经济发展刚刚起步阶段，在这一阶段，人们要求迅速摆脱贫穷落后，为了生存，物质产品的量是第一位的。这个阶段，不会也没有条件顾及其他。只有到了经济发展不可持续时，人们才会意识到发展带来的威胁和危机。"先污染，后治理"是推动型经济发展方式的典型写照。带动型经济发展方式，一般是经济发展已经完成起步阶段必要的财富积累，面对经济发展不可持续的威胁，有实力和能力解决超越生存的问题时对经济发展方式的新要求。带动型经济发展方式，从人的全面发展出发，顾及人与自然的和谐，遵循经济发展客观规律。带动型经济发展方式，就是科学发展方式。

概括起来说，"快"是经济增长的标志，如何快，形成了经济增长的不同方式；"快+好"是经济发展的标志，"快"与"好"的不同组合形成不同的经济发展方式。

三、转变经济发展方式的实质和创新

经济发展方式从"由快而好"转变为"由好而快"，虽然只是快和好排列的简单变化，却反映了人类经济活动理念的深刻归异。人类从事经济活动最初目的就是生存和发展，商品经济特别是资本主义经济出现后，人类原本目的隐居其后，直接目的异化为利润。利润的追求和增长推动了经济发展，但也带来危机。"由好而快"的发展方式，从理念上对经济目的的异化开始复归。经济发展方式的归异，是社会主义的要求，科学发展是社会主义市场经济的本质，标志着与资本主义市场经济的区别。

加快转变经济发展方式，就是要：在需求结构上，促进经济增长由主要依靠投资、出口拉动向依靠消费、投资、出口协调拉动转变；在产业结构上，促进经济增长由主要依靠第二产业带动向依靠第一、第二、第三产业协同带动转变；在要素投入上，促进经济增长由主要依靠增加物质资源消耗向主要依靠科技进步、劳动者素质提高、管理创新转变。

转变经济发展方式的核心，在于从最终目标出发，尊重客观规律，科学发展，确保最终目标的实现。

（原载《首都经济贸易大学学报》2009年第1期）

民族复兴与社会主义是统一的

民族复兴与社会主义的统一，这一命题可以追溯到中国共产党建党，贯穿党的全部历史。为了民族复兴，我们找到了社会主义，只有社会主义才能救中国；实践社会主义首先是为了民族复兴，只有民族复兴才能证明社会主义的生命力。

中华人民共和国的成立，开辟了民族复兴与社会主义有机结合的新天地。民族复兴伟大事业所带来的强大动力，促使我们党在战争一结束，就立即展开恢复被战争破坏了的国民经济的工作，并且把主要精力放在了经济建设上。在短短的几年中，经济发展的规模、速度都达到了历史的最好水平。社会主义基本经济制度建立后，民族复兴伟大事业的动力，进一步使党坚持探索适合中国国情的社会主义道路：党的八大正确地提出了国内主要矛盾和主要任务，随后，不断克服经济困难，持续发展国民经济；在三届全国人大一次会议上，周恩来总理在政府工作报告中首次提出建设"四个现代化"的宏伟任务。但是，随着我们对形势出现误判，"社会主义社会阶级斗争理论和实践上的错误发展得越来越重"，使得我们的事业遭到了严重挫折。

十年动乱给中国的社会主义事业造成了不可估量的损失，其中最为深刻的教训就是淡化了民族复兴。离开了民族复兴，单纯地讲社会主义，不但使中国社会主义事业离开了国情、离开了实际，而且对社会主义的认识也开始走向片面和极端，如政治上提出"以阶级斗争为纲"，经济上追求纯而又纯的公有制，等等，使得国民经济到了崩溃边缘。从党的十一届三中全会召开到中国特色社会主义事业取得巨大成功的这30年伟大历程，把已经淡化了的民族复兴重新加以强化，并且和社会主义事业融合在一起。

这告诉人们，民族复兴与社会主义结合得好，经济社会就发展，综合国力就提高，社会主义事业就前进，对社会主义的认识就深化。而离开民族复兴单纯讲社会主义，民族复兴大业就会出现延误，经济社会就会出现问题甚至灾难。

但是，我们也要注意一种倾向，即只讲民族复兴，不讲社会主义，有意无意地淡化社会主义。这种思潮的存在和扩大，严重影响着中国特色社会主义事业的健康发展。为什么民族复兴必须要有社会主义作为理论指导和制度基础呢？这里涉及国际国内非常复杂的因素。在旧中国，历史已经有过结论，"只有社会主义才能救中国"。新中国社会主义经过60年的发展，证明了只有中国特色社会主义才能发展中国。社会主义是人民当家作主、民族兴旺发达的根本保证。

我们党始终代表着广大人民群众的根本利益，我们一切路线、方针、政策都是为了人民，民族复兴事业发展的成果要由人民所共享。而如果淡化了社会主义，发展的成果由少数人、少数阶层所占有，就会导致两极分化，就会使整个经济社会失去方向，就背离了人民的利益，就背离了我们党的宗旨，就会动摇我们党执政的基础。离开社会主义，民族复兴最终也难以完成。

（原载《北京日报》2009 年 7 月 27 日）

奥运、入世带给我们的机遇与思考

一、奥运与入世给我们带来了什么？

新世纪第一年，申办奥运成功，加入世贸组织（WTO）（本文简称"入世"），两个机会几乎同时给了中国。对于在新世纪将进入全面建设小康社会，加快推进现代化新的进程的中国来说，奥运与入世确实给了我们一个千载难逢的历史机遇。

奥运与WTO，一个是国际性的体育盛会，一个是世界的贸易组织，两者共同的特征是国际性，它标志着社会主义的中国已经进入国际社会，中国将进入一个更加开放的新时代。

奥运与WTO给我国带来的影响是全方位的，但就其最本质的影响来说，带给我们的是两样东西：一是国际规则，二是世界市场。奥运，通行的是国际共同认可的比赛规则；WTO，之所以是一个世界性贸易组织，因其实质也是一组贸易规则。全世界的运动员都来北京比赛，但必须执行统一的国际比赛规则；中国可以平等地和各国贸易，世界市场给我们打开了新发展的大门，但必须遵循通行的规则。规则将使我们的经济运作方式更加规范，更为成熟，规则将把我们导入更为广大的世界市场，赢得新的巨大发展。

二、从入世到奥运的历史坐标比较

奥运和入世同时给了中国，但两者也有一个时间差。从入世到奥运有7年的时间。要弄清机遇何在，首先要弄清这7年中国历史的坐标，找到它们之间的契合点。从奥运来看，这7年是硬件和软件的准备期；从入世来看，这7年正是保护期和过渡期。这7年对中国的经济和社会发展是一个什么样的时期呢？

根据中共中央关于"十五"计划的建议，"今后五到十年，是我国经济和社会发展的重要时期，是进行经济结构战略性调整的重要时期，也是完善社会主义市场经济体制和扩大对外开放的重要时期"。从入世到奥运的7年，正是这样一个有着重要意义的时期。这7年是"十五"计划完成，第十一个五年规划到中期的时期。从这一个时期我们所要完成的任务来观察这7年，就可以深刻地感受到奥运和入世带给我们的机遇是什么。

从三个重要时期表述的任务看,推动经济发展和结构调整必须依靠体制创新。为此,中央部署了"十五"时期,也就是到 2005 年,"完善社会主义市场经济体制迈出实质性步伐,在更大范围和更深程度上参与国际经济合作与竞争"的任务。

根据我们对从入世到奥运 7 年与国家对未来 5 到 10 年的规划和展望的比较可以发现,其最主要的契合点就是"完善社会主义市场经济体制迈出实质性步伐,在更大范围内和更深程度上参与国际经济合作与竞争"。7 年带给我们的"国际规则"和"世界市场"正是 5 到 10 年的任务所需要的。这就是机遇所在。

今后 5 到 10 年内,为完善社会主义市场经济体制要迈出哪些实质性步伐呢?实质性步伐的目标是"突破影响生产力发展的体制性障碍"。具体来说有四项任务:其一,国有大中型企业要建立现代企业制度,健全企业法人治理结构,成为市场竞争的主体;其二,推动国有经济布局和对所有制结构调整,支持、鼓励和引导私营个体企业,尤其是科技型、中小型企业健康发展;其三,进一步开放市场,建立和完善全国统一、公平竞争、规范有序的市场体系;其四,进一步转换政府职能,适应发展社会主义市场经济的要求,加强和改进宏观调控。这四个实质性步伐的核心是切实建立起现代市场经济的运行机制和规则。

WTO 的各项原则都是以市场经济为基础的,入世带来的"国际规则"正是市场经济的规则。从某种意义上讲,从"复关"到"入世"谈判的 15 年,正是中国经济体制逐步由计划向市场转型的 15 年,其中,对中国市场经济的认可始终是谈判的核心内容。中国虽然已经初步建立起社会主义市场经济体制,但仍未能完全摆脱计划经济的影响,仍然有不少"政府经济"的色彩,与国际通行的市场经济的规则尚有许多不适应之处,所以提出了在未来 5 到 10 年中深化改革的任务。实质性的步伐是我们根据自己的实际情况和改革进程安排的,而入世及入世的时间表则以外在的强制力促使我们必须迈出实质性步伐。

三、以入世成就入市

中国已经初步建立起的市场经济体制还有哪些不完善之处呢?特别是有哪些是与入世规则不相适应的呢?笔者认为分析各种不适应的表现都集中在政府的不适应上。

如:政府对经济的干预依然存在,政企职责没明确分清,现代企业制度形似而神不似,有效的国有资产管理体制尚未形成。行政性审批制依然广泛存在,在国企改革中甚至有所强化,还存在着行政垄断和行业垄断,强制交易、限制竞争的行为还比较广泛。此外,还有企业之间搞限价、价格同盟、反竞争的购并等经济性垄断。实行高价高收费,扩大了职工收入差距。还存在地方政府限制外地产品,保护本地落后生产的地方封锁和市场分割。地方封锁扭曲了市场价格。这与允许外国商品在缴纳关税后在国内自由流通的规则不一致,也限制了国内有竞争力商品的成长。市场分割阻碍全国统一市场的形成,行业竞争无序,市场秩序监管力度不够。

入世后,现存这些问题会遇到极大的挑战,按照市场经济的要求,问题的核心是政府不该管的还在管,政府该管的尚未管好。而入世给了一个解决这些问题的时间表:必须在2006年之前基本解决。

笔者认为,在这7年之中,甚至不到7年的时间,政府应该按照入世的时间界限列一个政府职能转换的时间表,分成若干阶段,认真分析问题、原因和症结所在,主动出击,主动进行职能的转换,切实推进政府管理体制改革。奥运、入世和改革的主体都是政府,主动权也在政府。

政府要改变自己的行为模式,不是再靠行政垄断的办法,关键是要研究市场经济条件下地方政府的地位、作用和职能。只有知道了该干什么,才能改变原来不该干的,才能主动地适应市场经济,才能在机遇和挑战面前取得主动权。入世逼迫我们适应市场经济的规则,抓住这个机遇,就可以以入世成就完善社会主义市场经济的大业。

四、规则接轨,扩大对外开放

奥运和入世会促使我国的经济运行迅速和国际规则接轨,而规则接轨,则会进一步推动全方位、多层次、宽领域的对外开放,发展开放型经济。

我们强调入世后改革的紧迫性,但也不能片面强调"狼来了"的压力。应该看到新的国际规则也可以给我们带来创造直接利益的新机会。而且,有利和不利的因素是可以相互转化的。如普惠制使我国在入世后可以享受减免关税的好处,从而拓宽我国出口创汇,其间,在公平竞争环境下,市场空间将全面扩大。

五、首都经济的再定位

国际贸易比较优势的原理会给首都经济的发展带来新的机遇。入世和奥运会给首都经济带来新的变化,要重新审视并进一步完善首都经济的定位。首都经济的优势和产业结构要放在更开放的大背景下来考察。笔者认为,在新的条件下,首都服务型经济的特点将更为明显,已经确定的高新技术产业的发展只有在服务经济的框架下才能更健康地发展。

首都经济贸易大学是北京市属重点大学,学校学科特色和地理位置上的优势在入世和奥运的机遇面前有着更大的发挥余地。学校东区地处 CBD（中央商务区）的核心区，入世后，可以作为 CBD 培养高级经济贸易管理人才和提供咨询服务的基地，在北京市经贸往来方面起到非常重要的作用。学校西区地处南城，有着进一步扩展校园、为北京市培养更多财经管理人才的前景。申奥成功后，奥运与开发南城规划有一定矛盾，但如果结合得好，就可以变不利为有利。学校西区属于未来发展的地域，体育场馆几乎没有，而学校要发展又必须建设一些体育设施。如果能将奥运的部分场馆与学校西区的建设结合起来，既可以加快学校的发展，有力地促进开发南城的实现，又可以减少奥运后集中于北城的场馆闲置，提高后奥运经济效益，实现学校发展、南城开发与奥运的"三赢"。

（原载《首都经济》2002 年第 B06 期）

经济文化与文化经济

——以文化引领区域经济科学发展的理论思考

在中国经济发展的大局中，区域经济占有越来越重要的地位。不但国家已经形成东部率先、西部开发、东北振兴、中部崛起四大板块的总格局，而且制定了主体功能区规划和一系列重点区域经济规划。与此同时，区域经济规划的实现也遇到了种种羁绊。在这样的背景下，如何实现区域经济一体化的问题提到议事日程，人们开始思考其遇到的矛盾和挑战，寻找其实现的路径和机制。笔者在探索京津冀和华北经济一体化的过程中，不断思考这些问题。这次有机会来宁夏考察学习，大开眼界、深受启发。其中，最具启发性的就是文化。在宁夏，我们可以更深刻地感受到经济与文化的深刻联系。

宁夏有五千年的文明史，两千多年的农耕史，形成了底蕴深厚的黄河文化、回族文化、西夏文化、丝绸之路文化等。宁夏人在西部大开发的实践中，传承自己的特有文化，取得骄人的业绩。特别是近年来，宁夏的决策者们以敏锐的目光看到，宁夏虽不沿边、不沿海，却拥有"中国穆斯林之乡"、古丝绸之路亚欧大陆桥陆路交流传统的文化优势，有做大做强文化产业的优势和条件，由此达成共识：走出去，请进来，推进"向西开放"战略，创造出内陆开放的经济文化。"小省区也能办大文化！"的口号震撼人心。由此，笔者想借此机会，从宁夏的实践出发，从理论上梳理经济与文化的关系，探索以文化引领区域经济科学发展的路径和机制。

一、经济与文化的辩证关系

（一）人类生存发展中的经济与文化

物质生产是人类生存发展的基本出发点，劳动是整个人类生活的第一个基本条件。人类在创造物质财富的同时，也在创造文化，并且创造了人本身。恩格斯在《劳动在从猿到人的转变中的作用》一文中，详细描述的人类从"最低级的野蛮人"到现代文明人的过程，深刻揭示了经济与文化的关系。我们仔细品味一下恩格斯以下这段文字："劳动本身经过一代又一代变得更加不同、更加完善和更加多方面了。除了打猎和畜牧外，又有了农业，农业之后又有了纺纱、织布、冶金、制陶和航海。伴随着商业和手工业，最后出现了艺术和科学；从部落发展成了民族和国家。法和政治发展起来了，而且和它们一起，人间事务在人的头脑中的虚幻的反映——宗教，也发展起来了。"① 从恩格斯的这段文字中我们不难悟出：人类经济发展结晶的种种文明形态，正是我们今天称之为"文化"的东西，而文化最重要的结晶是人。如果把文化看作是一个历史过程，那么，文化的功能就是"使人离开动物越来越远了"。

马克思和恩格斯在《德意志意识形态》中指出："思想、观念、意识的生产最初是直接与人们的物质活动，与人们的物质交往，与现实生活的语言交织在一起的。人们的想象、思维、精神交往在这里还是人们物质行动的直接产物。"② 他们还曾表达了"而且人们是受他们的物质生活的生产方式、他们的物质交往和这种交往在社会结构和政治结构中的进一步发展所制约的"③ 等思想。

（二）文化的内涵和特性

人们在共同、广泛使用文化这一概念时，都能够理解其基本含义，没有太多的误解；但给其下的定义，据说不下 200 多种，这说明很难对文化有一个统一的认识。不同的定义，有不同的出发点，都有其接近真理、认识真理的意义。这里，笔者也提出自己的观察与思考。笔者认为，文化的基本内涵，或者说其真谛，就是两个字：认同。认同的必备前提，是两个以上的人，或曰人群。单个人不需要认同，只有多个人共同行动时才需要认同，所以，文化是人的社会性的特有表现。人群有大有小，可以是家庭、部落、组织、民族、国家、地缘共同体等，所以形成不同范围的文化；认同的形式，可以是语言、文字、意识、宗教、信仰、科学、艺术等精神形态的文化，也可以是生产方式、生活方式、风俗习惯以及村落、城镇、城市、工具、设施等物质形态的文化，还可以是法律、规则、制度、纪律等行为规范的文化。有了"认同"的概念，就可以把握所有形式的文化。

在把握住文化的基本内涵的基础上，我们可以进一步发现文化的几个主要特征：

1. 自发形成与自觉创造。从认同的真谛出发，我们可以发现，人类文化的形成，可以通过被迫认同形成，即自发形成；也可以通过主动认同形成，即自觉创造。

---

① 马克思、恩格斯：《马克思恩格斯文集》第九卷，人民出版社 2009 年版，第 557 页。
② 马克思、恩格斯：《马克思恩格斯文集》第一卷，人民出版社 2009 年版，第 524 页。
③ 马克思、恩格斯：《马克思恩格斯文集》第一卷，人民出版社 2009 年版，第 537 页。

就自发形成来说，对人类影响最早并一直持续至今的文化，莫过于分工文化，其他文化大多是由此派生的。正如马克思和恩格斯在《德意志意识形态》中所揭示的："受分工制约的不同个人的共同活动产生了一种社会力量，即成倍增长的生产力。因为共同活动本身不是自愿地而是自然形成的，所以这种社会力量在这些个人看来就不是他们自身的联合力量，而是某种异己的、在他们之外的强制力量。"[1] 这种被迫的认同，来自人类生存发展的自然条件以及人类自己创造的"异己的力量"。如，任何人不能离开自己一定的特殊的活动范围，从而"是一个猎人、渔夫或牧人"。

同时，文化又是可以自觉创造的。自觉创造的主动认同不同于被迫认同，它是在人们"一天天地学会更正确地理解自然规律，学会认识我们对自然界习常过程的干预所造成的较近或较远的后果"[2] 中，通过学习和认识规律所形成的认同。

被迫认同与主动认同始终是交织在一起的，被迫认同中有着主动认同的因素，主动认同中也存在着被迫认同。自觉认同中，自觉的程度又有不同，"一天天"是文化自觉创造必然的过程。从发展是硬道理到科学发展观的形成，就是一种主动认同的自觉文化。

2. 界内凝聚与跨界传播。文化的形成，最初离不开地域局限。同一地域内，自然界给予这一地域的自然资源、地形地貌、气候环境是这一地域文化形成的基础。由此可见，文化首先是界内的被迫认同。

随着交往的出现和发展，人类的活动范围在不断地扩大，随之，文化也会出现跨界传播，跨界传播就是认同范围的扩大。后面我们将会了解到，只有跨界传播，才能保证文化的传承。

观察和研究文化，必须注意界内凝聚与跨界传播的关系。人们从事的经济活动，总是从微观的小群体开始的，随着经济活动范围的扩大，形成更大的群体。因此，群体的认同，必然首先是界内认同，然后是跨界认同。而跨界传播又会影响和提升界内的认同。从这两者的关系，我们能更深刻地理解开放的真正意义。开放是文化传承和文明进步的必要条件。

3. 代际传承与断流失传。文化的传承性是文化的一个显著特征，文化能够一代又一代地相传，是代际的认同使然。但人类历史上，也出现了某些文化在代际的断流。

宁夏的西夏文化，在中国古代曾盛极一时，但在公元 13 世纪突然消失，给后人留下了数不清的难解之谜。这个事实告诉我们，文化是可能断流失传的。

---

[1] 马克思、恩格斯：《马克思恩格斯文集》第一卷，人民出版社 2009 年版，第 537 页。
[2] 马克思、恩格斯：《马克思恩格斯文集》第九卷，人民出版社 2009 年版，第 560 页。

对文化的这一现象，恩格斯曾深刻指出："某一个地域创造出来的生产力，特别是发明，在往后的发展中是否会失传，完全取决于交往扩展的情况。当交往只限于毗邻地区的时候，每一种发明在每一个地域都必须单独进行；一些纯粹偶然的事件，例如蛮族的入侵，甚至是通常的战争，都足以使一个具有发达生产力和有高度需求的国家陷入一切都必须从头开始的境地。在历史发展的最初阶段，每天都在重新发明，而且每个地域都是独立进行的。"[①] 他还列举了腓尼基人的大部分发明和中世纪玻璃绘画术的长期失传为文化断流失传的历史例证。

文化为什么会在代际传承，而且能长达几千年？文化又为什么会断流失传？这是我们在文化大繁荣、大发展的时代必须认真思考和深入研究的。一方面，我们在努力传承老祖宗留给我们的文化；另一方面，我们也必须警惕我们在现代创造的优秀文化在不自觉中的断流失传。

4. 物化结晶与精神存在。文化既可以是物化结晶，表现为物质文明；又可以是精神存在，表现为精神文明。

5. 信仰坚守与兼容并蓄。文化一旦形成，其认同的程度，会通过对理想、信念、信仰的坚守而不断强化，从而能够得以代代相传。

文化的传承和发扬光大，还离不开与时俱进和兼容并蓄。

在文化坚守与吸收的关系上，有着非常复杂的情况，需要认真对待。面对不坚守就不能传承、不与时俱进也不能发扬光大的局面，在坚守上，必须把握好变与不变的辩证关系，弄清哪些是不能变的，变了就意味着离经叛道；哪些是可以变的，变了，不但没有伤筋动骨，反而更加适应新情况、新实际，使其精华更加发扬光大。在吸收上，必须把握好哪些可用，哪些不可用，哪些需要改造才能为我所用，切不可喧宾夺主，更不可数典忘祖。

6. 文化冲突与文化包容。在经济全球化的趋势下，不同文化彼此之间不认同；在时代巨大变化的情势下，"代沟"意味着代际不认同，这些不认同，就意味着文化冲突。当今世界，文化冲突不可避免。

文化包容，就是各种文化之间虽不能融通，但彼此相互尊重、相安无事、和平共处。在宁夏，我们就看到了大量的文化包容。

冲突还是包容？对其选择，既有共处一体的利益博弈，也有对不同文化如何共处的问题。

（三）经济始终是文化的基础

文化可以有多种分类，但不管何种文化，直接地或间接地，都会与经济发生

---

① 马克思、恩格斯：《马克思恩格斯文集》第一卷，人民出版社2009年版，第559页。

密切的联系，从最初的文化形态到现代的文化形态，经济始终是文化的深厚基础。任何一种文化，都可以找出其形成、演变和发展的经济因素。宁夏的丝路佛光和回族形成的历史，都离不开经济的往来。

(四) 文化对经济的影响和作用

文化对经济的影响和作用，是全面、系统和细微的，无处不在、无时不有。可以说，当今世界，无论是宏观经济还是微观经济，也无论是发达经济体还是不发达经济体，已经不可能没有文化因素了。

文化也可能脱离或超越现实经济相对独立发展，但其基本要素仍然离不开现实的经济生活。有着现实经济根基并代表经济发展方向的文化，能够引领现实经济健康发展；而脱离现实经济，又不能代表生产力发展方向的文化，往往会阻碍经济的发展。

(五) 经济文化一体化

通过我们对经济与文化关系的考证，我们发现文化离不开经济，经济也离不开文化，经济与文化始终形影相随、并行不悖。只是我们从事经济活动时，常常忽略了文化的存在和影响；而谈及文化时，又往往忘记文化与经济的深刻联系。将经济与文化不自觉地割裂，导致经济与文化的两张皮。两张皮的现象，既影响了经济，使经济失去文化的引领，出现了大量非理性的经济危机和混乱；又使文化脱离经济的基础，产生了大量偏离社会进步的文化。人类在与自然斗争过程中所碰到的挑战，呼吁经济与文化必须一体化发展，科学发展观的提出和实践，正是顺应了经济文化一体化发展的客观要求。

人们按照自己的生产方式建立相应的社会关系，正是这些人又按照自己的社会关系创造了相应的文化。所以，文化同它们所表现的关系一样，不是永恒的，"它们是历史的、暂时的产物"。正如马克思在《哲学的贫困》中揭示的："生产力的增长、社会关系的破坏、观念的形成都是不断运动的。"[①] 因此，经济与文化是一体化发展的，也只有在不断地运动中去寻找两者历史的辩证统一。

二、经济文化的理论思考

(一) 经济文化的内涵与外延

经济文化，作为文化的一种分类，大部分散见于对文化在经济领域各种实际

---

① 马克思、恩格斯：《马克思恩格斯文集》第一卷，人民出版社 2009 年版，第 603 页。

现象的研究，如企业文化、老字号文化、品牌文化等。由于文化在人类发展中越来越多地表现为与经济、政治、社会相对独立并与之并列的形态，所以，一提到经济文化，人们就只想到文化的经济化。其实，与经济内在地融合在一起的文化，才是文化的第一形态。这里我们尝试着对经济文化做一个比较抽象的理论概括。所谓经济文化，就是人类在从事经济活动中，即在生产、交换、分配、消费过程中，由不同范围的人群，在不同时代、不同时期、不同地域共同创造而形成的物质文化、行为文化和精神文化。其内涵是人们在共同劳动、共同生活中对其行为准则、价值观念以及经济范畴、劳动成果和成果分配的认同。其外延表现为物质和精神的各种各类文化，如国家经济文化、民族经济文化、制度经济文化、商品经济文化、市场经济文化、计划经济文化、区域经济文化、企业经济文化等。

把"经济"当作动词，经济文化也可以理解为一个过程，即把文化经济化，也可以称为经营文化。这个意义上的经济文化实质上与文化经济是同一的。

（二）经济文化的分类

经济文化可以分为物质的经济文化和精神的经济文化，以及两者兼而有之、有机融合的无限组合的形态。

1. 按经济过程和环节划分。

（1）生产方式认同形成的经济文化，如分工文化、所有制文化、产权文化、城市文化、农耕文化、工业文化等。

（2）交换方式认同形成的经济文化，如等价交换文化（一分钱一分货、童叟无欺、货真价实、薄利多销）等。

（3）分配方式认同形成的经济文化，如平均分配文化、要素价值文化（工资、利润、地租）、按劳分配文化、效率与公平文化等。

（4）消费方式认同形成的文化，如信贷消费与勤俭持家文化、节约文化、炫耀文化、标榜文化、享乐文化等。

2. 按经济范围和规模类型划分，如企业文化、职业文化、行业文化、产业文化、商品文化、品牌文化、经营文化、市场文化、计划文化、战略文化、乡村文化、城市文化。

（三）经济文化的特性

1. 经济文化的长度。经济文化因其形成的不同背景和条件，会有持续的不同历史长度。如有的会持续存在于人类社会始终，有的可能只在一定历史阶段存在。

2. 经济文化的宽度。经济文化因其形成的地域局限和经济交往程度不同，会有其存在和扩展的不同宽度。如有的会由地域经济文化逐步扩展到更大地域甚至全球或人类共同的经济文化，而有的只会在特定地域存在并形成自己的特色。

3. 经济文化的强度。经济文化对于经济实践的影响有大有小，因而形成不同的经济文化强度。有的经济文化会对经济产生重大或关键性的影响，有的则可能比较微弱。强弱之间存在无限的等级。

4. 经济文化的深度。经济文化对于人类社会发展进步的影响深刻性也是不同的。

三、文化经济的理论思考

（一）文化经济的内涵与外延

文化经济不同于文化，是文化的重要组成部分。文化经济作为经济的一种形态，是以文化产品作为经济活动对象的，围绕着文化资源的配置以及文化产品的生产、交换、分配、消费过程。文化产品可以有两种基本属性：其一，进入市场的文化产品，具有商品属性，价格随供求波动，由市场决定，属于文化产业；其二，不进入或不完全进入市场，具有公共物品的属性，属于文化事业。无论是否进入市场，文化产品都是人类劳动的成果，都属于文化经济。所谓文化经济，就是文化产品的生产和消费过程，及其这个过程中人与人的关系。

如果把文化经济的文化理解为"动词"，文化经济则是一个过程，即使经济活动文化化，通过文化经济，使经济在物质生产过程中不断升华，在生产物质产品的同时，也生产精神产品。

（二）文化经济的分类

文化经济，按文化产品的特性可分为公共产品和准公共物品，按经济过程的属性可分为文化的生产、文化的交换、文化的分配、文化的消费。

（三）文化经济的特性

文化经济是经济，以文化产品为基本载体，具有与其他经济一样的共性。文化经济又不能简单地等同于一般经济，它是一种特殊的经济。其特性主要表现为经济过程的对象、原材料和产品及其交换、分配和消费等，这些都始终和人的群体性、意识性和精神生活分不开。文化经济，在体现其经济功能的同时，必然要实现文化的功能；文化经济也不同于单纯的文化，在实现文化功能的同时，必须讲究投入与产出、成本与效益的经济功能。对文化经济的认识需要进行深入的探讨。

四、以文化引领区域经济科学发展

文化引领经济科学发展是一个大题目，既可以是宏观经济的整体分析，也可以是微观经济的组织和个体的行为分析，是一个大系统和复杂系统。本文仅就区域经济的层面进行理论探讨。

（一）区域经济概念运用的差异

区域经济可以有两种理解：按经济学本意，区域经济是以自然地貌、交通联络为基础的，经济内在联系紧密的地域经济；而在实际使用上，常常理解为行政区划内的经济，很多省市的规划在谈到区域经济时，指的是本行政区划的经济。在理论界，一谈到区域经济，脑子里一定是跨界的。

宁夏区域经济，既可以理解为宁夏行政区划的经济，因为宁夏行政区划是以"自治区"命名的，所以宁夏的区域经济相当于其他省市的"省域经济"和"市域经济"；也可以理解为宁夏经济在全国区域经济总体布局的定位以及宁夏与周边的经济联系。区域经济与区划经济是完全不同的两个概念，但在宁夏却基本重合了，以至人们对其内涵可以有不同的理解。其实，在区域经济概念的使用上，其他省市也存在着这种混同。尽管如此，区域经济与区划经济在宁夏仍然有着不同的内涵和意义。如，能源化工的"金三角"，就是内蒙古鄂尔多斯、宁夏银川和陕西榆林跨省区的经济区域。因此，对于宁夏区域经济必须从这样两个视角观察和思考问题。

（二）中国区域经济发展的主要矛盾

笔者在一篇题为《行政区划与经济区域》的论文中提出："中国的区域经济是行政区划下的区域经济。行政区划是区域经济一体化的制度背景，要跨行政区划消除分割，却又要在行政区划的限制下行事，这就是我们推进区域经济一体化的主要矛盾；由各个行政区划的主体推进跨行政区划的区域合作，是区域经济一体化的主要任务。"

就宁夏行政区划意义的区域经济来说，同样存在着地县级的行政块块经济，要实现宁夏区域经济的整体布局和目标，同样要处理好下一级区划经济与自治区区域经济的矛盾；就宁夏与外部的经济联系来说，虽然规划没有与其他行政区划有交叉，但跨界经济联系既是区域经济意义上的内在要求，也是宁夏经济走向繁荣的必然选择。因此，也要处理好与其他同级区划经济的关系。

（三）寻找区域经济联系的介质

如何实现区域经济一体化？很多学者的观点是让市场主导，政府少管一点儿，让企业建立横向往来，按照市场法则去运作。理论上讲，这无疑是正确的。但是，现实中，我们发现对区域经济一体化的理论思考、规划设计和实际操作都是以行政区划为基本单位的，都像是以行政单位为基本颗粒来拼一幅大画，笔者把区域经济一体化的过程称为马赛克拼图，拼图的基本单位是这些行政区划的颗粒（省、市、区、县）。当然在拼图的同时也会冲破一些行政障碍，包括基础建设、交通设施、信息网络等，也要通过改革按照市场法则创造一体化的经济环境，但是行政区划是我们无论如何也绕不过去的现实制度基础，我们只能在行政区划基础上加强块块之间的协调和有机联系，追求由块块组成的区域经济一体化的马赛克图画的整体性和完整性。

区域经济一体化的马赛克艺术，是指在行政区划经济块块的基础上，通过一系列的介质，将彼此割裂的经济块块拼装或编织为一个一体化的经济体。这就需要上一级行政区划给下一级行政区划更多的决策权，而且各级行政区划之间、不同行政区划下的子行政区划之间需要协调，需要一个总体设计、总体指导。中国区域经济一体化实际上是一种马赛克的艺术，区域经济的马赛克难在哪呢？在于这些颗粒不是一个总设计师设计和一个总工程师指导拼装的，而是各行政区划分别设计、分别制作的。如果不加以规整，拼出来的"图画"就很难看。宁夏区划经济与区域经济的重合，为宁夏区域经济的整体化提供了得天独厚的条件。与京津冀不同，宁夏区域经济在马赛克的整体设计上减少了其他区域经济规划碰到的麻烦，但仍然需要寻找自治区内经济联系以及与外部经济联系的介质。在今年内蒙古的政协论坛上，我们发现物流是经济辐射力的重要介质；宁夏之行，我们进一步发现，文化也是经济联系的重要介质。

（四）文化：经济联系的内在纽带

经济联系与文化有着相同的内在要求：就是认同的真谛。两个不同经济体之间发生经济联系，一定是存在着某种共同的东西，马克思劳动价值论的创立，就是沿着两个商品能够交换，一定是存在着共同的东西，进而寻找这一共同东西的逻辑进行的，从而发现了价值的秘密。我们已经界定了文化就是对于共同东西的认同，因此，文化对于理解经济联系的存在和主动建立经济联系就有了特别的意义。可以说，经济联系催生了文化，而文化又主导着经济联系。

宁夏区域经济的实践告诉我们，从文化入手，传承底蕴丰厚的文化、寻找共同文化的联系，或满足经济联系的文化需要，是促进区域经济走向一体化的重要路径。

（五）宁夏启示：经济与文化关系的辩证把握

启示之一：把握好经济与文化联系的"大与小"。

经济有大有小，文化也有大有小。如何看待和把握大与小的关系，宁夏给了我们极大的启示。如，宁夏在全国省区市中，属于最小之列，但宁夏人却提出"小省区也能办大文化"；在宁夏的自然地理条件及在全国的布局中，生态保护的担子非常重，宁夏人就本着"小开发、大保护"的开发思路，努力转变经济发展方式。这种以小见大、以大管小的大局观，和不为条件所畏惧，敢于有大作为的精神是特别值得称道的。其他诸如宁夏的黄河文化和黄河的流域文化、宁夏的发展战略重点与全国区域规划的战略布局，都离不开对经济与文化联系的"大与小"的辩证把握。

启示之二：把握好经济与文化联系的"古与今"。

经济的古今传承，浸透着文化的古今传承，因此，经济与文化联系的"古与今"充满着辩证的关系。在这方面，既不能厚古薄今，也不能厚今薄古，而要找到古今之间经济文化的脉络和联系。宁夏不但有着与西夏辉煌经济相联系的西夏文化，而且在挖掘和传承历代文化的同时，还在持续创造新的文化，如"黄河善谷"就是充满现代气息的宁夏新文化。

启示之三：把握好经济与文化联系的"内与外"。

文化虽受地域的局限，但也会随着经济联系的扩展不断由内而外、由外而内。因此，辩证地把握好经济与文化联系的"内与外"，是寻找区域经济科学发展机遇的重要思想方法。宁夏虽然不沿边不靠海，但在大力发展面向国内市场的清真食品的同时，大胆提出"内陆向西开放区"战略，成功举办"中阿经贸论坛"。每年有70多个国家和地区的近万人参加论坛，两年签约金额达1 700多亿元，这一战略不仅为宁夏长久发展开辟了新路，也成为国家发展的重要战略举措。

（六）对宁夏区域经济发展的祝愿

1. 继续发掘宁夏的区域经济文化。宁夏有着深厚的文化底蕴，发展宁夏区域经济必须努力发现历史传给我们和我们正在创造的经济文化，提高发掘文化的自觉性。历史传下来的经济文化，如黄河经济文化，不仅仅是一个简单的冠名，我们要努力找到其真正内涵以及文化传承的路径和机制。

2. 打造宁夏独特的文化经济。文化产业无疑是文化经济的重要组成部分，宁夏在文化产业上已经取得了辉煌的业绩，如回商文化的发扬光大，但要进一步突破文化产业的认识局限。文化经济是一个比文化产业在内涵上丰富得多的概念。应该更加注重文化对宁夏区域经济整体发展的价值，也就是文化的整体性。注重培育和提升"宁夏人"的素质和品格，打造"宁夏品质"，提高宁夏经济的整体品位，树立宁夏产品和服务优质诚信的形象，使"宁夏"两个字成为内涵独特的品牌。

3. 自觉与国家区域经济战略对接。宁夏的发展，必须首先明确在国家区域经济战略中的功能定位，主动对接。宁夏是西部大开发的主战场之一，承担着促进区域协调发展、为我国拓展新的发展空间、确保到2020年实现全面建成小康社会目标的历史重任。如宁夏沿黄经济区，其产业发展方向是建设全国重要的能源化工、新材料基地，清真食品及穆斯林用品和特色农产品加工基地，区域性商贸物流中心；又如2008年7月，国家批准了"黄河流域防洪规划"，再次确定了七大黄河干流控制性骨干工程（即龙羊峡、刘家峡、黑山峡、碛口、古贤、三门峡、小浪底水库）构成黄河水、沙调控体系的主体。利用黑山峡调水调沙，就成为长期减轻宁蒙河段淤积和宁蒙河段防洪防凌负担的重要战略安排。

4. 主动与流域和周边省区的规划对接。宁夏区域经济的发展虽然有一定的相对独立性，但依然离不开与其他地区和周边的密切联系，比如，黄河下游洪水泥沙影响涉及冀、鲁、豫、皖、苏五省的24个地（市）、110个县（市），总面积约12万平方公里，耕地1.1亿亩，人口9 064万人。重点加快推进黄河黑山峡治理开发，及早修建相关骨干控制工程，就可以为黄河中下游冲沙减淤提供水流动力条件；再加上交通、人居环境等条件的联系和影响，如果只从自己的行政区划来规划，难免有很多局限性。所以，强化区域经济的综合开发，打破传统的行政区划，整合各方面力量共同推动区域的经济、社会、生态发展，是宁夏经济发展的必然趋势。

（2012年首都专家边疆行在宁夏作的学术报告，该文以《北京文化经济的十大特征》为题发表于2019年11月11日的《北京日报》）

如何绘就一张能干到底的蓝图？
——规划编制要有理论思考和法治精神

2015年是规划之年。这一年，北京不仅要制定"十三五"规划，还要修订《北京城市总体规划》，贯彻《京津冀协同发展规划》《北京新机场建设规划》以及其他多方面的专项规划，在讨论这些规划的过程中，我们不禁想起过往那些只是挂在墙上，与实际并无太大关系的所谓"规划"：一任领导一种主张、不断从头再来的换届"规划"。我们必须认真思考：为什么我们过往的许多规划会严重脱离实际呢？如何才能编制出习近平总书记所要求的"一张蓝图干到底"的规划呢？

一份规划不能贯彻到底的原因是非常复杂的，既有规划编制的因素，也有规划执行的因素；既有客观原因，也有主观原因。可能是实际进程远远超过原来的设想，也可能是主观想象脱离了客观实际，还可能是出现了不可抗拒的意外情况又没有留下调整空间的余地，更多的则是长官意志、随心所欲。要绘就一张能干到底的蓝图，笔者以为，从设计编制规划开始，就要讲究一点理论思考和法治精神，从现在的情况看，笔者觉得这是最为缺乏的，而这又是确保能"干到底"最为基础的。

一、规划不能就事论事，必须要有理论依据

在讨论各种规划时，笔者发现，大多数时候是就事论事，缺少理论思考。缺少理论思考，对于规划的编制来说，是非常危险的。人们现在常常把理论作为一种装饰品，穿靴戴帽，装点门面，没有实际价值。殊不知，理论是帮我们透过现象看本质、剪去枝蔓抓要害，认识事物演化规律、把握工作发展进程的有力武器。面对大量复杂的实际问题，缺少理论思考，抓不住实质，工作就可能进入误区。规划是谋划未来的，更要对事物的发展趋势有把握，对可能出现的困难和问题有预见，如果没有理论思考、不做学理研究，是很难适应规划必须把握未来的要求的。

比如，北京新机场的建设，涉及非常复杂的利益关系需要调整处理，各种意见、各种方案听了不少，但很少听到从理论上回答新机场的属性是什么，是城市基础设施还是企业，谁是机场的产权主体、投资主体，相关方面如何分摊成本和分享收益等问题。特别是在机场横跨分属两个省级行政区划的四个城镇的情况

下,如何协调机场与失地农民的关系,如何协调地方政府与国家部门的关系,补偿标准的制定,等等,所有的具体政策都离不开对新机场基本属性、基本性质的理论界定,都离不开具体方案的理论依据。如果我们陷入纷繁的具体矛盾,没有清晰的理论认识,就不可能编制出具有生命力的规划。

又如,京津冀协同发展和疏解非首都功能,如果只是关注具体的项目,而对京津冀协同发展的国家战略意图不清楚,对疏解非首都功能所要达到的目标和实现的效应不清楚,就会失去编制规划的自觉性。讨论中,似乎对什么是首都功能,什么是非首都功能的认识并不清晰。编制这些规划,我们首先要对首都功能与城市功能的关系、北京何以做大的历史成因、疏解非首都功能与医治"大城市病"的关系在理论上有清晰的认识。理论认识到位了,才能对哪些功能是可以疏解的、哪些功能是不能疏解的认识更为清晰。理论认识清晰了,才能在一些虽然功能不能疏解,但项目和环节可以疏解上积极作为。一些虽然功能可以疏解,但又事关城市财政收入和就业形势的项目,很难一步到位,只能在严格控制增量、逐步消化存量上稳步行事。在具体行动中可以灵活变通,既能完成疏解任务,实现疏解效果,又能保持城市活力,扩大辐射范围,提升城市管理水平。离开理论思考,就没有编制规划的自觉。

二、规划编制要有法可依,规划实施要有法律权威

在贯彻全面依法治国的大形势下,规划的编制或修订,更应该充分体现法治精神。

首先,编制规划要有法律依据,要依法编规、依法修编。规划的编制一定要有法律依据,如果没有或者不全,那就应该在编制过程中积极促进立法,使规划合法。

其次,规划一旦确定,就应该给以法律权威性。我们以往规划随政府换届,没有一张能干到底的蓝图,就在于规划没有法律效应。荷兰围海造地的巨大工程之所以能够成功,就在于规划通过了立法,一届政府接一届政府持续干,最终干成了一个人类的奇迹,造福于荷兰人民。规划不立法,就没有约束性;各种规划不衔接、不统一,必然各行其是。这方面我们存在大量问题,依法编制规划、规划立法,还有很长的路要走。习近平总书记已经明确提出推进规划体制改革,加快推进规划立法工作,北京应该带这个头,借2015年编制规划工作比较集中的时机,先行先试,实现规划立法。这是确保"一张蓝图干到底"的基础性保证。

(原载《北京观察》2015年第6期)

消除羁绊，互利共赢
——关于华北地区产业结构协同升级的思考

一、华北地区大区域经济的新构想

区域，是地域空间的概念，按不同的标志可以划分为自然区域、行政区域和经济区域。经济区域以地域内的经济内在联系为基础，可以跨行政区划，甚至国界；经济区域有大有小，大经济区域可以包含若干小经济区域，小经济区域规模、特性各有不同，联系有的紧密、有的松散，也可以形成以核心区域为中心或轴心而集聚周边经济体的经济区域系统；一个地区也可能分属不同的经济区域。经济区域的形成完全取决于区域内各经济实体之间的经济联系。区域经济的实质，是在区域范围内形成各经济体分工合作、资源共享、优势互补、共同发展的一体化经济。以人为本、全面协调可持续的科学发展观，要求统筹兼顾城乡之间、区域之间、人与自然之间的协调发展。

当前，我国呈现以沿海核心地区为引领的产业和人力资源双重雁行转型升级的局面，核心经济圈带进入多元化调整重组过程，全国将形成6个核心经济圈带，其中首都圈为重要经济核心之一[①]。在科学发展观的指导下，全国各地纷纷研讨和推进不同范围、不同组合的区域经济合作。正当"环渤海经济圈""京津冀都市圈"概念下的区域经济发展方兴未艾之时，京津冀晋蒙政协联合发起了"京津冀晋蒙政协区域经济合作论坛"，使京津冀都市圈的辐射进一步扩展，五省区政协的共识和合作实际上是提出了一个华北地区经济一体化的大区域经济的新构想（见图1）。

华北经济区域的提出，既有应对危机的迫切需要，也有传承历史的坚实基础，更有科学发展的共同愿景。近年来，京津冀晋蒙都出现了持续发展的好势头，都在应对危机中寻找新定位、新思路，都在谋划经济转型和产业升级。中央政府在国家发展战略中，对京津冀已经有了新的定位：以首都为中枢，具有京津双核结构特征和较高区域和谐发展水平的新型国际化大都市圈；以区域创新体系和国家创新基地为支撑；自主创新能力强，拥有基础产业、高端制造业与服务业

[①] 杨开忠：《中国正形成六个核心经济圈带》，《中国经济周刊》，2009年第10期，第25页。

消除羁绊，互利共赢——关于华北地区产业结构协同升级的思考

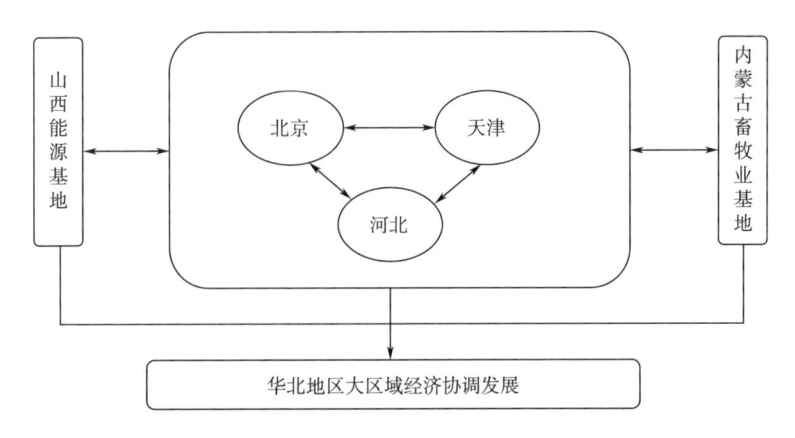

图1 华北地区大区域经济结构示意图

等完整产业体系的现代化都市经济区；以技术、信息、金融、客货交流枢纽为依托，是我国北方地区最具影响力和控制力的门户地区[①]。在新定位下，北京作为"国家首都、国际城市、文化名城、宜居城市"；天津作为"国际港口城市、北方经济中心、生态城市"，天津滨海新区开发开放上升为国家战略，天津滨海新区作为国家级综合配套改革试验区，与浦东、深圳并列为国家级的区域增长极；京津冀都市圈区域规划上升为国家发展战略。从京津冀都市圈周边环境看，山西是全国的能源重化工基地，内蒙古是我国重要的畜牧业生产基地，它们不但与京津冀都市圈有着广泛而密切的历史和现实经济联系，而且存在着进一步深化合作的基础和潜在的更大的共同利益。

区域经济一体化的形成，要从区域经济合作开始。眼下，最现实的合作，就是京津冀晋蒙各自产业结构升级的协同。可以预见，华北地区大区域经济的形成，一定会使京津冀晋蒙业已形成的发展势头持续下去，在更高层次、更高水平上科学发展，创造出大区域经济发展的新模式。

二、华北地区产业结构协同升级的潜在利益

要实现华北地区区域经济合作的制度创新，必须寻找五地共同的利益基础。京津冀晋蒙五省区的区域经济合作有着巨大的潜在利益。国家对京津冀地区新的战略定位，已经向我们展示了京津冀都市圈未来整体发展的美好前景，再加上晋蒙的合作，将使华北大区域经济的整体竞争力更强、经济结构更完整，各省区在区域经济一体化定位下的分工更合理、优势更突出。这一前景的实现要靠体制和

---

① 国家发改委编制：《都市圈区域综合规划》，2006年。

机制的创新,而创新的前提是发现华北地区经济合作,特别是产业结构协同升级的潜在利益。

(一) 产业功能定位互补潜在利益

首都经济贸易大学祝尔娟教授及其团队的初步研究认为,从总体上看,根据要素特点、潜能和未来发展可能,京津冀三地具有不同的产业功能定位和分工[1]。北京是区域内现代制造业的研究开发中心、技术创新中心、营销中心及管理控制中心,是京津冀区域制造业与国际先进制造业对接的平台。北京确定的产业发展方向是高新技术产业、现代制造业和现代服务业。在京津冀都市圈区域合作中,北京要发挥要素集散、发展服务、辐射带动和区域创新等四项功能[2]。天津的优势在于拥有先进的制造技术和手段、完备的制造产业和制造业基础。天津重点发展节水、节能、原材料消耗少的技术密集型产业和新兴产业。天津要建设成北方经济中心,将依托京津冀的发展。京津冀具有政策优势,具有得天独厚的自然、经济地理要素优势[3]。河北应充分利用日趋成熟的条件,紧紧"抓住结构调整这条主线",河北环京津周边市县应主动积极地做好京津外迁企业的承接工作。山西作为全国的能源重化工基地,有力地支援着京、津、内蒙古等地的用电,北京1/4的用电量靠山西供给。但由于能源原材料产业比重过高,外部经济发生波动时,山西经济就会受到较大影响。内蒙古资源丰厚、土地富饶,作为我国重要的畜牧业生产基地和矿产能源重地,为华北乃至全国提供基础性产业的支持。产业和功能的差异化有可能成为华北区域合作的基础和潜在利益基础。构建京津冀晋蒙新型产业分工格局,就可能实现五地融合、联动发展、错位竞争、互利共赢。

(二) 产业联动升级潜在利益

产业联动优化升级,是以产业为需要,实现优势互补和联动发展,寻求在一定时间、空间和有限的资源供给范围内产业结构优化升级的最优效率,形成互利共赢的双向互动的良性发展系统[4]。京津冀晋蒙要实现各自的城市定位,必须实现产业升级,而产业转移是以城市产业结构升级为前提的,是在区域产业联动协

---

[1] 祝尔娟:《京津冀都市圈发展新论》,中国经济出版社2008年版。
[2] 孙久文、邓惠惠、叶振宇:《京津冀都市圈区域合作与北京的功能定位》,《北京社会科学》,2008年第6期,第19-24页。
[3] 杨开忠:《北方经济中心建设要依托京津冀》,《中国经济周刊》,2006年第50期,第21页。
[4] 沈正平、简晓彤、施同兵:《产业地域联动的测度方法及其应用探讨》,《经济地理》,2007年第6期,第952-955页。

同基础上实施产业结构优化升级。地区间的产业转移，有利于先进地区加快产业升级，集中人力、财力、物力发展高附加值、高技术含量的产业；而后进地区则可以较低的成本引进相对先进的产业与技术，以后发优势尽快提高产业层次和水平，从而实现产业转移方和被转移方的双赢[1]。产业结构协同升级的潜在利益源于华北地区产业发展的梯度差异和资源的互补性，只要鼓励和推动错位（包括行业错位、产品错位、功能错位）发展、链式发展，就会使华北五地通过产业结构升级而实现共赢。

（三）做大做强主导优势产业链的潜在利益

经济合作是解决区域发展问题的主要途径，产业合作是解决产业发展问题的主要方法[2]。我国大多数地区产业结构调整基本找到了自己的位置，产业结构特色也更加区域化[3]。产业结构和产业地域特色的形成建立在区域形成相互连接的产业链基础上。要发展壮大华北区域经济，需要京津冀晋蒙共同打造面向华北经济合作的主导优势产业链，产业结构特色要日益区域化，要把产业做大做强，为各方带来利益。如发展工业，华北地区可以说要素齐备，胜过其他地区。如能跳出行政区界的束缚，对产业生产能力和资源加以协调整合，则可以组成从研发、中试、规模生产一直到市场开拓的完整的产业链和强大的产业集群。北京占据产业链条高端位置，应建立"哑铃型"（控制两头、甩掉中间）的产业结构，既要搞发展制造业，也要搞高端制造业。天津处于产业链条的现代制造业生产环节，应重点发展现代制造业和高技术产业，发展现代物流，发挥海港优势。河北处于产业链和价值链的低端，应重点发展钢铁、医药、石油化工、装备制造业、建材、食品、纺织等支柱产业，着力提升制造业整体水平。山西、内蒙古占据产业链条的前端。山西是农业小省、能源大省，产业结构重型化特征非常鲜明，第三产业发展低于全国平均水平，应继续发展以重型结构为特征的工业，突出煤炭、冶金、电力、化工、机械的优势，特别是煤炭、电力。内蒙古除发展农业、林业和畜牧业等特有优势的第一产业外，着力发展矿产资源产业。与此同时，五地应不断完善产业配套体系，推动矿产业、制造业与服务业融合发展，实现基础设施配套、研发配套、生产配套、营销配套、生活配套以及创业环境配套。

---

[1] 刘家顺：《产业经济学》，中国社会科学出版社2006年版，第246-247页。

[2] 顾朝林、张晓明、刘晋媛等：《盐城开发空间区划及其思考》，《地理学报》，2007年第8期，第787-798页。

[3] 陆大道：《关于我国区域发展战略与方针的若干问题》，《经济地理》，2009年第1期，第2-7页。

（四）产业发展模式互利对接潜在利益

京津冀晋蒙各自资源禀赋不同，开发程度及其发展潜力不同，因此不同主体功能区的产业发展面临不同的任务，其产业发展模式也各不相同：北京主要是产业扩散与结构升级，天津主要是产业集聚与经济转型，河北主要是产业承接与整体提升，山西主要是产业转型与产业绿化，内蒙古主要是产业优化和产业革新。京津冀晋蒙，各自都致力于产业升级，并协同发展，包括产业在华北空间上的集聚与整合，如沿城际走廊，沿海新兴发展带，依托各开发区和高新区，实现产业集聚、集中与集成；还包括区域产业链对接与分工，如生产性服务业与制造业对接，主导产业链各环节链接，研发成果转化与生产基地结合，等等。

京津冀晋蒙实现五地协同产业升级、产业集聚与产业链对接，就可以迅速提升各自竞争力，形成区域整体竞争优势，完成华北地区区域经济的整体转型，为经济一体化奠定基础。

三、华北地区产业结构协同升级的创新基础

京津冀晋蒙五地产业发展已经具有较好的基础，五地产业发展存在明显的梯度差异为区域产业合作提供了创新空间，见表1和图2。

表1 京津冀晋蒙五地产业结构协同升级创新基础

地区	产业结构特点	工业化阶段	产业转型方向
北京市	第三产业>70%	后期	向现代服务业转型
天津市	第二产业>60%	中后期	向现代制造业、高新技术产业转型
山西省	第二产业>60%	中后期	能源、原材料为主体的现代新兴产业
河北省	一、二产业：12.6%，54.2%	中期	提升制造业整体水平
内蒙古自治区	一、二产业：11.7%，55.0%	中期	承接非资源型产业

北京高级化程度最高，已开始迈向后工业化。北京市社会科学院梅松等专家对北京经济呈现出后工业经济时代的突出特点做过详尽的分析，认为北京经济与发达国家相比，已呈现出三个趋同：一是服务性经济已在北京经济发展中居于主导地位。二是消费增长率超过了投资增长率。从 2004 年开始，北京消费增长率首次超过投资增长率，2007 年消费增长更是呈现出加速的趋势，消费成为拉动

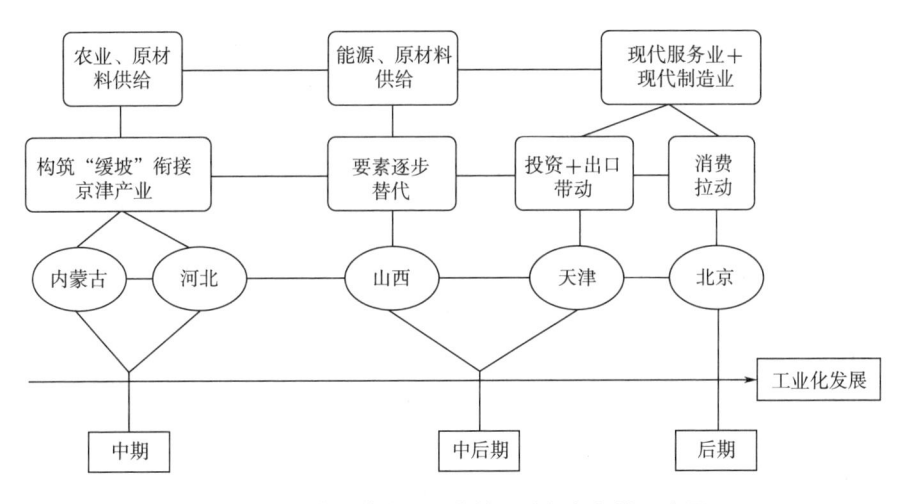

图 2　京津冀晋蒙产业结构协同升级创新链示意图

经济增长的第一力量。三是自主创新的内涵式发展模式与发达国家趋同。2006 年北京市高技术服务业占全市 GDP 的 20%，占全市高技术产业的 70%[1]。处于不同发展阶段的城市和地区，其产业发展的重点和推动经济的动力是不一样的。首都经济贸易大学祝尔娟教授也认为，处于后工业化阶段的北京市，需要重点发展现代服务业，做好"消费拉动"的文章[2]，同时其传统产业必然要向周边转移和扩散，这将为津冀晋蒙腾出工业资源，提供人才支持和服务，提供信息支持和服务等，既避免了同质竞争，又增强了经济互补。这意味着北京市正在发生着三个向度的转型，即从以工业为主向以服务业特别是现代服务业为主转型，从投资拉动经济发展向以消费拉动转型，从外延式扩张向内涵式创新驱动转型。

　　天津经济正处于工业化中后期。天津工业仍是推动经济的主要动力。2006 年，天津工业占全市固定资产投资的 40%、GDP 的 50%、税收的 60%、利用外资的 70%、出口的 80% 以上；2007 年，天津规模以上工业总产值突破 1 万亿元。而且天津第二产业呈持续快速发展态势。1985—2007 年，天津第二产业增加值年均递增 14.2%，增速高于北京，第二产业增加值和工业增加值总量在 2005 年均超过了北京。工业战略的东移和滨海新区的开发建设，使天津工业如虎添翼。国家一些大项目、高端项目正在向这里聚集。欧洲空客总装项目、国家民航科技产业化基地项目、新一代大推力火箭项目等已经开始建设。可以预见，天津工业在未来 5~15 年还将有一个突飞猛进的大发展。随着工业迅猛增长，天

---

[1]　梅松：《北京经济发展报告（2007—2008）》，社会科学文献出版社 2008 年版。
[2]　祝尔娟：《全新定位下京津合作发展研究》，中国经济出版社 2009 年版。

津第三产业占 GDP 的比重在相对下降。天津工业化进程加快，重化工业大发展。为此，天津应做好"投资和出口带动"的文章。目前，天津滨海新区的重化工业和高技术产业还处于集聚扩张阶段，只有与北京高端产业和现代服务业对接，形成合力，才有可能做大做强；同时，滨海新区又为北京工业结构调整、产业转移和延伸产业链提供了空间和条件，为北京现代服务业发展带来了新的市场，为北京高新技术成果转化提供了应用基地，为京冀晋蒙改革开放和制度创新提供了实验场。

山西连续 7 年实现两位数增长，工业增长是经济增长的主力，山西经济正处于工业化中后期。改革开放 30 年，山西工业实现利税总额近六成来源于以煤炭、焦炭、电力为代表的能源工业。2007 年，山西能源工业增加值占整个工业增加值的 59.24%，冶金、化学、建材三个以能源、原材料为主体的后续产业总产值占全省工业总产值的比重上升到 36.95%。近年来，山西省进一步确立了"传统产业新型化、新兴产业规模化、支柱产业多元化"的转型思路，现代煤化工、装备制造、新材料、软件和文化创意等产业，逐渐发展成为山西的新兴产业。从资源、资本到科技，山西产业转型是要素的逐步替代。首先，提高原有产业集中度，使原有产业做大做强；其次，依托能源优势发展后续产业；最后，大力培育非煤新兴产业。

内蒙古经济发展增速连续 7 年居全国各省区首位。内蒙古抓住发达国家和沿海地区新一轮产业结构优化重组和产业转移步伐加快的有利时机，积极承接先进非资源型产业转移，着力培育发展新优势。全区以运输机械、工程机械、化工设备和风力发电设备为主的装备制造业，以稀土、电子信息、生物制药、光伏材料为主的高新技术产业在应对危机中异军突起，比重和贡献率显著提高。

处于工业化中期的河北、内蒙古，只有主动创造条件，积极构筑与京津制造业进行衔接的"缓坡"，弥补与京津产业的传递梯度落差，才有可能提升制造业整体水平。单个城市的产业结构升级只有在区域范围内、城市间相互借力才有可能更快更好地实现。

同时，北京的生产性服务业与天津、河北、山西、内蒙古的制造业互有需求，它们之间很强的互耦性，这也为产业结构协同升级提供了创新基础。生产性服务业的发展需要有现实的服务需求，"北京生产性服务"需要周边制造业的崛起，需要有更大半径市场的支撑；而津冀晋蒙制造业的发展将创造大量的生产性服务需求。此外，在物流和运输方面联起手来，优势互补，可以更好地发挥区域经济中心的作用。旅游合作更是京津冀晋蒙最容易实现合作的切入点，因为五地有着共同的文化渊源。

通过以上分析可以看到，京津冀晋蒙的各自优势和相互需求将是产业协同升级的重要基础。正如太原钢铁（集团）有限公司董事长李晓波所说："在山西，企业转型发展不是放弃传统产业，传统产业是山西的优势，关键是创新传统产业发展，转变发展方式，延长产业链条，增加科技含量，增加附加值，降低能耗等。"而继承优势、取长补短、升级创新，正是区域经济合作的意义所在。总之，无论从京津冀晋蒙五地自身发展考虑，从京津冀都市圈及环渤海区域的长远发展考虑，还是从"建设世界城市"的迫切需要出发，华北地区的经济合作都是大势所趋，有着强大的创新潜力。

四、华北地区产业结构协同升级的羁绊

虽然华北地区基本不存在商品流动的限制和贸易壁垒，但仍然存在着要素流通和资源配置的种种羁绊。华北地区交通基础设施大规模的建设和发展，使京津冀晋蒙的联系更加便捷。华北地区产业分工不断深化，走向融合步伐加快，但按照华北地区大区域经济的新构想，真正实现产业结构协同升级，并且在推进经济一体化的同时进一步推进社会政策一体化和生态一体化仍然存在着体制和机制的障碍。

京津冀晋蒙产业结构协同升级的羁绊主要有：一是观念和心态。居于经济发展水平高位的，长期以老大心态自居，不屑于与周边往来；居于经济发展水平中低位的，不愿求人，追求辖区内的自我平衡和结构完整。二是经济发展行政主导。行政区划界线和各种行政性限制影响区域一体化的形成，产业调整没有跳出行政区划界线，没有以大区域经济的眼光观察资源配置的优化。三是要素市场发育滞后，生产要素在区域内的流动不畅，区域合作还没有上升到产业融合的高度和层次，产业配套能力差。四是跨越行政界区的市场化进程缓慢，企业之间横向联合和合作不深入。这些羁绊存在的根本原因在于政府倚重非市场手段谋求自我发展，还不能摆脱行政区划的局限，还没有着力于扫除市场障碍、构建区域统一市场。

五、消除羁绊，推进协同合作的制度创新

第一，借助学习实践科学发展观的东风，解放思想、转变观念，在京津冀晋蒙地区树立华北区域经济的理念。学习实践活动中，在查找问题时，要查找阻碍京津冀晋蒙经济合作的羁绊所在；在分析问题时，要分析区域经济难以形成的深层原因；建立五地共同学习实践科学发展观的机制，把全面协调可持续的视野扩大到整个区域。政府、学界、企业共同展开深入研究，探索区域经济一体化的规

律，根据梳理的问题和学习后的新认识，提出解决问题、加快经济合作进程和体制机制创新的建议，为产业结构协同升级提供理论和政策的支持。

第二，制定区域宏观发展规划，一个科学的区域规划是促进区域增强整体竞争力的最有效措施。有了统一的规划，各方面、各层面就有了协调的根据。在规划的指导下，加强京津冀晋蒙高新技术战略合作，合理规划产业布局，共同建设高新技术产业带，构建区域高新技术产业分工协作、京津冀晋蒙上下游产品衔接配套的产业链条和集群发展格局。

第三，突破体制障碍，开放和发展要素市场，合作开发人才市场、劳务市场、金融市场、产权市场、房地产市场、技术市场等要素市场，促进区域资源的优化配置，建立良性循环的区域经济新型合作机制。

第四，加快制度和政策创新，努力营造宽松的发展环境。坚持改革和开放，完善经济体制，通过灵活稳定的制度和政策创新，为企业营造宽松的发展环境。鼓励企业之间、行业之间、高校和科研院所之间开展广泛的横向联合和协作合作。

第五，建立区域合作指导机构，统一协调区域合作的组织和管理。设立统一高效的物流运输与管理机构。争取国家批准区域内开展大关区试点，全面推行一次通关、一次检验。推进地方公路、铁路协调建设和管理。统一工商管理规范，为企业创造良好的经营环境。

第六，深化京津冀晋蒙五地科研院所和高校的合作。以环京津高新技术产业圈为依托，建设一批区域共享的科技创新平台和科技成果产业化基地。探索华北地区教育资源共享、人才跨界流动的政策、机制。

第七，建立一体化税收分享机制，克服各地因执法行为不规范、执法尺度不统一从而制约企业的跨区域流动和经营，加大企业运营成本的弊端。加快税收跨市分配机制创新。推行注册地管理与就地纳税原则相结合的税务征管体系，创建就近纳税与公平共享新渠道，制定统一、有效与可行的税收征管规则。

(原载《中国区域经济》2009年第2期)

地缘经济与地缘文化
——京津冀协同发展理论启示

习近平总书记在推动京津冀协同发展时指出，京津冀同属京畿重地，地缘相接、人缘相亲，地域一体、文化一脉，历史渊源深厚、交往半径相宜，完全能够相互融合、协同发展。京津冀协同发展的成功实践，不仅为全国区域经济布局提供了示范和经验，也为中国特色社会主义经济理论的探索提供了丰富的理论沃土，极具理论价值。成功实践的理论价值，在于概括抽象出新的理论范畴，揭示其背后客观存在的一般规律。通过深入分析地缘经济和地缘文化的新概念，梳理京津冀协同发展实践给我们的理论启示。

一、地缘经济与地缘文化的理论新概括

所谓地缘经济，就是依地理缘由形成的经济联系和经济格局，是地理与经济的结合。有学者使用过地缘经济的概念，甚至探索了地缘经济学，但其主要内容基本是地缘政治学的延伸，关注的只是国家之间的地缘经济。这里研究的主要是国内的地缘经济，当然作为一般概念，在理论上也不排除跨国界的地缘经济。地缘，即地理缘由。人类的经济活动总是依赖于特定的地理因素，在一定的地理环境中进行的，如地理位置、地形地貌、自然资源、水文气候、人文历史等。因此，任何经济都不可能离开地缘，地缘经济始终是一个客观存在，地理缘由是人类经济活动的基本条件。

以地缘视角考察人类的经济活动时，可以发现地缘经济的四个基本特征。其一，不同的地理缘由产生不同的经济形态。俗话说，靠山吃山，靠水吃水，说的就是这个道理。农林牧副渔不同产业的形成，都离不开地理缘由，并由此形成了海洋经济、草原经济、山区经济、平原经济等不同的经济形态。其二，相同的地理缘由形成共同的经济联系。同一个地理缘由会形成相似的经济，而人类的分工和交换的生成和发展又会依地理缘由建立起经济联系。因此，市场经济是地缘经济形成的基本条件。产业链的最初形成，也是基于相关的地理缘由。其三，人类的发明创造、科技进步、工程开发和管理方式的革命会改变原有的地理条件，形成新的地理缘由。如运河的开凿、铁路公路的修建、航线的开通、现代信息网络的形成等都会改变和扩展地缘经济的边界。其四，地缘经济随着历史的演化，呈

现规模不同、品质各异的多彩特征，不断出现新的组合、创造新的形态。

所谓地缘文化，就是依地理缘由形成的文化格局，包括受地理缘由影响和制约而形成的精神文化、物质文化和制度文化。如大陆文化、海岛文化、平原文化、草原文化、水乡文化和山地文化等都有各自的特点，存在明显的差异。文化是社会人之间的交往产物。社会人离不开社会实践，文化存在于不同范围的社会人在与自然界发生物质变换的过程中，存在于共同行为所结成的人与人的经济关系和社会关系中。人类的经济活动离不开地理缘由，其派生出的文化也必然带有地理缘由的色彩。或者说，地缘文化是附着于地缘经济的，始终与地缘经济相伴而行。不同的地理缘由产生不同的经济形态和文化形态，相同的地理缘由形成共同的经济联系和文化交融。地缘经济决定地缘文化，同时地缘文化又对地缘经济产生着巨大的反作用，或巩固强化，或演化变革。当然，也会对地缘经济带来隔绝和羁绊等负面影响。

二、地缘经济的形成基础和潜能释放

地缘经济的形成基础在于由地缘而生成的人缘，地缘经济实现人缘与地缘的有机统一。人类经济活动的结缘来自社会分工与市场交换，分工产生新的生产力，交换提升比较收益，优势互补、互通有无。而分工与交换首先是在一定的地域范围内生成的。经济一词本身就有成本低、收益大的含义，就近便捷是经济行为的基本原则；相反，舍近求远则是经济行为之大忌。因此，市场是地缘经济形成的最基本条件。

地缘经济的形成取决于两个因素：自主决策的微观市场主体和彼此紧密相连的地缘利益总体。就微观市场主体来说，充分的自主决策是分工和交换产生的基础；就地缘利益总体来说，生产与消费、就业与收入、资源与市场、供给与需求、上游与下游产业链接的经济联系是经济缘分，这种经济缘分，在一定的地域范围形成特定的经济结构和经济平衡。

地缘经济形成的内在动力是利益联盟或利益共同体带来的超越个别市场主体的更大利益和整体利益，一损俱损、一荣俱荣。地缘经济的潜能是一种客观存在，但还不是现实。这种巨大的潜在利益并不是每一个市场主体都能自觉认识到的。即使个别企业家以更宽广的眼界认识到这种潜在利益，要取得相关方面的共识，也要奔走呼号、多方协商谈判，但真正实现结盟、形成地缘利益共同体也绝非易事。在这方面，政府的自觉比市场的自发表现出更大的优势。

如何释放地缘经济的巨大潜能？其基本路径就是结缘。所谓结缘，就是破除障碍，畅通交往，建立联系。有些地方虽然地理上相近，却"鸡犬之声相闻，民至老死不相往来";而一旦结缘,就可以"一桥飞架南北,天堑变通途"。京津冀协同发展把推进交通一体化发展作为率先突破的重点领域正是为"结缘"创造基本的物质条件。事实证明,无数"断头路"的消除,极大释放了地缘经济的潜能。结缘,是地缘经济形成的基本路径。在结缘上,比物质条件更为深刻的是地缘文化。

发现和释放地缘经济的潜能以及消除地缘经济形成的障碍,都离不开对地缘文化的科学认知和有效把握。地缘经济潜能的发现是其释放的前提,而对地缘经济潜能的认知是地缘文化的初始形态。地缘文化的形成也离不开文化从认知、认可到认同、共鸣的一般规律。地缘文化首先表现在对地缘经济的认知上。早在20世纪80年代初就提出京津冀经济一体化的思想,从全国最早的区域协作组织到21世纪初列入政府规划的首都经济圈,政府和学界进行了长期、深入的探索和研究。

地缘文化对地缘经济的阻碍主要表现在两方面。其一,是制度文化。计划经济形成的块块经济虽然有全国一盘棋的优势,却缺少了交换经济的基础。改革开放后,尽管提出区域经济一体化,但中国的区域经济是行政区划下的区域经济。行政区划是区域经济一体化的制度背景,要跨行政区划消除分割,却又要在行政区划的限制下行事,这就是推进区域经济一体化的主要矛盾。其二,是精神文化。这主要表现为行政区划下的本位主义和地方保护主义。"一亩三分地"的思维定式、各自封闭调整经济结构、产业发展各干各的,就是地缘文化难以适应地缘经济的典型表现。京津冀未能形成统一的地缘文化,严重阻碍着三地的协同发展。其中,最主要的是缺少对京津冀协同发展前景的认知。

2013年8月,习近平总书记在经过深入调查研究、深入思考后,提出了京津冀协同发展这一重大的新理念。这一认知,主要是着眼于解决好北京的发展问题,是对地缘文化的创新。北京要解决发展难题,必须跳出北京,将其纳入京津冀和环渤海经济区的战略空间加以考量,以打通发展的大动脉,更有力地彰显北京优势,更广泛地激活北京要素资源。同时,带动解决三地发展不平衡问题,探索区域发展体制机制创新,为优化开发区域发展提供示范和样板。这得到三地的广泛认可和快速认同。事实证明,地缘经济的形成,需要高层统筹指导。新的地缘文化一旦形成,就会对地缘经济产生决定性作用,释放出地缘经济巨大的潜能。

三、以先进地缘文化引领现代地缘经济

京津冀协同发展作为国家战略,是要探索优化国家发展区域布局、优化社会

生产力空间结构、形成新的经济发展方式之路。从京津冀协同发展战略实施的成功实践看，其理论价值在于：以先进地缘文化引领现代地缘经济，为国家推动形成优势互补高质量发展的区域经济布局，提供了先行探索后的学理支持。

京津冀协同发展提升了地缘经济的现代化水平。地缘经济存在着由低级形态向高级形态不断升级演进的规律。初级形态的地缘经济只是存在原始的自然经济联系，随着生产方式和交换方式的演进，地缘经济不断向高级形态演进，中心城市和城市群的空间形式是地缘经济的现代形态。京津冀协同发展构造了以首都为核心的世界级城市群目标和"一核、双城、三轴、四区、多节点"的城市群骨架，通过疏解北京非首都功能，发挥中心城市的辐射带动作用，激发中小城镇的经济活力，恰恰是现代地缘经济的标志和特征。同时，京津冀协同发展是以先进的地缘文化为指引的。京津冀协同发展战略实施前，"一亩三分地"的思维定式是落后的地缘文化，实施中所形成的优势互补、协同共进的理念是先进的地缘文化。其文化先进性主要表现在顶层设计、高端统筹、互通信息、规划协调、消除羁绊、团结协作等方面。

京津冀协同发展的实践证明，中国在高质量区域经济布局上，形成以先进地缘文化引领现代地缘经济的态势有得天独厚的条件。首先是党领导一切的制度优势。不但可以集中力量办大事，而且能够在一切以人民利益为最高宗旨下，统一认识、形成认同，克服任何困难、消除一切羁绊，统领地缘经济与地缘文化的内在融合。其次是超大规模的市场优势。中国经济本身就是一个巨大的地缘经济，可以通过大分工、大协作释放区域优势和优势区域的潜在生产力，使各个区域经济尽展各自风采，同时成就国家高质量区域经济布局的大业。

（原载《前线》2019 年第 11 期）

京津冀大棋局
——京津冀协同发展的战略思考

作为一名北京的学者,笔者以往主要是从北京的角度去思考北京的发展。近年来,由于各种原因,笔者有机会考察了天津市和河北省一些城市的经济社会发展状况,听取了地方政府主要领导、政协经济委和各部门对学习落实习近平总书记的"2·26"讲话,推进京津冀协同发展的意见,同时深入一些企业进行调研。在调研过程中,在各方面不断交流研讨中,笔者也对京津冀协同发展不断进行深入战略思考,形成一些新的认识,借此机会,就教各方。主要是三个方面的内容:一是破题先要解题,京津冀协同发展应把京津冀概念的内涵搞清楚,分离出"京·津·冀"的新内涵;二是就京津冀的核心内涵,以"京津冀大棋局"的比喻,提出一些战略的构思;三是提出京津冀协同发展的实现路径。

一、"京津冀"与"京·津·冀"

(一)京津冀的概念解析

京津冀的概念,有着不同的内涵:其一,地域的概念,相当于长三角、珠三角;其二,行政区划的集合,简称为北京、天津、河北。与其他经济区域的命名不同的是,京津冀以行政区划的称谓代替了经济区域的命名。长三角与"沪、苏、浙"虽然指的是同一地区,但内涵显然不同,而"京津冀"却有着双重内涵。为了叙述指向更加清晰,我们这里把"京津冀"只理解为地域的概念,而把行政区划意义上的京津冀,在文字表述上剥离为"京·津·冀"。这样,提到京津冀,就是指相当于长三角、珠三角的经济区域;而京·津·冀则特指北京市、天津市和河北省的统称。"京津冀"是一个整体、不可分割;而"京·津·冀"则是三个行政区划主体的集合。

(二)京津冀概念背后的深刻矛盾

京津冀概念的解析并不是做文字游戏,而是为了暴露其潜在的深刻矛盾。若干年前,笔者曾提出:"中国的区域经济是行政区划下的区域经济。行政区划是区域经济一体化的制度背景,要跨行政区划消除分割,却又要在行政区划的限制下行事,这就是我们推进区域经济一体化的主要矛盾;由各个行政区划的主体推进跨行政区划的区域合作,是区域经济一体化的主要任务。"区域经济协调发展的最大的障碍和阻力是行政区划与经济区域的矛盾。跨界协调发展就是要突破行政区划的藩篱,但中国的区域经济发展又离不开行政区划,京津冀地区最为典型,三个省级行政区划中有两个直辖市(两个之一还是国家首都)。在现行制度背景下,"京·津·冀"行政区划的藩篱是实现"京津冀"一体化面临的主要矛盾,也是最大的难点。

(三)京·津·冀:协同发展的体制基础和基本前提

京津冀协同发展这一主题,按照我们前面的解析,现实中,能入手的只能是"京·津·冀"意义上的协同发展。协同,本来就是指不同主体各方相互配合或一方协助他方做某件事。因此,协同的基本前提是不同主体的存在,北京、天津和河北就是协同发展既定的三个主体。习近平总书记力促京津冀协同发展也是先听取三地各自的汇报,再进行战略部署,而落实部署的依靠依然是三地政府。因此,承认三个主体的存在并依靠三个行政主体是协同发展的体制基础和现实出发点。未来,京津冀协同发展会有新的不同主体,稍后我们会论及。但眼前,三个行政区划是推动协同发展绕不开的主体。"京·津·冀"行政藩篱的存在阻碍着协同发展,但我们必须依靠三个行政主体冲破这种利益藩篱。这里,必须全面、客观地看待政府的作用,同时也要冷静、辩证地认识政府与市场的关系。政府,在三地各自的发展中起着重要的作用,同时也阻碍着跨界的市场发展;市场,有冲破任何藩篱的内在动力,但在更大范围合理进行资源配置同样需要政府的协调和统筹。协同发展既需要市场,也不可能离开政府。

(四)京津冀:协同发展的自然基础和终极目标

京津冀山水相连、人脉相亲,是这个地区的自然基础和社会基础。在企业层面,我们发现,河北的很多企业与北京、天津已经存在程度不同的联系,虽然还不全面,但有的已经相当深入,年头也已久远。这既让我们看到京津冀协同发展的基础和发展趋势,也使我们对京津冀协同发展的前景充满信心。京津冀作为一个整体,有着悠久的历史。京津冀的边界没有行政区划那样清晰明确,而其内部结构也历经复杂的变化。同样一个城市、一个州、一个县,历史上曾经有过不同的行政归属,甚至多次来回调整,但始终属于京津冀。

同时,京津冀又代表着未来的方向,是京·津·冀协同发展的终极目标。京·津·冀进一步协同发展存在着广阔空间、巨大潜能和互补优势,调查中我们发现，河北地方很多部门详细计算了土地等资源的开发潜力，展示了与京津合作的潜能和优势。特别是河北每一个城市都有自己独特的资源、生态、产业和文化优势，在京津冀协同发展中必然得到进一步释放。可以预见，随着京·津·冀行政区划的淡化，京津冀协同发展必然催生出城市、产业、企业新的不同主体之间的协同发展。

二、京津冀大棋局比喻的战略构思

多次实地考察后，笔者对京津冀协同发展有了进一步的新认识和新思考。过去，只是从北京的立场思考和研判；在实地考察的基础上，从其他各方的立场再思考，形成对京津冀一体化整体的新认识，笔者用棋盘与棋子的关系比喻解释这些新认识。当然，任何比喻都有其局限性，不可能完全揭示被比喻事物的全部联系。我们只要能借比喻对事物之间的主要联系有新的认识、新的感悟，就可以在认识上有所深化。

（一）京津冀一盘棋，河北大地是棋盘

京津冀的行政区划，不但形成了对实际经济联系的羁绊，而且使人们在理念上也形成了一种根深蒂固的错觉。说起河北的地域，似乎中间就有两个窟窿。而我们看看京津冀的自然地理的地形图，就会发现它的整体性，而雾霾的出现提醒人们以气候为代表的京津冀自然地理整体性的存在。如果我们以经济联系和我们所追求的京津冀意义上一体化的终极目标来绘就京津冀区域经济地图，就会发现：京津冀一盘棋，河北大地就是一面大棋盘。在这张棋盘上，北京、天津虽然体量大，但和石家庄、保定、邯郸、邢台等城市一样，都只是棋盘上的棋子。以这样的视角观察京津冀，河北省地图的两个窟窿不见了，取而代之的是两块高地（可以画出一张形象的图来显示）。北京、天津是坐落在河北大地上的两座特大城市。高地比窟窿更能形象而深刻说明京津冀之间应有的关系。行政区划可以导致大量的"断头路"，却无法切断天然的河流；利益藩篱可以生成发展阶段的差异和贫富差距，但未能改变共同的山脉。历史上，天津曾经是河北的省会；北京虽为历史上的皇城，但八个远郊区县，也是1958年一年之内，分两次由河北划入北京的。行政区划会对经济发展产生重要影响，但不应人为隔断本来就有的经济联系。京津冀要协作，必须有共同的基础和底盘（common ground），河北大地就是自然、历史形成的共同基础和底盘。所以笔者认为，河北必须建立"棋盘"的概念和意识，只有这样，在京津冀协同发展中，河北才能克服在京津冀三角关系中比两个直辖市低人一头的心理，提升自己的功能定位，提升协同发展的自觉

自信，主动承担起自己特有的历史使命。

(二) 京津冀城市群的棋子功能及其布局

在河北大地这个棋盘上，各个城市犹如棋子一样，组成了京津冀城市群。京津冀协同发展最终会表现为城市群的协同发展。

京津冀的各个城市有不同的棋子功能。中央政府无疑是盘棋上的"帅"（当然，这个"帅"的功能是全国的统帅，只能居于九宫之内的中军帐之内，所以首都核心功能是面向全国的功能），北京作为首都，是中央政府所在地，其核心功能就是"士"和"相"的功能，"士"只能在九宫之内走斜线，走斜线可以说是一种特权，但其全部功能就是保卫和服务"帅"，不可离其左右；首都还可以拓展出"相"的功能，"相"比"士"活动空间要大得多，但仍不能过界，其主要功能不能离开保卫和服务"帅"。"士"的活动范围不出九宫，好比北京中心城（东城、西城）的首都功能核心区（其实，东西城可以进一步合并，形成首都特别行政区的九宫）；"相"的活动范围则是北京城市功能拓展区（朝阳、海淀、丰台、石景山）；北京的城市发展新区和生态涵养发展区及北京域外的其他大中小城市，则主要承担着非首都核心功能。大中城市承担着"车、马、炮"的功能，小城镇承担着"卒"的功能。北京之所以有"大城市病"，就在于中心城区承载了大大超过"士""相"的非首都核心功能，干了过多"车、马、炮"的事。所谓疏解非首都核心功能，笔者以为就是疏解"车、马、炮"的功能。这种功能比喻不能绝对化，实际生活的"士"与"相"也会有部分"车、马、炮"的作用；而京津冀城市群的"车、马、炮"，与其他区域城市不同，也必然有程度不同的"士"和"相"的功能元素，如张家口和承德。但城市的主要功能分工应该是清晰明确的。

(三) 大中型城市：提升"车、马、炮"的战斗力

如果我们对京津冀大棋局的比喻成立，那么，天津以及河北的大中型城市就是棋盘上的"车、马、炮"。虽然棋局的核心和决定输赢的最终因素在于"帅"，但"车、马、炮"始终是最具战斗力的棋子，不但各具自己的竞争力优势，相互配合，还可以衍生出无限奇妙的组合和绝杀。所以，天津和河北的大中型城市，应该放手打造并提升城市的"车、马、炮"功能，而不必追求"政治副中心"一类的"士"和"相"的功能。天津和河北的大中型城市必须建立"车、马、炮"的理念和意识，而我们考察的几个城市完全具备这样的资源禀赋和发展潜能。所谓承接首都疏解的非核心功能，不应该理解为只是简单地承接北京不要

的淘汰产能，而应该把北京的疏解看作天津和河北的发展机遇。北京限制和控制发展的产业，恰恰可以成为天津和河北新的增长点，天津和河北要积极主动作为，而不能被动地守株待兔；就是接受北京输出的产业，也必须先治理后疏解，在疏解过程中完成升级换代；北京现在尚无法治理的项目，只能就地淘汰。河北在京津冀协同发展中的目标应该是河北发展方式的转变，河北发展质量的提升，缩小与京津的差距。其中的关键在于高标准制定发展标准，利用北京和天津的优势，完成河北在发展方式上的转型和产业上的升级换代，提升"车、马、炮"的战斗力。

河北的大中城市在中国城镇化进程中必然进一步发展，应该汲取北京城市发展的教训，该做大的顺应规律做大，但要从自己的资源禀赋出发，划定城市开发边界，制定系列的底线、红线，防止超出资源承载能力的无序扩张。不能做大的，要保持城市的适度规模，做强、做精，突出特色。每一座城市都要找准自己在京津冀城市群中的功能定位以及与其他城市的协作关系，制定京津冀统筹下的城市发展规划。

（四）小城镇：过河小卒顶大车

京津冀三地发展的共同缺陷是忽视了小城镇（包括小城市）的发展，与长三角和珠三角形成了鲜明的差别，也是特大城市出现"大城市病"的重要根由之一。棋盘上的小卒，虽然地位不及士、相，但可以越界作战；作用不及车、马、炮，但数量多，一旦过河，其战斗力不可小视，堪比大车，特别是两个小卒并肩作战时，更能表现出特有的不可战胜性。北京、天津和河北都应该把小城镇的发展，作为新型城镇化的重要战略安排，打造出各具特色的现代小城镇，让它们在京津冀城市群中成为耀眼的群星。

（五）城乡一体化：打造升级版棋盘

河北大地作为京津冀城市群的棋盘，是中国东部沿海地区城市群上演改革发展大戏的舞台，是大中小城市生存发展的环境，城乡差距的缩小、城乡关系的和谐是京津冀协同发展的基础。中央要求北京在全国率先实现城乡一体化，笔者以为，在京津冀协同发展成为国家战略时，应该明确提出京津冀区域整体成为全国城乡一体化的示范。河北在城乡一体化上尤其要走在前面。北京疏解非首都核心功能，其效果必须体现在人口、交通、资源巨大压力的缓解上。河北把升级版的棋盘打造好，就会使大中小城市、小城镇增强吸引力，不但可以就地吸收农村不断释放出的剩余劳动力，生机勃勃、充满活力的棋盘还会使已经在京城就业的人口返回家乡发展，使越来越多的高端人才离开京城创业，带动京津冀城市群的整体繁荣，这样才能真正实现疏解首都功能的目标，实现京津冀协同发展的共赢。

三、京津冀协同发展的实现路径

京津冀协同发展的关键有两个：顶层设计和高端协调。对此，学界多年呼吁，中央也在紧锣密鼓谋划，在此不再赘述。这里，仅从三地各自对京津冀的协同发展应该采取的态度和着眼点谈一些认识。

响应习近平总书记的号召，首先三地都要打破"一亩三分地"的狭隘思维限制，为官一任，造福三方，应着眼于"三亩九分地"的整体和全局。不必纠缠经济区域的命名，其实三地可以从各自视角命名，但关注的是同一块地域。以北京为观察点的首都经济圈，要着眼于整个京津冀地区进行布局；以天津为观察点的环渤海经济区，也必然囊括京津冀地区；河北的战略设计更应该是京津冀的大棋盘。北京要谋求更大的发展空间，天津和河北则要借助北京的首都优势。为此，提出以下建议：

（一）寻找高于行政区划利益的区域共同利益

发展京津冀区域经济（或首都经济圈）的共同利益是我们学界多年的努力方向，也是实现跨区域城市协调发展的根本。但笔者认为，首先发现和寻找在这个区域中更高一级的国家利益，可能更容易突破固化利益的藩篱，而且力度更大、阻力更小。然后，以区域中的国家利益带动潜在的区域共同利益，形成跨区域城市协调发展的共识。

《全面深化改革的决定》第51条指出："健全国家自然资源资产管理体制，统一行使全民所有自然资源资产所有者职责。完善自然资源监管体制，统一行使所有国土空间用途管制职责。"这就为跨区域发展提供了自然资源共同所有的经济基础和协调使用的管制机制，为破除自然资源的地方垄断和对其使用的地方保护提供了法理依据。同时，决定在财政体制改革上（第19条）指出："跨区域重大项目建设维护等作为中央和地方共同事权，逐步理顺事权关系；区域性公共服务作为地方事权。中央和地方按照事权划分相应承担和分担支出责任。中央可通过安排转移支付将部分事权支出责任委托地方承担。对于跨区域且对其他地区影响较大的公共服务，中央通过转移支付承担一部分地方事权支出责任。"又如，"建立国家公园体制"（第52条），这些财政和其他体制的国家共同利益的制度，为跨区域协调发展的实现打开了通道。

既然是国家的，就不能只服务于本行政区划，首先，要惠及周边。我们应该盘点一下京津冀地区的所有国家级项目，如中关村科技园区等，充分发挥它们对区域的带动作用。同时争取更多、更大的国家项目，像中国（上海）自由贸易区，冠名为中国（京津冀，或北京、天津等）自由贸易区等。其次，要探寻专属京津冀地区的共同利益，取得三方共识。

（二）寻找链接行政块块经济的介质

有了各方都自愿、自觉维护的国家利益，就有了跨区域协调发展的抓手，但行政区划仍然是我们无论如何也绕不过去的现实制度基础。我们只能在行政区划基础上加强"块块"之间的协调和有机联系，追求由"块块"组成的区域经济一体化的马赛克图画式的整体性和完整性。

笔者曾把中国的区域经济一体化比作"马赛克艺术"，是指在行政区划经济块块的基础上，通过一系列的介质，将彼此割裂的经济块块拼装或编织为一个一体化的经济体。这就需要上一级的行政区划给下一级行政区划更多的决策权，而且各级行政区划之间、不同行政区划下的子行政区划之间需要协调，需要一个总体设计、总体指导。中国区域经济一体化实际上是一种马赛克的艺术。

从决定中可以发现，我们探索跨区域协调发展介质的线索，特别是中央着眼于全国的系统性、整体性、协同性的改革举措，以及"清理和废除妨碍全国统一市场和公平竞争的各种规定和做法"的决心都可以成为这样的介质，如"优化行政区划设置，有条件的地方探索推进省直接管理县（市）体制改革。"决定（第16条）还提出，"完善设市标准，严格审批程序，对具备行政区划调整条件的县可有序改市。对吸纳人口多、经济实力强的镇，可赋予同人口和经济规模相适应的管理权"。这就为通过行政区划调整为跨区域协调发展、实现区域经济一体化开辟了新的通道。又如，在科技体制改革方面，决定（第13条）提出：打破行政主导和部门分割，建立主要由市场决定技术创新项目和经费分配、评价成果的机制。科技体制的改革，也会催化行政利益的固化。再如决定（第32条）提出"探索建立与行政区划适当分离的司法管辖制度，保证国家法律统一正确实施"。为了保证全国市场的统一性，我们可以探索与行政区划适当分离的区域经济或城市群的协调制度。

（三）搭建京津冀公共平台

在信息化、网络化时代，在京津冀地区搭建多方面共建、共享、共用的公共平台，这是京津冀系统发展十分必要的基础平台。我们欣喜地看到，三地已经在教育、医疗卫生、生态文明建设上，为推进决定（第42条）提出的"逐步缩小区域、城乡、校际差距"的方针，为跨区域人才交流提供了良好的环境。"充分利用信息化手段，促进优质医疗资源纵向流动。加强区域公共卫生服务资源整合。"，"推动地区间建立横向生态补偿制度"（第53条），"建立陆海统筹的生态系统保护修复和污染防治区域联动机制"（第54条），等等，表明开始了跨区域协调发展的积极探索。

我们要充分利用这一难得的历史机遇，以三地公共平台的建设突破利益固化的藩篱，如成立京津冀银行、京津冀协同发展基金、京津冀财政联盟以及在水资源、生态环境、气候等方面以京津冀命名的机构和组织，自觉推动跨区域协同发展的历史进程。

（四）营造京津冀共同文化，提升区域治理能力

文化，既可以自发形成，也可以自觉建设和营造。首先我们应该承认，京津冀虽然地理上紧密相邻，但历史造就了三地显著的文化差异，如北京自古以来的皇都文化、天津近代以来由租借带来的外向文化、河北自身由历史进程和地理位置形成的冀文化，这些文化差异尚需进一步挖掘、总结、概括，但文化差异的存在，是地域协同可以优势互补的重要前提。协同还必须发现文化的共同点，京津冀本来就有着共同的北方古老文化传统，收集、整理京津冀文化，在传承中进一步创新，营造新的京津冀文化，一定可以对京津冀协同发展起到不可估量的作用。决定（第39条）提出"促进文化资源在全国范围内流动。……推动文化企业跨地区、跨行业、跨所有制兼组，提高文化产业规模化、集约化、专业化水平"，文化的跨区域发展也会对割裂的利益起到融合作用。建议可以创造一些诸如京津冀运动会、京津冀文化节等不断强化京津冀意识、张扬京津冀精神的文化形式。

决定关于"加强干部跨条块跨领域交流"（第59条）的决策更是为突破利益固化藩篱、实现跨区域合作、经济一体化发展提供了有决定性意义的干部保证。建议京津冀加快、加强三地之间的干部交流，为京津冀协同发展做好组织准备和干部储备。

（原载《经济与管理》2014年第6期）

彰显京津冀协同发展的北京优势

如何发挥北京在京津冀协同发展中的龙头作用？这是随着有序疏解和协同发展深入展开提出的一个重要课题。要回答好这个问题，首先必须从理论上深刻认识到，北京城市发展正在开辟一种新模式。只有对这个新模式有一个全面的把握，才能意识到北京作为世界级城市群的核心城市，必须担当起辐射带动周边城市的新功能、新使命。有了这样的认识，自然就会对疏解有一个更深刻、更自觉的把握，超越舍得，实现由治病疏解向辐射带动疏解的升华；有了这样的认识，就可以推动北京在京津冀协同发展的进程中主动作为，彰显北京优势。

一、北京城市发展的新模式

北京的城市发展处于一个历史的转折点，正在开辟一个新的城市发展模式。

从习近平总书记两次视察北京并发表重要讲话，明确北京"四个中心"的战略地位，提出建设国际一流的和谐宜居之都的战略目标，全面部署京津冀协同发展战略，到中共北京市委第十二次党代会提出贯彻落实的方针政策以及具体的行动计划，一个崭新的城市发展新模式已经展示于世人面前。

这个新模式，显然是针对导致问题产生的原有模式的，意味着城市发展的深刻转型。北京这座千年古城发展成为现代化国际大都市，取得了举世瞩目的成就，但日益严重的"大城市病"也超出资源承载力，影响了城市的可持续发展和首都功能的发挥，原有的发展模式难以为继，其主要特征就是"摊大饼"式的单中心集聚模式。开辟新模式，必须对原有模式有一个清醒的认识和深刻的反思。

其实，这种发展模式的弊端许多大城市都经历和忍受过。刘易斯·芒福德在其巨著《城市发展史》中提到，畸形的巨大都市"肿瘤般地生长，老的组织不断地崩溃解体，新的无定型组织又生长太快"，"大都市的目的是它的无目的地膨胀扩展"。虽然现在这种模式在多数发达城市已经成为历史，城市更新和城市修复消除了曾经的弊端，但其转换的历史过程、针对弊端的理论认知以及其解决问题的思路和政策主张都是值得我们今天借鉴的。旧有模式弊端是资本主义对利润无止境的追求所引起的，"资本主义最终是要在全市各处设立市场，哪里有钱可赚，哪里就要改变为市场，没有一个地方可以避免"，"从19世纪开始起，城市不是被当作一个公共机构,而是被当作一个私人的商业冒险事业,它可以为了增加营业额和土地价格而被化成任何一种模样"。我们是社会主义国家,在共产党的领导下,向新模式的转换有着更好的实现条件。

针对资本主义国家大城市由于盲目发展带来的拥挤、贫民窟、工业污染、上下班路程远等,埃比尼泽·霍华德提出了一种更为有机的城市:这种城市从建城一开始就对人口、居住密度、城市面积等有限制,一切组织得很好,能执行一个城市社会一切重要功能,有商业、工业、行政管理、教育等;同时也配置了足够数量的公园和私人园地以保证居民健康,并使整个环境变得相当优美。

对于城市过度扩张,霍华德认为,"一个城镇一旦达到它最佳规模后,这个城镇所需要的不再是扩大它自己的面积或人口,而是安于成为一个更大的体系中的一部分,这个体系有人口规模大和各种各样设施多的优点"。他指出,"以有计划的疏散代替盲目的集结成团块,以分散代替垄断式集中,以较高形式的统一代替混乱无序"。

北京城市发展的新模式,与霍华德模式有着基本相同的方向和逻辑。但北京有着自己特殊的城市发展历程,有着独特的城市发展内涵,因此,新模式有着强烈的问题导向,有着全新的城市发展理念,有着切实的战略部署,有一个完整的体系。其主要特征有:

一是明确的首都城市战略地位。落实"四个中心"的首都城市战略地位,立足"四个服务",市委进一步明确要把北京建设成为拥有优质政务保障能力和国际交往环境的大国首都,弘扬中华文明与引领时代潮流的文化名城,全球创新网络的中坚力量和引领世界创新的新引擎,人民幸福、社会和谐的首善之区,天蓝水清、森林环绕的生态城市,世界超大城市可持续发展的典范。明确首都功能是首都城市战略地位的核心,也是新模式的首要特征。

二是明确的首都城市战略目标。目标,是中国特色社会主义的鲜明特征。国家有"两个一百年"的奋斗目标,北京城市也有自己的战略目标。习近平总书记在提出"建设一个什么样的首都,怎样建设首都"重大时代课题的同时,首先明确北京城市发展的战略目标是建设国际一流的和谐宜居之都。这一目标,成为北京城市发展新的伟大使命。

三是全新的城市内外空间布局。新模式针对北京城市空间布局存在的问题,对北京城市从内部空间与外部空间两个维度进行了重新布局。城市内部形成"一核一主一副,两轴多点一区"的空间结构,强化城市政治中心与服务保障,强化多点支撑、提升城市综合承载能力;城市外部,将北京城市纳入京津冀协同发展国家战略的大格局,以"一核、双城、三轴、四区、多节点"为骨架,构建以北京为核心的现代城镇体系。

四是严格的城市开发边界和生态红线。新模式实行严格的底线刚性约束。确立了以水定城、以水定地、以水定人、以水定产的原则，严控用水总量，促进地下水采补平衡。这对于人均水资源量只有全国平均水平1/20的北京来说，带有挽救的性质。严格实行城市开发边界和生态红线管理、基本农田减量发展、建设用地负增长、中心城区动态零增长、守住人口规模"天花板"是遏制"摊大饼"趋势、中断原有模式的果敢之举，也为新模式的展开铺平道路。

五是权威的城市发展规划。针对原有城市发展规划存在的脚踩西瓜皮滑到哪儿是哪儿的弊端，新模式主张城市发展要一张蓝图干到底，制定严肃的、权威的、切实可行的城市规划。城市发展有顶层设计、有实施规划是城市发展战略落实的根本保证，也是新模式的鲜明特征之一。

六是有效的城市治理体系。北京的"大城市病"，除了与原有城市开发建设模式造成的规模过大相关外，还与随之而来的超大城市运行的无序、失管密切相关。因此，有效的超大城市治理，也构成新模式的有机组成部分。城市治理，涉及和人民生活密切相关的经济秩序、社会秩序、安全稳定、生态环境等城市运行秩序的治理，包括市场治理、污染治理、社会治理、交通治理等，也包括城市的精细化管理。

七是城市发展的新动力。新模式的城市发展动力，与原有片面强调盘活资产、招商引资、资本驱动、土地财政以及以 GDP 论英雄的动力有根本的不同，更加强调人民得实惠、资源能承载、环境不破坏，更加强调科技引领、创新驱动和文化振兴。

八是城市群的城市发展新形态。新旧模式转换最突出的特征是：城市发展由资源向中心城市聚集求增长转变为中心城市辐射带动周边共谋发展。旧模式强调中心城市的独大，新模式强调有核心城市带动的城市群。中央已经明确，京津冀区域整体定位是打造现代化新型首都圈，建设以首都为核心的世界级城市群。城市群是未来城市化的主体形态，北京则是京津冀世界级城市群的核心城市。

九是"一核两翼"：疏解与协同的空间合成。北京城市发展新模式还包括有序疏解非首都功能、推动京津冀协同发展的战略部署。中央对有序疏解和协同发展进行了周密的时序安排。特别是北京城市副中心和河北雄安新区与北京形成"一核两翼"的战略性空间布局，更是为有序疏解，进而推动协同发展而进行的城市空间的合成，是一次城市发展新模式的勇敢尝试和伟大创新。

在北京城市发展新模式形成过程中，有序疏解非首都功能是推动京津冀协同发展的关键环节和重中之重。而确保非首都功能转得出、稳得住、能发展，涉及疏解方和承接方及相关部门的合作，其中，最为关键的是协同发展中北京的龙头作用。

二、北京城市发展的新功能

要弄清北京在协同发展中的龙头作用，还必须厘清北京作为首都的功能和作为一座城市的功能的关系。中央对北京的功能定位，是着眼于对全国而言的首都功能。北京是全国的政治中心、文化中心、国际交往中心和科技创新中心，但北京作为一座城市还有城市本身的城市综合功能，其中包括经济功能。这些功能是有机融合在一起的。城市运行的基础性功能是首都功能的基本保障，与首都功能紧密结合，属于优化提升的范畴。非首都功能主要是指部分不适于在北京发展的经济功能。而北京作为京津冀世界级城市群的核心城市，又增添了一个对周边辐射带动的新功能。这一新功能，会在有序疏解和协同发展中逐步体现，也会逐步彰显协同发展中的北京优势。

一是北京潜在优势的彰显。北京作为千年古都和国家首都，具有许多不可替代的优势：政治地位高、文化底蕴深厚、科技创新领先、人才资源密集、国际交往密切。北京借助首都优势获得快速发展，形成了巨大的竞争优势，特别是借助首都地位发展出一个强大的首都经济。但首都这些优势只是北京独享的，只作用到北京城市发展自身，不但没有外溢，反而形成与周边巨大的反差。虽然这种状况在首都经济圈、京津冀协同发展战略推行以来有了显著的改进，但北京的科技、人才和文化优势对于京津冀区域来说还只是一种潜在的优势。京津冀协同发展，就是要把北京的这些潜在优势释放出来，在协同发展中得以彰显，把首都经济的优势变为首都经济圈的优势。

二是辐射带动实现疏解的深化与升华。疏解的基本出发点是治理北京的"大城市病"，同时还要通过疏解推动京津冀协同发展。随着疏解不断向纵深发展，我们必须进一步深化对疏解的认识和理解。如果我们从京津冀协同发展看疏解，从世界级城市群的核心城市功能看疏解，疏解的意义就不仅是治理"大城市病"，而且是发挥核心城市对城市群的辐射带动作用。疏解的初期阶段，主要着眼于转得出，北京通过严控增量、疏解存量达到瘦身健体的目标；而随着疏解的深入，承接地更加关注稳得住、能发展。疏解工作一旦取得预计的成效，我们就会发现，疏解与辐射带动具有相同的功效：疏解就是辐射，疏解就是带动。当我们把疏解视为对辐射带动功能的培育和演练时，就会使疏解更为主动、更加自觉，从而使疏解从治病之策升华为功能提升，疏解本身就会成为一种功能。从这个意义上讲，疏解没有完成时，疏解是城市群核心城市的应有功能。正如刘易斯·芒福德指出的:"我们必须发明新的媒介使盲目形成的拥挤状况变为有目的地疏导流通,让城市容器变得稀疏轻巧,使大城市这块吸引人群的磁石,重新布局,扩大磁场。"我们今天的疏解,就是要降低北京城市中心的磁力,把北京的磁力分散出去,形成京津冀城市群的强大磁场。

三是非首都功能的首都优势。在推动非首都功能的疏解时,我们还必须弄清非首都功能在北京得以不断叠加和扩张的成因。弄清这点,才能使非首都功能疏解得出去。计划经济时期,北京作为首都,城市基础设施和公共服务等综合功能明显优于全国其他城市,由于资源不能自由流动,人们只是羡慕和向往北京的生活。在市场经济条件下,首都城市综合功能的优势很快转为营商的优越环境,这样的环境对各种资源产生了极大的吸引力。如果没有首都带来的优势,北京这座城市不会急剧膨胀。非首都功能虽然不是必须放在首都北京的功能,却离不开,因为是首都带来的环境和条件,因此,非首都功能是附带着首都优势的。附带着首都优势的非首都功能,要疏解出去,根本的要依靠两个环境的改变。其一,北京城市中心区特别是中央政府所在的核心区主要打造优质的政务环境,而不是营商环境。除行政的禁限外,抬高非首都功能的进入门槛,阻断影响首都功能的低端产业进入和滞留。其二,提高承接地城市基础设施、公共服务的水平,优化营商环境,优化生活和生态环境,培养对经济资源的吸引力。只有形成这样的两个新环境,才能从根本上实现疏解的功效。同时,我们也必须注意到,非首都功能的首都优势,不会随着疏解而完全消失。这是因为,疏解出去的对象虽然离开了京城,但仍然在首都经济圈内,仍然保留着与首都有各种联系的首都优势。也只有意识到这一点,才能真正使疏解对象不但转得出、稳得住、能发展,而且保持与京城的联系,继续发挥首都优势,会借势、善传递、能带动。对于北京来说,疏解对象也不是一疏了之,而是借助疏解达成链接,形成辐射的媒介。

三、北京在协同发展中的新作为

在对北京城市发展新模式有了全面了解后,在对北京作为城市群核心城市的新功能有了新的认识后,我们就可以以新的理念探索北京在协同发展中的龙头作用。

一是放眼更大的空间谋发展。政府在中国地方经济的发展中占有重要地位,起着规划、组织、引导、协调的重要作用。政府可以直接投资,还可以通过各种政策,鼓励、支持或禁止、限制经济主体行为来实现城市发展目标。其中,政府的理念起着至关重要的作用。面对疏解非首都功能、推动京津冀协同发展的战略任务,北京市政府必须以新的理念带头突破在域内"一亩三分地"作为的局限,站位要更高，视野要更宽，在京津冀更大的空间谋划发展，在更广阔的地域统筹、协调资源配置。这是彰显首都优势的首位要素。

二是放手市场的决定作用。协同发展，说到底是产业的关联和企业的协调。充分发挥市场的作用，建立跨行政区划的统一市场，是协同发展的基础。北京的产业发展和企业扩张虽有优势，但受到行政区划的制约，难以发挥优势。只要放手，让企业根据自己的利益自主决策，协同发展的首都优势就会在微观层面有所体现。这方面，有些企业已经走在前头了。

三是形成"菜心-菜帮"的发展结构。"菜心-菜帮"的比喻生动地刻画了城市群范围内的产业结构：中心城市做菜心、周边城市做菜帮。"菜心-菜帮"是一个有机的统一体，一棵白菜，不可能只有菜心，也不可能只有菜帮。当一个城市与周边城市联系不紧密时，必然是菜心、菜帮都做，而在城市群的形态下，就可以实现中心城市做菜心、周边城市做菜帮的产业格局。协同发展的北京优势，就是做好菜心，不断向外长出菜帮来。

四是主动搞好三个对接。北京在部署支持河北雄安新区发展时提出，要主动加强规划对接、政策对接、项目对接。其实，这三个对接，彰显的正是协同发展中的北京优势。主动搞好三个对接，不仅对雄安，而且对京津冀协同发展都有普遍意义。

五是疏解不忘带上"嫁妆"。前面我们已经分析了非首都功能的生成环境和条件，非首都功能在北京的过度集聚离不开这些环境和条件。因此，非首都功能的疏解，必须考虑疏解对象能够在疏解承接地生存发展的环境和条件。只有环境和条件更好，或有不可替代的独特优势，才能真正使疏解对象转得出、稳得住、能发展。为此，北京就要主动帮助疏解承接地在基础设施、公共服务、教育卫生、网络信息、生活便利等方面先行一步，以增强疏解承接地的吸引力。就具体项目而言，疏解也不能只是疏解项目本身，而要附带一些必要条件，即疏解不忘带上"嫁妆"。其实，带"嫁妆"的疏解，既彰显北京优势，也是北京发展的新机遇。

六是创新协同发展空间。协同发展必须有协同发展的空间。如果北京城市中心经济功能不向外迁移，不但北京瘦身健体的任务难以完成，协同发展也没有用武之地。北京城市副中心的建立，就是城市经济功能从城市中心向城市边缘的转移，也是向协同发展主战场的前移，便于形成协同发展的集中空间。雄安新区是从北京域内跳出去，在北京域外寻求协同发展新空间的创新。创新协同发展空间，具有很大的发展前景，可以在不同层次、不同领域、不同地域推开，是北京彰显协同优势的重要路径。

七是主导各种产业联盟。三年来，各个方面积极行动，探索协同发展之路，创造了不少协同发展的方式。其中，从制造业、服务业到教育、卫生、环保等，形成了各式各样的产业联盟和合作平台。在这些联盟和平台上，大部分也是北京借助产业行业的优势，发挥着主导作用。

八是形成"宜居-宜业"的新组合。一座城市本来应该是宜居与宜业的有机统一，但在城市超过适度规模之后，随着"大城市病"的恶化，就会变得越来越不适于居住。所以，一些大城市的富人搬到郊区居住，而穷人却可以在市中心得到廉价的租房。北京城市的无序扩张也出现了宜居不宜业、宜业不宜居的矛盾现象。笔者曾问过一位在北京一家大医院的护工，为什么远离家乡到京城工作？她的回答道出了原委：同样做护工，在北京管吃、管住，而且比在老家不管吃、不管住挣得还多，为什么不来？北京周边"睡城"的出现，也是同样的缘由：在挣钱多的地方就业，在生活成本低的地方居住。所谓"睡城"，其实意味着大量人口已经在居住上被疏解出去了，只是每天还要回到城里来上班，不但没有缓解人口压力，反而造成潮汐式交通拥堵。设想，如果一部分就业功能疏解到"睡城"，实现职住平衡，诸多问题便迎刃而解。通过"宜居-宜业"新组合这一创新，可以有效推动协同发展，北京具有明显优势。

九是共享"事件经济"。北京城市经济的快速发展离不开首都经常举办的重大活动。一次奥运会的举办，使北京城市发展提前了整整八年。这种"事件经济"是北京得天独厚的优势。这次北京与张家口共同筹办冬奥会，给了我们一个重要启示，即通过更多地与周边城市共享"事件经济"，可以有效彰显协同发展的北京优势。

（原载《前线》2017年第9期）

关于研究首都经济的若干理论思考

北京市第八次党代会报告首次提出了"首都经济"的概念。北京市十一届人大一次会议再次强调要把大力发展首都经济放在首位。如何认识首都经济的内涵，是我们落实党代会精神，发展首都经济建设的关键。本文仅就如何认识首都经济这一概念，从经济学的角度谈几点认识，为首都经济的研究提供理论框架和线索。

一、首都经济是一个完整的经济系统

经济这一概念，中国自古以来就有"经邦济世""经世济民"之意，国外最早是指家政管理，以后演化为人与自然界之间进行物质变换过程中生产、交换、分配和消费过程的总称。人们在使用"经济"这一概念时，由于使用的角度和划分的标志不同，也有不同的意义。有的讲的是经济制度，从生产关系的角度去划分不同的生产方式，如资本主义经济、社会主义经济；有的讲的是经济体制，从资源配置方式去划分不同的类型，如计划经济、市场经济；有的讲的是经济时代，以生产力为标志，划分不同的时期，如农业经济、工业经济、知识经济；有的则讲的是经济系统，可以分别以国别、地域或经济的内在联系为标志划分不同的范围，如欧洲经济、美国经济、东亚经济、环渤海经济、珠江三角洲经济等。

当我们首次使用"首都经济"这一概念时，它的内涵究竟是什么呢？并不是任何一个国名或地名都可以放在经济之前的。既然作为一个概念，它就不是随意的，而是有它一定的规定性。当我们以一个地域名称或行政性名称命名经济时，它一定是一个完整的经济系统。这个经济系统具有完整性、系统性、联系性和融合性，它至少包括以下内容：

（1）经济系统的范围和规模，有比较明确的边界（如首都经济圈）；

（2）经济系统的内部结构和联系，包括经济结构和产业结构；

（3）经济系统的外部环境，它是全国经济系统的子系统，也是环渤海经济圈的主要组成部分；

（4）首都经济体制模式（经济运行的组织、所有制结构、决策结构、信息结构、动力结构、政治体制与经济体制的关系）；

（5）首都经济发展模式（目标、方式、战略、道路、社会发展与经济发展、产业结构、工业化程度、科技进步、收入分配、就业结构、文化环境等）。

如果没有以上的规定性，首都经济的概念就很难成立。在我们研究首都经济之始，就要明确首都经济这个系统的主要内容，这些内容构成研究的框架。

二、首都经济与北京经济

在我们明确了首都经济的经济是一个完整的系统后，在研究这个系统之前，还必须考察这个经济系统的名称。很多人都注意到了首都与北京的不同。首都经济与北京经济有什么不同呢？有的人说概念大了，有的人说概念小了，也有人认为首都经济就是北京经济。笔者认为，首都经济的范畴又大又小，与北京经济既有区别又有联系。为了更明确地表达，笔者首先把首都经济作了广义和狭义的区分。狭义的首都经济是指和首都功能相联系的经济。北京是中国的首都，和整个国家有着直接的联系，看似小，其实大，小中见大，只"首都"一词就是和全国联系在一起的。北京经济是个地域性概念，它是和北京的地理位置、自然资源、历史沿革相联系的地方经济、城市经济和区域经济。当然，狭义的首都经济与北京经济只能在理论上区分，实际生活中两者相互制约、互相影响、互相渗透、互相促进，有机地融合在一起，共同构成广义的首都经济。它们之间的关系如下图：

$$\text{首都经济（广义）}\begin{cases}\text{首都经济（狭义）——和首都功能相适应的经济}\\\text{北京经济——和区位特征相适应的经济}\end{cases}$$

市八次党代会提出的"首都经济"，笔者认为是广义的首都经济，与过去北京经济的区别就在于加上并突出了和首都功能相适应的经济。首都经济既是和全国经济密切联系的区域经济，又是具有强烈地方特色、与首都功能相适应、为中央服务的首府经济。

此外，首都经济从提出的时间和党代会所赋予的几个内涵看，是目标模式，是发展方向；而北京经济则更多地代表历史和现实。

三、首都经济与服务经济

北京作为首都，责无旁贷地承担着中央提出的"四个服务"的职能。因此，首都经济的第一个特征就是服务经济。

天下没有免费的午餐。要服务就要有投入，就要有经费，就要从支出到收入的良性循环。服务经济的经费从何而来？无非是两种渠道：一是财政，二是市场。不同性质的服务要有不同的渠道，这个渠道乱不得，渠道一乱，就会产生经济运行秩序的混乱，就会滋生腐败。认真解析一下"四个服务"的功能，不难发现满足这些功能的物品和服务分属于公共物品和私人物品。不同的物品各有其支出和收入的渠道。

对于满足首都功能的公共物品，其投入只能来自财政。而财政支出，根据事权与财权对应的原则，应该分别来自中央财政和北京地方财政。北京经济的发展现在和过去从来都未能离开中央、党政军在京机关乃至全国的支持和帮助，今后同样离不开这样的支持。首都经济有着更大程度的外在性。如：首都经济要求政治稳定，因此，在物价和就业问题上就有着比其他城市和地区更重的任务；首都要求环境洁净、减少污染，这就限制了重化工业的发展，同时增加了公共选择的支出。因此，北京地方财政也必须承担比其他地方财政更重的任务。为此，如何强化首都财政，是发展首都经济的重要组成部分。另外，我们也应看到，首都服务经济中还有很大一部分物品和服务属于私人物品，这些私人物品的生产和分配应该通过市场。可以说，服务经济为首都经济的发展提供了一个极大的市场。由于北京是全国政治中心、文化中心、国际交往中心，全市外来人口为329.5万人，国外旅游者年逾200万人。这是首都为北京带来的特有优势。

中央各系统在京人员约180万人，从首都经济系统的循环看，这部分购买力是系统外的。这种非地方循环之内的外生购买力，是首都特有的优势，形成一个巨大的市场。这是任何一个城市所无法相比的。北京外来打工人口与日俱增正是这个优势吸引来的。看到这个优势就会主动以服务经济去满足这个需求，在服务中发展壮大首都经济。中央政府机关的行政性开支是形成首都购买力的重要部分，随着中央政府"政府采购制度"的实行，北京发展经济将会有更大的机遇。北京地处中央机关所在地，无疑有着天然的竞争优势，抓住这个优势以服务换取收入，就可以实现服务振兴首都经济的战略构想。

四、首都经济与知识经济

在北京刚刚提出首都经济新概念时，另一个崭新的概念——知识经济也扑面而来。这两个概念的相遇，正好完成了首都经济发展的时空定位。北京发展经济不外三个问题：①要不要发展经济？②发展什么样的经济？③如何发展经济？首都经济的提出回答了第一个问题，而知识经济回答了后两个问题。首都经济的发展方向就是知识经济已成为大多数人的共识。

知识经济是时代的特征，首先在发达国家出现。知识经济代表着世界的发展趋势，标志着人类已经走过了农业经济、工业经济，而步入了新的知识经济时代。正如江泽民在庆祝北大建校100周年大会上提出的，"当今世界科学技术突飞猛进，知识经济已见端倪，国力竞争日趋激烈"。知识经济的提出对发展首都经济有重要意义：第一，为首都经济指出了方向——"以知识为基础的经济"；第二，为解决北京发展经济面临的难题提供了锁钥。

这里，必须对知识经济有一个准确的把握。知识经济是时代的特征。在人类历史上经济与知识从来都是结合在一起的。不同的只是知识含量比重随着经济发展而不断增加。同时，知识与经济又是相对分离的，知识从生产实践中来，反过来又和生产实践相结合。知识只有以物质财富生产为载体，才能变为生产力。知识的经济化在现代达到了前所未有的程度。突出的特征有两条：第一，知识在各种生产要素中的比重越来越大。物质要素是同样的，但内容产生了极大的变化。第二，知识在经济过程中相对独立化、产品化、商品化和产业化。所以，已经出现了知识的生产和知识的消费。这是知识经济的典型特征，也是知识经济的高级阶段。

第一个特征是一个量变过程，以及由量变到质变的飞跃。第二个特征则是一场革命性的变革。这两个特征说明：第一，知识经济不能脱离人类物质生产、分配和消费而单独存在，而必须与物质的生产和消费有机地联系在一起，随着物质生产的发展而发展；第二，知识经济必须建立在农业和工业相当发达的基础之上，它本身是工业化的产物，同时又以强大的工业化为基础，很难设想一个经济系统中农业、工业尚不发达就可以营造出一个知识经济来。

五、发展首都经济必须从北京的现实出发

前边我们曾经论述到首都经济代表未来方向，知识经济也是已经在发达国家首先表现出来的时代特征。当我们致力于以知识经济为特征的首都经济发展时，还必须从我们自己的现实出发。北京市八次党代会的一个重要认识就是："北京是处在社会主义初级阶段的发展中城市。"无论是与世界发达国家的首都相比，还是与某些发展中国家的首都相比，北京在经济实力、基础设施、城市管理、环境质量、人口素质以及城乡人民生活水平等方面，都还存在着比较大的差距。北京在全国具有首先进入知识经济的优越条件，但缺少进入知识经济的物质和经济的基础。因此，我们不能对北京已有的经济和现状视而不见，而必须从北京的现实出发。

发展高科技是首都经济的战略重点，这无疑是正确的选择。通过发展高科技产业向知识经济迈进，无疑也是正确的部署。但是如果把发展高科技产业仅仅局限在开发区和试验区，则是片面的。

北京经济的不可否认的现实是，经过新中国成立后近半个世纪的发展，北京已经形成了一个规模巨大的经济。谭维克和余钟夫在《论首都经济》一文中将

这段历史划分为三个时期：探索工业化发展道路，奠定北京经济基础的时期（1950—1960年）；大力发展基础工业，提出"精兵主义"和"精品主义"时期（1961—1980年）；开始从北京的城市特点出发，考虑北京的工业和经济发展时期，提出了"适合首都特点的工业"和"适合首都特点的经济"（1981—1997年）。北京在新中国成立后于60年代由消费性城市转变为生产性城市，80年代已初步实现了工业化。在全国统一划分的164个工业门类中，北京已有140个门类，形成了以冶金、化工、汽车、电子、机械、建材、轻工、纺织八大行业为主，各行业比较齐全的工业结构。国有工业拥有的全部资产总额达到1 681亿元，是国家财政收入的主要来源。工业是北京经济建设的支柱，但这部分经济效益不理想，出现结构性衰退。北京急需改组改造传统工业，推进北京工业结构优化和升级。我们大谈知识经济，却对北京现有的巨大资本存量视而不见，是不科学的。知识对经济的力量在于知识促进国民经济在整体上发生质的飞跃，在于对传统工业的改造和升级。从国际上看，伦敦、巴黎、东京，包括莫斯科，无不以先进的工业为依托。北京如果工业上不来，断难生长出健康的知识经济来。为此，我们呼吁，高科技必须走出开发区和试验区。我们已经制定了两个根本转变的战略。如果高新技术不与传统产业改造相结合，高新技术的发展也必然是粗放的，原有传统产业也难以实现增长方式的转变。只有依靠科技的进步，进行知识革新，特别是依靠数字化和网络化对现有企业生产过程自动化和管理自动化开展信息化建设，才能为首都经济向知识经济迈进奠定坚实基础，也才能为知识经济提供更为广阔的市场。

（原载《北京联合大学学报》1998年第12期）

疏解：走活全盘的一步棋
——对疏解北京非首都功能战略安排的解读

中国首都北京，在快速扩张的同时，也染上了"大城市病"：人口过度膨胀、分布过密，造成交通日益拥堵、生态系统退化、资源环境超载，不但城市管理难度加大、城市发展不可持续，而且与首都功能也发生了严重的矛盾。人口过多是导致各种"大城市病"的直接原因，而其背后深层的成因是北京集聚了过多的非首都功能。在否定迁都和调整行政区划的选项后，治理"大城市病"问题的出路只有一个：疏解北京这座城市的非首都功能。

为优化经济发展空间布局，国家提出了"一带一路"倡议，制定了京津冀协同发展、长江经济带战略，而京津冀协同发展的实质是把北京现有的经济发展优势和趋势变为京津冀协同发展的更大优势和新的趋势。因此，疏解与协同成为一个问题的两个方面，没有疏解就谈不上协同，离开协同，疏解也难以实现，疏解与协同辩证统一，谁也离不开谁。而其中，疏解北京非首都功能就成为京津冀协同发展的"关键环节"和"重中之重"。这样看来，疏解就不仅仅是解决北京"大城市病"的问题，而且也是推动京津冀协同发展的重要先导。可谓一石两鸟、一举多得。

俗话说，棋错一步，满盘皆输。而走活全盘，往往在于关键的一步。中央的规划纲要提出的疏解北京非首都功能，就是京津冀协同发展国家战略大棋局中一步关键落子。从这一步落子，我们至少可以看到以下的几个功效：

一、严控人口，探索治理"大城市病"之新路

疏解的直接功效，显然是为北京"治病"。北京聚集资源求增长，在经济规模迅速扩张的同时，也出现了"肥胖病"。北京常住人口2 151.6万人，其中，城六区1 276.3万人，突破了原定北京在任何时候都不能超过1 800万人的人口控制目标；人口膨胀导致交通拥堵，机动车保有量已超过550万辆，人们每天都要忍受通勤的煎熬；人均水资源只有全国平均水平的1/20；大气污染，雾霾频发，生态退化。面对这些困扰着京城的难题，出路只有一条：减轻城市压力、"瘦身健体"，以和北京的资源禀赋相适应，更好履行首都核心功能。因此，中央果断做出决策，北京必须改变原有发展的路径依赖，提出2 300万人的人口控

制目标，特别是城六区的人口，要逐年下降，并且有明确的时间要求。其实，在城市化过程中，"大城市病"的出现是一个普遍现象，因此，疏解这一步棋更具深刻意义的是，中央希望在全国城镇化的过程中，通过北京的严控人口，探索出一条中国特色的治理"大城市病"的新路。

二、腾出空间，功能重组，优化提升首都功能

疏解北京非首都功能提出后，大多数人都在关注着疏解本身和与疏解相关的种种具体问题，而忽略了疏解背后更为重要和深远的历史任务。疏解在"瘦身"的同时，更要"健体"。离开"健体"的"瘦身"，为疏解而疏解，就很难达到疏解的最终目标。我们要特别注意理解中央在提出疏解任务的同时提出"优化提升首都功能"的深刻意义。这是疏解所要达成的真正目标，也是疏解更深层次的功效。疏解后的京城，有了新的发展空间，必然要进行老城的功能重组。这种重组，符合熊彼特"引入新组合"的特征，是一场规模更宏大、影响更深远的伟大历史创新。而且只有真正认识到疏解的这一功效，才能减少疏解阻力，使疏解更自觉、更主动、更有成效。正如很多人已经提出的疑问那样，北京疏解功能腾退出的空间做什么？如果继续走土地置换、招商引资的老路，就会重蹈覆辙，造成新一轮的扩张；就算用作他途，如果与疏解对象利益无关，也会引致疏解对象的心理失衡。因此，腾退空间的用途必须事前给出清晰明确的答案。这里，希望北京市政府尽早拿出城市功能重组、提升首都功能的顶层设计和整体安排，与疏解方案同步出台、同步推进。

三、优势外溢，扶助贫弱，带动区域平衡发展

从表面上看，疏解似乎只是北京的事。但只要我们认真分析一下北京可以疏解的功能和具体项目就不难发现，疏解的一个重要功效是北京经济发展优势的外溢。北京经过多年的发展，落后产能已经不多，在疏解的对象中，真正高污染高消耗的企业会就地淘汰，决不会输出。而要输出的，是与北京资源禀赋不相符合，特别是与首都功能不相适应的项目。这些项目，优势鲜明，所以是优势的外溢。如：包括科技创新成果转化功能在内的一般制造业、区域性物流基地、部分高等教育、优质医疗等社会公共服务项目的功能，对北京来说，必须"舍得"才能疏解；对于河北来说，则是扶助贫弱，带动转型升级；对于京津冀整体来说，更是缩小差距，实现区域平衡。我们说，疏解与协同具有辩证统一性，正是从这一功效出发的。只有认识疏解的这一功效，才能真正理解疏解是京津冀协同发展的关键环节和重中之重。

四、转换模式，促进产业升级优化，构建高精尖经济结构

北京以首都功能作为城市定位，没有定位全国经济中心，但并不是不发展经济；疏解非首都功能，也不是所有非首都功能都要疏解。但疏解毕竟会对北京的经济发展产生根本性的影响。这一影响，主要表现在经济发展模式的转换上。随着疏解的展开，北京不得不思考，北京要发展什么样的经济？北京如何发展经济？老路行不通了，新路在哪里？新路如何走？这是一个大课题，需要展开深入的系列研究。中央已经对北京的经济发展做出原则性的指向：北京的经济属性应该与城市功能定位相符合，是服务经济、知识经济、绿色经济；应该发挥科技创新中心作用，突出高端化、服务化、集聚化、融合化、低碳化；应该调整发展思路，在疏解中实现产业升级，构建高精尖经济结构。疏解的这一功效，必将带来北京未来经济发展的新模式。

五、推动产业转移，理顺产业链条，对接国家战略

疏解，必将带来京津冀的区域经济重构。因此，疏解的过程必然产生推动产业转移、理顺产业链条的功效。过去，京津冀地区存在行政区划的障碍，利益藩篱阻碍了资源的流动，产业之间的联系是隔断的。而这次疏解必然要跨行政区划，因此理论界多年的呼吁、实业界一直的诉求，终于找到了突破口，可以在京津冀更大的范围进行资源配置。过去不合理的产业布局，在疏解中有可能发现新的潜在利益，从而得以实现产业的转移；过去断开、无序、散乱的产业，在疏解中得以链接、理顺、整合。产业链条理顺后，京津冀产业可以实现一体化。

综上所述，疏解确实是一步好棋，但真正走好这步棋，实属不易。疏解首先是要改变现存的利益格局，要动很多人的奶酪，涉及多方面错综复杂的利益联系，不仅是一次利益的再分配，而且会改变成千上万人的生活轨迹、各级政府的工作方式。疏解后的美好前景在召唤，我们必须坚定不移；改变现状存在风险，必须周密策划、谨慎行事，不能寄希望于毕其功于一役。因此，中央特别强调要"有序疏解"。

"有序"二字，内涵丰富，必须深刻理解、精准把握。有序，要有明确的目标，可以设定某些指标，但始终以目标的实现为检验成败得失的标准，不能拿指标当目标；有序，要有实施的战略步骤，讲究轻重缓急，不能急于求成，超越必要的阶段，也不能畏首畏尾，贻误出手的战机；有序，要对主体的现实状况和周边的环境联系了如指掌，对采取措施的效果胸有成竹；有序，要充分估计各种可能，特别是对疏解可能产生的副作用要有应对措施，把损失减到最小，争取收益

最大；有序，要有多种预案，遇到不确定的情况时能够灵活变通处置；有序，必须有可靠的组织实施系统，政令畅通、工作到位，防止歪嘴和尚把好经念歪；有序，就是政策要有理、有力、有节，舆论要掌控主动、合理引导社会预期。治理"大城市病"要"中西医结合"，有些要慢慢调理，有些则必须药到病除。有些疏解，好比动外科手术，手术前必须对已经与机体融为一体的病灶进行充分分析，制订切实可行的手术方案。

疏解，是京津冀协同发展国家战略的关键环节和重中之重，只许成功，不能失败。

（在第十七届科博会"2014科技创新与城市管理论坛"上的发言稿）

疏解讲究自觉　　治病务求去根

为贯彻中央《京津冀协同发展规划纲要》，北京市委出台了相应的贯彻意见，并把疏解北京非首都功能作为首要任务。北京市各级政府和各个部门都成立了相应的领导小组，分解指标、明确责任，确实做出了极大的努力：一方面，严格控制增量，连续三年制定并贯彻了产业禁限目录；另一方面，有序疏解存量，开始拆除部分违建，外迁部分批发市场，整治脏乱差地区，进一步消除隐患，有效推动了疏解。与天津、河北进行的多方面协作（如中关村等）已经在稳步有效地推进。大致来说，北京在京津冀协同发展方面态度坚决、措施有力，全力推进。但同时也碰到一些问题，本文仅就这些问题的认识和应对思路提出自己的理论思考。

一、对疏解中碰到问题的理论思考

根据政协经济委最近对各委办局、一些批发市场和七个区政府的调研情况，存在的问题主要有：疏解相关政策的制定缺乏系统的设计，疏解主要靠行政来推动，法律依据不足，没有系统的设计和整体的规划；虽然疏解了一些企业，但原来的企业迁走以后，在腾退土地再利用问题上缺少规划，相关政策不明确；企业调整疏解和停产退出的人员比较多，所以人员安置的补偿费用也比较高，有些企业规模大，搬迁周期长，所需资金比较多，资金缺口大；一些禁止和限制产业仍享受税收优惠，与疏解政策不协调，产业疏解的税收配套政策不到位；疏解企业的普通员工不可能都随企业搬迁到外地，人员安置还需要进一步明确政策；等等。

根据调查中反映的问题，笔者认为，有以下三个问题需要进一步深入思考。

其一，任务与目标的关系。

我们现阶段是把疏解作为任务来对待的，贯彻坚决果断。疏解，无疑是北京首要和最迫切的任务。但这个任务是和目标紧密联系在一起的，如果不能真正理解和把握疏解所要达到的目标，就会为疏解而疏解，单纯追求疏解指标的完成。随着时间的推移，迁出的企业数、疏解的人口数、腾退的空间数，可能业绩突出，统计数字漂亮，但实际上，数字背后却隐藏着一些与疏解目标不符的事实，而疏解对象之外的其他领域，可能正与疏解任务逆向而行，抵消疏解的效果。所以，衡量北京疏解任务完成得如何，不是看疏解出去多少，而是看疏解后的效果，看城市运行环境的改进，要使中央和市民有明显的"获得感"。因此，随着疏解的深入，必须提高疏解的自觉性，各级干部应该善于从疏解目标和效果出发，自觉把握疏解任务，超越为疏解而疏解。

其二，治标与治本的关系。

疏解任务的提出，本身就是治本之策。北京患上了"大城市病"，根源在于叠加了过多的功能，提出疏解北京非首都功能，让城市瘦身健体，就是要釜底抽薪，从源头治理"大城市病"。治病务求去根，因此，必须认识到，疏解是"去病根"之策。我们千万不能把疏解当作"退烧药"和"止痛片"，只追求治标之短期效应，丧失疏解的长效功能，坐失"去病根"之历史机遇。

其三，违规与依规的关系。

北京的疏解对象可以分为两类：违规存在和合法存在。在疏解中必须对两种存在严格区分情况，采取不同的政策和对策。对违规存在的，要坚决依法依规纠正，执法有据，通过严格执法，完成疏解任务，如对违建的拆除等；对合法存在的，则要承认原有合同的法律效应，同样依法依规，但要逐步进行转化、转换和转型，在依法疏解中完成疏解任务。

二、疏解与城市失管、失序的治理

调查中发现，很多疏解对象属于违规违建，或规制不完善、不协调、不配套。因此，我们可以找到北京"大城市病"的一个重要的"病因"是城市失序、城市失管。也就是说，随着城市管理的加强、城市秩序的重建，一些"大城市病"会自然消除。这样，我们就必须把这方面的疏解与对城市失管、失序的治理结合起来，把疏解与贯彻中央城市工作会议精神有机结合起来。

中央城市工作会议要求，统筹规划、建设、管理三大环节，提高城市工作的系统性。北京"大城市病"暴露了城市工作系统性的种种缺陷和弊端，而疏解恰恰是与统筹三大环节紧密联系的。因此，在疏解过程中，没有规划的要补上规划，规划不协调的要多规合一，有规划的要强调规划的严肃性和强制性，城市管理和服务不到位的要有机构、有组织，责任落实到人，工作到位、精细管理。要边破边立，疏解的过程就是立规的过程、立威的过程，疏解的过程就是走向秩序的过程，疏解的过程就是强化城市设计的过程，疏解的过程就是城市修补的过程。同时，疏解的政策和措施应该成为城市管理永久的规矩。

三、疏解与经济生态环境

调查中发现，一些疏解企业和人员迁出后又返回。究其原因，无外乎原有的经济生态环境适合企业的生存、发展和企业中个人的职业生涯，而承接地的经济生态环境不适应企业的生存、发展和企业中个人的职业生涯。

因此，疏解也好，承接疏解也好，都必须关注经济生态环境。现在，很多人特别关注疏解政策，寄希望于政府对疏解的特殊优惠政策。无疑，政策是产生吸引力的重要因素。但对企业和个人来讲，更根本的吸引力在于经济生态环境，环境重于政策。

所谓经济生态环境，对企业来说，就是生产经营环境；对个人来说，就是人才成长发展环境。众所周知，办企业必须具备生产要素便于组合、生产过程能够循环周转、地理气候环境适于产品工艺、资源有保障、资金充裕、物流通畅、服务便捷、市场确定等条件，这些条件具备了，就会形成特定的经济生态环境。同样，发展经济离不开人力资源，特别是人才资源。而人的经济生态环境则表现为充裕的就业机会、良好的职业前景、可靠的工资收入和生活保障、便利的公共基础设施、丰富的公共产品和公共服务等。以上两种经济生态环境一旦形成，或虽然具备了其中部分或主要的因素，但已经使人可预见到能逐步齐备、逐步完善的前景，自然就会对企业、资本、人员产生吸引力。改革开放以来一些新兴城镇和经济区域的兴起，正是经济生态环境的造化。有些是政府顺应了客观经济规律，顺势而为；有些则是"无心插柳柳成荫"。总之，要特别关注经济生态环境。

疏解之道，在于自觉把握经济生态环境的发现和再造。疏解政策很重要，但只有把政策融入经济生态，使其成为经济生态环境的有机组成部分，疏解政策才能发挥其政策威力；反之，忽略经济生态环境，优惠再多、力度再大的政策也难以产生疏解效应。

四、城市磁力的再配置

不同的经济生态环境，会生成不同的磁力，不同程度地吸引、聚集着经济要素。北京城市的整体磁力，就在于经济生态环境的综合优势。因此，疏解，就意味着消磁。疏者，由密而稀；解者，减轻缓解。北京疏解非首都功能和京津冀协调发展，其实质就是要改变京津冀城市群的磁力结构。北京要消磁，河北、天津则要增强磁力，在京津冀更大的地域范围内，进行磁力再配置，实现新的磁力平衡。

经济磁力除整体磁力外，还可以在结构上表现出投资磁力、就业磁力、宜居磁力、养老磁力、职业发展磁力，以及地域分工产生的不同的专业磁力、产业磁力和特有磁力。北京非首都功能的疏解，就是要根据城市功能布局改变城市的磁力布局。对于那些要疏解的产业，就要减少该地域对该产业的吸引力，使其难以继续生存发展；对主张转型升级的方面，则要努力培养相应的经济生态环境，形成对高精尖产业的磁力。同时，河北、天津要努力培育承接输出产业的经济生态环境，生成比北京更大的磁力。当然，河北和天津也必须把握好增强磁力的总量规定性和结构规定性。

从长远看，疏解其实也是磁力转移和磁力再配置的一种状态。

只有从理论上认识疏解任务背后的疏解目标，才能自觉把握疏解进程，使疏解成为消除"大城市病"的"病根"的长效之策。

（此文为2014年的一篇习作）

首都功能疏解与区域协同发展

2014年2月，习近平总书记提出要推进京津冀协同发展。这一讲话一发表，就把各方面的注意力集中到了北京"非首都核心功能"的疏解上。北京的"疏解清单"成为各方面翘首以待的发展机遇和投资商机，北京也面临着新的历史定位。本文仅就首都功能疏解的相关问题提出自己的理论思考。

一、首都核心功能与城市基础功能

任何一座城市的形成、发展和正常运转，必须有其基础性功能，城市基础性功能不但决定着一座城市的品质和承载能力，而且还影响着城市安全，如城市基础设施的系统、完整，水电气暖等基本公共供应体系的可持续、不中断，否则就会使城市陷入危机。中华人民共和国定都北京，使这座古老的城市又附加了首都核心功能，即全国政治中心、文化中心、国际交往中心和科技创新中心。同时，北京因为其首都定位也衍生出并不断扩展出新的非首都核心功能。北京深陷人口过多、交通拥挤、生态恶化的"大城市病"，其根源就在于这座城市的功能超负荷。中央针对北京问题提出的京津冀协同发展，实际上否定了"迁都"的选项，出路只能是京津冀一体化；而在如何实现一体化上，又否定了"行政区划调整"的选项，一体化的路径只有一个，即京津冀三地协同发展。在习近平总书记明确了北京的新定位和战略发展目标后，协同发展的关键就在于调整疏解北京的城市功能，为北京减轻压力。但首先要分析的是，什么是北京不能疏解的功能，什么是可以疏解的功能。笔者认为，不能疏解的功能主要有：其一，城市基础功能不能疏解，疏解了，城市就不能正常运转；其二，首都核心功能不能疏解，疏解了，就难以成为首都。可以疏解的功能只有一个，那就是非首都核心功能。

二、北京何以做大？

要疏解非首都核心功能，必须弄清北京何以做大？不弄清北京超载的根由，不对症下药，不在实际工作中加以疏解，就不能急于疏解，即使疏解，也会卷土重来。

笔者认为，北京之所以做大，首先是顺应了城市发展的规律，有其客观必然性。北京的问题表面看是人口过多的问题，其实深层次上是功能太多带来的。北京既有作为首都的全国政治中心、文化中心功能，又有国家国民经济的规划中心、信息中心、政策制定中心、宏观调控中心、财政中心、国家货币当局功能，以及计划经济形成的全国优质科研资源、教育资源、医疗资源等高端集聚功能，必然吸引高端人才集聚，而高端人才的优势及其工作和生活需要，又创造出巨大的就业机会，从而导致更多的人口流入，使北京城市功能、人口数量与资源环境承载能力的矛盾日益尖锐。

其次，北京相对优越的发展机会和生活水准产生强大的"虹吸"效应，导致"大树底下不长草"，周边发展滞后，难以发挥承接北京溢出的生产能力的作用。

最后，也是最关键的，北京要承担首都的功能，必须有相应的财力。北京借力首都的"核心功能"优势发展首都经济，在获得"核心功能"财力保障的同时，也壮大了"非首都核心功能"。如，在中央政府旁边生成了"金融街"，在使馆区附近打造了中央商务区（CBD），在中国科学院所在地建设了"中关村"，依仗首都优势发展了"总部基地"，等等。

要疏解非首都核心功能，不但要弄清其滋长的根源、必须解决的相应问题，也要填补疏解后的需求空缺和做好供给替代，同时也要创造承接疏解的条件和能力。

三、非首都核心功能的城市功能

看来，北京能疏解的主要是非首都核心功能，但也不是所有的非首都核心功能都可以疏解。必须要正确认识首都的非核心功能，既要看到其可疏解性，也要看到其存在的积极作用，疏解后可能带来的问题和挑战。

首先，我们要看到，非首都核心功能扩大了城市经济总量，提升了城市竞争力。那么，应该疏解哪些非首都核心功能，疏解了部分非首都核心功能后如何在新的城市定位下保持应有的经济体量和进一步提升北京城市竞争力，是疏解非首都核心功能行动之前必须事先谋划清楚的。

其次，我们还要看到，非首都核心功能为城市增加了活力，促进了经济发展，为市场提供了多方面的商品和服务。那么，如何在疏解过程中使城市活力不减，经济发展不停，市场供求保持平衡，就需要有新的战略部署。

再次，我们必须正视，非首都核心功能扩大了城市就业机会，提高了市民收入水平。如何在疏解过程中使北京的就业和收入水平继续保持优势，既是疏解后的前景和动力，也是疏解工作的必要前提。

最后，也是最实际、最关键的，非首都核心功能增加了财政收入，并为更好地实现首都核心功能和城市基础功能提供了财力保障。这一条，既是非首都核心功能不断膨胀的根本动力，也是城市功能叠加、资源超载的必然结果。

四、功能疏解与压力缓解

综上所述，并不是所有非首都核心功能都要疏解，要疏解那些与北京资源承载力和生态环境不匹配、不适应的非首都核心功能。

还要特别注意，不能把功能疏解与项目外迁简单地等同。功能肯定是由一系列项目承担的，但部分或个别项目的外迁，只会引起规模的缩小，不会导致功能的外迁。同样，不能疏解的功能，包括核心功能，也不排除在不影响核心功能前提下部分项目的外迁。

功能疏解，还必须全面理清选择的功能或项目在北京的经济联系和作用，特别要弄清对财政和就业的影响及后续的相应措施。对已经认定的疏解功能，要制定"疏解清单"，先从严格限制增量开始，再创造条件，逐步疏解存量；先疏解财政收入少、财政支出多的项目，以缓解财政压力；先疏解劳动密集、人口聚集的产业，以缓解人口和交通压力。

同时，功能疏解是有成本的，谁来承担疏解的成本，是必须事先确定的。如果不能设立由中央财政支付核心功能部分费用的专门机构，最好也要返还北京的部分上缴国税，以缓解疏解带来的财政压力，同时为北京功能疏解提供各种政策支持。只有缓解北京的疏解压力，才能有效疏解非首都核心功能。

五、区域协同发展是更高的着眼点

从表面上看，京津冀协同发展是北京疏解功能引起的。这样认识是远远不够的，必须从国家整体区域发展的战略来思考，中央把京津冀协同发展上升为国家战略，是要实现国家东部京津冀城市群竞争力的整体提升。只有把非首都核心功能的疏解纳入国家战略，才能认识其重大战略意义，才能准确把握其政策含义。

首都功能疏解是手段，区域协同发展才是目标。北京要有更宽广的胸怀，站得更高、看得更远。要着眼于国家战略，着眼于京津冀城市群整体实力的全面提升。所以，北京疏解功能，绝不是单纯淘汰落后，而是帮扶、带动周边发展，发挥特大城市的辐射力。北京应该优先疏解既能减轻自身压力又能带动周边发展的功能和项目。

北京的周边城市和地区也不要把非首都功能疏解看作一种施舍，只是守株待兔、被动承接，而要把握新的区域分工与合作带来的机遇，主动出击，寻求合作。

协同的本意就是各个行为主体都要弄清他方需求、行动计划。信息互通是协同的基本条件，只有在京津冀各方都掌握彼此的信息时才能互惠互利、形成合力、实现共赢。

六、高端与低端的辩证关系

必须纠正疏解功能就是输出低端的片面认识。一座城市不可能只有高端，没有低端。产业链上，没有低端就没有高端，没有高端也无所谓低端。高端与低端是相辅相成的。城市之间可能会有产业的分工与协作，不同产业也会在产业链上或在不同城市有不同的布局，这完全取决于产业链不同位置所需条件。任何一座城市都是一个综合体，由不同的产业所构成，虽然城市规模会不同，有大小之分，有中心和边缘之分，但我们很难想象，会有高端城市和低端城市的区别。就人才来说，高端人才也会有低端需要，满足低端需要的业态和从业者总会与高端产业和高端人才共生。

北京如果真的只疏解低端，而周边也只承接低端，就会继续拉大区域差距，进一步增加北京人口聚集的压力。

从京津冀城市群竞争力提升的目的出发，北京的疏解，应该以高端科技优势帮助周边产业的升级，带动周边的经济发展。对那些污染企业要有治污的措施，在疏解的同时治理污染，先治理、后输出，治理不了的，就地淘汰，北京绝不能输出污染。

高端与低端的划分和演进是辩证的，新技术、新材料、新管理可以帮助低端业态升级改造，形成低端产业的高端化。北京在疏解功能上，在促进京津冀整体实力提升上，大有可为。

(原载《城市管理与科技》2014年第4期)

一份珍贵的历史资料和学术文献
——读《刘国光文集》

刘国光是我国当代著名马克思主义经济学家。《刘国光文集》记载了他60年研究生涯，特别是改革开放30年来，与国家经济发展和改革开放同步进行的前沿理论探索、高端政策论证，以及对宏观经济形势的动态研判和科学阐释，是一份珍贵的历史资料和学术文献。

《刘国光文集》共十卷，收入论文559篇，总计480万字，研究领域全面而深入。这部文集不仅记载了中国改革开放30年实践和理论探索的光辉历程，更为后人树立了一位以祖国繁荣和人民幸福为毕生追求的大师求真务实的学术风范。虽只择其部分阅读，已对刘老的学术风格有了深刻的感受，主要有以下几点：

第一，在中国经济发展和改革的重要历史关头，他总是能提出独到的见解。

创新，是刘国光突出的学术风格。其创新思维贯穿十卷文集，突出体现在中国经济发展和改革的重要历史关头，他总是能提出独到的见解，如改革开放之初，在对外开放上就有很多创新见解。1985年，在深圳建议"要更多地发挥市场调节作用"。1988年初，在海南提出"建立社会主义市场经济体制"。20世纪80年代中期，率先提出两种模式转换：经济体制由传统的社会主义计划经济体制模式转换为社会主义市场经济体制模式，经济增长模式由传统的粗放模式转换为集约模式。

刘国光最早提出商品经济市场经济条件下计划要以指导性为主，发展要为改革提供相对宽松的买方市场，经济体制改革与增长方式转变互动以及加强宏观调控的若干原则和办法等。历史证明，当初的这些创意成为指导实践的理论和制定政策的依据。

第二，"用改革来促进稳定（中长期的稳定），在稳定中求发展"是刘国光论证改革、发展、稳定关系的著名的两句话，简洁明确，辩证周全。

刘国光的论文，不仅概念准确，逻辑清晰，而且言之有物，有根有据，分析严谨缜密，论证辩证周全。"用改革来促进稳定（中长期的稳定），在稳定中求发展"是刘国光论证改革、发展、稳定关系的著名的两句话，简洁明确，辩证周全。对国民经济"持续、稳定、协调"六字方针特意外加了"高效"两个字，强调"高效"表现为国民经济素质、质量的提高，我们与发达国家展开竞赛，速度是一个方面，最终的是素质问题，包括劳动生产率、技术进步、管理水平、人的素质。

在论及治理整顿、深化改革和经济发展的关系时他提出：治理整顿争取了近期稳定，稳定为改革创造了良好的环境，改革又为经济的长期稳定发展奠定体制的基础，而经济发展也要为改革创造一个相对宽松的环境，以利于改革措施的出台和实行。总之，改革既要注意近期稳定的承受力，也不能因为担心近期稳定，对必要的改革措施"足将进而趑趄，口将言而嗫嚅"。为近期稳定采取的措施，应避免为长期改革、深化改革设置障碍，应辩证地处理好这些关系。严谨缜密的辩证思维在十卷文集中处处可见。

第三，刘国光在改革问题上强调必须"只争朝夕"，而不能"足将进而趑趄，口将言而嗫嚅"。

中国的改革开放是对社会主义事业前无古人的探索，必然面临难以预计的矛盾和困难，在坚定信念和方向的同时，不回避问题，直面矛盾，迎难而上，是刘国光求真谛、务实效的学术风格。每当改革和发展遇到困难时，他都表现出强烈的忧患，积极建言献策。他认为，改革问题上的紧迫感实质上是在民族前途、社会主义事业的命运问题上的紧迫感。他特别强调，人口、资源制约带来的挑战是十分严峻的。因此，现实留给我们的未来回旋余地是狭小的，强调时间是很紧迫的，发展机会几乎可以说是最后的。

从社会主义前途来说，他认为也不能没有紧迫感。制度是否优越最终还是要看经济情况，为了社会主义的前途、社会主义的命运，我们在改革问题上必须"只争朝夕"，而不能"足将进而趑趄，口将言而嗫嚅"，否则，很可能在维持眼前稳定的同时，却不知不觉地丢失了长期稳定的基础。这样就将铸成根本性的大错。为此，他时刻关注着经济改革和经济发展中的实际问题，关注着衣食住行的民生问题。

第四，他较早主张从"效率优先、兼顾公平"向"效率与公平并重"过渡。

改革开放30年，中国经济在曲折中不断发展，经历了复杂多变的历程。刘国光在不同时期，总能够针对变化了的情况率先提出政策调整的主张，进行新的理论探索。与时俱进是他又一鲜明的学术风格。

"效率优先、兼顾公平"的原则在改革开放过程中发挥了巨大的政策效应。针对改革开放以来，收入分配发生了巨大的变化，贫富差距逐渐拉开的新形势，他主张："关于收入分配，我们要从'效率优先、兼顾公平'向'效率与公平并重'过渡。"他提出："'效率优先、兼顾公平'的原则是否需要重新考虑的问题已经摆在经济学者和政府官员的议事日程上来了。事实告诉我们，不能够迷信'效率优先、兼顾公平'这个口号。不能把它作为市场经济分配制度的唯一原则。"这一主张应验了邓小平同志的预言和设想：随着效率问题的解决，公平问题会逐步成为需要解决的问题。

第五，"中国改革的性质是社会主义制度的自我完善"是刘国光一以贯之的立场和信念。

计划与市场的结合，被称为经济学的"哥德巴赫猜想"，是经济学家探索的永恒主题。在马克思主义经济学和西方经济学两个方面都受过系统教育的刘国光，对计划和市场有着超过一般人的辩证认识和深刻把握。改革初期，他积极主张改革方向是市场取向，同时多次强调，市场取向绝不是取向到资本主义的市场经济；当市场经济初步建立后，他针对盲目崇拜市场的思潮，指出市场的缺陷和计划的功效。"历史也证明，计划经济不能解决效率和激励问题。市场经济作为资源配置的主要方式，是历史的必由之路。但市场经济的缺陷很多，很多，也不能迷信……在像我国这样的发展中大国，尤其要加强政府社会经济职能的作用。这是我和许多经济学界朋友的共同信念。"

中国改革的性质是社会主义制度的自我完善。这是刘国光一以贯之的立场和信念。针对马克思主义被边缘化的现实危机，他尖锐地指出，研究经济学要有立场、观点、方法的说法，好像又不再时兴了，但马克思主义经济学的立场、劳动人民的立场、大多数人民利益的立场、关注弱势群体的立场，是正直经济学人应有的良心，是不能丢弃的。马克思主义的最基本观点和方法也是要坚持的；但是具体的观点、方法，马克思主义经济学和西方经济学都可以选择，为我所用，为创建我国社会主义政治经济学所用。他批评道："好像这些年来，在说到社会主义市场经济时，则强调它发展生产力的本质即效率优先方向，相对多了一些；而强调它的共同富裕的本质即重视社会公平方面，相对少了一些。这是不是造成目前许多社会问题的深层背景之一？邓小平早就告诫我们，改革造成两极分化，改革就失败了。当然我们一定能够避免这个局面。我以为要做到这点，只有在大力发展生产力的同时，更加重视社会公平，努力构建社会主义和谐社会。"他"在坚持市场取向的改革目标时，我们这一代经济学人也始终坚持社会主义的方向"的信念，也为新一代经济学人树立了榜样。

（原载《北京日报》2008年3月10日）

守正出新的理论学人

中国经济规律研究会在程恩富会长的推动下,于2019年成功更名为"中国政治经济学学会"。刘国光、项启源等老一辈经济学家多年的夙愿终于实现,这是全国马克思主义政治经济学理论工作者的一件幸事①。

中国经济规律研究会创建于改革开放之初,伴随着中国改革开放走过了近40年的历程。研究会创建时,全名为中国社会主义经济规律体系研究会,其宗旨就是坚守政治经济学经济规律的研究对象,紧跟中国改革开放实践,探索社会主义建设发展规律,为国家按经济规律办事提供学理支持。其特色是以系统论的视角,综合探索社会主义各方面的经济规律及其相互联系。研究会后简称为"中国经济规律研究会",接续以经济规律的研究为不变的宗旨。研究会在项启源、刘方棫、杨圣明和程恩富几任会长的带领下,集合了一群来自全国的马克思主义政治经济学的理论工作者,产生了越来越大的学术影响力、学者吸引力和会员凝聚力。研究会活动由初期的寻找主办方,发展到数家高校争取主办权;年会也随之由两年一届改为每年一届。研究会的发展,伴随着一代又一代新人辈出。守正出新是研究会始终如一的学风。在老一辈著名学者的带领下,中生代、新生代茁壮成长。如今,项启源等一些德高望重的老前辈已经作古,我们这些当年的青年学者也已经步入古稀。但研究会守正出新的学风一直在发扬光大。程恩富会长是研究会中生代的杰出代表,也是新生代的领头人,在他身上体现着守正出新理论学人的学者品质和学术风格。

守正出新,充满着马克思主义的辩证法。守正,就是坚守马克思主义立场、观点和方法之正,绝不离经叛道、随波逐流;出新,则是从实际出发,解放思想、实事求是,绝不墨守成规。离开守正的出新,可能就是标新立异、改旗易帜、转换门庭;离开出新的守正,也会走向僵化、教条。守正主要是理论的守正,也包括实践的守正;出新主要产生于实践,也包括理论的与时俱进。只有把守正与出新辩证结合在一起,才能完成马克思主义的理论出新。守正出新还表现为:守社会主义道路之正,守共产党全心全意为人民服务根本宗旨之正;出科学

---

① 当年我担任中国经济规律研究会秘书长,正值学会准备重新登记,项启源会长找到我,说刘国光准备组建中国政治经济学学会,想将规律研究会并入其中,带我一起参加组建工作。由于多种原因这个设想未能实现,中国经济规律研究会也就重新登记,一直延续下来。

发展、民族复兴国策之新，出增加人民福祉、实现共同富裕主张之新。

中国政治经济学学会的新命名正值中国特色社会主义政治经济学推向深入研究之时。程恩富会长提出的八个重大原则，传承了守正出新的学术品格。八大原则，每个都从马克思主义政治经济学基本原理出发，结合时代特点和中国实践，提出自己创新性的学术主张；同时又都鲜明地对背离马克思主义的学术观点和政策主张提出尖锐的批评，矫正人们的认识偏误。

程恩富把科技领先型的持续原则作为八大原则之首，对中国特色社会主义政治经济学是有重要意义的。根据马克思主义生产力和生产关系的原理，生产力是最革命、最活跃的因素，而科技具有引领生产力发展的决定性功效，他提出应建设"人口控减提质型社会""资源节约增效型社会""环境保护改善型社会"的"三型社会"，建设创新型国家，实施创新驱动战略；通过科技创新和领先解决动力不足问题，只有把创新作为推动发展的第一要务，以创新转换老动力，用创新培育新动力，让新动力层出不穷，才能给经济社会可持续发展注入强劲动力。同时强调应扭转"造不如买、买不如租""以市场换技术"等传统观念，正确处理原始创新、集成创新与引进消化再创新之间的关系。这一原则是中国改革开放经验的必然结论和理论概括，也是面向世界百年未有之大变局的理论预判和应对之策，对中国特色社会主义政治经济学有着重要的指导价值。

马克思主义政治经济学是把生产放在第一位的。程恩富提出的民生导向型的生产原则，坚持了社会主义生产目的的基本立场和根本原则，凸显了"改善民生就是发展"的新时代价值导向。正如习近平总书记指出的，保障和改善民生没有终点，只有连续不断的新起点，要采取针对性更强、覆盖面更大、作用更直接、效果更明显的措施，实实在在帮群众解难题、为群众增福祉、让群众享公平；要从实际出发，集中力量做好普惠性、基础性、兜底性民生建设，不断提高公共服务共建能力和共享水平，织密扎牢托底的民生"保障网"。这条原则，是中国特色社会主义政治经济学应有的基本原则。

公有制和按劳分配是社会主义经济的根本特征。程恩富提出的公有制主体型的产权原则和劳动主体型的分配原则，既坚持了政治经济学的基本原理，又传承了中国特色社会主义实践的理论成果，同时又赋予其时代特征和现实问题的针对性，对中国特色社会主义政治经济学提供了理论新探索的指南。

习近平总书记指出："要坚持社会主义市场经济改革方向，坚持辩证法、两点论，继续在社会主义基本制度与市场经济的结合上下功夫，把两方面优势都发挥好。"① 程恩富提出的国家主导的市场原则，可以说是贯彻这一重要思想的理论，为市场经济在资源配置上的优越性提供了一种新的思路、探索和新概括，为继续探索既坚持社会主义经济有计划按比例发展规律，又发挥市场经济在资源配置上的优越性，提供了一种新的思路。

此外，绩效优先型的速度原则、结构协调型的平衡原则、自力主导型的开放原则，都体现了程恩富坚守马克思主义政治经济学基本原理，既传承社会主义经济建设积累下的科学认知，又积极吸收改革开放以来新探索的理论成果，坚持辩证法、两点论，进行新综合的学术风格。这些都对中国特色社会主义政治经济学的研究提供了有益的启示，展示了守正出新理论学人的学术风采。

随着中国特色社会主义制度的成熟和完善，中国特色社会主义政治经济学必将进一步彰显其理论生命力。我们相信在程恩富会长的带领下，中国政治经济学学会一定会凝聚起越来越多的新生代守正出新的理论学人，在探索共产党执政规律、社会主义建设规律和人类社会发展规律的理论研究上，拿出越来越深刻的不负时代的学术成果来。我们这些老会员虽然已经坐在学术论坛的后排，也一定会继续给马克思主义青年学子的学术成果点赞，为学会的理论新贡献鼓与呼！

(原载《程恩富学术思想研究》(第2辑)，经济科学出版社2021年版)

---

① 《习近平在中共中央政治局第二十八次集体学习时强调 立足我国国情和我国发展实践 发展当代中国马克思主义政治经济学》，载《人民日报》2015年11月25日。

经济改革战略的勇敢探索
——《走向繁荣的战略选择》评介

著名经济学家厉以宁同他的三个学生孟晓苏、李源潮、李克强的新著《走向繁荣的战略选择》已由经济日报出版社出版发行。这是一部研究中国经济改革与经济发展战略的力作,是作者对改革实践和理论长期探索的结晶。作者从战略的高度对中国今后的经济改革与经济发展进行认真的思考,实事求是地分析困难,冷静地剖析问题的成因,大胆地设计对策,创造性地勾画出适合中国国情的社会主义经济改革与发展的蓝图。当然,这部著作只是改革理论中的一家之言,但却有着自己鲜明的特色。作者把经济改革的战略与经济发展的战略融为一体进行研究,对企业改革是中国经济改革主线的观点论述得更为明晰,在公有制基础上实现股份制的途径、国有资产管理体制的改革、企业集团的组建、乡镇企业的发展、计划与市场的结合方式等问题上比作者以前出版的各个著作所阐述的具体得多、详细得多,作者对今后一段时期内中国的经济改革与经济发展趋势作了一些预测,并对中国经济的前景持有乐观的态度。因之,著作取名为《走向繁荣的战略选择》。作者在著作中对目前存在的经济问题进行了认真的分析,同时提出,决不能被困难吓住,不推进改革,不深化改革,只会加剧困难。作者正是满怀信心地进行着改革战略选择的研究。笔者相信,这部著作对经济改革理论的发展和中国20世纪90年代的改革与发展必将产生重要作用。本文仅就著作中提出的若干主要问题进行评介。

一、改革的起点、终点和过渡模式

"改革的初始位置在哪里?","改革的方向是什么?",是改革战略研究必须回答的首要问题,涉及改革的基础和前提、改革的方向和目标。作者从经济运行机制和资源配置方式说明起点模式的特征:经济的运行主要依靠指令性计划或行政命令,以指令性方式分配资源。作者提出,传统经济体制阻碍生产力的发展绝非靠修修补补所能解决,而必须对之进行彻底的改革,这是中国全部经济体制改革政策与理论的立足依据和战略基础。作者以为对改革目标模式研究取得突破性进展的标志是1984年被写入《中共中央关于经济体制改革的决定》的"社会主义经济是在公有制基础上的有计划的商品经济",它明确肯定了我国经济改革在运行机制上所要达到的目标是计划与市场两种资源配置方式的结合。但是，在计划与市场的关系上，还没有找到如何更好地结合的形式和具体操作方式，以及相应的产权界定形式。作者认为，这些问题除了有待于实践提供更丰富的养料之外，从改革战略高度的探索会有很大的作用。改革初期，人们看到了传统体制的弊端，但把弊端的产生仅仅归于决策权的过分集中，或者归于"四人帮"对经济管理秩序的破坏。经过十余年改革后，人们终于认识到必须彻底改革传统经济体制，改革起点模式和终点模式研究的结论是：改革具有彻底性。其一必须抛弃旧体制，代之以新的体制，根治我国经济运行在旧体制模式下的种种弊端，使社会生产力得到一次新的解放；其二对微观基础重新构造，建立新型的公有制企业。

如何实现从起点到终点的过渡呢？作者提出只能是渐进、分步骤地实现。对于经济运行机制的转轨唯一的选择是双重体制并存，旧体制逐步退场，新体制逐步建立，对于以企业改革为中心的微观基础的重新构造，承包制可以作为过渡模式。但承包制是双重体制"相持阶段"的产物，只能有限达到某些改革目标，其缺陷正好说明了承包制的过渡性质。对过渡模式的研究具有重要的现实意义，不能把过渡模式与目标模式相混淆，不能把过渡模式下实行的政策当作改革的目标，只有那种推动向目标模式前进的措施，才能被认为是改革措施。

二、改革的动力和阻力

改革是一个体制转轨的过程，也是一个利益结构调整的过程。利益关系的调整形成了改革的动力和阻力。改革中，我们很少注意重要利益关系的变化，而实践证明，任何一项改革措施的成功与失败，几乎都同动力与阻力的力量对比有关。作者抓住这个核心问题，提出：在经济体制模式转换中，经济利益体系已经发生了深刻的变革。经济利益主体的分化与重组、多元利益主体从模糊不清走向相对独立，是改革中的重大而明显的变化。各利益主体对自身利益的追求存在着利益目标之间的差异，存在着利益刚性、利益摩擦，而彼此间又具有关联性，产生互动作用，经常使经济改革处于"两难"的处境。为此，作者提出在运用利益机制指导改革时，必须坚持平衡原则（平衡各方面利益，使阻力减少到最低限度）、补偿原则（在难以平衡的利益冲突中对利益受损者提供补偿）、分散原则（将整个困难分散化）和疏导原则（运用心理规律，通过疏导淡化人们的损益感）。

如果说对动力的研究已经开始引起人们的重视的话，对阻力的研究则是作者的独到之处。在结束语中，作者再次对改革的阻力进行了深究，并指出：来自利益调整或利益再分配以及经济运行本身的阻力不容否认，我们必须在改革过程中为克服这些阻力而投入巨大的力量。特别是改革进行到一定阶段之后，利益方面的阻力以及经济运行本身的阻力会增大，改革遇到的困难也会增多，对此必须有足够的思想准备。

三、经济改革的主线

对于经济改革的主线，主要有两种不同的思路：一种是把价格改革放在首位，认为应当及早全面放开价格，只有价格全面放开了，经济才能够转入健康发展的轨道；另一种是不能把价格放在首位，而应当把企业制度的改革放在首位，认为只要企业成为有活力的市场主体，价格自然就放开了，价格的放开是企业改革取得成效以后所形成的结局。作者坚持自己一贯的企业改革主线观，而且对其主张的论述也有了新的角度，更具有说服力，也更为完善。

作者对企业改革主线的论述是从三方面入手的。首先从治理通货膨胀现实问题谈起。作者认为1985年以来的通货膨胀由来已久，实际上从1958年就已经存在，只不过那时是隐蔽性的通货膨胀，人们不得不在商品奇缺的条件下生活。因此，把通货膨胀当成是改革的必然产物是错误的。对于引起通货膨胀的原因，一般都认为是投资需求和消费需求过大。作者认为，其实，增加投资和增加消费都不一定必然导致通货膨胀，在我国，资金利用率低，重复建设项目多，以及投资以后迟迟未能形成生产能力而使投资的增长成为通货膨胀的主要因素，消费基金的增长也主要是由于其增长率高于劳动生产率增长率。对于举借内外债是不是引起通货膨胀的原因，作者也做了分析，指出：我国无论内债还是外债都未超过社会承受的界限，关键在于通过借债而筹集的资金是否被有效地使用。在以上分析的基础上，作者提出要从需求和供给两方面治理通货膨胀，但要特别注重增加供给方面的功效。抑制需求是必要的，但必须适度而不能过分，因为抑制需求只是治标的办法。只有增加供给才是缓解供不应求的根本措施。但增加供给主要不是靠追加投入，而是靠在尽可能少追加投入的条件下增加供给。这样，生产要素的重新组合和调动企业、职工的积极性便成为可供选择的增加供给的主要措施。企业和职工积极性的增长在很大程度上与企业收益分配制度改革的深化有关，而企业收益分配制度改革的深化必须依赖于企业产权的明确化，依赖于企业真正转变为自主经营、自负盈亏的经济实体。从抑制需求方面看，也需要企业通过政策形成自我约束消费基金增长的机制，形成自我调整投资数量和投资方向的机制。这样，作者顺理成章地由通货膨胀治理的现实问题导出企业改革作为改革主线的重要意义。立意颇有新意。

其次，作者论述了企业具有充分活力是价格放开的前提。通过对中日两国价格与企业问题进行比较研究和对企业家素质与价格改革关系的研究，作者提出：企业改革必然导致企业家群体的形成和企业家素质的提高，导致企业职工积极性的增长和职工素质的提高。只有在企业改革取得成效后，价格放开所造成的良好环境才能被企业所利用，价格放开才能推动中国经济转入健康发展的轨道。如果中国不首先在公有制基础上进行企业体制的改革，使企业成为自主经营、自负盈亏的公有制经济实体，价格的放开只能加剧经济的混乱。

最后，作者从宏观调节手段发挥作用的条件方面论述了要在我国建立有效的宏观经济调节体系，不首先在企业改革上取得重大进展，也难以取得成功。

四、重造公有制商品经济的微观基础

企业改革是我国经济体制改革的关键，但对企业改革通过什么形式实现存在着极大的分歧。作者鲜明地摆明了自己的观点：企业承包后只是有了"半活力"，还缺少真正的活力。承包制只是传统企业体制的一种改良，不可能超出传统经济体制的框架。因此，绝不是承包制已把企业体制改革推到了尽头，而是企业改革刚刚迈出最初的步伐，并且还是在传统经济体制框架内挪动脚步。显然，对承包制的这种估价会有不同看法，但是，作者所提出的问题却涉及改革的一个基本问题。如何重新建造公有制商品经济的微观基础？这是各种主张都必须回答的问题。作者对此进行了勇敢的探索，提出了一系列操作性措施。如，设计了国营企业在公有制基础上实现股份制的六个途径，包括国家股份企业、国家股和其他公有性质股份组成的股份企业、国家股以外的公有性质的股份组成的股份企业、资产存量折成国家股而资产增量由其他公有性质股份组成的股份企业、资产存量折成国家股而资产增量由个人股组成但必须小于资产存量的股份企业、资产存量与增量都有一部分转为个人股但比例低于公有股的股份企业等。还设计了与之相适应的多种类型的股票交易和股票市场。这些都对我国股份制的试验有重要参考价值。

值得引起注意的是，对一直争论不休的企业股问题，作者另辟蹊径，提出设立企业基金股，由企业基金会持有，它对企业的持股是"外部持股"，这样就不会发生侵占其他投资者利益的问题。同时又区分了企业之间投资形成的企业股，使企业基金会持股有了可行性。

作者还对相应的国有资产管理体制改革及其过渡的步骤进行了周密的设计，这种研究方法标志着企业改革理论开始进一步深化。

五、工业化新路与三元经济结构

现代化的实质就是实现由传统农业社会向现代工业社会的转变。我国工业化进程在20世纪70年代末发生了新变化，这一新变化发生的条件是以家庭联产承包制为主要内容的农村改革。在城乡分割的体制下，兴办乡镇企业成为改革后的农民进入非农产业的主要的甚至唯一的选择。乡镇企业的崛起，标志着我国农村开始了直接步入工业化的进程，而农村工业化又成为我国工业化的一个关键部位。作者深入分析了发生这一历史性变化的原因。我国二元经济结构的特殊性在于农村劳动力和农村人口的数量巨大，从而使得在工农业产值构成较为迅速变动的过程中，就业状况的变化严重滞后，农村居民居住方式的变迁则基本停滞，其核心问题是剩余劳动力的转移，劳动力供给的无限性造成了转换二元结构的困难，经济上已形成了彼此孤立的两极。一极是剩余劳动力不断增加、劳动生产率不断降低的农业，另一极是在高积累率支持下不断膨胀的工业。作者据此提出，中国经济结构的转换，不论是通过农业人口大量涌入城市，还是依靠在城市中扩张工业，都是不可取的，只有就地转移剩余劳动力，才能弱化二元结构的强度，形成国民经济结构的新局面。乡镇企业的崛起正是这一历史条件的必然。

作者通过对农村工业部门同农业部门和城市工业部门的比较研究后提出：农村工业部门既具有推行工业化的特征，又不具备现代工业发展的条件，可以视之为具有近代工业性质的部门。这样，我国国民经济的总体结构就呈现三种系统并存的局面，即农业系统、近代工业系统和现代工业系统。三元结构的形成是我国国民经济结构转换的唯一选择。

农村工业部门的发展使现代工业和传统农业之间建立了联系，有利于结构转换的变化，但由于农村工业部门正处于成长过程之中，它所引发的矛盾与体制上的冲突很容易使结构转换产生新的难度。作者根据这一情况对协调三元经济结构之间关系的对策选择进行了探索。农村工业的发展为人口结构转换提供了可能性，作者分析了两种趋势和对策：其一，根据农村工业部门趋向于集中分布的产业特点，因势利导，使农村人口顺乎自然地向小城镇集中，并不失时机地进行交通运输等设施的建设，使小城镇逐步发展为中小城市。其二，农村工业部门的扩张必然会推动城市之间、地区之间商品经济的发展，促进包括劳务市场在内的市场体系的发育，从而使已经进入农村工业部门的农村人口继续向现存的城市转移，而城市化的逐步推进及其所促成的农村工业部门自身产业结构的变化，从根本上说有利于我国农村工业化从"数量型"过渡到"质量型"。目前的问题在于，需要把农村工业部门看成是结构转换中的一个转换结构，充分发挥其桥梁作用，增强它对农村部门和城市工业部门的多方面联系，促进三元结构走上相互融合的良性循环轨道。

（原载《管理世界》1992年第4期）

皮书品牌·话语权·智库建设
——《京津冀蓝皮书》研创的几点体会

皮书系列已成为社会科学文献出版社的著名图书品牌和中国社会科学院的知名学术品牌，目前正在积极向智库的目标奋力前行。如何才能把皮书建设成为智库呢？笔者认为，必须要弄清智库的本质，发现连接皮书与智库的通道，认识话语权与决策权的关系，成就皮书话语权对决策权的影响力。本文仅就这一主题，结合《京津冀蓝皮书》的研创实践，谈谈自己的理论思考。

一、话语权与决策权

（一）话语权与决策权的关系

当人们谈到话语权的时候，并不是指有没有说话的权利，是否能够说话，而是说话语权的概念一定密切地联系着决策权，话语权包含着影响决策的权力，与决策权结合在一起。毛泽东讲"没有调查就没有发言权"，并不是说不调查就不能说话，而是说在决策的时候，没有经过调查的人没有参与决策的发言权。我们说"人微言轻"，不是说不让某人说话，而是说他说的话无足轻重，因为他的话影响不了决策。

实际中的决策权有两种：一种是直接决策，一种是间接决策。直接决策的人是指掌握着决策权的机构、领导或者相关的人员。很显然，直接决策的人掌握了最大的权力。但并不是所有的决策都是由掌握直接决策权的人做出的，也有很多取决于间接决策权。所谓间接决策权，是指不具有直接决策权，但是能够通过各种渠道、各种方式影响决策者所做的决策，使之符合这个主体意愿的权力。那么话语权，实际上就是一种间接决策权。有些拥有话语权的人并没有直接决策权，但他可以通过自己的研究成果，或提供相关信息影响决策者。拥有话语权的人，是一个独立的研究主体，他追求真理，按照客观的规律提出一些对真理的认识和见解，这种认识和见解会对拥有决策权的人产生重要影响。

（二）话语权影响决策的机理

话语权是如何影响决策的呢？

第一，以完整、系统或及时的信息改变、修正决策。拥有话语权的人，可以为决策者提供完整、系统或者及时的信息，从而改变决策者的目的和价值取向。比如说，在《京津冀蓝皮书》对京津冀地区承载力的研究中，考虑到研究京津冀的经济发展必须研究承载力，我们使用了大量的数据，提供了大量的信息，从而对政府所做的决策产生了一定的影响。

第二，提出新的选项或否定原有选项影响决策。本来政府或者企业在决策的过程中可能有两三种选择，而掌握话语权的人可能提供了另外一种更好的选择，令决策者眼前一亮，最终影响了决策者的决定。此外，掌握话语权的人还可以通过提供信息和研究论证哪个选项可行，哪个选项不可行，于是否定不可行的选项，从而影响决策。

第三，以超脱的视角发现深层问题，警示决策者。智库或独立研究人员不是当事者，比决策者更加超脱，能够超越利益的羁绊，发现一些深层次的问题，并指出这些问题来警示决策者。

第四，以深邃的远见发现潜在利益，提出新的愿景。比如，京津冀三地是平行的行政主体，各自都从自己的利益出发来规划和发展，常常各自为政，但学者可以超越行政区划的利益羁绊，发现错位发展、相互协同可以取得更大的整体利益，达到双赢和多赢，这样就可以提出一个新的愿景，而这个新愿景必将影响到决策。

第五，以学理阐释现实，提高决策的自觉。现在有很多决策都没有认真地思考学理根据，而作为有间接决策能力、有话语权的学者懂得学理，有学科研究基础，可以通过理论指导实践，在这样的情况下，决策者做决策的时候应该更加自觉地参考学者的研究成果。

第六，提出新理念、介绍新方法，影响决策的价值取向。比如说，中央提出"精准扶贫"的理念，指出不能用平均数掩盖大多数，于是全国各级部门在做扶贫工作的时候就不能再用"平均数"来表述了，而是要看是不是精准扶贫，人民群众是否有获得感。学者也可以通过提出一个理念来影响决策。

二、话语权与智库建设

智库不是自我的标榜，也不是权威机构的认定，而是实实在在的一种客观品质。智库可以有多种表现形式，但一定有其共同的本质特征。笔者认为，所谓智库，一定是与拥有决策权的决策主体密切联系在一起的，同时又保持着自己的独立性。所谓联系，是指信息的联系，而不是依附或附属。一般的学术团体、研究机构（做纯学术研究），还不是智库，只有决策主体想得起、用得上、离不开的学术团体和研究机构才称得上是智库。智库，一方面联系着决策主体，要为决策服务；另一方面又与决策主体保持着距离，独立研究，追求真相和真理，能够提出超越利益羁绊的真知灼见。智库不同于主要是完成领导交办任务的政府研究机构或写作班子，而有其独立的法律地位和学术风格；也不同于远离应用的大学和研究机构，不是纯学术的，而是要提供可操作的学术产品。

话语权是智库的灵魂和根本标志，没有话语权就不成其为智库。同时，我们还必须认识到，有话语权的不一定就是智库，而智库一定拥有话语权。智库在本质上是一个话语权的平台。

智库建设，就是不断提升话语权的品质。而要保证话语权的品质，智库建设就要确保智库产品的专业水准。所以，智库建设要有明确的研究方向和学科定位，有稳定的长期学术积累，有全面系统周密的信息资源，有及时有效的信息反馈系统。智库的核心是人才，除必须有功底深厚、善于把握大势、长于运筹帷幄的领军人物外，还必须有一支能够独立作战而又团结协作的专业团队。当然，智库作为一个组织还必须有自己明确的集体愿景，有能够激活每个成员积极性、主动性的机制和政策，以及整合内外资源的制度。智库是高智商的组织，必须有科学严格和灵活高效的管理制度。智库建设好了，才能不断推出有话语权的智库产品。

三、把皮书打造成为真正的智库

皮书，以相对稳定的主题，对经济社会发展的实际进程进行年度监测，由专家和学术团队进行发展态势的分析和预测，持续发布系列权威研究报告，其"权威·前沿·原创"的特性最具智库的潜质。但一部皮书及其研创团队能否成为真正的智库，关键看其对决策的影响力。如果一部皮书年年出版，但影响甚微，甚至无人问津，就很难称之为智库。而随着对决策影响力的增强，皮书就会成为品牌皮书，品牌皮书才是名副其实的智库。

作为智库类研究成果，一个拥有间接决策权的产品，皮书以其原创性、实证性、连续性、前沿性等特征，经过20多年的品牌运作，在国内外已经产生广泛的社会影响力。因此，发挥皮书的智库功能，对于构建话语体系具有重要意义。以下就《京津冀蓝皮书》的研创过程和话语权的构建过程谈几点体会。

（一）研究领域：持之以恒

我们对京津冀三地一体化的研究工作开展得比较早，大概已经做了10年。2012年，我们开始研创《京津冀蓝皮书》，每年出版一本，每年一个主题，从不同角度对京津冀经济展开深入研究，2012年的主题是京津冀区域一体化，2013年的主题是京津冀资源环境承载力，2014年的主题是京津冀城市群的空间优化与质量提升，2015年的主题是京津冀协同创新，2016年的主题确定为京津冀协同发展指数。2013年，《京津冀蓝皮书》出版了外文版，走出了国门，扩大了社会影响力。

（二）研究团队：多元组合

皮书的研创需要一个稳定的、开放性的研究团队，形成一个研究共同体，集合各方的智慧，保证研究的深入和全面。京津冀蓝皮书是京津冀三地作者通力合作的研究成果。作者主要是来自中国科学院、中国人民大学、首都经济贸易大学、北京市社会科学院、河北工业大学、河北经贸大学、天津行政学院、天津市经济发展研究所等单位的专家学者。

（三）研究方式：与时俱进

大数据时代，对数据进行积累、挖掘、分析、归纳和整理，是一个优秀团队的基本素养。2015年，京津冀蓝皮书发布时，宣布成立了京津冀大数据研究中心，该中心由首都经济贸易大学北京市经济社会发展政策研究基地和龙信数据有限公司共同组建，致力于打造智库型产学研创新共同体，运用大数据思维，对京津冀区域多维全量数据进行深入挖掘分析，运用可视化技术手段，向政府、企业和理论工作者提供决策服务、资讯服务和数据服务。京津冀大数据研究中心的成立将为蓝皮书研创提供大数据支撑。

（四）研究成果：服务决策

京津冀蓝皮书的研创注重研究成果应用转化，提高为地方政府决策服务的政策咨询能力，这也是皮书政策咨询功能的体现。

2013年，京津冀蓝皮书新闻发布会后，国务院办公厅通过中国社会科学院向我们索要研究成果。"京津冀综合承载力的测度与对策建议"被中国社会科学院要报编辑采用，刊登在《中国社会科学院要报·专供信息》2013年第75期（国办）。此外，2013年版京津冀蓝皮书的总报告获第五届优秀皮书报告奖一等奖。

2013年8—12月，我们承担了中国发展研究基金会委托课题——"京津冀资源环境承载能力的综合评价"，研究成果为中央研究机构起草习近平总书记"2·26"讲话，将京津冀协同发展上升为国家战略提供了重要的决策参考。

受北京市委研究室委托，完成了有关"京津冀人口、交通、水资源、生态、土地、公共服务以及京津冀三地综合承载力基本状况及思路建议"的相关课题，为北京市政府迎接2014年初习近平总书记对北京工作视察及京津冀座谈会提供了重要参考。

2014年4—6月，在《经济日报》《人民日报内参》《经济日报内参》发表了一批文章及报告，如《推进京津冀协同发展情况的调查与思考》《完善治理机制推进京津冀生态环境共建》《北京应在推进京津冀协同发展中发挥核心引领带动作用》《推进京津冀协同发展情况的调查与思考》《完善治理机制推进京津冀生态环境共建》等，获中央领导及地方领导批示，产生了很大的社会影响。

四、关于如何推动中国话语体系建设的思考

（一）中国话语权与中国话语体系

所谓中国话语权，就是中国声音对国际社会各种决策的影响力。现在，在很多领域，我们很难影响别人的决策，就是缺少国际上的话语权。构建中国话语体系的一个重要方面是提升中国学术话语权。任何一个国际议题的设置和话语引导的达成，新的学术概念、范畴和表述的提出，都必须基于深入的学术研究和理论思考。这就要求中国学者和智库进行高质量的学术研究，只有以此为基础，才能参与国际话题讨论，唱响中国的声音，进而提升中国的国际话语权。

（二）讲好中国故事

讲好中国故事的前提是中国有故事。讲好中国故事能够透出我们的道路自信与理论自信。经过30多年的改革开放和我们党60多年的辛勤执政，中国已经成为世界第二大经济体，有了自己的核心价值观，形成和完善了中国特色社会主义制度，这些都为人类文明积累了巨大的财富。打造中国的话语体系，始终要坚持马克思主义立场、观点、方法，以中国实际为根本基础，以中国实践为根本依据，不断深化对共产党执政规律、社会主义建设规律、人类社会发展规律的认识，把中国特色社会主义建设的经验和发展规律转化为中国话语体系的构成元素，讲好、讲活、讲深中国故事。

（三）探索国际听得懂的语言和表达方式

构建中国的话语体系，还要与国际接轨，探索国际听得懂的语言和表达方式。我们需要深入了解、研究和贴近国际话语思维和表达习惯，寻求中国民众与

国外民众需求及利益相契合的共同点，增强中国与世界特别是西方国家传播对话与接轨的力度，采用国际化、故事化、富有人情味的表达方式，面向外国政府、民众和国际组织的多元对象讲好中国故事、传播中国价值①。

(四)皮书的研创与中国话语体系建设

皮书的研创在中国话语体系建设中占有重要地位，承担着重要功能。随着中国对外开放的扩展，不但中国需要了解世界，而且世界也需要了解中国。皮书在中国话语体系建设中的作用，就是皮书在国际上的话语权，就是对国际社会各方面决策的影响力。2013年，《京津冀蓝皮书》由国外出版社译成外文，走出国门，推向国际，就说明了国际社会对我们皮书的需要。只要我们保证研创质量，就会对更为广泛的决策权产生影响，从而也就提升了中国话语权。我们的皮书，讲的是中国的事，但一定要让国际社会听得懂、听得明白，才能形成中国话语权。

中国皮书走出国门，首先要了解国际社会的需求，为国际交往服务。为此，必须确保皮书的数据真实可靠、对国家政策的阐释精准到位、对问题的分析深入透彻。同时，要增强纠正国际上对中国误解与偏见的针对性，增强认识和理解中国的说服力。随着越来越多的高品质、高品位的中国皮书出现在国际图书市场，中国话语体系一定会展现出新的风貌。

(在第十六次全国皮书年会上的发言)

---

① 胡正荣、李继东：《如何构建中国话语权》，《光明日报》，2014年11月17日。

孙冶方经济理论体系探讨

孙冶方是我国著名的马克思主义经济学家。他以坚持真理,在"四人帮"倒行逆施、残酷迫害面前刚正不阿和勇于探索,从实际出发的严谨治学态度赢得了同行们的赞誉,并影响着一代经济理论工作者。

孙冶方的经济理论深深地刻上了时代的印记。它的光彩之处,反映了年轻的共和国在社会主义道路上的探索和前进,它的矛盾之处也体现了社会主义经济理论产生的艰难和曲折。但是,在矛盾的后面,仍然可以看到孙冶方经济思想的瑰丽。把这"宝石"发掘出来,对于我们经济理论的发展是有重大意义的。本文仅就孙冶方经济理论体系、矛盾,及其主要特色做一初步探讨。

一、基本出发点——从社会主义现实出发

从社会主义经济运动的现实出发是孙冶方经济理论体系的最基本出发点(见图1)。

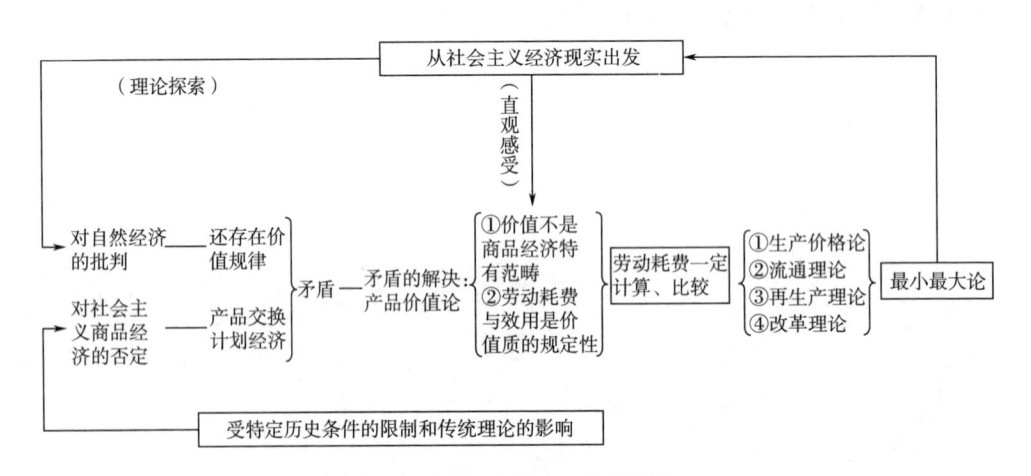

图1 孙冶方经济理论体系结构

从孙冶方《社会主义经济的若干理论问题》两本论文集看,许多重要的理论问题都是从实际中提出来的。这是他敢于向传统理论提出挑战,建立自己理论体系的最基本出发点。和传统的社会主义政治经济学不同,他不是从既定的理论出发,而是面对经济生活中大量的实际问题,从对实际问题的研究中,提出自己

的见解和主张。比如，他看到"三十年来，社会主义经济建设中最大的问题之一，就是不讲经济效果，或者只讲效果不讲费用，把'不惜工本''不计盈亏'，看作是天经地义的事"和大量的不计耗费、不计成本、复制古董、冻结技术进步的社会现象，一方面，他开始了对自然经济的批判；另一方面，他系统地提出了生产价格论、流通理论、再生产理论和改革理论。

对自然经济观的批判，是孙冶方从现实出发，对传统经济理论发起的首次攻击。1956年，孙冶方发表了震惊经济论坛的杰作《把计划和统计放在价值规律的基础上》，开始了对自然经济观的批判，以后流通理论就是建立在对无流通的自然经济观批判的基础上的。

对自然经济观的批判，把价值规律的作用鲜明地提出来，他旗帜鲜明地讲"千规律、万规律，价值规律第一条"，因此也受到了批判，被林彪、陈伯达和"四人帮"一伙戴上了"修正主义利润挂帅""修正主义企业自治"等帽子。

孙冶方对自然经济观的批判，强调价值规律的作用，是非常正确的，至今仍发挥着它的巨大影响，这是他坚持从社会主义经济现实出发所必然得出的结论。但是，仅仅如此就受到了批判，这说明当时的历史条件不允许人们去做更为深入的探索。在这样的历史条件下，孙冶方想要为价值规律的作用鸣锣开道，不可避免地要碰到一个尖锐的问题：价值规律所赖以产生的经济条件——商品经济在社会主义是否还存在？

二、受历史条件的限制和传统理论的影响——对社会主义商品经济的否定

孙冶方在正确地把社会主义计划经济同自然经济区别开来的同时，又把社会主义计划经济同商品经济对立起来，把两者看成互不相容，特别是全民所有制内部企业间的关系，他更否认是商品经济的关系。这与当时的历史条件和传统理论的统治地位是分不开的。我们党直到十二届三中全会才明确地提出要突破把计划经济同商品经济对立起来的传统观念，"商品经济的充分发展，是社会经济发展的不可逾越的阶段"。孙冶方离开我们虽然不过几年时间，但我们进行经济理论研究的历史条件却发生了根本的变化，因此，在这个问题上我们同样不能苛求"古人"。孙冶方同志能在那样的历史条件下，从社会主义现实出发，强调价值规律的作用，已经是十分难能可贵的了。

由于孙冶方否定社会主义商品经济，因此他认为社会主义经济是产品交换和计划经济。这就与他强调的价值规律的作用发生了矛盾。

三、矛盾及矛盾的解决

价值规律作用的现实，使人们不得不承认它的存在。社会主义经济中存在着价值规律，在理论上有两条出路，要么承认社会主义还是商品经济，要么证明价值规律发生的条件不是商品经济。我们党在历经了多次磨炼后选择了前者，但孙冶方在当时选择了后者，似乎在当时也只能选择后者。但这种选择本身就是一个不可解决的矛盾，是马克思主义政治经济学所不能接受的。在马克思主义政治经济学中很难找到解决它的理论和方法。

一方面存在价值规律，一方面又只能承认是产品交换、计划经济。孙冶方终于找到了出路，提出了所谓"产品价值论"，巧妙地渡过了理论难点，但同时也埋下了给以后带来一系列麻烦的祸根。许多非常敬佩孙冶方同志的同仁们之所以同他发生很大分歧，我想概源于此。

孙冶方的产品价值论的主要内容是：

（1）价值并不是商品生产特有的，可以分为商品价值和产品价值。产品价值是通过个别劳动和社会劳动的比较而实现的。

（2）劳动的耗费与效用的比较是价值的质的规定。孙冶方引用了恩格斯在 1843 年发表的《政治经济学批判大纲》中的一句话"价值是生产费用对效用的关系"来支持自己的观点。

产品价值论与马克思主义政治经济学关于价值的学说是根本不同的。恩格斯的一句话最明确地说明了这个问题："经济学所知道的唯一的价值就是商品的价值。"[①] 但是产品价值论提出的真正含义在于社会主义经济发展中，劳动耗费一定要计算和比较。这是孙冶方对大量社会经济生活、现实提出的科学命题。

四、劳动耗费一定要计算和比较的延伸

根根这一命题和基本着眼点，孙冶方建立了自己的一整套经济理论，提出一系列经济观点。

（一）生产价格论

生产价格的理论是从劳动耗费的比较出发的。他说："要使各部门成为可比的，就要以按资金利润率和生产价格定价为前提。[②]"他把生产价格看作"帮助

[①] 恩格斯：《反杜林论》，人民出版社 1970 年版，第 302 页。
[②] 孙冶方：《社会主义经济的若干理论问题》，人民出版社 1982 年版，第 274 页。

我们在整个国民经济范围内、在各部门之间，作这种经济比较的工具"①。

（二）流通理论

孙冶方的流通理论也是从比较劳动耗费出发而建立的。他在《流通概论》中指出："'无流通论'否定流通是一个客观存在的经济过程，因而否定等价交换原则，不按照等价原则组织交换和流通，结果是到处不计成本，不讲核算，不顾经济效果，企业以及整个社会流通迟滞，周转不灵，资金循环极慢，劳动效率低，经营管理差，社会财富浪费惊人，社会生产力发展缓慢，使社会主义公有制的优越性发挥得很差。"

（三）再生产理论

无论是经济增长理论，还是固定资产的折旧，乃至简单再生产和扩大再生产的划分，都是和计算比较劳动耗费直接相关的。比如，按资金量划分简单再生产与扩大再生产，以及简单再生产的补偿都是从计算和比较提出来的。

（四）政策理论

孙冶方第一次把国家和企业的关系明确提出来。其所应用的简单再生产与扩大再生产的理论，以利润为综合指标的主张等，都和比较劳动耗费密切相关。

孙冶方同志的经济理论有丰富的内容，由于本文主要探索其体系和脉络，同时由于篇幅所限，所以只就其理论的线索说明各个理论和比较劳动耗费的关系。

五、孙冶方经济理论的集中代表——最小最大论

孙冶方把经济概括为"以最小的耗费，取得最大的效果"。他的最小最大论集中代表了他的全部经济思想。

第一，最小最大论反映了他从现实出发的初衷。孙冶方以为我们经济建设的"最大问题，就是只讲费用不讲效果，或只讲效果不讲费用"，因此出现了最大最小的反常现象。

第二，最小最大论反映了他价值论的核心——计算比较劳动耗费。

第三，最小最大论反映了他一系列经济理论和经济观点的特色。

第四，最小最大论是极"左"路线最为惧怕的主要论点，孙冶方因之而遭批判。

---

① 孙冶方：《社会主义经济的若干理论问题》，人民出版社 1982 年版，第 273 页。

第五，最小最大论是他受到尊重和对政策最有指导意义的论点。赵学明曾十分肯定这一学说，指出："我们讲经济效益，首先应当明确这样一个主要观点，就是以尽量少的活劳动消耗和物资消耗，生产出更多符合社会需要的产品。"

第六，最小最大论使孙冶方的经济理论回归到现实。从现实出发而又落实到现实中，回归和指导现实，形成一个完整的体系。这个体系虽然还有不全面、不准确的地方，但它不是那种离现实越来越远，"飞跑了的鸟"的理论。

此外，最小最大论概括了经济学的最基本要义，可以容纳很多新的观点，如资源稀缺下的资源配置和调节的问题等。所以，孙冶方主张的最小最大论可以作为政治经济学的红线。

（原载北京经济学院研究生会《当代研究生》，1988年5月）

弱化通货膨胀预期

对于地方政府来说，治理通货膨胀，除参与和配合中央政府治理通胀的政策实施外，主要是管理好本地区的通货膨胀预期。通货膨胀预期是社会对未来会发生通胀的一种共识和认同，这种共识和认同一旦形成，就有可能像传染病一样，可以从局部迅速蔓延到全局，真的可能会诱发物价的普遍上涨，导致通胀的形成。如，局部的供不应求或对某些商品的投机炒作，可能会把本来的消费领域演变为投资领域，吸引大量的游资，带动消费品价格的上涨，商品供求的失衡诱发货币供求的失衡，进而迫使货币扩张。所以，一旦通胀预期可能形成，就一定要把由于商品供求形成的价格上涨控制住，将通胀的整体危机消除于局部。如，通过采取种种政策措施，增加供给、抑制需求，防止进一步形成对货币需求的压力，缓解通胀预期。

通胀预期的形成，是对物价上涨趋势判断的普遍心理认同。要控制通胀预期，首先要控制好和老百姓日常生活息息相关的基本生活资料的物价水平。公众对物价的感受主要来自直接的生活成本，对超出生活基本需求的其他商品价格的变化并不敏感。如：一对文玩核桃的价格涨到上千元、上万元，甚至十几万元，不会引起太大的动静；而一个关于食盐的谣传，却可以在一夜之间形成全国范围的抢购风潮。为此，要区分基本生活必需品和非基本生活必需品，对后者可以放开，完全由市场调节；对前者，则必须在市场机制基础上辅之以必要的调控。笔者认为，可以从以下几方面入手。

第一，增加居民生活必需品的供给能力，保障供给。这在任何地区、任何时候都是首要的措施。有强有力的供给能力、较充足的物资储备和可靠的货源保证，是降低通胀预期的根本。

第二，确保流通渠道的通畅、购物的便捷，减少流通环节的费用，是仅次于保障供给的重要措施。有东西，但不能迅速与消费者见面，同样不能降低公众对物价上涨趋势的判断。减少交易成本，是缓解物价上涨压力的有效措施，也是经济发展和社会进步的规律。

第三，控制过度需求，也是控制物价上涨的必要措施。我们是资源稀缺的人口大国，就要保证居民基本生活需要的物品合理在居民中配置，消除对资源的滥用和浪费，这是国情、市情使然，也是控制物价上涨的必然。必要时，可对若干关系物价水平的商品出台限购措施。

第四，严禁非法需求，是现时控制通胀预期的有效措施。以近年的趋势看，从大蒜、绿豆到食盐，游资连续对农副产品冲击是导致物价上涨的直接原因。消费品是可以转化为投资对象的，因此，应该立法，对将人民基本生活资料作为投机对象的违法行为，坚决打击。必要时，可对若干关系人民基本生活的商品采取限价措施。

第五，信息公开化，是防止通胀预期快速形成的保证。无论在通胀预期的萌芽期，还是已经形成时，公众对于商品供给与需求的信息以及政府相关政策信息的掌握，都是至关重要的，特别在市场上某种商品价格出现异常时，要及时、准确公开其供给实际状况，以防止不法分子趁机炒作。

第六，政府必须掌控平抑物价的必要物资和手段。市场是资源配置的基础，但也存在市场失灵，在应对物价上涨时，政府要以手中实在的物资和有效的手段平抑物价。

第七，加强对广大居民的宣传教育，及时把握网络、手机等信息的动态，引导社会舆论。通胀预期与公众的心理直接相关，而公众的心理又建立在自己的知识、对周边环境认识和感知能力以及人们之间相互影响的基础上，因此，宣传教育对控制通胀预期的作用不可替代。

（原载《北京观察》2011年第5期）

秩序：新一轮经济增长的助推器
——访著名学者文魁教授

我国改革开放 20 年，社会主义市场经济体制逐步建立，生产力得到较快发展，社会经济发生了天翻地覆的变化。然而，旧的计划经济经济秩序已被打破，市场经济的新秩序还未完全建立，这不可避免地影响了社会主义市场经济建设的步伐。在纪念党的十一届三中全会召开 20 周年之际，记者就如何建立新秩序，加快社会主义市场经济发展，采访了首都经济贸易大学校长助理文魁教授。他认为过去的 20 年充分激活了个体，目前急需整合，使经济形成一个有机整体，建立起新秩序，以推动新一轮经济增长。

一、20 年的伟大成就主要是激活了个体，释放了能量

我国的改革开放是实践中不断探索，认识上逐步深化的过程。从秩序的角度来分析，这 20 年所取得的伟大成就，主要是完成了从高度集中管理的命令式秩序向交换经济、市场秩序的过渡。在高度集中的计划经济体制中，中央掌握着几乎全部的决策权，而地方、企业和个人决策权很少。整个经济是一个主体，其微观个体缺少生产经营自主权，整个经济没有活力。由于实行市场取向的改革，多个经济主体出现，它们之间通过交换发生联系。回顾这 20 年，文魁认为，其最大成就是激活了个体，在原有体制下的各种个体，缺乏内在利益的追求，是没有生命力的。家庭联产承包责任制的实行，给了直接生产者一定的决策权，他们可以根据客观需要和可能进行生产；对企业实行责权利相统一的改革，调动了劳动者的生产积极性。现在，劳动者大量流动，就业服务中心、人才交流中心建立，劳动者和用工单位双向选择，个体能量得到极大发挥，这是我国从未有过的活力，也是我国经济蓬勃向上最基本的基础。企业人员下岗也能从一个侧面反映出个体被激活的现实。在生活用品的消费上，过去基本实行配给制，商品货币关系有限，消费者缺乏消费主权，改革使消费者从改革前被动地接受配给到改革初茫然不知所措、盲目决策到逐渐走向成熟，进而理性消费。随着生活水平的提高，收入的增加，市场经济步伐的加快，个人作为投资者出现，也经历了从不成熟到逐渐成熟的过程，投资方式也逐步多样化。可以说，个人成为市场主体是我国取得巨大成就的基本动因。

作为个人集合的企业在传统体制下按计划安排生产，按计划组织生产，同样也不是一个主体，虽有一些商品货币现象，如价格、利润等，但只是用于经济核算。通过扩权让利，两权分离，"四自"机制和现代企业制度的提出，企业从过去的"算盘珠"逐渐成长为市场经济的主体。对企业认识的不断深化，以及产权制度、市场交易制度、中介组织的建立等，为建立市场经济新秩序打下了基础。

二、今后10年急需整合，以秩序形成新的动力，推动经济增长

文魁认为，前20年是靠激活个体推动经济的发展，其历史任务已基本完成；今后10年就要把激活的个体整合起来，以秩序形成新的动力，靠建立新的秩序推动新的经济增长。

在目前过渡时期，文魁认为新秩序面临两个主要问题。一是虽然经济主体确立了、激活了，但是其行为极不规范。作为市场经济主体的个人、企业、银行和政府，都已找到了位置，但在追求内在利益的同时，行为的不规范往往造成一些不尽如人意的事情发生。各主体在有了自主决策权的同时，对哪些该干、哪些不该干还不明确。假冒伪劣产品、腐败现象、银行呆账、坏账，法院判决执行率很低等的出现甚至蔓延，足以说明，这些主体虽有了追求利益的冲动，但还没有真正成熟起来。它们在追求自己利益的同时，没有促进全社会的进步，甚至带来了极大的危害。建立市场经济新秩序所要达到的目标就是个体在获得自身利益的同时，促进社会利益的实现，最终把社会引向和谐。

二是市场经济主体之间的联系处于无序状态。在计划经济条件下，整个经济是一个大经济体，行政命令是联系各部门、单位最有效的方式。在市场经济条件下，分散的不同利益主体的联系方式应该是交换，其关系是市场关系。这种关系虽然有了很大的发展，但还存在很多混乱，其中主要是社会分工还没完全理顺，处在刚刚被激活的混沌状态。竞争的无序抵消了部分应有的效率，设租现象、寻租现象的大量出现就是例证。交换关系的基础是分工，而我国正常的社会分工秩序还没有真正建立起来，每个部分在整体中处于什么位置，占有多大比重，其社会职能是什么，还不十分清晰。更重要的是，为市场经济各主体之间联系服务的价格机制、货币，以及由货币所引起的货币制度（金融）还存在一些问题。货币制度能否正常运转是市场经济正常运行的关键，因为它是桥梁和通道，是为物质流、信息流服务的。金融危机实质上就是货币制度出现的问题；价格信号发生混乱，货币运动和实物运动发生分离。因此，对价格体系和货币制度必须高度重视，进一步加快金融制度改革的步伐，使其与市场经济体制相适应。

近几年的情况和存在的问题表明,我国经济已经到了整合的阶段。如何把市场经济各个主体整合起来形成新的秩序。文魁认为必须遵循三个原则:

第一,继续塑造和维护市场主体的自由、自主地位。建立新秩序是为了进一步发展改革的成果,绝不是要回到计划经济中去,绝不是让个人失去决策权。要在现有的基础上进一步加大改革力度,没有下放的权利要坚决下放,没有活起来的要继续激活,已经活起来的要用法律确立其地位,保证每个主体都有决策权,包括劳动的决策权、消费的决策权、投资的决策权,并不断规范其行为,提高其素质。加强教育和引导,做到每个人都有为自己谋取利益的自由,但绝不能妨碍他人,更不能妨碍整体利益。

第二,要形成一个竞争秩序。放开主体就是让各主体积极参与竞争,形成竞争秩序并不是限制竞争,而是为了保护竞争。保护竞争的前提是要有规则。为此,价格要真正成为配置资源的信号,要反映消费品的边际替代率、生产品的边际转换率以及帕累托最优。其基础是生产者和消费者都要有充分参与定价的权利,参与竞争的主体要遵循一定的规则,避免两败俱伤的恶性竞争。我国如果规范了竞争行为,竞争带来的效率还会提高。

另外,资源要充分流动,效率才会提高,因而要为资源流动创造体制条件,消除各种障碍。市场经济的流动并不在于真动,而在于一种势。如物理学的势能,一个物体在高处,就会产生势能,这个物体并不一定真掉下来,但它绝对有可能掉下来。资源的流动应大量表现为这样一种势,资源需要流动时就能流动,但并不一定完全表现为实际运动,流动的"势"的存在必然会使各个市场主体调整决策,进而影响价格的变动,同时,也就减少了资源的实际流动。如果没有这样一种"势"能,完全依靠资源的实际流动,势必产生经济秩序的混乱。前几年形成的"民工潮"就是一种可怕的流动。正常的市场机制、价格机制对资源的流动就是一种势,可以通过价格机制的作用达到市场均衡。我们现在要么是势已形成,还没发觉,非要等到严重失衡才有反应;要么是虽已发觉,但没有一种机制进行有效调节。

第三,市场经济各个主体要结成一个有机的整体,也就是要在新的条件下下好全国一盘棋。全国一盘棋是客观存在的,不但社会主义国家存在,资本主义国家也存在。只是新的一盘棋与过去是完全不同的,计划体制下的棋子(地方、部门、单位)不会动,由中央统一指挥,而现在的棋子(各个市场经济主体)都在运动,都是活的主体,每一个主体在整体上都有各自的功能和位置。中央要保持总量平衡和结构平衡,不能存在损害全国利益的地方利益,也不允许存在损害国家全局利益的部门利益。首先,在充分尊重个人的自由、民主,让个人享有充分决策权的前提下，还应提倡全国整体利益。秩序就是一个整体，在整体中确定每一个部分的地位、角色，每一个部分也对整体起到促进作用。其次，新秩序建立的关键是政府，政府要制定相应的政策、法规，保护竞争，限制垄断，对危害整体利益的行为主体实施制裁，限制非理性行为的发生，保证国家利益的实现。在整合的进程中，我国社会主义制度有着特有的优越性，理应做得更好，更有成效。

布好京津冀协同发展大棋局
——访首都经济贸易大学原校长文魁

在京津冀协同发展重大国家战略推进过程中，随着北京"大城市病"治理需求逐渐急迫，北京动物园服装批发市场、大红门服装批发市场等交易市场按照战略规划，被逐步有序疏解至河北。有学者认为，北京的门槛越来越高，以后也许只有在优胜劣汰中胜出的社会精英，才有能力留在北京。针对这个问题，《中国社会科学报》记者采访了首都经济贸易大学原校长文魁，他认为，这样评价北京功能显然是失之偏颇的。作为北京市发展政策咨询专家，就京津冀协同发展战略，特别是在北京疏解非首都功能相关规划方面，文魁做了大量实地调研、考察和政策讨论。在他看来，京津冀协同发展是一盘大棋局。正如象棋中不同棋子功能不同，京津冀三地承担功能不同，自然也应遵循各自的规则。

记者：美国国际关系学者布热津斯基写了《大棋局》，以围棋作比喻，从历史和地缘角度来看美国的全球战略。您也以大棋局来比喻京津冀关系，但您用象棋作比喻，不同棋子都有其各自详细的分工。

文魁：棋局是个比喻。京津冀协同发展要有全局思想，下每一步棋都要有整体战略思考，要有全局观，走一步要看三步。象棋和围棋不一样。围棋每一个棋子功能一样，分量均衡，胜负只在于各自占领的地盘多少。而象棋每一个棋子功能不同。"一带一路"规划、京津冀协同发展规划、长江经济带发展规划，三大战略是在全国布局的一盘大棋局。在这个大布局里，京津冀区域是一个新的、重要的增长点。京津冀地区现在合作不够，一旦协同发展起来，就能够破解中国行政区划约束经济增长的难题，其发展经验可以指导全国。

现在国家已经意识到京津冀发展的问题。北京人口拥挤、水资源短缺、土地紧张，功能叠加太多了。于是要疏解北京的非首都功能，要达到这个目标，一定要从城市功能来把握。在京津冀协同发展的大棋盘上，北京的首都功能是核心，北京是中央所在地，作为"将"来统帅全国，决定棋局的最终胜负。象棋中的"士"和"相"，只能围着"将"转，为中央服务。现在北京功能过多，做了好多"车""马""炮"的工作，这些功能是次要的，居于核心功能之后。因此，天津、河北应该主要发展经济，多一些战斗力比较强的"车""马""炮"的功能。

记者：您曾讲到，应该增加河北的磁力，减少北京的磁力。其中的原因是什么？

文魁：北京与河北的巨大差距，其根源在于磁力不均衡，北京磁力很大，河北磁力过小。所以，北京人口过度聚集，河北人口外流。所谓协同，在于通过再配置实现磁力均衡。因此，京津冀协同发展的目标之一应该是转变河北发展方式，提升河北发展质量，增加经济磁力，缩小其与京津的差距。

在京津冀这盘棋中，河北是大棋盘。北京、天津虽然体量大，但和石家庄、保定、邯郸、邢台等城市一样，都只是棋盘上的棋子。京津冀要协作，必须有共同的基础和底盘，河北就是自然、历史形成的底盘。所以，河北必须建立"棋盘"意识，提升协同发展的自觉、自信，主动承担起自己特有的历史使命。京津冀地带的城市群，由于环绕着首都北京，因此在"车""马""炮"功能之外，还有不同程度的"士""相"功能，如张家口和承德。但城市的主要功能分工应该是清晰明确的。

记者：应该如何增加河北的磁力？京津冀协同发展战略对于增加河北的磁力有哪些加成作用？

文魁：为什么北京功能这么多，疏解这么难？因为有的功能疏解到河北之后，又跑回北京来了。一个城市的磁力是结构性的，教育、生态、医疗、购物等因素都会产生磁力，其中最核心的是就业磁力。北京空气质量再差、交通再拥堵，只要好就业，人口就不会少。河北要想发展起来，必须增加就业磁力，加强水、电、气、暖、公共交通、社会服务等城市条件建设，做到宜居宜业，形成强劲的劳动力吸引力。例如，北京宋庄画家村、河北白沟，都各自具备了一个行业发展的特有磁力。

记者：天津是否也应该主要发挥"车""马""炮"功能？京津冀大棋局如何相互配合？

文魁：京津冀三地各具竞争力优势，相互配合，可以衍生出无限奇妙的组合。天津和河北的大中型城市，应该放手打造并提升城市的"车""马""炮"功能，使自己具有独特的核心竞争力，配合城市间的合理分工、协作，成为京津冀城市群的有机组成部分，不必追求"政治副中心"一类的"士"和"相"的功能。

需要注意的是，天津、河北承接首都疏解的非核心功能，不应该理解为只是简单地承接北京淘汰的产能，而应该把北京的疏解看作天津、河北的发展机遇。天津和河北要积极主动，不能被动地守株待兔。接受北京输出的产业，必须先治理、后疏解，在疏解过程中完成升级换代。

记者：协同发展的方式，是如何打破三地发展的行政壁垒的？

文魁：按照国家的区域经济规划，河北最南边部分是被划入中原经济区的。中原经济区没有严格按照行政区划来发展，是一个经济地理的概念，也是中国唯一一个非行政规划性质的区域经济概念。但中国区域经济主要是按照行政区划来发展的。经济区域和行政区划是咱们国家区域经济发展的一个很特殊的矛盾，这个矛盾在京津冀地区表现最明显。在长三角和珠三角，市场联系大于行政区划联系。而在京津冀地区，本来应该接通的联系，由于行政区划背后的利益掣肘而堵塞。京津冀协同发展规划中，交通方面一个重点就是打通区域间的壁垒。

京津冀地区内在联系密切，协同发展内在潜力大，地缘相接、人缘相亲，地域一体、文化一脉，交往距离相宜，有着协同发展、优势互补的基础性条件。从经济角度看，北京体量最大，天津、河北比不了，但是北京不靠海，没有港口；天津、河北则有各自特有的优势，这些优势又是北京最缺少的。协同发展可以将各自优势发挥到极致，弥补各自的劣势。

记者：在吸引人才方面，河北如何增加磁力？

文魁：一个城市磁力大，可以吸引多层次、多领域的人力资源。成为资源集散地以后，城市经济活力增加，但压力也在增大。当年深圳只是一个小渔村，但能吸引高端人才，形成"孔雀东南飞"的景象。在增加磁力方面，河北应该筑巢引凤。例如，河北永清和北京亦庄两地合作，建立了永清-亦庄科技园，永清提供条件，亦庄提供管理人才，旨在10年内在永清再造一个新亦庄。这就是充分利用了北京的溢出效应。10年后，和亦庄相比，永清企业将是升级版的，人员发展前景更好，住房条件更宽裕，学校、医院等公共设施也跟了上来，资源配置更平衡了。

（原载《中国社会科学报》2016年7月19日）

附 录

百人工程　百年使命

北京市马克思主义理论百人工程转眼已经20年了，作为"百人工程"首批入选的青年学者，我如今已经步入老年，回顾20年走过的路程，感慨万千。

百人工程，始终和百年联系在一起。从跨世纪百人工程到新世纪百人工程，都和百年密切相关。如今又到了向"两个百年"目标挺进的历史关头，十年树木、百年树人，新的百年，会赋予百人工程以新的历史使命。

一

1995年，离千年之交的世纪末只有5年时间了。我们即将迎来中国共产党在改革开放初期提出的本世纪末达到进入和建设小康社会的目标。为更好地完成历史性的使命，中共北京市委设立了培养跨世纪人才的百人工程。我有幸成为第一批入选，在感受到入选的荣耀的同时，也享受到党对青年理论工作者的关怀和培养，同时也逐渐生成了自己的理论责任。

回顾百人工程，从一个青年学者的成长看，我觉得至少有以下几个重要作用：

（一）使一批理论界的后起之秀脱颖而出

论资排队环境对人才成长的压抑（多年的媳妇熬成婆意识的延续），单位内部各方面平衡对人才的埋没……百人工程打破人才成长的死水（宣介的荣耀），保持青年能脱颖而出的生态——后生可畏。

（二）为青年理论工作者提供了在实践中施展才能的舞台

工程提供了理论联系实际的新舞台，荣耀带来的历史使命感、社会责任感，使人才出得了力，使得上劲儿，大有成就感。

（三）使青年学者走出单位，融入民族复兴的伟业

在单位更多地感受到职业，而走出单位才感受到事业。将职业事业化，将个人事业融入民族复兴伟业。

（四）使青年学者跨越学科，实现共同事业中的学科交融

难忘长岛不同学科青年学子的意气风发，第一次不同学科共同讨论相同的现实问题，打开了眼界，深受启发。

（五）使青年学者超越年龄，沐浴学界大家的风采

工程为青年学者指定导师，和学术大家在一起浸润了治学严谨的学风，领略了各方大家的学术风采。

（六）使青年学者放开眼界，了解国情，借鉴国际

工程安排青年学子深入实际，了解了国情；走出国门，放开眼界，借鉴国际。

二

纪念百人工程20周年之际，与离20世纪末只有5年的历史关节点非常相似。今天我们距离第一个百年目标又恰逢只有5年时间，这5年，是第十三个五年规划的5年，是全面建成小康社会的5年。百人工程，这一取得了丰硕成果、积累了丰富经验的理论人才培养工程在新时期、新发展的背景下，有着特殊的重要意义。我认为，主要有以下两个方面。

（一）百年使命，呼唤理论的传承与创新

中国共产党的事业是在马克思主义指导下的伟大事业，理论自信是道路自信的灵魂。中华民族复兴的道路，始终伴随着理论的探索。实践的成功，离不开正确理论的指导；实践的失误，也一定是理论出现了偏误。在革命和建设中，我们形成了理论联系实际的优秀传统，理论研究一定不能脱离实践。但改革开放以来，随着改革实践的深入，国外各种学说的引入，又出现了另一种倾向——实践脱离理论。人们往往热衷于实际问题的研究，涉及一些理论问题，也基本停留在应用层面上。而许多实践的失误，就在于人们浅尝辄止，没有真正搞明白事物的实质和运动的规律。针对现存的这种倾向，我认为，我们不能就事论事，要就事论理，以理说事、以理谋事、以理干事。而透过现象看本质，正是马克思主义的理论风格。中国特色社会主义的实践、第一个百年目标，呼唤青年学者对马克思主义理论的传承与创新。

（二）百年使命，亟须理论新人继承和接力

重温毛泽东对于青年的希望和嘱托——"世界是你们的"。

不要随波逐流，对马克思主义一要吃得透、用得活，二要想得深、看得远，三要有定力、不迷失。

师　恩

2月28日下午，乙未羊年春节刚过，师母打来电话，杨老师走了。

虽然年前在病榻前，已昏迷多日的杨老师睁开眼看了我和同门高闻一眼，我们已经有思想准备，但听到老师过世的消息，还是无比悲痛、思绪万千。老师那最后一眼，成为我记忆永远的定格。因痛风发作难以行走，不能去给老师送行，遗憾之中，只能写下此文，作为学生深深的怀念。

老师，是我心中最神圣、最敬畏，同时又是最亲切的称谓。从小学、中学到大学，我一生遇到过许许多多老师，我的成长，离不开每一位老师的呵护。老师的关爱，始终是我成长的动力。众多老师中，杨时旺老师是带我时间最长、要求最严、影响最深、付出心血最大的老师。杨老师给我的关爱，既有引领、指导，也有批评、告诫，更有扶助和鞭策，情真意切、师恩难忘。

一、老师教我读书

读书，是学生的基本功课。但读什么书？如何读书？却有许多学问。我们上大学之前，市面上的书很少，我几乎是见书就买。杨老师发现后，告诫我读书不能兴趣过于宽泛，要形成自己探索的领域。我才意识到，虽说开卷有益，但读书也不能没有选择。在杨老师的引领下，我系统读了经济学的经典著作。老师的导读，既有写作的时代背景、历史意义，又有框架结构、难点释义，是帮我们把握读懂原著的"联络图"；同时，从老师那里学会了如何把握读书要领，如何才能把一部厚厚的巨著"读薄"。在攻读研究生期间，杨老师带着我们对《陈云文选》《孙冶方文集》等文献进行了全面、系统的通读、精读，为我们研究中国经济问题打下了坚实的基础，也教会了我们如何做文摘、记笔记、写心得。在大学读书，讨论是不可缺少的重要环节，杨老师带着我们读书时那一次次热烈讨论、激烈争辩的场面历历在目。

二、老师带我教书

大学毕业留校任教，杨老师更是手把手地带我熟悉教书的各个环节。虽然大部分课在上学时已经系统听过，杨老师还是让我一节不落地随他听课，同时，课后深入班级，回答学生的问题，检查教学效果，解惑答疑，当好助教。从填写教学任务书、安排教学进度，到考试命题、评卷、分析教学效果，每个环节都认真带着我。一次，杨老师叫我出一份考题，当我交给老师我出的试卷时，不想老师也拿出他已经出好的一份，与我那份进行比较，指出试卷考核知识点的分布和难易程度的把握，以及我应该改进之处，令我十分感动。在为上讲台进行演练，杨老师带着教研室全体老师来听，帮我分析课堂时间的把控和板书的布局。在讲台上先讲好一章，再增加一章，逐步扩展到一门课，在这个过程中，老师帮我一遍又一遍地修改讲稿。第一次走上讲台实际试讲，我请杨老师坐在讲台旁边，而不是坐在教室后面，杨老师欣然答应。我觉得杨老师是我的后盾而不是考官，心中非常踏实，也增强了自信。

三、老师领我做学问

非常幸运，我本科的学士论文，由杨老师指导。当时，消费问题还没有进入政治经济学的视野，我充满了好奇，也有不少自己的见解。杨老师在鼓励我独立探索的同时，也提醒我研究问题要聚焦，特别是对自己得意的观点，也要舍得割爱。至今清晰地记得，老师拿一名罪大恶极的罪犯的小偷行为做比喻，嘱咐我写文章要分清主次、抓住要害、突出关键、明确重点，把握好材料的取舍。在杨老师的指导下，最后论文的选题定为《家务劳动社会化初探》，尝试着"小题大做"，探索消费经济的规律。本科一毕业，杨老师就把我的这篇论文推荐到北京大学的《经济科学》公开发表，使我得到了做学问的真经，树立了科研的信心。

四、老师推我进入学界

留校任教后，杨老师对我的学术发展倾注了大量的心血。中断十年又失而复得，我对学术研究表现了极大的兴趣，连续发表了几篇论文。杨老师一方面告诫我做学问要"厚积薄发"，鼓励我继续深造，攻读研究生；一方面又积极把我推向学界，推荐我参加了当时洪银兴、魏杰领衔的由青年学者组成的编书组，撰写由中国青年出版社出版的《政治经济学》（中青本），后又接替杨老师参加了《政治经济学》（北方本）的编写。杨老师在出任系主任后，又连续带我拜见了中国人民大学、北京大学、北京师范大学等大学经济学界的学术泰斗，使我能直接聆听这些学术大家的教诲。杨老师还带我加入北京经济学总会、中国经济规律研究会等学术团体，使我尽快进入学术前沿。我永远感激杨老师的"伯乐"精神，是其推动我在学术上不断成长。"厚积薄发"也就成为我做学问一直坚守的座右铭，每写一篇论文，至少要阅读十几篇，甚至几十篇参考文献，同时，注重平时的学术积累。

五、老师引我服务社会

社会科学必须与社会实践紧密结合，是杨老师留给我永不褪色的信条。在经济学的教学中，社会实践始终是必不可少的教学环节。为了深刻理解教科书的原理，老师总是不辞劳苦地带我们深入社会生活和改革开放的一线。记得为完成国家社科的重点课题，杨老师多次带我们前往湖北沙市、辽宁大连等地，深入基层、深入实践，取得第一手资料。杨老师作为北京市人大代表，总是积极调研、上交提案，我也就常常代表老师接待政府相关部门的工作人员，听取答复。杨老师作为市委研究室的特约研究员，经常参与市里制定决策的研讨，我也就跟随步入这支队伍，关注着北京的发展。杨老师还在带领我们参与国家工资改革、住房改革的研究中，教我们如何运用经济学知识服务社会。特别是，那时搞研究服务社会，没有外在的考核压力，我也就从杨老师那里继承了严谨治学、服务社会的内在动力和学术自觉。

六、老师留我效忠母校

杨老师对我的精心栽培是和他对学校的热爱紧密联系在一起的。大学社会实践时，由于和市委研究室的合作，研究室想留我在机关工作，研究室的领导李鸿滨对我说，去了你们学校两次都未能找到你的档案，因为有纪律，不能点名要，只好作罢，但我们的大门永远对你敞开。后来才知道，是杨老师扣下了我的档案。从那以后，杨老师就不断向我灌输当教师的价值，帮我解决各种困难，千方百计留住我效忠教育、效忠母校。只是有一段时间，学校对理论经济学是否发展不明确，我有了调走的想法，杨老师亲自帮我联系到北京大学从教。在学校明确要发展理论经济学后，杨老师又一如既往地坚持让我效忠母校，甚至对我要读博的想法产生误解，以为我还是想调离。面对老师的误解，我只好放弃了读博的想法。老师对学校的热爱感动了我，老师对我的真情留住了我，以后虽然又有多次机会，但在杨老师的感召下，一直在母校努力工作至今。

杨时旺教授是那个时代为师的楷模，我师从杨老师，常感严格要求的"重锤"压力，但也体悟出老师对"响鼓"的期冀，收益无穷。在杨老师悉心的呵护下，我从一名大学生、研究生，一步一步成长为一名助教、讲师、副教授、教授。我深深地懂得，老师的心愿是让我专心治学，做一名学者。这是老一代学者把做学问看得比做官更有价值的价值取向。学界另一位德高望重的泰斗，在我即将出任行政职务时，也曾语重心长地对我说："你现在后悔还来得及。"无奈，我是在组织的人，不得不服从组织安排，先后做了一些行政工作，违背了老师的意愿。但老师帮我树立起来的价值观,始终在坚守,不敢偏离半分。离职和退休之后,我才真正理解和感悟到老师的良苦用心。我今后会把更多的心思用在治学上,以告慰杨老师在天之灵。

杨老师对我悉心培养的感动很多很多,只能择其二三事表示我的追思和悼念,老师一路走好!

(2015年3月2日)

同龄人二三事

共和国同龄人，是我们这一代人永远的自豪。

70年来，与共和国同呼吸、共命运，人生与国运始终同频共振。2009年，作为一名政协委员，我应北京市政协刊物《北京观察》之邀，写下了《与共和国同龄》一文。文中以15年为一个时段，回顾了自己经历的幸福童年、蹉跎岁月、立业时光和峥嵘年华四个阶段与共和国共同走过的人生历程。如今已经古稀，进入第五个15年。要讲我与新中国的故事，实在是太多、太多了，只能择其有代表性的二三事，表达自己的心声。70年来，新中国进行了社会主义事业的艰难探索，取得了辉煌的成就；而我个人也以"探索"为特征书写下自己与新中国共同成长的人生故事。

一、参与试制"农民买得起的缝纫机"

高中毕业后，在特殊的历史背景下，自己未能上大学深造，进入一家五金厂当学徒，当了10年青年工人。为了满足人民需要，进厂时的五金厂更名为第二缝纫机厂，为北京燕牌缝纫机生产核心部件"摆梭"和其他配件。其间最使人难忘的一件事是：那一年，毛主席问全国劳动模范李顺达，农民有什么要求？李顺达回答说，想要缝纫机，但太贵了。于是毛主席指示，一定要生产出农民买得起的缝纫机。我们总厂根据这个指示，设计出了一种以"旋梭"替代"摆梭"的新型缝纫机。这种新型缝纫机规格小、功效高、成本低、价格便宜。我幸运地参加了部分试制工作，我的任务是要用车床加工出体积更小的梭芯套。这项试制难度非常大，要用车床在原材料上生生掏出一个中间带有圆柱的圆形凹槽，不但要车出内柱的外圆，还要车出梭芯套的内圆，同时加工出平整的底部。为了加工出这个特型的部件，自己琢磨出一种特殊的刀具。一开始，我对自己的创意还有几分得意，但是当切入凹槽的中部时，细细的车刀柄就抖动起来，无法继续进行，一下子难住了我。我请教了师傅，师傅说你在刀刃上磨出一个口子来。我说那刀不更钝、切削更慢了吗？师傅说你试试看。我一试，奇迹出现了！车刀飞快地切削，一点儿也不抖了。就这么一句小小的点拨，就解决了我的大难题。我对师傅佩服得五体投地，第一次感受到了"实践出真知""劳动者最聪明"的真理性。农民买得起的缝纫机终于试制成功了。可惜的是，新的生产线形成不久，家用缝纫机的产品寿命周期就结束了，工厂也随之转产，又开始生产与汽车配套的精锻齿轮。我所在的工厂随着新中国的发展，为满足人民生活水平的日益提高，不断转换产品、升级换代、扩大规模。现在原来的工厂早已不在了，但不断"探索"的精神，在我们这代人身上却永不磨灭。特别是在生产劳动第一线养成的敬畏劳动、敬畏实践、敬畏经验、敬畏长者的品格已经渗透在我们的血液中。创新不忘传承，成为我不变的人生信条。

二、提出以"活工资"带动中国工资运行机制改革

恢复高考后，我把这种探索的精神带到学业中，带着问题学习，在理解中思考，自觉培养发现问题、探索成因、寻找出路的学养和能力。毕业后留校任教，恰逢新中国进入改革开放的新探索。改革开放的实践，为理论工作者提供了难得的历史机遇。当我参与《政治经济学》（北方本）编写时，为了适应"企业是经济改革的中心环节"改革实践的需要，我承担了"企业"一章的编写任务。这是教科书第一次论及这个问题。我查遍了当时能找到的工具书，却找不到任何一处对企业的定义，我只好自己试着进行概括。在理论界对"利润挂帅"尚心有余悸的背景下，自己的"以产出弥补投入，追求盈利"的探索性概念还是受到了一些质疑，但在教科书上总算有了突破。在物价与工资改革闯关的历史关头，我大胆地提出了以"活工资"带动中国工资运行机制改革的主张，受到了政府和学界的充分肯定。论文经过多次遴选，参加了全国纪念改革开放 10 周年的理论研讨会，在新华社发了内参，后在《经济日报》上全文发表。作为一名学者，能够在改革开放中参与理论与实践的互动探索，也是同龄人的一种骄傲。

三、探索现代化经济体系的时代意义和理论价值

退休后，虽然职业画上了句号，但作为一名共产党员，对理想追求的初心不能忘；作为一个学者，活到老、学到老，理论思考的乐趣不能丢。同龄人要继续关注共和国在新时代的新探索。近年来，面对中国特色社会主义取得的伟大成就和 30 多年改革开放的实践，我觉得应该在经济理论上探索出一个新的上位范畴，先后发表了《民生社会主义论纲》和《社会主义国民经济论纲》等论文。党的十九大报告提出了建设现代化经济体系的新的战略构想，我觉得，这是一个关系到中国社会主义现代化前景的重大新命题，具有非常深刻的内涵和丰富的内容，需要深刻理解和深化探索。于是我撰写了《建设现代化经济体系的时代意义和理论价值》，进行了深入的理论探索。没想到，在我 70 岁时，带着这篇论文又一次代表北京市参加了全国纪念改革开放 40 周年理论研讨会，而且会后，同样又在

《经济日报》全文发表，续写着我与新中国的新故事。

新中国的社会主义事业经过70年的探索和奋斗，取得了举世瞩目的辉煌成就，同时也面临着新的难题和挑战，新的改革实践呼唤新的理论探索。在即将实现全面建成小康社会的第一个百年目标后，新中国又要踏上向社会主义现代化第二个百年目标进军的新征程。同龄人感到无比自豪和骄傲。我们在享受着新中国70年建设带来的幸福晚年生活的同时，作为一名党员学者，还要不忘初心，发挥余热，继续为新中国的百年目标尽力所能及的微薄之力。

（写于风格与林苑，2019年4月25日）

摇篮·沃土·战线·智库
——北京社会科学的聚宝盆

北京市社会科学界联合会和北京市哲学社会科学规划办公室是北京市社会科学两个重要的管理机构。40年来，两机构团结、带领北京社会科学界的学者，组织起来、行动起来，创造性开展工作，敦促、协调、指导各个学会开展丰富多彩的研究活动、凝聚学术资源、形成团结的理论队伍、推出丰硕的科研成果。两机构是北京社会科学学术集成无可替代的组织者、北京社会科学繁荣发展当之无愧的推动者。可以说，两机构是北京社会科学的聚宝盆。40年来，在两机构营造的学术环境下，我也从一个初出茅庐的青年学者成长为一名社会科学的老战士，受益匪浅、感慨颇深、恩情难忘。我将之概括为学者摇篮、学术沃土、思想战线和高端智库。

一、学者摇篮

两机构是北京社会科学青年学者的摇篮，这是我40年的切身感受。青年的成长需要精心呵护，但各种社会环境常常障碍重重，好苗子也难以破土而出。两机构为优秀青年学子提供了任何一所高校都难以提供的社会科学学者健康成长的生态环境。提供的各种机会、各种资源，以及摆脱各种利益羁绊、冲破论资排辈陋习的公平、公正环境，对青年学者，特别是杰出青年学者来说都是不可替代的。特别是当年的"跨世纪百人工程"更是起到了重要的历史作用。我有幸被遴选为第一批百人工程的培养人选，得到了丰厚的学术滋养。记得在当年的"长岛之行"中，来自不同高校、不同学科的社会科学青年学者，半天进行学术交流，半天泡在海里联谊，不但结识了学界朋友，而且在不同学术视角、学术观点的碰撞中得到了深刻的启发，"开窍"和"大开眼界"的感觉终生难忘。此外，在社科规划课题的青年项目和社科评奖的比例安排上，青年学者都得到了专门的扶持。两机构还为青年学者在学术进修、学术交流、调查研究、著作出版上提供了多种多样的支持和帮助，还专门为培养人选指定了老一辈著名学术大家进行一对一的指导，使我们享受到得天独厚的学术"偏饭""独食"。多年来，两机构还多次组织青年学者"边疆行"。青年学者分别奔赴新疆、青海、宁夏、黑龙江等祖国的边远地区，深入实际进行调查研究、实地考察、社科慰问和学术交流。

那一幕幕激动人心的场景历历在目，终生难忘。我们今天的学术成就离不开这个摇篮的精心哺育。

二、学术沃土

两机构是北京社会科学的一块沃土。社会科学的发展离不开社会发展的实践和从事研究的学者，北京高校是社会科学研究的生力军，而两机构为这支生力军提供了肥沃的土壤：一头连着市委市政府，传递着来自上层的指导信息；一头连着基层从事社会实践的经验积累和一线需求，其重要作用不可替代。最为典型的是每年的社科基金研究项目，从研究课题的广泛征集、预备选题的遴选，到项目指南的制定，再到课题的申报、评审、立项，直至项目的初期开题、过程追踪、中期检查、终期结项，以及后期的论文发表、专著出版等最终成果的宣介，指导、约束、规范着社会科学的研究进程，确保社会科学研究成果的质量和效能。我有幸参与了这些过程，做了些微薄的工作，但从中却获得了极大的收益。特别是当初自己提出各高校应该成立与自己主流学科密切相关、具有稳定方向的研究基地的设想建议，不想居然成真。而自己也参与了许多基地的培养、评审和验收工作。40年来，回顾在不同历史时期，和社会科学不同学科的专家学者坐在一起，深入探索首都经济、首都发展、北京精神、奥运遗产等新概念如何概括、如何阐释的头脑风暴，以及及时跟进、深入学习、广泛宣传邓小平理论、"三个代表"重要思想、科学发展观的理论研讨，既贡献了我们的智慧，也增长了我们的才干。无数次的理论研讨会、学术报告会伴随着我们在学术上的成长，深深感到个人的成长与北京社会科学的发展紧密地融合在一起。感谢这块沃土！

三、思想战线

社会科学，既是探索真理的前沿，也是马克思主义的理论阵地和意识形态的思想战线。两机构是北京社会科学战线的一面鲜明旗帜。每到党中央有重大的决策和改革开放关键的历史关口，北京都及时发出了理论界的声音，提供强有力的学理支持。记得有个著名学者戏称，北京有一支理论界的"基干民兵"。我也有幸成为这支队伍的一名"基干民兵"，战斗在意识形态思想战线的第一线，为党的伟大事业和社会主义现代化进程贡献自己一份有限智慧和微薄力量。40年来，从反对资产阶级自由化到反对新自由主义，意识形态的斗争从未平息过。在改革开放和现代化进程中，受西方意识形态的影响，不断有各种奇谈怪论的杂音进行干扰。这就需要马克思主义的社会科学理论进行拨乱反正和把控航向的坚决斗争。北京的社会科学学者在党中央和市委的领导下，在两机构的组织带领下，坚持发扬斗争精神，敢于斗争、善于斗争，坚守马克思主义的理论阵地，成为党的坚强理论力量。

四、高端智库

进入新时代，合署办公的两机构，按照习近平总书记的要求，组建了北京的高端智库。北京的社会科学界多年来已经潜藏了智库的功能，实际上起到了智库的作用。有了高端智库这样的组织，智库的功能更加专业化、作用更加有效。作为智库的成员，我也多次就北京首都发展的突出问题，及时撰写专报，为市委市政府决策提供咨询参考，并得到领导的批复。如，《加强首都服务功能建设应厘清的三大问题》《正确认识北京减量发展的几个关系》《政策要讲究　舆论需引导——关于疫情防控的几点建议》《新时代首都发展形成的城市新文化》等。此外还提出 2023 年智库研究建议选题。已经退下来的老兵，还能发挥点儿余热，感到十分欣慰。

（2023 年 4 月 3 日）

后 记

2024年，首都经济贸易大学经济学院迎来了建院50周年。这是我成长、奋斗的一块热土。在这里，从1978年开始苦读四年本科，到1985年攻读三年硕士研究生；留校任教后，从助教、讲师、副教授一步步成长为教授、博士生导师。这里有我46年的人生经历，这里充满了我浓浓的乡愁。

感谢杜雯翠院长诚邀我出版自己的文集。能够将自己多年的论文汇集成册，自是十分欣慰，感谢学院的支持和肯定。学院建议文集以自己的名字冠名，我实在感到承受不起，我只是一名普通的学者，不是什么大家，但他们有自己的考虑，我也只好从之。年轻时，虽然也有过创建自己学术体系的想法，但随着实践的发展和研究的深入，发现自己所从事的学术研究，是与国家发展和民族复兴大业紧紧联系在一起的，中国特色政治经济学也是一个庞大的理论体系，能够在这个大事业中起到一点点添砖加瓦的作用就很不错了。我不希望这部文集成为只是自己留念的尴尬，奢望还能有一点发行量，为政治经济学的青年学子提供些许参考，能够助力学院政治经济学的学科建设。

感谢徐则荣教授的鼎力相助，感谢常洪旺博士、郑阳丽硕士研究生为编辑出版这部文集付出的辛苦劳动。感谢首都经济贸易大学出版社社长杨玲编审，以及出版社薛捷、彭芳、潘飞、陈雪莲、杨丹璇几位编辑付出的艰辛劳动。《文魁文集——政治经济学新思考》记录了我学习研究政治经济学的足迹。"学习永无止境，思考永不停歇"是我的信条，今后我将继续学习和思考，减缓老化，跟上时代的步伐，欣赏民族复兴的美景，享受学习思考的理论乐趣。